李海文 / 著

中共党史拐点中的
人物与事件

中国青年出版社

周恩来在陕北。

1939 年周恩来在新四军，
后排右二。

李求实被捕之地东方旅社。

李求实 1928 年在上海。

红军时期的张浩。

1954年在日内瓦。左三起：周恩来、师哲、王炳南、张闻天。右一：李克农。

1949年1月在西柏坡。右起：毛泽东、师哲、米高扬、翻译伊万·柯瓦廖夫。

20世纪50年代初在北京万寿路。左起：师哲、尤金夫人、毛泽东、尤金。

右起：叶剑英、彭冲、严佑民。

1995年在北京郊区。右起：笔者母亲李莉、笔者婆婆林轩、华国锋。

笔者与公公严佑民、婆婆林轩，1972年在北京万寿路。

1972年严佑民一家合影。

20 世纪 50 年代笔者
母亲李莉(中蹲者)在
山上看树的长势。

1951 年笔者全家在颐和园。

1983 年前后，邓颖超(右)与笔者在中南海西花厅握手。

目　　录

序　言

我生于 1943 年 12 月 9 日。10 岁左右时，父亲领我到王府井新华书店，为我买了一本关于"一二九运动"的小册子。他说："你要知道在这天历史上发生的事情。"从此，中共历史在我心中种下一颗种子。我所读书的女一中校领导是从延安来的杨滨、张乃一、宋克，总务主任是战斗英雄（人称"地雷大王"）李勇。母亲给我讲晋绥女英雄李林的故事，而我后来工作所在的周恩来研究组组长方铭，就是李林的入党介绍人。长辈们不经意间谈起战争年代的往事，寥寥数语，印象深刻。我喜爱读《红旗飘飘》《星火燎原》等回忆录，常常被感动。有时突发奇想：苏联有一本《联共（布）党史简明教程》，中国共产党有一天也会写自己的党史，如果我能参加这个工作该有多好。那时我是一名中学生，离参加工作还很遥远。

在北京大学政治系学习期间，要感谢陆平校长顶着"四清运动"中挨整的压力，坚持让学生先学习知识，后下去搞运动，使我们受到两年正规的教育。毕业后，我到农场接受再教育劳动时，遇到人民大学党史系的同学。他们两次下去搞"四清"，只上了一年的课，党史课只讲到毛泽东搞湖南农民运动。我们学了两年，虽然没有学习哲学，还是比他们有一些基础。这是我后来从事党史研究的最初的基础。

要感谢老师们的严谨作风。肖超然、王向立的党史课，张汉清的国际共产主义运动史。第一堂课上张老师就讲：我要用十年的时间，才能将此课讲好。这句话使我明白做学问不是一朝一夕之事，要准备坐十年的冷板凳。

北京大学有民主与科学的传统，自由讨论的学术气氛浓。在北大，大家不是比谁的官做得大，而是比谁的书读得多，学问做得好。这种价值观的取向，决定了我对未来的选择，决定了一生的命运。

1966 年"文革"爆发，我所学的党史知识，使我了解党的传统和一贯的政策，能够比较冷静面对。"文革"虽然打断了课堂的学业，但是北大是运动的中心，全国、北京市各单位的大字报都往北大贴。我不能参加任何一派，有很多时间看大字报。白天看大字报的人太多，就晚上看，常常看到半夜，

1

夜阑人静。铺天盖地的大字报,使我不仅了解全国各地的运动情况(这是我研究"文革"历史的基础),更看到披露的大量干部档案、检查。这些材料有重要价值,包含着大量信息,使我看到历史的复杂性、多面性,由此产生很多疑惑,开始带着问题学习,思索为什么。

当时我的家庭处于风暴的中心。在最困难时,我常常提醒自己无论如何不能疯。只有我不疯,运动结束时,我就还能工作,这就是胜利。在同学们的保护下,我仍然有一个安静的环境,"躲进小楼成一统"。学校的图书馆被封了,许多人被打倒,各家藏书落到子女们手里,同学们常辗转借阅。我利用在校两年半的时间大量地读书,读了三遍《毛泽东选集》、二十几本马列著作,还有大量世界文学名著、中外历史、名人传记。最多时,三天读一本书。当时近百万字的《中共党史教学参考资料》是以活页形式印刷的,分装在三个口袋中,俗称"三口袋"。我从外校同学那里借来,如获至宝,抓紧离校前最后一段时间,做了详细的摘抄。这个基本功奠定了我以后党史研究的基础。可惜为了节省时间,我只抄了大意,没有将重要的文字完整地抄下来。这种做法造成两个问题,一是不能引用,二是写作时,常常不合语法,为改这个毛病,后来颇费时费力。

毕业后,我被分配在黑龙江通河一中工作。刚步入社会,不谙事世,得到杨清泉校长、马柯、冯延生、马恩海、李凯、王作民等许多老师的帮助。领导、老师、学生对我都很好,从来没有歧视过我。大家见我熟悉党史,鼓励我讲党史,没有教材就自己写。我将写好的开头寄给在绥化的丈夫严晓江,他回信说:"机会难得,一定要好好写。"可以说,没有一中这样宽松的政治环境,就不会有我写出的那10万字,后来我正是拿着这"教材",才能到中央党校中共党史教研室工作,才能进入专业行列。

1976年1月周恩来总理逝世,万民同悲。我想应该做点什么,于是开始收集周恩来的资料。那时我还在北京三十三中教书。天安门事件后,同事马老师对我说:"你要是被抓起来,问我,你天天干什么?我就说:看见你天天在那儿写,不知道你写的是什么。"我答道:"你能这样说,我就很感谢了。"当然这是开玩笑。度过风雨飘摇的10个月后,终于盼来了粉碎"四人帮"的消息,欢庆之余,人们对周恩来的怀念如同火山一样爆发。我到许多图书馆遍查全国各地报纸刊登的纪念文章,三十三中也将多年存放报纸的仓库打开,任凭我进去剪报。我一共收集了7000多张卡片。当时一张卡片一分钱,为买卡片用了我一个半月的工资。我当时不会写文章,但从中熟悉了周恩来的历史。后来我调到周恩来研究组工作时，当时中央文献研究室主任李琦说："海文是带着嫁妆来的。"

1977年李正亭长辈特意告诉我中央党校恢复的消息，经许立群、范若愚、缪楚黄前辈的介绍，经过半年多的努力，我终于到中央党校党史教研室资料组工作。1978年底，随缪楚黄到中央党校南院工作，在这里又认识了李新、廖盖隆、邵维正、陈铁健等党史学界的前辈、翘楚。后随廖盖隆、缪楚黄领导的毛泽东传小组到了毛家湾，当时那里是毛泽东著作委员会办公室（后改为中央文献研究室）。经廖盖隆的推荐，我参加了编辑周恩来选集编目、注释工作，从此研究工作走上正规，如鱼得水。为寻找注释资料，我一趟趟到中央组织部看档案，有时在中央档案馆一住就是几个月。30年来，我采访了数百名历史事件亲历者，其中有部长、省委书记、将军、民主人士、政治局委员，甚至党和国家领导人。我与同事也常为讨论问题争得脸红脖子粗，但是从来不伤个人感情。我很享受这样的工作。

我一直追求平实、直白和准确的写作风格，希望自己文章写得言之有据，持之有故。历史不是任人打扮的小姑娘，历史著作的生命力在于真实，不需要哗众取宠，不需要噱头。这次收入本书中的，是我30多年来党史研究工作的结晶。编选时我发现全部文章竟也有百余篇，自认为这些都是自己的心血之作。这次，我从中精选出40篇，加工合并为28篇，以就教于方家和各位读者。

一本书，最终是在读者那里实现它的价值的，我真诚希望读者能对这本书提出宝贵意见。

李海文

2013年8月31日

毛泽东的成功与失误

毛泽东逝世后，中国的三次转折

毛泽东于 1976 年 9 月 9 日逝世，至今已近 30 年。这 30 年是中国共产党执政以来发生变化最快、最大、最激烈的 30 年。30 年内发生了三次根本性的转折：

第一次转折，1976 年 10 月华国锋、叶剑英等粉碎"四人帮"，结束了"文革"十年动乱，结束了以阶级斗争为纲。经过两年的努力，全国范围内揭批林彪、"四人帮"的群众运动已经基本胜利结束，华国锋认为"实行全党工作中心转变的条件已经具备"①，1978 年 11 月 10 日在中共中央工作会议开幕式提出："我们这次会议，头三天讨论全党工作着重点转移问题。从明年 1 月起，把全国工作的重点转移到社会主义现代化建设上来。这样做适当不适当？各级党委的工作如何实现这个转移?"②讨论时河南、云南提出现在转移有困难。华国锋认为毛泽东的领导艺术是：一个阶段的主要问题解决了，就及时地提出新阶段的任务。因而他说：各省有特殊情况，还可以继续揭批"四人帮"，但是就全国来讲工作重点要转移。"一个阶段的主要问题解决了，就要发展到新的阶段。"③12 月，中国共产党十一届三中全会"一致同意华国锋同志代表中央政治局所提出的决策，现在就应当适应国内外形势的发展，及时地、果断地结束全国范围的大规模的揭批林彪、'四人帮'的群众运动，把全党工作的重点和全国人民的注意力转移到社会主义现代化建设上来。这对于实现国民经济三年、八年规划和二十三年设想，实现农业、

---

① 《中国共产党第十一届中央委员会第三次全体会议公报》，中央文献研究室编《三中全会以来》(上)，第 4 页，人民出版社，1982 年。

②③ 于光远：《亲历的那次历史转折——十一届三中全会的台前幕后》，第 25、28 页，中央编译局出版社，1998 年。

工业、国防和科学技术现代化,巩固我国的无产阶级专政,具有重大的意义"①。这个决策得到与会者的一致同意。从此中国摆脱了无休止的政治运动,集中精力建设现代化,以实现几代人富国强兵的梦想;人们再不必担心哪天被批判,结束了动荡不安,从此可以安居乐业。消息公布之后受到群众的热烈的拥护,极大地鼓舞了群众建设社会主义的热情。

第二次转折,是从1978年开始的。这年5月副总理谷牧到西欧考察,回来提出利用外资问题、建立工业区。为搞活经济,7月国务院成立国家进出口管理委员会,国家外国投资管理委员会谷牧为主任。11月华国锋和广东省第一书记习仲勋谈话,研究如何搞好南大门,因为宝安沿海一带有支书带领群众偷渡外逃。他们认为这不是政治问题,而是经济困难造成的,要大力发展经济。习仲勋向中央要政策,华国锋同意广东省委在宝安、珠海两县建立外贸基地。1979年1月31日国务院决定在深圳蛇口举办工业区,方针是:"立足港澳,依靠国内,面向海外,多种经营,工商结合,买卖结合。"②2月14日国务院批复广东省革命委员会关于宝安、珠海两县外贸基地的规划设想,由国家投资1.5亿。《批复》指出:"凡是看准了的,说干就干,立即行动,把它办成,办好。"③3月5日国务院批复同意将宝安改为深圳市、珠海改为珠海市,直属省政府领导。华国锋派谷牧到深圳考察,负责此项工作。7月15日中共中央、国务院批转广东、福建两省委的报告,决定对两省的对外经济活动实行特殊政策和灵活措施,以充分发挥两省的优越条件,扩大对外贸易。正式提出试办深圳、珠海、汕头、厦门四个出口特区,积极吸引侨资、外资,引进国外先进技术和管理经验。④1980年副委员长彭真、委员长叶剑英到深圳视察。5月中共中央、国务院进一步决定在深圳、珠海、汕头、厦门试办经济特区。8月26日五届全国人代会听取了国家进出口管理委员会、国家外国投资管理委员会副主任江泽民受国务院委托作的关于广州、福建两省设置经济特区和《广东省经济特区条例》的报告,会议批准了国务院提出的《广东省经济特区条例》,条例决定在深圳、珠海、汕头设置经济特区。⑤

---

① 《中国共产党第十一届中央委员会第三次全体会议公报》,中央文献研究室编,《三中全会以来》(上),第4页,人民出版社,1987年第1版。

② 深圳市史志办公室编,《深圳大事记》(1979—2000年),第2页,海天出版社,2001年。

③④ 均见于中共广东省委党史研究室编著,《广东改革开放大事记》,第7页,第17—18页,广东人民出版社,1999年。

⑤ 深圳市史志办公室编:《深圳大事记》(1979—2000年),第2页,海天出版社,2001年。

从此由社会主义计划经济开始向社会主义市场经济转变。邓小平坚持:"贫穷不是社会主义。"①经过十几年的不懈努力、争论、曲折、风波,1992年邓小平南巡讲话明确指出:"计划经济多一点还是市场经济多一点,不是社会主义与资本主义的本质区别,计划经济不等于社会主义,资本主义也有计划经济;市场经济不等于资本主义,社会主义也有市场。计划和市场都是经济手段。社会主义的本质,是解放生产力,发展生产力,消灭剥削,消除两极分化,最终达到共同富裕。"②同年,中国共产党第十四次代表大会肯定邓小平对建设有中国特色社会主义理论的创立,做出了历史性的重大贡献,大会作出我国还处在社会主义初级阶段的科学结论。1993年党的十四届三中全会通过《中共中央建立社会主义市场经济体制若干问题的决定》。从社会主义计划经济到社会主义市场经济整整用了15个年头。

第三次转折,1997年香港、澳门相继回归,毛泽东、周恩来确定的"一国两制"(当时是叫"一纲四目"③)统一中国的方针经过两代人的努力终于在香港、澳门率先实现。十几年来大陆、香港、澳门经济发展顺畅,充分体现了"一国两制"的优越性。

2001年中国经过十几年的谈判加入WTO,加快融入世界经济的步伐,加快参加全球一体化的速度。当今世界经济仍是资本主义经济占主导地位,虽说我们加入WTO可以参与制定市场规则,但是只有一票,谈何容易。另外资本主义国家在第二次世界大战之后发生了很大变化。第二次世界大战后出现了社会主义阵营,占世界人口的三分之一。社会主义的胜利,极大地震动了资本主义世界,使资产阶级的有识之士认识到马克思列宁主义学说对资本主义、帝国主义批判的合理性。列宁分析:"垄断代替自由竞争,是帝国主义的根本经济特征,是帝国主义的实质。"由此他提出:"帝国主义是垂死的资本主义。"④资本主义国家开始向社会主义学习,进行一系列改革,如制定了反垄断法,限制垄断;鼓励发展高科技,在高科技的带动下,生产力得到极大的提高,社会财富空前增长,中产阶级空前膨胀,第三产业勃然兴

---

① ② 均见于《邓小平文选》第3卷,第116页,第373页,人民出版社,1992年。

③ 1958年周恩来将毛泽东的提法概括为"一纲四目"。一纲:只要台湾回归祖国,其他一切问题尊重台湾当局(蒋介石、陈诚)意见妥善处理。四目:台湾回归祖国后,除外交必须统一于中央外,所有军政大权人事安排等由台湾当局全权处理;所有军政及建设费用,不足之数,由中央拨付;台湾之社会改革,可以从缓,尊重台湾当局意见协商决定;双方互不派人进行破坏对方团结之事。

④ 《列宁全集》第23卷,第103页,人民出版社,1958年。

起。白领(脑力劳动者)超过蓝领(体力劳动者)的人数,农民在美国、日本只占全国人口总数的1%—4%。资本主义发展三百年的历史,第一次工农大众成为人口的少数,而且还有减少的趋势。而共产党一向主张依靠多数才能胜利。发达的资本主义国家注意到在第二次、第三次社会分配逐渐趋向平等,照顾到弱势群体的利益,实行全民福利。此时发达国家的工人农民的生活与恩格斯1844—1845年在《英国工人阶级状况》一书所描写的情况迥然不同。这些变化引起人们的惊异、困惑和思索。

1959年,赫鲁晓夫第一次到美国,看到资本主义国家生产极大丰富,马克思所预言的消除城乡差别竟然率先在资本主义国家实现。他大吃一惊,惊魂未定,到中国大讲两大阵营和平竞赛,和平共处。以毛泽东为首的中国共产党则不放弃暴力革命,不放弃武装斗争夺取政权。这场争论在国际上引起了共产主义运动的分裂,没有执政的各国共产党几乎都分裂成两个或两个以上的党派。这场旷日持久的争论是中国"文化大革命"爆发的国际大背景。"反修斗争"是"文化大革命"的思想准备和舆论准备,这已是不争的事实。① 当年负责"反修斗争"的邓小平,1989年会见苏联领导人戈尔巴乔夫时说:"我们这次会见的目的是八个字:结束过去,开辟未来。"为什么不再争论? 他说:"经过二十年的实践,回过头来看,双方都讲了许多空话。马克思去世后一百多年,究竟发生了什么变化,在变化的条件下,如何认识和发展马克思主义没有搞清楚。"② 当年连篇累牍写了那么多文章,经历过那么多次的谈判,动用多少人力物力口诛笔伐,经过二十年反思后,他斩钉截铁地说:这都是空话! 这真是痛定思痛之后才能讲出来的肺腑之言。"文革"中他两次被打倒,有切肤之痛。马克思说,你要进入这个房间,打开门却进入另一个房间。历史对人的捉弄,令人感慨万分。

毛泽东已去世30多年,如果他又回到人间,"当惊世界殊"③。正如马克思不能预料到社会主义首先在一个落后的资本主义俄国实现一样,正如列宁不能预料到落后的中国会夺取新民主主义革命胜利,更不会预料到中国会走农村包围城市夺取胜利之路一样,毛泽东也不可能预料到近三十年后中国的变化。

---

① 金春明、席宣:《文化大革命简史》,中央党史出版社,1996年。

② 《邓小平文选》第3卷,第292页,第291页,人民出版社,1992年。

③ 这是毛泽东写的词《水调歌头·游泳》中的最后一句。

以江泽民为核心的党中央看到世界巨变,看到发达资本主义国家的现状,及时地总结了近三十年来中国社会的变化,江泽民说:"改革开放以来,我国的社会阶层发生了新的变化,出现了民营科技企业的创业人员和技术人员、受聘外资企业的管理人员、个体户、私营企业主、中介组织的从业人员、自由职业人员等社会阶层。而且,许多人在不同的所有制、不同行业、不同地域之间流动频繁,人们的职业、身份经常变动。这种变化还会继续下去。他们与工人、农民、知识分子、干部和解放军指战员团结在一起,他们也是有中国特色社会主义事业的建设者。"①2002 年 9 月召开的中国共产党第十六代表大会修改了党章,规定:"年满 18 岁的中国工人、农民、军人、知识分子和其他社会阶层的先进分子,承认党的纲领和章程,愿意参加党的一个组织并在其中积极工作、执行党的决议和按期交纳党费的可以申请加入中国共产党。"②"其他社会阶层"包括什么?虽然党章没有明确规定,但是江泽民在 2001 年 7 月 1 日讲得很清楚,"其他社会阶层的先进分子"有六种人,其中有:"民营科技企业的创业人员"、"个体户"、"私营企业主"。③现在对于这三种人能否入党的争论最大,因为他们入党后,中国共产党再也不单纯是工人阶级的政党,再也不单纯由"无产阶级先进分子所组成"④。这个变化之大、之深刻是不言而喻的。

其实允许资本主义存在,并不是现在的发明创造,早在 1949 年 2 月毛泽东进北京之前宣布中国共产党的政策就讲过。他说:"在革命胜利以后一个相当长的时期,还需要尽可能地利用城乡私人资本主义的积极性,以利于国民经济的向前发展。"⑤不仅毛泽东讲过这个话,周恩来在 1949 年夏起草《中国人民政治协商会议共同纲领》时,在总纲中规定:"中华人民共和国为新民主主义国家即人民民主主义的国家,实行工人阶级领导,以工农联盟为基础的、团结各民主阶级和国内各民族的人民民主专政。"⑥当时有人提出既然承认新民主主义是一个向社会主义过渡性质的,总纲应该明确地把社会主义前途规定出来。周恩来解释:"只有全国人民在自己的实践中认识到这是唯一的最好的前途,才会承认它,并愿意全心全意为它奋斗。所以现在

①③　均见于江泽民:《论"三个代表"》,第 169 页。中央文献出版社,2001 年第 1 版。
②　中国共产党第 16 次全国代表大会通过的党章,第 29 页,人民出版社,2002 年。
④　第九次全国代表大会通过的《中国共产党章程》,《人民日报》1969 年 4 月 15 日。
⑤　《毛泽东选集》第 4 卷,第 1431 页,人民出版社,1991 年第 2 版。
⑥　《中华人民共和国开国文选》,276 页,中共中央文献出版社,1999 年第 1 版。

暂时不写出来,不是否定它,而是更加郑重地看待它。"①第一届全国政协会议通过了《共同纲领》。同年,刘少奇指出:"新中国的国民经济主要是由以下五种经济成分构成的:(1)国营经济;(2)合作社经济;(3)国家资本主义经济;(4)私人资本主义经济;(5)小商品经济和半自然经济。此外还有一些纯粹的自然经济,但意义不大。这五种经济成分中,小商品经济和半自然经济占着绝对的优势。""合作化经济今天还很小","国家资本主义经济也很小","国营经济则在接受全国官僚资本后,是一个可观的但很小的成分。在无产阶级、共产党领导之下,由上述五种经济成分所构成的国民经济,我们称之为新民主主义经济。我们认为新民主主义经济是一种过渡性质的经济。这种过渡所需要的时间,将比东欧、中欧各人民民主国家长得多。"②在建国初期保存资本主义是当时全党一致的看法。只是后来毛泽东的思想很快发生了变化。他先是提出15年进入社会主义,后来他批评党内一些领导干部是小脚女人,走路摇摇摆摆,是右倾。1956年完成工商业公私合营,将农民、个体户组织为高级社(即土地、牲畜等生产资料不分红),完成了社会主义改造,建立社会主义制度。那时,大家欢天喜地,敲锣打鼓,庆祝社会主义的到来,人人都认为从此幸福生活像芝麻开花节节高。我当时虽是十二三岁的孩子,对此却记忆犹新。

现在是不是回到50年前的原点呢?不是!事物是波浪式前进,螺旋形上升,现在是一个新的起点。中国早已今非昔比,中国已实现了工业化,工业的产值早已超过农业、手工业的产值。另外毛泽东、周恩来、刘少奇当年所说仅是中国共产党领导下的新民主主义国家的国策。现在党中央提出的不仅是国策,不仅是党在一个时期的政策,而是扩大了共产党员成分的社会基础,党员除有工人、农民、军人、知识分子外,还有"其他社会阶层的先进分子",即"民营科技企业的创业人员"、"个体户"、"私营企业主"。

中国的变化是不可逆转的,无论你高兴还是不高兴,喜欢还是不喜欢。因为这些变化推进了中国经济近30年来每年都以8%左右的速度向前发展。人民的生活空前改善,水平极大提高。中国经济成为推动世界经济发展新的经济增长点,中国人民不仅自立于世界民族之林,而且对世界的稳定与发展做出了贡献。

---

① 《周恩来选集》上卷,第368页,人民出版社,1980年第1版。

② 《刘少奇选集》上卷,第426—427页,人民出版社,1981年第1版。

人的认识是随着时代前进的,对毛泽东的认识也是这样。上个世纪的80年代,人们总结他在"文革"中犯的错误。上个世纪的90年代,经历了苏联、东欧剧变后有人试图从他的论述中找到答案。21世纪之初,人们看到他著作中的哲理、箴言,看重他哲学思想对后世的影响。培根说:"时间是真理的女儿,不是权威的女儿。"随着岁月的流逝,研究者少了激情,多了冷静;少了口号,多了思考;少了悲情、恩怨,站得更高,以更宽广的眼光剖析毛泽东。毛泽东的功过是非更加清楚。

伟大的人物都是一个时代的开创者。他有超人魄力,敢想前人所不敢想的事情,敢走前人从未走过的路;他有出众天赋,看得更远;他有卓越才能,他提的口号能抓住亿万群众的心,能率领亿万民众前进,干一番翻天覆地的大事业,不论对错,群众总愿跟着他。他对后世发生深远的影响。当他不在了,他的影响仍然长存,依然活在人们的心里,无论你是热爱他,还是憎恨他。毛泽东就是这样一个伟大的人物。他来自于农村,深知中国国情和传统文化。他从不满足现状,一生不停地奋斗、前进。因为他是开创者,就难免出现问题,他一生的探索一次成功,另一次失败。但是他的失败教训了后人,告诉人们此路不通,从此后人开始走另一条路,这就是改革开放。所以邓小平说:"他的功绩是第一位的,他的错误是第二位的。"①

夺取政权时,毛泽东找到农村包围城市之道路

一、走与苏联完全不同的道路。

苏联十月革命是工人阶级首先在城市暴动,是武装夺取城市、占领城市,建立全国苏维埃政权后,由城市到农村建立各地的苏维埃政权。而中国共产党走的是完全不同的道路,在农村建立武装割据,由农村包围城市,最后夺取全国政权。寻找这条道路中充满了牺牲、艰辛,经历了两次失败。第一次,大革命(1924—1927年)的失败,1927年蒋介石发动"四一二事变"、汪精卫发动"七一五事变",将共产党打入地下。"从此以后,内战代替了团结,独裁代替了民主,黑暗的中国代替了光明的中国。但是,中国共产党和中国人民并没有被吓倒,被征服,被杀绝。他们从地下爬起来,揩干净身上的血迹,掩埋好同伴的尸首,他们又继续战斗了。他们高举起革命的大旗,举行

① 《邓小平文选》第2卷,第333页,人民出版社,1992年。

了武装反抗。"①第二次是 1934 年红军被迫撤出中央苏区,开始长征,经过二万五千里才在陕北找到落脚点。毛泽东在革命战争的实践中找到农村包围城市的道路,并创建了这个理论。这个理论从实践到理论,到为全党认识、接受,以第七次代表大会提出毛泽东思想为标志,整整用了 24 年的时间。为什么会用了这么长的时间,经历这么多的曲折呢?经过两次失败才能找到这条正确的道路,才能为中国共产党全党所接受?原因有以下四点:

有苏联成功的经验在先。苏联十月革命是首先工人阶级在城市暴动,是武装夺取城市,占领城市,建立全国苏维埃政权后,在反抗 14 个帝国主义国家的干涉中才组建红军,派工人、党员下乡,由城市到农村建立苏维埃政权。苏联十月革命是在一个军事帝国主义国家、在沙皇俄国取得了成功,在其他类型的国家能不能成功?人们的认识总是跟着成功的经验走,只有在实践碰壁后,证明这条路走不通了,才会另辟蹊径。幼年的中国共产党既然是以俄为师,很难一开始就下决心走与苏联不同道路的。

大革命成功的经验。1924—1927 年大革命国共两党合作,接受苏联的武器援助,国民革命军北伐很快由珠江流域打到长江流域,占领了半个中国。1927 年 4 月 12 日蒋介石在上海、7 月 15 日汪精卫在武汉屠杀共产党,国共分裂后,周恩来等人领导的"八一起义"就是遵循大革命的经验,南下占领港口汕头,准备接受苏联的武器援助,再次北伐。队伍没有就近和当地的农民运动相结合,而是长途跋涉,疲惫之师,到广东潮汕后,由于敌强我弱失败了。

共产国际②的干预。共产国际实行集中领导,有严格的组织、纪律。中国共产党是共产国际的一个支部,下级服从上级,这是民主集中制的原则,也是党内铁的纪律。共产国际不仅在政策上领导,还直接干涉中共党内的人事安排。如在 1931 年 1 月 7 日,当时是共产国际东方部领导人米夫到上海支持王明,批评中国共产党中央较正确的两位领导同志周恩来、瞿秋白,说他们是对 1930 年夏的李立三冒险路线错误批判不够,是犯了调和主义错误,硬把这两个人的威信压下去。在米夫的直接干预下,在上海召开六届四中全会,扶持王明上台。王明是 1925 年以团员的身份到苏联学习,没有大

---

① 《毛泽东选集》第 3 卷,第 1036 页,人民出版社,1991 年第 2 版。

② 共产国际又称第三国际,1919 年 3 月成立,是各国共产党的联合组织。1922 年中共"二大"决定加入共产国际,并成为它的一个支部。1943 年 5 月,共产国际执委主席团通过决议,宣布解散。

革命的经历,更没有领导的经验,对中国情况不了解。在苏联他熟读了马列主义的书,只会鹦鹉学舌,只会照搬共产国际的指示,并不能从中国实际情况出发来解决实际问题。因而导致中国革命第二次失败。

要打破对共产国际的迷信不是那么容易的。不仅需要勇气和魄力,还受到体制的束缚。而毛泽东有勇气和魄力,他提出反对本本主义,认为中国革命一定要走自己的路,不能迷信任何人。他远离中央,远离共产国际,受体制的束缚相对来说少些。

理论问题难以解决。马克思主义产生在西方发达的资本主义国家。马克思主义认为工人阶级、无产阶级是资本主义的掘墓人。在《共产党宣言》中写的口号是:全世界无产者联合起来!共产党是工人阶级的最高组织形式。工人阶级在城市,不是在农村。列宁说:农村的农民是小资产阶级,每日每时都在产生资本主义。所以各国共产党闹革命只能依靠工人阶级而不是小资产阶级。依靠工人阶级,只能在城市进行,否则依靠工人阶级就成了一句空话。受这个理论的束缚,当时中共中央虽然支持农村的武装斗争,派大量干部到农村去,加强那里的领导力量,但是他们担心农民运动超过工人运动,导致中国共产党组织改变阶级成分,改变性质。

这个理论问题是毛泽东突破的。毛泽东看到:中国是一个半封建半殖民地的国家,自给自足的自然经济占绝大部分。他说:"农民在全国总人口大约占百分之八十,是中国国民经济的主要力量。中国的贫农,连同雇农在内,约占人口的百分之七十。贫农是中国革命的最广大的动力,是无产阶级的天然的和最可靠的同盟者,是中国革命队伍的主力军。农民这个名称所包括的内容,主要是指贫农和中农。"[①]毛泽东解决了在农民为主的国家建立共产党的理论问题。

二、为什么这个使命非毛泽东完成不可?

毛泽东出身农民,深知农民。毛泽东1893年生于一个农民家庭,从小下田劳动,他就是农民的一分子,朝夕相处,深知农民的疾苦,了解农村社会情况。1910年长沙饥民暴动遭到镇压,他同情谋反者。从小读私塾,精通中国的旧学(传统文化)。他是五四运动中学生领袖之一。他看到帝国主义瓜分中国,深受"国家兴亡,匹夫有责"传统的影响,有社会责任感。17岁时走出偏僻山村——韶山,到外面读书,开始接触到新的思想,如饥似渴阅读

① 《毛泽东选集》第?卷,第643—644页,人民出版社,1991年第2版。

康梁改良主义、孙中山革命书籍。辛亥革命后投笔从戎，参加新军。在新军半年，他看到辛亥革命虽然推翻了帝制，但是没有改变中国的面貌。他失望了，退出新军，转而到长沙上学，接触到社会主义思想。1917年苏联爆发了十月革命，一声炮响给中国送来了马列主义。1919年五四运动，毛泽东是湖南学生运动的领袖，办报纸，发表大量文章，引起传播马列主义先驱者陈独秀、李大钊的注意。1919年冬毛泽东到北京，结识了陈独秀、李大钊，在北京大学看到了马克思、恩格斯的著作《共产党宣言》。①

　　他对中国问题有深厚兴趣。当时很多有志青年到欧洲勤工俭学，他不去留学，留在国内研究中国国情。1919年春，毛泽东在上海送走旅欧的同学，他却没有走，留在国内。是不是因为他没有川资，经济窘迫，不是。留在国内是他主动的选择，他说："吾人如果要在现今世界稍为尽一点力，当然脱不开'中国'这个地盘内的情形，似不可不加以实地的调查，研究。这层工夫，如果留洋回来的时候做，因人事及生活的关系，恐怕有些困难。"②

　　他回到长沙继续做小学教员，领导长沙地区五四运动，创办《湘江评论》，发动驱张（张敬尧，统治湖南的军阀）运动。同时和旅欧留学的蔡和森等朋友们保持着密切的通信，经常讨论问题，交流心得。经过研究、选择，他信仰了马克思、列宁主义，主张用暴力夺取政权。是否主张暴力革命，这是列宁与第二国际修正主义的分水岭。1921年7月，他到上海参加中国共产党第一次代表大会，是中国共产党的创始人之一。担任中共湘区书记，领导湖南、安源工人运动两年。

　　1923年毛泽东出席中国共产党的第三次代表大会，在这次大会上共产党决定与国民党党内合作。会议选举毛泽东为党中央局秘书。会后毛泽东回到长沙贯彻三大决议，指导湘区筹备国民党湖南地方组织。为了便于开展工作，国民党中央总务部副部长林伯渠（共产党员）给他一个国民党中央党部筹备员的头衔。1924年12月毛泽东为参加国民党第一次代表大会离开长沙经上海到广州。2003年10月29日我有幸到台北国民党的党史馆查阅第一次代表大会的档案，意外地发现了川资登记本，上面写着："袁达时湖南代表川资70元。毛泽东湖南代表川资70元。夏曦湖南代表川资70

_____

　　① 陈望道译的《共产党宣言》于1920年8月出版。罗章龙对笔者说他当时是北京大学的学生，曾译过《共产党宣言》，未公开出版。
　　② 1920年3月14日毛泽东致周世钊信，见《毛泽东年谱》，第55页，人民出版社、中央文献出版社，1993年。

元。"在夏曦这行字的旁边有一行小字,写着"袁达时、毛泽东的川资由夏曦代领"。这三个人都是共产党员。① 可能毛泽东忙于准备大会发言,没有时间领川资。毛泽东在这次会上的表现受到孙中山的注意,孙中山亲自提名,毛泽东当选为国民党中央候补执行委员。1927 年春毛泽东就是以这个身份到湖南进行农民运动考察。那时农民称他"毛委员",这个委员不是共产党,而是国民党中央候补执行委员。

他有领导农民运动的经验。国民党一大结束后,毛泽东到上海参加国民党上海执行部工作和中共中央的工作。1925 年 2 月因病离开上海,回到家乡。这给他提供了一个领导农民运动的实践机会。他在韶山建立农会,"开始作政治经济斗争,如阻禁谷米出境,维持民食,增加雇工工资,减轻租额,地方行政人员的民选。"②为此,受到湖南当局的通缉。

1925 年 9 月毛泽东到革命的中心广州后,在国民党中央宣传部工作,办刊物,参加国民党中央农民运动委员会。1926 年 5 月接共产党员、农民大王(即著名领导农民运动的领导人)彭湃主办第 6 期农民运动讲习所。在几年的斗争中,他深深认识到,中国农民占绝大多数,革命成功,必须依靠农民。在广州他写了《中国社会各阶级分析》一文,回答了谁是我们的敌人,谁是我们的朋友,革命依靠谁的问题。在俄国,革命依靠工人,俄国是资本主义国家,发展资本主义已有 200 年的历史,有强大的工人阶级。中国是一个半封建、半殖民地的国家,工业不发达,工人力量小,只有 200 万。他说:"一切小资产阶级(主要是自耕农)、半无产阶级、无产阶级乃是我们的朋友,乃是我们的真正的朋友。我们真正朋友有多少? 有三万万九千五百万。"③

湖南农民运动搞得轰轰烈烈,触动了地主豪绅的利益,在一片"糟得很"的喊声中,他亲自调查,写了《湖南农民运动考察报告》,说:"无数万成群的奴隶——农民,在那里打翻他们吃人的仇敌。农民的举动,完全是对的,他们的举动好得很! 一切革命的同志须知:国民革命需要一个大的农村变动。辛亥革命没有这个变动,所以失败了。现在有了这个变动,乃是革命完成的重要因素。"④

这两篇特立不凡的文章表现出他独到、高超的眼光,毛泽东在共产党内

---

① 原件存台北国民党国史馆。

② 湖南省博物馆编:《湖南全省第一次工农代表大会日刊》,第 172 页,湖南人民出版社,1979 年。

③ 《毛泽东集》第 1 卷,第 173 页,日本北望出版社,1972 年。

④ 《毛泽东选集》第 1 卷,第 16 页,人民出版社 1991 年,第 2 版。

崭露头角。

正因为有此认识和准备,1927年夏,汪精卫发动"七一五事变"的前夜,中国共产党政治局在武汉讨论今后的办法时,毛泽东提出:可以上山。张国焘马上反对:上山就是要当土匪,你上山,必须和共产党脱离关系。当时在中国只有土匪才占山为王,上山这条道路是离经叛道。那时共产党员不做官,因为做官的都是官僚;共产党员不带兵,因为带兵的都是军阀;共产党员也不能上山,上山就是要当土匪。剩下只有一条路,共产党只能做群众工作。如此,共产党没有政权,没有兵权,不失败才叫奇怪!

毛泽东不信邪,总结大革命失败的教训,说:"枪杆子里面出政权。"他回到家乡湖南领导秋收起义。起义的部队损失过半后,已不可能完成攻打长沙的预定任务。毛泽东当机立断,率领部队上了井冈山。从此开始了农村包围城市的探索。

毛泽东领导的苏区是全国各地众多苏区中发展最快的、最大的,搞得最好的,所以这条道路后人称之为井冈山道路。大革命失败后很多人在城市暴动失败后,自觉或不自觉地撤到农村、山区,建立分散的独立的根据地。中国的国情不同于欧美发达的资本主义国家,没有议会民主可以利用。统治阶级掌握着政权、军队、监狱,残酷地镇压革命,敌强我弱。中国革命首先只能在敌人力量薄弱的地区生存、发展,敌人统治薄弱的地区就是农村、山区,崇山峻岭,交通不便,山高皇帝远。

毛泽东在农村坚持武装割据,经过数次作战,学会了打游击战,总结为十六字诀:"敌进我退,敌住我扰,敌疲我打,敌退我追。"取得第一、二、三次反"围剿"的胜利,战胜了蒋介石。毛泽东不仅在战场上取得胜利,进而将成功的实践上升为理论。中国研究毛泽东军事思想、研究战略问题的专家李际均中将说:"军史上几乎成为定论的是:著名的军事统帅大都没有系统的军事理论著述,而著名的军事理论家大都又没有当过统帅。只有毛泽东是个例外,他是兼而备之。"①毛泽东最终成为军事家。

他先有实践后有理论。毛泽东的认识、总结随着根据地的强大而不断深入。1928年冬,毛泽东仍主张在闽浙赣边创建苏区来影响城市工作。到1930年初,各地的农村根据地已巩固,力量日渐强大,他提出实行武装割据是促进全国革命高潮的重要因素(还不是最重要的因素)。1931年初,王明

① 李际均:《毛泽东军事战略思维》,《百年潮》2003年第11期,第5页。

得到共产国际的支持上台后,中断了毛泽东的探索。革命第二次失败教育了全党,证明毛泽东是正确的。1935 年 1 月中央红军长征到达遵义,召开了中共政治局会议。在会上毛泽东当选为中央常委,进入中共中央领导核心。红军长征到达陕北,毛泽东担任中共中央军委主席。这时,环境相对安定,毛泽东有时间、有精力总结十多年的历史经验、教训,写下了一系列的文章:《中国革命战争的战略问题》《中国共产党在民族战争的地位》《战争和战略问题》《中国革命和中国共产党》《新民主主义论》《论政策》等。这些著作在中国共产党内只有毛泽东能写出来,形成了毛泽东思想。然后经过几年整风,毛泽东思想才逐渐为全党所接受。在 1945 年中共第七次代表大会通过的党章明确规定:"以马克思列宁主义的理论与中国革命的实践之统一的思想——毛泽东思想,作为党的一切工作的指针。"农村包围城市,武装夺取政权,这个理论是毛泽东思想的核心,丰富了马克思主义理论宝库。这是中国共产党人对马克思主义理论、对国际共产主义运动最重要贡献。

抗战胜利后,蒋介石打内战,毛泽东指挥中国人民解放军仅用 4 年(1946—1950 年)时间打败了蒋介石的 800 万部队。毛泽东成为中国共产党的领袖,成为中国的大英雄,民族的领袖;奠定了他在中国共产党、在新中国无可替代的地位。一直到他逝世。在他逝世之后,有人反对他,想全盘否定他,邓小平、陈云、彭真、李维汉、黄克诚等老一代革命家挺身而出,维护他的历史地位,邓小平说:"他的功绩是第一位的,他的错误是第二位的。"[①]

没有毛泽东,就没有新中国

自 1894 年甲午战争以后中国的满清王朝逐渐崩溃,这时群雄并起,军阀混战,各霸一方,思想混乱、政治腐败、经济崩溃。中国人民陷入了水深火热的境地。对于这样一个大国,外有列强的分割,内是一盘散沙,无法想象会有今天的统一的局面。中国共产党在经历了无数的成功与失败,付出了血的代价后,才确立了毛泽东在共产党中的领导地位。这是共产党的选择。毛泽东把共产党带出了濒临危机的险境,统一了全党的思想,领导共产党打败代表军阀、帝国主义列强的蒋介石。共产党在中国由弱到强,占据领导地位,这是中国人民的选择,是饱受苦难渴望中华民族重新站起来意志的体

---

① 《邓小平文选》第 2 卷,第 333 页,人民出版社,1991 年。

现,共产党的胜利是人民的胜利,也是毛泽东的才能和智能的结晶。所以邓小平说:没有毛泽东,中国共产党"就还在黑暗中苦斗"。[①] 没有毛泽东,"至少我们中国人民还要在黑暗中摸索更长的时间"。[②]

一、中国人民从此站起来了,中国自立于世界民族之林。

中华人民共和国的建立结束了一百多年来外强侵略的历史,实现了中华民族的独立,从此中国人民站起来了,自立于世界民族之林。孙中山提出民族、民权、民生三大问题,毛泽东解决了民族问题。中华民族得到世界的承认和尊重,恢复了尊严。1950年抗美援朝敢于和世界第一号强国美国较量。1964年援越抗美。中华人民共和国两次打败了美国。从1972年尼克松总统访华以来,历届美国总统当选后都要到中国访问。这就是明证。

二、统一了中国。结束军阀混战,创造了和平安定的环境。

推翻了官僚买办资产阶级和封建地主阶级的统治,从而结束了民国以来几十年的军阀混战,消灭了军阀割据,消灭了地方武装势力,真正统一了大陆。人们可以安居乐业,休养生息。国家的实力得到迅速发展。

三、增强了国力。

1950年产量,钢60万吨,铁97.5万吨,发电量45.5亿度,粮食2494亿斤,棉花44.45万吨。石油叫洋油,铁钉叫洋钉,火柴叫洋火。更不要说手表、缝纫机、汽车、拖拉机、坦克、飞机等等统统不能生产。我们的国家真是一穷二白。经过15年的努力,1964年建立了独立的比较完整的工业体系和国民经济体系。1976年,钢2046万吨,发电量2031亿度,粮食5726亿斤,棉花4111万吨。这还是因受到"四人帮"的干扰,钢倒退到5年前的水平。1975年是钢产量最高的一年为2390吨,是1949年的39.1倍。就以1976年毛泽东逝世那年的钢产量也是1950年的34.1倍,27年增加了34.1倍。

我国1964年爆炸了第一颗原子弹,跻身于核大国。1970年用自己的导弹发射了人造卫星。今年发射了载人飞船,成为外空间三个强国之一。

四、增强了国家意识。

几千年来中国一直停留在自给自足的自然经济中,和古代没有多少差别,这样的生产方式养成中国人的意识只关心自己。农民的口头禅:三十亩地一头牛,老婆孩子热炕头。而中华人民共和国建立后将一盘散沙的群众

---

①② 均见于《邓小平文选》第2卷,第148页,第344页,人民出版社,1991年。

组织起来,每一个人都在一个组织内,农民在人民公社,工人在工厂,学生在学校;干部在政府机关,机关从中央一直到居委会、村委会;各种团体,如少先队、青年团、妇联、农会等等。从此,中国人民建立、增强了国家意识,树立了国家利益高于一切的观念。保家卫国,为国争光,深入人心。集体主义精神大发扬,为了国家的长远利益牺牲个人利益,一不怕死二不怕苦,先治坡(指生产)后安家,勒紧裤腰带也要发展核武器(两弹一星),这些口号成为人们的行动准则,人人以此为荣。这种精神是民族之魂,至今还在激励着中华民族前进。

毛泽东思想培养了几代人

毛泽东不仅是军事统帅、军事理论家、革命家、战略家、政治家、诗人,还是一位思想家、哲学家。对任何一个执政党和国家领导人来讲,只要有其中一个头衔就为世人瞩目,而毛泽东将这些成就集于一身,使后人望尘莫及。虽然事过境迁,他提的许多政治主张已在现实生活中渐渐淡出,但是他的哲学思想长久地影响后世。他的哲学著作除《实践论》《矛盾论》外,《中国革命战争的战略问题》《抗日游击战争的战略问题》《论持久战》《战争和战略问题》《集中优势兵力,各个歼灭敌人》等军事著作都是哲学著作,充满了辩证法。他将自己的哲学思想概况为四个字"实事求是"。实事求是是中国共产党的思想路线,是中国共产党取胜的法宝,是中国共产党的优良传统。正因为中国共产党有这个传统,中共中央、邓小平才能高举起这面大旗,拨乱反正,提出改革开放。正因为中国共产党有实事求是传统,全党才容易接受改革开放,建设有中国特色的社会主义。

毛泽东与学院派的哲学家不同,他的著作深入浅出,通俗易懂,深入人心。工人农民都能看懂,大庆油田就是以"两论"起家,这"两论"就是《实践论》《矛盾论》。他来自群众,他的语言生动活泼,如他批评有人的文章过长,说这些文章是"又长又臭的懒婆娘的裹脚"。[1] 他批评一些文章言而无味"像个瘪三",[2] 只罗列现象,不解决问题,他比喻为"开中药铺"。[3] 毛泽东的一些语录,融入人民语言,丰富了中国的语言,长存于世。

陈云回忆与毛泽东的交往,深情地说:"延安整风时期,毛泽东同志提倡

---

①②③　《毛泽东选集》第3卷,第834页,第837页,第838页,人民出版社,1992年第2版。

学马列著作,特别是学哲学,对于全党的思想提高,认识统一,起了很大的作用。毛泽东同志亲自给我讲过三次要学哲学。在延安的时候,有一段我身体不好,把毛泽东同志的主要著作和他起草的重要电报认真读了一遍,受益很大。我由此深刻地领会到,工作要做好,一定要实事求是。"他谈到毛泽东的功绩,说:"毛泽东同志的一个无可比拟的功绩,是培养了一代人,包括我们在内的以及'三八式'①的一大批干部。现在这些人在全国各个岗位上都担负着重大的责任。这是一件极大的事情。这是第一点。"②陈云是1925年加入中国共产党的党员,从1931年起是中共临时中央领导成员,中国共产党第七次代表大会的中共中央书记处候补书记。他认为自己是毛泽东的学生。其实不仅大革命时期(1924.1—1927.7)、土地战争时期(1927.7—1937.7)、抗日战争时期(1937.7—1945.8)的干部是在毛泽东领导下培养的,就是解放战争(1945.8—1949.9)、新中国建立后到改革开放中成长起来的干部也是在毛泽东思想教育下成长起来的。胡锦涛1964年10月看完史诗《东方红》后在《人民日报》发表文章,表达了这种情感。毛泽东虽然犯过两次重大的错误("大跃进"、"文革"),但是他的哲学著作、哲学思想丰富了中国共产党的理论宝库。随着岁月的推移,毛泽东哲学思想的影响将越来越突出、显现。

1949 年后两次失误的原因

1949年中国共产党从国民党手中接收一个破烂摊子。三年国民经济恢复得很快,给斯大林留下很深刻的印象。③1952年周恩来到莫斯科和斯大林谈判。斯大林决定全面援助中国,最后确定援建156项工程。1956年第一个五年计划提前一年完成,中国从此可以生产手表、缝纫机、照相机、汽车、拖拉机、坦克、飞机等等,奠定了中国的工业基础。

1956年1月全国农业合作化高潮到来,毛泽东非常高兴,对秘书说:1949年全国解放时都没有这样高兴。因为"对毛来说,全国解放是早已料到的,早有准备的,而农业合作化的胜利来得这样快,这样顺利,却出乎他的

---

① 即1938年参加革命的干部,在此泛指抗战初期的干部。
② 《陈云文选》(1956—1985),第256页,人民出版社,1986年。
③ 李海文整理:《在历史巨人身边——师哲回忆录》,第520页,中央文献出版社,1995年第2版。

意料。他一向认为,改造5亿人口的个体农民是最艰难的事业,需要花费很长的时间和做许多细致的工作才能完成。农业合作化的过快和过于表面化的胜利,使毛泽东的头脑开始不清醒”。[1]

从1945年以来一切进展都很顺利,常常超出中共中央、毛泽东的预想。这些胜利鼓励共产党人,毛泽东认为建设可以更快些。1956年提出走自己的路,这是建立中国特色社会主义的先导。建设社会主义没有固定的模式,走前人没有走过的路,要披荆斩棘,会走弯路,甚至歧路。毛泽东的探索必然要付出沉重的代价。

这时国际上发生了两件大事,第一件1953年斯大林逝世,共产国际失去了领袖。斯大林逝世三年,1956年赫鲁晓夫在苏联全面批判斯大林,否定几十年建设社会主义的经验。第二件匈牙利、波兰事件的发生,在匈牙利由群众闹事,迅速发展为复辟。这给毛泽东很大的刺激。总结斯大林的教训后,要走中国自己的路。为此,他做了两次努力,第一次是1958年“大跃进”。

毛泽东片面地接受苏联的教训,改变了中国共产党第八次代表大会对中国国内主要矛盾的分析。“八大”认为:国内主要矛盾,已经是人民对于经济文化迅速发展的需要同当前经济文化不能满足人民需要之间的矛盾。共产党和全国人民的主要任务是集中力量发展社会生产力,实现国家工业化,满足人民的经济文化需要。这个分析,看到中国落后的现状,看到中国小农经济仍占中国经济的百分之九十上,农民人口占全国人口的百分之九十以上;看到要改变这种落后状况需要一个较长的时间,看到落后生产力与先进的社会主义制度的矛盾。可是过了两年,中共八大二次会议就改变了对国内主要矛盾的正确的认识,认为:“无产阶级同资产阶级的斗争,社会主义道路同资本主义道路的斗争,始终是我国内部的主要矛盾。”

毛泽东从不囿于旧的理论框框,早有打破国际共产主义运动的现有经验走中国自己路的想法。苏联建设社会主义是依靠技术,依靠干部,这时他提出依靠群众运动,更快、更好地建设社会主义。1956年4月下旬在中共中央政治局会议上,他要再追加20亿的基本建设投资,与会的大多数人不赞成这样做,周恩来更是竭力劝阻。“毛泽东最后仍坚持自己的意见,就宣布散会。会后,恩来同志又亲自去找毛主席,说我作为总理,从良心上不能

---

① 董边、镡德山编:《毛泽东和他的秘书田家英》,第24页,中央文献出版社,1989年第1版。

同意这个决定。这句话使毛主席非常生气。不久,毛主席就离开了北京。"①1958年初毛泽东从苏联回国后开始批判周恩来等的反冒进,批评这些同志离右派只差50米。周恩来做了检查,他仍不满意,周恩来提出辞职,没有得到政治局常委会议的批准。毛泽东强调:"大政方针和具体部署,都是一元化,党政不分。决定权在党中央。"②党内生活开始不正常。

随后毛泽东领导了大跃进,以群众运动的方式搞经济建设,不按经济规律办事。1958年夏出现人民公社。"人民公社一出现,就引起毛泽东极大的兴趣和关注。这是因为,人民公社本是毛泽东想象中的农村乌托邦。"③其结果造成三年困难,引发了大规模的饥荒。毛泽东知道自己惹了大祸,从此他不再直接管经济工作。

面对困难,毛泽东提出大兴调查研究之风。各行各业总结经验教训,制定了《农村人民公社工作条例》简称"农业六十条",《国营工业企业工作条例》简称"工业七十条",《关于改进商业工作的若干规定》简称"商业四十条",《关于手工业若干政策问题的规定》简称"手工业三十五条",《教育部直属高等学校暂行工作条例》简称"高教六十条"。但是这些经验教训的总结还没有来得及很好贯彻,就被后来的政治运动打断了。

1962年初在七千人大会上毛泽东做了自我批评,他说:"我们这几年工作中的缺点、错误,第一笔账,首先是中央负责,中央又是我首先负责;第二笔账,是省委、市委、自治区党委的;第三笔账,是地委一级的;第四笔账,是县委一级的;五笔账,就算到企业党委、公社党委了。总之,各有各的账。"④

但是毛泽东内心对这次的失败并不服气。他在《人的正确思想是从哪里来的?》一文中指出:"一般来说,成功了的就是正确的,失败了的就是错误的,特别是人类对自然界的斗争是如此。在社会斗争中,代表先进阶级的势力,有时候有些失败,并不是因为思想不正确,而是因为在斗争力量的对比上,先进势力这一方,暂时还不如反动势力那一方,所以暂时失败了,但是以后总有一天会要成功的。"⑤

---

① 1982年11月4日方铭采访胡乔木记录。

② 1958年6月8日,毛泽东对中央决定成立财经、政法、外事、科学、文教各小组的通知稿的批语和修改,《建国以来毛泽东文稿》第8册,第269页,中央文献出版社,1990年。

③ 董边、镡德山编:《毛泽东和他的秘书田家英》,第27页。中央文献出版社,1989年第1版。"农村乌托邦"这五个字是胡乔木修改时增加的。

④⑤ 《毛泽东著作选读》下册,第837页,第840页,人民出版社,1986年第1版。

1962年9月，他在理论上重提阶级斗争，要年年讲，月月讲，天天讲，一直发展到以阶级斗争为纲。在现实中开始在农村小"四清"（清理账目、清理仓库、清理财物、清理工分），发展到大"四清"（清政治、清经济、清组织、清思想），认为全国基层政权有三分之一的领导权不在我们手中，应该夺权，推广陈伯达等人在天津小站制造的夺权经验。对全国形势的过重的估计刘少奇同他是一致的。

毛泽东认为"四清"仍不解决问题，终于找到了"文革"这种形式。[①]"文革"是毛泽东的第二次努力。他想找到建设社会主义除发展生产以外一条新的路，这就是以阶级斗争为纲。最典型的话是："卫星上天，红旗落地。"张春桥讲得更绝对，说："宁要社会主义的草，不要资本主义的苗。"毛泽东认为"文革"初期就是要乱，这是乱了敌人，树了队伍。他没有想到从此一发不可收拾，发展到打倒一切，全面内战。中国如同在惊涛骇浪中的一只巨轮。共产党内斗争不但没有停止，反而更加厉害。林彪不仅反对他，还要暗杀他。一直到他逝世，也没有出现他满意的局面。他理想的局面是什么？他的理想是：造成一个既有集中又有民主、既有纪律又有自由、既有统一意志又有个人心情舒畅，生动活泼的政治局面。

对于"文革"的错误，党早已做了结论："'文化大革命'不是也不可能是任何意义上的革命或社会进步。""'文化大革命'的历史，证明毛泽东同志发动'文化大革命'主要论点既不符合马克思列宁主义，也不符合中国实际。这些论点对当时我国阶级形势以及党和国家政治状况的估计，是完全错误的。"[②]但是他的失败，却告诉后人此路不通。后人开始走另一条路，这就是改革开放。

这里仅谈他犯错误的几个原因[③]。

---

① 1967年毛泽东与阿尔巴尼亚国防部长巴卢库谈话。

② 《关于党内建国以来党的若干历史问题的决议》，见《关于建国以来党的若干历史问题的决议注释本（修订）》，第28页，人民出版社，1985年。

③ 在台湾的学术研讨会发言时还有一个题目：为什么"文革"发展到打倒一切、全面内战，而国家没有垮台？一、"文革"搞十年并不是毛泽东的本意；二、毛泽东至高无上的威望；三、党中央、国务院一直在工作；四、一直不许成立全国性的组织；五、一月夺权后用解放军"三支两军"控制、稳定各地、各单位局面；六、警惕林彪；七、一直让周恩来当总理，主持中央工作；八、不断地解放、起用被打倒的干部；九、任命华国锋为国务院业务小组副组长，稳定全国农村政策；十、接受"文革"初期的教训，"九一三事件"后妥善处理犯错误的干部和撤销"三支两军"，没有再发生打倒一切、全面内战；十一、外交路线基本正确；十二、多次批评"四人帮"，把党和国家的最高权力交给华国锋。因为内容太多，一时难以完成，只好割爱。

一、熟悉农民，而不了解工业化。

他一生只出国两次，都是到苏联进行国事访问。他很少出国，没有见过大工业，不了解现代大工业。因为大工业首先产生于资本主义社会，他将组织生产必要的管理认为是资本主义性质。其实管理同市场一样，资本主义社会需要，社会主义社会也需要。他将管理看成束缚群众积极性的条条框框，进行批判，因而助长了无政府主义泛滥，破坏了生产。他强调"破字当头，立在其中"。强调"革命是历史的火车头"。①

他一直认为在中国不了解农民就无法领导革命和建设。新中国建立后，他仍把重点放在农村，亲自为《中国农村的社会主义高潮》一书的百篇文章写了104条按语。1961年初直接派三个调查组下乡调查。② 而对工业的调查只有一次，1956年听若干个部长汇报，写了《论十大关系》。《论十大关系》应该说是一个集体的产物。到他逝世前从未公开发表过，可见，他不是很有把握，并不太满意。

剖析自给自足的自然经济，用开座谈会的方式调查就可以了，因为这种生产规模小，内部关系比较简单。调查几个村子就可以掌握农村的阶级关系，可以提出符合农民要求的口号。但是大工业的管理运行复杂。要了解社会化的大工业生产，要掌握现代国民经济运行规律，绝不是召开几次座谈会，听听汇报就能掌握的。应向马克思学习，马克思常年在大不列颠图书馆研究工厂调查员写的一个又一个的案例，占有、研究大量第一手的材料，才写出《资本论》，才提出剩余价值学说。而现在我们的研究人员有多少人能接触到类似工厂调查员的报告呢？能看到一个又一个真实的案例呢？领导经济工作，必须向专家学习，由外行变成内行，这样才能抓住实质，提出问题，找到问题的症结，才能最后解决问题。毛泽东面对国务院关于国家预算的汇报常常感到是倾盆大雨，常常不满意。

他不了解大工业、现代社会，"多年同工人联系很少"③，固守着农村乌托邦式的理想。当前科学分科越来越细，社会分工越来越细，只有专门化，效率才能提高，生产力才能发展。他却提出每个人在自己本职工作之外，

① 《马克思恩格斯全集》第7卷，第99页，人民出版社，1961年。

② 这三个工作组是：1961年1月胡乔木到湖南、陈伯达到广东、田家英到浙江调查。

③ 《胡乔木谈中共党史》，第71页，人民出版社，1999年。

"要学军事、政治、文化。也要搞'四清'","批判资产阶级"。^①他希望每个人都成为全才。这在小农经济条件下是可能的,商品不发达,只能自力更生,样样都自己动手,就如同抗日战争时期各个根据地在敌人包围之下,物质极度贫乏,为了生存,"除了打仗以外,还可以做各种工作"。^②在现代社会这种做法是极大的浪费,也行不通。广大干部、知识分子、专家、科学家下放务农,从事最简单、最原始的工作,不能从事科研、教学、管理等本职工作,破坏了生产、科学秩序,阻碍了科学技术的发展,阻碍了生产力的发展。

二、群众基础。

毛泽东对农村乌托邦的认识在党内有雄厚的群众基础,因为中国共产党长年在农村,党员的多数是农民。中华人民共和国建国初期农民占人口的百分之九十以上。马克思说得很对,资本主义并不是在农民与地主的斗争中产生的。列宁也说得很对:"社会主义是直接从资本主义里面长出来的社会。"^③中国两千年来发生了世界上规模最大、数次最多的农民起义,但是由于中国没有产生新的阶级,这个斗争一直是循环出现,并没有将中国推进到一个新的社会。封建社会是由资产阶级推翻的,而中国的封建社会是共产党领导中国大众推翻的,所以称为:新民主主义革命。但是让一个以农民为主的队伍来领导建设社会主义,困难就很多。虽然,大家都相信:"只有社会主义才能救中国。"但是大家并不清楚什么是社会主义。

中国城乡差别很大,上海等大城市资本主义发达,但是占国土百分之九十的仍是农村,仍是小农的自然经济。由于常年在农村坚持斗争,共产党员的多数是农民,大多数都是从农村来的,农民的文化比较低,大量文盲。他们熟悉小农经济,他们没有见过铁路,没有坐过火车,他们从没有看过大工业,更没有见到资本主义,不了解什么是资本主义,因而也就分不清资本主义和社会主义的区别,在反对资本主义时,常常简单地将资本主义存在的一切都作为资本主义来反对,难免将社会主义所必要的东西也反对掉了。他们没有受过系统的教育,或受教育的机会很少,1949年在基层,小学毕业生就是秀才。当然他们对城市情况、经济管理知之甚少,缺乏经验,处理问题简单。不知道什么是科学科技,不知道如何建设社会主义。苏联十月革

---

①② 均见于毛泽东1966年5月7日对总后勤部关于进一步搞好部队农副业生产报告的批语,《建国以来毛泽东文稿》第12册,第54页,第53页,中央文献出版社,1990年。

③ 《列宁选集》第4卷,第10页,人民出版社,1965年

命后也有这个问题,他们派大批的干部到学校学习,很快他们的领导干部都成为受过高等教育的大学生、研究生。新中国建立后中国共产党也成立了许多工农速成学校,从扫盲、小学、中学开始,也派许多干部进大学、到苏联学习。但是因为文化基础太差了,到学校学习的几万干部对于几百万干部、上千万共产党员来讲真是沧海一粟,仍没有改变全党多数党员文化偏低的问题。几百万知识分子同 5 亿农民相比更是少得可怜。因而毛泽东提出"大跃进"、"文化大革命"时,大家认为这是建设社会主义的快捷方式,一哄而上。马克思的《资本论》是分析资本主义社会的现象,而一个从未见过资本主义社会的人怎么能正确理解?怎么能读懂呢?这就如同一个人抓着自己的头发要离开地面一样地困难。因而常常发生分不清敌我,分不清两类矛盾,出现斗争扩大化的问题。毛泽东的想法在共产党内能够通行,与他的威望有关,也与共产党内的群众基础有关。

有人说,邓小平的改革开放,开放比改革更重要。只有开放了,让中国国内、共产党内的同志看到外界是什么样子,人们才知道如何进行改革。开放是改革的基础。

长期的战争环境,长期残酷的对敌斗争,养成高度警惕性,经过战争年代的人容易接受以阶级斗争为纲的思想。从 1927 年大革命失败后,中国革命是以革命的武装反对反革命的武装,10 年内战多少革命志士仁人牺牲了?红军长征后苏区被国民党占领,国民党实行的屠杀政策,连石头也要过刀子,多少先烈牺牲了?1936 年斯诺到陕北采访,不论红军将领还是普通战士,每个人都会情不自禁地讲到自己的亲友被国民党反动派杀害的事实,徐海东大将家里有 60 多口人被杀。这些无可辩驳的事实使斯诺深深感到震撼。这样残酷的斗争亘古未有。残酷的历史、血的教训使得共产党人不得不保持高度的警惕,因为他们不能失败,失败就是人头落地,就是死无葬身之地。邓小平说:"在那种异常紧张的战争环境中,内部发现坏人,提高警惕是必要的。但是,脑子发热,分析不清,听到一个口供就相信,这样难于避免犯错误。从客观上说,环境的确紧张。"[1]

在战争年代,共产党内领导都是带兵的人(包括地方干部手中有枪、有武装才能生存),共产党内发生矛盾,很容易发展为武力冲突。所以共产党内不能出事,一出事,共产党内的反对派就会和党外的势力联合起来。党外

① 《邓小平文选》第 2 卷,第 300 页,人民出版社,1992 年。

的势力就是反动的武装,那是枪对枪的斗争,是你死我活的斗争。中共中央在上海时,有的人被捕叛变,他们叛变后就带着敌人来抓人。残酷的对敌斗争养成干部们高度的警惕性。对干部、部属他们都是亲自考查,没有两三年观察、考验,他们绝不会轻易相信。就是相信你,他们也要不断地观察,因为他们知道人是会变化的。干部的级别越高,这个特点就越加突出。

当斗争起来后,很难把握那么准,难免也有误斗、误杀。因为斗争的胜负从长久来说是由方针政策的正确与否决定的,另一方面也可能是更重要的一方面,是由当时双方力量的对比决定的,在阵线不清楚,胜负未见分晓之前,谁都很难说自己稳操胜券。在这种情况下将对方力量估计过大,将困难估计得过高一些,都是人之常情。因为轻敌是取胜之大忌。毛泽东常常讲的一句话,将困难估计得充分些,向最好的方向努力。在决定斗争胜负的千钧一发之际,采取断然措施时,只能顾及主要方面,很难考虑得那么周全。这个时候需要的是胆略、果断、刚毅,没有温和、从容、宁静。这与我们在和平环境中做学问是完全不同的。

三、毛泽东偏爱文科,对理工科不太学习,缺乏必要的科学知识。

毛泽东熟读古文、国学底子很厚,自学能力很强。1913 年(20 岁)入省立师范学习,得到杨昌济老师教益甚多。但是他不爱学理工课,幸好当时是所有的功课平均 60 分就可以升级。这个知识缺陷影响他接受日新月异不断发展的科学技术,影响他对现代国民经济的理解,影响他的治国理念。他没有看到科技就是生产力,没有看到科学的发展对推动生产力的巨大作用。"文革"中批判苏联由大学生、工程师、专家治国,认为这是苏联变成修正主义标志之一。他找一个当过兵、当过工人,而没有受过什么教育的王洪文担任中共中央的副主席。他让女儿、侄子找爱人也是这个标准。上世纪 50 年代,毛泽东提出"外行能够领导内行",因而对知识分子不尊敬、不重视,甚至将他们作为资产阶级的一部分,进行批判、排斥、打击。

经过半个多世纪的努力,现在共产党内的成分发生很大的变化,首先随着国民经济的发展,国民教育水平的发展,人们崇尚知识,尊重知识分子蔚然成风。共产党员的文化水平、科技水平越来越高了。

四、社会主义制度不健全,不重视法制建设,个人迷信泛滥。

社会主义是新生事物,制度不健全。中国有两千年封建制度的历史,有浓厚的封建传统。中国共产党生长在这块土地上,自然带有这些烙印。1943 年 3 月 20 日,中央政治局会议决定毛泽东"主席有最后决定之权"。

邓小平说毛泽东"家长制这些封建主义性质的东西,他不容易听进不同的意见"。①

　　毛泽东批判周恩来的反冒进后,共产党内生活开始不正常。当事人之一、副总理薄一波回忆:"南宁会议前后,党内气氛逐渐紧张了。毛主席有些高居政治局之上了,已很难像以往那样经常同政治局的同志坐在一起平等地商讨问题,党内的生活开始不正常。""实践证明,不适当的过火的批评,不利于发扬党内民主,不利于保证党的决策的正确性。这次批评反冒进,历时半年之久,其影响所及,在党内政治生活史上是一件很不小的事情,也可以说是一种标志,它标志着建国以后党内民主生活开始由正常或比较正常走向不正常的转变。"②

　　1958年5月,八届五中全会上,增选林彪为中共中央副主席、政治局常委。林彪说:"毛泽东思想是当代马克思列宁主义的顶峰。"③他提出顶峰论,制造个人崇拜,加剧共产党内政治生活中的一言堂。而且堵塞言路,下情不能上达,使毛泽东不能了解到真实情况,听不到不同的意见。如果他的认识发生偏差,制定的政策就发生偏差。而且一旦发生偏差就很难更改、纠正。

　　个人迷信不仅是指群众对他的迷信,也有他个人对自己的迷信。在这种环境下,他缺少自知之明,认为无所不能,听不得不同意见。

　　毛泽东历来主张:"矫枉必须过正,不过正不能矫枉。"④他认为在运动初期中发生偏差是必然的。1966年夏,他听"文革"小组康生、江青、陈伯达汇报干部问题时,这些人将问题说得很严重。散会时他叹一口气,说:"到运动后期甄别吧。"⑤这是他领导历次运动的做法。

　　林彪说:"我主张要背一点东西,首先是把毛泽东同志的著作中最重要最精辟的话背下来。"指示:"《解放军报》应当经常选登毛主席有关语录。"⑥掀起全国学习毛泽东著作的热潮。1964年出现《毛泽东语录》单行本,林彪

---

　　①　《邓小平文选》第2卷,第348页,人民出版社,1992年。

　　②　薄一波:《若干重大决策与事件的回顾》,第653页。中央党校出版社,1993年第1版。

　　③　林彪1960年10月,在全军高级干部会议上的讲话。

　　④　《毛泽东选集》第1卷,第17页,人民出版社,1991年第2版。

　　⑤　2003年11月13日李海文采访穆欣。穆欣是中央文革小组成员,1967年他被关到监狱,常想毛泽东的这句话,希望能到运动后期甄别。他于1975年春释放。以下凡是李海文采访,均不具名。

　　⑥　卢弘:《解放军报与"活学活用"运动》,《百年潮》2003年第8期,第31页,第34页。

要求全军人手一册,"文革"中一共印了中外版50亿册,而当时全世界只有40亿人口。[①]

林彪大搞突出政治、个人崇拜,地位上升,成为唯一的一位副主席。"文革"初期,绝大多数人不理解,林彪提出:"我们对毛主席的指示要坚决执行,理解的要执行,不理解的也要执行。"[②]无论毛泽东说的话对与不对都要执行。没有是非、对错。个人迷信是"文化大革命"发动的一个重要的基础。

另外,毛泽东不重视法制建设,他认为有《宪法》就可以了。刑法起草了20多稿,1957年全国人民代表大会第一届四次会议通过,准备下发,只是因为反右,没有下发。1963年搞到33稿,书记处、政治局常委、毛泽东都审阅了,一直也没有公布。[③]主管政法工作的中央书记处书记彭真提出:在法律面前人人平等,在真理面前人人平等。被批判为资产阶级的观点,在"文革"中首先被打倒。毛泽东主张"和尚打伞,无法无天"。[④]对国家主席、副委员长想抓就抓,一直发展到打倒一切,全面内战。

粉碎"四人帮"后,中共中央重新起用彭真。此时彭真已近80岁,上任三个月就制定了七个法。其中有刑法,这个刑法就是以33稿为基础,主要修改在于接受"文革"的教训。30多年来人大常委已通过若干部法律,形成刑法、民法、商法、组织法四个体系。中国的法制正在不断完善,走向以法治国。

邓小平说:"单单讲毛泽东同志本人的错误不能解决问题,最重要的是一个制度问题。毛泽东同志说了许多好话,但因为过去一些制度不好,把他推向反面。"[⑤]"制度是决定因素,那个时候的制度就是那样。"[⑥]"这方面的制度好可以使坏人无法任意横行,制度不好可以使好人无法充分做好事,甚至走向反面。"[⑦]"中央犯错误,不是一个人负责,是集体负责。"[⑧]

---

① 卢弘:《解放军报与"活学活用"运动》,《百年潮》2003年第8期,第31页,第34页。

② 1966年8月13日林彪在中共中央工作会议上的讲话。

③ 李海文、王燕玲编著《世纪对话——忆新中国法制奠基人彭真》,第131页,群众出版社,2002年。

④ 1970年12月18日毛泽东对斯诺谈话讲的这个歇后语。斯诺写出文章,由英文译成中文后成为:"他(指毛泽东)不过是一个带着把破伞云游世间的孤僧罢了。"1980年底审理两案时,江青在法庭上说:"我就是和尚打伞,无法无天!"笔者正在周恩来研究组工作,和几个同事议论,不解其意。还是一位同事回家请教丈夫,才解开这个谜:和尚没有头发——无法(发),打着伞将天遮住——无天。

⑤⑥⑦⑧ 均见于《邓小平文选》第2卷,第297页,第209页,第333页,第296页,第346页,人民出版社,1992年。

五、年事已高，多病，脑力减退。

毛泽东当国家主席是 55 岁。1966 年发动"文革"是 73 岁。他想到群众中去，但由于工作繁忙，年事已高，很难再像 30 年代那样深入群众，到基层调查，倾听群众呼声。1972 年后他重病在身，脑力减退，思维方式单一，形成思维定势难以改变，更加固执。随着他年岁越来越大，身体越来越差，基本不能出门，也很少见人，政治局成员都见不到他，连他的亲生女儿、儿子都难以见到他，更不要说别人了。而当时的制度就是终身制。

在毛泽东活着时，由于他的崇高威望，不可能由别人出来收拾局面。叶剑英说得很清楚："投鼠忌器。"只能在他去世后，才能粉碎"四人帮"，才能结束"文革"。结束"文革"后，在总结教训时，大家一致要求取消终身制，制定了退休制度。这个制度执行至今，深入人心。

六、错误被林彪、"四人帮"两个反革命集团利用。

邓小平指出："毛主席犯的政治错误，这个错误不算小。另一方面，错误被林彪、'四人帮'这两个反革命集团利用了。他们的目的就是阴谋夺权。所以要区别毛泽东的错误同林彪、'四人帮'的罪行。"①

[附记]本文为参加 2003 年 10 月在台湾召开的评比两岸最高领导国际学术研讨会而写，收入许介鳞主编的《评比两岸最高领导》，2004 年 3 月台湾文英堂出版社出版。同年 5 月该书由许介鳞、村田忠禧主编，书名改为《现代中国治国论》，在日本勉诚株式会社出版日文版。

① 均见于《邓小平文选》第 2 卷，第 297 页，第 209 页，第 333 页，第 296 页，第 346 页，人民出版社，1992 年。

附:我在台湾谈毛泽东

10月25日是中国台湾地区的光复节,1945年的这天台湾地区终于结束了日本占领,回到祖国怀抱。2004年10月25日,艳阳高照,天高气爽,真是"三伏适已过,骄阳化为霖"。

从日本来的刘进庆教授、矢吹晋教授、村田忠禧教授和我一起从宾馆出发到台湾大学法学院出席国际学术研讨会。刘教授是台湾人,60年代受迫害逃到日本求学、工作。他尽地主之谊,让出租车绕道"总统府",路过中正纪念堂时,牌楼前旌旗飞舞,人头攒动,卡车上贴着大标语。我第一次到台湾,见一切都新奇。刘教授解释:"他们准备游行,庆祝光复节,要求统一。"

很快到了法学院。下车一看,三座古香古色的楼,花木繁茂的校园,布局、建筑风格和南京金陵女子大学(即现在师范大学一部分)完全一样。他们故地重游,带我向右走去,会议室楼前布置简朴、大方,《两岸最高领导评比研讨会》主题一目了然。许介鳞教授正在台阶前迎候我们。许介鳞教授原是台湾大学法学院院长,退休后创办日本综合研究所并亲任所长,是这次学术研讨会的发起者。来参加学术讨论有日本、美国、大陆、台湾的学者,从大陆来的只有我一个。

我是第一次来台湾,更是第一次向台湾同胞讲毛泽东。台湾是一个开放的社会,学术讨论会的听众是自由参加。来的人是持什么观点?国民党统治50年,虽然坚持一个中国,但蒋介石一直坚持"反攻大陆",进行反共宣传。1970年基辛格到中国来之前,蒋经国访美曾和基辛格长谈。蒋经国认识到中美关系的和解,标志着台湾现状的结束。1975年他执政后提出"三民主义统一中国"。大陆改革开放强烈地刺激了他,1987年他临终前允许台湾居民到大陆来,从此海峡两岸同胞自由来往,台湾同胞到大陆经商投资,文化交流,来往越来越密切。今年中央、国务院对香港的政策,促进香港经济繁荣,对台湾震动很大。台湾人可以到大陆投资,他们愿意到大陆来投资,但是不一定就拥护毛泽东。政治毕竟不是经济。李登辉上台后,利用国际形势的变化,背离了一个中国的原则。陈水扁上台后大搞台独,使两岸关系紧张、复杂。听众对毛泽东、共产党是什么态度？他们对大陆50年的风风雨雨了解吗？他们能理解吗？我心里一直打鼓。我想只要不引起他们的反感，让他们了解大陆就达到目的。但当我看到似曾相识的环境，看到同胞熟悉的面孔，听到亲切的乡音，顿时心里平静了许多。

环形阶梯会场上坐满了人，听众、记者来了有两百多人。许教授作开场白，然后第一个发言，讲评蒋介石。我第二个发言。会议规定每个人发言30分钟。主席傅琪贻教授（政治大学日语系主任）是一位干练的女士，"执法"甚为严明，虽然是许先生的夫人也不准许先生超过时间。30分钟，我无论如何也讲不完准备好的内容，幸好村田忠禧教授将我文章的详细提纲用电脑打在银幕上。我看到大家都歪着头看主席台旁边的银幕。他们在看，他们在听。

我发言内容有5部分：一、没有毛泽东就没有新中国，夺取政权时毛泽东找到农村包围城市的革命道路，毛泽东成功的原因；二、新中国的成就；三、毛泽东的理想；四、为什么"文革"发展到打倒一切，全面内战，而国家没有垮台。五、毛泽东建国后两次失误的原因。因为时间关系我只好离开讲稿，提纲挈领地讲。时间再紧，我还是讲到毛泽东一直关心祖国统一，为了改善两岸关系1975年主动释放国民党在押的战犯。

傅教授递过一个条子："还有十分钟。"我着急起来，越讲越快，越讲越激动，生怕讲不完，不能给听众一个完整的印象。好，终于讲完了，我如释重负。

听众开始提问。傅教授宣布书面提问。昨晚开预备会时，她说：听众拿到话筒就会说个没完。果然下午因刘教授批评李登辉，引起一位支持李登辉人士的不满，他情绪激昂，从后排站起来大声讲着。场面一时火爆。主席傅女士很冷静，马上制止了台下的发言，控制住局面。

向我提问的有五张条子。其中有一个这样写的："中共当局有没有打算将来要统一外蒙古？因为中共既然不允许台湾独立，那么中共对外蒙古独立的态度如何？是不是也应该收回中国版图？"

我因整理过毛泽东的翻译师哲的回忆录《在历史巨人身边》，常常碰到一些老同志问：1949年毛泽东第一次访苏时，关于外蒙古的问题是怎样谈的。对这个问题我心中有数。再有回答问题的时间限定不那么严格，我根据自己了解的史料做了简明扼要的回答，我说："蒙古是20年代独立的，那时共产党刚成立不久。1945年宋子文到莫斯科谈判中苏条约，其中有一条就是承认蒙古独立。他不敢签字，专门回一趟国，蒋介石派外交部长王世杰去签的字。根据协议，蒙古举行公民投票决定是否独立，国民政府派代表监督，承认投票有效，承认蒙古独立。有一种说法，毛泽东1949年到苏联谈判，曾向斯大林提出过这个问题。斯大林说：我们两个国家怎么能背着人家谈别国的事呢？随后蒙古总理泽登巴尔到了莫斯科。而台湾不一样。"说到这时，我嗓门不由得高起来："台湾离开祖国是甲午战争的失败，这是我们中华民族的耻辱！一定要雪耻！祖国一定要统一！我同意统一。"

会场很多人笑了。大概他们认为我讲得太直、太白了；还是认为我太激动了。

我不管他们是怎样想的，我继续讲："我看过一个资料，高雄港原来是世界第三大港口，而现在韩国的釜山成为世界第三大港口。为什么？因为中韩建交后，釜山成为大陆货物的转运站。祖国没有统一，海峡两岸不是一个统一的市场，高雄不能成为大陆的转运站。有钱，我们当然应该首先给我们的同胞挣！"

场下响起掌声。我被掌声感动，顿时感到同胞之情，我们是血肉同胞！感到大家的心是相通的，他们也同意统一。我激动地站起来，眼睛含着泪花，深深向听众鞠躬。会场的掌声更加热烈。

主席宣布会议休息。许教授走过来和我紧紧握手。我知道成功了。

28日许先生陪刘进庆教授、矢吹晋教授、村田忠禧教授和我一起到国民党中央党史委员会（或称党史馆）查看毛泽东的档案。毛泽东曾参加过国民党第一次代表大会。我们一行五人都是第一次进国民党中央总部，包括许先生也是第一次，虽然他曾任李登辉的外交智囊，对日工作小组成员。

国民党因执政50年，总部就在"总统府"的对面，是十一二层的高楼，和周围的建筑比起来鹤立鸡群。楼外挂有6层高的宣传照片：怀念蒋夫人。宋美龄是24日逝世，他们的动作真快，25日我们过来看见宣传画还是：台湾有几个四年可以倒退？

我们走进大楼，一楼的侧厅设有宋美龄的灵堂，不少老人正在排队。我们上了七楼党史馆，大厅陈列着蒋介石与宋美龄各个时期的照片，桌子上摆放着小画册《世纪之爱》，供观众随便拿取。

国民党党史馆经过多次精简现只有4个工作人员。一位中年女士热情地接待我们，说："大陆来我们这查档案的人很多。"她如数家珍一个一个说着他们的姓名，都是我熟悉的学者。

她领我们进档案室,一排排书架,排列有序。她很熟练,马上找到国民党第一次代表大会的卷宗,全是当时公开的印刷品。我说:"有没有原件?我想看毛泽东发言记录。"她和善地说:"那在对面。"

我们到了对面的库房,她不厌其烦地打开一卷又一卷。满怀希望地打开,失望地合上,看来他们没有保留发言记录原件。我都不好意思再提要求,她拿出一本,打开一看是《川资登记本》。我高兴地说:"这个可能有。"大家围过来,看着管理员一页页地翻着。大家不约而同地念道:"袁达时湖南代表川资 70 元。毛泽东湖南代表川资 70 元。夏曦湖南代表川资 70 元。"在夏曦这行字的旁边有一行小字,写着"袁达时、毛泽东的川资由夏曦代领。"我介绍:"这三个人都是共产党员。可能毛泽东忙于准备大会发言,没有时间领川资。毛泽东在会上的表现受到孙中山的注意,孙中山亲自提了一个名单,就有毛泽东的名字。毛泽东在这次会上当选为中央候补执行委员。1927 年春毛泽东就是以这个身份到湖南进行农民运动考察。那时农民称他'毛委员',这个委员是国民党中央候补执行委员。"气氛热烈起来。

我急切地问:"能不能复印?"管理员无奈地说:"这是原件,不能复印。你可以抄下来。"

这虽然不是重要的材料,但是穿过海峡,来到台湾,在国民党党史馆找到原始资料,我还是很高兴,急忙拿出笔来记。许先生看我高兴的样子,故意问:"怎么样?有收获?"我不停地点头:"有,有。这个资料一定加到我的论文中去。"

这是我到台湾的另一个收获。

[附记]此文首发于《学习时报》2004 年 12 月。

20 世纪世界政治格局中毛泽东的立场

毛泽东与独立自主原则

作为一个国际政治家,首先应该能在世界政治格局中独立自主地处理本国问题。如果在国际政治斗争中屈服于别国的压力,不能独立自主地处理本国问题,那就不能称其为国际政治家。毛泽东是一位在世界上声誉卓著的国际政治家。他的声音曾经震撼世界,他高超的政治谋略改变了 20 世纪世界的政治格局。

毛泽东作为世界著名的国际政治家,从小就养成了独立自主地处理问题的能力。他的这种能力是与他对中国和世界的全面了解分不开的。

"我不想去欧洲,我对自己的祖国了解得还不够"

毛泽东在韶山时,已读过关于列强瓜分中国的小册子,认识到国家兴亡,匹夫有责。但是瓜分中国的国家是怎样的?世界是怎样的?毛泽东直到 19 岁才第一次看到世界地图。他深感世界之大,饶有兴趣地研究它。他从日本歌曲《黄海之战》感到日本的美、日本在打败俄国之后的骄傲和强大。

他从《华盛顿传》认识美国,"经过八年苦战,华盛顿获得胜利,并建立他的国家",①还从《拿破仑传》认识法国,并从《叶卡杰琳娜女皇》《彼得大帝传》认识俄国。

他睁眼看世界,经过比较,深感"中国四千年之政治,皆大架子大规模大办法,结果外强中干,上实下虚,上冠冕堂皇,下无聊腐败"。②

"现在国民性情,虚伪相崇,奴隶成性,思想狭隘,安得国人有大哲学革

---

① 《毛泽东 1936 年同斯诺的谈话》,第 16 页,人民出版社,1979 年。
② 《毛泽东早期文稿》,第 507 页,湖南出版社,1990 年。

命家,大伦理革命家,以洗涤国民之旧思想,开发其新思想。"①

他如饥似渴地学习,阅读亚当·斯密的《原富》、达尔文的《物种起源》、斯宾塞的《逻辑》,在长长的书单子上还有卢梭、克鲁泡特金、约翰·斯密勒等作者的名字。凡是他能找到的书都认真地读,不但读而且写批语,做笔记,并且天天读报,坚持不懈,从报纸上他知道社会主义,看到"俄国的革命,潮流侵卷,自西向东"。②

在讨论种种学说,探寻不同的社会制度时,毛泽东是取批判的态度,他说:"现代学术的发展,大半为个人的独到所创获。最重要的是'我'是'个性',和中国的习惯非死人不加议论,著作不引今人的言论,恰成一反比例。我们当以一己的心思,居中活动,如日光之普天照耀,如探海灯之向外扫射,不管他到底是不是(以今所是的为是),合人意不合人意,只顾求心所安合乎真理才罢。老先生最不喜欢的是狂妄,岂知古今真确的真理,伟大的事业,都系一些被人加着狂妄名号的狂妄人所发明创造来的。"③

为了更直接地学习马克思主义,认识资本主义,新民学会的不少青年决定以勤工俭学的方法到法国留学。毛泽东积极支持,主张新民学会的同志到世界各地去考察,一个或几个人去开辟一个方面,因而亲到北京与蔡和森一起进行准备,筹措经费。他决定不去欧洲,是因为觉得自己对祖国了解得不够,他说:"把我的时间花在中国更有益处。"④1920年他送友人上船赴法后,从上海回到长沙开始着手筹建共青团。

出洋和留在国内,他选择了后者。他留在国内,参加了中国共产党第一次党代表大会,奠定了他在党内的地位,他留在国内,出席了国民党一大并当选为中央候补委员,从湖南一省的领导人跃身参加中央的领导,他留在国内,领导了农民运动,从而为他在苏俄道路之外寻找中国道路打下了基础。

他的独创精神,粪土当年万户侯的气概,决定了他以后一生的事业。

在革命失败的紧急关头,他说:上山

大革命失败的前夜,中共中央开始准备撤离武汉搬到上海去,同时中央有计划地转移干部,将不少干部送到苏联学习或分配到其他安全地区工作。

---

① ② ③　均见于《毛泽东早期文稿》,第639页,第364页,第368页,湖南出版社,1990年。

④　《毛泽东1936年同斯诺的谈话》,第33页,人民出版社,1979年。

毛泽东被派到四川,但是他说服了瞿秋白改派他到湖南领导武装起义,同时也准备上山打游击。

回湖南,准备上山,这是毛泽东在革命失败时做出的抉择。

他做出这样的抉择是经过深思熟虑的。

1926 年 12 月,斯大林在共产国际执行委员会中国委员会上发表演说,指出:"在中国,是武装的革命反对武装的反革命,这是中国革命的特点之一也是中国革命的优点之一。"[①]这个论断是完全正确的,可是如何贯彻,如何实现呢? 由谁来组织实施呢?

共产国际能完成吗? 在革命的紧要关头,形势瞬息万变,情况错综复杂,远在万里之外的共产国际连中国众多的人名、地名都搞不清楚,他们怎么可能随时掌握瞬息万变的形势,怎么可能洞察中国的国情呢? 他们对于中国革命问题的理解好似隔着一堵高墙,对中国革命的阐释似是而非,抓不住要点,缺少说服力和可行性。可是共产国际的指令就是命令。

毛泽东在思考,革命向何处去? 他不迷信共产国际的指示,而是从中国的实际出发探寻"武装的革命反对武装的反革命"的道路问题。

当时我们党处在幼年,对不少问题的认识是模糊的、幼稚的。比如认为共产党只能做农工运动,做政治工作,如果谁想抓军权,那就是想当军阀。因为有军权的人基本都是拥兵自立的军阀。虽然不少共产党员穿上了国民革命军的军服,但除叶挺等少数人外,基本都是做政治工作的。

大革命的失败教训了共产党人,毛泽东首先提出枪杆子里面出政权。他在"八七会议"上发言指出:"对军事方面,从前我们骂(孙)中山专做军事运动,我们则恰恰相反,不做军事运动专做民众运动,蒋(介石)唐(生智)都是拿枪杆子起来的,我们独不管。……此次会议应重视此问题,新政治局的常委要更加坚强起来注意此问题。……须知政权是由枪杆子中取得的。"[②]

在布置秋收起义时,毛泽东明确提出暴动的发展是要夺取政权,建设政权。那时的观念认为上山就是落草为寇,杀富济贫,因为中国的情况就是如此。因而张国焘说:"可以上山,但不必与 CP 发生关系。"他的潜台词是上山是要当土匪。而毛泽东敢于直面现实,在 1927 年 7 月 4 日中共中央政治局常委会上,指出上山可以造成军事势力的基础,8 月中央讨论秋收暴动的

---

① 《列宁·斯大林论中国》,第 141 页,人民出版社,1953 年。
② 《毛泽东军事文集》第 1 卷,第 3 页,军事科学出版社、中央文献出版社,1993 年。

计划时,有人主张在湖南组织一师人应控制广东,仍然想走大革命北伐的老路。毛泽东不同意,他说:要在湘南形成一师的武装,占据五六县,形成一政治基础,发展全省的土地革命。纵然失败也不用去广东而应上山。

基于对共产国际的认识,他知道中国的问题归根结底由中国人自己解决,中国式的道路只能由中国人自己在实践中摸索。基于对革命出路的认识,他做了上山开展武装斗争的准备。所以毛泽东在"八七会议"上拒绝了请他留在党中央工作的要求,力争回湖南任省委书记。

湖南是他的家乡,他在此创建了党组织,领导过安源等地工人罢工,创建了二十多个农村支部,他熟悉那里的山山水水和群众,他在湖南有很高的威望,是众人皆知的毛委员。他知道经历过革命的湖南群众特别有战斗性。

"八七会议"结束后,他赶回湖南,领导起义,当秋收起义受挫后,当即决定部队不打长沙,而向井冈山进发。这个行动既是撤退又是进攻,从敌人力量雄厚的城市撤退,向敌人力量薄弱的乡村进攻。从而,在中国出现了世界未有的怪现象:"在一国之内,在四周白色政权的包围中间,产生一小块或若干小块的红色政权区域长期地存在。"①

毛泽东与共产国际关系

十月革命胜利之后的 1919 年,共产国际在莫斯科成立。共产国际是在同第二国际斗争中产生的,因而又称第三国际。当时的共产主义运动主要是在欧洲,出席大会的共产党和左派组织只有 39 个。共产国际是各国共产党"共同战斗的机关,以保持经常的联系和对运动实有计划的领导,共产国际中央应使每个国家的运动的利益服从国际范围内的革命的总利益",并规定"各个党将是它的支部"。② 1920 年共产国际派维经斯基等人到中国来,和李大钊、陈独秀等共产主义者建立联系,帮助建立中国共产党。

大革命的失败使国际共产主义运动在东方遭到巨大的挫折,中国革命失败的原因、责任等问题成为斯大林和托洛茨基争论的焦点之一。1927 年苏共反托派的斗争必然影响到中共,在苏联学习或工作的中共党员首当

---

① 《毛泽东选集》第 1 卷,第 48 页,人民出版社,1991 年第 2 版。
② 《共产国际第一次代表大会邀请书》,《共产国际有关中国革命的文献资料》第 1 册,第 7 页,中国社会科学出版社,1981 年。

其冲。

1927年12月托派重要分子、中山大学校长拉狄克被解职,由苏联人米夫继任。米夫在共产国际东方部工作,比较有实力和权威。但是实际上对中国革命一窍不通,因为他从未深入到中国进行调查研究,他和许多西方的专家一样,常常只是根据上海一地的情况来评价中国局势。而上海是远东工业和金融的中心。

他担任中山大学校长之后,在学员中大力培养王明等人。他们之间相互支持,互为依存。1929年王明回国,抱着掌握党中央领导权的野心,拒不服从分配,受到党内处分,野心未能得逞。1931年1月米夫亲自坐镇上海,将王明塞进中共中央领导岗位。从此中央开始了长达四年之久的王明路线的统治,给中国革命带来了巨大的损失。

在当时,由于毛泽东是最早上山的,共产国际对朱德毛泽东式的革命道路给予很大关注。1930年7月,斯大林在接见周恩来时,建议把红军问题放在中国革命问题的第一位。此后共产国际对中国革命作了一些重要而正确的指示(例如武装斗争问题),毛泽东对共产国际的这些指示是尊重并执行的,但他一贯主张马列主义原理要与中国革命实践相结合,反对那种脱离中国实际、照搬照套共产国际指示的教条主义。他把中国的教条主义称之为"本本主义",因为这些人"以为上了书的就是对的"。他说:"马克思主义的'本本'是要学习的,但是必须同我国的实际情况相结合,我们需要'本本',但是一定要纠正脱离实际情况的本本主义;怎样纠正本本主义?只有向实际情况做调查。""必须努力做实际调查,才能洗刷唯心精神。"他深深地感到坐在房子里产生的指示害死人,他说:"本本主义的社会科学研究法也同样是最危险的,甚至可能走上反革命的道路。"①

同毛泽东有共识的是季米特洛夫。他于1934年2月,开始主持共产国际工作。他总结在共产国际领导工作的经验,感到权力过于集中的共产国际不能适应日益复杂的国际形势,不能适应各国瞬息万变的斗争形势,因而于1934年7月1日给共产国际执委主席团写信,信中指出:

考虑到莫斯科要在一切问题上有效地领导处于各种不同情况下的共产国际的65个支部,是不可能的(有些党在宗主国,有些党

---

① 《毛泽东选集》第1卷,第111页,人民出版社,1992年第2版。

在殖民地,有些党在高度发达的工业国,有些党在农民占优势的国家内,有些党是合法的,有些党是非法的,等等)。所以必须改变共产国际的工作方法和领导方法。①

1943年5月21日,毛泽东得知共产国际解散的消息,马上兴奋地说:"他们做得对,我就不主张要这个机构。"五天后,毛泽东以政治局委员的身份在延安干部大会上讲话,阐明了对共产国际解散的看法。他首先肯定共产国际对中国革命的帮助,然后指出"现在共产国际这个革命的组织形式,已经不适合斗争需要了。如果还继续保存这个组织形式,反而会妨碍各国革命斗争的发展。"他说:"各国共产党的领导干部已经成长起来,他们在政治上已经成熟。以中国共产党为例,中国共产党经过三次革命运动,这些革命运动是非常复杂的,甚至比俄国革命还复杂。自从1935年共产国际第七次代表大会以来,共产国际即没有干涉过中国共产党的内部问题,而中国共产党在整个抗日民族的解放战争中的工作,是做得很好的。"②中共中央《关于共产国际执委主席团提议解散共产国际的决定》,完全同意共产国际执委会主席团关于解散共产国际的提议。《决定》指出:中国共产党在革命斗争中曾经获得共产国际许多帮助;但是,很久以来,中国共产党人即已能够完全独立地根据自己民族的具体情况和特殊条件,决定自己的政治方针、政策和行动。《决定》特别指出,中国共产党近年来所进行的反主观主义、反宗派主义、反党八股的整风运动,就是要使得马列主义这一革命科学进一步地和中国革命实践、中国历史、中国文化互相结合起来。这个决定反映了毛泽东对共产国际的评价。

毛泽东与斯大林

毛泽东未能向斯大林一吐积郁

毛泽东是马克思、恩格斯、列宁、斯大林的学生,虽然毛泽东比斯大林小

① 《共产国际有关中国革命的文献资料》第2册,第335页,中国社会科学出版社,1981年。
② 1943年5月28日延安《解放日报》。

14 岁,但他是理解斯大林的,对斯大林是尊重的。因为毛泽东和斯大林都是无产阶级革命领袖、马克思主义理论家、革命家、军事家、战略家,他们不仅改变了各自国家的面貌,而且改变了世界的格局。

20 世纪 30 年代中期,斯大林一直谋求与英、法等国联合,共同反对德国法西斯的侵略,可是英、法等国拒不理睬,却将德国法西斯祸水引向苏联。为了挫败这种阴谋,为了保卫社会主义和自己的祖国,1938 年 8 月 23 日苏联和德国签订了互不侵犯条约。这个消息对于正在进行反法西斯斗争的各国共产党来说不啻是晴天霹雳,难以接受。而远在延安的毛泽东却于 9 月 1 日向记者发表讲话,指出:"苏德协定打破了张伯伦、达拉第等国际反动资产阶级挑动苏德战争的阴谋,打破了德意日反共集团对于苏联的包围,巩固了苏德两国间的和平,保障了苏联社会主义建设的发展,在东方,则打击了日本,援助了中国,增强了中国抗战派的地位,打击了中国的投降派。在这一切上面,就安置了援助全世界人民争取自由解放的基础。这就是苏德互不侵犯协定的全部政治意义。"①

这个讲话在《共产国际》杂志发表后,引起震动,欧洲共产党人敬佩毛泽东的真知灼见。罗马尼亚共产党人安东尼斯库说:"毛泽东比我们高明得多。我们在莫斯科对条约都不能理解,毛泽东远在延安,却能理解得这样透彻。"②

毛泽东对斯大林评价甚高,称他是"世界人民的导师和朋友,也是中国人民的导师和朋友。他发展了马克思列宁主义的革命理论,并对于世界共产主义运动的事业作了极其杰出的和极其宽广的贡献"。③

就是在赫鲁晓夫攻击、污蔑斯大林时,首先是中国共产党挺身而出,肯定斯大林的功绩,"在列宁逝世之后,作为党和国家主要领导人物的斯大林,创造性地运用和发展了马克思列宁主义。"④

斯大林对毛泽东的评价也不低。1949 年毛泽东首次访苏,苏联隆重欢迎,精心安排火车在正午 12 时到达车站。当天下午 6 时,斯大林率全体政治局委员在克里姆林宫会议厅的门厅列队欢迎,这是很破格的。当时斯大林紧紧地握着毛泽东的手,端详了一阵说:"你很年轻,红光满面,容光焕发,

① 《毛泽东选集》第 2 卷,第 580 页,人民出版社,1991 年第 2 版。
② 《师哲回忆录——在历史巨人身边》,第 132 页,中央文献出版社,1991 年。
③ 1949 年 12 月 23 日《人民日报》。
④ 1956 年 4 月 5 日《人民日报》。

很了不起!"他对毛泽东赞不绝口:"伟大,真伟大! 你对中国人民的贡献很大,是中国人民的好儿子! 我们祝愿你健康!"又说:"你们取得了伟大的胜利,祝贺你们前进!"①

但是这两位伟人之间的相处并不融洽,在首次会谈中,毛泽东见到斯大林后想表明自己的心迹。他说:"我是长期受到打击排挤的人,有话无处说……"可是不等毛讲完,斯大林立即插话:"胜利者是不受审的,不能谴责胜利者,这是一般的公理。"②斯大林的这句话使毛没有把内心的话讲出来。

在另一次会谈时,毛泽东又一次向斯大林讲起他曾在十年内战期间受到过错误路线的打击、排挤,斯大林认真地听着。可惜,由于斯大林并不理解毛泽东,将精力集中在当时条约、协定的谈判上,因而话刚一开头,又被别的插话引开了。

毛泽东和斯大林始终未能在心灵上得到沟通,这是为什么呢?

莫斯科袒护王明的错误

苏联国内战争结束后,为建设社会主义创造有利条件,苏联奉行和平睦邻外交政策,所以,一俟同某国政府建立较好的外交关系时,苏联就不支持该国共产党的活动,尤其是处于非法地位的共产党,以避免造成破坏两国关系的口实。对中共也是如此。特别是在共产国际存在时期,苏共一般不直接同中共发生关系,有事都通过共产国际联系。众所周知,共产国际的政策受斯大林的影响甚大,前一节所说到毛泽东与共产国际的争论,实际上是两位伟人的争论。

抗日战争爆发后,苏联同中国国民党政府签订了《中苏互不侵犯条约》,运到中国的军事物资都被国民党政府掌握,苏联只派情报人员以塔斯社记者身份在延安活动。

但是毛泽东很重视和苏联的关系,他批准苏军情报组负责人孙平可以直接同社会部、八路军总部、新华社、西北局、边区政府等单位直接联系,从他们那里获得各种情报,甚至让苏联情报人员到基层、前线去活动。对孙平的任何要求都是有求必应,孙平想了解学习中共党史和中国革命史,毛泽东亲自给他讲课,每次长达三四个小时,详细介绍建党以来的政策、方针、路线

①② 《在历史巨人身边——师哲回忆录》,第308页,第435页,中央文献出版社,1991年。

的变化及其结果。并将《关于若干历史问题的决议》草稿的内容讲给他听，请他列席党的第七次代表大会。会后，又向他详细介绍情况。

毛泽东的目的是通过孙平把他的看法汇报给斯大林，凡是毛泽东想让斯大林知道的事都用孙平的电台发报。在抗日战争的最后两年，孙平的电台几乎成为毛泽东的电台，孙平任何时候都可以到毛泽东那里去，毛泽东也随时可以叫他，双方关系越来越亲密。但是就是如此，苏联人仍然信任、袒护王明。

1942 年整风运动在延安全面展开，整风运动是要总结十年内战时期的经验教训，通过学习，端正认识，清算瞿秋白、李立三、王明等三次"左"倾路线的错误。虽然，毛泽东定期向莫斯科做了汇报和解释，可是莫斯科总以为中共是在搞清党运动，甚至是搞无原则的派别斗争。他们老是抱着一个死公式，国内要团结（指同国民党和其他抗日力量），党内要团结（不搞任何斗争），一致对外，抗击日寇。由此，无论是出现了反摩擦斗争或党内斗争，他们不分青红皂白一概认为不利于抗战，会使抗战力量削弱或相互抵消。

1942 年秋，王明病了。孙平通过在延安中央医院工作的苏军将级外科医生安德烈·雅科列维奇·奥尔洛夫（阿洛夫大夫）到中央医院看望王明，并听信王明的一面之词，认为他的病是医生对他谋害的结果。

孙平向莫斯科反映，认为中共中央、毛泽东排斥"莫斯科派"。因为犯"左"倾教条主义错误的大多是从苏联学习回来的同志，孙平给他们起名为"莫斯科派"，其中包括博古等人。他着重介绍了王明的处境。1943 年底孙平转来了季米特洛夫以个人名义给毛泽东的一封电报，他希望中国共产党不要搞派系斗争，认为"这种方式只能造成互相猜疑，只能引起普通党员群众强烈不满和帮助敌人瓦解党"，并为王明讲话。

季米特洛夫发这封电报时，共产国际已经解散。20 世纪 80 年代苏联公布了这封电报，却没有公布起草过程，估计斯大林应该知道这件事。特别是季米特洛夫在信中还有这样一句话："使我不安的还有一个情况，这就是在党的部分干部中存在着一些对苏联的不健康情绪。"他还说："早在今年 8月，我们就从重庆得到一份十分可靠的情报，说国民党分子决定向延安派一些奸细，其目的是要离间您同王明和党的其他活动家之间的关系，而且还要制造对所有在莫斯科住过和学习过的人的敌对情绪。"[1]

---

[1] 《中共党史研究》1988 年第 3 期。

季米特洛夫的电报只提到王明,而没有提到正在苏联的李立三。众所周知,1930年下半年李立三离开中共中央领导岗位,到苏联后一直受到王明的排挤和打击,1938年又在苏联被捕。毛泽东认为既然犯错误的同志可以当选为中央委员,那李立三也可以。因而致电莫斯科,要求他们讲清楚李立三被捕的原因及是否妨碍他做中央委员的候选人。苏联回电说李立三没有什么大的问题。因此李立三和王明一起当选为中共中央委员。由于莫斯科的袒护,王明从未在党内承认过错误,从未做过自我批评。这使毛泽东很不愉快。1950年3月毛泽东访苏后回到北京,6月召开中共中央六届三中全会,会议发文件敦促王明早一点做自我批评。

战略配合还是战术配合

实际上,毛泽东和斯大林产生分歧的根本原因在于如何处理国际主义和爱国主义的关系。斯大林在处理与兄弟党的关系时,更多地站在爱国主义立场上,"表现了大国沙文主义的倾向,缺乏平等精神,更谈不到教育广大干部采取谦虚的态度。"[①]

苏联是第一个社会主义国家,是国际共产主义运动的中心,这种情况是历史形成的。但是斯大林有时过分地强调苏联一国的利益,将苏联民族利益摆在世界各国利益之上,要各国共产党服从。王明就是只考虑如何使中国革命适应国际的需要,如何配合苏联的斗争,而对中国自己的事考虑得很少。"九一八"日本进攻东北,王明竟提出:"武装保卫苏联"的口号,严重地脱离中国人民。王明的错误路线导致中国革命的严重受挫,可是斯大林却很信任他。

而毛泽东历来认为,中国是中国人民的,中国共产党首先要研究解决中国的问题,思考分析中国的革命实践。对于处在被压迫被奴役地位的中国共产党来说,爱国主义和国际主义是一致的。他说:"中国胜利了,侵略中国的帝国主义被打倒了,同时也就帮助了外国的人民。因此,爱国主义就是国际主义在民族解放战争中的实施。"[②]他经常讲,丢失自己的利益而去援助别人,这实际上不是真正的帮助。因为既没有真正的援助朋友,又反而削弱

①　1956年12月26日《人民日报》。

②　《毛泽东选集》第2卷,第521页,人民出版社,1991年第2版。

了自己。

1941 年 6 月苏德战争爆发后,这种认识上的分歧在现实中表现得更为突出。战争初期,德军实行闪电战,迅速推进,迫使苏军节节后退。7 月,侵华日军在东北举行有 70 万人参加的军事演习。苏联腹背受敌,情况危急。斯大林将苏军的利益放在第一位(当时苏联的胜负对世界反法西斯战争确有决定性的作用),要求各国直接牵制,打击日德法西斯,保卫苏联。斯大林致电毛泽东,以商量的口吻询问中共能不能抽调若干旅或团摆在长城附近,牵制日军。

毛泽东认为德国法西斯进攻苏联,"不仅是反对苏联的,而且也是反对一切民族的自由和独立,苏联抵抗法西斯的侵略的神圣战争,不仅是保卫苏联,而且也是保卫正在进行反对法西斯奴役的解放战争的一切民族的"。[①]他认为中共应援助苏联,但"此种配合是战略的配合,是长期的配合,不是战术的配合与一时的配合"。因为"大动必伤元气,于我于苏均不利",目前只能"采取巩固敌后根据地,实行广泛的游击战争,与日寇熬时间的长期斗争方针,而不采孤注一掷的方针"。[②]

所以他一方面致电前方的彭德怀,指出"日苏战争有极大可能爆发","我军必须准备配合苏军作战,目前做此种准备,以待时机成熟,即可行动"。[③]要八路军加紧侦察日军动向,破坏交通,借以牵制敌人。另一方面回电斯大林如实地讲明我们的情况,说明我们的力量一集结,目标就大了,就会遭到袭击、围剿,会吃大亏。另外,我们武器很差,无法同日本进行大会战。

7 月 24 日日军开始南进,进驻法属印度支那,减少了北进苏联的可能性,局势已明朗。但是由于德军攻到莫斯科城郊,有一个情报说,如果德军攻下莫斯科城,日军就进攻苏联远东。10 月季米特洛夫来电质问中共中央,究竟采取哪些措施,在中国战场上打击日军,以阻止其进攻苏联。王明得知后,立即发难指责中央违背无产阶级国际主义原则,并要求中央根据季米特洛夫电报严肃检讨以往的政治路线。莫斯科的无端指责再次引发了中

---

① 《毛泽东选集》第 3 卷,第 806 页。人民出版社,1991 年第 2 版。

① 《毛泽东选集》第 3 卷,第 806 页。人民出版社,1991 年第 2 版。

② 1941 年 7 月 15 日毛泽东致周恩来电,《毛泽东军事文集》第 2 卷,第 651—652 页,军事科学出版社、中央文献出版社,1993 年。

③ 1941 年 7 月 2 日毛泽东、朱德、王稼祥、叶剑英致彭德怀电,《毛泽东军事文集》第 2 卷,第 650 页,军事科学出版社、文献出版社,1993 年。

央党内争论。

王明的所作所为立即受到毛泽东及与会者的一致批评。王明以有病为名宣布不再参加政治局会议。从此在处理苏联与共产国际关系的问题上，中共中央完全可以用统一的意志做出决定。这也是毛泽东在1942年发动整风运动的条件之一。不管毛泽东对整风运动如何解释都不能解除莫斯科的疑虑，原因也就不言自明。

当德军打到莫斯科城下时，斯大林再次致电毛泽东，希望派一部分力量向长城内外方向发展。毛泽东没给以肯定的回答，只说部队调动有困难。

当时我们确实很困难。1938年10月抗日战争进入相持阶段以来，国民党已发动了两次反共高潮，特别是1941年初的皖南事变，使我新四军损失万余人，并宣布新四军为"叛军"。国民党政府不仅停发八路军的薪饷、弹药和被服等物资，而且调集50万军队对陕甘宁边区和敌后我军实行军事包围和经济封锁。日本侵略军将主要兵力用于对付八路军、新四军。

在日伪的夹击下，1942年八路军、新四军由50万减为约40万人，根据地面积缩小，总人口由1亿减少到5000万，生产遭到严重破坏，抗日军民几乎没有衣穿，没有油吃，没有纸，没有菜。战士没有鞋袜，工作人员在冬天没有被盖。在这样的情况下，让我们抽调部队离开根据地与敌人硬拼，结果除了惨败、灭亡，很难想象还会有什么好的结局。这无论对苏，还是对我党我军都是不利的，对世界反法西斯战争也不利。

1942年7月德军向斯大林格勒进攻。虽然日本正忙着进行太平洋战争，但仍有不少日本要进攻苏联的传闻。斯大林无法判断这些传闻的真伪。一方面积极组织斯大林格勒保卫战，另一方面三次致电毛泽东。

在第一封电报中，斯大林要求中共抽调八路军一两个师的兵力到内蒙古和外蒙古边境地区，接受苏方提供的可装备一两个师的新式武器。

毛泽东研究后回电说：武器，我们自然是需要的。但调一两个师的兵力通过蒙古草原到达边境去接受武器却是不可想象的，因为敌人有空军，而我们没有。这样，我们的部队在未到达目的地之前，就会被敌机消灭掉。这个方案恐怕难以实现。

过了一段时间，斯大林第二次来电说：可否分批派出较小型的游击部队到满蒙交界地区轮番接受较小批量的武器，以加强抗敌力量。

当时日本在这一带制造无人区，控制甚严。毛泽东也否定了第二个方案。

1943年初,斯大林第三次来电建议中共中央考虑调若干个师团部署在长城内外一线,虽不是为了进行大战役,但也能牵制日军力量,或增加它的后顾之忧。

到1942年秋毛泽东已猜到斯大林准备与敌决战的意图,就开始将一部分八路军部署到长城内外一线,准备伺机向东北腹地渗透。

斯大林是世界无产阶级导师,他的建议遭到拒绝恐怕只有中国共产党和毛泽东敢为之。所以,斯大林格勒战役后,苏联进入反攻,斯大林与毛泽东很少有电报往来。苏联从未向毛泽东透露雅尔塔协定的内容。关于苏联在西线战胜德国后,在东线对日本将采取什么态度的问题,毛泽东只是从孙平口中得知苏联一定会出兵,但不知苏军的行动计划,也不知其出动的确切日期。对此,苏方后来解释说,雅尔塔会议上苏、美、英三方有个协定,即关于谈判内容及战略意图绝对保密,其目的是防止苏联向中共透露。

能不能胜利,敢不敢胜利

引起毛泽东不快的第二件事是抗日战争刚刚结束,抗战八年一直躲在峨眉山的蒋介石要下山与人民抢胜利果实。毛泽东在延安干部会上作报告,告诫全党"必须清醒地看到,内战危险是十分严重的",并且指出我党的方针是"针锋相对,寸土必争"。而斯大林却致电毛泽东说:中国不能再打内战,否则,就可能把民族引向灭亡的危险地步。毛泽东看后很生气地说:"我就不信,人民为了翻身搞斗争,民族就会灭亡?!"[1]

为了回答斯大林,毛泽东在1946年4月写了《关于目前形势的几点估计》,这篇文章认为:目前人民民主力量超过了反动的力量,美、英、法同苏联不会破裂,迟早会妥协。他在文章中明确指出:"美、英、法同苏联之间的这种妥协,只能是全世界一切民主力量向美、英、法反动力量作了坚决的有效的斗争的结果。这种妥协,并不要求资本主义世界各国人民随之实行国内的妥协。各国人民仍将按照不同情况进行不同斗争。"[2]

毛泽东十分慎重,直到解放军打到外线,稳操胜券,才将此文于中央内部公布。由此可见当初斯大林的电报对毛泽东的压力有多大了。

---

① 《在历史巨人身边——师哲回忆录》,第308页,中央文献出版社,1991年。

② 《毛泽东选集》第4卷,第1185页,人民出版社,1991年第2版。

1948年在大决战前夕,苏联政府转来国民党政府给苏联的一封信,请求苏联居中调解国共之争,要求首先停止内战。苏方只说这封信是国民政府给苏联政府的,现将原信转给你们,供你们参考,未做任何其他说明。由于中共中央内部团结一致,夺取革命彻底胜利的决心已定,此信未能引起波澜。但是苏联的这个举动客观上对即将面临决战的中国共产党泼了一瓢冷水,所以毛泽东写了1949年元旦社论,针锋相对提出"将革命进行到底"。

对于1945年8月电报中的错误,斯大林是有认识的,1949年7月27日,斯大林主动地当着刘少奇、江青的面做了自我批评,并高度评价中国共产党。他对刘少奇说:"中国共产党已经度过了它的幼年和青年时期,现在已经是政治上成熟的党、成年的党了。它在斗争中成长起来,成熟起来了!看来,中国党主要的成就是有了在实际斗争锻炼中培养出来的干部,他们经过了实践考验,积累了丰富的经验。中国党是一个在烈火中锻炼成熟的党!"[1]

刘少奇回答:"我们(中、苏)两兄弟之间的友好团结是最重要的,对世界革命是具有重大意义的。斯大林在世,我们两国人民应该是团结的,斯大林不在世了,仍然应该是团结的。团结就是力量!我们之间的团结,是与世界革命和人类命运息息相关的,是具有重大意义的。"

斯大林认为西欧人由于骄傲,在马克思、恩格斯死后,他们就落后了。革命的中心由西方移到了东方,现在又移到了中国和东亚,因而建议:在国际革命运动中,中苏两家都应多承担些义务,而且应该有某种分工,就是说要分工合作。希望中国今后多担负起对殖民地、半殖民地、附属国家的民族民主革命运动方面的帮助,因为中国革命本身和革命经验会对他们产生较大的影响,会被他们参考和吸取。苏联在这方面起不到像中国那样的影响和作用。这个道理是明显的,犹如中国难以像苏联那样在欧洲产生影响一样。

事后,斯大林在处理亚洲各国共产党的问题时,总要征询中国领导人的意见,或者让中国有关领导人在场。

斯大林说,关于马克思主义,在一般理论方面,也许我们苏联人比你们知道得多一些。但是,把马克思主义的一般原则应用于实践中去,则你们有许多经验值得我们学习,在过去,我们已经向你们学习了很多。一个民族必

---

① 《在历史巨人身边——师哲回忆录》,第411页,中央文献出版社,1991年。

须向另一个民族学习。哪怕是一个很小的民族,都有很多东西值得我们学习。今天,你们称我们为老大哥,但愿弟弟能赶上和超过老大哥。这不仅是我们大家的愿望,而且也是合乎发展规律的,后来者居上。①

毛泽东处理美、苏关系有本质的区别

苏联人对中国共产党和美国人的来往一直不放心。因为中国共产党是除苏联之外第一个建立了自己政权、拥有武装的共产党。太平洋战争爆发后,美国参战,并在中国设立战区。由于中国共产党在敌后的军队、根据地不断扩大,引起美国政府的重视。1944年7月美军向延安派了观察组,随后美国总统罗斯福私人特使赫尔利到延安谈判。美国是反法西斯的,特别是在太平洋地区,对蒋介石政策影响最大。因而,中国共产党和美国建立了半官方的外交。这是中国共产党的胜利,当然也是国际共产主义运动的胜利。这个胜利既有利于巩固反法西斯统一战线,也有利于中国共产党的发展。

苏联人对此种关系以及双方的频繁往来十分关心,同时又感到不安,有所疑虑。

虽然中共和美国有半官方的外交,但是对苏美政府及来往人员从未同等对待,而是有区别的。毛泽东和赫尔利在交际处会谈后,就打电话要师哲立即请孙平到他的住处去。师哲、孙平几乎与毛泽东同时到达枣园毛的住处。毛泽东把他同赫尔利谈话的主要内容告诉了孙平。

1946年3月马歇尔以三人会议主席身份到延安视察受到隆重欢迎。次日凌晨,毛泽东还未起床,就令师哲请阿洛夫到他的住所,他等阿洛夫来了之后,才慢慢地下床,请阿洛夫就座,令勤务员倒茶,然后边穿衣服边对阿洛夫说:"昨天举行了一次隆重的招待会,宴请马歇尔,气氛相当热烈。但是马歇尔只能在礼堂里做客,却不能像你今天这样坐在我的寝室里同我聊天。尽管我在这个小屋子里对你没有举行任何欢迎仪式,但这正是我们对待你们和对待他们实质性的差别。"②

国际共产主义运动中出现的新情况,有时也影响到中苏关系。1948年

---

① 《在历史巨人身边——师哲回忆录》,第412—415页,中央文献出版社,1991年。
② 《在历史巨人身边——师哲回忆录》,第319页,中央文献出版社,1991年。

斯大林开除南斯拉夫共产党出情报局之后,世界上对中国共产党的议论颇多。如熟悉中国情况的记者斯诺著文指出,开除南斯拉夫一事"清楚地反映了俄国的政策在欧洲的根本目标和局限性,同样,也给我们一个观察中国目前发生的事态的角度"。他认为中国共产党和南斯拉夫共产党都不是苏联红军树立起来的,而是自己打出来的,"产生了一种以自力更生和功归自己精神为基础的强烈的自豪感和团结感"。① 他认为中苏两国之间迟早会发生摩擦。一个西方记者看到的问题,毛泽东、斯大林能没有想到吗?

斯诺的看法也是有根据的。1944 年 8 月 31 日莫洛托夫在莫斯科向赫尔利表示,苏联对中国内部事务不负任何责任,不应把苏联与中共联系起来。他说:一些中国人"自称是共产党人",不过是表达他们对经济状况不满,而与共产主义"没任何关系"。1945 年 5 月 28 日斯大林向美国的霍普金斯表示:他赞成中国成为"完整的、稳定的国家",蒋介石应"成为统一中国的承担者","中国共产党人就不如蒋介石那样好,而且他们没有能力完成中国的统一"。② 对莫洛托夫、斯大林的这些话,不同的人有不同的理解,有的认为这是他们的外交辞令,也有的认为这是他们对中共认识的真实流露。

新中国成立前夕,毛泽东就宣布"一边倒"的外交政策,并派刘少奇到莫斯科向斯大林汇报中国革命进展情况及其政策。派江青以养病的名义到苏联。随后规定与资本主义国家和社会主义国家建立外交关系,在方法、态度及时间上应有的区别。

但是由于斯大林对自己在中国十年内战期间支持王明"左"倾机会主义的错误认识不够,或者说他不完全了解情况,所以他既没有给毛泽东倾诉衷肠的机会,认为自己已在刘少奇、江青面前做了自我批评,就没有必要再在毛泽东面前做任何自我批评。至于对自己的一些大国沙文主义的做法就更没有认识了。

毛泽东是中国的民族英雄,他无时无刻不在维护中华民族的尊严、独立与自主,从不听命外人的摆布。当他不能向斯大林直言时,就采用东方人的智慧和做法,以柔克刚,坚持由周恩来到莫斯科签订中苏条约。双方僵持了半个月,最后斯大林做出让步。他的让步是不情愿的。就在周恩来已到莫斯科开始谈判后,斯大林还给毛泽东打电话做最后一次努力。毛泽东直截

① 《斯诺在中国》,第 177—178 页,生活·读者·新知三联书店,1982 年。
② 牛军:《延安走向世界——中国共产党对外关系的起源》,福建人民出版社,1992 年。

了当地回答:"我没有什么新的意见,一切由周恩来商谈办理。"

由于这些周折,所以毛泽东认为签订"中苏友好同盟互助条约"是费了一番努力的。为此他在苏联耽搁了很久。毛泽东认为志愿军过了鸭绿江之后,那时斯大林才完全相信了我党,派遣大批专家、顾问帮助建设中国156项工程。

历史中的误会、隔阂是中苏两党60年争论的远因。

斯大林去世后,毛泽东在接见米高扬时一吐积郁,讲了自己对共产国际、对苏共及对斯大林的意见,他最大的意见是对国际共产主义运动中分"老子党"、"儿子党"的做法,认为"一方发号施令,另一方得俯首帖耳,唯命是从","往往危言耸听,借以吓人",他说:"过去我们憋了满肚子气,有气无处出,现在就要出气了。"

这是在私下的谈话。在公开场合,毛泽东仍维护以苏联为中心的国际无产阶级的团结。采取对待同志的态度,做具体的分析,总结国际共产主义运动的经验教训,正确评价斯大林的功过。在毛泽东的领导下,1956年中共中央连续发表了《关于无产阶级专政的历史经验》《再论无产阶级专政的历史经验》两篇文章,对斯大林作出客观而公正的评价。文章以历史唯物主义的观点,摆事实、讲道理,并指明方向,给人以鼓舞。这两篇文章的发表对澄清世界各国共产党的思想混乱,团结、稳定队伍起到了很好的作用,大大提高了中共中央、毛泽东在国际共产主义运动中的地位。

毛泽东与罗斯福

连任四届美国总统的罗斯福,在第二次世界大战爆发前后,对内推行"新政",对外主张"睦邻政策",反对德意日集团的侵略和战争政策。当时,毛泽东虽然住在交通闭塞的西北延安,但他仍尽一切努力来了解世界的政治形势。他通过来访的美国人了解了罗斯福,而罗斯福也通过驻华美国军官、美国外交官和美国记者了解了毛泽东。

斯诺的"红星"效应

1942年2月,美国总统罗斯福召见斯诺时说的第一句话就是:我看过《红星照耀中国》(即《西行漫记》)。其后,罗斯福还曾两次见斯诺。斯诺对毛泽东等中共领袖的介绍,使这位"轮椅总统"早在40年代就预见到有朝一日美国与中国共产党将建立某种关系的可能性。

当然反对帝国主义是中国共产党的首要任务。早在1922年7月中共第二次代表大会通过的文件就明确指出:"在新民主主义革命中推翻国际帝国主义的压迫,达到中华民族的完全独立。"

中国共产党人历来把反动政府同人民区别开来,事实也是如此,中国革命除得到苏联、共产国际的支持外,一直也受到民主的、进步的西方人士的支持。在上海就有为数不多的西方人在为中国的进步、革命而奋斗,如:马海德、史沫特莱、路易·艾黎等。路易·艾黎和宋庆龄有很好的关系,经常受宋的委托收留被追捕的共产党人,再设法将他们转移到安全的地方。

毛泽东一直认为中国革命应以自力更生为主,但是也"离不开争取国际力量和敌国人民援助的努力"。[①] 1927年9月他率工农红军上山,以后一直遭受到国民党军队的"围剿",几十万敌军包围苏区,苏区一直"遭到铜墙铁壁一样严密的新闻封锁而与世隔绝"。在这种情况下毛泽东不可能同外国友人直接交往。但在中央红军到达陕北后,情况发生了变化。1936年2月27日在宋庆龄的帮助和安排下,国共两党之间建立了联系,联络人员张子华和董健吾(即斯诺笔下的王牧师),通过西北剿匪副总司令张学良进入苏区。由于日本帝国主义的侵略,民族矛盾上升为主要矛盾,国共之间开始接触。毛泽东抓住时机,积极开展外交工作。请一名医生和记者进入苏区的消息传到上海由西方人组成的马克思列宁主义读书小组(或研究小组)后,马海德和斯诺义无反顾地踏上征途。斯诺说:"这次采访的机会太重要了,不能错过,如果有危险,我至少可以拿到一点来进行安慰,这就是许许多多中国人民已经为这个运动牺牲了生命,而为了弄清楚为什么会这样,冒险也是值得的。"[②]他们结伴而行,于1936年7月到达陕北。

这时毛泽东和中共中央机关刚从瓦窑堡迁到保安,安定未甫,就接待了而立之年的斯诺,并和他数夜长谈,介绍了中国共产党、红军、苏维埃的历史和政策,并应斯诺的要求,介绍了自己的经历。斯诺在苏区停留了4个月,行程几千里,采访了众多的红军将领、中共中央干部及工农群众。苏区的一切使斯诺感到新奇、惊喜,他看到中国的希望。他回到北京后给美国大使写

---

　① 《毛泽东选集》第2卷,第479页,人民出版社,1991年第2版。
　② 《斯诺在中国》,第78—79页,生活·读者·新知三联书店,1982年。

信表明:"在和共产党人相处了 4 个月之后,我已经深深相信,弄清楚同南京方面打了 10 年的这些人是些什么样的人,不可能对中国或者中央政府有什么损害。相反,提示一些真相还可能会加速长期争端的某种友好解决。"①

他认为毛泽东能够比旁人准确地预见到将要发生的事而受到尊敬和信任。他说:"1936 年毛对我作了一些重要的政治预言时,许多人认为荒诞。很少人相信中共会存活下来,更少人预见到国共会组成抗日统一战线。只有少数外国专家怀疑日本能在几个月内迫使中国屈服。"而历史的发展证明了毛泽东预言的正确性。他看到毛泽东意志坚强,精力充沛,富于主动性而有决断,是干练的政治和军事战略家,并有广博的学识,在辩论中熟练地运用辩证法,很有策略。更重要的是他认为:"毛本质上是革命派,而蒋则是保守派。"

他看到毛泽东和他的战友在武装斗争过程中培育起来的相互间的深厚友谊,是"人类最深厚的友谊"。在其他左翼团体中是见不到的,在那些团体中常常等待你发表什么意见,以便于他们高呼"去你的,叛徒"! 虽然你的意见十分之九都同他们一样。

他看到中共"在没有俄国物质援助的情况下建立自己的军队,打出自己的江山,在运用革命权力方面积累巨大的实际政治经验","因而自然培养了一种自信、自力更生和独立思考的精神"。毛泽东的地位不是莫斯科恩赐的,除了中国同志外,谁也不能撤去他的职务。

他看到世界各地的左派把自己的失败和无能归罪于斯大林,而中共却只把失败归罪于自己的客观环境。毛泽东并不声称自己是永远不犯错误的,并不因改变自己的主张而感到羞耻。

1936 年 12 月斯诺从陕北苏区回到北平,在西安事变前夕连续发表《红星照耀中国》的长篇报道。真实的经历、翔实的报道、大量的照片轰动了世界,更确切地讲是中国共产党、红军、毛泽东轰动了世界。人们通过斯诺的报道认识了毛泽东,他这些采访文字至今仍是研究毛泽东生平和思想的重要资料。

毛泽东始终把斯诺看作美国人民的代表,给他很高的礼遇。

毛泽东在延安还接待了记者尼姆·韦尔斯(斯诺夫人)、艾格妮丝·史沫特莱、英国记者詹姆斯·贝特兰、哈里逊·福尔曼、爱泼斯坦等等。

---

① 《斯诺在中国》,第 79 页,生活·读者·新知三联书店,1982 年。

抗日战争爆发后，国共合作建立，毛泽东抓住有利时机派周恩来到南京、武汉、重庆等地开展外交工作。周恩来以他非凡的魅力广交朋友，不仅同斯诺、史沫特莱、斯特朗建立了亲密的友谊，而且同美、英等国大使馆人员建立联系，扩大了中国共产党的影响，赢得了国际社会对八路军、新四军的广泛同情和支持。

两个阵营中的朋友

毛泽东和罗斯福从未见过面，但是罗斯福对中国的政策曾对中共的历史发生过影响。曾任总统卫队副总指挥的埃文斯·福代斯·卡尔逊到过延安。当时他的身份是美国海军观察员（实际是情报官）。卡尔逊在《中国的双星》一书记述了他和毛泽东谈话的情景：

"我们一直谈到深夜，从战争说到欧洲、美国的政局，历史上政治思想的演变，宗教对社会的影响和建立一个有效国际组织的各种条件，他是理想家，同时又有很切合实际的想法。

"他对我说：'只要我们的人民能经受住困难，决心坚持抗战，中国是打不败的。领导人应该取信于民，为他们指出光明前途，只有这样，人民才会有坚强的意志。为了创造这些先决条件，我们要求领导人做到艰苦朴素，办事公正，关心人民疾苦。只有发扬民主，教育人民自己管理自己，才能实现美好的未来。我们认为合作社是经济生活的基础。共产主义不可能一下子来到，它需要几十年的发展过程；首先要有充分的民主，然后再经过一段社会主义过渡时期。

"他又说：'中国好像一只大水桶，而日本人却妄想用一瓢水就把它灌满。他们占领这一片，我们就转移到那一片，他们如果跟踪而来，我们又转回去了。日本没有足够的兵力占领全中国，只要人民坚持抗战，日本无法用政治手段来控制中国。'"[①]

卡尔逊到华北前线考察后，又写出《中国兵》军事著作，用大量的事实有力地说明了八路军为什么具有强大的战斗力，使外界及时了解中国的实情。1937年他回到美国，面向罗斯福介绍了中国情况，特别是边区和毛泽东的情况，使罗斯福对中国共产党、八路军，对毛泽东有了正确的了解和认识。

---

① 《在中国的六个美国人》，第201—202页，新华出版社，1985年。

卡尔逊为了写作自由,如实记述他在解放区的见闻和毛泽东的谈话,放弃即将得到的退休金,辞去军职。太平洋战争爆发后,他又回到部队指挥海军陆战队第二飞行突击营,参加瓜达卡纳尔岛战役。他运用从八路军那里学到的游击战术,赢得太平洋战争的第一次胜利。

　　卡尔逊的成功,使罗斯福对八路军的游击战术有了更深刻的了解。

　　毛泽东当时领导的外交工作卓有成效,这同当时世界格局有关,即德意日法西斯轴心国的崛起打破了世界的均衡。近百年来,中国是好几个帝国主义国家共同支配的半殖民地国家,第一次世界大战之后,美国、英国、日本、法国、意大利、中国、荷兰、葡萄牙、比利时九国于1922年在华盛顿签订了九国公约。公约规定了各个帝国主义国家在华势力的大小。日本发动"九一八"事变后,打破了这种均衡,破坏了美国"门户开放"的政策。日本要独占中国,必然同其他的帝国主义发生冲突,特别是同日益强大的美国在华利益发生冲突。所以美国主张和平解决西安事变,主张尽早停止内战,共同对外。特别是美国的有识之士看到,日本既可北进苏联,也可南下印支半岛,还可以东进发动太平洋战争。虽然罗斯福对日本也有过动摇,但是从总体来讲是希望中国能拖住日本。而要拖住日本,第一蒋介石要坚持抗日,第二蒋介石不能反共发动内战。因此他希望中国是统一的、团结的。

　　毛泽东针对世界形势的变化提出我党的外交方针:"虽然共产党是反对任何帝国主义的,但是既须将侵略中国的日本帝国主义和现时没有进行侵略的其他帝国主义,加以区别,又须将同日本结成同盟承认'满洲国'的德意帝国主义,和同日本处于对立地位的英美帝国主义加以区别,又须将过去采取远东慕尼黑政策危害中国抗日时的英美,和目前放弃这个政策改为赞助中国抗日时的英美,加以区别。我们的策略原则,仍然是利用矛盾,争取多数,反对少数,各个击破。""我们根本方针,是在坚持独立战争和自力更生的原则下尽可能地利用外援。"①

　　毛泽东看到由于德国法西斯占领欧洲,欧洲自顾不暇,美国在华作用已超过其他国家,最能影响蒋介石的政策。

　　在重庆的周恩来很注意对美国的工作,并同美国驻华外交官戴维斯、谢伟思等人建立了很好的关系。1940年末斯特朗到了重庆,周恩来告诉她自从1939年以来国民党和共产党的军事冲突已达两年之久,而外界对此一无

---

　　① 《毛泽东选集》第2卷,第764—765页,人民出版社,1991年第2版。

所闻,斯特朗要求报道。周恩来请她先保持缄默,未经同意,千万不要对外报道。1941 年 1 月当斯特朗飞回美国,这时发生了皖南事变,周恩来派人去信通知她:"现在可以发表你所了解的情况了。"通过斯特朗的报道,使外界知道皖南事变不是偶然的,多年来国民党背信弃义,挑起若干武装冲突,暗算共产党领导的抗日部队的真相。

皖南事变的真相通过斯特朗、斯诺等西方记者迅速地在美国大白于天下,引起舆论大哗。2 月 8 日罗斯福致函蒋介石,希望国共继续合作。他还不放心,又派代表居里到重庆。居里会见周恩来,这是美国高级官员第一次会见中共领导人。居里向周恩来表示美国赞成中国统一反对日本,不愿内战扩大,主张政府改革,并询问蒋介石有无投降倾向、皖南事变真相、中共目前民主主张和各项政策等内容,周恩来一一回答,给了居里一些揭露蒋介石的材料,并指出:蒋介石不改变反共政策,将引起国内战争,使抗战熄火,给日本造成南进的机会。因而,居里见到蒋介石后,就声明:美国在国共纠纷未解决前,无法大量援华,中美间的经济、财政等问题不可能有何进展。

同时,苏联政府也停止了对蒋介石的援助。在苏、美、英的压力之下,蒋介石既不敢投降,也不敢放手内战。

1941 年 12 月 8 日,日本袭击珍珠港,太平洋战争爆发,美国参战。当日,毛泽东召开政治局会议研究世界形势及我党的政策。9 日中共中央发表《为太平洋战争的宣言》。《宣言》指出:"这一太平洋战争,是日本法西斯为了侵略美国英国及其他各国而发动的非正义的掠夺的战争,而在美国英国及其他各国起而抵抗的一方面,则是为了保卫独立自由与民主的正义的解放的战争。""全世界一切国家一切民族划分为举行侵略战争的法西斯阵线与举行解放战争的反法西斯阵线,已经最后明朗化了,""中国与英美及其他抗日诸友缔造军事同盟,实行配合作战。"

罗斯福迅速做出反应,1942 年 1 月 1 日,中国、苏联、美国、英国、波兰等 26 个国家发表宣言,宣言表示共同对抗德意日法西斯侵略,确立了自由、独立、人权、正义的原则。3 日,美国宣布反轴心国的第一最高区域统帅部及西南太平洋区之统帅部已组成,蒋介石任中国战区(包括泰国、越南等)陆空军最高统帅。罗斯福又派长期在中国工作的史迪威担任中国战区的总参谋长、驻华美国司令,并让史迪威任美国援华物资和滇缅公路的监理人。

2 月 24 日,罗斯福在白宫召见斯诺,谈了一个小时的远东主题。罗斯福知道蒋介石政权缺少人民一致的热情和支持。他真诚地希望美国的援助能有助于促进中国的社会、经济和政治的进步。他问斯诺,除了对中国政府以外,我们能够做些什么来援助中国人民?由于斯诺和路易·艾黎曾一起办"工合",他向罗斯福介绍:除了红十字会外,"工合"是唯一在国统区和共产党地区都能进行活动的战时组织。他还说:如果在战争时期能够在中国开展一个强大的合作化运动,它最有希望开辟一条新路,以代替国民党一党统治避免重开内战。罗斯福很关注如何在经济上支援游击战根据地的建设,他说下次给蒋介石写信时会表示他个人对中国工业合作社很感兴趣,并要求得到一份关于它们进展的报告。

1943 年 12 月美、英、中三国首脑在开罗举行会议,商讨联合对日作战计划。罗斯福当面告诉蒋介石夫妇:"你们必须设法和共产党合作,美国不准备卷入中国的任何内战,我们希望中国一致抗日。"[1]

有民主作风的史迪威,不信任蒋介石,他很快就看到国民党军队的黑暗、腐败。他气愤地说:"我是来打仗的,那些想阻挠我取胜的人是绊脚石,我要把他们和敌人在我前进道路上设置的障碍一齐搬掉。"[2]他认为美国人在中国浴血奋战的事业被蒋介石出卖了,他给蒋介石起了个诨号"小人"。

他敬佩共产党的游击战术和清廉。他在日记中写道:"我根据亲眼所见的事实来判断国民党和共产党。国民党,腐败无能,经济混乱,强征暴敛,言行不一,囤积居奇,经营黑市,私通敌国。共产党的纲领是……减轻赋税、地租和高利贷,发展生产和提高生活水平,他们还政于民,言必信,行必果。"

他要求援华物资有八路军、新四军的一份,他要求将包围陕北边区的胡宗南部队调到山西打日本人。但是他的建议、计划常常由于国民党的阻挠而不能实现,这使他愤怒,常常用汉语或英语把国民党将领大骂一通。蒋介石对他也恨之入骨。蒋介石和史迪威的矛盾一直闹到罗斯福总统那里。

罗斯福总统一开始是支持史迪威的,这同他接到关于国民党腐败、无能的报道有关,更重要的是为了打赢太平洋战争,准备在中国沿海登陆。国民党主力龟缩在大西南、大西北,而沿海地区多是由八路军、新四军控制的游击区或根据地。为此,1944 年 6 月罗斯福派副总统华莱士访华。在华莱士的压迫下,蒋介石不得不同意史迪威的建议,美军可以派观察组到延安。在此之前只允许记者到延安采访。1944 年 6 月,毛泽东亲自会见了前来延安

---

① 《斯诺在中国》,第 170 页,生活·读者·新知三联书店,1982 年。
② 《在中国的六个美国人》,第 159 页,新华出版社,1985 年。

采访的爱泼斯坦、哈里逊·福尔曼等西方记者。

毛泽东向哈尔逊·福尔曼解释了中共中央的政纲和苏联的区别。他说:"我们并未为实现苏俄式的共产主义的社会和政治而努力,事实上我们以为我们现在所做的正是林肯在你们的南北战争时全力争取的事情,那就是解放黑奴。在今日中国,我们有好几亿的奴隶受着封建主义的束缚。"

他说:"在谋求千百万农民的解放时,在用农业改良来改善他们的生活时,我们不想激进得和苏俄一样,没收地主的土地,分给人民。即一方面说服地主把地租减到合理的数目,另一方面则保障他们能经常收到这些减少的地租。从经济意义上来说,我们是和苏联绝对不同的。"

他说:"政治上,我们同样也和他们不同。我们并不要求无产阶级专政,我们也没有这样的打算,我们并不主张集体主义,我们鼓励竞争和私人投资,并且在互惠的条件下,我们还允许并欢迎外国资本来参加我们所控制地区的贸易和工业。我们是一个落后的国家,所以,我们对外国的投资有极大的需要。"

他说:"至于政府,我们信仰并实行民主政治,我们正运用'三三制'来限制任何可能的独裁,如国民党今日所执行的一党专政。同样和俄国的苏维埃制度不大相同。"

福尔曼问道:"为什么你们不改名字?"毛泽东回答得很巧妙:"我们自己或别人如何称呼我们政党这对我们不发生影响。并且,如果我们忽然改称别的名字的话,在今日中国——国外也是如此,便会有人以此作为借口责备我们,说我们为了掩饰,是别有用心。不,我们不改变这名字,并且也不应该改,我们并无这需要。重要的是内容和实践,不是招牌。"[①]

这些话毛泽东不仅是讲给福尔曼听的,更重要的是想通过他的报道将此话传播到世界,传到关心中国抗战事业的罗斯福总统的耳中,因为罗斯福和其他的资产阶级政治家一样视共产主义为魔鬼。美国人在研究中国共产党时,曾提出两个问题:第一,他们与苏联有什么联系? 第二,中国共产党是什么样的共产党?

美军观察组到延安,这是7年来不懈努力的结果。中共中央将此"看作是我们外交工作的开始",向全党发表了《关于外交工作指示》,指出:"这种外交现在还是半独立的外交。因为一方面重庆国民党政府还是中国人(我

① 哈里逊·福尔曼:《来自红色中国的报告》,第168—170页,解放军出版社,1985年。

们在内)及同盟国所承认的中央政府,许多外交来往还须经过它的承认。但另一方面,国民党是不愿意我们进行单独外交活动的,我们与同盟国家只有冲破国民党种种禁令和约束,才能便于我们外交来往和取得国际直接援助,所以我们的外交,已经是半独立性的。"

"今后国际统战政策,将可能给我们以更大的发展。而且如果国际统战政策能够做到成功,则中国革命的胜利,必将增加许多便利,这是可断言的。"

这个时期是中共与美国关系最好的时期。但是令人遗憾的是,蜜月的时间很短,它随着赫尔利来华、史迪威被撤职而结束了。

1944年4月日本实行一号计划:打通湘桂交通线。日本人一度占领贵州独山,从而震动了重庆。国民党一溃千里,同中国共产党领导的敌后根据地的发展形成鲜明的对比。国民党失败的事实加剧了史迪威和蒋介石之间的矛盾。蒋介石为了摆脱困境向罗斯福提出请他"派一位熟悉政治及军事问题并得到总统完全信任的"代表到重庆,想以此限制史迪威的权力。罗斯福因此派赫尔利来华。

赫尔利的来华,在客观上已削弱了史迪威的地位。罗斯福是伟大的政治家,但考虑中国问题也是从美国的全球战略出发的。出于战后美国与苏联对峙的考虑,虽然他认为毛泽东、中国共产党人不是共产主义者,只是土地改革者,但是他从帝国主义立场出发,认识不到中国共产党是独立自主的,而认为中共是苏联在华势力的代表,因而不愿看到中国共产党在中国的力量强大。美军观察组到延安后十分关心的是在延安有没有苏联的军官,中共接受了多少苏联的援助。他们经过实地考察之后,结论是否定的,但是美军观察组的结论并不能影响罗斯福的决策。罗斯福派赫尔利来华的既定方针是政治上支持蒋介石,维护蒋介石的领导地位。所以赫尔利来华不久,10月19日史迪威离开了中国。这一事件是美国政策上由压蒋拥共走向扶蒋压共的信号。

1944年11月8日赫尔利带着《为着谈判的基础》来到延安,受到毛泽东的欢迎。赫尔利所带来的《为着谈判的基础》共有五条,中心思想是想以蒋介石进行政治改革换取中共交出军队,即蒋介石承认中国共产党和一切政党为合法,共产党军队则由中央政府改组,在中国实现军队统一。

在谈判中毛泽东运用了罗斯福总统的话,批评了国民党、蒋介石。他说:应改编的是那些没有战斗力、腐败得不堪一击的国民党军队,而不是中共军队。中共军队不会要求与士兵收入微薄、瘦弱不堪的国民党军队"享受"同等待遇,因为那样的话,中共军队的战士会像国民党军队的士兵一样,"虚弱得不能行走"。①

毛泽东、周恩来针锋相对地提出五条协议草案,草案内容是:一、中国政府、中国国民党及中国共产党应通力合作,为击败日本而统一所有国内武力,并共同致力于中国的复兴工作;二、国民政府即改组为一联合政府,由一切抗日政党及无党派之政治团体所派代表构成之,军事委员会亦应同时改组为联合军事委员会,由所有抗日军队派遣代表构成之;三、联合政府应遵照孙中山先生所倡原则,创设一民治、民享、民有之政府;四、一切抗日武力应遵守并实施联合政府及联合军事委员会之命令,并由政府及联合军事委员会予以承认,所有获自友邦国家之军事配备,应公平分配与各诸武力;五、中国的联合政府承认中国国民党、中国共产党及一切抗日政党的合法地位。

在赫尔利的请求下,毛泽东给罗斯福写信,声明:"这一协定的精神和方向是我们中国共产党和中国人民八年来在抗日统一战线中所追求的目的之所在。"并感谢"你为着团结中国以便击败日本并使统一的民主的中国成为可能的利益之巨大努力","我深愿经过你的努力与成功,得使中美两大民族在击败日寇,重建世界的永久和平以及建立民主中国的事业上永远携手前进"。

赫尔利对中国国情了解不多,从他的资产阶级民主政治、选举,两党轮流执政的观点出发,看待中国国民党与共产党之争,欣然在五条协议草案上签了字,他向罗斯福报告五条协议"几乎所有的基本原则都是我们的"。

毛泽东从交际处回到枣园,向苏军驻延安情报组孙平介绍了谈判过程。据翻译师哲回忆:"在谈话的过程中,毛显得很兴奋,有时手舞足蹈。我从未见到他这样高兴。"因为这是一个很大的胜利。

但是,蒋介石不可能接受赫尔利与中共商定的五条协议,而是立即提出了对国民党有利的三条协议,要共产党服从国民党,而不是国民党与共产党平起平坐。因美国的政策是扶蒋,赫尔利转而支持蒋介石,同意了蒋介石提出的三条协议,要在重庆的周恩来将这三条协议带回延安。

毛泽东接到这三条协议后对美军驻延安观察组包瑞德上校生气地说:

---

① 牛军:《从赫尔利到马歇尔——美国调处国共矛盾始末》,福建人民出版社,1992年。

"赫尔利将军说,我们要是放弃自己的主张,就能得到全世界的承认。假如我们被蒋委员长捆住手脚,那世界的承认就没有什么用处了……"①

赫尔利调停失败的消息传到华盛顿后,罗斯福对斯诺说,这是"很令人失望的消息"。虽然在他看来延安的要求是合情合理的,但是他无意抛弃蒋介石政权,只把同中共合作看作是一个军事上有用的权宜之计,想把中共当作对蒋介石施加压力的一种手段,以便使蒋走向革新政府,成为统一和进步的中国核心。在华北登陆行动中,他试图找到国民党领导的游击队。他明白在中国他是在同两个政府打交道,他说:"我打算继续这样做,直到把他们两方拉到一起为止。"

然而,毛泽东对美国政策的举棋不定、出尔反尔,已经感到很不耐烦了。1945年3月13日,毛泽东在同来延安访问的美国外交官谢伟思的长谈中,希望到美国去面对面地同罗斯福讨论所有共同关心的问题。毛泽东不曾料到,那时已是罗斯福在世的最后的一个月,不久,罗斯福就因病去世了。毛泽东打电报致唁道:"向美国人民及总统遗族表示吾人之深切吊唁。举世均将沉痛此种损失。"②

罗斯福去世前夕,赫尔利说服罗斯福同意了自己提出的继续保持蒋介石最高权力的看法。然后,他便赶走了对中共有好感的驻华美军军官和美国外交官。

从此,毛泽东对赫尔利就不那么客气了。他在《赫尔利和蒋介石的双簧已经破产》一文中指出:"赫尔利、蒋介石这一套,不管他们怎样吹得像煞有介事,总之是牺牲中国人民的利益。进一步破坏中国人民的团结,安放下中国大规模内战的地雷,从而也破坏美国人民及其他同盟国人民的反法西斯战争和战后和平共处的共同利益。"③在中国共产党的坚持下,美国政府于1945年末召回了赫尔利。

毛泽东和罗斯福显然是属于两个不同的阵营,但他们却在反法西斯这个共同目标下团结在一起,虽未曾谋面但却友好。他们之间尽管有这样那样的疑虑,但对反法西斯的共同事业却从未动摇过。他们的这种团结,既是从反法西斯战争的全局出发,也是从中美两国人民的根本利益出发。美军

---

① 伊·卡恩:《毛泽东的胜利与美国外交官的悲剧》,第127页,群众出版社,1990年。

② 1945年4月14日《解放日报》。

③ 《毛泽东选集》第3卷,第1111页,人民出版社,1991年第2版。

观察组成员谢伟思在 1941 年至 1945 年,曾在延安同毛泽东长谈过几次。他在解释毛泽东的谈话时也曾说:共产党对美国的政策,是寻求美国对中国的民主的友好支持和在抗日方面的合作。但是,不管美国采取什么行动,不管中共能否从美国那里得到一支枪、一粒子弹,中共都将继续愿意以他们所能做到的方式实行合作。凡是他们能够做到的(诸如情报、气象报告或营救空军人员),中共都看作是自己的义务和职责,因为它有助于盟军的作战,能加速日本的战败。

遗憾的是,美国对华政策的制定并不完全取决于美国总统,也不完全取决于美国驻华人员的几份报告。因为在美国和美国国会,有个由中美两国政治家和财界人物组成的、能量很大的院外援华集团,这个集团为了自己在中国的利益,想方设法影响美国的对华政策,以图确保蒋介石继续控制中国。

罗斯福去世后不到四个月,日本人宣布投降,美国和中国共产党共同的敌人没有了,联结双方的纽带断了。美国政府的基本原则是支持蒋介石,又派马歇尔来华调处国共矛盾。但马歇尔一事无成,空手而归。司徒雷登作为大使一直留在南京,看着共产党占领南京。司徒雷登作为个人想同中国共产党领导的新中国保持关系。中国共产党派燕京大学毕业生黄华为南京外办主任,以学生的私人身份拜访了司徒雷登。当司徒雷登提出要求北上北平时,中共中央很快同意,而美国国务院却不同意。这说明中国共产党从一建国起外交的眼界就是广阔的,就是将意识形态放在一边,而愿意和一切国家包括美国建立友好关系的。而美国政府却囿于政治上的短见,拒不承认新中国,召回了司徒雷登。

蒋介石的失败,在美国引起了巨大波澜。1950 年麦卡锡主义在美国抬头,以"共产主义渗透"为名对不少进步组织、个人进行迫害。美国在国外打败了法西斯,而国内法西斯主义却猖獗一时。美国侵朝战争更加恶化了中美关系。中美关系大门时隔二十多年之后才被打开。

美国《纽约人》周刊撰稿人伊·卡恩在结束他的著作《毛泽东的胜利与美国外交官的悲剧》一书时,引用了美国著名汉学家费正清对某些年轻的会汉语的外交官说的话:"记住:钟摆是会往回摆动的,而且一向如此。"费正清的话,正是对美国对华政策的绝妙概括。

毛泽东与世界新格局

1949 年毛泽东提出"另起炉灶","打扫干净屋子再请客"和"一边倒"的外交工作三项方针,是立足于与旧中国半殖民地外交一刀两断,维护新中国独立和主权的方针。毛泽东的眼光很辽阔而深远,从来不是封闭、保守的。1949 年 11 月他在西柏坡对米高扬说:打扫干净,陈设好了,再请客人进门,这也是一种礼貌,不好吗?我们的屋里本来就够脏的,因为帝国主义分子的铁蹄践踏过。而某些不客气、不讲礼貌的客人再有意带些脏东西进来,那就不好办了。因为他们会说:"你们屋子里本来就是脏的嘛,还抗议什么?!"这样我们就无话可说啦。我想,朋友们走进我们的门,建立友好关系,这是正常的,也是需要的。如果他们又肯伸手援助我们,那岂不更好吗!但我们知道,对我们探头探脑,想把他们的脚踏进我们屋子里的人是有的,不过我们暂时还不能理睬他们。至于帝国主义分子,一方面想进来抓几把,同时也是为了搅浑水。浑水便于摸鱼。我们不欢迎这样的人进来。①

毛泽东的话说得很清楚,打扫干净是为了更好地请客人进来。为了维护新中国的独立,决不允许有人再在中国浑水摸鱼。

我们同社会主义国家迅速建交,同资本主义国家是先谈判后建交。原因很简单,毛泽东在和米高扬谈话中讲过这个道理:帝国主义同我们国家之间是有几笔大账要算的。第一是他们在我国的一切特权必须全部彻底废除。第二是他们欠我国的一切债务和款项必须偿还。第三是帝国主义撤离中国。至于侨民居留问题,则按一般外侨居留办法和国际惯例来处理。帝国主义分子历来是看不起中国人的,对他们也得教训教训,使他们头脑清醒过来。②

1950 年 1 月,新中国收回了美国、法国、荷兰、英国在北京、天津、上海兵营的地产权。

对于资本主义各国驻中国的外交人员,早在 1948 年 11 月人民解放军刚解放沈阳,中共中央就致电东北局,美、英、法等国政府未承认我政府,我们对他们现在的领事馆人员应采取不承认而只承认为普通侨民的方针。作为普通侨民保护他们的人身安全。

---

①② 师哲:《在历史巨人身边——师哲回忆录》,第 379—381 页,中央文献出版社,1991 年。

解放初期同资本主义各国的建交谈判,我们坚持对方必须同国民党集团断绝外交关系,在联合国支持中国恢复合法席位,并将各国管辖的地区内属于中国的财产交给中华人民共和国。

在正确方针指引下,新中国外交工作进行得很顺利。从 1949 年 10 月到 1951 年 5 月,已有 18 个国家同中国建立了外交关系。如果不是朝鲜战争爆发,这项工作会继续进行下去。

一要和平二要通商

朝鲜停战后,1954 年党中央、毛泽东派周恩来率领庞大的代表团出席了日内瓦国际会议。在日内瓦会议上英国的态度不同于美国,我们同意同英国互换代办,1954 年夏毛泽东对来华访问的英国人艾德礼说:一要和平,二要通商。这句话,集中反映了当时毛泽东的外交思想。在这个思想的指引下,中国的外交工作进行得比较顺利,到 1965 年同中国建交的国家已上升为 49 个,当然多数是新独立的民族主义国家,也有像法国这样发达的资本主义国家。

1956 年苏共二十大,赫鲁晓夫发表秘密报告之后,中、苏两党的分歧越来越大,争论逐渐由内部而发展为公开化,由两党的争论而影响了两国的关系,以至发展到 1969 年珍宝岛武装冲突。在这场争论中,毛泽东反对苏联的大国沙文主义,捍卫了中国的独立自主和尊严。但是这场争论也导致毛泽东作出错误的结论,把中共党内的不同意见和分歧错误地看成是两条路线、两条道路的斗争,他提出中央出修正主义怎么办? 提出了"走资本主义道路的当权派"的概念。这些错误认识成为发动"文化大革命"的重要原因。"文化大革命"是一场由领导者错误发动、被反革命集团利用,给党、国家和各族人民带来严重灾难的一场内乱。

"文化大革命"开始后,林彪、江青利用极"左"思潮插手外交工作,在一年多的时间内,中国同近 30 个国家发生了外交纠纷。外交工作是毛泽东一直关注的重点,在毛泽东领导下,周恩来亲自主管和把关,"1968 年起有步骤有计划地采取一系列措施来消除外交上的某些不正常状态。因此林彪、江青、康生对中国外交工作的干扰,比起对国内工作的破坏,程度要轻些,时间要短些。"①1969 年 5 月 1 日晚,毛泽东在天安门城楼会见了一些外国驻华使节,并进行友好的谈话,实际上这传达了中国愿意同世界各国改善和发展关系的信息。

建立世界新格局

中苏关系恶化之后,毛泽东在考虑改善中美关系,如何打通中美关系的大门? 他首先想到的是他的老朋友——斯诺。

新中国成立后不久,美国与中国人民在朝鲜兵戎相见,在国内推行麦卡锡法,斯诺这样的新闻记者遭到迫害,被迫移居瑞士。1954 年中美共同出席日内瓦会议,杜勒斯规定美国代表团不许同中国人握手。虽然从 1955 年起,中美开始举行大使级会谈,但是美国国务院不许美国人以普通旅游者的身份到中国去。中美关系的大门被美国人从外面紧紧地关上了。

经过多种努力,在中苏争论公开化的第二年(1960 年),斯诺终于获准到新中国采访。这是新中国成立后第一个获准到大陆的美国人,南斯拉夫方面认为"这件事具有一叶知秋的意义,说明中苏关系的天气日益恶劣"。②

斯诺在中国停留了 5 个月,访问了 19 个城市,采访了从中共高层领导人到普通群众等多人。周恩来和他长谈,详尽地说明中美问题和中国的政策。毛泽东和他谈了 9 个小时,毛泽东说想在还不太老的时候到密西西比河和波托马克河去游泳。那年毛泽东是 66 岁。毛泽东给斯诺以宽余的时间,让他充分地观察新中国。斯诺回去后以《今日红色中国》为题,写了大量报道。新中国的信息通过斯诺的笔挤开了那紧紧关闭的大门。在新中国成立十几年后,美国人才重新看到来自中国的报道。

1964 年美国轰炸越南北方,战争升级,中国给予越南大规模的无私支援。这年秋天,斯诺第二次到中国。只有他,是既受到中国的欢迎,又能得到美国国务院批准的记者。

1965 年 1 月,毛泽东又接见了斯诺,回答他提出的各种问题。毛泽东告诉他:中苏关系可能有一些改善但不多。赫鲁晓夫退出历史,使中国少了一个写争论文章的好目标。中国军队是不会越出国境去打仗的,只有美国

---

① 《当代中国外交》,第 211 页,中国社会科学出版社,1987 年。
② 《斯诺在中国》,第 181 页,生活·读者·新知三联书店,1982 年。

进攻中国，中国人才会应战。越南南方人民是能够应付局面的。毛还说，有些美国人曾经说，中国革命是俄国侵略者领导的，但实际上中国革命是美国人武装起来的。

他预见，越南战争还会继续几年，美军会发现待下去没有味道，于是就有可能回家去或者到别的什么地方去。

他认为有希望改善中美关系，不过需要时间，在他这一代也许不会有改善了。①

同 1960 年的接见不同的是，这次接见很快在《人民日报》登出了毛泽东与斯诺的照片，并允许斯诺发表毛泽东的讲话，以这种方式将他对战争与和平的看法，特别是对越南战争的看法，传送给美国。

斯诺第三次访华，是 1970 年的秋天。这一次访华的重要性，远远超过前两次，已载入史册。毛泽东精心安排国庆大典时在天安门城楼接见斯诺夫妇。并在 12 月 26 日毛泽东生日的那天，《人民日报》发表了毛泽东与斯诺夫妇并排站在天安门上的这张大幅照片，照片下的文字说明中，斯诺已不是 1965 年见报时注明的《西行漫记》的作者，改而为"美国友好人士"。在毛泽东语录一栏登了这样一句话："全世界人民包括美国人民都是我们的朋友。"毛泽东给斯诺以美国人民代表的身份。

同在这个月，周恩来在高级干部会议上，介绍了毛泽东和斯诺的谈话内容，以便让高级干部跟上变化了的形势和政策。经过 20 年中美隔绝、对立及"文化大革命"极左思潮的影响，人们很难一下子接受新政策。这个谈话很快作为文件发到各支部，印成小册子公开发行。这些举动的目的就是一个信息，中国希望尽速改善与美国的关系，而不是像毛泽东在 1965 年对斯诺讲的，他这一辈子看不到中美关系的改善。

1970 年 5 月 20 日毛泽东发表声明，提出"全世界人民团结起来，打败美国侵略者及其一切走狗！"而过了几个月，他又着手改善中美关系。原因何在呢？我们还是用毛泽东自己的话来回答更为直接。

1970 年 12 月 18 日，毛泽东在他的住所游泳池接见了斯诺。他说：在中国人和美国人之间无需有偏见，可以相互尊重和平等。他寄希望于两国人民，如果苏联不行，那么他将寄希望于美国人民。美国有两亿多人口，生产已经高于各个国家，教育普及。外交部正在研究让美国的左、中、右三派

① 《斯诺在中国》，第 282—294 页，生活·读者·新知三联书店，1982 年。

都来访问中国。是否应当让代表垄断资本家的尼克松这样的右派来呢？应当欢迎他来，因为目前中美两国之间的问题要跟尼克松解决，他作为旅行者来也行，作为总统也行。

当时，毛泽东对中苏力量的对比有清醒的认识。当斯诺问道："俄国人害怕中国吗？"他回答说，有人是这样说，但是他们为什么要害怕呢？中国的原子弹只有这么大（伸出小拇指），而俄国的原子弹有这么大（伸出拇指），俄国和美国的原子弹加起来（他把两个拇指并在一起）有这么大。

他说，尽管中苏意识形态的分歧现在是不可调和的，但是最终还是可以解决两国之间的问题的。

应该说，早在1969年珍宝岛事件后，陈毅等四位老帅研究战略问题，主张和美国改善关系，以对付虎视眈眈的苏联。尼克松上台后，这种设想有可能变成现实。尼克松认为世界已形成美国、西欧、苏联、中国、日本五个力量中心，他要利用各种相互斗争的力量，来保持美国的领导地位。这个地位受到来自苏联的威胁，美国深深地陷入越南战争不能自拔，为了对付苏联人，为了更早地从越南脱身，它需要改善与中国的关系。从1969年7月起，美国采取了一系列措施，放宽对中国的封锁。

毛泽东抓住了这个时机，将意识形态的分歧放在一边，将中国的长远利益放在首位，开始推动中美关系的改善，表现了一位政治家的远见和魄力。

1971年7月基辛格秘密访华，1972年2月尼克松访华。毛泽东在尼克松到达北京的当天下午，就在中南海游泳池同他举行了会谈，会谈中毛泽东坚持只说哲学不说细节，细节问题让尼克松去和周恩来谈。

就在尼克松访华的前几天，斯诺在瑞士不幸去世了。老朋友去世，新朋友来了，预示中美关系史上一个时代结束了，新的时代开始了。

毛泽东和尼克松的会晤决定了世界的新格局。中国从"文化大革命"造成的封闭走出来，打开通向美国的大门，也就打开了通向联合国的大门，通向世界的大门，为几年后在中国兴起的改革开放准备了外部环境。

这次会晤冲破了美国对中国20年的封锁，挫败了苏联在中苏边境陈兵百万的威胁，加强了中国在世界的地位和作用。在这个历史事件的影响下，世界发生了一系列的变化，改变了世界的格局，为今后几十年世界形势的发展定下了一个基调。

虽然毛泽东在他的晚年错误地发动了"文化大革命"，但是他打开了中美关系的大门，改变了世界的格局，这是一个伟大的历史性贡献，为此中国人民永远记着他——毛泽东。

毛泽东与"三个世界"

毛泽东晚年思想的另一贡献是提出了三个世界的理论。"第三世界"这个概念是法国人提出来的,指亚非拉不发达国家、旧殖民地或仍然是殖民地的国家。毛泽东曾同来访的法国客人讨论过法国是否属于第三世界,法国人认为不是,因为他们是发达国家。到 1974 年毛泽东将三个世界理论完善起来,由邓小平在联合国大会阐发了这一理论。

利用矛盾的策略思想

现在人们研究毛泽东的三个世界理论的形成时间,往往局限于三个世界这个词何时被毛泽东采纳。其实综观毛泽东一生思想的发展,可以从他在 1935 年 12 月于陕北瓦窑堡的报告《论反对日本帝国主义的政策》一文中找到这一思想的源头。那个时候,世界也分为三极。

列宁领导的十月革命开辟了人类的新纪元,从此世界上出现了社会主义国家——苏联,从而形成社会主义世界与资本主义世界的对峙。1929 年资本主义世界经济危机导致了资本主义世界的分裂,在资本主义制度中产生一个怪胎——法西斯主义。随着法西斯在德意日三国上台、崛起,使世界由二极变为三极。日本的军国主义控制全国的政权早于德国的法西斯分子,日本于 1931 年发动"九一八"事变,侵略中国的东北地区;而希特勒到 1933 年才在德国大选中击败共产党、社会党而上台。中国人民受法西斯之害早于其他各国。而一向以欧洲情况决定政策的斯大林、共产国际对法西斯的认识不足,他们将"九一八"事变看成是帝国主义对苏联的一种威胁,而没有看到首先是侵略了中国,没有看到这一事变激起全中国民族运动的新高潮,没有认识到中国人民的反抗也就在客观上支援了苏联。听命于莫斯科的王明从不会用自己的脑袋思索问题,向共产国际提出有益的建议,他只会像鹦鹉学舌一样重复莫斯科的指令,对"九一八"之后出现的新形势作出完全错误的估计。他首先过分地夸大了国民党统治的危机和革命力量的发展,没有看到中国民族矛盾已上升为主要矛盾,因而认为当时"中国政治形势的中心的中心,是反革命与革命的决战"①;他没有看到各个阶级在民族存亡面前都要做出新的抉择,仍抱着斯大林的中间阶级是最危险的观点;他没有看到小资产阶级、民族资产阶级虽然在1927年叛变革命,但是现在为了抗日可以再和共产党合作;对于大资产阶级的变化他更视而不见,认为即使同他握手时,也要骂他一声反革命;他强调日本帝国主义和其他帝国主义一致地要进攻苏联,因而他仅提出抗日的口号,没有提出停止内战的口号,并且更加错误地提出"武装保卫苏联"的口号。这些错误的做法使党和人民、使中国革命遭到巨大的挫折。

而毛泽东不唯书、不唯上,善于分析各种矛盾,讲究斗争艺术,在实践中指出和发展了利用矛盾的策略思想,这是三个世界理论的策略基础。当蔡廷锴、马占山在上海和东北抗击日本侵略军时,毛泽东指出:"在日本炸弹的威力圈及全中国的时候,在斗争改变常态而突然以汹涌的阵势向前推进的时候,敌人的营垒是会发生破裂的。"他说:"即使在地主买办阶级营垒中也不是完全统一的。这是半殖民地的环境,即许多帝国主义争夺中国的环境所造成的。当斗争是向着日本帝国主义的时候,美国以至英国的走狗们是有可能遵照其主人的叱声的轻重,同日本帝国主义者及其走狗暗斗以至明争的。"他在列举了国民党桂系在"收复失地"、"抗日剿匪"的旗帜下与蒋介石对立的例子之后,指出:"这不过是大狗小狗饱狗饿狗之间的一点特别有趣的争斗,一个不大不小的缺口,一种又疼又痒的矛盾。但这点争斗,这个缺口,这种矛盾,对于革命的人民却是有用的。我们要把敌人营垒中间一切争斗、缺口、矛盾,统统收集起来,作为反对当前敌人之用。"②

毛泽东是在中国革命中成长起来的领袖,他对于中国国情,对于中国与世界的关系,对于中国革命在世界革命中的地位和作用的认识是深刻的。

他的这些话给了我们什么启示呢?

其一,近百年来中国是几个帝国主义共同支配的半殖民地的国家。现在日本要占领全中国,必然要和其他帝国主义国家发生矛盾。

其二,中国由半殖民地沦为殖民地必然引起中国人民的更大的反抗。在大敌当前的情况下,人民不仅包括工、农、小资产阶级、民族资产阶级,而

---

① 1931年9月20日中国共产党中央委员会:《由于工农红军冲破第三次"围剿"及革命危机逐渐成熟而产生的党的紧急任务》。

② 《毛泽东选集》第1卷,第146—148页,人民出版社,1991年第2版。

且也包括抗日的大资产阶级。由于日本的侵略"变化了中国各阶级之间的相互关系,扩大了民族革命营垒的势力,减弱了民族反革命营垒的势力"。

其三,革命的人民应该利用矛盾,为我所用。毛泽东在1940年又进一步将这个理论系统化为:"发展进步势力,争取中间势力,孤立反共顽固势力。""利用矛盾,争取多数,反对少数,各个击破。""有理,有利,有节。"①

中国共产党在毛泽东的领导下,高举抗日、进步、民主的旗帜,大大发展、壮大了自己的力量。到抗日战争结束时,已成为有全国影响力的政党,拥有军队90万,解放区人口达9000万。

对中间地带的划分

1945年2月苏、美、英三国首脑在克里米亚半岛雅尔塔举行会谈,签订了雅尔塔协定。这个协定秘密划分了苏、美、英各自的势力范围,从而导致了新的大国决定世界命运的状况。这种做法是违背世界各国人民的意志与利益的。当时中国被划在美、英的势力范围之内,因而斯大林希望中共像法国共产党、希腊共产党一样放弃武装斗争进行和平谈判。毛泽东采纳了斯大林的意见到重庆去和蒋介石谈判,但是决不同意交出军队和武装,他说:"人民得到的权利,绝不允许轻易丧失,必须用战斗来保卫。"②历史的发展证明中国共产党的路线是正确的,仅仅经过三年半的时间就解放了中国大陆领土(除西藏外)。

中国处于以苏联为首的社会主义阵营和以美帝国主义为首的帝国主义阵营的中间地带,毛泽东深刻地洞察美帝国主义反苏叫嚣的真正目的。他同安娜·路易斯·斯特朗谈话时,指出美国的反苏宣传,"是美国反动派用以掩盖当前美国帝国主义所直接面对的许多实际矛盾所放的烟幕。这些矛盾,就是美国反动派同美国人民之间的矛盾,以及美国帝国主义同其他资本主义国家和殖民地、半殖民地国家之间的矛盾"。

他还重点分析了中间地带的情况。他说:"美国与苏联中间隔着极其辽阔的地带,这里有欧、亚、非三洲的许多资本主义国家和殖民地、半殖民地国家。美国反动派在没有压服这些国家之前,是谈不到进攻苏联的。现在美

---

① 《毛泽东选集》第2卷,第763页,人民出版社,1991年第2版。
② 《毛泽东选集》第4卷,第1127页,人民出版社,1991年第2版。

国在太平洋控制了比英国过去的全部势力范围还要多的地方,它控制着日本、国民党统治的中国、半个朝鲜和南太平洋;它早已控制着中南美;它还想控制整个大英帝国和西欧。美国在各种借口之下,在许多国家进行大规模的军事布置,建立军事基地。美国反动派说,他们在世界各地已经建立和准备建立的一切军事基地,都是为着反对苏联的。不错,这些军事基地是指向苏联。但是,在现在,首先受到美国侵略的不是苏联,而是这些被建立军事基地的国家。我相信,不要很久,这些国家将会认识到真正压迫它们的是谁,是苏联还是美国。美国反动派终有一天将会发现他们自己处在全世界人民的反对中。"①

正如毛泽东所预料的一样,随着中国人民的胜利,在亚洲掀起了民族解放运动的新高潮。50 年代中期以埃及维护苏伊士运河主权斗争的胜利为标志迎来了非洲的觉醒,亚、非、拉的民族解放运动以更加迅猛的势头发展。

1958 年 9 月 8 日,毛泽东总结了当前国际形势的特点,进一步指出,台湾、黎巴嫩以及所有美国在外国的军事基地,都是套在美帝国主义脖子上的绞索;美国自己制造这种绞索,并把它套在自己的脖子上,把绞索的另一端交给中国人民、阿拉伯各国人民和全世界一切爱和平反侵略的人民,美国在这些地方停留得越久,套在它脖子上的绞索就越紧。② 毛泽东用"绞索"这个词,形象地概括了反美反帝的民族解放运动势不可当的形势。

中国人民在毛泽东领导下一直站在反帝斗争的最前沿,1950 年中国人民志愿军跨过鸭绿江,抗美援朝,和朝鲜人民并肩作战打败了不可一世的美帝国主义。同时派政治、军事顾问支持越南人民的抗法斗争,取得奠边府战役的胜利。1958 年炮击金门、马祖,不仅有力地支援了中东人民的斗争,而且捍卫了中国的统一,挫败了美国搞两个中国的阴谋。1964 年针对美国在印度支那战争的升级,毛泽东提出"七亿中国人民是越南人民的坚强后盾,辽阔的中国领土是越南人民的可靠后方"。中国人民抱着不惜承担最大民族牺牲的决心,几年内给越南人民支援了价值超过 100 亿元的物资,直到1975 年越南人民将美国军队赶走,获得完全胜利。

在亚非拉民族解放运动兴起的同时,西欧各国恢复了战争的创伤,经济迅猛发展,逐步形成欧洲联合自强,不满美国的控制。首先是法国在戴高乐

---

① 《毛泽东选集》第 4 卷,第 1193 页,人民出版社,1991 年第 2 版。

② 《当代中国外交》,第 106 页,中国社会科学出版社,1987 年。

执政后退出了北大西洋公约组织,不顾美国的阻挠同中国建交。

毛泽东根据欧洲的变化,将"中间地带论"进一步发展为"两个中间地带",他把亚非拉发展中地区称为美苏之间的第一个中间地带,西欧、日本和加拿大、澳大利亚、新西兰属于第二个中间地带。他对英国蒙哥马利元帅说:我们不感到英、法是威胁,我们希望英、法强大起来。他对来访的法国议会代表表示:我们做个好朋友,做个好朋友,你们不是共产党,我也不是你们的党……我们有两个根本的共同点,一是不许有哪个大国在我们头上拉屎拉尿,谁要控制我们,反对我们,我们是不允许的。二是两国在经济上和文化上加强来往。

毛泽东所说的第一个中间地带和第三世界的概念是一致的,第二个中间地带同第二世界的概念是一致的。毛泽东对待苏美、第二、第三世界的态度,同他在陕北提出的策略思想是一致的。

关于三个世界的理论

到 1974 年,新独立的国家已近百个,而苏联执行霸权主义政策,和美国成为两个超级大国。毛泽东根据新形势、新情况及时地提出三个世界的理论。

他认为美国、苏联是第一世界,亚非拉发展中国家和其他地区的发展中国家是第三世界,处于这两者之间的发达国家是第二世界。

第一世界,是最大的国际剥削者和压迫者,是新的世界战争的策源地。

第二世界,情况复杂,有的至今还同第三世界保持着不同形态的殖民主义的关系,同时,所有的发达国家都在不同程度受着这个或那个超级大国的控制、威胁或欺负。

第三世界的国家,虽然"取得了政治上的独立,但都还面临着肃清殖民主义残余势力,发展民族经济,巩固民族独立的历史任务。这些国家,地域辽阔,人口众多,资源丰富。这些国家受的压迫最深,反对压迫、谋求解放和发展的要求最强烈"。毛泽东从他投身革命时起,就为被压迫、被剥削的民族、人民求得解放而奋斗,此志终生不渝。在他晚年时,仍保持着反抗与同情的品格,站在被压迫、被剥削的民族、人民一边,对他们寄予厚望,认为他们是"推动世界历史车轮前进的革命动力"。①

　　毛泽东看到两个超级大国之间存在着不可调和的矛盾,号召第三世界和各国人民敢于斗争,敢于胜利,加强团结,在已取得政治独立的基础上,彻底改变建立在不平等、控制和剥削的基础上的国际经济关系。毛泽东并要邓小平在联合国大会上宣布:"中国属于第三世界。中国现在不是,将来也不做超级大国。"②

　　毛泽东离开我们之后,世界发生了许多变化。苏联,这个超级大国已于1991年瓦解,美国的实力也是今不如昔。中国以新的姿态自立于世界之林。第三世界的力量日益崛起,第二世界各国力量进一步发展。小国、穷国、弱国的自主权越来越大,世界朝着更加多元化的方面发展,和平与发展是当今世界的主题。这些都为中国的发展创造了一个更辽阔的天地、更良好的国际环境。虽然毛泽东已经离开了我们,但中国人永远不会忘记毛泽东制定的自力更生为主、争取外援为辅的原则,永远不会忘记毛泽东的策略思想,永远不会忘记毛泽东的反复教导:中国的命运要由中国人民来掌握,中国人首先是把我们自己的事办好,把中国建设好。

　　近一二百年来中国人民受尽欺辱和压迫,近一二百年为了中国的独立、自由、繁荣、富强,无数的志士仁人,一代又一代地奋斗,前仆后继,流血牺牲,终于在中国共产党和毛泽东的领导下,赢得了中国的独立和自由。

　　[附记]为纪念毛泽东100周年诞辰而写,全文收入国防大学副校长侯树栋中将主编《伟人毛泽东》一书,由中国青年出版社1993年7月出版。原题为《冷眼向洋看世界——国际政治家毛泽东》。其中一部分《毛泽东三个世界理论的由来与形成》发表于1993年《党的文献》第4期。

---

①　邓小平1974年4月在联合国大会上的讲话。
②　1974年4月11日《人民日报》。

周恩来——坚韧不拔,相忍为党

在周恩来长期的革命生涯中,有几个很值得一提但又常被人忽视的方面,那就是:最初走上职业革命者道路的复杂过程;曾一度担任中共中央工作的实际主持者;在党内斗争中一直坚持相忍为党、顾全大局的原则;为确立毛泽东的领导核心地位做了大量的工作。这些虽然不能完全反映出周恩来的一生,但却能鲜明地表现出周恩来作为伟大的无产阶级革命家的独特个性。

推求比较,才走上职业革命者之路

周恩来生于1898年。他生活的时代,是帝国主义相继侵略中国使中国逐步沦为半封建半殖民地的时代。尽管从1840年林则徐起,一代又一代的有志之士奋起抵抗,可是一次又一次地失败了。求生存、救中国成为一代又一代志士仁人为之奋斗、梦寐以求的目标。就在这个时候,十月革命的炮声送来了马克思列宁主义。走俄国人的路,这就是当时中国革命者的结论。

周恩来和他同时代的许多人一样,最初相信教育救国、实业救国,他信仰过军国主义、无生主义、无政府主义,由一个爱国主义者、反对帝国主义的民族主义者,经过几年的"推求比较",终于确定了信仰马克思列宁主义,确立了社会主义和共产主义理想,选定了做职业革命者的道路。1921年3月他参加了共产主义小组,是中国共产党最早的党员之一,是党的创建者之一。1922年他发起组织旅欧支部,从那时起他就走上职业革命者的道路。

为中华崛起读书

周恩来的祖父,活了近60岁,师爷出身,后晋升为知县。但是,他只和二哥在淮安置办了一所房子,没有地产。周恩来的父亲虽说到绍兴学习了三年的师爷,但是学得不好,能力差,没有谋到好差事。祖父去世后,家境开始衰败。周恩来有一个伯伯,两个叔叔。伯伯没有儿女。两个叔叔,一个有肺病,生命垂危;一个腿瘸,不能做事。周恩来出生半岁,小叔叔贻淦病故,为了安慰新婚的婶母,由祖父母做主,深明大义的父母将他过继给贻淦夫妇,由嗣母陈氏抚养。过继为子,从此他称嗣母为娘,称自己的亲生父母为干爹干娘。陈氏出身于书香门第,知书达理,通晓诗文。她将周恩来视为命根子,精心抚养,精心教育,教周恩来认字、背唐诗,5 岁就入私塾上学。嗣母常常给他讲故事、讲历史,周恩来"辄绕膝不去,终日听之不倦"。

在两个母亲的爱护下,周恩来从小就受到很好的教育,好静、喜欢学习,开朗、善解人意。丰厚的母爱,过分的仁慈,使他多了份女性的柔韧,少了男性的粗野。

但是他 9 岁时两个母亲相继去世,他带着两个弟弟和从淮阴回到淮安的八伯八伯母一起生活。八伯是个残废,周恩来是长孙,便成为家中要紧的男子,从小他就得为家中的事操劳,养成很强的责任心。

12 岁时周恩来离开家乡淮安到东北,先后在铁岭、沈阳上学。他后来回顾自己的成长过程时说:"12 岁的那年,我离家去东北。这是我生活和思想转变的关键。没有这一次的离家,我的一生一定也是无所成就,和在家里的弟兄辈一样,走向悲剧的下场。"①当时,东北经济发展很快,已有了铁路和现代工厂。随着经济的发展,东北的文化和思想各个方面也十分活跃,民族矛盾也十分尖锐。1905 年,日本、俄国两个帝国主义国家为了争夺在中国的利益,在东北大地上进行了一年零八个月的战争。得胜的是日本,受蹂躏的是中国老百姓。暑假,周恩来随同学到了沈阳南郊沙河南岸的魏家楼子,亲眼目睹了沙俄在村后立下的碑,日本帝国主义在村东头建的塔。这些建筑纪念的是日本、沙俄的战功,却显示了中国的耻辱。

到东北后的所见所闻,使周恩来对民族存亡有了切肤之痛。他关心时事,在沈阳养成读报的习惯,常常看《盛京时报》以及邹容的《革命军》等书籍。

他从《革命军》中明白了,一个男子汉除了要光宗耀祖,对家庭尽责任、尽义务外,还要对国家尽责任、尽义务;他开始考虑一个革命者应有的精神、胸怀、人格及道德。他由爱母亲、爱家庭,升华到爱祖国。他对家庭的责任

---

① 《周恩来同志谈个人与革命的历史——和美国记者李勃曼谈话记录》,《中共党史资料》1982 年第 1 辑,中共党校出版社,1982 年。

心升华到对祖国的责任心。

有一天老师在课堂上提问:"读书是为了什么?"有的同学回答:"帮助父母记账。"有的说:"为了个人的前途。"而周恩来与众不同,他站起来大声地回答:"为中华之崛起!"

为中华之崛起,这就是他奋斗的志向。这个志向不是天生的,而是经过上述一系列教育才形成的。

当然,如果他的思想仅停留于此不再前进,他可能只是一个普通爱国青年。正巧这时他的伯父周贻赓由沈阳调到天津工作,他随伯父到天津读书,这就给了他一个机遇,使他有机会进一步接触到更先进的思想。

在天津南开中学

天津是北京的门户,是华北工业的发源地和华北经济、文化中心。近代资本主义工业,资产阶级思想、教育都十分发达,可与华东的上海并驾齐驱,这是关外的沈阳所不可比的。而他就读的天津南开中学又是国内第一流的学校,这为他提供了一个新的舞台。

南开中学教学科目,不仅有语文、外语、历史等文科,而且有数学、物理、化学等理科。周恩来正是在这里受到了全面的近代科学教育。这种教育为他一生的发展打下了良好的基础。这在党的高级领导人中是为数不多的。

另外,南开中学的不少课程是请外籍教师用英文讲授,因此周恩来到三年级就可以读英文原著,这为他日后读马克思主义的原著,创造了良好的条件。所以周恩来较早地接触到马列主义的著作。

当时,南开中学倡导课外活动,鼓励学生组织社团发展。周恩来从小失去母亲,在伯伯等亲友的帮助下成长。这个经历使他认识到:人立足于世界上,不能像草木禽兽那样只为自己生活,必须依靠公众的扶持,因而"服役之事乃人类所不可免"。于是,16岁的周恩来和同学们发起成立"敬业乐群会",宗旨是:"以智育为主体,而归宿于道德,联同学之感情,补教科之不及。""敬业乐群"这四个字既表达了周恩来对自己责任的认识,也表达了对未来社会的看法。敬业,就是认真负责,兢兢业业地做事;乐群就是为大家服务,团结大家。由于口号明确,组织得好,"敬业乐群会"很快由二十多个人发展到280人,占全校学生的1/3。社团的活动锻炼了周恩来的组织能力和社会活动能力。毕业时同学们对他的评价是:"君性温和诚实,最富感情,挚于友谊,凡朋友及公益事,无不尽力。"

周恩来从小受到良好的家教,到南开中学后他更注重自己的品格道德修养。他在《论名誉》等文章中指出,人的名誉是人生第二生命,但勿"存邀名之心,当以正义以绳其轻重"。他说:"若夫汲汲于名犹汲汲于利之徒,日惟名誉之是谋,不遑计及实事,虚声盗世,眩世眩俗,以淆乱风气者,是又名誉之罪人也。"①他是这样说的也是这样做的。他对组织"敬业乐群会"尽的力最大,可是他不当会长,积极推举别人当,自己只担任智育部长,后来才担任副会长、会长。他一生都是这样,从不计较个人的名利地位,从不争名争利,甘居助手。他的道德修养是有口皆碑、举世公认的,人们称他为"全党楷模",恰如其分。

他在南开中学还非常关心时事和社会问题。他在作文中写道:"踯躅途中,睹乞丐成群,则思推己及人,视天下饥如己饥、溺如己溺。"几十年后,作家黄宗英向他介绍宝坻县的先进人物邢燕子时,他说:天津是九河之梢,常常发大水,灾民流离失所,流落街头。可见当年老百姓悲惨的生活给周恩来留下了多么深刻的印象。

现实生活逐步使周恩来认识到辛亥革命的不足,他曾在全校的讲演比赛中批评辛亥革命的不彻底性。当时社会上流行实业救国、教育救国,这对他有很大的影响,他认为实业与教育相比,教育是根本的。他看到中国贫弱,认为要学习德意志、日本,实行富国强兵的"军国主义"和"贤人政治"。

1917年他从南开中学毕业,临别给同学的赠言是:"愿相会于中华腾飞世界时。"他怀着这样的理想东渡日本,这年他19岁。

如果说他跟着伯父从东北来到天津是被动的,那么这次到日本则是主动的。他要看看日本是如何富强起来的,他要亲自考察一下"军国主义"、"贤人政治"为何物。他一向认为学习要"深究而悉讨,慎思而明辨"。临出国前,他以诗言志:"大江歌罢掉头东,邃密群科济世穷,面壁十年图破壁,难酬蹈海亦英雄。"这表达了他追求真理的决心。

面壁十年图破壁

1917年俄国二月革命、十月革命相继爆发,欧洲革命进入高潮,爱尔

———————————
①　刘焱主编:《周恩来早期文集》上卷,第41—42页,南开大学出版社,1993年。

兰、捷克、匈牙利等国也都爆发了革命。这些革命极大地鼓舞了日本的社会主义者和先进工人、知识分子。他们以共鸣、希望的笔调介绍十月革命,公开地发表于报端和刊物上。

1918 年 4 月 23 日,周恩来在日记中详细记录了他从《露西亚研究》杂志中看到关于对俄国党派的介绍,还记录了列宁的名字。他写道:"过激派的宗旨,最合劳农两派人的心理,所以势力一天比一天大。资产阶级制度,宗教的约束,全部打破了。世界实行社会主义的国家,恐怕要拿俄罗斯做头一个试验场了。"周恩来在日本读了美国记者约翰·里德到苏联采访后写的著名报道《震撼世界的十天》和幸德秋水的《社会主义神髓》、河上肇的《贫乏物语》等介绍十月革命和马克思主义的书籍。他对十月革命、苏维埃、红军、国内战争的了解远远超过国内青年的了解。1918 年 8 月 2 日,日本帝国主义宣布向西伯利亚进军,武力干涉俄国革命,兵力最多时达 7.3 万人。日本为了筹集军粮,大量征购粮食,引起粮价暴涨,引发了"米骚动"。暴动从 7 月 23 日开始持续到 9 月 17 日矿工斗争结束。这次暴动波及日本全国,57 天内 33 个县都发生了暴动。

因放暑假,7 月 28 日周恩来回国,9 月 6 日才回到日本,他虽然没有目睹日本暴动的场面,但波及日本全国的这场暴动深深地震动了他的心,使他更加关注社会问题。从此周恩来开始重新认识日本,重新认识资本主义社会。

周恩来较早接触了马克思主义,可是他为什么没有在日本确定信仰共产主义呢?

他家境贫寒,靠几个叔伯的帮助读完中学。到日本留学,也是靠友人的资助,本想考上官费就可以解决学费和生活费用。他在南开中学是学英文的,日文基础差,第一次考试没有录取,心情苦闷。

1918 年 1 月 8 日,周恩来接到家信得知八伯父故去的消息,心中悲痛,好像没了知觉一样。他还思念母亲,夜里再读母亲的遗诗,眼泪忍不住要流下来。周恩来还思念爷爷奶奶、母亲,听说他们的棺材暴露在外面,越想越难过,恨不能马上回国,处理好这些事情。思乡之情,长子的责任,再加上独处异国他乡,使周恩来孤寂苦闷,因此他初到日本时相信"无生主义"(佛教名词)。

这时,他重新看了从国内带来的《新青年》,茅塞顿开。他在日记中写道:"第一,想要想比现在还新的思想;第二,做要做现在最新的事情;第三,学要学离现在最近的学问。思想要自由,做事要实在,学问要真切。""将从前一切事体都看成了不足重的事,不足取的事,心里头非常的快活。"富有责任心的周恩来,从那时起就把家庭的悲剧和国家的贫弱联系在一起,他知道家庭只是社会的缩影,对家庭的责任心自然转化为对国家、民族、社会的责任心。正是这种责任心,使他从对家庭的思念和悲痛之中解脱出来,精神为之一振。

他喜爱的格言是:与有肝胆人共事,于无字句处读书。到日本之后,他不是读死书、死读书,而是事事都用求学的眼光看,留心日本人的一举一动、一切的行事,以此来了解日本的国情。他亲眼看到军国主义、贤人政治的真实面貌,虽然国家强盛了,但是人民并没有由此过上幸福的、太平的生活,贫富反而更加悬殊,国内矛盾非常激烈。于是他改变了对军国主义的看法,开始摈弃军国主义思想。为了寻找救国的真理,他在日本大量地读书、看报,十分关注有关十月革命的报道,对马列主义学说的介绍以及对无政府主义、基尔特主义、新村主义的介绍。他还利用一切机会接触社会、接触群众,向到过苏联的日本海员了解海参崴的情况,了解苏维埃的情况。

这时,突然发生的一件事打断了他对新思想的探索。北洋政府和日本政府准备密签军事协定,北洋政府要出卖国家主权,中日联合出兵苏联,镇压革命。事情泄露后,激起广大留日学生的愤恨,以天下为己任的周恩来积极参加了留日学生的爱国组织"新中学会",他把主要精力投入到反对中日军事协定的斗争。现实的斗争转移了他的视线,使他对信仰问题没有来得及进一步探讨。

有人说他在日本一事无成,其实并非如此。他是没有考上学校,他在日本也没有确定自己的信仰。但是由于东渡前抱着向日本学习的态度,经过一年半的观察,他已看到资本主义社会暴露出来的严重矛盾,对日本社会越来越失望。这个失望不仅仅是对日本的失望,也是对军国主义的失望,甚至也是对正在崛起的资本主义、帝国主义的失望,从而也为他日后经过"反复推求比较",最后确定共产主义的信仰奠定了基础。

我认的主义一定是不变了

周恩来自己说过,他是个"多畏多虑"的人。这与他的家庭环境是分不开的。他出生在一个封建的大家庭,由于母亲早逝,父亲在外做事,不能回家。他带着两个弟弟跟八伯、八伯母生活。封建大家庭的规矩非常多,没有钱吃饭也要应酬,否则就被人挑理,在大家族中难以立足。八伯是个残废人,不能下地;八伯母作为女人,不能出门理事。应付门面的事就落在10岁孩子的身上。为此,他办事处处小心,因而从小养成多畏多虑、细致入微的办事风格。

环境决定人的性格和思维方式。周恩来的性格和思维方式,对他确定信仰时的影响更为突出。

1919年春天他从日本回国到天津,不久参加了"五四运动",成为天津的学生领袖,主办《天津学生联合会报》,发起组织觉悟社,领导学生示威请愿。1922年周恩来向友人谈起自己的转变过程时说:"思想颤动于狱中,京中的'全武行'与我以不少的启发。"和周恩来同是觉悟社社友的谌小岑曾告诉笔者:1919年8月为了营救被捕的学生,天津学生到北京包围了总统府等地,遭到军警的殴打,这就是周恩来所说的"全武行"。第二批学生再次赶到北京,周恩来也参加了,结果又有学生被捕。

"思想颤动于狱中"是指1920年1月,周恩来等21名战友在天津因抵制日货而被捕。在狱中他们组织起来,一起学习、讨论主义等问题。当时对青年影响较大的一个是无政府主义,一个是马列主义。天津学生联合会的会长马骏介绍了无政府主义,周恩来介绍了马克思主义的唯物史观、阶级斗争、剩余价值。这个活动并不表示周恩来已信仰马克思主义,而是表明他对马克思主义的了解多于国内的青年。

周恩来出狱后,为了寻求真理来到欧洲。欧洲是资本主义的发源地,也是马克思主义的发源地,是当时世界最先进的、最发达的地区。1920年12月中旬,周恩来到达法国马赛,次年2月到法国中部的布鲁瓦学习法文,同时做社会调查研究,为天津《益世报》写通讯报道。但是他主要关注的还是对主义的选择,并在此确定了对共产主义的信仰。

当时世界大战结束不久,周恩来所到之处映入眼帘的是"生产力之缺乏,经济界之恐慌,生活之窘困"。工人罢工此起彼伏,声势浩大;思想界异常活跃,各种不同的思想杂然纷陈。马列主义与第二国际修正主义的斗争十分激烈,各国共产党纷纷从第二国际的社会党中分裂出来而独立。在斗争中,无政府主义的势力渐渐削弱,而被共产主义所替代,这在无政府主义势力较大的法国更为突出。1920年12月,法国共产党成立,第二年法共成立了"各殖民地民族联合会",团结组织各殖民地国家进步人士和革命青年。

在这个联合会中,活跃着一个越南人阮爱国,他就是后来成为越南民主共和国主席的胡志明。

现实生活每日每时都影响着年轻的周恩来,但是他对主义的选择采取了慎重的态度。1921年1月他初到欧洲,给表兄陈式周写信说:"至若一定主义,固非今日以弟之浅学所敢认定者也。"后来他回忆这时的心态时说,"谈主义,我便心跳"。他对一切主义都采取"推求比较"的态度。周恩来写信给觉悟社的同志说:"我认清共产主义确实比你们晚,一来因为天性富于调和性,二来求真的心又极盛,所以直迟到去年(指1921年)秋后才定妥我的目标。"①

他确定信仰社会主义、共产主义与参加勤工俭学的中国学生开展的斗争有关。一场激烈的群众斗争可以迅速地改变人的思想。

周恩来是随勤工俭学学生一起出国的,但是他自己并不是勤工俭学学生。第一,他得到南开学校创办人严修及亲友的资助;第二,出国前他已同天津的《益世报》谈好,为《益世报》写通讯报道,有稿费收入。所以他到法国后没有到工厂做工,而是到法国中部学习法语。但是他以天下为己任,时刻关心着勤工俭学学生的命运。1921年2月勤工俭学学生的斗争将他召回巴黎。

勤工俭学运动是1912年由蔡元培、李石曾、吴稚辉、汪精卫、张继、吴玉章等人发起的,1915年成立了勤工俭学学会,宗旨是"勤于工作,俭以求学,以进劳动者之智识",号召青年到法国半工半读,学习西方的民主和科学,他们想用这种办法为中国培养大批人才。经过几年的酝酿、宣传,这项活动得到进步青年的响应,这些青年大都是参加"五四运动"的热血青年。毛泽东在湖南组织学生们赴法勤工俭学。勤工俭学学生以湖南、四川为最多。1919年3月17日首批学生离上海西去,到1921年1月20日,最后一批学生到达马赛,前后共20批,有1600余人。周恩来是1920年秋和第15批勤工俭学学生同行。

周恩来到法国之际,法国工厂纷纷倒闭,或只部分开工,大量裁减工人。勤工俭学学生首当其冲。而1920年,又有大批勤工俭学的学生涌进法国,这使学生们寻找工作更加不易。勤工俭学学生是依靠华法教育会的借贷求

① 1922年3月周恩来致谌小岑、李毅韬的信《西欧的"赤"况》,见《周恩来早期文集》(下卷),第373页,南开大学出版社,1993年。

学,华法教育会财力有限,1921 年 1 月底宣布脱卸一切经济上的责任。这个决定无异于晴天霹雳,使数百名失业的靠华法教育会借贷的学生断了生计。2 月 28 日,由李维汉、李富春、贺果、张昆弟等组织的《世界工学社》发起,400 名学生到大使馆请愿,要求进入即将开学的里昂大学求学,发给每人每月 400 法郎的补助,以 4 年为限。相持大半天,请愿群众被法国警察驱散,但却迫使其延长了发放救济费的时间。

周恩来闻讯赶到巴黎调查这一事件,并于 3 月 21 日写出长篇通讯《留法勤工俭学学生之大波澜》。通过调查,周恩来认识了蔡和森、向警予、李维汉、王若飞、李富春、蔡畅、赵世炎、陈毅等。从此他和勤工俭学的学生保持密切的联系,参加了勤工俭学学生的斗争。此时周恩来 22 岁。

3 月,周恩来经觉悟社社友刘清扬的介绍认识了张申府。张申府是北京大学的讲师,曾与陈独秀、李大钊一起在国内筹建共产主义小组。周恩来在张申府、刘清扬的介绍下加入共产主义小组,这个小组是中国共产党 8 个发起组之一。周恩来是最早的共产党人,是党的创建者之一。他加入组织后,即投身于共产主义运动,首先就是领导勤工俭学学生的拒款斗争。

6 月 16 日,法国报纸登出北洋政府派朱启钤到法国借款的消息,勤工俭学学生首先反对。6 月 30 日周恩来、赵世炎、袁于贞、李立三、陈毅等 300 名勤工俭学学生和华工召开拒款大会,举行示威游行,冲进使馆。8 月 13 日又召开第二次大会,迫使北洋政府不敢在借款协议上签字。

9 月,周恩来又参与领导了勤工俭学学生占领里昂大学的斗争。这场斗争虽然最后失败了,陈毅等 100 多人被驱逐出境,但是这场斗争却锻炼了年轻的周恩来和勤工俭学的学生们。斗争的失败教育了大家:上学都如此困难,实业救国从何谈起,这只是不可实现的幻想。从而使迫切要求进行社会改革,接近马克思主义的人越来越多。

在领导勤工俭学运动的同时,周恩来对英国、法国、德国的工人运动、共产主义运动做了详细的考察,为《益世报》写了 20 多万字的报道。通过这些调查研究,他更加认识到无产阶级革命的必然性。

经过反复"推求比较",到 1921 年秋,周恩来终于确定了自己的信仰。他说:"我们当信共产主义的原理和阶级革命与无产阶级专政两大原则,而实行的手段则因时制宜。"[1]

1922 年 3 月初,周恩来来到德国,接到邓颖超的来信,得知觉悟社社友黄爱在湖南领导工人运动惨遭军阀杀害。战友牺牲的消息使他的意志更加坚定,他在回信中写道:"我认的主义一定是不变了,并且很坚定地要为它宣传奔走。"[2]

后来,周恩来领导成立了少年共产党。1922 年 6 月,在赵世炎、周恩来、李维汉的主持下,从德国、法国、比利时三国来的青年,在巴黎西郊布伦森林中的空地上开会,23 个青年人经过激烈、认真的讨论,决定成立少年共产党,并郑重通过了周恩来起草的组织章程,选出了中央执行委员会。周恩来当选为委员,负责宣传。之后,少年共产党加入中国社会主义青年团,成为中国社会主义青年团旅欧支部。从这时起,周恩来不仅是一个为共产主义奋斗的战士,而且走上了领导岗位,成为一个职业革命家。

从这个支部产生了中国共产党的一大批重要的领导干部,其中有 3 位元帅:朱德、聂荣臻、陈毅,一位总理和 4 位副总理:邓小平、李富春、陈毅、聂荣臻。

中共中央工作的实际主持者

周恩来生前不许人们宣传他,他很少讲自己的功劳。每当讲历史,他常常是检讨自己的不足和错误。因而许多人不知道,周恩来在第一次大革命失败后,曾经主持中央的工作长达两年之久,而且从 1927 年 7 月起,就担任中共中央政治局委员,一直到 1976 年逝世,长达半个世纪。这在党内仅此一人,他的历史和共产党的历史紧密相关。他的一生经历了两次大的失败,一次是大革命的失败,另一次是被迫放弃中央苏区进行长征。在失败面前他处变不惊,从不气馁。他在党内受过批评,也受过错误的处分。有了错误他勇于做自我批评,主动承担责任;对于误解、错误的批评,他也从不抱怨,他说"干革命不必自我"。他历经千难万险,千锤百炼,成为坚定的无产阶级革命家和中国共产党的领袖之一,成为中共领导集体的重要成员。

---

①② 1922 年 3 月周恩来致谌小岑、李毅韬的信,见《周恩来早期文集》(下卷),第 372 页、第 374 页,南开大学出版社,1993 年。

干革命不必自我

"干革命不必自我"这句话是大革命失败后周恩来对动摇、悲观的叶挺讲的。

1927年大革命失败后,中国一片白色恐怖,到处都在清共,大肆屠杀、逮捕共产党员。从"四一二"到"七一五"事件,在短短的几个月内,共产党失去了立足之地,只能转入地下活动。在白色恐怖压迫下,共产党员由5万人锐减为1万人。蒋介石将共产党打压下去后,很快在南京建立了国民政府。

中国共产党还要不要革命?中国共产党的领导人陈独秀提出:南京国民政府的建立标志资产阶级革命的成功,共产党现在不要革命,等中国的资本主义有了充分的发展之后再进行革命。人们称他的这种观点为"二次革命论"。陈独秀是中国共产党的创始人,一直担任共产党的最高领导人。他的这种理论在党内有一定的影响。

面对失败和险恶的处境,1927年7月中旬,中国共产党决定改组中央领导机关,撤销了原中共领导人陈独秀的职务,成立了由张国焘、周恩来、李维汉、张太雷、李立三组成的临时中央常务委员会。临时中央常务委员会成立后做了三项工作:第一,将处于公开状态的党组织迅速转入地下;第二,派周恩来到南昌领导武装起义;第三,准备召开中央紧急会议,这就是著名的八七会议。这次会议批判了陈独秀的右倾机会主义,确定党的总方针是:实行土地革命和武装反抗国民党。

中国革命到底该如何走的问题,摆在每个共产党员的面前。

土地革命怎么进行?武装斗争怎么进行?这只能在斗争中学习,在实践中摸索。南昌起义打响了武装反抗国民党的第一枪。占领南昌后,按原定计划,周恩来率部队南下广东,占领汕头、潮州,准备在广东建立根据地再次北伐。由于敌强我弱,这个任务没有能完成。起义部队一部退到海陆丰,和当地的农军相结合,建立了全国第一个苏维埃政权;另一部由朱德率领,到湖南和毛泽东会师,上了井冈山。

叶挺是北伐的名将,他率独立团从韶关一直打到武汉,所向披靡,人民称他领导的这支部队为"铁军"。打下武昌后,叶挺担任第11军24师师长,而后率部参加领导南昌起义。起义失败后,他率部从汕头撤退到普宁县流沙镇。起义领导人在这里开会总结经验教训。周恩来在会上检查了失败的原因,然后说,武装人员尽可能收集、整顿,向海陆丰撤退,今后要做长期的打算,非武装人员愿意留就留,不愿意留就分散向海口撤退,已找好当地农民做向导。这时叶挺就提出:"到了今天,只好当流寇,还有什么好说的。"他说"当流寇",就是打游击。他是一个军事家,他考虑问题首先是从敌我双方力量对比的实际情况出发。1927年12月广州起义,中央委派叶挺担任总指挥,因他的名声大,容易暴露,所以在起义的前夜才让他从香港赶到广州。起义开始后叶挺考虑到当时广州敌人空虚,起义是可以的,但是敌强我弱,坚守不容易。所以起义开始后叶挺提出起义部队有组织地撤到农村去,可以和彭湃领导的海陆丰农民运动相结合。因为参加南昌起义的24师余部一千多人在海陆丰组成了红二师,一直在农村坚持武装斗争。

可是他的正确意见受到共产国际代表的批评。此人是德国人,叫纽曼,他主张起义后坚守广州,建立苏维埃。纽曼不听叶挺的意见,大骂叶挺动摇,说起义是进攻,要进攻、进攻、进攻!叶挺被扣上右倾机会主义的帽子。

果然广州起义后敌人马上调部队进攻广州。起义的第二天,领导人张太雷牺牲。第三天,起义失败。部队退出广州,其中一部分就撤退到了海陆丰和红二师会合,壮大了当地的革命力量。

起义失败后,叶挺等领导人退到了香港。以中央代表的身份来到香港处理善后事宜的李立三,把广州起义说得一无是处,指责起义失败的主要原因是省委犯了军事投机的错误,在关键时刻动摇,对起义指挥不力。叶挺等许多同志不同意他的意见,李立三火冒三丈,立即宣布给叶挺等人开除党籍、留党察看等处分。叶挺一气之下去了苏联,想讨个公道。没想到又受到冷遇,在莫斯科召开的党的"六大"根本就没有时间讨论广州起义。叶挺心灰意冷,出走德国。

1928年3月,周恩来受中央委托,前往香港,主持召开广东省委扩大会议,纠正李立三在广州起义善后中的"左"的错误,宣布原来的处分无效。充分肯定起义的历史意义和起义领导人在斗争中表现出来的革命精神,总结了经验教训,指出失败的主要原因是由于敌强我弱,未能争取到农民的支持配合,未能及时撤退到农村去。两个月后,周恩来到苏联出席党的第六次代表大会,他见到叶挺情绪不高,劝说他:"干革命不必自我。"但因为周恩来是大会秘书长,在会上忙于作军事报告和组织报告,没有时间细谈。不久,他听到了叶挺出走的消息,痛惜良久,为战友走入迷途而惋惜,也为中国共产党失去一员战将而痛惜。

"六大"后周恩来到德国又见到叶挺,发现他对革命事业失去信心,对个人的委屈看得太重,便与他长谈,最后批评他"总不能放弃革命不干,干革命不必自我"。但是叶挺心情很坏,就是听不进去。叶挺滞留在德国,脱离了革命队伍。

经过 10 年的观察、学习、思考,叶挺对自己在革命失败时、在自己遇到委屈时的抉择后悔不已。抗战爆发后,周恩来到上海与国民党谈判,叶挺见到周恩来的第一句话就是:"我惭愧万分,革命好比爬山,许多同志不怕山高,不怕路难,一直向上走,爬到山顶,而我只爬到半山腰又折回去了!我常常想起你讲的那两句话'总不能放弃革命不干,干革命不必自我'。"

在周恩来的策划下,叶挺担任了新四军军长。新四军由红军长征后,留在江南各地坚持武装斗争的游击队组成。蒋介石之所以委任叶挺为新四军的军长,就是看中叶挺是北伐名将,又是脱党分子。他要利用叶挺的名声号召抗战,他要利用叶挺脱党这个事实,离间叶和共产党的关系,将新四军控制在自己的手中。但是叶没有为蒋介石所用,他尊重共产党的领导,利用自己的声望、影响为新四军的生存、发展和扩大做了大量工作。皖南事变后,叶挺被俘,他在狱中一直坚持斗争,决不屈服。1946 年 3 月他出狱后第一件事就是申请重新加入共产党。根据叶挺的表现,中共中央第二天就批准了叶挺的要求。叶挺用自己的行动实践了周恩来对他的忠告:"干革命不必自我。"

中共中央工作的实际主持者

当周恩来对叶挺说"干革命不必自我"时,是不是周恩来在党内没有受过处分和委屈?不是的。这句话,也是周恩来从自己的经历中得出的,是对自己的要求。

周恩来率领的南昌起义军,在汕头一带遭敌人重兵包围,被打败了。本来周恩来要率部到海陆丰和那里的农民武装会合,但由于他发高烧昏迷不醒,被叶挺、聂荣臻用一条小船护送到香港。重病刚愈,他就回到上海参加了中央政治局扩大会议。在这次会上,周恩来当选为临时中央政治局常委。

周恩来当选为常委,不是偶然的,因他早在旅欧时期就很重视武装斗争,在大革命时期他担任广东区委军委书记、黄埔军校政治部主任、国民革命军第一军党代表,领导了两次东征,后领导了上海工人第三次武装起义,夺取上海。大革命失败后他领导的南昌起义,则开启了共产党人独立领导武装斗争的新时期,有了自己的军队。对此,毛泽东和朱德都给予了极高的评价。毛泽东说:"我们党虽然在1921年(中国共产党成立)至1924年(国民党第一次代表大会)的三四年中,不懂得直接准备战争和组织军队的重要性;1924年至1927年,乃至在其以后的一个时期,对此也认识不足;但是从1924年参加黄埔军事学校开始,已进到了新的阶段,开始懂得军事的重要了。经过援助国民党的广东战争和北伐战争,党已掌握了一部分军队。革命失败得到惨痛的教训,于是有了南昌起义、秋收起义和广州起义,进入了创造红军的新时期。这个时期是我们党彻底地认识军队的重要性的极端紧要的时期。""没有这一时期的红军及其所进行的战争……今日的抗日战争及其长期支持是不能设想的。"①朱德说:"大革命时代,许多进行军事运动的同志,当时军委的负责人周恩来、聂荣臻、李富春等同志,以及党所举办的秘密军事训练班的同志,对我军的创建是有功劳的。没有他们所进行的军事运动,就不能有独立团,就不能有南昌、秋收、广州、湘南等起义。"②

但是周恩来也受到了加入共产党后的第一次处分。虽然南昌起义打响了武装反抗国民党的第一枪,功不可没。但是年轻的共产党没有看到这点,反而实行严厉的惩办政策,追查南昌起义失败的责任,将南昌起义前敌委员会全体成员都给予警告处分。前敌委员会的书记周恩来自然首当其冲,也受了处分。

周恩来面对革命的失败、面对不公正的处分,泰然处之,因为他想的不是个人得失和安危,他想的是革命事业,他干革命完全抛开了自我。他看到了轰轰烈烈的革命在几个月内陡然失败,无数革命者被杀害,党组织被破坏,党员由5万人锐减为1万人,党内争论加剧,抱怨、悲观情绪弥漫。这时,他没有时间考虑自己,他想的是革命如何进行,事业如何发展。

中央政治局扩大会议后,周恩来担任了中央组织局的代主任。组织局相当于现在的书记处,负责中央的日常工作。当时的上海,白色恐怖严重,警车不断呼啸而过,军警常在街上"抄把子"("抄把子"就是随时随地在街上设卡检查行人、搜身、查包),周恩来是著名人物,许多人都认识他。据周恩

① 《毛泽东选集》第2卷,第544页,人民出版社,1991年第2版。
② 《朱德选集》第126页,人民出版社,1983年。

来的南开同学、后来担任国民党重庆市长、上海市长的吴国桢回忆,他就曾在电车上碰到过周恩来。周恩来虽然化装,他还是从走路的姿势认了出来。当时周恩来十分机智,车一到站,马上跳下车,消失在人群中。为了躲避敌人的追捕,周恩来时而贴个小胡子,穿着西服,化装成日本人;时而穿上长袍马褂化装成商人,活跃在上海、天津、香港等地。

大革命失败后,全国各地举行暴动几百多次,由于国民党反动派的残酷镇压,均告失败,不少暴动队伍被迫转移到农村、山区,成立工农红军,建立了若干个根据地。

这个路子对不对?

在此期间,周恩来经常召开政治局会议,研究全国的革命形势、问题,找各地来的领导人谈话。他恳切地说服大家不要急于暴动,要做艰苦细致的群众工作,迅速恢复和建立党组织和工农群众组织。他说:只要有了得力的党组织的领导,割据的暴动局面才可以创立起来。他将各地起义失败后来到上海的同志组织起来,或者派到全国各地去恢复被破坏的党组织,或者送到苏联学习。经过半年的努力,到1928年春,基本上恢复了全国各省的党组织。

在此期间,他把刘伯承、叶剑英、董必武、林伯渠等同志派到苏联学习,学习军事、学习理论、学习无线电通讯。他将军事干部派到各地或领导武装暴动,或加强各地的军事领导力量。他同意贺龙不去苏联学习而是回到家乡湘鄂西,开展武装斗争的意见,并派政治素质较强的周逸群做贺龙的副手,并选择忠诚可靠的卢冬生做贺龙的警卫。贺龙、周逸群临行前,周恩来与周逸群谈话,提出"依山建军,再向平原发展"的方针。周恩来还向全国各个根据地宣传、推广朱德、毛泽东领导红军进行工农武装割据的经验。军事斗争是中国共产党当时的中心工作,周恩来为此花费了很多的心血,做出了巨大的贡献。

为了保卫党中央的安全,1927年春,周恩来从上海到武汉后就倡议领导成立了特科。特科下设特务、情报、保安等三个股,重点是情报。他派可靠的同志打入敌人内部,在敌人内部建立关系,使许多同志免遭敌人的捕杀,并营救了许多被捕的同志。1931年4月政治局委员顾顺章在武汉被捕叛变,向敌人供出政治局同志的住处和党中央的机关,敌人企图将党中央一网打尽。在此危急时刻,由于打入敌人内部的钱壮飞得到了这个情报,抢在敌人的前面派人赶到了上海,向周恩来报告。周恩来沉着冷静、周密审势,果断采取措施，只用了一天的时间，就在陈云、陈赓、李克农、李强协助下迅速转移了负责人和有可能暴露的干部，销毁了大量的文件，使敌人一无所获。而后，周恩来下令停止顾顺章熟悉的工作方法，切断了与顾的一切关系，终于使党组织安然度过了这个险情。

由于周恩来卓越的工作为全党所公认，1928年中共"六大"选举他为中央政治局常委，并任政治局常委秘书长兼组织部长。1929年9月，军事部长杨殷牺牲后他又兼军事部长。因当时强调工人成分，"六大"选出的中共中央总书记向忠发是个工人，但没有文化、没有能力，在工作中不能起到核心领导作用。于是，从1928年"六大"后到1930年春天，周恩来成为中共中央工作的实际主持者。

在此期间，周恩来不仅领导党的苏区工作、白区工作，而且创建了党的通讯工作。1928年10月，他派张沈川、李强在上海组装无线电发报台，建立训练班，培养无线电发报、收报人员。经过几年的努力，1931年11月中共中央和中央苏区建立了电台联系。派曾希圣、曹祥仁、邹毕兆破译密码。

周恩来还创建了党的机要工作，创造了中国共产党的第一部密码。因为周恩来在党内化名叫伍豪，因而这个密码就称为"豪密"。一开始由周恩来、邓颖超和在苏区的任弼时、陈琮英掌握密码。这个密码大大先进于国民党使用的密码，从而使中共可以破译国民党军队的密码，而国民党却无法破译中共的密码，这就是红军、中国人民解放军连连取胜的原因之一。

经过两年的努力，中国共产党领导的武装力量的发展超过大革命时期的最高水平，到1930年3月，红军已有62700人，枪支38900支，编为13个军，分布在鄂、豫、皖、湘、赣、桂、粤、闽8省127个县，并在豫、苏、皖、赣、浙、闽、桂几省内的162个县开辟了游击区。中国共产党度过了最艰难的一段时期，武装斗争坚持下来了，成为国际共产主义运动中除苏联外唯一有武装的党。中国红军的力量日益受到共产国际的重视，受到斯大林的重视，为世人瞩目。1930年10月，中共中央政治局决定成立苏区中央局，负责指导全国各苏维埃政权与红军的工作，周恩来任书记，项英、毛泽东、任弼时、朱德等人任委员。红军的发展引起敌人的恐慌，1930年12月，蒋介石调集10万大军对江西苏区进行第一次"围剿"。

相忍为党,顾全大局,主动承担三中全会的责任

一个伟大的、成功的革命家不仅要带领群众进行对敌斗争并取得胜利,也要正确处理党内斗争,处理党内矛盾,团结全党前进。这就需要革命家有深远的眼光、宽阔的胸怀、高尚的情操和坚韧不拔的毅力。周恩来就是具有这种优秀品质的无产阶级革命家。

熟悉历史的读者都知道,1930年3月周恩来到苏联向共产国际汇报工作,在周恩来离开上海期间由李立三主持中央工作。这期间,国民党内部发生中原大战,蒋介石与冯玉祥、阎锡山开战,无暇顾及其他。红军趁机大发展。李立三认为目前形势是新的革命高潮马上就要到来,他要求以武汉为中心,取得一省、数省首先胜利,进而建立全国政权。在他的这种"左"的思想的指导下,各地红军进攻城市,城市的党组织纷纷组织飞行集会、暴动。革命力量暴露,受到很大损失。李立三的这种错误受到党内同志的抵制,于是他就在党内实行惩办主义,打击了不同意见的同志,如恽代英、何孟雄等。

8月底,周恩来和瞿秋白从苏联回到上海,马上纠正李立三的错误。首先停止了各地的暴动,并在实际工作中停止了李立三的这套错误的做法。然后召开三中全会,从组织上停止了李立三的工作。李立三在会上做了检查,而后离开上海到苏联学习。

但是党内对李立三错误程度的认识不同,产生分歧,一部分受过李立三打击的同志认为三中全会对李的"左"的错误批判得不彻底,有的同志更加激烈,坚决要求召开紧急会议,彻底改组中央,撤销周恩来、瞿秋白等同志的职务,成立临时中央。

1930年12月,共产国际代表米夫来到中国上海。他来了之后不是站在全局的立场,而是站在小宗派的立场,使党内斗争更加激烈。

周恩来、瞿秋白为了避免党内严重的分歧而引起党的分裂,主动承担了三中全会的错误的责任,不愿为个人而影响党内的团结,提出退出政治局,辞去中央的领导职务。为了团结,周恩来几次向米夫推荐何孟雄,但是米夫并不想解决中共党内的问题,并不想让中共的党更团结,他为的是控制中国共产党,要让自己的学生王明上台,所以他不见何孟雄,根本不听这些老同志的意见。而且他也不准周恩来辞职,原因不是别的,正如有人在四中全会上发言所说的那样:周恩来是党内的人才,他的艰苦耐劳的精神,他在军事

上、组织上的才能，是否还有第二人呢！会后瞿秋白对他说："你还要背上这个担子。"

王明等从苏联回来的青年留学生，认为李立三犯的是右倾机会主义的错误，提出比李立三更"左"的口号。他们在米夫的支持下，有恃无恐，目无一切，大肆活动，排斥异己，指责何孟雄这些老同志是犯了右倾机会主义的错误，将这些同志排斥在外，打击他们；同时指责三中全会，批判周恩来和瞿秋白犯了调和主义的错误。在米夫的直接干预下，1931年1月7日在上海召开了四中全会，在这次会上，王明上了台，而周恩来和瞿秋白成为批判的对象。

王明在当时是个毛头小伙，他于1925年加入共青团后就到苏联学习，没有经历过大革命考验，没有实际工作经验，在党内没有多少威信。1929年他从苏联学习回来后，害怕艰苦，害怕危险，不肯服从分配；不肯到基层工作，留在中央机关，在党内搞小宗派。一次他在街上不慎被捕，表现动摇，大家对他意见很大。但他是米夫的学生，深受米夫的信任。

后来毛泽东在总结这段历史时说：当时是共产国际东方部领导人和王明合作，批评中国较正确的两位领导同志，说他们是对立三冒险派搞调和主义，硬把这两个人的威信压下去。

中国共产党作为共产国际下属的一个支部，下级服从上级是民主集中制的原则，也是党内铁的纪律。周恩来认为一个领导者"要有高度的纪律性，要有坚韧的奋斗精神"[1]，他处境艰难，仍全力以赴投入工作，维护党的团结和统一。

王明自恃有苏联背景，是百分之百的布尔什维克，对一切有不同意见的同志均采取打击、排斥的态度。认为何孟雄等是右倾机会主义，认为执行过立三路线的同志犯了立三路线的错误，不分青红皂白，乱打一气，造成党内一片混乱。周恩来不顾自己被戴上调和主义的帽子，力主团结广大干部群众，他说："站在派别观点上来解决问题，就一定离开党的利益而只顾到派别的利益，这不是布尔什维克党允许的。"[2]他尽力保护干部，团结干部，减少损失。

中国共产党成立70年来有过10次大的党内斗争，如何进行党内斗争呢？笔者也曾同很多老同志进行过探讨。粉碎"四人帮"后，公布了大量的

---

[1][2] 《周恩来选集》(上)，第128页，第327—328页，人民出版社，1980年。

材料,特别是彭德怀惨死在隔离中,邓小平与"四人帮"公开抗争,群众中也有很多议论。

对党内斗争每个人采取的方式不同,这与每个人所处的地位不同,对问题的认识水平不同,也与每个人性格不同有关。纵观中国共产党70年的历史,对党内斗争采取的方式大致说有:毛泽东式的、邓小平式的、彭德怀式的、陈云式的,也有周恩来式的。他们的斗争方式都是后人可以研究的。关于如何进行党内斗争,这是一个非常复杂的问题,就这个题目就可以写一本书。本文篇幅所限,只能简单地谈谈周恩来的方式,抛砖引玉。

性格刚烈的人决断力强,但容易走极端。性情温和的人在关键的时刻可能瞻前顾后,但是持重稳妥。性格倔犟的人认准的事走到底,但是如果错了也不容易回头,固执己见,失之圆通。性格急躁的人爱表态,态度鲜明,但是容易强加于人,反面欲速则不达。在简单环境中成长的人难以驾驭复杂的事物,而见多积广的人,碰到复杂的事物,则面面俱到,得心应手。因而列宁讲过一个人的优点和缺点是连在一起,密不可分的,这就是特点。

周恩来说自己"天性富于调和性"。① 富于调和性,既是他的思维方式,也是他为人处世的原则,他为人谦和,从不强加于人。他从小就养成极强的责任心。这些特点就决定,在考虑问题时既考虑到这一方面,又要考虑到另一方面,决不走极端。他从小就处在复杂的环境,越是复杂越能显示他的才华。这在处理党内斗争时表现得更为明显。周恩来历来将斗争严格地分为党内斗争和对敌斗争。他对这两者区分得十分清楚。他认为对敌斗争是革命与反革命的问题。既是敌我的问题他就从不让步,从不动摇。他可以忍受党内的错误处分、误会,但是他不能忍受说他叛变,这是他1975年9月危病中一定要在关于说明伍豪启事的报告上签字后才肯进手术室的原因。

他虽然认为党内斗争也是大是大非的问题,但这是同志间错误与正确的问题,是认识问题,是内部问题。既然是认识问题,是内部分歧,是同志之间的争论,就要给人家一个认识的时间,任何一个问题都有一个认识过程。即使错误的东西也有一个形成过程,有一个暴露过程,在它没有形成之前,没有暴露之前,无法认识。除非是圣人,而这种圣人是没有的。因而他对一个错误的路线决不断然下结论,对已犯错误的同志,是争取团结,只要他不是坚持不改,就要给他一个改正的机会,决不能用残酷斗争,无情打击的办

---

① 《周恩来青少年诗文书信集》(下),第316页,四川人民出版社,1980年。

法,将犯错误的同志推到敌人那面去。他反对用对敌斗争的方式来处理党内的斗争。

另外,他认为中国是一个经济文化都十分落后的国家,他说:"我们这个落后的中国社会,反映到党内,反映到革命团体里,正确的意见常常不容易被大家立刻认识。这样就要等待、说服,就要经过痛苦的过程。""大多数通过的决定,组织上还要服从。当着群众被蒙蔽的时候,不容易接受真理,等他们慢慢地觉悟起来以后,就会拥护正确的意见。所以正确的意见常常是要经过许多的等待、迂回才能取得胜利,为大家所接受,当然这个等待过程是痛苦的。"①他说:"领导者在必要时应忘记他所受的侮辱。领导者切勿轻视自己的作用和影响,要戒慎恐惧地工作。"②他是这样说的,也是这样做的。无论自己处境多么困难,他从不放弃工作;无论在党遇到什么失败、危难,他都苦撑局面,使党渡过了一个又一个难关。

基于这样的看法,基于这样的性格,在党内产生分歧、发生争论时,周恩来往往采取克制态度,采取与人为善的态度,以顾全大局为重,以团结为重;决不采取极端的做法,随便将同志宣布为敌人。当情绪激愤的人们希望他站在自己这边打倒对方时,周恩来往往是讲道理,讲政策,讲历史教训。群众不理解他的这种做法时,指责他为调和主义、折中主义,甚至反对他。他默默忍受,他不做任何解释。可是随着时间的推移,事实证明了他在党内起到的中和作用,稳定作用,团结作用,这在党内是多么的重要!特别是党内意见纷争、各派意见相持不下时,周恩来的这种做法对维护党内的统一、团结是非常重要的。周恩来在处理和王明路线的斗争中,就是采取这样的立场、方法。在"文化大革命"中周恩来也是采取这样的立场和方法。

从这点来说,周恩来相忍为党,顾全大局的做法,体现了无产阶级革命家正确处理党内斗争的一个重要原则。

帮助确立毛泽东的领导核心地位

大革命失败后,中国共产党领导集体由毛泽东、周恩来、刘少奇、朱德、任弼时、邓小平、陈云等组成。这个领导集体是以毛泽东为核心的。周恩来主持中央工作时支持毛泽东的工作,当他认识到毛泽东代表中国共产党的

①② 均见于《周恩来选集》(上),第337页,第123页,人民出版社,1980年。

正确方向时,就以无产阶级革命家的宽阔胸怀,坚决支持毛泽东担任中央常委,对中国共产党选择自己的革命领袖,确立毛泽东的领导核心地位,起了巨大的作用,而他自己则甘当助手,并且终生不渝。这是周恩来对中国革命的一个重大贡献。

把毛泽东请回来

1927 年毛泽东领导了秋收起义,随后毛泽东率工农红军上了井冈山,在罗霄山脉中段开辟了井冈山革命根据地,走农村包围城市的道路。周恩来在领导南昌起义失败回到上海中央工作后,派人送信给在赣、湘、粤一带打游击并发动了湘南暴动的朱德,让他到井冈山与毛泽东会合。4 月,朱德与毛泽东在井冈山会师,成立了工农红军第四军,朱德任军长,毛泽东任党代表。从此朱、毛不可分,这支部队也被称为朱毛红军。在他们的领导下,井冈山革命根据地是全国众多根据地的佼佼者,因而农村包围城市的道路就被后人称为"井冈山道路"。

军事斗争是共产党当时主要的中心工作,周恩来为此花费了很多心血。他多年从事武装斗争,总结了不少经验教训,因而对毛泽东有较早的认识。"六大"之后,他从苏联回到中国,即向各个根据地宣传、推广朱德、毛泽东工农武装割据的经验。

1928 年秋,周恩来去苏联出席"六大",回到国内后,听到朱毛领导的红军把党支部建在连上,十分高兴。因为大革命失败的原因之一,就是共产党没有掌握住武装,在共产党员最多的叶挺独立团,也只是支部建在团上。他起草的中共中央致贺龙的信中,专门介绍了红四军的这个经验。他写道:"在朱毛军队中,党的组织是以连为单位,每连建立一个支部,连以下分小组,连以上有营委、团委等组织。所以在平日及作战时,都有党的指导和帮助。据朱毛处来人说,这样组织,感觉还好。将来你们部队建党时,这个经验可以备你们参考。"他指示贺龙:"此外尚应注意者,是红军中的党组织,仍须保存组织上的秘密性。至于训练问题,党的训练是加强军队纪律的,党的纪律也是帮助军队纪律无障碍地执行的。自然红军的军事训练不能同于军阀军队的方式,施行强迫的和机械的军事纪律,应在党员以身作则的影响下,得到兵士的拥护。正因为这样,党的训练应多带教育性,党的组织要发展党员的自觉性,比较明了的同志应在思想上帮助尚不明了的同志,使一般同志也能注意自觉地遵守纪律。"①

当然,由于交通不便,消息太慢,以及受共产国际影响等原因,周恩来的指示不免也存在错误,也有不符合实际的地方,例如"二月来信"就是如此。

1929年初,湘赣敌人对井冈山发动第三次"围剿"。由于敌强我弱,1月10日,朱毛决定乘敌人还没有合围,留彭德怀坚守,他们率红军从井冈山突围到敌后去。天寒地冻,人烟稀少,红军缺衣少粮,没有根据地的流动作战十分艰难。他们一路上屡遭敌人袭击,几遭险境,连连失利,一直到2月10日,在江西瑞金大柏地才打了一个胜仗。

井冈山失守的消息传到上海,周恩来十分关切。正好这时共产国际主席布哈林来指示,要红军分散活动,说红军集中会被敌人消灭,又会妨害群众利益,并要高级干部离开红军。1929年2月7日,周恩来根据共产国际的这个指示,给朱毛写信,要求朱毛到中央工作。这就是"二月来信"。

当时红军和中央都没有电台,只能靠交通员穿过敌人的封锁线送信,因而信走得十分慢。两个月后,即4月3日这封信才到达朱毛手中。这时,红军已于3月14日占了闽西长汀。这是红四军第一次占领这样大的城市,筹到大批物资和款项,红军在此进行了整编,每个战士都发了两套军装,全军上下第一次穿上统一的青灰色的军装,第一次每个人发了5块钱,大家上街理发、洗澡,全军焕然一新,兵强马壮。陈毅欣然赋诗:"闽赣路千重,春花笑吐红。败军气犹壮,一鼓下汀州。"

周恩来写的语气悲观的"二月来信",同红四军这时庆祝胜利的欢快气氛十分不协调,因而引起毛泽东的不快,他于5日复信,批评了二月中央来信的悲观情绪。

3月,蒋介石和桂系军阀爆发战争,无力围剿红军,给各地的红军造成发展的机会。周恩来根据形势的变化,4月4日又一次致信朱毛,改变了"二月来信"的看法,说如他俩不能来,中央希望前委派一位得力同志与中央讨论问题。信中针对党内出现的"左"的倾向,正确地指出:"军阀战争本身不是革命高潮","以为有军阀战争就一定表示着统治阶级将要很迅速地崩溃,这个观点是错误的。"并且提出红军目前的任务是:扩大游击战争的范围,发动农民武装斗争,深入土地革命。

这封信还未送到红军,红四军内部却出了问题。红四军领导内部对建

① 《周恩来选集》(上),第16—17页,人民出版社,1980年。

军原则、建军思想、根据地建设是有分歧的,在实际工作中也有一些意见,但是大家顾全大局,没有影响工作。中央为加强力量派了留苏学生刘安恭等人于5月初到红军工作。刘将苏联党内斗争那套做法搬来,将争论公开化,并划分派别,说朱德拥护中央指示,毛泽东自创体系不服从中央指示。林彪也给毛泽东写信含沙射影攻击朱德。这些挑拨的话加深了意见分歧。[1] 前委则没有引导大家进行对外斗争,自己不拿办法,提出"大家努力来争论"。在这种情况下,6月22日在龙岩召开的红四军第七次代表大会经过民主选举,毛泽东落选红四军前委书记。由于朱德善于带兵,经常和士兵一起挑粮,衣着像个伙夫头,深受士兵的爱戴。而毛泽东善于思索决策,计谋多,在干部中威望高。代表大会代表中士兵多于干部,这也是毛泽东落选原因之一。最后陈毅当选为前委书记。7月上旬,毛泽东离开红军,在闽西养病并指导地方工作。这是毛泽东第一次离开红军。

8月中旬,红四军"七大"消息传到在上海的中央,周恩来对此十分慎重,他在政治局会上说:这是历史上很久以来意见不同的冲突,因他们工作很努力,故未有大的爆发。等陈毅来后,再做答复。他提议将刘安恭调回中央(不久刘作战牺牲)。

8月21日,周恩来起草了中共中央给红四军前委的指示信,指出红四军"七大"的问题:"你们第七次代表大会的主要精神是在解决党内纠纷而没有针对目前围攻形势,着重于与敌人的艰苦奋斗——这不能不说是代表大会中的缺点。刘安恭同志企图引起红军党内的派别斗争,前委号召'大家努力来争论',润之、玉阶同志亦特别重视个人的争论。"因而要求:"在大敌当前艰难困苦的环境中,你们应指出红军中党的生活之正确路线,号召全体同志消灭一切纠纷,一致地拥护正确路线,向敌人奋斗。在这种危急时候,谁固执着自己小资产阶级的成见,谁便是破坏这艰难困苦转战千里的革命组织,客观上帮助了敌人……这需要前委同志号召全体同志在中央这一指示的精神之下,整饬自己的队伍,正确自己的路线,肃清一切小资产阶级意识,向着敌人作艰苦的战斗!"

周恩来并指出红军的任务,批评流寇行径:"每一个红军士兵都负有向群众宣传的责任;整个红军的游击,更充分负有发动群众实行土地革命建立苏维埃政权的使命。谁忽视了这点,谁便要将红军带向流寇土匪的行径。"肯定加强农民武装:"'地方武装与红军武装应同样扩大',你们这一意见非

---

[1] 金冲及主编:《朱德传》,第178页,人民出版社、中央文献出版社,1993年。

常正确……有了武装的农民实是扩大红军的前提,你们必须坚决地执行这一路线,应视与群众斗争一样的重要。"

周恩来支持毛泽东的意见:"在红军中党的组织原则,尤其是目前环境中之红军的组织原则,必须采取比较集权制,才能行动敏捷,才能便于作战,才能一致地战胜敌人。但这并不是说如此便没有党内民主化了,便不执行'一切工作归支部'的口号了,如此便可以恢复家长制了。"①

8月下旬陈毅到达上海,住进公共租界四马路新苏旅馆,开始写报告,他一共写了7个报告。8月29日,政治局听取了陈毅的汇报,决定由周恩来、李立三、陈毅组成委员会,起草一个决议,周恩来为召集人。周恩来经常到旅馆和陈毅长谈,一谈就是几个小时。他们在里间谈话,陈毅的哥哥在外间下棋掩护。周恩来对陈毅说:要把毛泽东同志请回来。他强调要巩固红四军的团结,维护朱毛的领导。

周恩来讲这个话,既是听取了陈毅汇报,了解了红四军的全面情况,也是由于他对陈毅、毛泽东、朱德十分熟悉。

早在欧洲他就认识陈毅、朱德,他还是朱德的入党介绍人,他们3人一起参加南昌起义。大革命时期,他在广州与毛泽东相识,蒋介石发动"三二〇事件"后,他和毛泽东在李富春的家里商量对策,一致认为应以叶挺独立团为主,联合国民党左派坚决反击,便可以击退蒋介石的进攻。但是他们的意见没有被中央领导陈独秀采纳。不久,周恩来离开黄埔军校和国民革命军第一军,毛泽东离开了国民党中央宣传部到农民运动讲习所担任所长。毛泽东很同意周恩来关于武装斗争的观点,请周恩来到农民运动讲习所讲《农民运动与军事运动》。在朱、毛、陈三人之中,朱德年龄最大,长周12岁,是忠厚的长者,从军多年,当过滇军的高级将领,有丰富的作战经验,特别擅长山地战、游击战,这些经验对于初创的红军非常重要。毛泽东长周5岁,农民出身,从1925年就开始领导农民运动,1927年春写的《湖南农民运动考察报告》,气势磅礴,高屋建瓴,鞭辟入里,深受瞿秋白的推崇。他认为毛泽东政治上强,有领导农民运动的丰富经验。陈毅小周3岁,喜爱文学,为人正直、坦荡,自然在军事上、在政治上都不如前两位。所以周恩来这次与陈毅一见面就说:"你能行吗? 回去后赶快把毛泽东同志请回来。"

周恩来在和陈毅的多次谈话中,不仅谈到许多具体问题,更重要的是讨

---

① 《周恩来军事文选》,第83—84页,第85、86页,人民出版社,1997年。

论了建立根据地、开展武装斗争、建军原则等许多重大问题,取得了一致的认识。后来陈毅将这两个月的谈话称为"训练班"。根据周恩来的多次谈话,陈毅替中央起草了《中共中央给红军第四军前委的指示信》,史称中央"九月来信",后收入《周恩来选集》上卷。

指示信涉及九个问题,一、目前军阀混战的形势。二、红军的根本任务与其前途及其战略。三、红军发展方向及其战略。四、红军与群众。五、红军的组织与训练。六、红军给养与经济问题。七、红军中党的工作。八、朱毛问题。九、红军目前的行动问题。[①]

指示信指出:"先有农村红军,后有城市政权,这是中国革命的特征,这是中国经济基础的产物。如有人怀疑红军的存在,他就是不懂得中国革命的实际,就是取消观念。"

关于红军的根本任务,指示信规定:"一、发动群众斗争,实行土地革命,建立苏维埃政权;二、实行游击战争,武装农民,并扩大本身组织;三、扩大游击区域及政治影响于全国。"

这封信支持毛泽东的观点,指出:"党的一切权力集中于前委指导机关,这是正确的,绝不能动摇。不能机械地引用'家长制'这个名词来削弱指导机关的权力,来做极端民主化的掩护。"

指示信提出"纠正一切不正确的倾向",并具体提出不正确倾向的观念有:"红军中右倾思想如取消观念、分家观念、离队观念与缩小团体倾向,极端民主化,红军脱离生产即不能存在等观念。"指出"凡红军一切行动务必要避免单纯的军事行动,要与群众斗争取得密切联系"。

指示信批评前委说:"红军是生长在与敌人肉搏中的,它的精神主要的应是对付敌人。前委对于朱、毛两同志问题,没有引导群众注意对外斗争,自己不先提办法,而交下级自由讨论,客观上有放任内部斗争关门闹纠纷的精神。前委自己铸成这个错误,这是第一点。第二,没有从政治上指出正确路线,使同志们得到一个政治领导来判别谁是谁非,只是在组织来回答一些个人问题,这是第二个缺点。第三,这次扩大会及代表大会的办法是削弱了前委的权力,客观上助长极端民主化的发展。第四,对朱、毛问题没有顾及他们在政治上的责任之重要,公开提到群众中,没有指导地任意批评,使朱、毛两同志在群众中的信仰发生影响。再则一般同志对朱、毛的批评大半是

---

① 《周恩来军事文选》,第81—104页,人民出版社,1997年。

一些唯心的推测,没有从政治上去检查他们的错误,这样不但不能解决纠纷,而且只有使纠纷加重。"①

指示信对朱、毛亦有批评:"朱、毛两同志工作方法的错误。第一,两同志常采取对立的形式去相互争论;第二,两同志常离开政治立场互相怀疑猜测,这是最不好的现象。两同志的工作方法亦常常犯有主观的或不公开的毛病,望两同志及前委要注意纠正这些影响到工作上的严重错误!"提出的解决方案,指示信则是:"前委应立即负责挽回上面的一些错误:第一,应该团结全体同志努力向敌人斗争,实现红军所负的任务;第二,前委要加强指导机关的威信,与一切非无产阶级意识作坚决的斗争;第三,前委应纠正朱、毛两同志的错误,要恢复朱、毛两同志在群众中的信仰;第四,朱、毛两同志仍留前委工作。经过前委会议,朱、毛两同志诚恳接受中央指示后,毛同志应仍为前委书记,并须使红军全体同志了解而接受。"②在周恩来的干预下,毛泽东将重新回到红四军前委领导岗位。

这封指示信在经过政治局讨论通过后,由陈毅带回苏区传达。10月20日,陈毅回到前委首先见到朱德。11月初,陈毅在前委会议上作了传达,朱德表示坚决拥护中央指示,欢迎毛泽东重回前委工作。早在两个月前,大家感到毛泽东离开后"全军政治上失掉了领导的中心",③已联名写信要求毛泽东回来,朱德对罗荣桓说:"朱毛红军,朱离不开毛。"但是毛泽东因为是非没有解决,身体有病在上杭县苏家坡村休养,没有回来。这次陈毅派人将中央的信送给毛泽东,并附上自己的信,再请毛泽东回来工作。

毛泽东看到中央的来信,十分高兴。11月26日毛泽东到长汀和朱德、陈毅会合。28日,他给中共中央写信:"四军党内的团结,在中央正确指导之下,完全不成问题。陈毅同志已到,中央的意思已完全达到。"④

毛泽东回到前委即着手筹备红四军第九次代表大会,即"古田会议"。会议于1929年12月28日、29日在上杭县古田召开。陈毅在会上传达中央精神,毛泽东根据中央精神和红四军的具体情况作了政治报告,朱德作了军事报告。朱德经过与毛泽东共事近两年,认识到毛泽东的才干,心悦诚服,以后他很少公开讲话,处处维护毛泽东的威信。⑤ 后来他说,我一生中

---

①② 均见于《周恩来选集》上卷,第33—42页,第103—104页,人民出版社,1980年。

③ 《朱德传》,第184页,人民出版社,中央文献出版社,1993年。

④ 《毛泽东书信集》,第26页,人民出版社,1983年。

⑤ 采访孔石泉记录。

有两位老师，一位是护国军第一军司令蔡锷，一位是毛泽东。

古田会议经过选举，毛泽东重新当选为前委书记，又回到了红四军领导岗位。

在古田会议决议中毛泽东提及："大会根据中央九月来信的精神，指出四军各种非无产阶级思想的表现、来源及其纠正的办法，号召同志们起来彻底地加以肃清。"①由此可见，这封根据周恩来谈话精神由陈毅起草的"中央九月来信"，对结束当时红四军内部存在的争论，统一思想起到了关键作用，并通过古田会议纠正了红四军内部的错误倾向。在红四军七大落选前委书记的毛泽东，通过古田会议又重新回到了这个岗位。

由于周恩来的支持，使毛泽东对革命道路的探索得以进行下去。六大后，毛泽东主张在闽浙赣边界地区创建苏区以影响城市工作，到 1930 年在全国武装斗争形势越来越好的情况下，他提出实行武装割据是促进全国革命高潮的重要因素。

支持毛泽东担任中央常委军委主席

邓小平指出："我们党的领导集体，是从遵义会议开始形成的，也就是毛刘周朱和任弼时同志，弼时同志去世后，又加了陈云同志。"②

为什么说党的领导集体是从遵义会议开始形成的呢？这是因为在遵义会议上毛泽东第一次被选为中共中央政治局常委，从此进入党的核心领导。而周恩来当时担任中共中央政治局常委、红军总政委、中央军委副主席、三人团成员之一，在党内地位举足轻重。他的发言对于确立毛泽东在中央的领导地位起了重要作用，由此对中国革命、对中华民族做出了重大贡献，充分地体现了一个革命家的品格、胸怀和素质。过去讲到十年内战时期，往往只讲周恩来的错误缺点，对他在确立毛泽东的领袖地位、开始形成以毛泽东为首党的领导集体的功劳很少提及，这是不全面、不公平的。事实上，周恩来在这个关系中国革命的安危、成败的问题上贡献是巨大的。

1931 年 9 月，王明上台只有几个月就到莫斯科共产国际工作，后来担任了共产国际书记处的书记。王明走之前，决定由博古负责在上海的党中

---

① 《毛泽东选集》第 1 卷，第 85—86 页，人民出版社，1991 年第 2 版。

② 《邓小平文选》，第 3 卷，第 309 页。

央工作。博古是团中央的负责人,当时二十几岁,是个青年干部,对党忠诚、勇敢,但是经验不足,对军事斗争更没有经验,因而由德国共产党人李德担任军事顾问,指挥中央苏区的红军。

为了加强苏区的领导,1931年12月,中央常委、中共苏区中央局书记周恩来离开上海到了江西中央苏区,因为中华苏维埃中央政府就设在瑞金,毛泽东是苏维埃中央政府的主席。在苏区的两年内,周恩来经历了打赣州的失利,也经历了打漳州的胜利,他和朱德一起指挥了第四次反"围剿"的胜利。

1933年初,中共中央迁到中央苏区,9月,李德也到了中央苏区,他不满意周恩来、朱德的军事思想和指挥方式,将周、朱调回后方瑞金,由他直接指挥前线作战。

李德曾参加过第一次世界大战和十月革命后的国内战争,但是他不懂得中国是和俄国、德国完全不同的国家,中国经济落后,工业不发达,苏区更是贫穷。受生产力发展水平和武器装备的限制,红军只能打运动战、游击战,没有实力打阵地战和敌人硬拼消耗。李德不了解情况却自以为是,狂妄自大,住在"独立房子"里,照着地图指挥作战,连一挺机枪放在什么地方都要干预,不给前线指挥官一点机动灵活的权力。他指挥红军以集中对集中,以堡垒对堡垒,短促突击,两个拳头打人,不以消灭敌人的有生力量为主,而是争一城一地的得失,打所谓"堂堂正正的阵地战",结果苏区越打越缩小。1934年4月下旬,广昌失守,国民党军队逼进苏区腹地,红军不得不战略转移。7月,中央决定红七军团组织抗日先遣队到闽浙皖赣边界,但是时机过晚,没有能够调动敌人,部队在敌人的围攻下失败了,方志敏等领导人被俘。8月,中央又命令红六军团到湘西和贺龙的红二军团会师,为红军主力西进探路。到此只有一条路可走,就是主力红军做战略大转移。10月,红军被迫离开中央苏区,开始长征。为准备长征,书记处决定由博古、李德、周恩来组成三人团,博古、李德负责政治和军事,周恩来负责督促军事计划的实行。

周恩来对农村包围城市道路的认识,有一个曲折的过程。1933年中共中央迁到江西中央苏区后,他也有过"左倾"机会主义的错误。这次错误导致了中国共产党军事上的第二次失败,不得不撤出中央苏区,进行长征。

为什么中国共产党要经历如此曲折的路,要付出如此大的代价,要做出如此艰辛的努力。这不仅因为敌强我弱,而且还有一个理论认识问题,这就是马克思主义是产生在西方发达资本主义国家的。马克思主义认为工人阶级是资本主义的掘墓人,共产党是工人阶级先进分子的最高组织形式。既然工人阶级在城市,共产党闹革命只能在城市进行,否则无法依靠工人阶级。在俄国,是武装夺取城市,而后由城市到农村。而中国恰恰相反,是先占领农村,在农村建立工农武装割据,走农村包围城市的道路。这条道路是与俄国革命完全不同的。要走这条路必须打破对俄国革命的迷信,对共产国际的迷信。当时中国共产党是共产国际的一个支部,共产国际实行集中领导,有严格的组织、纪律。受组织纪律的束缚,受当时认识水平的限制,要打破对共产国际的迷信是不那么容易的。

红军过了两道封锁线后,11月上旬,蒋介石从战场上发现转移的是红军主力一、三、五、八、九军团,而且察觉红军西进和红六军团会师的战略意图,于是在红军西进的必经之路——湘江布置了30万重兵,以逸待劳;同时在红军的必经之路湘贵边的洪江、芷江、松桃、铜仁、石阡一带集结了20万军队,设了四道防线。

红军在李德指挥下强渡湘江,损失惨重,从离开瑞金时的8.6万多人锐减为3万人。这是大革命失败以来最大的损失。红军向何处去?李德一筹莫展,常常发脾气;博古见红军损失如此惨重,痛心疾首,唉声叹气。周恩来毅然挑起担子,苦撑着局面,决定后方机关进行缩编,将机关直属队的多余人员全部编到作战部队,立即检查、抛弃和销毁不必要的行李和设备,指挥部队轻装西行。

对于如何走出困境,中央内部发生激烈的争论。按照李德的意见,红军应按原计划到湘鄂西去和二、六军团会合。他一意孤行,固执己见。

毛泽东对"左"的领导一直有意见,但是正确的意见不为大家所接受时,他耐心等待和说服,对于大多数人通过的决定,他思想上保留,组织上服从。长征以来,毛泽东和张闻天、王稼祥一起在中央纵队,一路上他一直做张、王的工作,首先做通张闻天的工作,而后做通王稼祥的工作,终于三人取得一致的看法。他们认为第五次反"围剿"的失败是由于军事领导上战略战术的错误造成的,目前红军已失去到湘西的先机,红军不能自投罗网,而应到敌人力量薄弱的贵州去。

在通道会议上,周恩来支持了毛泽东、张闻天、王稼祥的意见,表明他开始摆脱李德、博古的束缚。

但是,会后李德仍坚持自己的意见。部队一边西行,一边整编,将八军团编入五军团,将中央一、二纵队合编,12月17日进入黎平。如果按照李德的意见和二、六军团会师就要北上；如果按照毛、张、王的意见进入贵州，就要西进。在这个关键的时刻，周恩来主持了中共中央政治局会议，讨论红军的战略方针问题。经过讨论，周恩来决定采取毛泽东的意见。会议通过《中央政治局关于战略方针之决定》，决定西进到贵州"以遵义为中心之地区"，"力争避免大的战斗"，并决定到遵义后开会总结讨论第五次反"围剿"以来军事指挥的经验和教训。这就是著名的"黎平转兵"。

李德因病没有出席黎平会议，会后周恩来将会议决议给他看，俩人用英文交谈。李德和周恩来发生激烈的争论，并因争论失败而大怒。周恩来对于李德如此霸道和固执己见也十分生气，拍了桌子，震倒了放在桌子上的小马灯。此后周恩来和李德的关系疏远。

红军到遵义后，就按预定计划召开中共中央政治局扩大会议，周恩来派人通知刘少奇等人参加会议。因为是讨论军事问题，各军团负责人也从前线赶来参加会议。

这个会议由党的书记博古主持，他首先作了主报告，将红军的军事失败归于敌人力量强大，主要强调客观原因，没有检查自己的错误。他讲完话后，会场气氛紧张。

然后周恩来作副报告。如果周恩来的发言也同博古一样的话，会议就要僵了，无法开下去。由于周恩来在黎平就对军事上的错误有了认识，所以他在这次发言中明确指出失利的主要原因是军事指挥上的错误，并且主动检查了自己的责任。这是周恩来一贯的作风，他从不推脱责任，特别是在有了错误的时候，在形势危急的关头。同时他又批评了李德、博古的错误，表示完全同意毛泽东、张闻天、王稼祥的意见。他的发言使会议出现了转机。

会议开了三天。会议认为，书记处、政治局对军委领导非常不够，书记处应负更多的责任；军事领导的错误应由李德、博古、周恩来三同志负责，而李、博应负更多的责任。会议最后作出下列决定：

第一，增选毛泽东为中央常委；

第二，指定洛甫（张闻天）起草决议，委托常委审查后，发到支部中去讨论；

第三，常委中再进行适当分工；

第四，取消三人团，撤销博古、李德对军事的领导。仍由最高军事首长朱德、周恩来为军事指挥者，而周是受党内委托在指挥军事上下最后决心的负责者。

会后,中央常委分工以毛泽东为周恩来在军事指挥上的帮助者。

由于周恩来十分尊重毛泽东的意见,所以从那时起就在实际上确定了毛泽东的领导地位。但是,直到1935年10月红军到达陕北后,毛泽东才正式担任中央革命军事委员会主席,周恩来、彭德怀为副主席。从"实际上"确立毛泽东的领导核心地位,到毛泽东"名副其实"地担任领导核心职务,这中间还是有一个过程的,在这个过程中,周恩来也起了很大的作用。在此仅举一个例子。

红军二渡赤水、二进遵义后,3月4日,中央军委主席朱德、副主席周恩来和王稼祥决定:"于此次战役特设前敌司令部,委托朱德同志为前敌司令员,毛泽东同志为前敌政治委员。"[①]这个规定只是针对这次战役,战役结束,任命也就结束了。所以3月10日中央在苟坝,对是不是进攻打鼓新场之敌发生分歧,毛泽东主张不打,但他是少数;而多数同志主张打。这时毛泽东提出他可担任这次战役的前敌司令部的政委,遭到书记张闻天(即洛甫)的否决。会后毛泽东还是不放心,就在晚上提着小马灯去找周恩来,劝周恩来暂时晚一点发布命令,再想一想。周恩来经过慎重考虑,接受了毛泽东的意见,于是第二天一早召开会议,把大家说服了。这时毛泽东提出建议:不能像过去那么多人指挥作战,建议成立一个几人小组指挥。红军第三次、第四次渡过赤水后,中央的同志认识到毛泽东的建议是正确的,在南下渡乌江之前,于3月下旬成立了新的三人团,团长仍是周恩来,团员是毛泽东、王稼祥。

在周恩来的支持和配合下,毛泽东的地位和作用日益突出。和红四方面军会师后,周恩来因过度劳累而病倒,经历九死一生才好转。在与张国焘分裂红军、分裂党的斗争中,毛泽东起到的决定性的作用,是其他人无法相比的。

10月中旬红军到达陕北,终于有了落脚点。中央政治局召开了会议,出席的有洛甫、博古、毛泽东、周恩来、王稼祥五人。会议讨论了毛泽东提出的目前行动方针和作战方针,然后毛泽东提出建立西北苏区,领导全国革命,领导的名义问题、领导的成员由中央常委定。9月初张国焘分裂党和红军后,中央率红一、三军团北上,为了缩小目标,红一、三军团改称为陕甘支

---

① 《周恩来年谱》(1898—1949),第276页,人民出版社、中央文献研究出版社,1989年第1版。

队。此时,明确中央领导机构的名称、人员组成十分重要。

随后,召开常委会,有洛甫、博古、周恩来、毛泽东参加,王稼祥、李富春、彭德怀列席。毛泽东提议常委内部分工,军事方面由毛泽东负责,苏维埃工作由博古负责,组织局的工作由周恩来负责。他另外提了一个方案:我做苏维埃的工作,恩来做军事工作,博古做组织局的工作。彭德怀赞同毛泽东的第二方案,同意周恩来做军事工作。周恩来没有同意彭德怀的意见,表示他可做军事后方工作,即组织局的工作。

11月3日,红军到了下寺湾,召开了中央政治局会议,参加会的有洛甫、博古、周恩来、毛泽东、王稼祥、李富春、彭德怀、凯丰、李德、刘少奇、林伯渠、罗迈(李维汉)等。洛甫报告提出:应公开中央直接领导,对外用西北中央局的名义,成立西北中央政府。常委内部分工,军事方面由毛泽东负责,组织局的工作由周恩来负责。王稼祥任政治部主任。他支持毛泽东提出的第一方案。

王稼祥说:我身体不好,需要休息。恩来过去做过军事工作,兴趣较大,红军工作还是很重要,前方可增加个把人,恩来同志可到前方去。在这次会议前召开的常委会,决定红军南下直罗镇消灭敌人,中央带中央机关到后方瓦窑堡,到前方就是指挥红军作战。他支持毛的第一方案,但是主张周也参与军事领导。

毛泽东马上采纳王的建议说:分工方面同意军委7至9人,主席由恩来负责,稼祥应继续干,副主席可由我负责,在后方做。

周恩来早有让贤之想,因而在博古之后发言说:分工上次已决定军事领导,现在不必更换。个人工作,愿做军事工作。在后方我可负担动员工作。不必变更军事上总的领导。支持毛的第一方案。他的话言词恳切,一言九鼎。虽然毛泽东再一次发言说:军事领导,德怀、恩来,恩来为政委,应信托他们。但是洛甫最后宣布:常委决议,军委主席毛泽东兼政委。大的战略问题军委交中央提出讨论,至于战斗指挥问题,可由他们全权决定。恩来做组织局的工作是适当的,后方军事工作由组织局领导。

会议决定中央军委对外用西北革命军事委员会名义,采纳了周恩来的意见,毛泽东为主席,周恩来、彭德怀为副主席。至此毛泽东成为全党军事指挥的第一把手。而当时军事工作是全党的重心,这就为毛泽东后来成为全党的主席奠定了基础。

毛泽东不是孤立的神

红军长征到陕北后,有了一个相对安定的环境,使毛泽东有条件总结十几年来中国革命的经验教训、著书立说,他写了大量的著作,形成毛泽东思想。毛泽东的历史地位和领袖作用越来越为广大的党员、干部所认识。1943年3月,中央政治局会议选举他为中央政治局主席,中央书记处主席,成为名副其实的党的领袖。他由军委的第一把手,到全党的第一把手,经过了近8年的时间。

1943年6月,周恩来从重庆回到延安。他在欢迎会上的讲话中充分肯定了毛泽东的功劳和领袖作用,他说:"我这3年在外,做的事太少了。可是在这3年中间,国际的国内的变化,我们党的进步,却是特别的大,我们在外面也看得格外分明。"他赞扬了3年来取得的成绩,充分肯定了毛泽东的作用:"有了毛泽东同志的领导和指示,在这3年来许多紧急时机,许多重要关头上,保证了我们党丝毫没有迷失方向,没有走错了道路。""我们党22年的历史证明:毛泽东同志的意见,是贯穿着整个党的历史,发展成为一条马列主义中国化,也就是中国共产主义的路线!毛泽东的方向,就是中国共产党的方向!"[①]在1945年召开的党的第七次代表大会上,全党提出了这样一个口号:"在毛泽东的旗帜下前进!"在毛泽东旗帜下,在毛泽东思想指导下,中国共产党领导全国人民,只用了3年半的时间,就歼灭了国民党800万军队,迎来全国解放的胜利。经过28年的奋斗,中国人民终于推翻了压在人民头上的三座大山——帝国主义、封建主义、官僚买办阶级,建立了中华人民共和国。新中国的建立,结束了战争,控制住了自然灾害,消灭了瘟疫。在短短十几年的时间内,中国建立了一个独立的、比较完整的工业体系和国民经济体系,中国有了自己的原子弹、氢弹、人造卫星。中国从一个任人宰割的弱国成为一个在世界上发挥重要作用的大国。

共产党成为执政党,如何向毛泽东学习呢?如何认识毛泽东,如何宣传毛泽东呢?

周恩来首先回答了这个问题。他针对社会上存在的某些神化毛泽东的现象,首先阐述了毛泽东不是神。1949年5月7日,他在向中华全国青年

---

① 《周恩来选集》上卷,第133、138页,人民出版社,1980年。

第一次代表大会所作的《学习毛泽东》的报告中指出："毛泽东是在中国土壤生长出来的巨大人物。决不要把毛泽东看成一个偶然的、天生的、神秘的、无法学习的领袖。如果这样，我们承认我们的领袖就成了空谈。既然是谁也不能学习，那么毛泽东不就被大家孤立起来了吗？我们不就把毛泽东当成一个孤立的神了吗？那是封建社会、资产阶级社会所宣传的领袖。"①

如何学习毛泽东呢？他说："学习毛泽东必须全面地学习，从他的历史发展来学习，不要只看今天的成就伟大而不看历史的发展。"他说毛泽东也是出身封建的家庭，也迷信过，也读古书，研究问题也有过只注重一个方面。他认为毛泽东之所以伟大"就在于他能够从迷信中觉悟，否定旧的东西；他之所以伟大，更在于他敢于承认旧的过去"。

基于这样的认识，当他和毛泽东的意见相左时，就向毛泽东提出自己的看法。1956 年，他向毛泽东提出反冒进的意见，认为在国民经济的发展中要按比例、有计划，计划要留有余地。可惜毛泽东没有采纳，从 1958 年 1 月南宁会议开始批判反冒进，认为这是右倾。在一段时间内周恩来没有什么工作可做，他就带领干部劳动，下去调查。1958 年他下去调查、亲临第一线的时间长达 100 多天。当时他虽然处境不佳，但仍针对那时提的吃饭不要钱的口号，反复地算账，算粮食产量，宣传如果一个人一天多吃一两粮，全国一年就要浪费多少亿斤粮食。"大跃进"的后果在 1960 年显露出来，周恩来夜以继日地工作，提出解决困难的八字方针：调整、巩固、充实、提高。起草了中共中央《关于农村人民公社当前政策问题的紧急指示信》，这个文件坚决纠正"共产风"，强调所有制仍是三级所有，队为基础。在全党的努力下，日益恶化的农村形势得到了扭转。1961 年春，周恩来向毛泽东建议取消食堂，这个建议得到朱德等同志的支持，终于在中央工作会议上获得通过。解散食堂使农民的浮肿病大大减少，扼制了非正常死亡的趋势。在他的提议下中央决定压缩城市人口 2000 万，减少国家的负担。

经过几年的努力，到 1964 年，我国克服了困难，基本完成了调整国民经济的任务。在第三届全国人民代表大会上，周恩来自豪地向全国人民宣布：国民经济调整任务已基本完成，工农业生产已经全面高涨，整个国民经济已经全面好转，并且将进入一个新的发展时期。要把我国建设成为一个具有现代农业、现代工业、现代国防和现代科学技术的社会主义强国。

① 《周恩来选集》上卷，第 331—332 页，人民出版社，1980 年。

周恩来担任新中国的总理长达 26 年,日理万机,新中国所取得的成就都有他的汗水和心血。在以经济建设为中心的今天,他的功绩更加凸显,而为世人传颂。他多次出访,足迹遍及欧亚非三大洲。在世界外交舞台上,他提出和平共处五项原则已为世界各国所接受,成为 20 世纪处理国家与国家之间关系的准则,推进了世界和平事业。他支持反对帝国主义的民族解放运动,推进了被压迫民族的独立和解放。他在国内外都享有盛誉。

纵观周恩来的一生,他不仅是当之无愧的革命家,而且是一个伟大的无产阶级革命家。

[附记]此文为纪念周恩来 100 周年诞辰而写,收入国防大学副校长侯树栋中将主编,李海文、白石亮副主编的《伟人周恩来》,由中国青年出版社 1998 年出版。但出版时删去了《维护党内的团结和统一》一节,后此节以《周恩来在党内的作用》为题发表于《漳州党史通讯》2000 年第 4 期。笔者纵观几十年的历史,处理党内斗争有各种不同的方式,首次提出周恩来方式。文中《帮助确立毛泽东领导核心地位》一节,以《周恩来对毛泽东进入中央常委的作用》为题,发表于《苏州大学学报》1998 年第 4 期。2009 年 12 月为纪念古田会议召开 80 周年,笔者用一周时间写出《周恩来与古田会议》,到福建龙岩出席学术讨论会并参观古田会议旧址,收集到一些新材料,对论文做了修改。其中部分内容以《周恩来与党内早期政治生活——"中央九月来信"起草的前前后后》为题,发表于 2010 年 2 月 22 日《北京日报》,有多家报刊转载。此次修改,吸收了这些新材料、新观点。

李求实与"左联"及反王明上台的斗争

"左联"在上海的地下活动

李求实自幼喜爱文艺,早在1922年就在《晨报》《民国日报》发表译作。1923年写过小说。他能文好诗,1925年秋在河南工作时以诗文抒发革命情怀:

> 大河经百徙,故道尚微茫。
> 白苇连岗蔓,金沙卷地黄。
> 壮观惟叠浪,乡思在遐方。
> 笔阵凌空起,桑乾渤海旁。

后因从事繁重的党、团工作而无暇写作,放弃了个人爱好。

1927年11月,李求实从广州回到上海。当时白色恐怖严重,他又受到错误的处分,不为重用。但是他革命意志没有消沉,重又以笔为武器,从事文学工作。他给在苏联学习的夫人陈道希(即陈修良)写信说:他要从翻译俄国文学入手,介绍苏联情况,踏踏实实地做些工作,以推进中国的普罗文学。陈修良母亲陈馥一直支持革命,被大家称为"众家姆妈",她全力支持求实,负担他的生活费用。李求实静心翻译,一年多的时间内,翻译了《朵思退夫斯基(现译为陀思妥耶夫斯基)与屠格涅夫》《十年来的俄罗斯》《朵思退夫斯基夫人之日记及回想录》等书,有几十万字。同时他化名林伟,同鲁迅先生接触。鲁迅于1927年10月到达上海后,李求实是党内同鲁迅接触最早的一位[①]。

李求实同鲁迅神交已久。从五四运动时起他就喜爱读鲁迅的书。1926

---

① 夏衍:《"左联"杂忆》,1980年2月1日,《人民日报》。

年开始北伐,中山大学文学院院长郭沫若投笔从戎。为了巩固左派的阵地。两广区党委提出请鲁迅担任文学院院长,并为此和中山大学委员长戴季陶谈判两三次。戴是国民党右派,但迫于当时的形势只能同意。1926 年 11 月,鲁迅接到聘书,决定到中山大学任职。两广区委书记陈延年指定李求实和学生运动委员会副书记毕磊等人专门研究欢迎鲁迅的工作。李求实和毕磊决定组织文章欢迎鲁迅。一切工作安排就绪,李求实却先调到湖南省团委,两人失之交臂,求实深感遗憾。求实走后,区委决定由毕磊等人负责同鲁迅联系。1 月 31 日,毕磊把广东团机关刊物《少年先锋》12 本赠送给鲁迅。而这 12 本《少年先锋》恰恰都是李求实主编的,有多篇李求实撰写的文章。

1928 年左翼作家"创造社"的一些同志对鲁迅有不同的看法,发生了公开的争议。在争议中有人出口不逊,攻击鲁迅。李求实对此是反对的,认为做得太过分了[①]。他认为鲁迅是左翼作家的一面旗帜,不应对他采取攻击态度。左翼作家内部发生争议,应是心平气和,注意团结,联合一致,共同前进。他为左翼作家的团结做了有益的工作。

1929 年,他编辑了《俄国革命画史》。在当时没有新闻出版自由的白色恐怖中,秘密刻印、藏匿大量的铜版均有极大的困难。在李求实努力下,画册终于印成了,并巧妙地通过敌人的检查,发行到工人之中。他还翻译了《动荡中的新俄农村》《纽约泰晤士报驻莫斯科通讯员的报道》《戈萨克今昔——漫游高加索地方部落之印象》等。李求实的文学作品现已发现的,就有 16 篇(部)。有的是万余字的小说,有的是二三十万的译作,多以李伟森的笔名发表。这些作品使他跻身于"左联"作家的行列。

根据党中央的指示,1930 年 3 月左翼作家联盟成立,李求实出席了成立大会。在会上见到了鲁迅,并聆听了他那有名的讲演。阿英写大会的报道时,写明了这点。文委书记潘汉年为了保守党的秘密,保护这些干部的安全,把李求实等我党重要干部的名字一律勾去了[②]。

李求实于 1931 年 2 月 7 日在龙华牺牲后,鲁迅一直保存着李求实的照片。这张照片是 1927 年他从武汉到上海后照的。鲁迅在《为了忘却的纪

---

① 陈修良:《回忆李求实烈士》,中宣部中共党史资料处编:《党史资料》第一辑,人民出版社,1955 年。1979 年采访陈修良。

② 20 世纪 80 年代初访问夏衍记录。

念》一文中说:"李伟森我没有会见过。"在牺牲的五位作家中,只有李求实是党的负责干部。鲁迅或是为了保守党的秘密而有意回避,或是当时党的秘密工作是地下的,他不知道李伟森即是林伟。

1928年夏天,李求实的处分撤销了,再次出任团中央宣传部长,同时在党中央宣传部和中央党报委员会工作,负责筹办、主编《上海报》。为了工作方便,组织批准他与秦怡君(又名陈凤仙)结婚,秦怡君,湖北黄陂人,是烈士许白昊的遗孀,许白昊牺牲后,她在北四川路阿瑞里福民医院当护士,以公开身份掩护革命工作。如中共江苏省委秘书长李硕勋因伤寒住院,就是在秦怡君的精心护理下,很快恢复了健康。

1928年12月,李求实一家搬到海宁里宝兴的一栋房子里,和谢觉哉合住,佯称谢老为叔父。不久李求实又有了儿子齐泰。李求实将二嫂接来料理家务,生活清贫但是紧张而愉快。儿子的出生更是给这个家庭增添了乐趣。1950年谢觉哉得知齐泰已成为空军驾驶员,高兴地给秦怡君复信说,"自然他无从知道二十年前曾经抱过他的老头子"。实际上,李家当时是《上海报》机关,李求实是主编,谢觉哉是编辑,秦怡君是交通。陈为人、朝哲夫妇、肖洪昇、吴永康、李炳忠先后都当过编辑,他们住在外面。

1929年4月17日《白话报》创刊。这是一张16开的报纸,因为是中共半公开的报纸,无人敢印,便改名为《上海报》。当时上海有一家小报也叫《上海报》,这样可以瞒天过海。报纸是秘密印刷,公开出售。夏天,印刷厂曾被破坏,报纸又改名为《天声》《晨光》《沪江》到年底又恢复为《上海报》。交通员先后被敌人捕去十多人,卖报人被捕的有几十人,报纸在夹缝中生存。在李求实领导下这份报纸坚持出版到1930年8月,党中央决定《上海报》同党的机关报《红旗》合并为《红旗日报》,由李求实主编《红旗日报》的副刊《实话》。在编《上海报》期间,李求实常常自己写社论、采访、写稿子、拍照片,同时还协助全国总工会创办了《工人日报》。

《上海报》能在敌人眼皮下存在了一年多的时间,一个很重要的原因是明确提出与工人运动相结合的方针,在工人中建立通讯网和发行网,在工人中发展通讯员,因此报纸可以迅速反映工人的斗争情况。为了更好地组织、培训工农通讯员,编辑部派出干部负责和各区的通讯员联系。如吴华梓(即吴化之)负责联系沪东,王明曾一度联系沪中区。李求实经常和工农通讯员一起到斗争的第一线,到罢工现场,和工人一起游行。他一边参加示威,一边采访,在队伍中跑前跑后。当时租界的英国人雇佣的印度人巡捕,长得又高又大,十分凶狠,骑着高头大马,挥舞皮鞭,驱散游行队伍,曾一鞭子抽到李求实背上。李求实当时竟没有发觉,回到家里才发觉尺把长的鞭痕,有感而发,马上写了一篇报道《一条鞭痕》。李求实深入现场的文章写得十分生动,内容丰富,很吸引人。①

《上海报》植根于群众之中,及时、迅速地反映工人的斗争情况,并能够及时地揭露改组派、取消派的欺骗宣传及黄色工会的阴谋。当商务印书馆的工人群起驱逐霸占人妻的王昌源——国民党第六区党部常委——的斗争时,《上海报》"如同一座号炮,报上一登,就像炮响一样,震动了全厂工人和王械斗,和公安局警长肉搏"。②

联系工农通讯员,这也是左联的一项重要工作内容。李求实为此做了大量的工作。他和柔石、胡也频都是左联工农兵通讯员委员会的成员,他对作家马宁说:写工农通讯是很重要的革命工作,每个作家应该深入工农群众中去,熟悉他们的生活,他们的希望,他们的爱情。每个作家会写工农所关心的问题,写他们爱读、读得懂的文章,绝不是一件容易的事但却是个基础。有了这个基础,上天可摘星星,下海能捉大鲸,便可以达到"笔若游龙,无施不可"的地步。

李求实虽身在上海,但是重视苏区根据地的斗争,重视报道苏区的斗争。马宁曾写过关于闽西苏区情况的报道,登在《红旗报》上,还未写完,就病了。李求实在报纸的夹缝登出启事,要求作者继续写完。他从冯铿那里得知马宁的地址,马上登门拜访,并请马宁参加法南区的工农通讯小组。

李求实给马宁留下终生难忘的印象,事隔50年后,马宁在《左联五烈士别记》一文中写道:

> 李求实给我留下的第一印象是他从不随便讲话,但他的话一出口,却有分量。他像个金石匠,惯于把他讲的话,凿在听者的心扉上。这就叫我敬而爱之。
>
> 李求实风度像个长者,口气很坚定,可也没有丝毫使人感觉到他是装腔作势吓人的,听了他的话叫你耳朵发热,心里痒。看他外表真像一位农村小学教师。跟他说话,也就不很拘束。

---

① 1979年访问罗章龙记录。

② 1978年访问吴化之记录。

而李求实讲完话,却总要等你的反应。

我的性格是有话必讲,讲必尽兴,然而李求实一点没有厌烦的意思。

李求实是"左联"队伍中的优秀一员。他和柔石、胡也频、白莽、冯铿五位作家的牺牲,是用血书写了文化反"围剿"斗争的第一页。

反王明上台

由于中共第六次代表大会制定了正确的方针、政策,会后各地党组织都有所恢复和发展,到 1930 年初,农村根据地达十几个之多,红军已逾 10 万。这时党内一些同志又开始过于乐观估计形势,过高地估计红军和苏区的力量,认为革命高潮可以迅速到来,要求红军攻打大中城市,要求白区的党组织大暴动,以争取红色政权在一省数省的胜利。特别是 3 月周恩来离开上海到莫斯科向共产国际汇报后,以李立三为首的"左"倾机会主义的错误迅速在党内占了统治地位。

李求实和恽代英、林育南、吴华梓等一直保持密切联系,经常在一起讨论形势、研究工作。对于 1930 年初党内出现的"左"的倾向、"左"的做法不满意,对这种状况感到忧虑。恽代英直言向李立三提出意见。李立三将他从中宣部秘书的职务调到沪东工人区工作。恽代英是深度近视,根本不适于到工人区做基层工作,5 月 6 日,恽代英到工厂门口等工人下班后召集党员会议,他没有看见敌人正在"抄把子"而被捕。消息传来,李求实十分愤慨,认为立三对此事有不可推卸的责任。

李求实经历过"二七罢工"、安源斗争,大革命的风暴和革命失败后的秘密工作,他深刻地认识到大革命失败后,革命处于低潮。1927 年 8 月他给在上海创办的刊物取名为《飞沙》,即取风暴来临前的飞沙之意。他认为革命高潮来临之前,我党应利用合法的形式进行斗争,积蓄力量。但是此时,这种正确的主张却被错误路线的领导扣上右倾的帽子,在党内受到压制。1930 年 8 月在江苏省工作的何孟雄也向李立三提出意见,被扣上"取消派暗探"的帽子,在省委受到批判。

五六月间中共中央在上海秘密召集了苏维埃区域代表大会,成立苏维埃代表大会准备委员会(简称苏准会),林育南担任苏准会秘书长,李求实任苏准会上海办事处负责人。他们为后来于 1931 年 11 月 7 日在瑞金召开的第一次苏维埃代表大会做了不少准备工作,特别是参与《选举工作暂行条例》《宪法大纲草案》等文件的起草。

随着立三错误路线的发展及贯彻,党内反对这个错误路线的人也越来越多,在上海集中在全总、江苏省委、苏准会等单位。苏准会成为反对立三路线的一个重要阵地。苏准会是为筹备苏维埃代表大会而成立的,在中国共产党的领导之下,由工会、青年团、文化等众多的团体组成,也有地方党组织的代表参加,如江苏省委代表。李求实不仅是团中央的代表,而且是文化方面的代表,他经常和柔石、胡也频、冯铿等作家联系,在一起开会。由于李求实担任苏准会上海办事处的负责人,负责各方面的同志联系,因而了解大量情况。他深知立三路线在实际工作中造成的危害,以及基层同志的不满情绪。他和林育南、何孟雄经常在一起研党的路线、方针、政策,商量如何制止立三路线,以减少损失。①

8 月下旬周恩来、瞿秋白先后从苏联回国。回国第一件事就是纠正李立三的错误,很快在实际工作中停止了执行立三路线。在三中全会又进一步批判了立三路线,并决定李立三离开中央。但是三中全会并没有指出李立三是犯了路线性的错误,另外,不但没有为何孟雄平反,反而继续指责他是取消派的暗探。李求实和苏准会的同志对此很有意见。

党内出现不同的意见是正常的,可以通过交换意见妥善解决。可是共产国际 10 月来信指责三中全会犯了调和主义的错误,实际上是指责周恩来、瞿秋白等中央同志。中央按照共产国际的口径承认犯了调和主义的错误,共产国际东方部部长米夫让王盛荣等人回国抢先向王明等人传达了这封来信内容。王明等人因此有恃无恐,借机大闹特闹,反对中央并想取而代之。他们破坏了党内的团结,造成混乱局面,使中央无法正常工作。李求实和很多同志要求召开像"八七会议"一样的紧急会议,以结束党内这种动荡、混乱的局面。中央采纳了他们的意见,并发了文件要各地准备召开紧急会议。吴华梓时任北方局秘书长,已遵照文件在天津、北京成立紧急会议筹备会。

中央召开紧急会议的准备工作正在进行中,米夫从苏联赶到上海。他以领导自居(当时中国共产党是共产国际下属的一个支部),马上推翻中央

① 《李求实传记》,载于 1931 年 4 月 25 日《前哨·文学导报》。

的成议，决定不召开紧急会议。因为开紧急会议，那些有斗争经验、有威信的同志必然被推选参加会议。而王明这些没有斗争经验、在党内威信不高的人必然选不上，不能出席。米夫不从中国共产党的全局利益出发，一味地支持王明这些从莫斯科学习回来的青年人，使党内形势日益复杂，日益恶化。王明这个人本来就有野心，自视甚高，以为熟读了马列著作，就是彻底的马列主义者，看不起在国内坚持斗争的同志，认为他们没有理论。他对中国的情况一无所知，只知生搬硬套空洞的理论和革命的辞藻，而不知道马列主义的精髓是实事求是。米夫来到上海后，王明认为夺权的机会已到来了，大肆活动，写《为中共更加布尔什维克化而斗争》的小册子，在党内散布比立三路线更"左"、更系统、更理论化的错误的东西。这些不正常的做法更加引起党内一批老同志的不满，李求实就是其中一个。

李求实深知王明其人。1925年王明从武汉到苏联学习，才刚刚入团。本来组织上并没有选派他去，他就扬言威胁，如不让我去，谁也别想去成。1929年回国后，安排他到基层。他害怕白色恐怖，要求在中央机关工作。1930年春，王明在中宣部工作时，由于路遇"抄把子"偶然被捕，他马上把中宣部一个机关的地址开给了巡捕，请他送信。巡捕撞进机关正好碰上李求实，李求实沉着应付，不露声色，给了巡捕几块钱将他打发走了。李求实说："王明这个人靠不住，马上搬家。"急忙通知王明知道的所有机关立即在一天内搬家。事后，中央为此给过王明一个处分。最后是由国际代表出钱将王明赎出来的。王明平时讲起话来慷慨激昂，滔滔不绝，而到紧急关头就惊慌失措，只顾自己，忘了一切。

李求实知道1930年7月王明和李立三发生过一场争论。这场争论的结局是李立三处分了王明等四人。现在这件事则成了王明的一个政治资本。但是李求实知道争论内容，深知王明反对李立三并不是从中国实际情况出发，而是从书本出发，是从名词概念出发。王明是米夫得意的门生，平素他就常到棋盘街的一个书店同共产国际保持经常的、特殊的联系，在党内自成体系。如果他上台后，只会更加俯首帖耳听米夫的，而将中国共产党、中国民族的利益放在第二位，放在次要的位置。他如果担任党的领导，会把党引向何方？！

在米夫到上海之前，王明自知自己资历浅，在党内没有什么群众基础，想联合李求实、何孟雄、林育南这批对立三路线有意见的资深干部，借助他们的力量，达到自己的目的。但是这些参加过五四运动，早有十几年党龄的老同志深知王明其人,拒绝了他。这样一来,这批干部成为王明上台的主要障碍。米夫到上海后,他以共产国际身份全力支持王明。这时不少同志为了顾全大局,迫于压力而承认错误,接受共产国际东方部的决定。12月26日中共中央发布《中央紧急通知(中央通告第96号)——为坚决执行国际路线反对立三路线与调和主义号召全党》,通知承认接到共产国际10月来信之后,中央"还是保持着调和主义的态度",决定以新的政治决议来代替三中全会的一切决议,并提出"为要保障国际路线与反立三路线之绝不调和的彻底的执行,党内应实行改造"。可是李求实等人仍不愿屈从,因而成为米夫、王明第一批打击、排斥的对象。12月,王明担任江南省委书记,就攻击李求实、何孟雄、林育南等是"右倾"、"极端民主化"、"无原则纠纷"、"违反国际路线的"、"取消派的暗探"等等。这种无端的指责,不容人申辩的恶劣做法,只会激化党内斗争,使党内局面更加复杂,更加混乱。

李求实、林育南、冯铿、彭砚耕、胡毓秀、李星月、李林贞、黄秀珍(宫琪),苏准会办事处工作人员于1月7日召开会议。首先讨论了中央96号、97号通告,然后通过了一个决议案。决议案明确指出:"我们认为立三路线的历史根源是八七会议以前的右倾机会主义和八七会议后的左倾盲动主义,而出发点是'左倾'。"李求实等认为在"八七会议"中央犯的错误是"左倾",而不是右倾,这是基于他们对中国国情的了解,对革命形势的分析和对中国革命道路的认识而提出的。这个提法和王明的看法是截然不同的。这在"左"倾机会主义在党内占统治地位的情况下,要有多么大的勇气和胆识。现在我们翻阅当时的文件,就有不少反对立三路线的同志囿于历史的局限,受当时"左"的气氛的感染,虽然不满立三盲动主义的做法,也不能、也不敢指出李立三是犯了"左"的错,而认为"立三主义客观上是一种对于革命取消的理论"[①]。相比之下,李求实、林育南这些人的认识是深刻、难能可贵的。

李求实和苏准会的同志是将革命利益放在第一位,在决议中用大量篇幅向党中央提出许多具体的建议,他们认为:中央这两个通告,"第一,对二七运动的布置仍是如过去布置八一、九七、广暴等运动一样,以二七示威和罢工为一切工作的总目标,精神上是为二七示威和罢工而来发动和布置一切工作,这样必然和立三路线时代一样。只注意某一纪念日的罢工和示威,而不注意党内和群众组织一切经常的而有恒的艰苦工作"。"第二,通告

---

① 1931年1月1日全总党团决议。

上虽然批评立三路线时代政治口号与日常的要求口号的联系是机械的联系,仍是空洞的指出,在实际工作中如何转变没有指出和说明"。"第三,对于苏维埃运动完全是忽视的态度"。尤其是定1931年"二七"开苏维埃代表大会事实上绝对办不到的。和中央苏区交通尚未打通,而且又正当敌人围攻红军和苏区。第四,通告上完全没有谈到苏区的工作。从这个决议案中可以看出李求实注意经常的艰苦的群众工作,注意农村根据地的斗争。他反对形式主义的集会、示威,反对不顾力量对比要党员、革命群众去做无谓牺牲的盲动。他是从中国实际出发的。现在读来,这些意见的正确性不是更加清楚了吗?!

决议案说:"我们要严厉地指出中央和江南省委负责同志陈绍禹(即王明)等对最近下级党部反立三路线、调和主义的开始发动,抱着恐惧的态度,甚至有意或无意地造谣污蔑。"决议案点出王明的名字,更加证明李求实、林育南在这场斗争中态度是很明确的,不仅仅是反对立三路线,而且也是反对王明路线的。决议案上交到中央,并请中央转送国际远东局。

要指出的是,决议案也受到党内混乱局面的影响和共产国际对中央看法的影响,要求撤销执行了立三路线、调和路线的中央领导同志的职务,提出一些过激的要求。决议案认为"死守着机械的组织观念(党员绝对服从党的领导机关)是不正确的,尤其是目前党内所发生两条根本不同的路线的斗争的时候,这种机械的组织观念可是非常有害的"。到底如何进行党内斗争,特别是在错误路线占上风时、占统治地位时,求实认为"死守着机械的组织观念是不正确的",这种看法值得商榷。1943年在延安,毛泽东总结这段历史时曾讲过要适可而止。刘少奇认为斗争要注意合法。也就是说作为一个共产党员维护党的团结是大局,在政治上可以保留自己的意见,而在组织上还应服从。每个共产党员都会遇到党内斗争,如何进行党内斗争不仅仅是理论问题,而且是现实问题。

同时,李求实给顺直省委秘书长吴华梓写信,指出王明是挂羊头卖狗肉。

1月7日,四中全会在上海召开。米夫不顾党内反对意见,让王明这些非中央委员不但参加会议而且有选举权,而且有意不通知不同意见的中央委员参加。在王明等参加投票的情况下,王明当选为政治局委员,从此开始了四年之久的王明路线在党中央的统治。

四中全会的做法和结局无异如一把火扔在干柴堆上,党内的一批老同志对王明这些进入中央的新成员是不信任的,认为他们没有做过什么工作,又没有受过革命斗争的锻炼;另外对四中全会没有讨论立三路线问题和具体工作等问题也很不满意①。为了平息党内不同意见,国际代表(德国人)召集了在上海反对四中全会的干部会议,李求实和陈郁、林育南等苏准会、全总、江苏各单位二三十人参加。会议在一幢花园楼房中召开,有严密的保卫。可是事与愿违,由于国际代表没有讲出多少道理,反而大讲反对四中全会就是反党行动。这种严厉的批评、威胁,对于在敌人的刺刀下坚持斗争的同志来讲,只会增加大家的反感和不满。会议争论了两天,没有任何结果。国际代表恼羞成怒,令保卫人员把住大门,不许外出。这种做法引起到会同志极大愤慨,大家齐心协力夺门而出。

由于过度的思虑,李求实神经衰弱日益严重。1931年1月中旬,他送妻子秦怡君回杭州家中生孩子,父亲见他消瘦,气色不好,劝他在家中多住几日。在南京教育部做事的表兄戴应观也趁机相劝,表示可以推荐他到大学当教授,但都被他一一拒绝了。

他一心惦记着党的事业,想在党内危急的时候多做些工作,挽救时局。他只在家里住了一夜,就匆匆赶回上海。

18日清晨,他来到愚园路庆云里15号,这里是苏准会的机关。林育南夫妇、李平心夫妇住在这里。林育南的夫人李林贞、李平心夫人胡毓秀一见李求实进来,就走上前,急切地告诉他林育南昨天到东方旅社开会,一夜未归。李求实一听此事,心急如焚,因为他知道这是苏准会的一个秘密接头点。事关重大,他不顾大家阻拦,赶到东方旅社②。

敌人早在前一天已下了毒手,抓走了13个同志,并派人在屋内等候。李求实赶到东方旅社,见马路上没有可疑情况,旅社内依然如故,便在走廊里徘徊片刻,平静地伸手拧开31号房间。推门一看,空无一人,顿觉事情严重,马上退身出来,可是已经来不及了,即遭逮捕。

19日上午李求实等被捕的同志一起被解到北浙江路江苏高等法院第二分院刑庭。李求实从容不迫回答法官的问话。

"姓名?""李伟森。""年龄?""28岁。""籍贯?""湖北。""职业?""译员。"

---

① 陈郁在延安整风的小结。
② 1980年胡毓秀致李海文信。

"地址?""没有。"求实绝不能出卖组织,他拒不回答地址①。

他解释说:"我17日来沪,预备到北新书局拿稿费,因为书局欠我有一百多元稿费,现在我女人快生产了,所以来取。18日早上,因为时间太早,书局没有开门,就到新东方旅社31号找同事同学李长寿君,一看名字不对,隔壁有人来问我,就把我捉住了。北新书局写信给我,叫我来拿稿费的,我13号收到信。信没有带在身上。"

李求实的回答没有破绽,从他的身上只搜出钞票38元、大洋1元、眼镜1副、皮夹1只、铜表1只、刀1把、匙8个、香烟1盒,也没有任何可疑的东西。敌人早已接到密报,17日、18日共产党有重要会议。这次审讯只不过走形式,判决书早已拟定好了,法官高声宣读:"被告等犯共产党之嫌疑及疑与共产党有关系,华界公安局请求上海特区法院将伊等移交,谕知准予移提。"李求实和同志们一起高声抗议。但是法官不容分说将李求实等17位同志押往上海市敌公安局。

[附记]笔者于1978年3月调入中央党校党史教研室后,利用工作之余,开始收集李求实的遗作,并着手写他的传记。采访了吴化之、陈修良、罗章龙、李求实的妹妹李国禹、夏衍、丁玲、胡毓秀、丁景唐、李求实的儿子李齐泰。经过十余年的努力,在中共湖北省委党史资料征集编研委员会和湖北党史人物研究会的鼎力支持下,1991年《李求实文集》终于在中国文史出版社出版。此文选自该文集附录《李求实传》的最后两部分,1998年12月曾发表于《中共党史资料》第76辑。

---

① 1931年法院开庭记录。

东方旅社事件与李求实等人的被捕牺牲

　　东方旅社坐落在上海汉口路、浙江路的西南隅,1931 年李求实等左联五烈士在此被捕时,门牌是三马路 222 号,现在是汉口路 613 号。它是上海一家中等规模的西式旅社,建于 1923 年,有 110 间房间,西式设备,并有大厅,颇为新潮,当时在此住的旅客不少,生意兴隆。

　　1931 年 1 月 17 日,上海国民党反动派突然包围东方旅社,逮捕了 31 号房间里开秘密会议的共产党员。接着又在中山旅社、华德路小学等地,四天之内先后逮捕了 36 名共产党员。大革命失败后,国民党反动派屠杀了成千上万的共产党员和革命群众,可是一下子抓住这么多还是第一次,立即将此列为重要案件,从速审理。2 月 7 日夜,在龙华监狱的刑场上,其中的 23 名共产党员就被秘密地集体枪杀了。这 23 名烈士中,李求实、柔石、殷夫、胡也频、冯铿等五人是"左联"的成员,鲁迅先生曾因此疾笔写下悲愤的文字:"要牢记中国无产阶级革命文学的历史的第一页,是同志的鲜血所记录。"[①]"我又沉重的感到我失掉了很好的朋友,中国失掉了很好的青年……但我知道,即使不是我,将来总会有记起他们再说他们时候的。……"[②]鲁迅的纪念文章,使"左联"五烈士的业绩永垂青史,万人传颂。可当时鲁迅未必了解这殉难的 23 位烈士,是中国共产党的一批重要干部,他们的牺牲是我党的很大损失。今天,我有机会接触到一些第一手材料,了解到历史上发生的这次悲壮而又惨痛的事件,现将李求实等 23 位烈士被捕和牺牲的情况记叙如下,以为纪念,又以为研究。

不幸被捕

　　1931 年 1 月 7 日,六届四中全会召开,这次全会,是在共产国际东方部

---

　　① 《鲁迅全集》第 4 卷,第 283 页,人民文学出版社,1957 年。
　　② 《鲁迅全集》第 5 卷,第 488 页,人民文学出版社,1957 年。

副部长米夫的一手主持下突然召开的,会前对不少参加者秘而不宣,以致很多人以为是召开紧急会议,到宣布开会时才知是开四中全会。所以会议一开始,就为应召开紧急会议,还是召开四中全会发生争执。

出席会议的成员是经过米夫、王明精心挑选的,中央委员22人,非中央委员15人,共产国际代表2人(米夫未到会)。六大中央候补委员、东北代表唐宏经按通知赶到上海,住在四马路的旅馆里,只因他持反对"左"倾机会主义态度,一连等了四五天无人来接头,没能参加会议。非中央委员除何孟雄等外,大部分是意见和王明相同的人,他们不是中央委员,却参加了表决。在这种情况下,以一票之差,通过了四中全会的决议,王明当选为中央委员、中央政治局委员,夺取了党中央领导权。王明在会上散发了《两条路线斗争》的小册子(1940年再版时改名为《为中共更加布尔什维克化而斗争》),提出了一条新的"左"倾路线。1月8日林育南到中央委员、苏维埃中央准备委员会办事处(简称"苏准会")常委张金保家里,打听四中全会的情况,一针见血地指出:"王明这些人不是中央委员,他们有什么权力参加表决!"张金保这才恍然大悟,可已无法挽回了。[①]

这次会议接受了新的"左"倾路线,使王明在中央领导机关内取得胜利。王明路线的上台,遭到党内许多同志的反对,当时反对最厉害的是:全国总工会党团、江苏省委以何孟雄为首的部分同志、"苏准会"以林育南、李求实为首的同志。

1月17日,上海的各级党组织为贯彻六届四中全会精神,分头秘密开会。中央政治局的同志和共产国际的代表出席了全国总工会党团会议,试图说服全总党团改弦易辙,支持四中全会,结果,他们的努力落空了;沪东区华德路小学支部召开支部大会,作出了反对四中全会的决议,上边派下来参加会议的区委干部宣布解散支部大会,引起更激烈的争论;江苏省委召开常委会,传达四中全会文件,会上有人拥护,有人反对……也许是巧合,这些在上午召开的有拥护四中全会的人出席的会议,均未遭到破坏。

这天到了中午,上海市敌公安局从国民党市党部得到情报:17日、18日,共产党召开重要会议,地点:东方旅社31号房间,中山旅社6号房间……1点40分,敌公安局派人到公共租界的工部局请求协助,共同行动。帝国主义和国民党沆瀣一气,开始大搜捕。警车出动了,迅速包围地处租界

---

① 1979年访问张金保记录。

的东方旅社,特务、军警、西捕直扑31号房间,逮捕了李云卿、林育南、苏铁、柔石、冯铿、殷夫、胡也频、刘后春(即彭砚耕)8位同志。敌人立即把这8人押上警车,撤销了包围,并且留下特务"蹲坑",等候再抓来人。

柔石和胡也频是"左联"的执委,上午出席了执委会,会后柔石和冯铿去东方旅社。东方旅社是1930年5月开苏维埃区域第一次代表大会时为文艺界代表租用的。柔石参加了这次大会,冯铿是大会的工作人员,她后来同林育南、李求实一起对四中全会提了意见。在新新商店(现第一食品店)门口,他们碰到正准备去买东西的胡也频,冯铿邀请胡也频同行,胡欣然同意。胡也频于1930年11月入党,同时被文艺界选为赴中央苏区出席全国苏维埃代表大会代表。因蒋介石发动对中央苏区第一次"围剿",交通断绝,未能成行。胡也频因此每隔一周,总要到东方旅社去打听行期。他当时对党内争论还不太清楚,只是一心一意想去苏区。① 他们三人到31号房间,同林育南谈了一会儿话,便被突然冲进来的特务逮捕了。

敌人从东方旅社出来,直奔天津路中山旅社,在6号房间逮捕了阿刚、蔡伯真、欧阳立安、伍仲文四同志。把人押走后,也撤销包围,恢复平静,派人"蹲坑"守候。

下午三四点钟,孙玉法(孙玉华)和王青士两人回到东方旅社。孙玉法从外地来沪,住东方旅社18号房间。上午他到闸北区去找王青士,不知道中午捕人的事。两人推开31号房间的门,见没有人,又听见隔壁房间有异样的声音,知道不好刚转身,去路已被特务堵住,他们被捕了。

龙大道接到开会通知,从杭州赶到上海。正在先施公司(现上海服装商店)后面找中山旅社,不想黄理文从中山旅社出来。他俩从"四一二事件"之后一直未见面,此次相逢真是喜出望外。谈笑间,巡捕来了,恶声问道:"是不是从6号房间出来的?"不容分辩,将两人带走了。原来,黄理文到中山旅社开会(里面秘密设有江苏省委的一个机关),找不到人。茶房一听找6号房间的人,神色顿时紧张起来,表面却假意倒水让座。黄理文感到不对劲,加之不见人来,马上起身走出旅社,没想到这时特务已盯上了他。②

傍晚,何孟雄来到中山旅社,他长期做地下工作,富有经验,先去敲7号房间的门,狡猾的特务早已得到情报,将他骗到6号房间内逮捕。

① 1979年和曹仲彬访问丁玲记录。
② 黄理文于解放初期写的材料(存中央组织部)。

晚 11 时 30 分,敌人悄悄地包围了华德路鸿运坊 152 号,从房间里搜出"左联"的文件,逮捕了房主汤士德和他的爱人王孙氏(化名),敌人从检查的物品中发现一封信,按信上的地址逮捕了费达夫和王小妹。

18 日凌晨 1 时,敌人彻夜搜捕,在昆明路逮捕了汤士德的哥哥汤士伦。

18 日一早,李求实从上海静安寺延年坊家中出来,到愚园路庆云里 15 号。这是单开间的三层小楼,楼下布置成客厅,二楼是林育南、李林贞夫妇的住房,三楼是"苏准会"秘书李圣悦、胡毓秀夫妇的住房,这是我党"苏准会"办事处,李林贞和胡毓秀以主妇的身份看守机关,李林贞担任交通,胡毓秀负责采买,"苏准会"秘书彭砚耕住在外面,每天到此工作,李求实经常来这儿开会。李求实一进门,李林贞、胡毓秀就围了上来。李林贞彻夜未眠,坐立不安,她告诉李求实,林育南一夜未归,彭砚耕今天也没来,可能出事了。李求实问他们开会的地点是新东方旅社,还是旧东方旅社,李林贞只知道是 31 号房间,很想去找找看。李求实拦住她说:"我去。"大家都认为危险,主张再等等看。李求实为同志们的安全担心,执意要去。①

李求实先到五马路的新东方旅社(现西藏路 80 号),他警觉地四周望望,然后推开 31 号房间,见没有人,平安地退了出来。他又赶到三马路(汉口路)旧东方旅社(现上海工人文化宫),见马路上没有可疑的情况,旅社内依然如故,便在走廊里徘徊片刻,伸手平静地拧开 31 号房门,见里面仍然没有人,心中诧异,顿觉事情严重,马上退出身来,可是已经走不出去,他也被捕了。②

18 日下午,敌公安局又从国民党市党部得到可靠情报——华德路小学共产党正在开会。他们马上搜查了华德路小学,没有发现开会的迹象,无可奈何,只得抓走了贺治平、王佩云夫妇和刘桂贞,逮捕了进来的王和鼎。2 月 16 日因证据不足将王佩云和刘桂贞释放。

夜 11 点,敌人在武昌路 650 号逮捕了陈铁如,他是我党领导的外围组织互济会的干部。至此,敌人已逮捕了 26 人,他们的疯狂搜捕仍在进行。

谁是叛徒

18 日,李求实被押到老闸捕房的拘留所,见林育南、李云卿、冯铿、彭砚

---

① 1980 年 2 月,胡毓秀致李海文的回信。
② 1931 年 1 月 19 日江苏高等法院第二分院刑庭审讯记录。

耕都在这里。他们相互询问和研究了被捕的经过,都感到自己的言行没有什么破绽,何以招致这样的逮捕呢,一时摸不清问题出在什么地方。为了不暴露身份,每人编了一套口供,然后想办法向外面传递消息,托人找律师,以便通过特区法院争取尽快结案开释。

19日上午,林育南、李求实、柔石、冯铿、殷夫、胡也频、李云卿、刘后春(彭砚耕)、王青士、孙玉法被押到江苏高等法院第二分院刑庭。不一会儿,何孟雄、阿刚、蔡伯真、伍仲文、欧阳立安、龙大道及黄理文也解来了。大家不由心里一惊,怎么一下子这么多同志被捕,而且大部分是给四中全会提意见的同志,感到蹊跷。

开庭了,旁听席只坐着林淡秋等几个人。首先由工部局的律师甘镜光报告逮捕过程,大家才知道是敌公安局请求逮捕的,如果由捕房引渡到公安局,两三年内是不会释放的。

西探福特报告:在东方旅社搜出共产党文件,从第三个被告(即林育南)身上搜出一包重要的东西。在中山旅社第十一个被告(即阿刚)身上搜出几张纸头。

华探报告:东方旅社的房间是李云卿开的,中山旅社的房间是王君明开的。王君明的下落还未查到。

敌公安侦缉员抢着补充说明:本案是市党部报的,17日、18日共产党有重要会议。

法庭上一阵骚动,敌人提供的情况,使同志们感到问题严重:毫无疑问出了叛徒。

法官按老闸捕房送案单的顺序依次审讯被捕的同志,大家按事先编好的口供对答如流。可是,这次审判只不过是一种形式,判决书早已拟定,法庭对律师的辩护全然不顾,审讯长宋源宣读审判结果:"被告等于民国二十年一月十七日下午一点四十分时,串通在汉口路111号东方旅社31号房间内秘密会议,意图以非法之方法颠覆政府,犯刑律第一、三条。被告等再于民国二十年一月十七日下午一点四十分,在同上地点,宣传违背三民主义及反革命之意义,犯禁止反革命暂行条例第六条。被告等犯共产党之嫌疑及疑与共产党有关系,华界公安局当局请求上海特区法院将伊等移交。谕知准予移提,搜获文件等交公安局来员带去。"同志们听到案子要移交敌公安局,立刻大哗,一起举起拳头抗议:"租界的案子应由租界处理!""我们不服从判决!""我们没有罪!"但不容分辩这17位同志还是被押往上海市敌公安局。

这时,外边搜捕仍在进行,19日敌人搜查了华通书店,逮捕了郑襄阁。20日早晨,江苏省委宣传部秘书李宜兹(即李初梨)赶到沪东区委书记罗铁成家里,向他传达江苏省委的精神,不知机关已被破坏,进去后被包打听逮捕。敌人搜查了何孟雄的家,逮捕了何的妻子、妻妹和两个孩子,并抓走了前来联系工作的张诗人。敌人又逮捕了从南京刚到上海的南京市委书记恽雨棠、李文夫妇。这样费达夫、王小妹、汤士德、王孙氏、汤士伦、陈铁如、贺治平、王和鼎等15人,加上林育南、李求实、何孟雄等17人,共32人,一起被关押在敌公安局。在他们解来之前,拘留所里已有柯仲平等4人,是属于另一个案子的。敌人给每个人照了相。①

20日下午开始提审,敌公安局审讯员问话时,不时地看着案头的照片,又翻过去看看背面写着的名字,准确地说出了一些同志的真实姓名和化名。看来敌人掌握了一部分情况,并对这次审讯做了充分的准备。

汤士伦从敌人的审讯室回到牢房,往床上一坐,气愤地说:"完了!"大家围上去,汤士伦站起来,他穿的长衫,两个袖子夺拉下来把手遮住了。他环视一下,问大家:"你们谁注意过我的手?"不等大家回答,他又说:"我一上堂,他们什么也不问,让我把手伸出来。"说着他伸出手来,大家才看到他一个手指少了半截。"我失去这个手指有个故事,在前线和敌人打仗负的伤,到上海后我只告诉过一个人,他就是《红旗报》的记者。"②

恽雨棠的被捕更使大家震惊,他刚从南京到上海,在住地就被捕了。何孟雄十分生疑,因为恽的住址开始只有他一人知道,后来因工作需要,他只告诉过一个《红旗报》的记者,叫唐虞。

恽雨棠夫妇和汤士伦的被捕都与《红旗报》记者有关,唐虞因此有重大叛变嫌疑,需要赶快通知外面的党组织,进行调查,采取措施,防止敌人继续破坏。

但是,仅仅一个唐虞很难把敌人这次突然大规模的准确搜捕完全解释清楚。因为,党的秘密工作原则规定严格,系统与系统之间,支部与支部之间绝不能有横的关系,是上下级单线联系。这样一旦出现叛徒,便可以把破坏限制在最小的范围内。林育南、何孟雄等三十几人,分属几个不同的组织系统,他们同时被捕只能说明在上层领导中出了问题。1980年10月31日

---

① ② 1979年访问李初梨记录。

中共中央开除康生的党籍,在决定材料中提到东方旅社大逮捕事件。由于年代久远,也没有确凿的材料证明到底谁是叛徒。笔者对一部分当事人做了调查访问,认为这次大逮捕和当时的党内斗争有密切联系。1931年1月17日,上海国民党市党部、上海公共租界工部局分别接到相同的匿名电话,报告共产党要在东方旅社开会的消息。敌人研究了情报,遂决定进行大搜捕。当时工部局内潜伏有我党中央特科的地下人员,得到情报后,立即通知了组织。可是,王明这时已酝酿将何孟雄等激烈反对四中全会的同志开除出党。王明知道,林育南、何孟雄开会是研究反对四中全会的,王明早已视他们为反对中央、分裂党的右派和敌人。结果,林育南等人没有得到敌人即将进行搜捕的通知,他们全部被捕了。

龙华狱中

1月23日上午,敌公安局戒备森严,如临大敌。门楼上架起两挺机关枪对着院内。士兵们荷枪实弹押着36位同志,其中29名男同志,7名女同志,何孟雄身边还有两个孩子。这36人都是共产党员,他们昂首挺胸,大义凛然地上了警车。车门一关,警车发动了,突然响起了刺耳的军号声,年轻的同志以为要枪决了,高呼口号,但马上被其他同志制止住:"慌什么,到刑场再喊也不迟。"

警车风驰电掣从南市开进龙华警备司令部,车停在院子里一个多小时,却不见动静。原来,南京的命令是立即全部枪毙。可是由于我党领导的互济会买通了警备司令熊式辉的小老婆。当敌人请示熊式辉何时执行时,他的小老婆说:总得审一审吧。于是,熊式辉下令把36名同志押进牢房。

36名同志分成两组钉镣,直到傍晚才钉完。李文、伍仲文、冯铿等7名女同志押到女牢,29名男同志分别关在川字形的三个弄堂。何孟雄、胡也频、柔石、柯仲平等人关在第一个弄堂,汤士伦、费达夫、李宜兹(即李初梨)、陈铁如、张诗人、郑襄阁(陈迪威)和黄理文关在第三个弄堂。大家做了长期坐牢的准备,柔石抓紧时间向殷夫学习德文,胡也频积极收集材料,准备写小说。何孟雄住的左方最末尾的一间号子成了辩论的场所,大家热烈地讨论理论问题。

林育南、李求实不知道他们被捕后几天,王明停止了"苏准会"工作人员的组织关系。监狱支部不了解四中全会的情况,接到外边的指示后,拒绝和林育南、李求实等人编在一起过组织生活。这些误解没有动摇林育南、李求实等人对党的信念,他们仍把全部爱倾注给党,相信真理一定会胜利,并在生命的最后时刻里,还行使共产党员的权利和义务,和何孟雄一起给党中央写信,再次申述意见,交给互济会的同志递上去。

2月,敌人又开始提审。这次审问排场很大,有南京方面来的人参加。敌人怀疑李求实是瞿秋白,被李求实几句冷嘲热讽弄得无言以对。敌人故意问何孟雄:"你死后,共产党会给你什么处分?"想借以判断他对党的态度,挑拨他和党的关系,何孟雄厉声严斥了反动派的无耻。

欧阳立安在审讯结束转身走时,听见审讯官连说:"可惜,可惜。"他知道自己必死无疑。2月3、4日互济会干部黄浩通过关系给他们送来了钱和日用品。大家讨论如何用这笔钱,有人说添些衣服过冬,有人主张存起来,以备不时之需。欧阳立安说:我们是有今天没明天的人,不如用这些钱吃一顿饭,唱国际歌也有精神。胡也频建议让大家理理发,死后拍照片还威武些。

李求实、林育南又被单独提审,敌人对李求实再一次利诱劝降,李求实正气凛然地痛骂敌人:"禽兽! 闭住你们的臭嘴! 共产党员都是千锤百炼用纯钢打成的人。这样的人,你们永远杀不完。我们的良心和灵魂,永远属于我们的党。你们应当知道,中国人民你们杀不尽斩不绝,全世界共产党人你们更是无法斩尽杀绝的。你们要当心的,倒是你们这些禽兽的末日快要来了,你们受民众审判的日子越来越近了。"这是当时中共中央军委特科工作人员李超时从当时敌人刑讯笔录中摘录的一段话。

李求实知道死期临近,他没有想自己刚刚两岁的儿子,怀孕的妻子和年迈的父亲。在最后的时刻,他仍关心党的事业,和关在一条弄堂的林育南、何孟雄、龙大道、罗石冰等同志讨论党内问题,给中央写信,申述意见。

慷慨就义

2月7日晚收封时,看守长亲自带人点名。用电筒在每间号子的床下照照,点完一间号子便锁上一间。这样的收封是从来没有过的。大家预感到要出事了,不再讲话,也不能再睡下去。不过半点钟,看守长拿着尺把长的电筒,看着名单点名,指挥看守提人。犯人们都紧张地趴在窗口看,林育南、李求实等被叫出来的人反而很坦然,提着脚镣向前走,和狱中的其他同志点头告别。看守长在他们身后高喊:"恭喜你们今晚解南京,快要开放

123

了。"一个犯人从窗口看见从女牢里押出三个人,刚一到院子马上五花大绑捆起来。"是打靶!"他赶快告诉同号子犯人。在监牢中忌讳说死,打靶就是枪毙。①

大难莫过于死,同志们早已做好牺牲的准备,23人排成一行,气宇轩昂走向刑场,哗哗的铁镣声打破沉寂的黑夜。敌人在小桥旁摆了一张茶几,放着照片,每过一个人和照片对一下。过了小桥,23人排成两行,行刑队的士兵躲在屋子里,枪从窗口伸出来。突然,一阵枪响,第一排的同志没有准备,也来不及喊口号就倒下了。第二排的同志勇敢地走向前,高喊:"中国革命成功万岁!""世界革命成功万岁!"又一阵密集的枪声,不少同志中弹倒下,但是只要还有一口气,仍坚持喊口号。敌人在白天已挖好一人宽长的深坑,执行完毕,他们把烈士的遗体两个一组抛进坑内,填上土,平了坑面。

屠杀的枪声停止了,狱中的空气似乎在凝结,使人透不过气来。难友们沉浸在悲痛之中,烈士们的音容笑貌时时浮到眼前,引起一阵阵剖肝裂胆的痛楚。不敢想任何往事,枯涩的双眼,整夜合不上,一连几天没有人讲话。狱中的强盗犯对我们的同志说:"他们是好人,如果我们能替他们死,该有多好。"②

2月8日,李林贞、张文秋又到龙华要求探监,无论怎样交涉,就是不让进。站岗的士兵悄悄地把她俩拉到墙角说:他们昨天已经执行了。并把掩埋烈士的地方指给她们看。李林贞拿出五元钱答谢他,他流着泪拒绝说:不用了,他们是为我们穷人死的。

23位烈士牺牲了,监狱党支部马上把消息及烈士在狱中的表现报告给组织。我党办的《红旗报》和《海光报》发表了消息。1931年4月25日左联在《前哨·文学导报》第一卷第一期发表宣言,对国民党反动派的这次屠杀进行了无情的揭露,并呼吁国际革命团体的声援。鲁迅先生写文章《中国无产阶级革命文学和前驱的血》以纪念五烈士。中共为23位烈士召开追悼会。周恩来撰文纪念他们,并关心烈士遗属。李求实的妻子秦贻君1月25日得到李求实被捕的消息,拖着怀孕的身体,从杭州赶到龙华,在警备司令部门口等了几天都不让见李求实。秦贻君又气又急,产期早已过了,还未分娩。周恩来、邓颖超知道后,给她送来钱,帮她租了一间房子,平安产下了

---

① 1979年访问刘松林、张文秋。
② 1979年访问吴化之。

女儿。

可是,王明对这些烈士怀恨在心,在他们牺牲后仍写文章点名批判何孟雄等,给这些同志扣上右倾的帽子。直到延安整风,清算了王明路线的错误,在 1945 年 4 月 26 日六届七中全会通过的《关于若干历史问题的决议》上,才对 23 烈士作出公正的评价:"其实,当时的所谓'右派',主要的是六届四中全会宗派主义的'反右倾'斗争的产物。……至于林育南、李求实、何孟雄等二十几个党的重要干部,他们为党和人民做过很多有益的工作,同群众有很好的联系,并且接着不久就被敌人逮捕,在敌人面前坚强不屈,慷慨就义……所有这些同志的无产阶级英雄气概,乃是永远值得我们纪念的。"[①]

新中国建立后,人民政府从敌警备司令部旧址挖出 18 具完整的遗骨和数具零碎的遗骨,移葬在烈士陵园,竖立了庄严的纪念碑。除李求实外,其他烈士介绍如下:

林育南,一名李少堂。1897 年生,湖北黄冈人。1917 年同恽代英一起创立"互助社",五四运动时期武汉地区学生领袖,"利群书社"、濬新小学、利群毛巾厂的创办人之一。1921 年入党,中国早期职工运动的领导者和组织者之一。曾任中国劳动组合书记部武汉分部主任,是"二七"大罢工领导人之一。在 1923 年共青团的二大上,当选为中央委员,任组织部长。1926 年任中华全国总工会执行委员兼秘书长,1927 年在中国共产党五大上当选为中央委员。1930 年任苏代会、苏准会秘书长。

何孟雄,一名陈方,1898 年生,湖南酃县(现炎陵县)人。北京大学学生,参加五四运动,马克思学说研究会创始人之一。1921 年入党,是中国早期北方职工运动的组织者之一,曾创建京绥铁路工会,领导了京绥路工人罢工。大革命失败后到上海工作,任江苏省委委员,农民部秘书。1930 年夏任沪中区委书记,9 月因反对立三路线被撤职,12 月中央撤销处分,1931 年 1 月出席四中全会。

龙大道,一名王明石(四),1902 年生,贵州锦屏人,中共党员。1923 年在天津南开大学读书,参加革命活动。1924 年 9 月赴苏联学习,1926 年回国,参加上海三次工人起义,1927 年参加第四次劳动大会,1930 年任上海总工会秘书长。

恽雨棠,江苏武进人(即常州),印刷工人,中共党员。1925 年至 1929

① 《毛泽东选集》第 3 卷,第 966—967 页,人民出版社,1953 年第 1 版。

年两次赴苏学习,回国后曾在《红旗报》工作,在上海搞黄包车夫工作,被捕时任中共南京市委书记。

李文,江苏武进人,中共党员,恽雨棠的妻子,多年做党的机要工作。

王青文,一名王子宫(绾)。1901年生,安徽霍邱人。中共党员。1928年策应阜阳暴动,1929年在北京未名社工作。曾任共青团北京市委书记,被捕时任青岛市委书记。

蔡伯真,一名李文彬,1905年生,广东梅县人。广州中山大学毕业,曾到苏联学习,1930年9月任中共沪中区委书记。

伍仲文,一名吴惠英,女,1903年生,海南人。1924年在广州妇女职业学校学习,1925年参加省港罢工,在女工部工作,同年加入共产党。1926年赴苏联学习。1928年秋回国,在上海中共法南区党委工作,指导学生运动,后任闸北区团区委书记,领导丝厂、纱厂女工运动。

柔石,一名赵少雄,1901年生,浙江宁海人。1917年在浙江省第一师范学习,参加进步文学团体晨光社,投身于五四运动。1928年因受国民党通缉躲到上海,担任《语丝》助编,《朝花旬刊》编辑。1930年参加"左联",任执行委员,编辑左联机关刊物《萌芽》,5月入党,出席苏维埃代表大会准备委员会。9月22日党的外围组织"自由运动大同盟"成立,他是发起人之一。

胡也频,一名蒋文翰,1903年生,福建福州人。1918年失学当学徒,1924年从事文艺创作,1930年5月在上海参加"左联",任执行委员,同年11月入党,选为出席全国苏维埃第一次代表大会的代表。

冯铿,原名冯岭梅,女,1907年生,广州潮州人。1925年五卅运动时期选为学生会代表,积极参加反帝运动。同年开始文学创作,1929年5月入党,1930年参加"左联",是苏代会工作人员。

殷夫,一名徐英,原名徐祖华,又名徐白、白莽。1909年生,浙江象山人。1924年从事文学创作,1927年入党,被捕3个月。1929年任团中央刊物《列宁青年》编辑,同年9月组织丝厂罢工被捕,1930年参加"左联"。

费达夫,1907年生,上海人。1925年入党,1926年赴苏学习。1928年在上海搞工人运动,被捕时任上海总工会驻沪东区办事处主任。

汤士伦,一名黄昆,1908年生,江苏如皋人。中共党员,在家乡开展武装斗争,后调到上海工作。

汤士德,一名王阿金,江苏如皋人,同汤士伦是兄弟,中共党员,原是红十四军干部,1930下半年调到上海工作。

126

欧阳立安，一名杨国华，1911 年生，湖南长沙人。其父是欧阳梅生烈士。自幼当党的交通员，1930 年赴苏出席国际青工大会。被捕时任上海总工会青工部部长，江苏省团委委员。

阿刚，一名赵子四，本名段楠，1893 年生，湖南酃县（现炎陵）鹿原镇玉江村人，1922 年考入北京大学。1924 年加入社会主义青年团。1927 年，回家乡从事革命活动，1928 年 1 月参加中国共产党，参加组织酃县三月暴动。同年 5 月离县赴沪，先后担任上海市总工会秘书，组织部长。

李云卿，江西南昌人，1910 年生。中共党员，1929 年到上海工作。

彭砚耕，一名刘后春，湖南人，三十余岁，苏准会秘书，中共党员。

孙玉法，1902 年生，安徽人，中共党员。

贺治平，江西人，中共党员，华德路小学支部成员。

王和鼎，1900 年生，江西人，中共党员，华德路小学支部成员。

[附记]这是笔者写的第一篇研究历史的文章，原载《社会科学战线》1980 年第 3 期，《鲁迅研究月刊》1997 年第 3 期转载。原题为《东方旅社事件与李求实等 23 位烈士的被捕和牺牲》。写作中得到佘海宁的帮助。龙华烈士陵园认为一起牺牲的共 24 人，但是笔者从档案中只找到 23 个人的名字，在没有找到新材料之前，笔者仍持此看法。2012年 6 月湖南《湘潮》杂志社笔会组织我们到湖南酃县参观，意外发现阿刚（即段楠）的史料，对原稿做了修订。

长征的故事是如何流传的

　　最早关于长征的记录,大家知道是斯诺写的《红星照耀中国》。这本书1937年在英国出版后轰动世界,1938年在美国出版。翻译为中文时为了能通过国民党检查改名为《西行漫记》。斯诺是在宋庆龄、张学良的帮助下于1936年7月进入陕北苏区的,在安塞白家坪首先见到周恩来。周恩来为他拟定了考察的路线及项目。当时红军长征到达陕北9个月,而后东征从山西回到陕北不久,彭德怀率主力西征,党中央机关由瓦窑堡正迁往保安。其实就在斯诺采访红军指战员时,不少长征亲历者也在拿起笔写回忆录,并于1937年2月编成,比斯诺成书时间还早。这是关于长征最早、最可靠的回忆。由于陕北一直处在被封锁、被包围之中,这本书几经曲折到1942年才内部出版。1955年中央红军胜利到达陕北20周年时才公开出版。事隔半个世纪,现在这本书已很难找到了。如李富春在《夜行军》一文中写道,长征路上,在红军总政治部的队伍中,他和邓小平、潘汉年、贾拓夫组成"牛皮公司"这一细节,在回忆或研究邓小平长征情况时从未有人提及。

　　关于这本书的故事还要从头说起。

　　1936年春天,上海《字林西报》上曾有这样的话:红军经过了半个中国的远征,这是一部伟大史诗,然而只有报道长征的书被写出以后,它才有价值。他们在惊叹红军的奇迹的同时,讥笑红军"粗陋无文"。

　　为了记录史无前例的长征史诗,政治部决定集中一切文件和一些个人日记,由几个人负责写。当时红军为了尽快到抗日第一线——绥远与日本帝国主义作战,东渡黄河到达山西,但军阀阎锡山不肯借道。红军正倾全力东征,一时无暇顾及,一直延宕到8月,不得不改变原定计划,采取大规模的集体创作形式。斯诺的到来推动了这件事。

　　党中央机关从陕北的瓦窑堡迁到保安后,环境相对安定。8月5日中央军委主席毛泽东同政治部主任杨尚昆向参加长征的同志写信发起征稿。信中写道:"现因进行国际宣传,及在国内外进行大规模的募捐运动,需要出版《长征记》,所以特发起集体创作,各人就自己所经历的战斗、行军、地方及部队工作,择其精彩有趣的写上若干片断。文字只求清通达意,不求钻研深奥,写上一段即是为红军作了募捐宣传,为红军扩大了国际影响。"同时,又向各部队发出电报:"望各首长并动员与组织师团干部,就自己在长征中所经历的战斗、民情风俗、奇闻逸事,写成许多片断,于九月五日以前汇交总政治部。事关重要。切勿忽视。"[1]

中央领导、军委领导同志带头写作,如董必武、李富春、张云逸、徐特立等。政治、军事干部陆定一、萧华、王首道、熊伯涛身体力行。在保安的红军大学第一科学习的 36 个学员都是红军的高级干部,他们中不少人纷纷响应号召,许多拿枪杆子的人,现在拿起笔杆子,有:张爱萍、彭雪枫、刘亚楼、杨成武、谭政、耿飚、周士第、陈士榘、莫文骅、彭加伦、舒同、贾拓夫、童小鹏,开始在林野中、星月下写作。陕北地广人稀,地瘠民穷,条件艰苦,连纸张都难以找到。稿件从各个方面涌向编辑委员会。10 月底收到征稿 200 多件,50万字。其中三分之一的作者是从事文化工作的,三分之二的作者是"赳赳武夫"和从红角、墙报上学会写字、作文的战士。有的寥寥数百字,内容过于简单平常,编辑只好割爱。有的不约而同写了同一个内容,只能取文字丰富、通顺者。当时取书名为《二万五千里》。因 1905 年前后的新文化才开始提倡白话文,当时的文风是半文半白,简约而直白。

不久,西安事变爆发,红军南下关中平原支援张学良、杨虎城,政治部编辑委员会的同志随军出发,只留下一个肢体不灵的同志工作。这个人是谁呢?

1937 年 2 月 22 日,编者经过精选,选出 110 篇,近 40 万字。按一日、一事、一文,基本按行军时间、路线顺序排列。编者本着史学工作者的职责,为了存真,来稿中除笔误和特别不妥的句子加以改正外,其余绝不滥加修改。这是关于长征最早、最可靠的回忆。书后附有:红军歌曲;重要战役的英雄姓名录;红军第一军团经过地点及里程一览表;经过名山著水关隘封锁线表;红军第一军团长征中所经之民族区域表;红军第一军团长征中行军和休息的时间统计表。这些统计均依据命令、报告、各种日记、报纸汇集而成。那时,长征日记比比皆是,远比我们现在看到的多得多。

此书编好后,因编者离开延安,一直没有付印,只有一本存于总政治部宣传部。宣传部组织誊清复写全稿,装订成誊清稿本。大约在 1937 年 3 月

① 中共中央文献研究室编:《毛泽东年谱》上卷,第 566 页,中央文献出版社,2002 年。

至 6 月间,中央通过地下党带到上海准备出版,但由于抗日战争大爆发,未能出版。以赵文华为名出版《第八路军红军时代的史实,从江西到陕北——二万五千里长征记》(约 5 万字)小册子,由大众出版社发行。1937 年底冯雪峰离开上海前将誊清稿本交党外朋友谢澹如保管。新中国建立后谢担任上海鲁迅纪念馆第一任副院长馆长,1962 年谢世。其家属将誊清稿本交由上海鲁迅纪念馆收藏。2006 年上海鲁迅纪念馆将誊清稿本影印由上海人民出版社出版。

保存于延安总政治部宣传部的这本因借阅的人很多,宣传部深恐损毁或遗失,到 1942 年 11 月 20 日终于有机会付印。书名改为《红军长征记》,这个名字更接近 7 年前毛泽东、杨尚昆电报中所说的书名。其目的是供参考及保存史料,所以一字未改。并要求"接到本书的同志妥为保存,不得转让他人,不准再行翻印"。当时是抗日战争最艰苦时期,延安受到经济封锁,印书用的是粗糙的草纸,不易阅读,不易保存,数量很少。经过战争,党中央撤出延安,逾越险阻,到北京后已所存无几。最近哈佛大学哈佛燕京图书馆从斯诺捐赠的图书中发现了朱德签名的《红军长征记》上、下两册,成为史学界的一件幸事。

新中国建立后,在中宣部成立了一个处,专门收集研究中共党史资料。那时中央机关十分精干,只有部和处两级。中宣部副部长徐特立兼任主任。徐老是党内五老之一,长期从事教育工作,是毛泽东在长沙第一师范学习的老师,德高望重。历史学界令人尊敬的前辈黎澍为副主任。后来成为党史专家的缪楚黄是工作人员,负责编辑出版《党史资料》,每年 4 本。这套书当时发给中央委员和中央各部正副部长和党委党组机关,只印 800 册。1953 年扩大到地委部长级干部,也不过印两三千册。这套书从 1951 年底到 1954 年共出版了 24 辑,320 万字。现在已很难找到,更难以找全。我几经周折向缪楚黄夫人沈亦清借到一套。1978 年我到中央党校工作,缪楚黄是党史教研室副主任。他不仅是我的上级,还是我学术上的引路人。

为了保存史料,1954 年《党史资料》分三期重新刊印《红军长征记》。发表时改名为《中国工农红军第一方面军长征记》,题目与内容更加准确。刊印前,重新校对,改过错字。因长征中有不少重要事件,没有文章记述,成为空白,缪楚黄对此做了补注和附注。那时中宣部长征干部很多,为缪楚黄写的编者按和注释补充了珍贵的史料。此次因篇幅所限只好割爱。出版时删掉何涤宙《遵义日记》、李月波《我失联络》、莫休《一天》等很少的几篇,增加了童小鹏《禁忌的一天》等，共 96 篇。

1954 年，在纪念长征 20 周年时，该书才得以公开出版。减少了有关民情风俗、奇闻逸事的文章。采用原《红军长征记》的文章 48 篇。增加了 1936 年、1937 年曾在巴黎发表过的几篇长文，如廉臣《随军西行见闻录》，杨定华《雪山草地行军记》《从甘肃到陕西》等几篇。

有的历史事件、人物随着岁月流逝冲刷殆尽，"大江东去，浪淘尽，千古风流人物"，而有的事件、人物随着时间的推移，越加显露出英雄本色，更加光彩照人，为一代又一代人研究、传颂。长征在中国，在世界都是永恒的话题。

今年是中央红军开始长征 70 年。回顾这段历史，没有比这本书更真实、更感人的。那时干部大都二三十岁，正值青壮年，精力充沛，记忆力好。写作时间离所经历的事件年代还不到一年，记忆清晰、可靠。那时写的东西没有受后来政治运动的影响，更没有受个人崇拜和"突出政治"假、大、空的影响，朴实无华，真实可信、率直、坦诚、感人，令人百看不厌。

有人问，你为什么不拿这些材料自己直接写书？编书的确比较麻烦，因涉及版权问题，为了征得作者或作者家属的同意，需四处打听他们的住址、电话，颇费周折，还得一一打电话，或登门拜访。北京城很大，造访一家倒几次车，至少用半天的时间，有时还要顶风冒雪。即使这样仍有一些人找不到。但我为什么还是选择了编呢？研究历史，历史最有价值就是最原始的、第一手的资料，即当时的文件、信件、文章，我认为：这些经历了长征的人的作品和他们创造的历史将一样永存。

我以 1954 年《党史资料》版本为底本，因字数所限，割爱删去内容雷同的文章，从 96 篇中选出 87 篇，同时补充了 8 篇，共 95 篇。共约 30 万字。割爱删去的文章有：彭加伦《追》，小朋《夜行军的一幕》《泥菩萨》，张云逸《聂都游击队的记述》，艾平《烧死两匹马》《红四师强渡乌江的故事》，罗华生《强渡大渡河泸定桥的经过》，曙霞《渡金沙江》(诗)、王辉球《波罗子》。选入的文章严格按照行军的时间调整文章顺序，并对文中人物加以简单注释。书中的很多人物，或牺牲、或受伤、或只有姓无名、或用化名，已鲜为人知。张爱萍将军在阅读《中国工农红军第一方面军长征记》一书时，看着昔日写的文章，思绪回到"土城战酣血犹热"的战场①，想到牺牲的战友，想到与他们

① 此是张爱萍将军 1935 年 2 月写的一首词《疾风》中的一句。

一起共同追求的波澜壮阔的人生,他信手在书上一一注明他们的姓名,为我们留下了宝贵的文字。睹物思人。注释虽然简短,却表达了我们对先辈艰苦卓绝斗争的崇高尊敬和深深怀念。受篇幅所限,割爱删去的,还有红军歌曲。

长征落脚点是陕北,当时陕北的情况如何?为什么能成为长征的落脚点呢?为了说明这个问题,特别收入龚逢春写的文章,文章写于特殊的年代,虽然内容简略,但填补了一个方面的空白,使之完整。

2006年是三大主力红军会师70周年。为了全面地反映长征,本书还收入第二、第四方面军、红二十五军回忆录,因受篇幅所限,让读者了解全貌,尽量选择二、四方面军负责人的文章,尽量选用早期的文章,以保持全书风格一致。西路军虽然是在三军会师后才开始西渡黄河,但是2万将士血洒河西走廊,4百壮士走出漠漠荒原,到达新疆。这段历史同样是长征的一部分,永存史册。故特意收入赵正洪将军的《走出祁连山》。

中国是一个多民族的国家,清朝称中国有五大民族:满、汉、蒙、藏、维(吾尔)。自古将少数民族统称为"夷",或北狄、南蛮、西羌。对少数民族情况不了解,采取不承认、歧视的态度。1921年中国共产党成立后基本在汉族地区开展活动。李大钊领导的中共北方局在北京的蒙藏学校向蒙汉学员开展工作,发展了第一批蒙族共产党员。长征是共产党第一次大规模进入少数民族区域,途经苗族、瑶族、布依族、彝族、藏族、回族等少数民族地区。本书中有若干篇描述少数民族的生活,是中国共产党人对少数民族最早的调查报告。新中国建立后,1953年第一次人口普查,统计民族名称有400多个。国家为了确定民族成分和族称,组织人力进行大规模民族识别工作,到1979年认定56个民族。确定民族的称谓、族群的归属工作直到1986年还在进行。因而长征时对少数民族的称谓,已与现在有很大的区别。为了真实地反映历史,我们均保留,不加改动。

长征已过了70年,参加长征的人大多作古,为了读者更好地理解这段历史,编者对作者作了简短的介绍,以长征中的事迹为主。只有个别用化名者,因年代久远无法考证,个别找不到简历的,只好暂付阙如。希望知情人能告知,弥补这个缺憾。原考虑到读者年轻人居多,想介绍这些老一辈革命者的青少年时代,受字数限定,这些鲜活、生动的内容只好割爱。先辈们出身各异,经历不同,但是他们选择了红军,走上革命的道路。20世纪中国共产党的出现、取得全国的胜利,这是历史的必然。

众所周知,除二方面军保留了几张照片外,红军没有留下照片,耿飚在沿途的照片毁于战乱。我们现在能看到的红军照片大都是斯诺和夫人海伦·斯诺 1936 年到陕北后所拍摄的。但是红军人才济济,1925 年黄镇进上海美术专科学校、上海新华艺术大学,从师刘海粟、潘天寿。1927 年毕业后任美术教员,因支持学生运动被解职,后参加革命。长征途中他以娴熟的画笔创作 24 幅写生,成为记录长征唯一的形象史料和珍贵的艺术品。经黄镇夫人朱霖慨然允诺,本书用了 19 幅写生。画是当年所画,文章是当年所写,画的题目、题词与文章的用语完全一致。两者第一次在一起出版,真是珠联璧合、相得益彰。

长征虽然没有留下照片资料,但是红军经过的万水千山,红军住过的山洞、房屋,战斗的遗址、书写的标语仍在。红军的精神激励着后代,后人建的纪念碑、塑像处处可见。在经济发展、人们解决温饱之后,有余力开始寻根、回顾历史。随着红色旅游的兴起,越来越多的人重走长征路。从书中的文章可以看出,一军团、三军团、中央机关为了与敌人争夺先机,常常是并肩前进。为尽早过金沙江,一军团、三军团各攻打一个渡口,但因洪门渡水流湍急,全军都到绞平渡过江。主力过乌江南下前,九军团留在江北牵制敌人,一直到过了金沙江到达天全才和主力会合。过大渡河后,在泡通岗(抱桐岗)穿越原始森林,没有路,不见天日,又遇大雨,十八里高的山路,到达山顶竟走了两天,夜晚连坐的地方都没有,当时任副主席的周恩来只能站着倚着树睡觉。一、四方面军会师后,为了保证安全,五军团回师宝兴。建国 55 年来很多地方发生变化更大,如娄山关修了公路。就是拍《四渡赤水》的电影,也避不开公路。公路自然不像羊肠小道那样蜿蜒曲折,平且直。后人重走长征路,虽然经过的地名一样,可是走的里数却不同。现在所走的里数比红军的少,这是很自然的。更何况现在人们受时间、体力、交通、经费种种条件的限制,一般只能走大的村镇,走容易到的地方。在众多路线中,只能走一条路线。所以两个外国青年走完长征路后,提出一个问题,长征的里数不到一万里,只有八千里。其实将一、三、五军团走过的路都加在一起要远远超过二万五千里。

张小艾博士是张爱萍上将之女,长期从事人类生态环境保护工作,她一直遵循前辈的足迹,1997 年以来经常在红军长征路线上奔波,寻找长征遗址,拍摄了大量照片。这是两代人心灵的沟通。随着西部开发,公路、水电站的建设,这些遗址很快或已经消失,这些照片保存了大量珍贵的史料,弥补了本书的缺憾。

张小艾与众不同,8年来在四川、云南、贵州,她走遍了红军走过的大部分地方,包括俗话所说的犄角旮旯的地方。当年红军在激烈的战斗中,匆匆而过,由于口音不同,常常将地名、方位记忆有误。这些小村落藏之深山,不为外人所知。地方过小,在地图上都难以查到。斗转星移,岁月沧桑,物是人非,史料湮没,更加困难。她为了找到这些地名,多处寻访、考证,费尽周折,经年累月,锲而不舍,如她寻访泡通岗(抱桐岗)就是一个例证。本书能对一些地名做出订正,还得益于她的努力。虽然我早在80年代写了《周恩来年谱》长征一段历史,但是一直没有机会实地走走。百闻不如一见,只向书本讨学问,永远得不到真知。

张小艾不但要找到地方,还要亲临现场考察、拍照。当年红军走过的羊肠小道、悬崖绝壁、深山老林,至今仍不通公路,仍是老(区)少(数民族)边(两省、两县交界)穷的地方,经济落后,保持原始状态,更谈不上旅游设施。为了能亲历现场,她常常跋山涉水,所付艰辛常人难以所及。她寻访的经历曲折动人,富于传奇。

8年来,她拍了几千张照片,不仅保存了大量珍贵的史料,也可从中领略祖国山川之壮美、瑰丽。她的作品独一无二,十分珍贵,而且都是第一次发表。她认真地阅读本书,根据内容从上千张照片中精选出近百张照片。她在拍摄过程中,也得到诸同志的帮助。

为了真实地反映历史,本书选用大量红军时期的照片,大多由家属提供。编者或打电话,或登门拜访,均受到热情接待。他们翻箱倒柜,积极支持。许多照片是第一次发表。红军在陕北保安的照片基本是斯诺所拍。张小艾从美国带回斯诺《红星照耀中国》美国第一版,内有许多照片。斯诺拍的照片和作者家属提供的历史照片大都由王元女士翻拍。从200多幅照片中精选出近百幅。虽然多方努力,但仍有一些家属没有联系上,希望能得到知情人的帮助。

本书选用了几幅当地人讲述时的照片,有些是90岁的亲历者,有的是他们的后代。均由张小艾所拍。不仅仅是弥补本书人物照片少的缺憾,同时这些照片也是一个新史诗在中华大地诞生、丰富的见证。

长征途经中国11个省,二万五千里,无一不是穷乡僻壤,所到之处大部分少数民族还在奴隶社会,有的甚至仍处于原始社会末期,千百年来与世隔绝。红军以脚步丈量广袤的大地,真切地了解国情,第一次认识了解诸多少

134

数民族,交了许多朋友,实行新的民族政策,为日后研究、制定、完善民族政策打下坚实的基础,为建国后建立自治区、自治州准备了干部,创造了条件。

长征途中,红军在汉人难以到达的地区播下了文明的种子、进步的种子。虽然红军走了,但是文明的种子、进步的种子在当地生根、发芽,不断壮大,影响了这些少数民族日后的发展。红军长征路过此地成为这些民族史中的一件最重要的事件,里程碑式的事件。70 年来,红军故事口口相传,代代相传,与当地民族风俗、文化、信仰融合在一起,形成新的传奇、神话,丰富了各个民族的文化宝库。这些传说、神话如同中华民族远古夸父逐日、黄帝与蚩尤大战的传说,如同藏族传唱近千年的格萨尔王,如同希腊神话一样,深入人心,源远流长,绵延不断,增强了民族团结,促进了民族融合。

先有英雄而后才会有歌颂英雄的史诗。一旦史诗产生后,以自己的规律不断丰富,不断发展,随着时代的前进而赋予新的内涵和形式。这些照片记录了一个新史诗的诞生和发展的过程。这些故事、传说从 80 年代起就被各省、县、镇的党史研究部门收集整理、记录,以文字形式传承下去,广为流传,发扬光大,影响深远。这些党史工作者安贫乐道,孜孜不倦地工作。当人们考察一部史诗如何产生时,研究英雄与史诗的关系时,研究长征史诗传播的特点、途径时,会有人将这些故事、传奇集册出版。在利用前人成果的同时,由衷敬佩这些党史工作者的吃苦耐劳的精神和严谨的作风。

[附记]本文为《中国工农红军长征亲历记》一书(四川人民出版社 2005 年 1 月出版)的后记,后选入四川人民出版社、人民出版社联合出版的《人民·联盟文库》。此次稍做修改、增补。本书出版后,2006 年 3 月中央文献出版社出版了刘统整理、注释的《亲历长征——来自红军长征者的原始记录》,其中 93 篇是 1954 年《党史资料》上收录的。同年 6 月解放军出版社出版了《红军长征记》,署名丁玲主编。但笔者认为丁玲参与过其工作,主要工作还是由徐梦秋完成的。为丰富本文内容,特附笔者有关徐梦秋情况的文章于后,此文首发于上海鲁迅纪念馆编的《上海鲁迅研究》,2007 年上海社会科学院出版社出版。

附：徐梦秋编辑《二万五千里》

最早关于长征的记录，大家知道是斯诺写的《西行漫记》。这本书1937年在英国出版后轰动世界，书名为《红星照耀中国》。《西行漫记》是翻译为中文时为了能通过国民党检查改的。其实就在1936年7月斯诺进入陕北苏区采访红军指战员时，不少长征亲历者拿起笔也在写回忆录，当时红军长征到达陕北仅9个月，那时干部大都二三十岁出头，正值青壮年，精力充沛，记忆清晰、可靠。那时写的东西没有受后来政治运动的影响，更没有受个人崇拜和"突出政治"假、大、空的影响，朴实无华，真实可信、率直、坦诚、感人。百看不厌。

不久，西安事变爆发，红军南下关中平原支援张学良、杨虎城，政治部编辑委员会的同志随军出发，只留下一个肢体不灵的同志继续工作。[①] 1937年2月22日，编者经过精选，取名为《二万五千里》。

那么，这本最早的记录红军长征的《二万五千里》的编者到底是谁呢？

1937年8月，上海复旦大学黎明出版社出版的《卢沟桥浴血抗战特辑》（文摘第2卷第2期）发表任天马采访记：《集体创作与丁玲》。文中说：丁玲和成仿吾一起编辑《二万五千里长征记》。丁玲是1936年11月才进入陕北苏区，筹备并成立中国文艺协会，当选为主任，1937年8月即率领西北战地服务团赴山西抗日前线。《二万五千里》编者在延安写于1937年2月22日的《关于编辑经过的说明》中说："这本书本应该早日和读者见面，但因稿子大量涌来后，编辑委员会的人员出发了，结果只有一个脑力贫弱而又一个肢体不灵的在工作，加以原稿模糊，誊写困难，以致延长预定编齐的期间约两个月，这是非常抱歉的。"由此可见丁玲参加编辑工作，时间较短，是由"一个肢体不灵的"在继续完成这项工作。这本书1942年时曾在延安内部印刷，在出版说明也特别指出，此书一直没有出版的原因是"因编辑的同志离开延安"。那么，这个肢体不灵，又很快离开延安的人是谁？符合这两个条件的

---

① 《二万五千里》编者于1937年2月22日在延安写的《关于编辑经过的说明》。

人,只有陕北红军后方政治部宣传部长、政治部主任徐梦秋。长征到陕北后,他因受伤两腿截肢。斯诺夫人曾采访他并为其拍照,他端坐在椅子上,两腿交叠,特别明显没有小腿。1937年底,他即离开延安赴苏联治病。

关于徐梦秋的材料保存下来的很少,主要是他向斯诺夫人尼姆·韦尔斯的自我介绍:安徽寿县人,生于1901年,父亲是读书人,靠教书为生。1911年开始断断续续地上学,1923年在上海大学加入社会主义青年团,同年转党。1925年到广州在国民革命军第一军第一师做政治工作,蒋介石发动"三二〇事件"后,离开第一军。1927年大革命失败,赴苏联学习,1930年回国,1931年1月进入中央苏区,任中央军委秘书长。[①] 斯诺称他为著名的杂文家、批评家和小说家。80年代哈里森·索尔兹伯里《长征——前所未闻的故事》一书中称他为红色历史学家,其中写道:1936年徐梦秋亲口告诉海伦·斯诺说:长征结束时,从毛泽东那儿领受编《长征记》的任务,为此收集了700封电报、命令等文件。[②] 另外,他在长征路上一直记日记。前一两年从李伯钊的遗物中发现一本长征日记,《李伯钊文集》编辑组的卢弘考证,这本日记是徐梦秋的。[③]

以上所述可以通过发现一份文件得到佐证。1937年5月10日,中央革命军事委员会主席毛泽东和红军总司令朱德在《新中华报》联署了一份通知,通知说:为着纪念红军诞生10周年,决定大规模地编辑10年来全国的红军战史,号召红军指战员写出自己关于各种历史战斗的见闻,并提供各种纪念品。指定徐梦秋、张爱萍、陆定一、丁玲、吴溪如、舒同、甘泗淇、傅钟、黄镇、萧克、邓小平等11个同志为红军历史征编委员会委员,负责收集整理,委员会以徐梦秋为主任。可见,大家都对他编《二万五千里》工作是认可的。

那么,这位大名鼎鼎的红军后方政治部宣传部长、政治部主任,为什么人们一直很少提及呢?这与他后来的表现有关,1942年他在新疆叛变了革命。

1937年12月徐梦秋化名孟一鸣,带着妻小一行5人到莫斯科治病。回来途经新疆,留下任省教育厅副厅长[④],其地位在毛泽民之前。1941年6月苏德战争爆发,德国法西斯长驱直入,一直打到莫斯科城下。新疆军阀盛

---

① 《徐梦秋自述》,张士义译,第49—54页,《百年潮》2004第4期。
② 哈里森·索尔兹伯里:《长征——前所未闻的故事》,第127页,解放军出版社,1986年。
③ 卢弘:《徐梦秋有部长征日记》,第66—67页,《百年潮》2004第7期。
④ 徐慈君:《抗战时期中共人员在新疆工作和斗争大事记》,《中共党史资料》第25期,25页。

世才认为苏联坚持不了多久，开始反苏、反共，投向国民党。1942 年 9 月 17 日陈潭秋（八路军驻新疆办事处处长）、徐梦秋、毛泽民（省财政厅副厅长）、潘同（和田警备司令）、刘西平（哈密代理行政长）被软禁于邱公馆。1943 年 2 月，此 5 人及徐的公务员一起被关进第二监狱。3 月，国民党中统特务王德溥离重庆前向蒋介石请示。蒋介石要求提审公开共产党员身份的各方面负责人 15 人，这其中有：陈潭秋、徐梦秋、毛泽民、潘同、刘西平。春夏，敌人对陈潭秋、毛泽民动刑，要他们承认，一、阴谋暴动，推翻政府；二、宣布脱离共产党；三、反对苏联。他们在牢里受了很多刑，站热的炭渣、抽鞭子、冰火、打手板、背杠子、坐飞机、疲劳战，他们坚贞不屈，视死如归。但徐梦秋和潘同、刘西平叛变了，按照敌人的需要，捏造了所谓暴动的秘密会议、行动计划、组织机构和经费分配等情况，并发表脱离中国共产党的宣言，帮助敌人搞劝降、策反等活动。①

徐梦秋是红军高级干部，任新疆省教育厅厅长兼新疆学院院长，叛变后在我党人员中曾有较大影响。以张子意为首的狱中党组织从一开始就把揭露叛徒、团结内部作为中心工作。每当出现叛徒时，党组织认真研究其经历，分析其叛变的原因，并提出认原则不认人，和叛徒断绝一切联系，遇见叛徒时，拒绝谈话，并痛斥他们的罪行等对付办法。张子意给徐取名"无足怪"，一语双关，既暗指他失去双足，又明白指出他的叛变是不足为怪的，徐虽是高级干部，但将个人利益看得重，对党不满。张子意为此写了《百子一条心》和关于三反（反叛徒、反兵痞、反逃兵）的文章。此后"百子一条心"、"集体回延安"，成了全体人员的奋斗口号与目标。②

1945 年 4 月 17 日新疆警务处向省主席吴忠信呈报释放叛徒徐梦秋、潘同、刘西平。③

1946 年 7 月在新疆关押的 129 人（离开新疆是 131 人，有两位同志在路中病故）回到延安。7 月底周恩来电报询问陈潭秋等 20 余人未回延安人员的下落。8 月底，张治中回电：除陈潭秋、毛泽民等三人下落不明外，其余已先后声明脱党出狱。④

徐梦秋自知无脸见人，没有敢回延安，到了南京，当了特务。南京解放

---

①② 新疆监狱斗争史编写小组：《他们无愧于共产党员的光荣称号——所谓新疆叛徒集团的历史真像》，《中共党史资料》第 25 期，94—97 页，104—105 页。

①② 新疆监狱斗争史编写小组：《他们无愧于共产党员的光荣称号——所谓新疆叛徒集团的历史真像》，《中共党史资料》第 25 期，94—97 页，104—105 页。

③④ 均见于徐慈君：《抗战时期中共人员在新疆工作和斗争大事记》，《中共党史资料》第 25 期，第 35 页，第 38 页。

138

时,特务将他丢下,徐梦秋自知罪孽深重,逃离南京,但是无以为生,只能又回到南京想求见刘伯承,当然没有得逞。被捕入狱,被判无期徒刑。他虽是叛徒,本着不株连的原则,组织给其夫人和孩子一些钱,夫人带孩子回到四川老家生活至今。[①] 徐梦秋于 1976 年 5 月 22 日病死狱中[②],享年 76 岁。我想他在监狱的待遇是不错的,否则不会活过古稀之年。他应写了不少材料,保留在监狱中。

徐梦秋晚节不忠,下场可耻,但是并不能因此低估《二万五千里》这本书的质量和影响。《二万五千里》的作者均是参加长征的同志,他们中的绝大多数人在新中国建立后成了中国人民解放军的著名将领。

---

① 《百年潮》2004 第 7 期,第 45—48 页。
② 王炳毅:《"红色历史学家"沦为大叛徒》。

张浩在共产国际与中共抗日对蒋政策转变
与解决张国焘问题中鲜为人知的作用

张浩(1897—1942)湖北黄冈人,本名林育英,与林育南、林彪(林育容)称为林氏三兄弟,1922年入党,在湖北大冶地区建立党组织,领导汉阳、长沙人力车夫罢工,1924年到苏联学习,1925年回国后任武汉国民政府军委特务队队长,中共武昌市委工委书记,湖南省委职工运动委员会书记,中共满洲省委工委书记,代理书记,六届三中全会补选为中央委员。他两次入狱,三次受伤,积劳成疾,1942年病逝于延安,毛泽东亲自为他抬棺。由于张浩长期在白区工作,后又参与中共中央高层领导,加之他过早过世,他的事迹多年很少宣传。他最大贡献是在1935年将共产国际第七次代表大会关于建立反法西斯统一战线的精神和《八一宣言》的内容,从莫斯科带回陕北向中共中央传达,使中共中央及时调整政策,确定了抗日民族统一战线的策略方针;并以国际代表名义帮助中共中央解决了张国焘分裂党的问题,维护了党和红军的团结。但是在历史上很长时间是不宣传这点的。有的教科书,讲到《八一宣言》,是用一张照片来说明,这张照片是红军在毛儿盖住过的一座房子。这就给读者造成一种错觉,似乎《八一宣言》不是由莫斯科的中国共产党驻共产国际代表团起草的,而是在毛儿盖的中共中央起草的。对张浩从苏联回国一事,对他在中共中央确定抗日民族统一战线和解决张国焘分裂党的重要作用更是鲜为人知,就连长期从事党史教学的同志也是知之不详。只有在粉碎"四人帮"之后,全党恢复了实事求是的作风,党史研究的不断发展,张浩的杰出贡献才逐渐显现出来。

张浩带回共产国际新精神,促成中共政策转变

1933年初,张浩化名李复生第二次赴苏联。2月下旬他乘海轮,经马六甲海峡、苏伊士运河,来到德国首都柏林。

这时,德国法西斯头子希特勒已经上台,正大肆取缔共产党和社会民主

党,迫害犹太人。希特勒为了"把马克思主义从德国连根拔掉",2月27日,精心策划了火烧国会大厦的挑衅事件。并将"国会纵火案"的罪名转嫁到共产党人身上,大肆逮捕、迫害共产党。3月9日逮捕了共产国际著名活动家季米特洛夫。

2月28日,张浩由王炳南陪同来到被烧毁的国会大厦前,那里还在冒烟。[①] 他亲眼目睹了法西斯的暴行,看到法西斯崛起给人类、给共产主义运动带来的灾害。这件事给他留下深刻的印象,所以他很自然地接受共产国际政策的变化——建立世界反法西斯统一战线。

张浩到苏联后,担任中华全国总工会驻赤色职工国际代表、中国共产党驻共产国际代表团成员。当时担任团长的是王明。

《八一宣言》的起草过程

王明在米夫的支持下,1931年1月在中共六届四中全会上取得中共中央的领导地位,任中共中央委员、政治局委员、政治局常委。1931年秋,离开上海,11月抵达莫斯科,任中共驻共产国际代表,1935年被选为共产国际执行委员主席团委员和书记处候补书记。他是1931年1月到1935年1月遵义会议前中国共产党内"左"倾冒险主义错误的主要代表,但在共产国际帮助下对中国共产党提出和制定抗日民族统一战线,也曾起过积极作用。

1934年2月27日,深受德国法西斯迫害之苦的季米特洛夫经过近一年的艰苦斗争,终获无罪释放,到达莫斯科,担任共产国际领导工作。季米特洛夫是保加利亚共产党的领导人,伟大的马克思主义者,他从长期实践中认识到世界各国情况千差万别,过于集中的领导方式已不适应于各国复杂的国情,他一担任共产国际领导工作,就开始改变领导方法和工作方法,作出了今后共产国际不再干涉各国党的组织事宜的重要决定,强调各国党要从自己国家的特点出发,把马列主义运用到具体环境中去;共产国际只"对共产主义运动实行总的政治上的领导;在基本的政策和策略问题上给予各个共产党以指导"。[②] 在思想上开始提出要纠正"机械地模仿、简单地抄袭"

---

① 王炳南:《怀念季米特洛夫》,《人民日报》1982年6月18日。
② 1934年7月1日,季米特洛夫就共产国际第七次代表大会第二项日程给委员会的信,见《共产国际有关中国革命的文献资料》第2辑,第335页,中国社会科学出版社,1982年。

苏联共产党的工作方式和方法的错误倾向,指出这是有"百弊而无一利"的。季米特洛夫在总结各个党的经验教训和分析国际形势新变化的基础上,提出了建立广泛的反法西斯统一战线的策略方针,并积极着手筹备共产国际第七次代表大会。

在共产国际第七次代表大会召开前夕,德、意、日法西斯势力在东西方已先后崛起,世界面临着法西斯的进攻,法西斯成为当前主要敌人。德国共产党就是因为没有看到这点,没有联合中间派——列宁曾激烈反对的第二国际重要成员社会党,而使希特勒上了台。在西方,德、意法西斯分子取得政权,向外扩张;在东方,日本帝国主义继占领中国东北之后,1935年又继续南进,大肆向华北入侵。华北危急!而国民党政府奉行"攘外必先安内"的政策,继与日本帝国主义签订丧权辱国的《塘沽协定》《秦土协定》之后,同年6月,又派何应钦与日本天津驻军司令梅津美治郎签订卖国的《何梅协定》,中华民族面临深重的危机。

消息传到莫斯科,在那里的中共党人,心急如焚。中共代表团成员、莫斯科东方大学中国部主任吴玉章,"急电王明,共商对策。"①当时王明正在苏联基斯罗沃德斯克疗养。王明回到莫斯科后,即与中共代表团根据共产国际的新政策和国内华北事变的严重局势,酝酿起草了《为抗日救国告全体同胞书》初稿,经代表团7天反复讨论修改,于7月14日在代表团会议上一致通过。随后译成俄文,送交斯大林和季米特洛夫审阅。8月1日,中共代表团以中华苏维埃共和国中央政府和中国共产党中央委员会的名义签发了《中共为抗日救国告全体同胞书》,史称《八一宣言》。10月1日,并在中共于巴黎创办的《救国报》第10期上公开发表。

《八一宣言》(以下简称《宣言》)的形成过程表明,它的主要撰稿人是王明,其思想则是中共驻共产国际代表团全体成员集体智慧的结晶。而张浩,参与了这一历史文献的酝酿、讨论和修改工作。

《宣言》正确分析了中国的政治形势和主要矛盾,提出了抗日救国的任务:"日本帝国主义加紧对我们进攻,南京卖国政府步步投降,我北方各省又继东北四省之后而实际沦亡了。""我五千年古国将完全变成被征服地,四万万同胞将都变为亡国奴。""我国家我民族已处在千钧一发的生死关头。抗日则生,不抗日则死,抗日救国,已成为每个同胞的神圣天职!"

---

① 《吴玉章自传》,《历史研究》1981年第4期。

《宣言》列举了蒋介石等卖国罪行后，又赞扬了"十九路军及民众的淞沪抗日血战，察哈尔、长城及滦东各地军民英勇杀贼，福建人民政府接受红军提议联合抗日，罗登贤、徐名鸿、吉鸿昌、邓铁梅、伯阳、童长荣、潘洪生、史灿堂、瞿秋白、孙永勤、方志敏等民族英雄为救国而捐躯，刘崇武、田汉、杜重远等爱国志士因抗日而入狱，蔡廷锴、蒋光鼐、翁照垣、陈铭枢、方振武等抗日部队艰苦斗争，宋庆龄、何香凝、李杜、马相伯等数千人发表中华民族对日作战基本纲领，数年来我工农商学各界同胞为抗日而进行排货、罢工、罢市、罢课、示威等救国运动，尤其是我东北数十万武装反日战士在杨靖宇、赵尚志、王德泰、李延禄、周保中、谢文东、吴义成、李华堂等民族英雄领导之下，前仆后继的英勇作战，在在都表现我民族救亡图存的伟大精神，在在都证明我民族抗日救国的必然胜利。"《宣言》列举的人物，有许多是中共党员如罗登贤、吉鸿昌、童长荣、瞿秋白、方志敏、田汉等，但是更多的是地方实力派、国民党军队的领导人、国民党内的抗日派和社会名流，这表明中共代表团已认识到这些势力和人士的抗日要求。这个认识与1931年中央对中间势力的认识有了很大的变化，开始改变排斥中间势力的"左"倾认识。

基于对中国阶级动向新变化的认识，《宣言》号召全国同胞"为祖国生命而战"，"为民族生存而战"，并向全体同胞呼吁："无论各党各派间在过去和现在有任何政见和利害的不同，无论各界同胞间有任何意见上或利益上的差异，无论各军队间过去和现在有任何敌对行动，大家都应当有'兄弟阋于墙外御其侮'的真诚觉悟，首先大家都应当停止内战，以便集中一切国力（人力、物力、财力、武力等）去为抗日救国的神圣事业而奋斗。"《宣言》郑重宣布："只要国民党军队停止进攻苏区行动，只要任何部队实行对日抗战，不管过去和现在他们与红军之间有何旧仇宿怨，不管他们与红军之间在对内问题上有何分歧，红军不仅立刻对之停止敌对行为，而且愿意与之亲密携手共同救国"，表达了中国共产党团结御侮、共同抗日救国的真诚愿望。《宣言》还第一次提出了组织国防政府和抗日联军的统一战线的组织形式，并提出了国防政府的施政方针（即十大纲领）。①

《八一宣言》的发表，不仅标志着在苏联的中共代表团开始突破"左"倾关门主义的束缚和影响，而且标志着中国共产党抗日民族统一战线政策的初步确立和形成。

---

① 中共中央书记处编：《六大以来》（上），第679—682页，人民出版社，1981年。

肩负重任冒着生命危险回国

　　《八一宣言》起草后不久,1935年7月25日至8月20日,共产国际第七次代表大会在莫斯科举行。张浩和王明、康生、高自立、孔原、赵毅敏等20多人组成的中共代表团出席了代表大会。大会听取了季米特洛夫《关于法西斯的进攻以及共产国际在争取工人阶级团结起来反对法西斯的斗争中的任务》的报告。大会鉴于世界人民面临法西斯侵略威胁的紧迫形势,批判了关门主义,并根据季米特洛夫的报告,正式确定了共产国际反法西斯统一战线的策略方针,提出了在帝国主义和资本主义国家建立无产阶级统一战线和反法西斯人民阵线,在殖民地半殖民地国家建立反帝统一战线的口号。季米特洛夫在报告中,充分肯定了中共《八一宣言》,在大会上庄严宣布:"我们赞同英勇的兄弟的中国共产党这一倡议:同中国一切决心真正救国救民的有组织的力量结成反对日本帝国主义及其走狗的广泛的反帝统一战线。"[1]

　　可是,当时共产国际和中共驻共产国际代表团同中共中央的电讯联系已中断近一年之久。《八一宣言》虽然通过《救国报》传入国内,但当时处在长征途中的中共中央正受敌人的围追堵截,与外界隔绝,对此一无所知。如何将共产国际"七大"精神和《八一宣言》向中共中央传达,恢复共产国际和中共中央的联系?共产国际和中共代表团决定,派张浩回国,担当这个十分艰险而又具有历史意义的重任。

　　刻不容缓,共产国际"七大"刚刚通过两个决议案,张浩即启程回国。

　　从苏联回国有东北、新疆、蒙古三条路线。当时东北已被日军侵占,从新疆到内地路途太遥远,只有从蒙古人民共和国入境路程较近,但要经过茫茫沙漠,穿过层层封锁,一份文件,一封介绍信也不能携带。因此,派回国的同志一定要机智勇敢,有应付复杂环境的经验;在党内又要有一定威望,为国内同志所熟悉和信任。张浩当然是合适的人选。"张浩"这个名字,就是他从苏联回国时用的化名。他于1922年入党,是少数工人出身的党员之一,有长期从事白区工作的经验,足迹遍及半个中国,是党内熟知的工人运

---

　　① 中国社会科学院近代史研究所翻译室编译:《共产国际有关中国革命的文献资料》第2辑,中国社会科学出版社,1982年,第392页。

动领袖和党的活动家。他又亲自参加酝酿、起草《八一宣言》和出席共产国际"七大",对国际形势的新变化和反法西斯统一战线策略方针有深刻的理解,这些都是他回国后开展多方面工作的有利条件。

张浩受命之后,即将大会的主要文件和《八一宣言》及电台密码,反复背诵,铭记在心,在苏共中央政治局的帮助下,偕同在苏联受训的报务员赵玉珍[①]带电报密码启程回国。他们身穿一件光板的羊皮大衣,挑着商货筐,化装成商人,出现在蒙古原野上。"北风卷地百草折,胡天八月即飞雪",他们不畏雪虐风饕、饥饿疲劳,穿过茫茫沙漠,终于到达银川。

可是出现了麻烦。张浩在进城时,浓重的湖北口音引起守城连长的怀疑,将张浩扣下。张浩知道对方没有任何真凭实据,不慌不忙,应付自如。他在守城门的连里住下后,帮助炊事班做饭,帮助士兵打扫卫生,很快和大家打成一片,赢得好评。一个月内甚至和连长也交上了朋友,有时同睡一个炕上。他朴实的语言,诚恳的态度,经过一个多月的时间,终于打消了连长的怀疑,将他放了。后来张浩担任中共中央白区工作部部长时,于1936年初派王幼平到宁夏去开展工作,还以商人的口吻给这位连长写了一封信,请他多多关照自己的朋友。[②]

张浩离开银川,于11月中旬到达陕北革命根据地的定边,与刚刚经历二万五千里长征到达陕北的中共中央取得了联系。据当时担任中央组织部长的李维汉回忆:"1935年11月7日,我们中央机关从吴起镇经下寺湾到了瓦窑堡,因为这一天是十月革命节,所以我的印象很深。……当时我和洛甫同志等人还住在城外。不久,从定边打来电报,说来了一个可疑的人叫张浩,要找党中央。中央立即让赤卫队把人送到瓦窑堡来。等见了面才知张浩就是当年的林育英(林仲丹)。"[③]

战友久别重逢分外高兴。张浩又高又黑,穿着一件光板羊皮大衣,真像蒙古人,大家都亲切地称他"老鞑子"。

由富农分坏田到联合富农,政策是如何转变的

中央红军到遵义后,中共中央领导在酝酿解决军事上的"左"倾错误时,

① 赵玉珍:抗战初期任八路军营长,后在抗日前线牺牲。
② 20世纪90年代初,和廖心文采访王幼平记录。
③ 李维汉:《回忆张浩回国时的一点情况》,《张浩纪念集》,第21页,上海人民出版社,1986年。

也开始酝酿改变"左"的政治路线。这是从改变对富农政策开始的,但是真正完成这一转变,还是在张浩回国之后。

1931年中共六届四中全会之后,以王明为代表的第三次"左"倾路线在党内占了统治地位,他们在苏区反对所谓的"富农路线",实行了许多超越民主主义革命阶段的阶级路线和政策。如:消灭富农经济,对知识分子的过左政策,要兵不要官的兵运工作政策等。其结果是,革命的力量被孤立,根据地越来越小,红军人数越来越少,苏维埃运动受到挫折,红军不得不在敌人的"围剿"中被迫长征。

当然,中国共产党消灭富农的政策并不是自己的发明创造,而是根据共产国际的指示制定的。1927年苏联为推进农村集体化的进程,开始大规模从肉体上消灭富农,或将富农移居到西伯利亚荒无人烟的地方。当时共产国际总部在莫斯科,制定政策基本是依据苏联情况,没有看到世界各国之间的差异,没有看到半封建半殖民地的中国和社会主义的苏联所进行的革命性质的不同,要求中共也执行和苏联一样的政策。1929年6月7日,共产国际执行委员会就农民问题致信中共中央,信中没有看到在中国地主和富农的区别,民主革命的任务只是推翻地主阶级的统治,不是在肉体上消灭地主和经济上消灭富农;没有看到中国的富农有两重性,即可能参加反对帝国主义的斗争,而在反封建主义的斗争中有可能中立,但是在革命力量不够大时,它也可能站在地主一边反对革命。所以苏联以反对资本主义为目标的社会主义革命要消灭富农经济,而中国以反对帝国主义、封建主义为目标的民主主义革命,只能消灭其封建主义的剥削方式,保护其资本主义经营方式,否则就混淆了两个革命阶段的任务。共产国际1929年关于富农问题的来信就是犯了这个错误。来信认为富农"多是封建地主剥削制度底代表人",认为"在中国革命遭到失败以后,农村的富农分子一般都普遍地公开站到反动派一边去反对农民群众的革命斗争",批评中国共产党在富农问题上"犯有极其严重的错误",要中共中央不要害怕富农脱离革命,甚至"在这类富农参加了反征税运动或反军阀运动,党也不应向富农让步",强调:"同富农联合,在任何情况下都是不能允许的。"指示中共中央要"加紧反对富农的斗争"。[①] 正是根据共产国际的这个指示,中共中央改变了在土地革命初期

---

① 《共产国际执委会就农民问题给中国共产党中央委员会的信》,1929年6月,《共产国际有关中国革命的文献资料》第2辑,第21—26页,中国社会科学出版社,1982年。

行之有效的办法"抽多补少,抽肥补瘦",决定在苏区实行"地主不分田,富农分坏田",这种不给地主以生活出路,不给富农以经济出路的政策,增加了革命的阻力。富农虽然只占人口的百分之五,但是他们有比较优裕的生产工具和活动资本;有比较丰富的生产及管理的经验;同富裕中农、手工业者、工商业者、知识分子联系密切。如果对富农政策过"左",势必会伤害占人口百分之二十的富裕中农,也会打击工商业者、小资产阶级,将他们推到敌人那边。

在遵义会议的前一天,以王稼祥、李富春为正副主任的工农红军总政治部于 1935 年 1 月 14 日在遵义发布的《关于地方工作的指示信》中,曾指出:"一切'左'的关门主义的倾向和对于富农商人的刻板的办法,都会阻碍我们的发动群众,增加我们在决战中的困难。"指出当前主要是反对地主,"对富农暂时不重新分配他们的土地与没收他们一部分农具",①改变了过去富农分坏田的错误提法。这表明党内已有一部分同志开始认识到过去做法的错误,开始改变对富农的政策。但是遵义会议是在紧急的战争形势下举行的,只能解决党内所面临的最紧迫的军事问题,批判军事上"左"的错误,还来不及讨论和解决政治路线上"左"的错误,更不可能在全党得到认同。长征沿途,红军急于行军、作战以摆脱敌人的围追堵截,没有条件发动群众进行土地革命,建立根据地,因而这个问题也非当务之急。

红军到达陕北之后,有了落脚点,土地革命是关系到能否巩固根据地的大问题,而执行什么样的土地政策,成为解决生存问题的关键。陕北农村情况与南方不一样,地广人稀,坡地多、旱地多,农民土地多而收成少,每亩地只收几十斤粮食,生活穷困。而以前在南方,人多地少,亩产却是陕北的数倍,地主一般也只有几十亩地。按南方标准多少亩地就划为地主这个标准显然不适合陕北的情况。中央也急需调查研究,根据陕北的具体情况制定出具体可行的土地政策。

1935 年 10 月,中央红军到达陕北。当时陕北形势十分严峻,面临着对外粉碎敌人"围剿"和对内纠正"左"倾错误造成严重危害的两大问题。11 月初,中共中央在甘泉县下寺湾与陕北苏区领导人会合。

11 月 3 日,中共中央在下寺湾召开政治局常委会,听取陕甘晋省委副书记郭洪涛和西北军委主席聂洪钧的汇报。当汇报到肃反问题时,毛泽东

---

① 中央档案馆编:《中共中央文件选集》第 10 册,第 450 页,中央党校出版社,1991 年。

立即要求:停止逮捕,停止审查,停止杀人,一切听候中央解决。随后组成了由董必武(主任)、李维汉、王首道、张云逸、郭洪涛组成的党务委员会,负责纠正错误的肃反,释放刘志丹等被关押的干部。为缩小目标,会议根据毛泽东的提议,决定中共中央对外用中共西北中央局和中央政府办事处的名义,并成立西北革命军事委员会,毛泽东为主席。根据会议决定,中央领导人暂分两路:一路是中央常委毛泽东、周恩来和彭德怀率领由红一军团和红十五军团组成的红一方面军主力南下,粉碎国民党军队对陕甘根据地的第三次"围剿"。11 月 21—24 日取得直罗镇战役的胜利,歼敌一个师又一个团,巩固了根据地,为中共中央把领导全国革命的指挥部、大本营放在西北举行了"奠基礼"。

另一路是中央总负责人张闻天和博古(秦邦宪)、王稼祥、刘少奇等领导人率中央机关前往陕甘根据地的后方瓦窑堡(今子长县城)。因土地问题至关重要,送走毛、周、彭后,11 月 5 日,在下寺湾又召开了一次中央会议,听取郭洪涛关于陕北工作的汇报,经过讨论,最后由张闻天做结论。他说:反右斗争进一步深入,地主土地财产应全部没收,按人口为标准分配。地主可以分荒地、不要的坏地;富农分坏田。对土地情况要进行调查,如基本正确,搞查田运动;如基本不正确,应重分。① 张闻天的看法已比中央在江西苏区提出的"地主不分田"的做法有进步,但仍然坚持"富农分坏田"。这是中央到陕北后召开的第一次关于土地问题的会议。

11 月 7 日,一到瓦窑堡,张闻天马上指定组织部长李维汉、土地部长王观澜、陕甘晋省委副书记郭洪涛调查根据地的土地状况和农村的阶级状况。张闻天经常找调查组的同志个别谈话。②

11 月 13 日下午 2 时,张闻天召开了中共西北中央局第二次会议,听取陕北省委书记郭洪涛(这时已撤销陕甘晋省委,设陕北、陕甘两省委)的汇报。郭洪涛汇报了扩大红军、土地问题、苏维埃工作、肃反工作、游击战争、党的工作等 6 个问题。土地问题是一个很重要的问题,他说:土地分得不好的是延长、延安及清涧地区,查田运动很重要,省委及省苏维埃已有决议。

他汇报后,李维汉第一个发言,说:土地问题如果认为已经分配好了,就会放松。不应按劳力分配,应按人口分配。查田运动还未确定阶级成分。

---

① 1935 年 11 月 5 日,张闻天在中央会议上的讲话记录。
② 1979、1980 年访问李维汉记录。

博古首先谈到陕甘的地位,说:"目前日本帝国主义继续向华北进攻,陕甘苏区更增加其意义,北与外蒙古接近,南与通南巴苏区连接,最近中央红军到来,这里成了全国苏维埃运动的中心。"他认为:要彻底解决土地问题,加深农村中的阶级斗争。从统计中看出土地问题是没有解决的,中心问题不是查田,而是重新分配土地。最后他说应进行反倾向斗争,反对右倾取消主义,反对"左"倾空谈,对"左"倾、右倾要严格区分,不要认为一切都是右倾取消主义。

从这个发言中可以看出,博古已考虑是否存在"左"倾的问题。

博古的意见得到参加会的李维汉、王观澜等人的同意。

张闻天最后作结论,他说:陕北苏区的战略地位是处在最前线的地位,领导民族革命战争的地位;要巩固和扩大这一苏区成为领导的中心,反日反蒋的根据地;当前的任务是发动群众,粉碎敌人进攻,准备与日本帝国主义作战。[①]

中央虽然很重视土地问题,也看到有"左"的倾向,但是两次关于土地问题的会议都没有正确解决对待富农的问题。这也与大家对建立抗日民族统一战线的认识有关。

同样,虽然中共中央一直高举抗日救亡的大旗,以挽救民族危亡为己任,但是由于"左"倾关门主义的危害,较长时间内,未能正确解决抗日统一战线问题。

"九一八"事变发生的第二天,即由中央负责人博古起草了《中共中央关于日本帝国主义强占满洲事变的决议》,号召加紧组织领导群众进行反帝运动和武装斗争。从此中共中央不断呼吁停止内战,一致抗日。

1934年10月中央红军被迫长征后,在国民党几十万部队的围追堵截之中,在激烈的战斗中,中共中央领导人也一直注意日本动态,关注民族的存亡。1935年6月,中央红军长征到四川两河口,与红四方面军会师。两河口地处穷乡僻壤,给养困难,前有堵截,后有追兵,内部又有张国焘分裂的威胁,真是内外交困。就是在这样困难的情况下,得知日本制造华北事变,向北平进攻的消息后,中央政治局马上召开常委会议,听取了博古的汇报。会议决定以中共中央的名义发表宣言,在红军部队中进行反对日本帝国主

---

① 1935年11月13日中共西北中央局会议记录。

义的宣传。① 但是直到 1935 年 11 月 13 日,中共中央在瓦窑堡发表《为日本帝国主义吞并华北及蒋介石出卖华北出卖中国宣言》和《关于开展抗日反蒋运动工作的决定》(以下简称《决定》),仍没有能解决建立统一战线的政策问题。《决定》仍然强调"必须加紧瓦解白军与争取白军士兵与中下级军官到抗日反蒋的战线上来。"仍然固守着"左"倾的要兵不要官的下层兵运原则。《决定》还坚持:"必须反对日本帝国主义进攻外蒙古人民共和国,加强对于武装保卫苏联的宣传鼓动与实际的组织工作。"② 显然,这个"反对日本帝国主义进攻外蒙古人民共和国,武装保卫苏联"的口号严重脱离了中国人民。

"武装保卫苏联",这也是根据共产国际的要求提出的,当时中国共产党是共产国际的一个支部,没有共产国际的指示,中国共产党是不能随便改变自己的政策的。

可见,这时张浩带着共产国际"七大"关于建立反法西斯统一战线的精神和《八一宣言》到达陕北,是多么及时! 对纠正党的过"左"政策起到了多么重要的作用。这个政策的改变,首先还是从改变富农政策开始的。

张浩一到瓦窑堡就出席了 11 月 20 日召开的政治局会议,会议的议题是土地问题,这是中共中央到陕北后第三次讨论土地问题。出席会议的有张闻天、博古、刘少奇、邓发、凯丰(何克全)、吴亮平(即吴黎平)、李维汉、王观澜、郭洪涛及省委常委马明方等。从会议记录看,在出席人员中没有张浩的名字,但有张浩的发言记录。是否可以做这样的推断,他到瓦窑堡时,会议已经开始,由于土地问题十分重要,他不顾鞍马劳顿,马上参加了会议。另外,从现在保存的记录看,中共中央到瓦窑堡之后于 13 日、18 日开过两次会议,均无张浩的名字,也可以推测张是在 18 日政治局会议和 20 日政治局会议之间到达瓦窑堡的。

在 20 日的会议上张浩作了重要的发言。他的发言扭转了会议的方向,由开始时的批右转为批"左"。这是自遵义会议后第一次从政治上反对"左"的倾向,从而推动中央开始转变政策,为制定抗日民族统一战线政策拉开序幕。

会议首先听取王观澜的汇报。汇报分三部分:

第一,现在土地分配情况。他说:延水、延长、子长,分配完毕,其他大部

---

① 1935 年 6 月 29 日,中共中央政治局常委会议记录。

② 中共中央书记处编:《六大以来》(上),第 722、723 页,人民出版社,1981 年。

分分配了。陕北的土地革命缺乏明确的阶级路线,地主公开分了田,富农分了好田,而贫雇农没有得到应有的利益。农具分配更差。地主统治被推翻了,但是势力尚没有打倒。

第二,怎样分配土地。过去是按劳力为标准,分为三等。他建议白军家属如是贫雇农应分到土地。中农、贫农土地不应动。苏维埃中央政府颁布的怎样划分阶级①一般是适用的。他在发言中指出:陕北同江西不同,地多人少,不能以土地的多少来决定成分,要根据占有土地的质量和剥削量来决定成分。高利贷比较重,地价比较轻。

第三,怎样保证正确的解决。1.党的领导。2.组织贫农团。3.提出要开展两条路线的斗争,特别是对右倾机会主义要毫不留情地打击,才能保证对地主、富农分子实行土地革命的彻底解决。②

自大革命失败以来,中国共产党就不断在进行反倾向斗争,特别是反对右倾机会主义的斗争。开展两条路线斗争,成为一种讲话的固定模式。但是,现在如果进一步反右,那也就不可能纠正"左"的政策。

陕北干部马明方介绍了情况,说:中心县百分之七十已分配了土地。已分配土地是人口多的地方。中农的土地没有动,只是动了多余的荒地。他的意思是不同意重新分配。③

刘少奇说:解决土地问题的工作开展很慢,主要原因是党内和政权机关中有一种阻力。因此,要把开展土地斗争同领导机关的改造结合起来,在土地斗争中吸收贫苦工农到机关中来,并清除在党内及政权机关中的地主富农,要依靠雇农工会和贫农团来发动群众开展群众斗争。④

会议的发言者大多数认为陕北苏区的土地政策不是"左"了,而是右了。无疑,这种"左"的观点、情绪不但无法正确解决当时土地问题,只会进一步扩大打击面。而且与共产国际新确立的广泛的反法西斯统一战线政策是格格不入的。张浩坐不住了,他在吴亮平发言之后作了长篇发言。他的发言,扭转了会议的方向。

张浩说:"关于土地革命中的富农问题,过去提出反对富农(的口号),反对富农是重要的。我们目前阶段策略上反对的目前最紧急的敌人是日本帝

---

① 即指 1933 年 10 月中华苏维埃中央临时政府颁布的《怎样分析农村阶级》,见《毛泽东选集》第 1 卷,第 127—129 页,人民出版社,1991 年第 2 版。

②③④ 均见于 1935 年 11 月 20 日,中共中央政治局会议记录。

国主义、蒋介石及地主。革命进程是曲折的。目前反富农要注意(政策),这是因为有对中农的问题,如果要没收富农、消灭富农,则中农不敢发展;对富农问题又是对白区的问题,要使白区农民,甚至富农到革命方面来;对商人问题也有关系;对富农政策又有对知识分子问题,有许多知识分子是富农出身,他们(在革命中)也有很大的作用,要使他们了解只有苏维埃才能救中国,(才)是出路。富农问题是长期斗争的问题,不是一下子就消灭的。

"对地主如果不把他们充军,这是不能发动群众斗争的,必须使他们离开本地。给地主分配荒地要使他们生产。现在还有很多农民收成没有来得及收回家,应动员他们赶快收回来。"①

值得注意的是,张浩在发言中还提出了"人民共和国"的概念,可惜记录上只记了这个名词,没有展开。可能张浩没有来得及进一步论述,也可能记录人第一次听到这个概念,没有理解而没有记录。后来在瓦窑堡会议后,毛泽东对党的活动分子所作的报告《论反对日本帝国主义的策略》中,就有一节论"人民共和国",就是对张浩传达的"人民共和国"的最好的阐述和补充。毛泽东说:"如果说,我们过去的政府是工人、农民和城市小资产阶级联盟的政府,那么,从现在起,应当改变为除了工人、农民和城市小资产阶级以外,还要加上一切其他阶级中愿意参加民族革命的分子。在目前,这个政府的基本任务是反对日本帝国主义吞并中国。这个政府的成分将扩大到广泛的范围,不但那些只对民族革命有兴趣而对土地革命没有兴趣的人可以参加,就是那些同欧美帝国主义有关系,不能反对欧美帝国主义,却可以反对日本帝国主义及其走狗的人们,只要他们愿意,也可以参加。因此,这个政府的纲领,应当是以适合于反对日本帝国主义及其走狗这个基本任务为原则,据此以适当地修改我们过去的政策。"②

张浩根据共产国际第七次代表大会建立反法西斯统一战线的精神提出改变对富农的政策,改变对地主不分田从肉体上消灭的政策,提出赶快动员农民将收成收回来,以巩固根据地。他的发言引起与会者的共鸣和深思。从撤离江西苏区以来,不少人都在考虑革命为什么会失败?为什么会有如此大的挫折?除了军事有什么错误,土地政策是不是有问题?有人已感到有问题,并试图纠正;但更多的人还在考虑有什么问题,如何认识? 张浩的

① 1935 年 11 月 20 日,中共中央政治局会议记录。
② 《毛泽东选集》第 1 卷,第 156 页,人民出版社,1991 年第 2 版。

发言,特别是他的国际代表的身份,引起了大家的重视。但是也有人一时接受不了他的观点。

张闻天首先说:一、首先打破地主少的观念,这是反革命阴谋。二、在农村中的路线是消灭地主,反对富农,联合中农,依靠贫农中农。消灭富农是不对的,但是发动阶级斗争必须反对富农,坚决对付我们主要敌人——地主阶级,对地主的应声虫富农应反对。至于统一战线问题,以后还可以得到国际指示。反对富农也不是经常分配其坏田,以后新产生的富农可以不分。中农、富裕中农的土地、财产无论如何不能没收。三、对苏维埃机关中的知识分子利用还是必要的,但我们不要为他们所利用。四、土地按人口分配。并且要分配农具、牛羊、房屋。①

他的这番讲话与 11 月 5 日的发言,有明显的不同,但也并不完全同意张浩的意见。他认为消灭富农不对,但是反对富农是对的。

随后博古的发言更加明确:认为与富农建立联合战线,是糊涂思想。一、定地主成分。光看田有多少是不对的,还要看其他的剥削,如高利贷、出租等等。定成分,中农、富农应定得更宽些,只有一个雇工的不是富农。二、分配标准一般以人口为标准,这样不会使贫农吃亏,中农得到利益也不怕。三、对知识分子要一个一个地考虑和研究,基本原则是哪个阻碍土地革命的(就)让其出去。四、党在农村的基本阶级路线是,依靠贫农雇农,联合中农,消灭地主,反对富农的剥削。与富农建立联合战线,今天是糊涂思想,今天是不可能的,因为富农与地主界限是接近的。对富农应反对,防止(将它)作为头一个敌人,消灭富农是错误的。

张浩反驳说:对富农问题希望博古同志好好想想。

双方意见针锋相对,互不相让。

时间不早了,张闻天没有让张浩再讲下去,他作结论说:在白区发展大的斗争可暂时与他们(富农)妥协,在阶级斗争深入的地方则不同了,对富裕中农稍宽些。

张浩一时难以说服大家。他明白中国共产党消灭富农的政策并不是自己的发明创造,而是根据共产国际的指示制定的。他明白要说服大家,得有一个过程,要先传达共产国际"七大"制定的建立反法西斯统一战线的精神和《八一宣言》的内容,只要大家都同意建立反法西斯统一战线,如何对待富

---

① 1935 年 11 月 20 日,中共中央政治局会议记录。

农的问题也就迎刃而解。

"九一八"日本发动侵华战争后,中间阶层和一部分大地主大资产阶级的地方集团已经举起抗日的旗帜,成为抗日的同盟者,这个变化已经出现。如果中共中央仍然恪守斯大林的观点,认为中间派别是最危险的敌人,反对他们,不能及时根据变化的政治形势改变自己的政策和策略,中国共产党势必脱离群众,势必远远被抛在中国人民政治生活之外。

经过第一次国共合作失败的中国共产党有没有魄力、勇气再次建立广泛的统一战线? 有没有信心、能力实现第二次国共合作? 经历了十年内战,与国民党各派包括地方实力派刀对刀、枪对枪打了十年,现在和他们握手言和,这个弯子能不能转过来? 这一系列的问题摆在中共领导人的面前。

共产国际七大精神对中共政策转变的影响

张浩回国后的活动,紧紧围绕团结御侮和建立抗日民族统一战线展开。正如当时任中共西北中央局宣传部长的吴亮平所说:"张浩回做的头一件事,就是传达了共产国际关于建立中国抗日民族统一战线的意见,对我党开展统一战线起到很好的推动作用。"[①]

从 1934 年 10 月长征开始,中共中央和中央红军就面临着国民党数十万军队的围追堵截和自然界异乎寻常的艰难险阻,后又遭受张国焘分裂主义的严重危害,处境十分困难;初到陕北时,由于国民党军队的包围、封锁与进攻,仍处于同外界基本隔绝的状态之中。中共中央对外部世界的变化发展,很难及时了解,也难以全面准确地分析当时中国的政治局势,作出重大策略的转变,因此迫切需要共产国际的帮助和指导。张浩回国,正适应了这种需要。

张浩一到瓦窑堡,张闻天就安排他住在自己的隔壁窑洞中,一起吃饭,一起畅谈。张浩向张闻天、博古、刘少奇、李维汉等在瓦窑堡的中央领导同志详细传达了季米特洛夫在共产国际"七大"作的《关于法西斯的进攻以及共产国际在争取工人阶级团结起来反对法西斯的斗争中的任务》的报告和《八一宣言》的内容。由于他亲身参加了共产国际七次大会,大会隆重热烈的气氛还历历在目,威廉·皮克的开幕词、季米特洛夫的报告和王明的讲演

---

① 吴黎平:《在历史转变的关头》,《张浩纪念集》,第 22 页,上海人民出版社,1986 年。

犹言在耳；他对参加酝酿讨论过的《八一宣言》体会更深，加之他离开莫斯科前，又集中时间将共产国际"七大"的主要文件和《八一宣言》反复背诵，所以在传达时，能一字不差地复述出来。

他首先介绍了当时严峻的国际形势，由于德、日、意法西斯势力的猖獗，严重威胁着世界和平，威胁着一切爱好和平国家的安全和弱小民族的生存，也使我们中华民族面临亡国灭种的惨祸！在这种形势下必须随着形势的变化迅速变换斗争形式与斗争方法，必须改变以往对社会民主党的策略，立即着手建立统一战线，使共产国际和第二国际所属政党实行反法西斯的联合行动。他传达季米特洛夫的报告："共产党人一分钟也不能，而且也不应放弃自己在进行共产主义宣传、组织和动员群众等方面的独立工作。但是，为了能使工人们走上统一行动的道路，必须同时与社会民主党、改良主义工会以及其他劳动人民组织达成对无产阶级的阶级敌人采取联合行动的临时协议或长期协议。"[1]季米特洛夫强调："在动员劳动群众同法西斯进行斗争方面，一项特别重要的任务是，在无产阶级统一战线的基础上建立广泛的反法西斯人民阵线。"在建立反法西斯人民阵线时，不能再将中间势力看作危险敌人，而要"正确地对待那些有很多劳动农民和城市小资产阶级基本群众参加的团体与政党"。"在某些情况下，我们可以而且应该努力把这些政党和团体或其中的某一部分吸引到反法西斯人民阵线中来，尽管他们的领导是资产阶级。"[2]季米特洛夫在报告中还强调："由于国际和国内形势发生了变化，在所有殖民地和半殖民地国家，反帝统一战线问题乃具有特别重要的意义。"[3]他特别肯定和赞扬了中国共产党同一切决心真正救国救民的有组织的力量结成反对日本帝国主义及其走狗的广泛的反帝统一战线的倡议。

张浩在向中共中央领导人全面传达《八一宣言》各项内容的同时，还传达了为季米特洛夫所肯定和赞同的王明在讲演中的重要论断和倡议。

在共产国际第七次代表大会上，王明说：中国共产党是代表全国人民的，不只是代表工农的。

王明的原话是："按照自己的政纲和目的说来，中国共产党首先是工人阶级的政党。可是同时中国共产党是中国全体人民争取民族解放和社会解放的政党。……只有在我们共产党内，才能够把中国社会各阶层中最先进

---

①②③　均见于中国社会科学院近代史研究所翻译室编译：《共产国际有关中国革命的文献资料》第 2 辑，第 388 页，第 390—391 页，第 400 页、403—404 页，中国社会科学出版社，1982 年。

的、最优秀的、最爱国爱民的分子团结起来；只有在我们共产党内，才能把一切不忍坐视中国同胞沦为亡国奴和变成饿死鬼的我们民族真正的优秀代表们团结起来。"①这个观点当然是正确的。

王明说："在目前的中国，反对日本帝国主义的民族统一战线问题，不仅具有头等意义，而且具有决定一切的意义。""在民族危机日甚一日的条件之下，除了我们的伟大民族全体总动员去进行坚决的、无情的反对日本帝国主义的英勇斗争而外，别无其他的救国方法；同时在共产党方面，除了反对日本帝国主义的民族统一战线这个策略而外，没有其他的办法能动员全体中国人民去与日本帝国主义作神圣的民族革命斗争。"②考虑到民族生存已处在千钧一发的紧急关头，我们的党应克服"左"倾关门主义错误，"应当继续发展反日民族统一战线的政策，应当把这个政策极彻底地、极大胆地、极广泛地和极坚决地运用起来，以便把全中国人民在极短期间内真正联合起来，去进行抗日救国的共同战斗。"③

张浩还传达了中国共产党驻共产国际代表团关于实行抗日救国政策的具体步骤："中国共产党和中国苏维埃政府共同向全国人民，向一切政党、派别、军队、群众团体以及一切政治家和名流们提议，与我们一起组织全中国统一的国防政府和全中国统一的抗日联军。""中国共产党中央和中国苏维埃政府愿意做成立这种国防政府和抗日联军的发起人。""不管中国共产党和苏维埃政府与其他党派、团体和个人之间，在过去和现在，在对内问题上有任何分歧，在今天大家都应当一致对外。"④不管过去和现在任何部队与红军之间，在对内问题上有任何不同的意见，不管这些军队是否与红军进行过战争，红军不仅立刻对之停止敌对行动，而且立刻与他们联络一起去实行抗日救国。

张浩传达的这些内容，令人耳目一新，茅塞顿开，给大家留下了深刻的印象，张闻天的夫人刘英回忆说张浩一到陕北：

> 即向中央传达了共产国际和斯大林关于建立统一战线的指示，带回了密码，恢复了中央与共产国际的联系。他经常与闻天、毛泽东在一起倾心畅谈，汇报他所知道的情况，使中央更清楚地了

①②③④　均见于中国社会科学院近代史研究所翻译室编译：《共产国际有关中国革命的文献资料》第2辑，第407—408页，第398页，第400页，第403—404页，中国社会科学出版社，1982年。

解了外面的形势和共产国际"七大"的精神。因为从 1934 年上海中央局被破坏以后,党中央即与共产国际失去联系。长征途中又由于敌人的围追堵截,连报纸也很少见到。这样,红军每占领一个地方,不得不注意搜集地方报纸。所以中央听了张浩的汇报很高兴。我曾听闻天讲,张浩回国对我们帮助很大,给我们打通了与共产国际的联系,帮助我们了解许多情况。[①]

《张闻天传》的作者程中原在转述时也这样写道:

张闻天一方面于 11 月 20 日即派人送专函给在直罗镇前线的毛泽东等人,通报张浩回来传达的国际"七大"精神与《八一宣言》要点;一方面,立即同张浩和在后方的党中央领导同志一道,认真研究国际"七大"精神,结合中国革命的历史经验,特别是"九一八"以来的教训,依据当时国内外各种关系变动的情况,作出战略和策略转变的重大决策。[②]

可见张浩向中共中央传达的共产国际"七大"关于建立广泛的反法西斯统一战线的精神和《八一宣言》的内容,对于中共中央克服关门主义错误,及时调整政策,发生了直接的作用。

抗日民族统一战线思想在争议中逐渐清晰起来

根据张浩传达的精神,中共中央政治局结合中国的实际,进行了认真研究,拟定了一份文件,即《中华苏维埃共和国中央政府、中国工农红军革命军事委员会抗日救国宣言》。张闻天认为有必要召开全体会议,研究中国共产党策略的转变。为此,11 月 25 日,张闻天又派专人送信给毛泽东并附去文件,就抗日统一战线的策略、红军行动方针、改变对富农的政策等重大问题,征求毛泽东和前方同志的意见。

11 月 29 日,张闻天主持召开中央政治局会议。张闻天首先作了《日本

---

① 刘英:《国际代表》,《张浩纪念集》,第 25 页,上海人民出版社,1986 年。
② 程中原:《张闻天传》,第 271—272 页,当代中国出版社,1993 年。

帝国主义对中国的侵略与扩大民族统一战线的报告》,他说:"日本对中国的侵略更加紧了。日本在察哈尔事件后又提出八个条件,这八个条件更进一步表明,日本要将侵略势力伸入到沿海各省以至全中国。国民党态度很明显,蒋介石是日本最忠实的走狗。南京政府可能发生一些变化,但基本上一定要执行日本的条件。日本的侵略使它与其他帝国主义关系恶化,英美想阻止日本的企图,但无法阻止日本侵略之加紧。"

他说:"在目前形势下反对日本侵略的,不仅有工农群众、大学教授及某些派别的资本家,就是在军阀中间也有人对日本侵略不满意,如广东政府反蒋。民族抗日战线中参加了广大阶层。我们目前任务是领导、动员群众,争取广大群众在我们周围,扩大统一战线,甚至对上层统一战线。我们提出了六大纲领,现在要很好利用这个纲领,使六大纲领具体化。我们采取主动联合军阀反对日本帝国主义,过去未做过。目前我们苏维埃红军的影响很大,可以争取群众,分裂军阀。不要等人家来找,怕动摇自己立场,怕玷污我们的清白。我们的救国宣言可以吸收更广大的阶层,团结更广大的群众。现在是革命时期,我们有很大力量,有党的正确领导,可以争取民族战争的领导权。争取广大群众团结在我们周围,坚决同关门主义作斗争。"

随后,何凯丰发言,进一步提出反对关门主义的问题。他说:"抗日反蒋的民族革命战争在发展,党的工作弱点就是不会利用这个统一战线。关门主义的根源是对自己力量不相信。关门主义脱离广大群众斗争,自己关在另一个屋内。许多同志对统一战线不了解,或了解也是机械的,没有了解在不同的环境中去运用,不了解我们目前主要的敌人在哪里。"

随中央长征回到陕北的原陕北干部贾托夫,介绍情况说:"西北的一些军阀与蒋介石联系少,过去有过军阀来找我们,我们提出苛刻条件。现在蒋介石企图把西北军阀推到前线来进攻苏区,他们与红军联合这一可能性更增加起来。应反对关门主义。"

邓发则说:"过去提出统一战线认为是扩大宣传影响,没有看到是行动的方针。"

受过"左"倾路线打击的刘少奇对这个问题认识更加深刻,他说:"统一战线问题,我们没有能发动广大的群众运动是犯了严重的关门主义。日本帝国主义在侵略中国,中国群众反日运动在高涨,党应去领导和组织这一运动,因此必须反对关门主义。关门主义是对自己力量不相信,对反革命力量过分的估量。生怕人家来利用了我们,因此不放心。我们有坚强的党,可以放胆去做。上层统一战线有可能建立,应利用之,以取得公开的机会与群众见面。"

张浩见大家都已领会了国际的精神,十分高兴。他说:"要认识到自己的力量及自己所处的位置。红军二万五千里长征震动了世界,影响之大超过世界纪录,使群众了解红军是中国主要力量之一。红军已成为不可战胜的力量,在全世界也是主要的革命力量之一。我们要反对日本帝国主义,只有民族自信、自尊,才能得到民族的自强。陕北群众有些还不知道这个任务,我们应很好地宣传,提高群众觉悟。反帝、土地革命要经过许多阶段才能完成。我们现在要集中力量反对日本帝国主义,反对蒋介石。先把主要的敌人拿住。"[1]

最后张闻天作总结:"今天提出统一战线,与过去有很大不同。1927年革命失败后,反革命联合起来向革命进攻,小资产阶级消极或同情反革命。我们的力量散了些,只能建立下层统一战线,我们的工作集中在巩固团结自己的力量。现在情况不同,整个小资产阶级动摇及同情我们,在军阀中也有了分化,有的动摇、中立或对我们同情,我们有坚强的苏维埃及红军,有广大群众的拥护,党的力量比以前强了。现在更迫切地提出了实行统一战线策略的任务,抗日反蒋必须很好地运用这一策略。目前主要危险是右倾机会主义,不相信自己的力量,最阻碍我们的工作的是关门主义。统一战线不只是限于宣传,要变成实际行动,上层与下层统一战线的关系如何?上层、下层统一战线都要干,不能像满洲事变中那样站在旁边去揭破军阀欺骗。要反对主要敌人——日本帝国主义和蒋介石反动派。要巩固自己的力量——红军和苏维埃。"[2]

会议批准了《中华苏维埃共和国中央政府、中国工农红军革命军事委员会抗日救国宣言》。这个宣言不仅体现了《八一宣言》组织抗日联军和国防政府的精神,提出了同《八一宣言》内容基本相同的十大纲领,而且许多用语都是一致的。

《宣言》指出:"现在形势更加紧迫了,现在正是要求我们全国人民有力出力,有钱出钱,有枪出枪,有知识出知识,大家团结,大家奋斗,以誓死的决

---

[1] 1935年11月29日,中共中央政治局会议记录。

[2] 1935年11月29日,中共政治局会议记录。张闻天的报告和总结,参见中共中央党史研究室编:《中共党史资料》第22辑,第42—47页,中共党史资料出版社,1987年。

心以对付中国人民公敌的时候。"《宣言》重申:"不论任何政治派别、任何武装队伍、任何社会团体、任何个人类别,只要他们愿意抗日反蒋者,我们不但愿意同他们订立抗日反蒋的作战协定,而且愿意更进一步同他们组织抗日联军与国防政府。"①正如《张闻天传》的作者在分析《抗日救国宣言》和张闻天同时发表的文章《拥护苏维埃政府与工农红军的抗日宣言》的新内容之后所说:"以上这些新的内容、新的纲领,具体的口号和提法,都是张闻天11月中旬的文章、讲话、宣言、决定中所没有或不够明确、未加强调的。这当然同张浩到达瓦窑堡,传达国际'七大'精神密切相关。"②可以说,这个《宣言》是中共中央实行政策实质性转变的第一个重要文件,对统一战线注入了许多新内容,为瓦窑堡会议做了准备。

既然大家都接受了建立抗日民族统一战线的思想,那么改变对富农的政策,这个问题就迎刃而解了。郭洪涛回忆说:"至于富农策略的改变,应该说,它有一个背景,就是张浩同志从苏联回国,带来了共产国际建立反法西斯统一战线的精神。"③

12月1日,毛泽东复信张闻天:"反蒋抗日统一战线的策略内容及其具体的口号与纲领,完全同意。宣言请立即发。""对富农策略的转变,基本同意。但决议上应指出,当斗争发展,贫农、中农要求平分富农土地时,党应赞助这一要求。富农可与贫农、中农分得同等土地。过去分坏田的原则是不对的,但富农土地完全不动的原则,在苏区尤其在南方苏区也是不对的。在土地问题上,对富农策略同对中农应该有一点区别。农村中的党应善于领导与监督富农,严防为富农所领导。要指出当斗争深入时,富农必然转入地主阵线,这是中国半封建富农阶层的特点。"④

在建立抗日民族统一战线思想的指导下,并吸收了毛泽东对富农问题的意见,由张闻天、李维汉起草了《中央关于改变富农策略的决定》。12月6日上午9时政治局开会讨论这个《决定》,张浩出席了会议。

张闻天首先作报告介绍《决定》的内容。他说:"四中全会后,中央坚决执行了共产国际关于富农问题的指示。现在与以前不同了,一、民族危机,广大下层群众参加革命;二、苏维埃不仅仅是工农的,而是全国民众的;因而

①　中共中央书记处编:《六大以来》(上),第727页,人民出版社,1981年。
②　程中原著:《张闻天传》,第274—275页,当代中国出版社,1993年。
③　郭洪涛:《张闻天同志初到陕北》,《回忆张闻天》,第96页,湖南人民出版社,1985年。
④　《毛泽东年谱》上卷,第493—494页,人民出版社、中央文献出版社,1993年。

对富农所取的态度与以前不同,要改变我们对富农的策略。"

博古同意不再提反对富农。他说:"反对富农一定要走上消灭富农,我们应改变政策。一、富农出租的土地没收,自己种的不没收;二、苏维埃税收应加在富农的身上;三、保障富农经营土地、金融的自由,不能有封建剥削,只要他不反对苏维埃,遵守法令。"但是,他又说:"联合整个农民,不要提联合富农,以免引起误会。"

有的人担心:"我们政策之改变,富农会来个反攻。"

这时张浩发言,针对这些糊涂看法,他指出:"战略是不变的,但策略是随环境的变化而变化的。共产主义反对教条。在政治上,我们集中力量反对主要的敌人。而过去的策略是加多了敌人,所以我们要学习、要总结。苏区经济之发展,更可以影响白区群众。对富农斗争是应该的,但不能使他赔本,否则妨碍经济发展,使富农、资本家还能赚钱,强迫没收是不正确的,土地不能随便重分,这样影响到农村的生产。"[1]

最后张闻天作结论:"现在要建立广泛统一战线,集中力量反对主要敌人。在苏区'左'的办法要纠正。富农自己经营的土地不动,出租的土地没收,出租的牛羊可以分配,土地是不是平均分配靠中农决定。合作社,富农可以投资,但不能参加行政管理。富农不能参加政权机关。"[2]

最后,会议通过了这个《决定》,中央对富农的政策由"加紧反对富农"一举改变为"联合整个农民,造成广泛的农民统一战线"。《决定》指出:在民族革命战争紧迫的时期,不但工人与农民参加斗争,而且广大的知识分子、小资产阶级群众也卷入革命的潮流,甚至有部分商人、资本家、中下级军官以及某些军阀,也开始动摇或表示同情于民族革命的斗争。"在这种形势下,富农也开始参加反对帝国主义侵掠及豪绅地主军阀官僚的革命,或采取同情与善意的中立态度,不论是富农自己参加革命斗争,或采取同情甚至中立态度,对于我们现在不是可怕的,而是有利的。因为目前党的中心任务,是在尽量扩大革命运动的范围,吸收各种不同的社会阶层,建立全国人民的统一战线,反对主要的敌人日本帝国主义与卖国贼头子蒋介石;而加紧反对富农的策略,是在把富农推到反革命的怀抱中去,是在加强反革命同我们斗争

---

① 1935年12月6日,中共中央政治局会议记录。
② 1935年12月6日,中共中央政治局会议记录。张闻天在政治局会议上所作的报告和结论。参见《张闻天选集》,第69—70页,人民出版社,1985年。

的力量。因此,这种策略现在已经不适当了。"《决定》规定:在苏区土地革命深入时,"我们应该集中力量消灭地主阶级。对于富农,我们只取消其封建式剥削的部分,即没收其出租的土地,并取消其高利贷。富农所经营的(包括雇工所经营的)土地、商业以及其他财产则不能没收,苏维埃政府并应保障富农扩大生产(如租佃土地、开辟荒地、雇用工人等)与发展工商业等的自由。""对于那些积极参加苏维埃革命的地主、富农出身的知识分子,我们是欢迎的,他们应该受到苏维埃工作人员同等的待遇"[1]。

12月8日,周恩来回到瓦窑堡,张浩同他做了长谈。

同日,毛泽东来电要求在安塞见面,张浩和张闻天赶到安塞,14日晚得知毛泽东已于13日回到瓦窑堡,便又赶回来。张浩和毛泽东终于在瓦窑堡见面,这是1927年大革命失败在武汉分手后,张浩与毛泽东第一次重逢,一晃9年时间过去了。1928年张浩曾在安源给毛泽东写信,讨论如何巩固和扩大革命根据地以打击和消灭国民党,而现在,是讨论如何联合国民党的地方实力派,联合各党各派建立抗日民族统一战线。国内外形势的变化,要求共产党人迅速变换自己的斗争形式与策略路线。15日、16日,张浩同毛泽东做了长谈。

瓦窑堡会议中共中央统一思想

经过两天的准备,17日,中共中央召开了政治局会议,这是中共中央到瓦窑堡后参加人数最多的一次会议。瓦窑堡是一个很小的县城,穷乡僻壤,连大的会议室也没有,会议就在张闻天、刘英夫妇住的窑洞里召开。窑洞坐落在半山坡上,太阳晒进来,将窑洞里照得通亮,洋溢着欢快的气氛。

直罗镇战役的胜利粉碎了敌人的围剿,陕北肃反扩大化问题得以纠正,受冤屈的同志得到释放、平反、分配工作,使陕北根据地转危为安。中共中央在二万五千里长征后,现在终于有了一个相对安定的环境,有了一个根据地。

而在白区北平学生于12月9日上街游行,要求停止内战,一致抗日。一个抗日救亡运动的高潮正在全国兴起。

中国革命已走出困境,一个新的大变动、大高潮即将到来!

---

① 中共中央书记处编:《六大以来》(上),第729—731页,人民出版社,1981年。

还有让人高兴的第三件事：张浩回国，使中共中央同共产国际中断了一年多的联系恢复了。他带回来了共产国际"七大"的文件精神，使中央开始改变"左"的关门主义政策，建立广泛的统一战线策略的思路已经明确，中国共产党即将引领中国走向由内战转向抗战的伟大战略转变，这是一个令人兴奋的重要时刻！

遵义会议后张闻天在党内负总责，因此政治局会议一般由他召集、主持，一般都在他住的窑洞举行。参加这次政治局会议的有：张闻天、博古、毛泽东、张浩、邓发、李德、周恩来、凯丰、刘少奇、吴亮平、郭洪涛等。

仍然由张闻天主持会议。他讲话后，请张浩传达共产国际"七大"的精神和《八一宣言》的内容。张浩传达的基本精神主要是：强调统一战线是基本策略方针；国防政府与抗日联军是统一战线之最广泛与最高的表现；工农苏维埃之改变为人民苏维埃；富农政策的改变以及十条纲领等。①

许多人已不止一次听张浩讲了，但大家还是饶有兴趣地听着。李德在《中国纪事》中写道："张浩的报告和由此应得出的结论，使党的领导者们在12月份忙了整整一个月。"②

从17日到19日，会议对张闻天起草的《关于目前政治形势与党的任务》做了详尽、充分的讨论。毛泽东作了重要发言。但是对民族资产阶级有没有可能参加抗日的问题，产生了争论。博古仍引经据典地论证"中间势力是最危险的"，反对联合民族资产阶级抗日，反对民族资产阶级参加抗日民族统一战线。

毛泽东再次发言，指出：在半殖民地中国的民族资产阶级不同于资本主义国家的资产阶级，具有两重性，在亡国灭种的危急关头有参加抗日的可能，甚至大资产阶级营垒也有变化的可能。他反驳博古说："难道这样做（指联合民族资产阶级），就是对祖宗不忠？对祖先不孝吗？"③

会议根据共产国际"七大"和《八一宣言》的指导思想，结合中国当时民族危机日益深重的形势，经过反复讨论研究，通过了由张闻天15日起草的《中央关于目前政治形势与党的任务决议》。④《决议》批判了"左"倾关门主

---

① 《育英闻天关于目前基本策略口号与战略方针之意见致朱德、张国焘电》，1936年2月14日。

② 奥托·布劳恩：《中国纪事》，第208页，现代史料编刊社，1980年。

③ 郭洪涛：《张闻天同志初到陕北》，《回忆张闻天》，第97页，湖南人民出版社，1985年。

④ 未找到17—19日的会议记录。以前说法是25日通过这个决议。现以一份张闻天15日起草的文本为依据。

义,重申了《八一宣言》提出的把建立国防政府和抗日联军作为抗日民族统一战线组织形式的主张和抗日救国"十大"纲领,决定将苏维埃工农共和国改为苏维埃人民共和国,确定了适合中国特点的抗日民族统一战线的策略方针。《决议》指出:"党的策略路线,是在发动、团结与组织全中国全民族一切革命力量去反对当前主要的敌人——日本帝国主义与卖国贼头子蒋介石。"强调"只有最广泛的反日民族统一战线(下层与上层的),才能战胜日本帝国主义与其走狗蒋介石。""我们的任务,是在不但要团结一切可能的、反日的革命力量,而且要团结一切可能的反日同盟者,是在使全国人民有力出力,有钱出钱,有枪出枪,有知识出知识,不使一个爱国的中国人不参加到反日的战线上去。这就是党的最广泛的民族统一战线策略的总路线。"①

另外,面对蒋介石几十万大军的围追堵截,中共中央只能坚持反蒋抗日。

正如 1945 年 4 月 20 日中共六届七中全会通过的《关于若干历史问题的决议》所指出的一样:"当然,在抗日问题上,在当时还不能预料到代表中国大地主大资产阶级主要部分的国民党主要统治集团在 1935 年的华北事变尤其是 1936 年的西安事变以后所起的变化。"②所以在这个决议中提出的口号还是抗日反蒋。

毛泽东对会议很满意。他在 12 月 19 日 20 时给彭德怀的电报说:"政治局会议开了三天,关于总的政治问题(形势与任务)讨论完了,真是一次很好的讨论,可惜你没有来参加。明后天讨论军事问题。"当天 24 时,毛泽东余兴未尽,又致电林彪、彭德怀、叶剑英、程子华:"政治局已开了三天会,很好地讨论了当前的形势、力量与任务。"③

会后,毛泽东在党的活动分子会议上作了《论反对日本帝国主义的策略》的报告,对《决议》进一步作了马克思主义的阐述。这样瓦窑堡会议就在共产国际"七大"精神指导下,解决了遵义会议没有来得及解决的政治路线问题,这是中国共产党根据本国具体实际创造性地贯彻共产国际"七大"决议的积极成果,这也是马克思列宁主义与中国革命实践相结合的典范,是毛泽东思想一个重要组成部分。

胡乔木在《中国共产党三十年》一书中谈到共产国际"七大"对中国共产

① 中共中央书记处编:《六大以来》(上),第 736—737 页,人民出版社,1981 年。
② 见《毛泽东选集》(一卷本),第 975 页,人民出版社,1966 年。
③ 转引自程中原:《张闻天传》,第 277 页,当代中国出版社,1993 年。

党确定抗日统一战线策略方针的影响时说:"这个工作,是1931年到1934年的党中央所不能完成,毛泽东同志在1935年的长征中也不可能完成的。直到这时在共产国际关于反法西斯统一战线的正确政策的帮助之下,党在8月1日发表了号召统一战线的宣言,特别是党中央政治局在12月25日通过了《关于目前政治形势与党的任务决议》,毛泽东同志在12月27日党的活动分子会议上作了《论反对日本帝国主义的策略》的报告,才满足了这个要求。"[①]

当时参加瓦窑堡会议的吴黎平也说:"党中央和毛泽东同志关于建立反对日本帝国主义的民族统一战线的思想,是在长征路上逐步形成的,但是许多具体问题则是在1935年12月瓦窑堡会议上解决的。张浩在这之前找到党中央,带来共产国际的正确意见,这对于毛泽东同志的英明决策在全党的贯彻执行,起到了很好的作用。共产国际对中国革命做过好事也做过错事,在决定建立抗日民族统一战线问题上是做了一件大好事。张浩不畏艰险,长途跋涉走到陕北,及时把共产国际的正确意见传达给中国共产党,是对中国革命的一个大贡献。"[②]

正是鉴于张浩在中国共产党确定抗日民族统一战略策略方针方面的杰出贡献,也为了更好地做张国焘的争取工作,1936年1月17日中共中央政治局决定:张浩与彭德怀参加中央政治局工作。[③] 这是党对张浩的信任和期待。

12月23日继续开会,首先由军委主席毛泽东作军事问题报告,介绍他起草的《中央关于军事战略问题的决议》的内容。他的报告分三个部分:第一,战略方针。要以坚决的民族革命战争,反抗日本帝国主义的侵略,把国内战争与民族战争结合起来。1936年的军事部署,准备对日直接作战,打通苏联,巩固和扩大苏区,扩大红军到5万。游击战在民族战争中有极大战略上的作用,一切行动在民族革命战争的口号下,在一切省份发展游击战,大量吸收革命的知识分子,做白军工作。第二,作战指挥上的基本原则。总结了九年国内革命战争的经验和教训,批评了"左"倾在军事指挥上的错误。战略防御时,反对单纯防御,反对先发制人。战略进攻时,要波浪式发展。

① 胡乔木:《中国共产党的三十年》,第38页,人民出版社,1956年。
② 吴黎平:《在历史转变的关头》,《张浩纪念集》,第22—23页,上海人民出版社,1986年。
③ 1936年1月23日,中共中央政治局会议记录。

基本原则还是运动战。第三,行动方针,东渡黄河,到山西去的计划。

军委副主席周恩来补充发言。他说:同意毛泽东报告,我有些补充与意见。第一,红军扩大战争胜利,在绥远西部可用支队去活动,缩短打通国际期间,两问题相互提出,互相联系。第二,游击战争的几项原则是对的,陕北陕西的军队发展应包围城市及交通要道。游击队要成为发展土地革命及反对帝国主义的宣传者、组织者,也是发展白区最主要的办法。吸收学生和白军到游击战争中。指挥原则,在防御上应站在主动地位,不是被动地位,要诱敌深入,集中主力于一个主要方向,这个问题在遵义会议已解决。

李德担心红军到绥远,靠近苏联会给日本进攻苏联以借口。

博古、张闻天则同意毛泽东的意见。在他俩发言之后,张浩说:"泽东同志将九年来国内战争经验总结起来,是很有价值的。中国红军干部在数年来国内战争中锻炼了自己,变成为很好的军事专家。战略方针:开展民族革命方针,公开提出卖国头子蒋介石,抓住头子,分化他们。游击队是红军的附属力量,同红军有联系。在战术上后发制人是非常之好的,游击战术是需要的,阵地战要避免。"他针对李德的顾虑,说:"我们靠近苏联并不是日本可以当作借口,问题是力量问题,日本进攻苏联随时都可以找到借口。东进可以揭破敌人的欺骗宣传,我们也应估计到突变到来。我们另与苏联联系。现在应集中人力、物力为红军胜利而斗争,大家要服从这个利益。东进时防止南边敌人进攻。"

会议由毛泽东作结论:从现在起 40 天工作,准备东征。两个任务,巩固发展苏区是百分之九十,打通苏联是百分之十。中国革命是大事。

周恩来主张增加"主动"两字。毛泽东说:"我意见加进去,一切为着主动。后发制人,以退为进,缩紧阵地,诱敌深入,内容一样。打仗是大量消灭敌人,保存自己到最小损失。在战役中要争取先机。我们就是到绥远,日寇也无奈我们。我们还大胆一点。"①

会议通过了毛泽东起草的《中央关于军事战略问题的决议》,决议分两部分:第一部分是战略方针,确定把国内战争同民族战争结合起来的方针。提出"抗日联军","红军是中国人民抗日的先锋队","一切不愿当亡国奴的士兵及军队同红军联合起来打日本去","打倒帮助日本帝国主义灭中国人的汉奸头子——蒋介石"。这就将党建立统一战线决议落实到具体的行动。

---

① 1935 年 12 月 23 日,中共中央政治局会议记录。

第二部分是作战指挥上的基本原则。在这部分系统地批判了"左"倾路线在军事上的错误,这比遵义会议的决议又进了一步。1936 年 12 月,毛泽东给红军大学上干队①讲演的《中国革命战争的战略问题》,将这个问题进一步系统化理论化,也为抗日战争战略的提出做了理论准备。

历史已过去 60 多年了,现在回过头来看,这个"策略路线"的转变,对于中国共产党是多么重要! 共产党从此摆脱困境,迎来了全国规模的抗战,中国革命亦从此发生阶段性转折。回顾这一段历史不能不提到张浩在其中所起到的历史作用。

张浩带回密码,重建中共与共产国际的直接电讯联系

张浩回国不仅带回共产国际"七大"的精神和《八一宣言》的内容,而且还带回来与共产国际联系的一本密码。

自中共中央 1933 年迁到江西瑞金后,同共产国际的联系是通过中共上海中央局。1934 年 6 月,由于上海中央局遭到破坏,中共中央同上海地下党及共产国际的电讯联系完全中断。

为了得到共产国际的指示和帮助,恢复与共产国际的电讯联系,中共中央采取了一系列措施。1935 年 3 月 6 日,中央派政治局委员陈云和红军总政治部宣传部长兼地方工作部长潘汉年作为中央代表,携带电码到上海,重建中央与上海地下党及共产国际间的电讯联系。8 月中旬,上海的党组织再次遭到破坏后,陈云、潘汉年等亲自赴莫斯科向共产国际汇报工作。

1935 年秋,张国焘分裂党南下另立"中央"后,恢复中共中央与共产国际的联系就更为迫切。同年 9 月 12 日,毛泽东在俄界召开政治局扩大会议所作的报告中指出:"中央应继续坚持北上的方针。一、四方面军会合后,是应该在川陕甘创建苏区。但现在只有一方面军主力——一、三军北上,所以当前的基本方针是经过游击战争,打通同国际的联系,整顿和休养兵力,扩大红军队伍。"他强调说:"我们是国际的一个支部,我们中国革命是世界革命的一部分,我们可以前进到苏联边境,创造一个根据地,将来向东发展。而且我们估计,经过游击战,我们可以打通国际联系,可以得到帮助而克服敌人的堡垒主义。"

---

① 上干队,即上级干部队。

张闻天也在发言中说:目前战略方针,应用游击战争来打通国际联系,更大规模的来进行国内战争。中国革命应得到国际的指示和政治上的领导。最近一时期,与国际失去联系,这是我们极大的损失。[①]

共产国际对恢复同中共中央的电讯联系同样极为重视,曾多次派人带电码回国。早在张浩回国之前的1935年初,中共驻共产国际代表团即派准备参加共产国际"七大"的阎红彦携带电码回国。阎化装成商人,越过中苏边境,经新疆、甘肃、宁夏、绥远等地,由于国民党的严密封锁,加之不知中央红军的确切地点,不得不辗转到达北平。后又到汾阳、西安,至1935年12月才找到了中共中央。张浩是中央红军长征到达陕北后最早将密码带到中共中央的,为恢复共产国际与中共中央的联系起了关键作用。1936年1月16日,张浩给张国焘的电文中说:"我已带有密码与国际通电,兄如有电交国际,弟可代转。"[②]张国焘在《我的回忆》中也提及此事。毛泽东曾欣喜地谈到这种联系的重要意义,他说:"过去一个时期内,中国革命力量和国际革命力量被蒋介石隔断了,就这点上说,我们是孤立的。现在这种形势已经改变了,变得对我们有利了。今后这种形势还会继续向有利的方面改变。我们不会再是孤立的了。这是中国抗日战争和中国革命取得胜利的一个必要的条件。"[③]1936年1月1日,毛泽东给朱德的电报中,又特别通报说:"我处不但对北方局、上海局已发生联系,对国际亦发生联系,这是大胜利。"

接着,刘长胜也受共产国际的派遣,携带电码到达陕北。但由于当时中央没有大功率的无线电台,[④]这条联络线未能及时建立起来。

共产国际又派但忠余等7人携带电台于1936年4月到达陕北的安边,准备进入苏区时,不幸被民团发现,发生枪战,但忠余等6人牺牲,1人被捕。此举未能成功。[⑤]

为了尽快与共产国际恢复电讯联系,毛泽东、周恩来决定军委三局局长王诤"留后方主持与国际联络"。并在军委三局专门成立了无线电11分队,由赵玉珍任分队长,具体负责收发报工作。经过各方面的努力,1936年6

---

① 均见俄界会议记录。

② 《林育英关于一、四方面军直接联系的问题致张国焘电》,1936年1月16日。

③ 《毛泽东选集》第1卷,第161—162页,人民出版社,1991年第2版。

④ 据王苏民讲,其父王诤生前回忆中央红军原有100功率的电台,过湘江时损失,只有20功率的电台。

⑤ 访问周惠年(但忠余夫人)记录。

月 16 日,中央书记处终于在陕北瓦窑堡用张浩带回的电码向中共驻共产国际代表团发出了第一封长达 2000 余字的电报,汇报了国内形势和党内情况。电报最后写道:"你们派出的人,林仲丹 12 月(应为 11 月——引者)就到了,阎红彦、罗英(即刘长胜)均到了。但有 7 个人带电台已达苏区边境被民团杀害 6 人,余 1 人及电台现尚在民团手中。"6 月 29 日,毛泽东致电彭德怀称:"远方电台已通,中央的报告已发出,不久当有回电。"[①]

7 月 2 日,中共中央收到了中共代表团负责人王明的回电,回电说:"收到你们用李福生密码发长电的一、六、八、九、十、十一各点。"[②]李福生即张浩在任赤色职工国际代表和参加中共代表团时所用的化名。这不仅说明张浩回国带有密电码,而且中央首次发报使用的密码就是张浩带回的那本。

共产国际与中共中央联系的恢复,对促进和推动中国抗日民族统一战线的形成,发挥了积极作用。

张浩帮助党中央解决张国焘分裂党的问题

瓦窑堡会议刚结束,张浩就向毛泽东请求新任务。他说:"我的任务已完成,现在我是中国共产党一名普通的党员,请中央分配工作。"[③]坦荡真诚的胸怀,溢于言表。中共中央经过深思熟虑,考虑借助共产国际的权威,更有利于制止张国焘的分裂活动,乃商请张浩出面做张国焘的工作。

中共中央考虑由张浩出面做张国焘的工作,一是他具有坚强的党性,坚持原则,顾全大局,主张团结,维护统一;二是他在党内资格老,多次承担党的重任,在党内有较高的威信;三是,他是中华全国总工会驻赤色职工国际代表、中共代表团成员,参加了共产国际第七次代表大会,受共产国际和中共代表团的派遣回国传达共产国际"七大"的精神和《八一宣言》。他有共产国际代表的特殊身份。张国焘成立的第二"中央",没有经过党代表大会的民主选举,更没有向共产国际报告,得到共产国际的批准。而当时中国共产党是共产国际的一个支部,一切重大问题、组织变动都要经过共产国际的批准。他以国际代表的身份做张国焘的工作是最合适的。

---

① 转引自黄启钧:《中共中央在 1935 年至 1936 年间与共产国际恢复电讯联系的经过》,《党史研究》1987 年第 2 期。

② 席杰整理:《中共同共产国际建立、中断和恢复无线电联络的经过》,《军事史林》,1990 年第 1 期。

③ 王鹤寿等七人:《忠心为国,虽死犹荣》,《人民日报》1982 年 3 月 10 日。

张浩欣然接受了这个任务,用他的本名、大革命时期的名字林育英向张国焘发电。

南下还是北上之争

中共中央和中央红军长征到达陕北时面临两大问题,一个是在历史的转折关头要克服政治上"左"的错误,确立抗日统一战线的策略方针,这一问题因瓦窑堡会议而得到了解决。另一个问题是要克服张国焘分裂主义的严重危害,维护共产党和红军的团结和统一。这个问题不解决,对实行抗日民族统一战线,联合各党各派共同抗日会造成很大的困难。中央的同志详细向张浩介绍情况,张浩看了有关会议的文件和张国焘的电报后,即旗帜鲜明地坚决维护以毛泽东为代表的正确路线,维护遵义会议以后中共中央的团结和统一。张浩以共产国际代表的身份在中共中央挫败张国焘分裂主义的斗争中,发挥了重要作用。

张浩坚决维护全党的团结和统一,这不仅是对中共中央的信任,也是因为他了解张国焘的为人。在大革命的武汉时期,他做工人运动,张国焘担任中共湖北区委书记,两家同住在一个院子里的前后楼。[①]

张国焘是北京大学的学生,五四运动的积极分子,中共"一大"代表,长期担任中共中央政治局委员。1931年从苏联回国后到鄂豫皖苏区,任中共鄂豫皖苏区中央局书记兼军委主席,这年11月中华苏维埃共和国临时中央政府成立时,当选为副主席。他在鄂豫皖苏区推行"左"倾路线,并开展错误的大肃反,使苏区的元气大伤,未能打败敌人的第四次"围剿",于1932年撤出鄂豫皖苏区,转战到四川北部,与当地的党组织创建川陕根据地。1935年4月,又撤离川陕根据地西渡嘉陵江,6月他率领红四方面军与中共中央率领的红一方面军在川西懋功东南的达维镇会师。

遵义会议后,中央红军在毛泽东指挥下四渡赤水河、巧渡金沙江、强渡大渡河、飞夺泸定桥,一路北上。蒋介石一直派嫡系薛岳等部在后面追赶,已占领夹金山以南地区。中央深知南下有重兵把守,向南已不可能;向东敌人已集结130个团,向东过岷江取成都也不可能;向西是广阔的草原,是少数民族区域,条件更加困难;以懋功为中心的地区均是"深山穷谷,人口稀

少,给养困难"①,又是少数民族地区,不利于红军扩充。剩下的只有向北,北上川陕甘,那里人口众多,群众条件好,便于红军扩大、发展,因而中央提出北上建立川陕甘根据地的战略方针。

张国焘到两河口会见中央领导人后,见中央红军经长途跋涉,人员大减,自恃四方面军有8万人,兵强马壮,对中央的态度变得强硬,提往西发展的计划。他认为红一、四方面军离开根据地是总退却,革命处于低潮,不同意中共中央对形势的估计及北上决定,主张向川康边界荒僻地区退却。

在两河口召开的中央政治局会议,决定红军分左、中、右三路北上攻打松潘,张国焘也接受了这个计划。但是他一回到四方面军总部驻地后,拒不执行这个计划,致电中央提出:"速解决统一指挥和组织问题。"他要求的解决组织问题,就是他要当中央军委主席,在政治局决定大政方针后,给军委"独断专行"的权力,也就是说由他来统率全军。

红军过雪山后,7月18日中共中央在芦花(今黑水城)召开政治局常委会议。为了团结张国焘,中央政治局常委同意周恩来辞去红军总政治委员的职务,由张国焘担任,并为中央军委的总负责者。张仍不满足,提出红四方面军要有9人进入政治局。他借口组织问题未解决,迟迟按兵不动,贻误战机,使红军腹背受敌。这时,红军只有一条路可走,就是穿过荒无人烟的草地北上。中央在毛儿盖召开政治局会议,强调维护全党、全军的团结,决定红一、四方面军混合编组,分左、右两路北上。右路军由红一方面军的一、三军和红四方面军的第四、三十军组成,由中央率领。左路军以红四方面军的九、三十一、三十三军和红一方面军的五、三十二军组成,由红军总司令部率领。总司令部包括作战、通讯、机要等各局。

9月初,张国焘随左路军过草地后,又借口噶曲河水涨,无法渡过,再次要求南下。中央召开会议研究后致电张国焘,诚恳列举数条理由指出左路军如果南下则前途将极端不利。张国焘为了实现个人野心,对中央的话听不进去。他看不起红一方面军,认为他可以打败南面的敌人,擅自率左路军南下。9日,又背着中央令徐向前、陈昌浩等率右路军南下,并提出"彻底开展党内斗争",②企图危害中央。在这种危急的情况下,再继续说服、等待张率部北上,不仅没有可能,而且会使张危害中央的阴谋得逞。为了坚持北

---

① 朱德、毛泽东、周恩来、张闻天,1935年6月16日致张国焘、徐向前、陈昌浩电。
② 1937年3月中共中央政治局会议记录,毛泽东的发言。

上,为了避免红军内部可能发生的武装冲突,也为了给整个红军开辟北上的道路,10日凌晨,中共中央果断决定迅速脱离险境,以打柴、筹粮为名,率红一、三军单独北上。

但是中央并未放弃对张国焘的工作。就在北上的当天,即9月10日,中共中央致电张国焘:"阅致徐、陈调各路军南下电令,中央认为完全不适宜的。中央现在恳切地指出,目前方针只有北上才是出路,向南则敌情、地形、居民、给养都对我极端不利,将使红军陷于空前未有之困难环境。中央认为,北上方针绝对不应该改变,左路军应速即北上。"①与此同时,中央发表《为执行北上方针告同志书》,指出:"南下的出路在哪里?南下是草地、雪山、老林,南下人口稀少,粮食缺乏,南下是少数民族的地区,红军只有减员,没有补充,敌人在那里的堡垒线已经完成,我们无法突破。南下不能到四川去,南下只能到西藏、西康,南下只能是挨冻挨饿,白白地牺牲生命,对革命没有一点利益,对于红军南下是没有出路的,南下是绝路。""只有中央的战略方针是唯一正确的,中央反对南下,主张北上。"号召红军指战员,"坚决拥护中央的战略方针,迅速北上,创造川陕甘新苏区去"。由于当时通讯工具的落后,由于张国焘的封锁,中央的这份告同志书,红四方面军同志绝大部分同志没有看到。9月11日,中共中央又致电张国焘,指出:"中共为贯彻自己的战略方针,再一次指令张总政委立即命令左路军向班佑、巴西开进,不得违误。"②张国焘对此仍置之不理。

9月12日,中共中央政治局在甘肃迭部县俄界召开扩大会议,通过《关于张国焘同志的错误的决定》,《决定》指出"由于张国焘同志的机会主义与军阀主义倾向,所以他对于党的中央,采取了绝对不可容许的态度……自己组织反党的小团体同中央进行公开的斗争;否认党的民主集中制的基本组织原则,漠视党的一切纪律,在群众面前任意破坏中央的威信。"《决定》号召红四方面军"团结在党中央周围,同这种倾向做坚决的斗争。"③为了留有余地,这个决定没有在党内公开,只发给中央委员。

会议决定红一、三军和军委纵队编为中国工农红军陕甘支队继续北上,强攻腊子口后进入甘肃,于10月19日到达陕北根据地。

现在有这样一种议论:既然政治局决定张国焘是红军的总负责人,那就

---

①② 《毛泽东年谱》上卷,第471页,第472页,人民出版社、中央文献出版社,1993年。

③ 中共中央书记处编:《六大以来》(下),第72—73页,人民出版社,1981年。

应服从他的命令南下。这种看法对不对？不对。

第一，中国共产党历来是党指挥枪，不是枪指挥党。红军是在中国共产党领导下的革命武装，不是军阀的部队，哪有个人说了算的。红军总负责人也要服从中共中央的领导。

第二，张国焘已下令"彻底开展党内斗争"，中央的安全已受到威胁，在这种情况下还要求中央等到张的阴谋得逞后再行动，无异于坐以待毙。

第三，"北上"、"南下"的分歧，不单是行军方向的分歧，而是关系到国家和民族存亡的政治路线的分歧。因为只有坚持北上，才能使共产党和红军进入抗日的前沿阵地，担当起抗日民族统一战线的发起人，担负起抗日救国神圣事业的重任。而南下川康边，远离抗日前线，背离广大人民抗日救国的要求，放弃党领导全国抗日救亡运动的历史责任，深入地瘠人稀而又没有受到革命影响的少数民族地区，必然失败。

历史事实已经证明，南下是错误的，给红军造成巨大的损失；北上是正确的，没有北上也就没有后来的发展和胜利。

再回到1935年秋，就在中央红军胜利北上时，张国焘却一意孤行，指挥左路军和右路军中的第四、三十军第二次过草地南下。10月5日，到四川理番卓木碉(今四川马尔康县白莎寨)召开高级干部会议，突然宣布另立"中央"。他说中央没有粉碎第五次"围剿"是政治路线的错误，而不单是军事路线的错误。南下是进攻路线，北上是右倾逃跑路线，宣布中共中央已失去领导全党的资格，提出仿效列宁和第二国际决裂的办法，组成新的临时"中央"。他不顾朱德、刘伯承等的反对，宣布临时"中央"的名单，自封为主席；宣布开除毛泽东、周恩来、张闻天、博古的党籍，撤销中央委员，并下令"通缉"；处分叶剑英、杨尚昆。公然分裂党，另立第二"中央"。随朱德、刘伯承到左路军的刘少文手中有与共产国际通电的密码，在张非法成立第二"中央"后，刘少文将密码销毁。张国焘始终未能和共产国际建立联系。

张国焘另立第二"中央"后，自以为得计，挥师南下，第二次翻越雪山，连克宝兴、天全、芦山，造成东下川西平原，威胁成都的战略态势。但是和国民党的主力军碰个正着，在百丈关打了一场恶仗。敌人集中了80多个团20余万人，而红军只有15个团，再加上红军两过草地、雪山，体力不支，激战7天7夜，终因敌强我弱，转胜为败，11月下旬不得不退回到大小金川地区。从此由战略进攻转入战略防御。大小金川地形复杂，多是深山绝壁，地冻三尺，人口稀少，兵员、给养难以解决。敌军重兵压境，战斗不止，红军处境日趋艰难。红四方面军由南下时的 8 万人，经过几个月的苦战锐减到 4 万余人。广大指战员开始怀疑南下的正确性，要求北上的呼声越来越高。

张国焘仍执迷不悟。尽管中央于 11 月 12 日警告他"不得冒用中央名义"，张却置若罔闻，竟于 12 月 5 日致电中共中央，狂妄声称"此间已用党中央、少共中央、中央政府、中央军委、总司令部等名义对外发表文件，并和你们发生关系"，"你们应该称党的北方局、陕甘政府和北路军，不得再冒用党中央名义"。① 公然与中央对抗僵持。

电报往来中的较量

如果中共中央与共产国际有电讯联系，可以及时得到共产国际的指示和支持，问题就会迎刃而解。可是从 1934 年 6 月上海中央局遭破坏后，联系中断。就在这时，张浩冒着生命危险从共产国际回到陕北，回到中共中央所在地，真是天赐良机！他的到来会打破僵局，他的态度和作用至关重要。但是张浩也有为难之处，因为他离开莫斯科时张国焘还未成立第二中央，因而共产国际也不可能给他解决张国焘问题的任务。现在一时和共产国际联系不上，而党面临分裂的问题必须马上解决。怎么办？张浩经过深思熟虑后，义不容辞地担当起此重任。这是需要有对革命忠诚的胆识和魄力的。

1936 年元旦，新年伊始，毛泽东给朱德复电。因张国焘控制着电台和密码，他知道这封电报会首先落在张国焘的手里。电报介绍了陕北正猛烈扩大红军、苏区有极大发展等情况后，写道："国际除派林育英同志来外，又有阎红彦同志续来。据云，中国党在国际有很高地位，被称为除苏联外之第一党，中国党已完成了布尔什维克化，全苏联全世界都称赞我们的长征。政治局在国际指示之下，有新策略决定"，"其主要口号为民族统一战线，苏维埃人民共和国，国防政府，抗日联军，土地革命与民族革命相结合，国内战争与民族战争相结合。""对党内过去争论，可待国际及'七大'解决，但组织上决不可逾越轨道，致自弃于党。"②

张国焘虽然另立第二"中央"，但他心里明白，他这个"中央"是自封的，既没有经过代表大会的选举，又没有经过共产国际的批准，毕竟做贼心虚。

---

① 1935 年 12 月 5 日，张国焘致中共中央电。
② 《毛泽东年谱》上卷，第 502 页，人民出版社、中央文献出版社，1993 年。

1923 年中共全国第三次代表大会上，他因反对共产国际建立国共合作的指示，而未当选为中央局委员，离开了中央领导岗位。这个教训对他记忆犹新。所以接到毛泽东的电报后，知道中央已与共产国际建立联系，这对张国焘来说无疑是一声炸雷，顿感到自己在和中央的斗争中已处下风。但是他还心存侥幸，幻想国际代表会支持他，就给张浩发了一封电报，诬告中央的政治路线是右倾机会主义。电报这样写道：

育英同志：

为党的统一和一致对敌，必须坚决反对党的机会主义路线。这种机会主义在于：

甲、将五次"围剿"估计为决定胜负的战争，在受到挫折的条件下，必然成为失败主义的严重右倾。

乙、防御路线代替进攻路线。

丙、在福建和北方事变中，和全国抗日反蒋运动中，都因错误策略放弃无产阶级领导的争取。

丁、机械的了解巩固根据地。

戊、忽视川陕苏区和整个川、陕、甘的革命形势，因此对川陕苏区没有帮助和指导，影响到苏区在西北的发展；过低估计少数民族的革命作用，对革命在西北首先胜利的可能表示怀疑。

己、一、四方面军会合后，放弃向南发展，惧怕反攻敌人。后来又将党向北进攻的路线，曲解成为向北逃跑最后走到分裂党和红军。

上述的一贯机会主义路线，若不揭发，就不能成为列宁主义的党。

最后党中央表示一切服从共产国际的指示。

党中央
1 月 6 日①

署名仍是"党中央"，仍不放弃"中央"的称号。但是张国焘表示一切服从共产国际的指示。既然有这个表示，这就给张浩留下了斡旋的余地。

————————

① 张国焘 1936 年 1 月 6 日电。

1936 年 1 月 16 日,张浩回电:

请转四方面军张国焘同志:

　　共产国际派我来解决一、四方面军的问题,我已会着毛泽东同志,询问一、四方面军通电甚少,国际甚望与一、三军团建立直接的关系。我已带有密码与国际通电,兄如有电交国际,弟可代转。再者,我经过世界七次大会,对中国问题有详细新的意见,准备将我所知道的向兄转达。

林育英
16 日 9 时[①]

　　电报写得很策略,没有直接谴责张国焘分裂主义错误,但是表示共产国际要张国焘与中央直接率领的一、三军团“建立直接的联系”,这就表明张浩维护党和红军的团结和统一的立场,并把它与贯彻执行共产国际“七大”反法西斯统一战线的策略方针紧密联系起来。

　　与此相配合,中共中央 1 月 22 日召开政治局会议,会议作出《关于张国焘同志成立第二“中央”的决定》,《决定》指出:“张国焘同志这种成立第二党的倾向,无异于自绝于党,自绝于中国革命。党中央除去电命令张国焘同志立刻取消他的一切‘中央’,放弃一切反党的倾向外,特决定在党内公布 1935 年 9 月 12 日中央政治局在俄界的决定。”[②]

　　会后第二天,张浩致电张国焘、朱德同志:

　　甲、共产国际完全同意于中国党中央的政治路线,并认为中国党在共产国际队伍中除联共外是属于第一位,中国革命已成为世界革命伟大因素,中国红军在世界上有很高的地位,中央红军的万里长征是胜利了。

　　乙、兄处可即成立西南局直属代表团,兄等对中央的原则上争论提交共产国际解决。

育英

---

①　张浩 1936 年 1 月 16 日致四方面军张国焘电。
②　中共中央书记处编:《六大以来》(下),第 74 页,人民出版社,1981 年。

这封电报口气较之上封严厉。第一,正面肯定了中央的政治路线,虽然这些话毛泽东在1月1日的电报中也谈到,但是话出自于国际代表之口,分量就不一样;第二,对中央的原则争论提交共产国际解决,没有任何商量的余地;第三,电报也提出了实现党内统一的步骤,让张国焘"成立西南局直属代表团"。张国焘另立中央,分裂南下,本来就心虚理亏,担心被共产国际否决,局面不堪收拾。张浩提出的步骤,也给张国焘一个下台的阶梯。

同日,张闻天代表中共中央电告张国焘,同意张浩的建议,组织关系可采取变通方法,只要张国焘"放弃第二党,则他事更好商量","兄处组织仿东北局例,成立西南局直属国际代表团,暂与此间发生横的关系。弟等可以同意"。②

红四方面军总指挥徐向前回忆:"张国焘上不着天,下不着地,心里着慌,特别是张浩来电,传达共产国际的指示,肯定中央北进路线是正确的,高度评价中央红军的英勇长征,这对张国焘的分裂主义,无疑是当头一棒。这个时候,陈昌浩也转变了态度,表示服从共产国际的决定。孤家寡人的张国焘,被迫'急谋党内统一'。朱总司令和大家趁机做他的工作。我们还是老主意:取消这边的'中央',其他分歧意见,待日后坐下来慢慢解决。为了给张国焘一个台阶下,有同志提出,这边可组成西南局,直属共产国际中共代表团领导,暂与陕北党中央发生横的关系。这个过渡性的办法,大家认为比较合适,张国焘能够接受。经与中央协商,中央表示同意。"③

接着,张浩接连致电红四方面军,传达"共产国际改采新政策的经过"及其原因,并电告了建立统一战线的各项细则和《八一宣言》的要点。④

1月下旬,张国焘在任家坝召开会议讨论中央发来的十二月会议精神,徐向前说:"正当我军南下碰壁,处境困难的时刻,党中央的民族统一战线策略和团结对敌的方针,及时传来,给全军带来了希望,带来了力量。这是一个转折关头,在四方面军的发展史上,有重要意义。"⑤

---

① 张浩1936年1月24日致张国焘、朱德电。
② 张闻天1936年1月24日致张国焘电。
③ 徐向前:《历史的回顾》(中),第476页,解放军出版社,1985年。
④ 张国焘:《我的回忆》(第3册),第294页,现代史料编刊社,1981年。
⑤ 徐向前:《历史的回顾》(中),第473页,解放军出版社,1985年。

抗日民族统一战线是当时解决张国焘分裂主义,谋求团结的政治基础。这些电文令人耳目一新,使朱德、徐向前等红军将领"深有'柳暗花明'之感"。① 连张国焘也不加掩饰地说:"林育英这些电报当时给我们的印象,似乎是一夜之间,整个世界都改变了……林育英的来电也说到毛泽东等陕北同志都已同意了这个新指示,如果我们也同意,就可据此立即对外展开活动。"②

与中央红军北上节节胜利相反,张国焘南下则处处碰壁。严峻的现实使他感到"事态的发展,使我自己在党内的地位开始转居劣势。"③因而不得不于1月27日回电林育英、张闻天:

> "甲、此处对兄处12月25日决议,详细讨论结果在原则上完全同意。
>
> 乙、对目前策略路线既渐趋一致,应急谋党内统一。
>
> ……
>
> 辛、此间对兄处领导同志不但未作任何组织结论,也没有将兄等原则上错误和分裂党和红军的事实告二、六军团,对兄处中央委员同样尊重态度,对外仍然用毛主席名义。
>
> 癸、党中央此时最好能在白区,但不知条件允许否?此时或由国际代表暂代中央,如一时不能召开七次大会,由国际代表团商同我们双方意见重新宣布政治局的组成和指导方法,亦可兄处和此间同时改为西北局和西南局。"④

张国焘在此电上虽然仍极力掩盖他所犯的分裂主义错误,并将分裂的责任推到中共中央头上,但是他已表示准备改为西南局,原则上完全同意瓦窑堡会议的精神,表明张国焘与中共中央在瓦窑堡十二月会议决议的政治基础上已趋于一致。

这是张浩配合中共中央在与张国焘分裂主义斗争中取得的第一个胜利。

---

① 徐向前:《红四方面军的英勇长征》,解放军报1986年9月20日。
②③ 均见于张国焘:《我的回忆》(第3册),第294页,第297页,现代史料编刊社,1981年。
④ 张国焘1936年1月27日致林育英(张浩)、张闻天电。

中共中央马上对此做出反应。2 月 14 日张浩和张闻天致电朱德、张国焘："三电均悉,兄等对政治决议既原则上同意,组织上亦用西南局,则对内对外均告统一,自是党与革命的利益,弟等一致欢迎。""关于党的最高领导机关问题已见弟等前电所述,此外办法国际都不能同意。"这就否决了张国焘提出的让中央改为西北局,将党中央设在白区的意见。

关于战略方针等,张浩、张闻天在电报中提出了三个方案:

第一方案是:北上陕甘:"育英动身时,曾得斯大林同志同意,主力红军可向西北及北方发展,并不反对靠近苏联。四方面军及二、六军如一过岷江一过长江,第一步向川北,第二步向陕甘。为在北方建立广大根据地,为使国内战争与民族战争打成一片,为使红军真正地(成为)抗日先遣队。为与苏联红军联合及对共同敌人——日本,为提高红军技术条件,这一方针自是上策。但须由兄等估计敌情、地形等具体条件的可能性。"

第二方案为:二、四方面军就地向前发展,第一步迫近岷江,第二步进入岷沱两江之间,二六军则靠近川南,在云贵川三省之交建立根据地,与四方面军互相呼应。

第三方案为:四方面军南渡大渡河和金沙江与二、六军取得近距离会合,甚至转向云贵川发展,寻找机会前进。[①]

这时,蒋介石集中了六七个师和川军主力进攻天全、芦山,红四方面军因缺粮少弹,不得不撤出天全、芦山,准备北上向康定、炉霍、道孚转移。这封电报到了四方面军,经讨论,朱德、刘伯承、徐向前、陈昌浩一致决定接受中央的第一个方案。张国焘也只得同意。很快总部制定了康定、炉霍、道孚战役计划,至此张国焘南下建立川康边根据地的计划宣告破产。1936 年 2 月下旬,红四方面军开始第三次过雪山,于 3 月底到达道孚、炉霍、甘孜地区。这是以藏族为主的藏汉杂居区,红四方面军根据党的统一战线政策,放宽对土司、喇嘛的斗争,通过和平谈判,令其停止武装抵抗,减少损失。这时二、六军北上的消息传来,为了策应他们北进,红四方面军在此就地休整,准备接应二、六军团一起北上。

红四方面军决定北上,这是张浩配合中共中央在挫败张国焘分裂主义斗争中取得的第二个胜利。

1936 年 6 月中共中央与共产国际恢复电讯联系后,共产国际肯定了张

① 《育英、闻天关于目前基本策略口号与战略方针之意见致四方面军电》,1936 年 2 月 14 日。

浩先斩后奏的做法,支持中共中央为解决张国焘分裂主义采取的一系列措施。历史证明,张浩是正确的。

张国焘既已表示北上,斗争暂告一阶段。

从"逼蒋抗日"向"联蒋抗日"政策的转变

瓦窑堡会议后,张浩任白区工作委员会书记(亦称中共中央白区工作部部长)。白区工作委员会的工作人员很少,只有邓颖超、毛齐华等三四个人,负责做苏区周围的白军工作,主要是做东北军、十七路军的工作。1935年12月31日红军和驻甘泉的东北军达成了抗日协定,东北军的工作日渐重要,中央又任命张浩为东北军工作委员会副主任,主任是周恩来。

1936年2月20日,中共中央为了巩固和扩大陕甘根据地,并以实际行动表示抗日的决心,决定红一方面军以中国人民红军抗日先锋军的名义开始东征。从长征以来中央一直随部队行动,为了保证东征的胜利,这次中央也随部队一起行动。东渡前张浩到黄河边集中船只水手,为渡河做准备。强渡黄河后,他随东征红军总部行动,任中共中央山西地方工作委员会主任(副主任李富春)。在杨尚昆领导的总政治部的配合下,从中央党校抽调了60余名县团以上干部组成了地方工作队,按照地方工作委员会的部署,在东征红军所到之地,开展扩红、筹款、发动群众工作,建立地方政权。他们从中阳、石楼到隰县、灵石、孝义、永和等地展开了创建根据地的工作。接着,又随红军北上离石、临县、兴县、岚县、岢岚、保德,东进汾阳、文水、交城、清源、太原县(今晋源镇、晋祠镇、太原市南郊区一带),南下大宁、蒲县、吉县、乡宁、河津、霍县、汾西、赵城、洪洞、古县、临汾、襄汾、曲沃、侯马、翼城、新降、浮山、稷山等县,在这些地区广泛宣传共产党的抗日主张,并秘密建立了共产党组织,壮大了红军的声威,配合红军抗日先锋军取得了东征的重大胜利。[①]

---

① 田西如:《中国共产党在山西创建根据地的前前后后》,中共中央党史研究室编,《中共党史资料》29辑,第137页,中共党史资料出版社,1989年。

中共中央 3 月政治局会议：
将打倒蒋介石改为打倒卖国贼，决定与蒋的谈判不破裂

东征红军进入山西后，不仅连克数城，所向披靡，而且在东征前线的中共中央，迎来了四位重要的客人，带来了一系列的好消息，证明中国政局正如瓦窑堡会议所预料的一样发生了急剧的变化。

第一位是从洛川回来的中共中央联络局局长李克农，他奉令到洛川和东北军统帅张学良会谈，双方达成了停战的四项口头协定。张学良强烈要求抗日，要求与共产党建立亲密的关系，诚心诚意要中共中央派负责人去谈判。中央决定周恩来到延安和张学良谈判。

第二位是从上海来的张子华(真名王绪祥，化名黄君)，他是上海特科系统的同志。在上海他以长江局代表的名义数次会见国民政府交通部劳工科科长谌小岑。谌说他奉国民政府铁道部政务次长曾养甫的委托来找共产党传递一个口信：南京政府要找共产党谈判，商议联合抗日。谌在五四运动时期和周恩来同是觉悟社的成员，但是曾的背后是谁，谌也不知道。在内战如此激烈之时，敢与共产党言和者绝不是一个次长敢做主的。大家都知道曾养甫与宋子文有同窗之谊，关系非同一般。张子华还汇报了从上海到陕北一路上的传奇经历。他和董健吾牧师结伴西行，临行前宋庆龄交给董牧师一封信，及财政部的一张委任状。到西安后由于敌人将陕北根据地团团围住，无法穿过封锁线，董牧师只好去找张学良，并拿出财政部的这份委任状。张学良见后大喜过望，马上明白了南京政府的态度，既然南京中央政府可以与共产党谈判，他也可以做，因此坚定与红军合作的决心。张学良满口答应，派人护送董牧师等过了封锁线到达瓦窑堡。他们一路的传奇经历，说明在南京推动联共的人绝非等闲之辈，不仅有与英美关系甚深的宋子文、曾养甫，还有宋庆龄这样的国民党左派。左派力量的壮大不正反映了中国政治势力的变化和新的格局吗？

第三位重要客人，是从北平来的王世英。瓦窑堡会议后中共中央派刘少奇到北平担任北方局中央代表，与一直坚持领导地下斗争的王世英、高振华等人会合。在刘少奇的领导下平津的学生运动停止了"左"的一套做法，开始与各界人士联络，为建立抗日民族统一战线开展工作。2月，受南京政府铁道部次长曾养甫的委派谌小岑通过左派教授翦伯赞找到吕振羽教授，

翦、吕同是著名的历史学家。吕振羽是民族反帝大同盟的负责人,他马上向负责与他联系的北平市委负责人周小舟反映。北方局研究后决定,派周小舟、吕振羽到南京和曾养甫接触。王世英带来了吕、周同曾养甫接触的有关情况。张子华和王世英的汇报都证明,南京政府真要和共产党建立联系,要和共产党谈判,而且是迫不及待。

另外,王世英途经西安时,秘密会见十七路军的总指挥杨虎城,代表红军与杨商定了抗日友好协定四条。当时进攻陕北苏区的两支部队,一支是东北军,一支是十七路军,现这两支部队都与我建立了抗日、友好关系,达成口头停战的协定。这使陕北根据地的安全有了保障,减少了东征的后顾之忧。长征以来,红军深受失去根据地之苦,所以当中央提出东征时,李德就因担心后方被敌人占领,红军回不来而反对。

这些变化标志着中国革命已走出低谷,在反对日本帝国主义旗帜下民族革命力量重新集结、壮大起来。也证明了瓦窑堡会议的决策正确,党及时改变政策,开拓了中国革命的新局面。

第四位是从苏联回来的刘长胜,他带回了共产国际第七次代表大会的文件及同共产国际联系的密码。

3月20日,中共中央不顾战事紧张,马上在山西隰县的大麦郊附近的上益千村(今属交口县)召开政治局会议。会议开到27日结束,因战事紧张,7天内换了4个地方。会议的议程有三项:一、讨论共产国际七大决议。二、目前战略方针。三、和国民党谈判的具体方针。这次会议是瓦窑堡会议的继续,用共产国际七大精神检查了瓦窑堡会议决议,肯定并发展了瓦窑堡会议的决议。因为在瓦窑堡开会时对未来形势的发展只是一种估计、预测,而现在的事实已证明这种估计、预测是完全正确、及时、英明的。因而会议开得十分顺利,有一些争论,但不大。这个会议以前宣传不够,鲜为人知,所以在此做较详细的介绍。

23日,张浩和毛泽东、周恩来、邓发、博古、王稼祥、张闻天、林伯渠出席会议。首先张闻天作报告。

这也是对张浩回国传达共产国际七大精神的充分肯定。

在毛泽东发言之后,张浩接着发言,他说:

"对洛(即张闻天)、毛同意,对其他同志也同意,已同意的不说。

"我参加共产国际第七次大会,未完即走了。第三个决议未到,还有一个'苏联建设的决议'。

"十二月讨论,政治局并未因我传达不充分受到影响,反能具体讨论了问题,与国际决议精神符合。

"'七大'对国际形势估计,战争将要爆发,仅是瞬间了,所以决定任务(党要)变为群众的政党,统一劳苦群众,加强各国党的独立性,只有如此,才能使旧世界让位于新世界。中国九年来的战争是国际所认为最光荣的,为布尔什维克的模范。反对一切战争是错误的,如只用和平口号阻止战争的爆发亦是不正确的。主要精神争取群众,准备战争。

"国际提出和平口号是经过很多讨论。帝国主义造了很大谣言,说共产党希望战争,这个谣言甚至影响到党内,以为法西斯和共产党皆要战争,和平主义才要和平。我们不是和平主义者,而是用我们的强力达到和平。又有人说,国内革命爆发,则战争就无法爆发,此种思想未被采取。和平口号是防御口号,拥护和平是战斗口号。

"统一战线,集中一切力量反对主要敌人。过去打倒一切帝国主义一切军阀,口号好听,而做不到,只打倒一个,就使主要敌人孤立。所以在欧洲主要打倒法西斯,在中国打日本、打蒋介石。现将打蒋介石改为打卖国贼。

"'七大'新的作风与精神是:一、在防御的口号下准备积极的进攻;二、解决问题是依照各国的具体性质来写指示;三、培养各国干部与布尔什维克的领袖,以前中国对工人不是培养,而是捧他,结果害了他;四、只要便于争取群众,不管形式与名义;五、在某个时期即说某个时期的话,有些是做,不要说,有的是说不要做,有的是争取群众。

"'七大'对中共的指示:一、用一切力量扩大民族解放斗争;二、红军和苏维埃与反日运动联系;三、党与红军站在前列,进行民族解放斗争。

"根据此指示来检查工作是正确的。

"不愿做亡国奴的统一战线,苏维埃人民共和国这个运动是正确的。

"干部政策是很好的。进行两条路线的斗争,不随便给同志加帽子。

"到华北来应用抗日政府(的口号),'争取迅速对日作战'、'红军集中河北'(的)口号是正确的。对日作战以游击战可以胜利。

"联俄联共与统一战线的关系。现在反日统一战线是以共产党为中心的,则如何说可以不联俄不联共呢?我是赞成联俄联共的。

"土地革命与民族革命的关系,谁都知道民主革命主要是土地革命,但将土地革命与民族革命并立起来是不妥当的。在民族革命高潮时,土地革命应在民族革命的旗帜下进行。现在提出"抗日先锋军"的办法是对的。

"学运应与抗日运动联系起来,而不是与苏维埃运动联系起来。"①

这次会议研究了蒋介石的政治态度。对这个问题,张浩明确提出:"现将打蒋介石改为打卖国贼。"

24、25日会议移到罗村,毛泽东作总结。27日会议在石楼附近召开。李克农等列席会议。会议主要研究与国民党合作的问题,这在当时称为"外交问题"。毛泽东在报告中分析了国民党的情况,他将国民党分为民族改良派与民族革命派,认为民族改良派即蒋介石、冯玉祥、阎锡山这些人,坚持反革命立场,但是也想同溥仪、殷汝耕等汉奸划清界限。他们内部是不统一的。他强调不管任何政治派别都要与之进行谈判,而且谈判都不应破裂。②

这次会议,进一步肯定和发展完善了抗日统一战线的路线,开始改变反对蒋介石的政策,虽然没有获悉南京的谈判是蒋介石首肯,但对蒋介石的认识已发生变化,由会议之初认为他是"最反动的法西斯分子",改为将他划入民族改良派之列,是可以谈判、争取的对象。这个会议为日后的逼蒋抗日政策的确立做了准备。

由于国内政治形势的发展,大家都认为中央应有个固定的地方,不要再随部队行动。会后张浩和张闻天、博古、周恩来等中央领导人离开前线西渡黄河回到后方瓦窑堡。4月5日,中央召开常委会,听取了周恩来关于对东北军和十七路军的工作情况介绍。周恩来认为有可能使东北军和杨虎城部队联合反蒋,并可以扩展到甘陕及孙殿英、宋哲元等部去。

由于中央已回到瓦窑堡,重新做了分工,张浩负责关中地区和白军工作。中央决定给北方局写一封指示信,由张浩起草。③ 为了配合白区工作的转变,1936年6月张浩在《党的工作》发表了《利用公开和半公开的可能》一文,批判了关门主义,阐明了充分利用合法的组织形式和合法斗争形式的必要性,指出:"党的组织是要绝对秘密的,党的群众活动与群众组织形式则要灵活地尽量利用公开或半公开的可能,即是在客观环境允许与可能的条件之下,聚集与锻炼自己的力量,准备于有利时的进攻。"④

白军工作主要是做东北军的工作,张浩在5月1日的政治局会议上指出,有的同志对统一战线了解不够,陕甘省委对东北军的工作偏重于军事,

---

① 张浩1936年3月23日在政治局会议上的发言。
② 1936年3月27日政治局会议记录。
③ 1936年4月5日中央常委会记录。
④ 见《张浩纪念集》,第133页,上海人民出版社,1986年。

应派人到那里做士兵工作。张浩强调要重视统一战线工作。①

中共中央在进行东征同时，紧紧围绕"抗日"开展统战工作，派张子华再去南京，坚持与南京国民党中央接触、谈判，不断呼吁"停止内战，一致抗日"；加强对东北军和17路军的统战工作，派周恩来于4月到延安与张学良谈判。张答应驻陕甘的东北军可以为北上的红四方面军让路、在云南的红二、六军团的活动须得到中央军的同意，他愿为此事活动。

到5月初，为期75天的东征，虽因军事形势的变化没有能完全达到预期目的，但无论是在军事上还是政治上都取得了重大胜利，歼灭国民党军4000余人，红军扩大8000余人，筹款30多万元，在山西20多个县开展了群众工作，宣传了共产党的抗日主张，扩大了共产党的影响。对于东征的影响，5月20日，张浩、张闻天、毛泽东、周恩来等12人给朱德、张国焘等的电报中，作了这样的概括："红军的东征引起了华北、华中民众的狂热赞助，上海许多抗日团体及鲁迅、茅盾、宋庆龄、覃振等均有信来，表示拥护党与苏维埃中央的主张，甚至如李济深亦发表拥护通电，冯玉祥主张抗日与不打红军，南京政府内部分裂为联日反共与联共反日两派正在斗争中，上海拥护我们主张的政治、经济、文化之公开刊物多至30余种，其中《大众生活》一种销数约达20余万份，突破历史总纪录，蒋介石无法制止。"②这时，蒋介石为了解山西之急，派陈诚部队增援。中共中央认为：国难当前，双方决战，不论胜负属谁，都是中国国防力量的损失，而为日本帝国主义所称快，决定红军回师陕北。

5月5日发表《停战议和一致抗日通电》，指出："为了促进蒋介石氏及其部下爱国军人的最后觉悟，故虽在山西取得了许多胜利，仍然将人民抗日先锋队撤回黄河西岸，以此行动，向南京政府全国海陆空军，全国人民表示诚意，我们愿意在一个月内与所有进攻抗日红军的武装队伍实行停战议和，以达到一致抗日的目的。"呼吁："在全国范围、首先在陕甘晋停止内战，双方互派代表磋商抗日救亡的具体办法。"③中共中央在这封回师通电中，已放弃了反蒋口号，开始向"逼蒋抗日"的政策转变。

毛泽东率红军回到陕北后，5月19日张浩参加中共中央政治局常委

① 1936年5月1日政治局会议记录。

② 见中央统战部、中央档案馆编：《中共中央抗日民族统一战线文件选编》(中)，第148页，档案出版社，1984年。

③ 中央档案馆编《中共中央文件选编》第11卷，第11页，中央党校出版社，1991年。

会,总结东征在山西的地方工作及政策。

5月20日,他参加中共中央政治局常委会,讨论建立红军大学问题,确定了红大的教育方针、教学内容、教育方法及学校的组织等。并确定教员由张闻天、秦邦宪、周恩来、毛泽东、张浩、何凯丰、李维汉、杨尚昆、叶剑英、林彪、罗瑞卿、罗荣桓、张如心、袁国平、董必武担任。张浩名列其中。

9月确定"逼蒋抗日"方针

随着民族危机的进一步加深和国民党对日政策的变化,以及国共两党的实际接触,中国共产党逐步完成了由"抗日反蒋"到"逼蒋抗日"的根本转变,使抗日民族统一战线臻于完善。在这个转变过程中,张浩同样做出了自己的贡献。

7月,国民党召开五届二中全会,13日蒋介石在会上发表讲话,对中华民族的"最后关头"作了解释:"假如有人强迫我们签订承认伪国等损害领土主权的时候,就是我们不能容忍的时候。"此前国民党对日本在东北成立的伪满洲国一直未予承认,蒋这次的讲话进一步表明其走向抗日的态度。

但是,国民党和共产党往来仍处于极端秘密状况,更不允许共产党利用谈判之机在社会上公开活动,扩大影响。当张子华提出在南京设立办事处的想法后,谌小岑出面说服张打消此念头,无效。国民党就将张子华投入监狱。由于张在狱中坚持斗争,上海地下党也不断地向谌要人,国民党才不得不将张释放,再由谌小岑将张子华护送回沪。

到这年8月,中共中央正式确立了逼蒋抗日的方针。

8月8日,潘汉年经香港、南京辗转到达陕北保安——中共中央所在地,汇报了他在上海、南京同张冲会谈的情况,并带回了共产国际的指示。此时中共中央已经获悉国民党与共产党谈判获得了蒋介石首肯且由陈立夫主持。

8月10日,中央政治局根据潘汉年的汇报召开会议,专门研究国共两党关系和统一战线问题,张浩出席了会议。会议认为蒋介石由对日退让,镇压抗日救亡革命运动,改变为愿意谈统一战线,其同我党来往是为了得到群众拥护和迫使日本退让,以巩固其统治。虽然如此,中共中央还是对国民党的抗日意向予以肯定,并决定继续维持国共谈判和对话。为推动蒋介石联共抗日,中共中央决定在确保对苏区和红军领导的前提下,可以放弃苏区、

186

红军的名称。

会后,8 月 12 日,洛(张闻天)、育(林育英、即张浩)、恩(周恩来)、博(博古)、稼(王稼祥)、怀(彭德怀)、凯(何凯丰)、泽(毛泽东)等 8 位与会的政治局成员,联名致电朱德、张国焘、任弼时,通报会议确定的"对于南京的策略":"认定南京为进行统一战线之必要与主要的对手,应与南京及南京以外之国民党各派同时分别地进行谈判。依据过去与南京谈判的基础,在忠实进行抗日准备、实行国内民主与实行停止'围剿'等前提之下,承认与之谈判苏维埃红军的统一问题。"电文提出:"继续停战议和请蒋抗日的号召,目前阶段实行他不来攻我不去打……他若来攻,则一面坚持作战,一面申请议和。""在抗日进军路上,遇到蒋介石部队和其他部队,实行先礼后兵政策。""防御时用反对卖国贼捣乱抗日后方口号,进攻时用反对卖国贼阻拦抗日作战口号,但不论何时,均取一面作战一面讲和政策。""向白军进行统一战线,注意其上级官长。""一切统一战线的谈判,以忠诚态度出之。"电报说明:"所有以上对南京的策略,都是为着分化南京,揭破其欺骗,孤立其首领,争取其群众,排斥其汉奸部分,而推动爱国部分,使之走向真正抗日救亡的道路。"①

这次会议还决定起草致国民党的信及关于对蒋政策的党内指示。由此便产生了 8 月 25 日《中国共产党致中国国民党书》及 9 月 1 日《关于逼蒋抗日问题的指示》。颇有戏剧性的是,在产生《中国共产党致中国国民党书》的同一天,在与中国远距万里之遥的莫斯科,共产国际根据季米特洛夫在执委会发言精神,也起草了一份致中共中央书记处电。该电文指出"最好由中国共产党发表声明,主张建立统一的中华全国民主共和国","中国共产党还可以声明,一旦建立中华全国民主共和国,苏区将纳入统一的中华全国民主共和国,将参加中华全国议会,并在自己的区域实行为整个中国确定的民主制度"。根据共产国际这一来电精神,中共中央政治局于 9 月 15—17 日,又召开会议通过了《中央关于抗日救亡运动的新形势与民主共和国的决议》。应该承认,西安事变前共产国际有关在中国建立抗日民族统一战线的指示,对中共中央确立抗日民族统一战线政策,确立逼蒋抗日的方针起到了积极的作用。但是为促成中国抗日民族统一战线而采取的一系列重大决策和行动,毕竟是中国共产党人依据中国社会矛盾变化和中国国情独立做出判断

---

① 《关于今后战略方针致朱、张、任电》,1936 年 8 月 12 日,《文献与研究》1986 年第 5 期。

和实施的。

张浩参加了这一时期所有的政治局会议或常委会议,对确定这一方针、实现对蒋政策的转变作出了积极的贡献。

抗日民族统一战线工作所取得的成绩极大地提高了中共中央的威信,极大地鼓舞了士气,增强了党的凝聚力,更有利于反对张国焘的分裂主义。

促张国焘北上,放弃"第二中央",红军三大主力会师

中共中央在领导对敌斗争和建立抗日民族统一战线的同时,一直关心着被张国焘强令南下的那部分红军的命运,也一直在做张国焘的工作,及时地向红四方面军的同志通报东征的胜利消息和统一战线工作的进展情况,不断督促张国焘率军北上。为了迎接四方面军北上,为了扩大苏区,在东征回师后中央在大相寺召开会议决定西征。5 月 19 日,以彭德怀为司令员兼政委的中国人民红军西方野战军开始西征,至 7 月底,先后攻占陕北的安边、定边,甘肃东部的阜城、曲子镇、环县、洪德城和宁夏的盐池、豫旺、同心城等,粉碎了国民党军队消灭红军的阴谋,开辟纵横 400 余里的新根据地,使陕甘根据地发展成为东西长 1200 余里、南北达 600 余里的陕甘宁根据地。同时神府、关中苏区和陕南游击区获得了一定的发展,并扩大了红军,发展了地方武装,征集了大批资财。这就为迎接红二、四方面军北上准备了极为有利的条件。

5 月 20 日,张浩与张闻天、周恩来、毛泽东、博古、邓发、王稼祥、何凯丰、彭德怀、林彪、徐海东、程子华致电朱德、张国焘、刘伯承、徐向前、陈昌浩、任弼时、贺龙、萧克、关向应、夏曦,告以目前国际国内政治形势和同东北军合作的情况。电报说:党的抗日民族统一战线得到全国广大人民的同情与拥护,"全国几十个政治派别在联共反日或联日反共的问题上,起了分裂震动与变化。我党与各党各派的统一战线正在积极组成中"。"弟等与国焘同志之间现在已经没有政治上与战略上的分歧,过去的分歧不必谈。唯一任务是全党全军团结一致,反对日帝与蒋介石。弟等对于兄等及二、四两方面军全体同志之艰苦奋斗表示无限敬意,对于采取北上方针一致欢迎,中央与四方面军的关系,可如焘兄之意暂时采取协商方式。总之,为求革命胜利,应改变过去一切不适合的观点与关系,抛弃任何成见,而以和协团结努

力奋斗为目标,希兄等共鉴之。"①

5 月 25 日,张浩、张闻天、毛泽东、周恩来等再次致电朱德、张国焘、任弼时等,告以:"(甲)国内及国际的政治形势均取着暴风雨般的姿态向前发展,党的反日统一战线策略有进一步的成就(按:指与张学良建立的统战关系),目前议事日程上的具体任务是建立西北国防政府,争取迅速对日作战,以走向建立国防政府,彻底战胜日本帝国主义。(乙)……红军与东北军取得密切合作,与杨虎城、邓宝珊亦有联系。……红军西渡后向陕、甘、宁发展,策应四方面军与二方面军,猛力发展苏区,渐次接近外蒙。外蒙与苏联订立了军事互助条约,国际盼红军靠近外蒙、新疆。(丙)四方面军与二方面军,宜趁此十分有利时机与有利气候,速定大计,或出甘肃,或出青海。在兄等大计决定之后,一方面军适时向天水、兰州出动,进一步策应兄等,使蒋军不能拦阻。至于奉军已与秘密约定不加拦阻。"②

徐向前回忆说:"党的这一战略方针,使我们极为兴奋。二、四方面军会合在即,北上问题,迫在眉睫。红军总部和方面军总部一致决定,全军六月底北出夏、洮地区,届时二方面军可到甘孜,随即跟进。"③

5 月 28 日,张浩在政治局会议上发言说:"四方面军现在状况,是党的一大胜利,我们同志要用很友好态度对他们,需向他们解释,很好教育。"④

正是由于中共中央对张国焘的分裂主义行径始终采取党内斗争的正确方针,坚持说服教育,特别是张浩从中发挥了别人不可替代的"调解作用"⑤;又由于张国焘"南下"破产、"西进"碰壁,与中共中央和中央红军在各方面的蓬勃发展形成鲜明对比,使红四方面军中的高级干部和广大指战员要求北上与中央会合的呼声愈来愈高;加之二、六军团即将在任弼时、贺龙等率领下前来会合,使张国焘的第二"中央"难以为继。

这里需要对红二方面军的情况作一些补充介绍。1935 年 7 月张国焘担任红军总政委后,红军总部随张国焘、朱德、刘伯承等率领的左路军行动,张国焘利用红军总部和总政委的名义掌握了与红二、六军团联络的电台频

---

① 育英、洛甫、恩来、泽东等 12 人致朱、张、任等电,1936 年 5 月 20 日。

② 育英、洛甫、泽东、恩来、博古、德怀、林彪、海东致朱、张、任等电,1936 年 5 月 25 日,《文献与研究》1986 年第 5 期。

③ 徐向前:《历史的回顾》(中),第 487 页,解放军出版社,1985 年。

④ 张浩在 1936 年 5 月 28 日政治局会议上的发言。

⑤ 《朱德谈同张国焘斗争的情况》,《党史资料征集通讯》1986 年第 3 期。

率、呼号，致使中央和红二、六军团失去了电讯联系。中央对红二、六军团的指示，需由红四方面军转发。1936 年春，二、六军团转战在滇西北。朱德总司令为了加强与张国焘斗争的力量，要红二、六军团北上与红四方面军会合。朱总司令坚持红四方面军在原地休整，待红二、六军团会合后北上。4 月，四方面军又派出部队南下接应二、六军团。6 月 22 日，红六军团在甘孜县普玉隆与红四方面军总指挥部会合。

在二、六军团到来前夕，6 月 6 日，张国焘在所谓《"中央"纵队活动分子会上的报告》中，宣布取消第二"中央"的决定，但仍不承认中共中央的领导，提出中央职权由中共驻共产国际代表团暂时行使[①]，表示接受张浩的建议，准备成立西北局（本应成立西南局，因电文错译而为西北局）。这样张国焘另立的第二"中央"只经过八个月零两天，便寿终正寝。

张国焘取消第二"中央"，这是张浩配合中共中央在与张国焘分裂主义斗争中取得的第三个胜利。

中共中央主要目的是说服动员红四方面军北上，要张国焘放弃第二"中央"，至于组织问题放在其次。毛泽东在 5 月 28 日中央政治局会议上表示："组织上可以让步到不一定受我们指挥。"[②]

6 月 10 日，张国焘致电中共中央，表示拟于 6 月底北上，7 月初红二、四方面军会师。7 月 27 日，中共中央批准成立中共中央西北局，由张国焘任书记，任弼时任副书记，朱德、关向应、贺龙、徐向前、王震、陈昌浩等为委员，统一领导红二、四方面军的北上行动。

张国焘第二"中央"的取消，是全党维护团结、反对分裂斗争的重大胜利。但组织上取消第二"中央"，并不等于具体战略方针的完全统一，北上的路线是北出陕甘还是西进夏、洮地域，还是有争议的。张国焘并不情愿与中央会合。为此，张浩和中央领导对张国焘继续做耐心的说服争取工作。此时，天赐良机，甘南敌人调动，出现空虚。

6 月上旬，广东的陈济棠和广西的李宗仁、白崇禧打出抗日反蒋的旗号，发动两广事变，成立抗日救国西南联军，并进军湖南。6 月 9 日，张浩、毛泽东、张闻天致电朱德、张国焘，通报国内外政治局势，指出："目前国际情况，一面日本对华猛进，一面英苏妥协对日之形势。""唯近日陈济棠尚派代

① 李烈主编：《贺龙年谱》，第 196 页，人民出版社，1996 年第 1 版。
② 程中原：《张闻天传》，第 311 页，当代中国出版社，1993 年。

表到南京回旋,似粤桂步骤不尽一致,桂进较急,粤进较缓,""俟情况证实,此间拟派重要代表南下联络,并做到互相配合。"①

两广事变后,蒋介石急调甘肃的胡宗南部南下入湘,以解决两广事变,致甘南空虚。因此,6月19日,张浩、张闻天、周恩来、博古、毛泽东、彭德怀致电朱德、张国焘并转任弼时,强调二、四方面军以北出甘肃南部为宜。电文指出:

> (甲)时局形势已起重大变化,这使中国革命走上了一个新阶段。党的任务是使抗日反蒋的统一战线进到高度具体化,即实行国防政府与抗日联军的组织。
>
> (乙)西北国防政府已经有了迅速组织的可能与必要,我们应以西北的发动去配合两广的发动。
>
> (丙)西北发动的时机与战略部署须以争取胜利为原则,依此原则并顾到各方面的条件。关于二、四方面军的部署,我们以为宜出至甘肃南部,而不宜向夏、洮地域。其理由:
>
> 第一、避免引起回汉冲突,利于争取青海三马(马步芳、马步青、马麟)。过去回汉仇恨是非常之深的,我们欲在西北建立局面,必须联合回人,否则将有重大不良影响。如出夏、洮则引起冲突之可能极大。
>
> 第二、甘南敌情较弱。胡宗南调走后,仅余王钧、毛炳文、鲁大昌等部,马步芳不会向甘南。若出夏、洮,则将聚王、毛、鲁、马各部于一狭小地区,红军行动将较困难。
>
> 第三、红军出至甘肃南,利于以后东出陕南策应时局。
>
> 第四、甘南利于补充。上述方针请考虑见复。②

6月23日东北军占领瓦窑堡,中共中央西行,移至保安,在戎马劳顿之中,中共中央对于红四方面军的行动问题十分关心。6月25日,毛泽东、周恩来、彭德怀又致电朱德、张国焘,关切地询问:"何日开始北上? 经何路?

---

① 育英、洛甫、泽东致朱、张电(1936年6月9日)。

② 育英、洛甫、恩来、博古、泽东、德怀致朱、张二同志并转弼时同志电,1936年6月19日,《文献与研究》1986年第5期。

何日可达何处？敌情如何？我陕甘应如何策应？均请见告。①

直到 6 月 28 日，张国焘终于发出北上命令，同意了中央关于北上至甘肃南部的部署。但在此后的行动中，张国焘一直迟疑、多次反复。6 月 30 日，红二军团在甘孜县绒坝岔同红四方面军第三十军先头部队会师。7 月 2 日，红二、六军团齐集甘孜，同红四方面军主力会师。

在会师的前一天，即 7 月 1 日，张浩、张闻天、毛泽东、周恩来、博古、彭德怀等 68 名在陕甘的党政军负责人联名致电朱德、张国焘、徐向前、陈昌浩、任弼时、贺龙、萧克及二、六军团和红四方面军指战员，庆祝红二、四方面军在甘孜会师。电文说："我们以无限的热忱庆祝你们的胜利会合，欢迎你们继续英勇地进军，北出陕甘与一方面军配合以至会合，在中国的西北建立中国革命的大本营与苏联外蒙打成一片，与全国抗日人民、抗日军队、抗日党派建立抗日救国的统一战线，组织人民的国防政府与抗日联军，向着日本帝国主义及其走狗卖国贼，开展神圣的民族革命战争，挽救中国于危亡，解放中华民族于日本帝国主义的铁蹄之下。"电文说："第一方面军现在转向甘肃、宁夏方面策应你们北上，又复连战皆捷，占领了定边县、盐池县、豫旺县、环县、宁条滦、曲子镇、洪德城、同心城等十余个大小城镇，消灭马鸿逵、马鸿宾的许多队伍，开辟了九个苏维埃县，夺取了出产丰富的盐区，与长城外的蒙古民族及甘宁的回族，建立了良好的统一战线。同志们：西北的政治环境是很好的，二、四方面军北上之后，我们就有更伟大的力量来进行西北各民族、各党派、各武装势力的大联合。""我们是准备着庆祝你们北上抗日的伟大胜利。"②

接着 7 月 5 日，中央军委发布命令：红二、六军团和红三十二军（原红一方面军的红九军团）组成红二方面军，贺龙为总指挥，任弼时为政委。两军会合后，中央政治局委员任弼时从张国焘处要来电报密码本，直接同在陕北的中共中央建立了联系。在朱德、刘伯承、任弼时、贺龙、关向应等力争下，红二、四方面军决定共同北上，从 7 月初开始分左、中、右三个纵队北上。红四方面军第三次过草地北上，经过一个月的跋涉，终于由甘孜经毛儿盖、阿坝、卓克基等地到达包座地区。

为了迎接红二、四方面军北上，中共中央和中央军委鉴于当时陕甘宁有

---

① 毛泽东、周恩来、彭德怀关于红四方面军行动问题致朱德、张国焘电，1936 年 6 月 25 日。

② 中央档案馆编：《中共中央文件选集》第 11 卷，第 48—50 页，中央党校出版社，1991 年。

150 余团的敌军在蒋介石的命令压迫之下向我取进攻的形势,一方面拟派二十八军南下策应,另一方面进一步发展与东北军的关系,使其不加阻拦。彭德怀则率正在西征的西方野战军扩展西部根据地,向甘肃、宁夏进攻,占领了甘肃洪德城、环县、曲子镇地区。

为了推进张国焘率军北上,7 月 22 日,张浩、张闻天、毛泽东、周恩来、秦邦宪、彭德怀致电朱德、张国焘、任弼时,通报:"我们正动员全部红军并苏区人民粉碎敌人之进攻,迎接你们北上。"要求:"二、四方面军以迅速出至甘南为有利。待你们进至甘南适当地点时,即令一方面军与你们配合南北夹击,消灭何柱国、毛炳文等部,取得三个方面军的完全会合,开展西北伟大的局面。"并告知:"国际电台联络从 6 日起已畅通,望国焘兄将四方面军情形及意见电告,以便转达国际。"①这些电报的往来,加强了一方面军与红二、四方面军的联系,鼓舞、推进了红四方面军北上。

8 月 1 日,朱德、张国焘、任弼时致电张浩、张闻天、毛泽东、周恩来、彭德怀,通报北上情况,红四方面军已到达包座地区,红二方面军已从阿坝北上。并表示:"我二、四方面军全体指战员,对三个方面军大会合和配合行动,一致兴奋,并准备牺牲一切,谋西北首先胜利奋斗到底。"②在接到朱、张、任来电后,张浩、张闻天、毛泽东、周恩来、博古及时电:"接八月一日电为之欣慰。团结一致,牺牲一切,实现西北抗日新局面的伟大任务,我们的心和你们的心是完全一致的。""我们已将你们的来电通知全苏区红军,并号召他们以热烈的同志精神,准备一切条件欢迎你们,达到三个方面军的大会合。"③

8 月 5 日红四方面军从包座出发,9 日占领腊子口天险,10 日占领哈达铺到达甘南。红二方面军走在最后,8 月 5 日在噶曲河集结,12 日到达包座,8 月底、9 月初到达哈达铺。

这时,蒋介石发现红军三大主力即将会师,立即于 9 月上旬命令胡宗南部 4 个师从长沙开动北上,会同王均、毛炳文两个军,企图抢占西(安)兰(州)大道上的静宁、会宁、定西段,以隔断红军三大主力会合的通道。针对敌情的变化,中央决定进行宁夏战役。9 月 14 日,张浩、张闻天、周恩来、博

---

① 《育英、洛甫、泽东、恩来、博古、德怀致朱、张、任电》,1936 年 7 月 22 日,《文献与研究》1986 年第 5 期。

② 朱德、任弼时、张国焘致林育英、张闻天、毛泽东、周恩来等电,1936 年 8 月 1 日。

③ 《育英、洛甫、恩来、泽东等致朱、张、任电》,1936 年 8 月 3 日。

古、毛泽东致电朱德、张国焘、任弼时:"国际来电同意占领宁夏及甘肃西部,我军占领宁夏地域后,即可给我们以帮助。胡宗南部第 1 师及 43 师、78 师、97 师 10 号从长沙开动,先头 18 号到咸阳,月底集中定西……""为坚决执行国际指示,准备在两个月后占领宁夏",并拟作如下部署:红一方面军主力,10 月底或 11 月初开始从同心城、预旺之线攻取灵武、金积地区,以便 12 月渡河占领宁夏北部;红四方面军以主力立即占领隆德、静宁、会宁、通渭地区,控制西兰大道,阻止胡宗南西进,10 月底或 11 月初进取靖远、中卫南部及宁安堡之线,以便 12 月渡河占领宁夏南部;红二方面军在陕甘边区积极活动,吸引胡宗南于咸阳、平凉之线以南地区,与四方面军互相策应;由陕北派出游击支队,经关中苏区出至泾水以南活动,牵制胡宗南之侧后。电文强调:"以上部署主要是四方面军控制西兰大道,不使胡宗南切断并不使妨碍尔后一、四两方面军夺取宁夏之行动,当一、四两方面军夺取宁夏时,二方面军仍在西兰大道以南,包括陕甘边与甘南,担负钳制敌军之任务……在这一对于中国红军之发展与中国抗日战争之发动有决定意义的战略行动中,三个方面军须用最大的努力与最密切的团结以赴之,并与甲军(指东北军)取得密切之配合。"①之后,中央军委又连电朱德、张国焘,催促四方面军迅速占领西兰大道的静宁、会宁、定西段,否则一、四方面军将被胡宗南部隔断。对于中央指示,中共中央西北局 9 月 16 日在岷县附近举行的会议上,曾根据朱德、陈昌浩等多数人的意见,否定了张国焘的西进主张,作出了红四方面军继续北上与中共中央及红一方面军会合的决定,并下达了静宁、会宁战役纲领,部署红四方面军各部向西兰大道静、会段前进。

可是反复无常的张国焘会后立刻变卦,一赶到漳县红四方面军总部,又违背中央指示和西北局决议,命令红四方面军撤离通渭等地,转头西渡黄河。朱德得知这一情况后,立刻电告英、洛、毛、周、彭、贺、任、刘,指出:张国焘不同意静会战役计划,"拟根本推翻这一原案。""子昆②、我是坚决遵守这

　　① 《育英、洛甫、恩来、博古、泽东关于占领宁夏的部署致朱、张、任电》,1936 年 9 月 14 日 18 时,《文献与研究》1986 年第 5 期。

　　② 即周子昆(1901—1941),广西桂林人,1925 年任大元帅府铁甲车队班长,同年参加共产党,参加北伐、南昌起义、湘南暴动、井冈山斗争、中央苏区第一、二、三、四、五次反"围剿",历任连长、营长、师长,1935 年 1 月任红五军团参谋长,工农红军总司令部一局局长。随总部南下后任红军大学上级指挥科科长。

194

一原案,如将此原案推翻,我不能负此责任。"①。在此紧急关头,张浩、张闻天、毛泽东、周恩来、秦邦宪、王稼祥在三天内连续四次致电朱德、张国焘、任弼时等,制止张国焘的动摇,力促迅速实现红军三大主力的会合。电文一再表明与张国焘之间的争论应该一概不谈,集中全力与团结内部,执行当前军事政治任务。强调应集合三个方面军于静宁、会宁、定西一线及其南北,给胡宗南以相当打击,使其不能达到隔断红军、各个击破的企图。② 至于统一指挥问题,9 月 21 日已按任、贺、关(向应)、刘(伯承)的提议,组成以毛泽东、彭德怀、王稼祥、朱德、张国焘、陈昌浩六人组成的军委主席团,"等待国焘同志等北上商讨一切",并告:"林育英俟朱、张到达界石铺大道即动身来前方。"

9 月 26 日,张浩、张闻天、毛泽东、周恩来、王稼祥、博古致电任弼时、贺龙、刘伯承,要他们"向国焘力争北上计划之有利,西进将被限制于青海一角,尔后行动困难,且妨碍宁夏计划"。③ 同日,张浩、张闻天、毛泽东又致电朱德、张国焘,指出:"确息:胡宗南部到洛阳,本月底其后续部队将到齐。四方面军有充分把握控制隆、静、会、定大道,不会有严重战斗。而一方面军可以主力南下策应,二方面军亦可向北移动钳制之。若西进到甘西只限制青海一面,尔后行动困难。"④

就在这一天,张国焘向中共中央连发了四封电报,但语气已经软下来了,其中于 12 时与朱德、徐向前、陈昌浩联合发出的电报中称:"我们决定四方面军即应行动,先机抢占永登一带地区……现已按此调动,不便再更改,务祈采纳。"值得注意的是,这封电报在最后说:"关于统一领导,万分重要,""我们提议请洛甫等同志即以中央名义指导我们。"这是张国焘第一次表示他放弃同陕北中共中央保持"横的协商关系"而接受中共中央领导。这当然是值得欢迎的,这是党和红军反对张国焘分裂主义斗争的第四个胜利。

由于中共中央领导的革命事业节节胜利,不断发展,对全党号召力的增强;由于中央的耐心说服晓以利害与明令;由于张浩的苦心争取劝导;由于朱德、刘伯承、徐向前等的不断斗争和红二方面军任弼时、贺龙、关向应等的

---

① 《朱德为张国焘破坏静、会战役计划致中央及二方面军诸同志电》,1936 年 9 月 22 日,《文献与研究》1986 年第 5 期。

② 《育英、洛甫、恩来、泽东、博古、稼祥关于当前军事政治任务致朱、张、任等电》,1936 年 9 月 24 日。

③ 《英洛泽恩稼博关于向国焘力争实现北上计划致任、贺、刘电》,1936 年 9 月 26 日。

④ 《育英、洛甫、恩来、博古、稼祥、泽东致朱、张电》,1936 年 9 月 26 日。

推动,张国焘最终被迫停止西渡转向北进。红四方面军各部从 9 月 30 日起,分五个纵队相继从岷州、漳县等地向通渭、庄浪、会宁地区前进。可是,时间已延误十天左右,国民党军队胡宗南等部得以逼近这一地区,使红军三大主力会合时西北地区的局势变得十分严峻。为了给红军三大主力会师创造条件,10 月 2 日,西方野战军的红十五军团骑兵团在绕过海原县城后,连续奔袭二十多个小时,行程三百多华里,抢在胡宗南等部到达前,夺占了会宁县城,为红军三大主力的会师创造了条件。

10 月 9 日,朱德、张国焘、徐向前、陈昌浩率红军总部、红四方面军总指挥部和红四军、红三十一军到达会宁,同红一方面军会师。10 月 22 日,任弼时、贺龙、关向应率红二方面军总指挥部到达静宁以北的将台堡同红一方面军第二师会师。

三个主力红军的会师,是反对张国焘分裂主义的第五个胜利。

由此可见,红四方面军的北上和三大主力红军的胜利会师,都与张浩的努力分不开。正如当时任中共中央宣传部副部长的吴亮平所说:张浩回国做的另一件大事就是"帮助中央做了团结四方面军的工作,促成了一、二、四方面军三大主力红军的会师。"[1]

张浩受命做红四方面军政治思想工作

主力红军胜利会师后,为了进一步实现团结统一,10 月 16 日,中共中央政治局常委会决定请国际代表张浩前往红四方面军做政治工作,并讨论了红四方面军的情况和中央的方针。张闻天指出:张浩到红四方面军的任务是"代表中央传达中央与国际的决议","对一切具体问题,采取商量态度,要有弹性、有忍耐心"。[2] 毛泽东在会上发言,则提出:四方面军拥护中央是有诚意的。对四方面军应该有个整理,并且应该经过张国焘,才更顺利些。我们应该帮助他,使他的进步能更顺利,并经他将四方面军整理好。张浩同志去的任务主要在政治方面完成统一团结,将四方面军的政治、军事、文化水平提高一步。关于国焘过去错误的性质与程度问题,原则上是不说的。但如说到时应指出:这一错误是严重的政治上组织上的错误;另一方面应指

① 吴黎平(吴亮平):《在历史转变的关头》,第 22 页,《张浩纪念集》上海人民出版社,1986 年。
② 程中原著:《张闻天传》,第 314 页,当代中国出版社,1993 年。

出是个别的、是机会主义性质的(对中央路线的估计不足),但不是整个路线的错误。因为就其整个历史来说,还只是某个时期个别的错误。还有一点,如果他以后不再犯这样严重的错误,将来不一定提这一错误,如果仍继续发生这样的错误,那是应与之作斗争的。① 会后,毛泽东又约张浩、聂洪钧和刘道生到住地谈话,就派他们去红二、四方面军帮助开展对东北军的统战工作谈了意见,要他们多看别人的长处,少说别人的缺点,注意搞好同二、四方面军的团结。②

　　为了迎接红二、四方面军,并肩负"完成统一团结"的使命,张浩离开保安,日夜兼程,于10月19日抵达同心城,会见二方面军领导人。11月上旬抵达关桥堡,会见朱德、张国焘,"带来国际和中央许多消息",并就军事部署进行了研究。中旬,又亲到红四方面军驻地宁夏同心县豫旺堡,做广大指战员的思想工作。由于张国焘的长期欺骗宣传,红四方面军一部分指战员对中央一时还缺乏了解,有的干部甚至还心存疑虑。张浩找干部谈心,召开活动分子会议,利用一切机会,向红四方面军广大指战员介绍国内外形势和抗日民族统一战线的发展,宣传加强团结的意义,讲解中央的决策,对消除隔阂、增进各路红军的团结起了积极作用。

　　11月30日,朱德、张国焘到达中共中央驻地保安,受到热烈欢迎。12月初,张浩返回保安,及时找张国焘谈话,劝他不要争辩以往是非,"目前最重要的是抗日民族统一战线在全国范围内的发展。到了适当时期,再行召开一次中央的扩大会议,解决党内问题。"张国焘在《我的回忆》中,也不得不承认张浩的谈话诚恳:"他仍是和从前那样热情朴实,说话的时候,全身各部都在用劲,似乎要将他所想的倾泻出来。"③

　　12月7日,中央革命军事委员会主席团转发中华苏维埃中央政府关于扩大中央革命军事委员会组织的命令:以毛泽东、朱德、周恩来等23人为中央革命军事委员会委员;以毛泽东、朱德、周恩来、张国焘、彭德怀、任弼时、贺龙等7人组成中央革命军事委员会主席团,毛泽东为主席,周恩来、张国焘为副主席;以朱德为中国工农红军总司令,张国焘为政治委员。任命刘伯承为总参谋长、叶剑英为副总参谋长;王稼祥为总政治部主任,杨尚昆为副主任。至此,红军的统一团结得到组织上的确认,得到加强。

---

①② 《毛泽东年谱》上卷,第597页,第599页,人民出版社、中央文献出版社,1993年。
③ 张国焘:《我的回忆》第3册,第325—326页,现代史料编刊社,1981年。

很显然,张国焘第二"中央"的被迫取消,张国焘接受中共中央的领导,三大红军主力的胜利会师,全党的统一和团结的实现,张浩是倾注了大量心血的。正是在这场斗争中,张浩与毛泽东结下了深厚的友谊。奥托·布劳恩(李德)在《中国纪事》中写道:"关于张浩,我的印象是,他与毛的关系十分密切。"[①]现在能查到的1936年1月至11月仅由张浩领衔发给红四方面军的电报就有几十封。正如刘英所说:"为了解决张国焘问题,张浩以共产国际代表名义打电报给张国焘,劝说他取消伪中央,争取他北上……促使张国焘被迫取消伪中央,张浩是做了许多工作的。"当时人们都尊称张浩为"国际代表"。[②]

张浩力主和平解决西安事变,联蒋抗日

"逼蒋抗日"方针的确立,是建立以国共合作为基础的抗日民族统一战线的关键,它是之后走向"联蒋抗日"的重大步骤。张浩不仅积极参与了对这一方针的讨论与确定,他作为党的白区工作委员会书记和东北军工作委员会副书记,协助周恩来做了许多具体的统战工作。为了加强西线的统战工作,他先后到甘肃庆阳、环县做东北军和当地开明士绅的统战工作,宣传逼蒋抗日的方针,指导地方干部和红军干部向东北军的师、团、营长写信,向士兵做抗日和"打回老家去"的普遍宣传,对张学良手下任何部队都不采取真正的攻击态度。西安事变爆发不几天,他又及时赶到陕西定边,给驻扎在那里的红四方面军第四军和三十一军的指战员们作报告,宣传西安事变的意义和中共中央和平解决西安事变的方针,同时要求部队做好打的准备,配合抗日友军粉碎国民党亲日派的进攻。随后部队即奉命南下三原、泾阳,有力地配合了西安事变的和平解决。

12月24日晚,蒋介石口头允诺中共代表周恩来会同张学良、杨虎城与宋子文、宋美龄达成的六项条件后,恢复自由。西安事变的和平解决,成为时局转换的枢纽。它粉碎了亲日派和日本帝国主义者的阴谋,促进了中共中央的逼蒋抗日方针的实现。国共两党第二次合作、共同抗日已成为不可抗拒的趋势。但是25日张学良在没有通知周恩来的情况下,亲自陪同蒋介

---

① 奥托·布劳恩:《中国纪事》,第215页,现代史料编刊社,1980年。
② 刘英:《国际代表》,《张浩纪念集》,第26页,上海人民出版社,1986年。

石乘飞机经洛阳抵南京。26 日张学良被扣留南京，又使局面变得复杂起来。

为了讨论释放蒋介石后的形势与共产党的方针，12 月 27 日，张闻天主持召开了中共中央政治局扩大会议。毛泽东在会上作了报告和结论。毛泽东指出：西安事变给国民党以大的刺激，成为它转变的关键，逼着它结束十年的错误政策，结束十年内战，而内战的结束也就是抗战的开始。西安事变促进了国共合作，是划时代的转变，是新阶段的开始。蒋介石释放后，他的动摇是否最后结束？现在还只能说是结束的开始，我们要动员一切力量结束他的动摇。西安事变使蒋介石的地位降低了，而我们的地位提高了。我们在西安事变中实际地取得了领导地位，应利用这一有利形势开展全国局面，把红军扩大起来，与张、杨更加团结，成为抗日的中心，这是我们当前的任务。我们的具体策略是推动左派，争取中派，打击右派。① 毛泽东还提醒大家："西安事变仍是在发展中，我们应该教育落后（分子），更多的争取中间分子。"②

与会者一致同意毛泽东的报告。

张浩在会上也作了发言，他首先表示同意毛主席的报告。接着表达了他的意见：

第一，我们对西安事变的估计与策略是正确的。

第二，国际的意见对我们是有帮助（的）。

第三，事变的前途是向好的方面，但前途也不是没有变化的；同时，也不一定三个月就能实现抗战。

第四，现在抗日的中心是在西北，西北的联合在全国起了领导作用，对西北的巩固问题更为重要。在这个问题上：一、巩固扩大红军；二、巩固与改造东北军；三、加紧发动西北群众，真正发动陕甘两省群众；四、打通苏联（的国际路线）；五、对少数民族工作应注意。

关于办报问题，应认真进行，对统一战线的报纸，也要给以帮助。对于办党校大学等都重要。应办一个统一战线的学校。

白区工作，在政治上应给以领导，在组织上，白区党有的可利用公开，有的要秘密；在上海、香港、武汉应派得力人手去领导。对牢狱的政治犯出狱

---

① 《毛泽东年谱》上卷，第 631—632 页，人民出版社、中央文献出版社，1993 年。

② 《毛泽东传》，第 123 页，中央文献出版社，1996 年。

时应招待他,(通过)互济会去招待他。

对于国际宣传非常重要。应有组织地去做。对华侨工作,应用大的力量去争取。

张浩最后说:对西安事变的发生,使我们更应多研究辩证法。①

毛泽东作结论时指出:巩固西北根据地,扩大红军和苏区,改造东北军和西北军,做好全国群众工作,把群众组织起来,这是工作的重心。加强对国民党的工作,特别是做好左派、中派和军队的工作,重视宣传工作,党报应办起来。培养干部,要办党校和红军学校,造就群众的、军事的、党的、政治的四种人才。应督促国民党三个月后召开救国会议。② 毛泽东还说:"至于前途,不是内战或是抗日的问题,而是抗日迅速与迟缓问题。"③

会议通过了《中央关于蒋介石释放后的指示》,认为:"蒋介石宋子文的接受抗日主张与蒋介石的释放,是全国结束内战一致抗日之新阶段的开始。""在斗争中推动以蒋介石为首的国民党中间派最后结束他们的动摇地位,而坚决走上改革内政对外抗战的道路,这个道路的快慢,首先决定于抗日派力量的壮大。"

张浩在坚持和平解决西安事变的过程起到应有的作用。西安事变和平解决后,张浩于2月24日被任命为中共中央工农部部长。

不久,又出任援西军政治委员,与刘伯承司令员一道率部驰援西路军,3月中旬到达甘肃东部的镇原、平凉地区。但因西路军已失败,乃奉命屯兵镇原,收容西路军失散人员和整训部队。

在镇原,张浩进行部队整训和收容工作的同时,积极开展了对当地县长的统战工作。正如当时援西军参谋长李达回忆说:"我们在甘肃镇原县时,不仅群众拥护我军,国民党地方官吏、镇原县的县长郑建民先生也对我们很友好! 部队的给养他们都帮助解决。"④

形势急剧变化,党内会产生不同的倾向。一种是对与国民党建立抗日统一战线不理解;另一种,认为既然接受国民政府的领导,可以进城做官。思想产生波动。1937年3月下旬,中共中央政治局在延安召开扩大会议,讨论目前国内政治形势和党的任务。张浩与刘伯承因远在镇原主持援西军

---

① 张浩1936年12月27日在政治局会议上的发言记录。

② 《毛泽东年谱》上卷,第632页,人民出版社、中央文献出版社,1993年。

③ 《毛泽东传》,第123页,中央文献出版社,1996年。

④ 李达:《发扬老前辈忠于人民的精神》,《张浩纪念集》,第30页,上海人民出版社,1986年。

工作,不能到会,他们仍以对党的事业的高度责任心,于3月20日发出了两千余字的《致中央政治局扩大会议意见书》。《意见书》分析了西安事变和平解决与中共中央致电国民党五届三中全会后,引起的国内外形势的重大变化,特别是英美派大资产阶级表现出的抗日倾向,陈述了争取联蒋抗日、建立抗日民族统一战线的意见。指出,我们的目的是要"把一切可能抗日的力量都组织起来,以打击最主要的敌人日本帝国主义。因此,只要不失党的立场与列宁主义战略与策略原则,不离开抗日民族统一战线的本质的条件之下,可以对南京及蒋做某一些必要的让步。"

《意见书》还针对一些人有放弃领导权的倾向提出了关于建立民族统一战线中特别是国共合作的问题上应把握住的几个问题:

第一,要坚持无产阶级政党的立场。顾案①对我虽是侮辱,但确是他们的真意,也可以说是他们的尝试,还有第二步、第三步更残酷的在后面。因此,"我们应当提高全党党员的警觉性,我们要坚持无产阶级的政党在领导民族抗战中的坚定立场,要保持我们的独立性与批评的自由。只有坚决对日抗战与对内实行彻底的民主制度,承认独立的政党地位的原则下,才能进行其他工作。"

第二,争取群众。国内和平实现以后,争取群众应估计到是一个长期的艰苦的政治斗争,"我们要从这一巨大的政治斗争中锻炼我们(的)干部及党员,教育群众,使群众在自己的经验上认识党、信任党。"

第三,正确对待同盟者。"凡属是参加抗日战线的同盟者只能说是策略性上的民族性的直接后备军。因为我们在抗日的这个问题上关系是一致的,但国内政治经济的企图则有许多不同之点,特别是抗日战争的胜利愈大、民主制度实行得愈彻底,则彼此内部矛盾将愈扩大,我们不应忘记中国资产阶级的特点、大革命的教训。""只有特别加强民族革命派的政治力量、组织力量,在事实上能够夺得民族改良派的领导地位,才能保证抗日战争与民族革命的彻底胜利。""我们日前要专在一致抗日的目标上做文章,打击亲日派的阴谋,逐渐加强民族革命派的力量,要经常提高阶级的警觉性,同时要反对轻视民族改良的极端派,以取得中华民族的彻底胜利。"这个意见,富

---

① 周恩来在西安同顾祝同、张冲谈判进展顺利,双方意见大体趋于一致。3月10日顾祝同、贺衷寒又提出提案,要求中共放弃独立性,服从国民党,将中共"承认改为服从,要求改为请求";将"陕甘宁行政区"改为"地方行政区",直属各省;取消"民选制度";裁定红军定员,一师一万人,共三万人;将"服从统一指挥"为"服从一切命令";不提在河西走廊停止进攻红军西路军,等。

有远见性,实质上提出了在统一战线中如何认识和处理民族矛盾与阶级矛盾的关系、变抗战的胜利为人民的胜利的战略问题。

第四,解决一切问题均应站在主动的地位。无论是让步还是进攻,均应站在主动的地位。从《八一宣言》《十二月决议案》《告(致)国民党书》、西安事变和平解决到对三中全会的通电①,我们的党是站在主动的地位提出问题,已获得国内外的同情与赞助,已给了国民党许多的难题,以后更应如此。"我们同意恩来和平提议的原则,为了满足全国民众对于和平统一、团结御侮的愿望,我们主动的宣言将苏区改为实行民主制度的模范区或行政区,将红军精干地缩编为国防军及国防师,保持对日寇所不惧的特性与特长,排斥任何恐日病的侵入。在现地区加紧对作战的政治上军事上的准备,担任一定的防线必须执行国防的总的军事计划时才能服从统一的指挥,反对任何借口的内战及为了进行内战的调动。"

第五,创办党报,这在今天比任何时均重要。

第六,"使党与红军更加纯洁巩固与统一,加强民族的阶级的国际主义的教育,要做到真正像季米特洛夫所说的'我们的干部不仅是能够解决当前的任务,而且还要有远见'。"②

张浩与刘伯承的意见同中共中央 3 月 23—31 日在延安举行的政治局扩大会议的精神是完全一致的。

抗日民族统一战线形成的历史过程表明,张浩不仅为抗日民族统一战线策略方针的酝酿、确立、完善作出了重要贡献,而且为抗日民族统一战线策略方针的贯彻执行作出了巨大努力。

张浩担任援西军政委,正确肃清张国焘错误路线影响

会宁会师后,红四方面军一部和红五军共 2.1 万余人,奉军委命令,西

---

① 对三中全会的通电,即指 1937 年 2 月 10 日中共中央为促进国共合作,致电国民党五届三中全会,所提出的五项要求和四项保证。(一)停止一切内战,集中国力,一致对外;(二)保障言论、集会、结社自由,释放一切政治犯;(三)召集各党各派各界各军的代表会议,集中全国人才,共同救国;(四)迅速完成对日抗战的一切准备工作;(五)改善人民生活。并表示,如国民党以此为国策,中共愿意提出四项保证:(一)停止推翻国民政府的武装暴力方针;(二)苏维埃改名为中华民国特区政府,红军改名为国民革命军,受南京政府和军事委员会指导;(三)在特区政府区域内实施普选的民主制度;(四)停止没收地主土地的政策,实行抗日民族统一战线的共同纲领。

② 《刘伯承、张浩关于政治问题致政治局扩大会的意见书》,1937 年 3 月 20 日。

渡黄河,先执行宁夏战役计划。11月11日,奉命组成西路军,转战河西走廊,从战略上策应河东红军,伺机打通新疆。由于西路军孤军作战,又无根据地依托,没有人员、粮弹补充,连续血战,损失惨重。1937年初,高台战役失利后已面临全军覆灭的危险。

中共中央和中央军委对西路军的困危极为关切,西安事变和平解决后,一面电告在西安与顾祝同、张冲、贺衷寒谈判的周恩来、叶剑英等,向国民党交涉,强烈要求蒋介石履行诺言,立即下令马步芳停止进攻西路军和不得残害被俘的西路军指战员,并要求派人去青海同马步芳谈判。由于对方毫无诚意,谈判没有结果。一面组织援西军准备援救。1937年2月27日,中共中央决定以未西渡黄河的红四方面军的四军、三十一军为基础,加上红二十八军、三十二军并一个骑兵团组成援西军。任命刘伯承为司令员,左权为参谋长,宋任穷为政治部主任。由于张浩在中共和红军中的威望,由于他有国际代表身份,在党与张国焘分裂主义的斗争中,斗争既坚决,又有政策水平,利于继续做原红四方面军部属的团结教育工作。因此,中共中央决定张浩任援西军政治委员。

援西军从陕西三原、淳化出发,兼程西进救援,待进至甘肃西峰、镇原和宁夏固原地区时,西路军业已失败,余部七八百人在李先念、李卓然等领导下进入祁连山,4月底,根据中央军委和援西军电示,抵达星星峡。援西军于是奉命停止西进,屯兵镇原,全力进行收容西路军失散人员的工作。张、刘要宋任穷主持的援西军审查委员会,对西路军回归的人员,迅速审查甄别,作出结论。除个别人之外,都很快恢复了党的生活,重新安排了工作。西路军虽然终因弹尽粮绝等原因而失败,但在近5个月中,2万余将士身处戈壁,面对强敌,与敌殊死搏斗在零下三四十摄氏度的河西走廊地带,流血裂冰,伏尸盈雪,以血肉之躯先后歼敌2.5万余人,牵制了甘、青、宁三省10万多国民党军队,有力地策应了陕西红军的战略行动,为争取西安事变和平解决,推动抗日民族统一战线的形成,做出了巨大牺牲。

同时援西军进行了整训工作。整训的中心任务,就是揭露批判张国焘的分裂主义错误,对广大指战员进行正确路线的教育,以便更好团结广大红四方面军指战员。在援西军中揭露批判张国焘的斗争,既是一场严肃的党内斗争,又是一场政策性很强的思想教育工作。既要彻底地清算张国焘的分裂主义错误,又不能扩大化。对这场斗争的领导,显示了张浩的马克思主义领导艺术和政策水平。

1937年3月23—31日,中共中央在延安举行政治局扩大会议,参加会议的有26人,包括红军军以上干部。会议除讨论中共在新形势下的任务以外,还深入揭发和批判了张国焘分裂党和红军的严重错误,并作出了《关于张国焘同志错误的决定》,指出他的错误是战争中的右倾机会主义,其内容是退却路线、军阀主义和反党行为的综合;其根源是中国封建军阀意识在党内的反映。张国焘的错误给党和红军造成了严重危害。会议号召全体红军在开展反对张国焘错误的斗争中,紧密地团结在中共中央的周围,以完成伟大的革命任务。鉴于张国焘4月6日写了《我的错误》,承认"我的错误是整个路线的错误,是右倾机会主义的退却路线和军阀主义最坏的表现,是反党反中央的错误",表示以后绝对忠实于中央的路线,中央决定再一次给他以认识和改正错误的机会,对他的问题在组织上不作结论,[1]并分配他担任陕甘宁边区政府副主席职务。翌年4月,张国焘公开叛党,才开除他的党籍。毛泽东在中共六届六中全会上曾回顾说:"中央对于张国焘的罪恶的路线错误和反党行为,曾经尽了一切可能的努力去克服它,并企图挽救张国焘本人。但是到了张国焘不但坚持地不肯改正他的错误,采取了两面派的行为,而且在后来实行叛党,投入国民党的怀抱的时候,党就不得不坚决地开除他的党籍。这一处分,不但获得了全党的拥护,而且获得了一切忠实于民族解放事业的人们的拥护。共产国际也批准了这一处分,并指出:张国焘是一个逃兵和叛徒。"[2]

4月初,中共中央《关于张国焘同志错误的决定》下达后,张浩立即向包括原四方面军第四军、三十一军在内的援西军指战员传达贯彻,清除张国焘错误路线的影响。援西军总部党委召开了党的活动分子会议,全面开展反张国焘错误路线的斗争。四军和三十一军也相继召开党代表大会,贯彻中央《决定》精神。由于张国焘在红四方面军中6年来推行愚兵政策和高压政策,利用许多党员的无知以售其奸。因此在整训中,张浩首先用无产阶级党性原则教育部队,引导指战员学习党的组织原则、建军原则,明确人民军队必须绝对服从党的领导,遵守党的纪律,坚持党指挥枪的原则,揭露批评张国焘拥兵自重、以枪指挥党、分裂党和红军的严重错误,使他们同张国焘的

①　中共中央书记处编:《六大以来》(下),第104—105页,人民出版社,1981年。
②　毛泽东:《中国共产党在民族战争中的地位》,《毛泽东选集》第2卷,第531页,人民出版社,1991年第2版。

错误划清界限。

由于张浩多次经历党内斗争,在领导援西军批评张国焘错误的斗争中,十分注意政策。他一方面引导干部战士坚决揭露批判张国焘分裂党、分裂红军的严重错误;同时又向干部战士反复讲解党的政策,把张国焘与红四方面军广大干部战士严格区别开来,把张国焘的右倾分裂主义路线与不明真相跟着犯了错误的干部严格区别开来。他反复说明:"红四方面军的干部是党的干部,不是张国焘个人的干部。红四方面军是好的,红四方面军的干部战士对党是忠诚的;有的同志跟着张国焘犯错误,是因为张国焘是中央派来的,对他不了解;所以过去的错误应由张国焘负责任,广大干部战士是没有责任的,决不能因为张国焘犯错误就抹杀红四方面军的功绩。"[1]张浩的这种实事求是的精神,赢得了广大干部战士的信任与爱戴,也使有些受张国焘蒙骗,一时转变不过来的干部提高了觉悟。据当时担任援西军三十一军政委的郭述申回忆:"平时,他十分关心爱护干部,在批判张国焘错误的斗争中尤其注意保护干部。他认为,反倾向斗争,要从实际出发,不要过火。对于干部犯了错误不要随便打击,而要着重思想教育。所以当年的许多干部对张浩同志都怀着很深的感情。"[2]

在援西军特别是四军、三十一军中揭露批判张国焘的错误,是一个十分敏感的问题。在这个问题上,张浩十分注意政策,掌握分寸,始终抓住团结教育这个关键。据当时担任援西军第三十一军军长的萧克回忆说:"在批判张国焘的错误时,张浩曾多次指出:'张国焘的错误不能怪四方面军的一般干部,我们要团结四方面军的干部战士,拧成一股绳。记得当时我写过一份材料,内容是批评张国焘的,我写成后送给张浩修改,他看后很直率地对我说,'你这上面有些尖刻的话,就不要说了。你们年轻气盛啊,把话说缓和些,有利于团结嘛。'"[3]

他很注意用摆事实讲道理的方法,对干部战士进行深入细致的思想教育。为了做通思想工作,他苦口婆心,不厌其烦地找干部战士谈心,并先后在援西军中召开过活动分子会、党代会、不同层次的干部会,还办了几期轮训班,轮训连队指导员、支部书记和党小组长,帮助他们认识张国焘错误的

---

① 胡奇才:《张浩同志在援西军》,《张浩纪念集》,第32页,上海人民出版社,1986年。
② 郭述申:《学习的榜样》,《张浩纪念集》,第32页,上海人民出版社,1986年。
③ 丁永淮、曾德厚、易细望1990年5月25日访问萧克记录。

严重性质,把他们的思想统一到拥护中央的正确路线上来。正如同年 7 月 12 日,援西军第四军(即原红四方面军第四军)在政治工作的总结报告中所述:通过三个月的反张国焘路线斗争,"对张国焘路线的恶果有了深刻的认识","许多干部主观上都是努力来肃清张国焘路线遗毒的","再也难找到像开始反张国焘路线时那样的不了解、不满、甚至反对的了","认识到党中央路线领导的正确","而更坚决反对张国焘路线,拥护党中央的绝对正确的路线",提高了"对党中央与中央军委的信仰",使"党在部队中实际的作用也加强起来","开始建立正规化红军的基础"。①

由于张浩、刘伯承等援西军的领导同志很好把握贯彻中共中央的政策,进行艰苦细致的思想政治工作,所以使整个援西军在 3 个月的整训中,没有出现大的波澜、反复,大大提高了对张国焘分裂主义的认识,划清了思想界线,自觉地团结在党中央的周围,这样就"使得本质很好而且作了长期英勇斗争的红军第四方面军的广大的干部和党员,从张国焘的机会主义统治之下获得解放,转到中央的正确路线方面来"。② 这就为中国共产党发起建立抗日民族统一战线,开展抗日民族解放战争做了重要的组织准备和军事准备。因此,张浩后来回顾全党反对张国焘分裂主义斗争过程时说:"党内反国焘路线的斗争是党内反倾向斗争的模范。"③1937 年 8 月红军改编为八路军,以援西路军为主成立一二九师时,刘伯承为师长,张浩为政委。

[附记]本文是笔者与湖北长江大学教授熊经洛合著的《张浩传》中的第七、八两章,原题为《国际代表》《反对分裂》,收入本书时重新编排了内文章节标题,做了修改,主要对历史背景做了压缩,以免本文与《1935—1937 年国共第二次合作密谈过程》一文有过多的重复。

1980 年,笔者在收集李求实烈士的材料,采访了李求实的战友、朋友张浩的后人,从张浩的长子林肖硖处得到了张浩的材料。当时笔者正参加《周恩来选集》的注释工作和《周恩来年谱》的写作,有机会看到中共中央政治局会议记录和电报、文献及北京图书馆(现国家图书馆)的报刊。不仅采访了许多老同志,并与张浩夫人涂俊明长谈。为了纪念张浩逝世 40 周年,接受陈用文同志的委托为王鹤寿、赵毅敏、曹瑛(石磊)、杨长春、季诚龙、陈用文等老同志起草了《忠心为国,虽死犹荣》一文,发表于 1982 年的《人民日

---

① 姜思毅主编:《中国人民解放军政治工作史》,第 169—170 页,解放军政治学院出版社,1984 年。

② 毛泽东:《中国共产党在民族战争中的地位》第 531 页,《毛泽东选集》第 2 卷,人民出版社,1991 年第 2 版。

③ 张浩在中共六届六中全会的发言,1938 年 10 月 28 日。

报》。同年3月,全总在人大会堂召开了张浩逝世40周年座谈会。会后全总决定由工运史研究室编辑《张浩纪念集》。全总工运史研究室约请熊经浴赴京参加《张浩纪念集》的编辑工作。早在1975年,熊经浴在黄石工作,就开始收集张浩的资料,1980年写出《张浩年谱》。他在全总工作长达一年有余,看到30年代全总的会议记录和张浩在中央政治局会议上的部分发言记录及其在延安写的大量笔记、文章和部分电文等历史资料,并帮多名老同志整理回忆张浩的文章。我们一起深入讨论研究,共同修改《张浩年谱》,1984年发表于《工运史研究资料》。1986年9月《张浩纪念集》出版,《张浩年谱》亦收入其中。1991年与熊经浴合作写出《张浩传》,于华中师大出版社出版。熊经浴负责写张浩在家乡、工会工作的情况,笔者负责写张浩在中共中央工作情况。当时因《周恩来年谱》没有出版,书中就没有公布张浩在中共中央政治局和常委会议讲话的许多重要内容。一直到1999年笔者才有时间,花了近两年的时间,四易其稿,增加了近10万字的内容,主要是引用了大量档案、会议记录,往来电报及当事人的回忆,着重于张浩的两个重要的历史贡献,使这段史实更加详尽,更加接近真实,从而张浩的形象更加丰满、完整。毛泽东思想是集体智慧的结晶,中国共产党许多卓越领导人对毛泽东思想的形成和发展作出了重要贡献,张浩是其中之一。1942年3月张浩病逝于延安,毛泽东亲自抬棺,表达了对张浩的肯定和敬意。

1935—1937 年国共第二次合作密谈过程

　　历史上国共两党曾经有过两度合作,第一次大革命时期合作的始末在史学界讨论较多,事实也比较清楚;第二次合作的建立过程,由于经过十年内战,双方接触和谈判是在极端秘密的状态下进行的,也由于抗战胜利后国共关系的恶化,材料分散或湮灭,因而鲜为人知。蒋介石在《苏俄在中国》一书中谈到这个过程时说,1935 年秋周恩来到香港找到曾养甫,要求政府代表与他们商谈,要求从速停战,一致抗日,不附其他条件。陈立夫谈到此事时还说:"我们好像是接受中共投降,他们只要我方肯停止剿共,提其他条件,他们都可接受。"①这完全不是事情的本来面目。笔者在写《周恩来年谱》时查阅了大量的档案,走访当事人,拟根据掌握的材料,对第二次国共合作建立过程作一个陈述。

国民党重新考虑联苏方针,蒋介石与苏联大使的谈话

　　1927 年"四一二"反共事变后,蒋介石在帝国主义支持下以武力为后盾,建立起大地主大资产阶级的南京国民政府。这一政府对外投靠帝国主义,与苏联断交;对内发动反革命内战,残酷镇压共产党人和革命群众。当这一政府面对日本帝国主义侵华步步加紧,民族危机日趋加深的形势时,其实力人物蒋介石竟认为:如中国"贸然和日本开战,日本可在十天之内,完全占领我们中国的一切重要地区,就可以灭亡中国"。②换句话也就是说抗战必亡。为了倾全力消灭工农红军,以蒋介石为首的南京国民政府更提出攘外必先安内的误国政策,向日本帝国主义拱手让出中国东北三省。

　　但是,日本帝国主义并未因得到东三省而善罢甘休,其目的是要征服全

---

　　① 陈立夫:《参加抗战准备工作之回忆》,《传记文学》第 31 卷第 1 期,台湾传记文学出版社,1977 年。

　　② 《蒋总统集》(一),第 795 页,《抵御外侮与复兴民族——1937 年 7 月对庐山军官训练团讲演》,中华大典编印会,1974 年。

中国。因此占领东北之后继续步步南下,咄咄逼人,严重威胁到蒋介石所代表的英、美派大资产阶级的利益。蒋知道,英、美不会马上支持他抗日,而与日作战又无法避免,为了打破困境,便不得不转而求助于苏联。蒋的分析事后证明是正确的。抗战爆发后在国际上只有苏联援助中国抗战,不仅派空军参战,而且给予大量军事物资。这个局面一直到日本发动太平洋战争才改变。1932年12月蒋介石采纳了宋子文、孔祥熙的意见,恢复了与苏联的邦交。蒋介石认为:"因为中国是世界各国的共同殖民地的缘故,所以日本要独吞中国,就先要征服世界,日本一天不能征服世界,也就一天不能灭之中国,独霸东亚。""日本要并吞我们中国,而须先征服俄罗斯,吃下美国,击破英国,才可以达到它的目的,这是他们早已决定了的国策。"他说:"我们看得很清楚,美国在它的后方,俄国在它的右侧面,英国在它左侧面——南洋。最大最强的敌人都在它的侧背,它有什么方法可以拿全力来征服我们中国?"[①]这表明蒋介石确曾寄希望于日本北进苏联,南进东南亚,西进美国,寄希望于爆发世界大战。但随着中日民族矛盾日渐尖锐,蒋不能不致力于改善同苏联的关系。1934年夏,清华大学教授蒋廷黻带领一非正式代表团访问苏联,意在探询苏联政府的意向。当时,以蒋为首的南京国民政府,对于改善与苏联的关系存有两点疑虑:一是蒋介石上台后反苏反共,这能否取得苏方的谅解;二是新疆政局于1933年4月发生变化,盛世才攫取新疆大权后表现出亲苏倾向,以至南京不少人认为新疆已被赤化或被苏控制。

苏联为了不腹背受敌和建立世界反法西斯统一战线,不计前嫌热情接待了蒋廷黻一行。第一个问题解决了,新疆问题便成为悬而未决的唯一障碍。特别是蒋介石认为:如果中日交战,"在三天之内日本就可以把我们中国所有沿江沿海的地方占领起来。"[②]那么战时中国就只能通过新疆从苏联得到军事援助。新疆对南京中央政府的态度,新疆的地位及作用,苏联对新疆的影响力如何,不能不成为蒋十分关注的紧迫问题。

为了进一步沟通中苏关系,蒋介石指派曾担任过他的参谋、侍从长达8年之久的亲信邓文仪担任了驻苏武官。邓于1935年春到达莫斯科,后又在苏联政府的帮助下,于7月经塔城进入新疆考察。两个月后,邓文仪重新回到莫斯科并立即接到了回国述职的命令。

通过邓文仪的汇报,蒋介石得知苏联积极支持中国抗日的意向,便于

---

①② 《蒋总统集》(一),第793—799页,中华大典编印会,1974年。

10 月间由行政院副院长兼财政部长孔祥熙向苏联大使提出："如果中国被迫武装抗日"，"考虑到海路难以获得任何军需物资，""能否经过新疆从苏联方面得到军需品？"①

10 月 18 日，蒋又接见苏大使，由孔祥熙担任翻译。蒋明确表示希望改变中苏关系，并暗示大使，他想同苏联签订保障远东和平的军事协定，这个协定应具有"不对外"的性质。

苏联担心南京政府企图加剧苏联和日本的冲突，而使苏陷于腹背同时受敌的境地。因而，鲍格莫洛夫大使问道：日本要求中国承认满洲国和签订反苏军事同盟是真实的吗？蒋答：日本非正式提出要求中国承认满洲国。至于反苏军事同盟，中国不论在怎样情况下，都不会同意。

11 月，南京政府得到可以经新疆得到苏联支援的肯定答复。

12 月 19 日，蒋再次召见苏联大使鲍格莫洛夫。大使转达了苏联政府的意见，同意同南京政府签订协定，并准备进行具体的讨论。

蒋介石马上提出：想以 1923 年 1 月孙文（孙中山）越飞联合宣言作为中苏关系的基础。

鲍格莫洛夫知道孙越联合宣言的第一点，即是"孙逸仙博士以为共产党组织，甚至苏维埃制度、事实均不能引用于中国，因中国并无使此项共产制度和苏维埃制度可以成功之情形也。此项见解，越飞君完全同感。"斗转星移，今日中国已不是 1923 年的情况，大使在会谈前接到的指令是：要特别注意蒋介石同中国工农红军的关系。因而他表示不能接受这个建议。

蒋介石心中明白，便转换话题，声称对中苏关系中发生的一系列"误会"，特别对中共问题表示很遗憾。他说：他绝不反对共产党的存在，共产党像其他党一样有权表示自己的意见。但是既然中国共产党把推翻中央政府作为自己的口号，他只好对它采取严厉措施。对苏联同情中国的统一，蒋表示高兴。他明白只有中国达到统一才能保证在反抗日本侵略中取得巨大成绩。如果苏联政府能够促使达到这个统一，他是很高兴的。

大使则回答：苏联政府在国共两党谈判中将不起任何中间人的作用，这是中国的内部事务。因为大使接到的指令是：蒋本可在没有任何中间人的情况下同中共谈判。苏联一直奉行和平外交政策。在共产国际存在期间，苏联政府从不和各国共产党发生直接关系，以免引起外交纠纷，妨碍与各国

---

① 《苏联外交文件》第 18 卷，第 662 页。

政府关系的建立和发展。各国共产党均由共产国际领导。

蒋再次表示：中国共产党可以合法存在，但任何一个国家都不允许政党有自己的军队。所以当中国政府抗日时，苏联需要利用自己的威望，以使红军承认现实的政府。如果苏联政府能这样做，这就表明苏联是南京政府的真诚盟友。

大使断然拒绝了蒋的这个要求。

要改善与苏联的关系，在国内必须改变反共政策。同共产党谈判，因苏联不愿做中间人，蒋只好自己解决。1935年12月，蒋急令邓文仪速返莫斯科。1936年初，邓一回到莫斯科即展开活动。1月中下旬，邓文仪在会见中共驻共产国际代表团团长王明时说，蒋介石看到王明在共产国际第七次代表大会的发言后决定同中共谈判①。邓并提出三项初步建议供讨论：一、取消中华苏维埃政府，这个政府领导人和工作人员参加南京政府。二、改编中国工农红军为国民革命军，因为对日作战必须有统一指挥。三、国共两党间恢复1924—1927年存在的合作形式，或其他任何形式。在这种情形下，中共继续独立存在。将来抗战爆发后，内蒙古或西北部分地区成为红军根据地和活动区域。邓还认为在中日战争情况下，日本将会封锁中国所有的海岸线，那时中国的武器来源不是英美，而是苏联。南京希望经过西北从苏联得到武器弹药。

王明答复说，无论国民党还是共产党的中央都在国内，国共两党谈判以在国内进行为好。

邓文仪将谈话记录毫无保留地整理成一个详细的报告，派李副武官专程回国。李副武官身藏密件冒险经日本回到国内后却受到冷遇。蒋介石不满李经日本回国，认为邓文仪做事不缜密，从此，国共谈判事宜不准邓文仪参与，续由陈立夫一手控制进行。

为同苏联政府进行具体讨论，蒋派陈立夫秘密到苏联。陈立夫偕张冲于1936年春到达欧洲，准备由此进入苏联。行前陈写好书信若干封，令夫人每过几日向亲朋好友寄出一封，以造成他仍在国内的假象。由此可见此行之保密的程度。

陈、张在欧洲蛰居多日。蒋顾虑重重，认为直接去苏谈判的时机未到，又令陈、张回国，由孔祥熙在南京同苏大使谈判。苏联为防止刺激日本，提

---

① 见《潘汉年1936年11月给中共中央的报告》。

出签订中苏两国互不侵犯条约。谈判持续一年多,直到 1937 年"七七事变"日本进攻上海后的 8 月 21 日,中苏才正式签订《中苏互不侵犯条约》。可见,蒋是在全国抗战爆发后,才最后确立联苏方针的。

蒋介石秘密布置陈立夫主持与中共接洽

蒋介石既已预见到苏联在未来中日战争中作用之重要性,他为了赢得苏联的谅解,才对国内共产党采取谈判的态度。

1936 年 1 月 22 日蒋同苏联大使鲍格莫洛夫交谈,表示他在下列条件下可同中共谈判:红军承认中央政府,保持当时的军队编制,参加抗日战争。

大使也介绍了苏联政府设想的关于预定签订之中苏协议的内容。蒋没有提出任何异议,特别讲到关于苏联政府帮助中国的规模问题,这应该由苏联政府自己决定,中国感谢苏联在军事供应方面可能给予的任何帮助。应该说,谋求军事援助,这是蒋改善中苏关系的首要目的。

与苏联的谈判是在极其秘密的情况下进行的。因为蒋公开声称政府的外交方针为"对本国求自存,对国际求共存","和平未至完全绝望时期,决不放弃和平;牺牲未到最后关头,决不轻言牺牲"。[①] 他更私下向日本大使田有吉表示:"对前述之原则(即广田三原则),本人完全同意。对此无任何异案。决心立即听取日方希望,进入具体商谈,以期从速付之实施。""抗日运动决不会发生,本人根本不抗日",表示希望日中亲善。他本人担任西北"剿匪"总司令,调东北军从华北到西北,将加紧对红军的"围剿"等等[②]。至于他布置的同中共接触一事,甚至连身边的陈布雷都不让知道,而将此重任直接交给陈立夫。这当然也与陈立夫主张抗日联共的态度是有关系的。原来,陈立夫见日本之侵华日益加剧,曾找到行政院长兼外交部长汪精卫,建议与日本洽商,"转移日本军阀之目标,使之北进或南进而不西进,以减轻我国之压力"。[③] 当遭到亲日派头子汪精卫的回绝后,便与其兄陈果夫密商,认为"照此情形,中日战争必不能免,则我方应如何与中共接洽,使之共同抗日,并使苏联不致利用中日战争,帮助中共扩展,惟兹事体大且须绝对保密,

---

① 1935 年 11 月 19 日蒋介石在国民党第五次全国代表大会上的讲话。
② 1935 年 11 月 21 日田有吉致日本广田外务大臣电报(第 1291 号)。
③ 陈立夫:《参加抗战准备工作之回忆》,载台湾《传记文学》第 31 卷。

否则足以瓦解剿共军心，且足以使日寇侵略之加速，利未得而害先至，故必请示领袖（指蒋），得其许可，而后进行。"①

陈立夫受命后，不便亲自出面，交铁道部次长曾养甫办理。曾养甫经将"打通共产党的关系"一事指派交给北洋大学的同学谌小岑具体办理。谌小岑是湖南人，他找到同乡、时任国民政府立法院副院长覃振的秘书翦伯赞。翦伯赞是历史学家，建议他去找大学历史教授吕振羽，说他的学生中可能有共产党员。1932年谌小岑即和吕相识。吕是中共北方局领导下的自由职业大同盟书记，在北平（今北京）接到谌小岑的信后，汇报给与自己联系的周小舟。周小舟在与中共北方局商议后，决定吕振羽辞去工作到南京探明此事系何人发动和主持。1935年11月底，吕振羽到达南京，当晚由谌小岑陪同到曾养甫家里。曾养甫说："我是秉承宋子文先生的意旨办事的。"曾养甫没有敢讲陈立夫的名字，只提了宋子文。宋子文是著名的亲美派，曾养甫与宋是留美的同学。吕将会面情况函告周小舟。周小舟得到信于1936年1月赶到南京，周小舟向吕传达谈判的两个条件是：一、组织国防政府与抗日联军。二、停止内战，一致抗日。决定吕常驻南京，往返南京与天津之间。当时中共北方局在天津。曾聘吕为铁道部专员，每月给200元车马费。当时党组织很困难，车马费成为吕、周的活动经费。临行前周小舟与谌小岑会面，特别询问了曾养甫是CC分子，还是宋子文的亲美派。

另外，谌小岑经左恭介绍，于1936年1月3日到上海与中共上海特科系统的张子华会面。

至此，国共两党的接触仍限于较低层次。但是，决定政策的是国共两党的中央，建立国共两党高层的联系，便成为当务之急。而这个国共两党中央的联系，是通过宋庆龄的安排才得以建立的。

宋庆龄巧安排国共两党中央建立联系

1935年11月，上海特科因负责人被绑架失去了领导，也失去了与中共中央的联系。1936年1月间徐光汉、徐强和董健吾商议是否可以通过宋庆龄的帮助到达陕北。② 董健吾与宋子文是圣约翰大学的同学，与宋家相熟，

---

① 陈立夫：《参加抗战准备工作之回忆》，载台湾《传记文学》第31卷。
② 1986年徐强致李海文的信。

遂由董出面向宋庆龄请求帮助。董健吾就是斯诺在《西行漫记》中所说的王牧师。

当董健吾应邀来到宋庆龄家里,宋庆龄郑重地交给他一封信件,要他送到瓦窑堡面交毛泽东、周恩来。为了行动方便,宋还通过孔祥熙给了董一个财政部委员的名义,并资助了路费,且一再叮咛要保存好信件,说成功了"益国匪浅"。[1]

董健吾临行前,徐光汉又将张子华(未说明真实身份)介绍给董,与董结伴从上海出发。

张子华是上海的地下党员,此时22岁,已有6年党龄,1月3日他以中共长江局(1930年曾存在,此时已不存在)代表的身份,在上海惠中旅社秘密会见谌小岑。经过几次会晤,张子华了解到南京的意图,表示"愿为此事奔走",并提出希望南京能派一个人到陕北去向中共中央传递此重要消息。谌小岑同曾养甫商议后表示:我们一时派不出适当的人来,还是希望中共有人为此事奔走。[2] 最后,特科决定派张子华到西北去。因为张是宁夏人。1935年9月9日,他在中共北方局工作时,曾到陕北苏区巡视过工作,熟悉当地情况。

1936年1月,张子华和董健吾到达西安。由于"剿共"前线战事紧张,一连40天找不到办法进入苏区,只好铤而走险,董健吾拿着来自宋庆龄的"护身符"——财政部的公笺,前去求见"剿匪"副总司令张学良。这时张学良已与中国共产党建立了联系。也就在1月下旬他与中共联络局局长李克农举行了会晤并表示他愿意为成立国防政府奔走,他还告诉李克农:东北军中同情中共抗日主张者不乏其人,对"剿共"态度消沉,愿意与红军各守原防,恢复红白区通商。[3] 张学良虽有这些举动,但内心是忐忑不安的,因为一旦被南京发现将惹祸上身。这时当他看到董健吾手持的财政部公笺后不由心中大喜,认为了解了南京的确实意图,自己也可以放手同共产党联络了。2月19日,张学良和陕北中共中央通过电台联系后,派飞机将张子华、董健吾送到延安,再由当地驻军用骑兵护送到当时中共中央所在地——瓦窑堡。

---

① 董健吾填写的干部履历表及回忆。

② 谌小岑:《周恩来给我一封信的原委》,20世纪80年代采访谌小岑。

③ 《周恩来年谱》(上),第300页,人民出版社、中央文献出版社,1989年。

2月27日,张、董二人到达瓦窑堡,在城外受到博古(秦邦宪)、林伯渠、张云逸等领导的迎接。他们听了张、董的汇报后,十分欣喜,马上电告正在前线指挥红军东征的毛泽东、彭德怀等。

3月4日,张闻天、毛泽东、彭德怀回电提出和国民党谈判的原则:一、停止一切内战,全国武装不分红白,一致抗日;二、组织国防政府与抗日联军;三、容许全国主力红军迅速集中河北,首先抵御日寇迈进;四、释放政治犯,容许人民政治自由;五、内政和经济上实行初步与必要的改革。十分明显,这些条件是将中国共产党于瓦窑堡会议制定的抗日统一战线政策具体化了。

3月,董健吾携带有关上述原则的密件回到西安,见到张学良,一一通报有关情况后,旋即赶回南京复命。他在宋庆龄家中见到宋子文、孔祥熙,做了认真、详细的汇报。

国共两党中央中断了近十年的联系,在宋庆龄的推动和安排下终于接通。

同月,张子华过黄河,向毛泽东、周恩来汇报,而后返回瓦窑堡。4月16日他又和冯雪峰同行南下。冯雪峰到上海领导地下党工作,张子华则数次往来于南京、西安、陕北之间,为建立抗日统一战线而奔走。中共中央的电报时而称张为南京的客人,时而对张又以上级对下级的口吻发指示,很长时间研究者不知张的真实身份。经童小鹏指点,笔者到中共中央组织部看到张子华的档案,才真相大白。

张子华在西安时常以南京来的客人身份活动,既躲避了特务的跟踪,又使张学良从中了解国共两党中央的联络情况。张学良曾对属下讲:既然中央可以和共产党联络,我们也可以。

国共两党的接触比较快地取得进展,绝非偶然。共产党和国民党内部的有识之士出于民族大义,都有携手抗日的愿望。从国际范围来看,此时,世界法西斯活动日益猖獗,英、美、苏都有抗击法西斯,支持中国抗日的要求。有利的国际背景也是重要的因素。

国共两党政策的转变,国民党明显落后于共产党,一则它是执政党,不易转变;二则国民党内部派系复杂、争权夺利,许多人优先考虑的是一己私利。而共产党将民族利益放在阶级利益之上,将阶级利益放在个人利益之上,因而率先捐弃前嫌,联合抗日。

由于这段历史长期秘而不宣,抗战爆发后,张子华在延安受审查,失去自由直到 1942 年病死,他曾为国共谈判往返奔走的情况更是长期无人知晓。又因为张子华在这段时间里一度化名为"黄君",因而不少人以讹传讹,以为是国民党广西派的黄华表或是中央系统的张冲在为此奔走南京、陕北之间。其实,在西安事变以前,蒋对中共的方针是:"中共武装必先解除,而后对它的党的问题才可作为政治问题,以政治方式解决之。"[①]所以国民党在 1935 年、1936 年间与共产党接触的同时,一直也没有停止对红军的"围剿"。在这种情况下,国民党绝不敢派代表到陕北苏区去,一直是由中共方面的同志——张子华、潘汉年为此奔走。

从 1935 年 6 月两河口会议到 1936 年 5 月 25 日东征回师通电

中共一直高举抗日的大旗,"九一八"事变发生后仅两天,即由博古起草了《中共中央关于日本帝国主义强占满洲事变的决议》。加紧组织领导群众的反帝运动和武装反抗。在此之后,中共中央更是不断地呼吁停止内战,一致抗日,就是在长征途中,在国民党大军的围追堵截之中,中共高级领导层仍注意收集消息,关注着民族的存亡。

1935 年 6 月,中共中央长征到达了四川西部荒凉的两河口,在这里召开的政治局会议还专门听取博古汇报从无线电中得知的日本向北平开炮的情况。会议决定以中共中央名义发表宣言,在红军部队中进行反对日本帝国主义的教育,同时,加紧开展对东北军和其他白军的工作,并研究了派人去白区开展统战工作的问题,以加强白区群众斗争的领导。[②]后因战事频繁,未能再对此问题做进一步的研究。但是因为已有过这种讨论,所以,中共中央接到共产国际关于建立反法西斯统一战线的指示很快就欣然接受。

1935 年 7 月,共产国际在第七次代表大会上制定了反法西斯统一战线政策。考虑到自 1934 年夏起共产国际就和中共中央失去了通讯联系,为了尽早地向中共中央传达新精神,七大还未结束,中共驻赤色职工国际代表、中共驻共产国际代表团成员张浩即奉命回国。1935 年 11 月张浩经蒙古到达陕北,同长征刚刚到瓦窑堡的中共中央会合。张浩多次同当时在党内负

---

① 蒋中正:《苏俄在中国——中国与俄共五十年经历纪要》,第 72 页,中央文物供应社(台湾),1956 年。

② 《周恩来年谱》(上),第 283—284 页,人民出版社、中央文献出版社,1989 年。

总责的张闻天交谈,向中央传达了共产国际七次大会的精神及《八一宣言》的内容。①

11 月 28 日中共中央据此发表了《抗日救国宣言》,提出:"不论任何政治派别、任何武装队伍、任何社会团体、任何个人类别、只要他们抗日反蒋去,我们不但愿意同他们订立抗日反蒋的作战协定,而且愿意更进一步同他们组织抗日联军和国防政府。"

与此同时,中国共产党相应地改变了对富农的政策。这些文件都为即将召开的瓦窑堡会议做了准备。

12 月 8 日、13 日,周恩来、毛泽东在直罗镇战役胜利之后相继回到瓦窑堡。中共中央遂于 17 日至 25 日召开政治局会议。会议在张闻天所住的窑洞举行。会议确定要"发动、团聚与组织全中国全民族一切革命力量去反对当前主要的敌人:日本帝国主义与卖国贼头子蒋介石"。周恩来发言特别指出了反对卖国斗争的重要性。会议采纳了毛泽东的意见,顺利地通过了《中央关于目前政治局势与党的任务决议》,制定了抗日民族统一战线的政策②,中共中央不失时机地提出新的任务,并制定了正确的方针。这就保证中国共产党在新的历史条件下把握方向,推动民族反帝战争的发动,并领导人民取得胜利。

会后,中共开始着手加速建立抗日民族统一战线。为此,成立了东北军工作委员会,专门做正在与红军作战的东北军的统战工作,周恩来任书记;还成立了白区工作委员会,专门做苏区周围地区的统战工作,张浩任书记;并派刘少奇到"一二·九运动"的策源地北平、天津一带开展工作,担任北方局的书记,开辟白区工作新局面。为了响应"一二·九运动"推动全国抗日热潮进入高潮,中央决定红军东征,进入山西,争取直接与日军作战。

1936 年 3 月,刘长胜将共产国际第七次代表大会的全部文件带到山西东征前线,周恩来、博古也很快赶到前线,中共中央随即于 3 月 20 日到 27 日在山西孝义、石楼一带召开了政治局会议(由于战事频繁,会址几次变动)。出席会议的有:毛泽东、周恩来、邓发、博古、王稼祥、张浩、洛甫、林伯渠、彭德怀、杨尚昆、凯丰等。

会议期间,中央领导人还听取了张子华、北方局联络局负责人王世英、

①　访问刘英记录。

②　1984 年访问郭洪涛记录。

李克农的汇报,听取了有关国民党中央系以及张学良、杨虎城部东北军、十七路军的最新动态;王世英由天津赴陕北途经西安时,同第十七路军总指挥杨虎城举行了会谈,达成了互不侵犯、互派代表等四项协定。李克农则于2月25日到洛川,先后同东北军六十七军军长王以哲及张学良举行了谈判,达成了互不侵犯、各守原防的五项协定。张子华在汇报中虽然没有提到蒋介石、陈立夫的名字,但是中央根据他的汇报,判断出"反革命内部即南京政府内部和一些军阀也在与我们接洽谈判"①,事态发展之快,已大大超过人们的预料。

中共中央在东征前线举行的这次会议共分三个议程:一、统一战线的问题。二、当前的战略方针。三、和国民党谈判的具体方针。23日,在讨论第一个问题时,张闻天首先发言,他说:"七大决议特别重要的内容,一、集中力量反战、反法西斯;二、进行广大的统一战线(反战的、反法西斯的、殖民地人民统一战线),决议中关于欧洲的问题更多,我们应使之民族化,使之适合于具体情况;三、看到此次决议(十二月决议)基本上与之符合。"他讲到中国目前形势,说:"现在所发生的情况,证明中央决议的正确,反革命内部——南京政府内部军阀与我们接洽谈判,各派在抗日口号下的活跃情况。证明民族革命战争局面正在爆发。中央的任务:准备开展大规模的民族革命战争,反对日本侵略。主要的关键是统一战线,反日的人民的统一。目前证明,这种统一战线完全有利于我们。"他提出:"为了彻底执行建立广泛的人民阵线,要反对关门主义的倾向。"指出:"一方面德、日、意接近,另一方面,英、法、美、苏接近。这种形势表示,帝国主义战争的危险增加了,其一触即发之势时刻威胁着人类。"②"蒋介石想在日本同中国红军、苏联之间'渔翁得利',是办不到的,只能是或者联日,或者联俄联共。"②

张闻天在分析了中国各阶层对抗日的态度后,又初步预测了发动民族革命战争的前景,指出:"爆发民族革命战争的局面正在形成,尤其在华北。那里成为所有矛盾集中的地方,是首先爆发民族革命战争的地区。"③

他报告后,开始讨论。因为时间紧张,只有林伯渠、凯丰、邓发三人发了言,大家都十分兴奋,同意张闻天的报告。

由于全国革命形势的发展,东征的胜利,陕北根据地的巩固,林伯渠提

---

① 《张闻天选集》,第83—85页,人民出版社,1985年。
②③ 均见于1936年3月23日会议记录。

出来,以后中央要有固定的地方,不要随军队行动,这样便于领导全国革命。

由于战争的原因,23 日移到石口召开了第二次会议。博古、周恩来、毛泽东作了长篇发言。毛泽东在发言时强调:瓦窑堡会议决议是合乎共产国际七大决议案的,会后的中央工作是与国际决议一致的,事实上已经打开了新局面。博古也在发言中指出:蒋介石自己亦觉得"抗日而先剿共"的口号不能用。认为中国革命与反革命的分界线,在于"抵抗或投降日本",应在此基础上组织人民统一战线。这证明博古的认识与前已有很大变化。[①]

会议并研究了蒋介石的政治态度。

周恩来在 23 日的发言中也分析了国民党的现状及发展趋势,他说:国民党领导已开始认识到日本将要继续南下侵略全中国,并知道英、美目前不会直接对日作战,因而寄希望于日、苏战争。一部分国民党领导已认识到须要先有自己抗日才能真正做到联俄,先有国内的联合抗日,才能有国际的联合抗日,但是,国民党中也有人想挑动日苏战争、牺牲苏维埃和红军的利益;至今国民党对降日还是联俄仍举棋未定。他说:我们要抓住"联共"的口号,并用红军率先抗日来推动抗日统一战线的建立。他建议不仅仅提出红军集中于华北,而且要提出"红军和一切抗日军队集中于华北"。他认为中共同国民党建立统一战线的原则是:不放松准备建立,但又不麻痹群众;在抗日讨逆、停止内战原则问题上决不退让,并要求国民党有实际行动;我保持批评的自由;在同国民党上层谈判的同时,不放弃争取下层群众官兵的工作。[②]

为了推动全国抗日,会议决定采纳"红军和一切抗日军队集中于华北"的口号。

3 月 25 日会议进入第二议程,讨论战略方针问题。首先由中共中央军委主席毛泽东作报告,报告认为华北是矛盾的集中点,争取迅速对日直接作战在政治上是必要的,在军事上是可能的。华北是未来的战场,因而我们要经营山西、陕西,主要是山西,以发展求巩固。毛泽东报告之后,周恩来又发言具体介绍了经营山西的计划并建议在晋南、豫北、直南、五台组织游击战。

会议进行到 3 月 27 日,开始具体地讨论和国民党谈判的方针。这在当时称为"外交问题"。除中央负责人外,李克农、张子华等也列席了会议。毛

---

① 均见于 1936 年 3 月 23 日会议记录。

② 《周恩来年谱》,第 304 页,人民出版社、中央文献出版社,1989 年第 1 版。

泽东在这天的会议上分析了国民党的情况,他将国民党分为民族改良派与民族革命派,认为民族改良派即蒋介石、冯玉祥、阎锡山这些人,坚持反革命立场,但是这些人也想同溥仪、殷汝耕等汉奸划清界限,他们内部是不统一的。民族革命派又分左右两派,右派是由于日本的压迫与民众的压迫从民族反革命中分裂出来的,右派中的右翼如孙科、于右任等。右派中的左翼如张学良、马占山、蔡廷锴等与蒋介石有较大的区别,主张抗日,但不同意苏维埃与土地革命,不同意联俄联共。民族革命的左派是以宋庆龄为代表,包括军人的中下层、中小工商业者,中小资产阶级。左派坚决主张联俄联共,有坚决进行民族战争之勇气。因而我们的方针不仅要把民族革命派和民族反革命区别开来,而且也要把民族改良派的左右两派区别开来。毛泽东指出:2月份中央军委关于李克农同张学良谈判的训令仍然适用,这就是:把张学良和蒋介石分开;订立互不侵犯协定;坚持抗日救国代表大会,坚持抗日同讨伐卖国贼不可分离;要求停止内战,不阻止全国红军集中河北,不反对红军充任抗日先锋队。针对国民党“取消苏维埃”、“取消暴动”的要求,毛泽东主张对此要提出“取消国民政府”、“取消国民党的压迫”以对抗之。他还强调不管任何派别都可与之谈判,而且谈判都不应破裂。最后,毛泽东在报告中提出:有关军事方面的统战工作应集中于军委,有关政党方面的统战工作应集中于中央常委。统战工作的全部工作均由中央常委指挥。

会议通过了毛泽东的报告,并决定由常委和李克农、张子华、王世英等单独谈话,交待有关谈判事宜,当时称为“外交工作”。

通过这次会议,中共中央进一步肯定和发展完善了抗日民族统一战线的路线。明确了对待蒋介石的态度。虽然未获悉南京的谈判是否由蒋介石首肯,但对蒋介石的认识已发生变化,由会议之初将他看成“最反动的法西斯分子”①,改为认为他有抗日要求,将他划入民族改良派之列。

这就是3月会议的功绩。

同年4月9日,毛泽东、彭德怀进一步明确提出:“发布主张内战的讨蒋令,在今天是不适当的。”“我们的旗帜是讨日令,在停止内战旗帜下实行一致抗日。”同一天,周恩来与张学良在延安城里连夜谈判。张也坦率地提出应逼蒋抗日,称:根据他两年来的观察,蒋有可能抗日;他主张他在里面劝,共产党在外面逼,促使蒋改变“攘外必先安内”错误政策,走上抗日的道路。

---

① 1936年3月中共中央政治局会议记录。

周注意地听完他的意见,马上表示:"毛主席也有这个想法,我可以把你的意见报告给毛主席。"①

张学良的看法与中共中央的看法不谋而合,特别是张本人为最大的地方实力派,他的看法更为中共方面所重视,对中共确立逼蒋抗日方针起到了很大的积极作用。

周恩来回到瓦窑堡将谈判情况向中央做了详细汇报。

这年5月5日,红军东征回师,途中发表了《停战议和一致抗日通电》,即著名的"五五通电"。通电中说:"苏维埃中央政府与红军革命军事委员会特慎重地向南京政府当局诸公进言,在亡国灭种的紧急关头,理应幡然改悔,以'兄弟阋于墙外御其侮'的精神,在全国范围首先在陕甘晋停止内战,双方互派代表,磋商抗日救亡具体办法。"

此时,中共中央已将蒋介石列为争取的对象。但是,在现实中,蒋仍派重兵"围剿"红军和苏区。十年内战的严酷现实也使中共中央深知争取蒋介石停止内战、一致抗日的艰巨性。

中共中央决定周恩来外出谈判,未能成行

1936年3月21日,在董健吾回到上海之后,孔祥熙继续秘密同鲍格莫洛夫会晤,告诉苏大使:蒋介石已经同中共就统一战线问题开始进行谈判,他个人希望谈判获得成功。

6月,陈济棠、李宗仁、白崇禧等打出"北上抗日"的旗号,发动两广事变,使蒋介石顾此失彼。为了全力解决两广事件,稳住西北,蒋对国共谈判采取和缓政策,提出的条件比较合理。

5月,陈立夫向曾养甫、谌小岑口授了谈判的四项条件:一、欢迎共方的武装队伍参加对日作战;二、共方队伍参加对日作战,与中央军同等待遇;三、共方如有政治上的意见,可通过即将成立的民意机关提出,供中央采择;四、共方可选择一地区试验其政治经济理想。② 这四项条件由谌小岑分别转交给吕振羽及张子华,但陈立夫交待只能说是谌个人的看法。

① 1961年7月周恩来接见张学铭夫妇的谈话。

② 谌小岑:《西安事变前一年国共两党联合抗日问题的一段接触》,载《文史资料选辑》第71辑,中华书局,1980年。

张子华携上述条件日夜兼程再赴陕北,终于5月中旬到达陕北大相寺一带向周恩来汇报。周代表中共表示欢迎国民党的转变,并于15日给谌小岑写信,邀请曾养甫、谌小岑到陕北来共同"商讨大计"。[①] 张子华带此信,第二次从陕北回到南京。

1936年春,刘少奇以中共中央代表的身份,到达天津主持中共中央北方局工作,领导谈判工作。六、七月间周小舟第三次到南京,和吕振羽一起和曾养甫谈判,双方阐述各自的立场。曾养甫时有攻击共产党和马克思主义,周小舟、吕振羽据理力争。谈判无果而终。曾养甫提出周恩来或邓颖超亲来南京,或者由曾养甫或张冲去陕北。不久,谌小岑给吕振羽一份密电,说:谈判到此终止,今后由武汉电台与陕北电台直接联系。8月周小舟四进南京,吕振羽将谈判的资料和密电码全部交给周小舟。不久,周小舟经北平,携带回到陕北,向党中央、毛泽东汇报。毛泽东亲切称他为小周,留他在中央军委工作,任毛泽东的秘书。周小舟原名为周怀求,由此改名为小舟。特别要说明的,西安事变时张子华担任周恩来秘书,1943年吕振羽担任刘少奇的政治秘书。由此可见中共中央对国共谈判的重视和满意程度。

1936年7月国民党召开五届二中全会的消息传到陕北,特别是蒋介石13日在大会上的讲话,引起中共中央领导人的注意。因为蒋介石一直奉行"攘外必先安内"的政策,非到"和平的绝望时期",非到"牺牲的最后关头"不抗日。可是什么是"绝望时期"、"最后关头",蒋介石一直不解释,而在这次大会上明确表示"保持领土完整","假如有人强迫我们签订承认伪国(即伪满洲国)等损害领土主权的时候,就是我们不能容忍的时候,就是我们最后牺牲的时候"。中央领导人十分欢迎蒋介石的变化。[②]

8月8日,潘汉年从莫斯科从欧洲走海路经香港、上海、南京、西安回到中共中央所在地保安,带回共产国际指示。他马上向中央汇报。他说:1936年春南京政府驻苏武官邓文仪曾在莫斯科找王明谈国共合作事,王明表示无论国民党还是共产党的中央均在国内,国共两党应在国内谈判,并将他介绍给邓文仪。潘说,他这次回国就是拿着国民党政府签发的护照回来的。他经上海、南京时和国民党中央执行委员会委员张冲会面、谈判。张冲的上级是国民党执行委员会常务委员陈立夫。陈立夫和蒋介石的关系非同一

① 《周恩来书信选集》,第98页,中央文献出版社,1988年。
② 中央档案馆编《中共中央文件选编》第11卷,第11页,中央党校出版社,1991年。

般,陈的叔叔陈其美是蒋介石的老师,陈给蒋当过秘书,长期主持国民党中央调查统计科的工作,捕杀大批共产党人,和其兄陈果夫在国民党内形成CC派。由此可见要和共产党谈判的不仅是宋庆龄等左派,宋子文等英美派,还有陈氏兄弟的CC派。而宋子文、陈氏兄弟没有蒋介石的默许是绝不会擅自行动的。这些情况的变化,使中共中央重新考虑对蒋介石、国民党的政策,决定逼蒋抗日,乃至走向联蒋抗日。

为了调整对蒋的政策,1936年8月10日,张闻天主持召开了中央政治局会议。会议一致认为,应该承认南京政府是一种民族运动的大的力量,明确指出"抗日必须反蒋"现在不合适了。要与蒋联合,与南京合作,确定"和南京谈判"。只要南京政府真正抗日,给抗日的民主,我们就同他讲统一。为推动蒋介石联共抗日,中共在确保对苏区和红军的领导权的前提下,苏区和红军可以改变名称。

会议决定发表公开宣言和秘密文件。

8月下旬,中共中央接到共产国际书记处8月15日的电报,电报指出:"把蒋介石和日寇等量齐观是不对的,这个方针在政治上是错误的,因为中国人民的主要敌人是日本帝国主义,在现阶段,一切都应服从抗日。此外,不能同时有效地进行既反对日寇又反对蒋介石的斗争。"[①]共产国际认为中共中央8月政治局会议确定的"与蒋联合,与南京合作"的方针虽然与共产国际政治指示的基本精神是一致的,但对蒋的倾向抗日及蒋的实力的"估计还是不足的"。[②] 中共中央根据共产国际此政治指示和中国的实际情况,进一步调整了对蒋的政策。

8月25日,中共中央发表了《中国共产党致中国国民党书》,即8月政治局会议决定要发表的《公开宣言》。《宣言》"再一次大声疾呼:立即停止内战,组织全国的抗日统一战线,发动神圣的民族自卫战争,抵抗日本帝国主义的进攻",国共两党实行第二次合作。"只有国共重新合作以及同全国各党各派各界的总合作,才能真正的救亡图存"。《宣言》称:"国共合作的关键,现在是在贵党的手中"。"至于我们方面,是早已准备着在任何地方与任何时候派出自己的全权代表,同贵党的全权代表一道,开始具体实际的谈判,以期迅速订立抗日救国的具体协定,并愿坚决地遵守这个协定。"宣言声

---

① 《中共党史研究》1988年第2期。

② 《洛、恩、博、泽致朱、张、任电》,1936年9月8日,《文献与研究》1985年第3期。

明:"苏维埃政府愿意成为这样的国防政府的一个组成部分,红军愿意服从抗日联军总司令部的指挥,担任一定的防线,并保证每一作战任务的完成。""我们赞助建立全中国统一的民主共和国……在全中国统一的民主共和国建立之时,苏维埃区域即可成为全中国统一的民主共和国的一个组成部分。"①会后张浩、张闻天、周恩来、博古、毛泽东致电朱德、张国焘、任弼时,通报"南京抗日、联日两派斗争颇烈","我们的基本方针:一、迫蒋抗日,造成各种条件使国民党及蒋军不能不与我们妥协,以达到两党两军联合反对日本的目的。二、紧密地联合东北军并进行西北其他各部的联合谈判,造成西北新局面"。②

9月1日,中共中央书记处向党内发出《中央关于逼蒋抗日问题的指示》,即8月政治局会议决议要发的"秘密文件"。《指示》开宗明义地说:"目前中国人民的主要敌人,是日本帝国主义","在日本帝国主义继续进攻,全国民族革命运动继续发展的条件下,国民党中央军全部或其大部分有参加抗日的可能。我们的总方针应是逼蒋抗日。"但并不放弃同各派反蒋军阀进行抗日的联合,因为反蒋军阀占据各个地乡,虽然是分散的,但是力量也很大。③

在9月15日至17日举行的政治局扩大会议上,又通过了《中央关于抗日救亡运动的新形势与民主共和国的决议》,指出:"在日寇继续进攻,抗日救亡运动继续发展,国际形势新的变动等条件之下,国民党南京政府有缩小以至结束其动摇地位,而转向参加抗日运动的可能。"为了"推动国民党南京政府走向抗日",中共中央认为"在目前形势之下,有提出建立民主共和国口号的必要,因为这是团结一切抗日力量来保障中国领土完整和预防中国人民遭受亡国灭种的惨祸的最好办法",而且这"也是从广大人民的民主要求产生出来的最适当的统一战线的口号","民主共和国在全中国建立,依据普选权的国会实行召集之时,苏维埃区域即将成为它的一个组成部分"。《决议》同时指出:共产党对"各种各样的同盟者,应该保持批评的完全自由",保持对苏维埃红军"组织上与领导上的独立性"。④

从1936年2月以来,中共中央就开始改变"抗日反蒋"的口号,在争取

① 中央档案馆编《中共中央文件选集》第11卷,第77—83页,中央党校出版社,1991年。
② 《育、洛、恩、博、泽致朱、张、任电》,1936年8月30日,《文献与研究》1985年第4期。
③ 中央档案馆编《中共中央文件选集》第11卷,第89页,中央党校出版社,1991年第1版。
④ 中共中央书记处编:《六大以来》(上),第779—781页,人民出版社,1981年。

"与蒋联合"的过程中,有过"请蒋抗日"、"迫蒋抗日"的提法。"请"字过于客气,未能反映中共自主地位;"迫"字又不太贴切,"逼蒋抗日"的"逼"字则最为恰切。在"逼蒋抗日"方针的指导下,经过政治的、军事的各种斗争,直至西安事变的和平解决,最终实现了"联蒋抗日"。与此相适应,提出抗日民族统一战线的口号后,自瓦窑堡会议放弃"工农共和国"代之以"人民共和国"的口号,8月政治局会议根据新的形势,又提出了"民主共和国"的口号。至此,抗日民族统一战线工作进入了以"逼蒋抗日"、促成第二次国共合作为主要内容的新阶段。"逼蒋抗日"方针的确立,体现了中共中央的集体智慧,表现了中共在中国的具体环境下灵活运用统一战线政策的高超艺术。这个方针,不仅有力地推动了国民党南京政府走向抗日道路,而且有力地推动了西北红军、东北军、十七路军三位一体的西北大联合,推动了全国抗日救亡运动的高涨。

在中国共产党屡次采取积极行动的同时,来自国民党方面也有一重要的积极信息,那就是在这一年的7月19日,国民党方面参与国共谈判人员之一的曾养甫,曾致信周恩来表示:"盼两方能派负责代表切实商谈,如兄能摒除政务来豫一叙至所盼祷。"曾还告知,将由在武汉的电台和陕北建立电讯联系。8月27日,张子华带着电台联系的密码及曾养甫的信件,第三次回到陕北。中共中央对曾养甫的邀请很重视,很快作出了和国民党的负责人谈判的决定。8月31日周恩来给曾养甫回信,希望曾及陈立夫能"惠临敝土"(指陕北),或将陕西华阴作为双方谈判地点。9月1日,周恩来给陈果夫、陈立夫两兄弟写信,希望他们向蒋"更进一言,立停军事行动,实行联俄联共,一致抗日,则民族壁垒一新,日寇虽狡,汉奸虽毒,终必为统一战线所击破,此可敢断言者"①。周在信中并再一次表示,中共方面早已准备随时与国民党方面的代表做具体谈判。

张子华随即带着《中国共产党致中国国民党书》和周恩来致二陈的函件,第三次离陕,因曾养甫调任为广州市长,他日夜兼程赶赴广州。

为了推动国共两党高级会谈尽早举行,中共中央决定,可由周恩来外出谈判。为与国民党联络有关事项,周恩来于9月22日拟毕致陈果夫、陈立夫函,函称:"关于双方负责代表具体谈判事,迄今未得复示,不胜系念。""特

---

① 《周恩来书信选集》,第101页,中央文献出版社,1988年。

委潘汉年同志前来详申弟方诚意,并商双方负责代表谈判之地点与时间。"①24日,潘汉年身负重任离保安赴上海。他除带着《中国共产党致中国国民党书》和周恩来的信札外,还带有中共中央起草的《国共两党抗日救国协定草案》。此时,西北"剿共"战争的气氛日益紧张。鉴此,中共中央决定,周恩来飞广州谈判的先决条件是国民党不再做丧失领土主权的事,不再进攻红军,必须在行动上确是停止内战,准备抗日。

10月8日。中央接到张子华9月28日从广州一电,曾养甫再次邀请周恩来飞香港或广州谈判。14日中央接到张子华从西安打来的电报,报告国民党提出的谈判条件:一、苏维埃区域可以存在;二、红军名义不要,改联军,待遇与国军同;三、共产党代表公开,参加国民大会;四、即派人具体谈判。并带去周恩来外出谈判用的护照。这四项条件,较之陈立夫5月口授的四条有了很大的进步,其关键的第三条表明国民党(起码是陈立夫、曾养甫)已考虑到允许共产党公开、参政的问题。

但是,由于蒋介石突然变卦,国共和谈又遇波折,周恩来的外出谈判未能成行。

潘汉年和陈立夫在上海谈判

蒋介石变卦的主要表现是,他对中国共产党相忍谋国、挽救民族危机的主动行动,提出了这样一条不合理的谈判条件,即:"中共武装必先解除,而后对它的党的问题才可作为政治问题,以政治方式来解决。"这是因为九、十月间,两广事件已获解决,他认为可以腾出手来解决西北问题,可以用军事手段一举消灭红军了,并同时以解决东北军和十七路军的问题。蒋还决定亲赴西安部署、指挥对红军的"围剿"。但是,国民党中的有识之士仍在要求国共合作,一致对外。就在蒋介石动身去西安的前夜,冯玉祥向蒋提出了与共产党谈判妥协的问题。

蒋答复说:我考虑很久了,该问题包括三点:A、人的问题:这好解决。从前大家在一桌子吃饭,一屋子开会,现在成了对打的冤家,看来很难和解,这倒不是谁负责的问题,有不得不打的原因,现在如妥协成功,仍在一起对外,并无不可。B、党的问题:这好办,待我们实行宪政时,各党派都可参政,

---

① 《周恩来书信选集》,第103页,中央文献出版社,1988年。

共党当然不例外,但他们带枪来是不行。C、军队问题:这是最不易解决的问题,谁敢去领导他们的军队呢? 何况现在他们不答允改编。我想还是送他们到外蒙古去吧!

冯说:如果红军不去,决心与你打个落花流水,全国统一功亏一篑,对外面不易得手奈何?

蒋答:国际上要我们防共呢。我们现在如不打,问题很大。

冯仍坚持说:如红军能服从统一、服从领导,我们还是找办法与他讲妥协为好。

蒋介石最后只是点点头说:你想到办法,很好。① 以此相敷衍。

蒋介石错误地估计了形势,他曾对人表示:目前红军处于困难的地位,所以极力要我们妥协。他的方针是乘机给共产党一个打击,将红军的力量压到最低限度,将红军压过黄河,然后谈判,好讲条件。10 月 22 日蒋介石到西安视察,督促东北军、十七路军"剿共"。西北战事迫在眉睫,国共两党已不可能举行高级人员的谈判。

10 月 14 日中央决定周恩来暂不出去,先由潘汉年做初步谈判。潘汉年遂由联络员出任谈判代表。10 月 21 日,周恩来将此决定通知正在西安的张子华,要他电告曾养甫、陈立夫。

中国共产党是诚心诚意要求停止内战,一致抗日的。正如周恩来在 9 月 22 日致函二陈的同时,致函蒋介石所表示的:"先生须知,共产党今日所求者,唯在停止内战,建立抗日统一战线与真正发动抗日战争。内战果能停止,抗战果能实行,抗日自由果能实现,则苏维埃与红军誓将实践自己的宣言,统一于全国抗日政府指挥之下,为驱逐日寇而奋斗到底。"②

就在中共中央已决定周恩来暂不出外谈判时,得知蒋介石将到达西安的消息后,中共中央仍不放过这个机会,于 10 月 17 日训令张子华出面交涉,要求蒋介石派飞机接周到西安同蒋会谈。

10 月 26 日红军将领给蒋总司令及国民革命军西北各将领写了一封长信,陈述利害,再次表明团结一致、抗日救亡的诚意。信中也正告蒋及其诸将领:"在十年对垒之中,为民族、为自由、为正义而战的红军的士气与战斗力,诸先生不乏身受其教训者。现在集全国精锐于一处,用以抗击诸先生的

① 潘汉年 1936 年 11 月 16 日给中共中央的报告。
② 《周恩来书信选集》,第 105 页,中央文献出版社,1984 年。

师出无名和内部充满停战抗日情绪的部队,胜负之数,即诸先生亦当了然。"

11月21日,因国民党胡宗南部尾随北上的红二、四方面军穷追不舍以求一逞,红军一让再让,让无可让,遂起而自卫,在甘肃山城堡一举歼敌一个多旅。这一战粉碎了蒋介石消灭红军的妄想,鼓舞了东北军、十七路军的士气,更加坚定了张学良、杨虎城逼蒋抗日的决心,推动了全国要求停战议和的热潮。

此时,全国抗日救亡的浪潮仍在不断地高涨,宋庆龄、何香凝、孙科、冯玉祥等正在国民党内提议召开全会讨论恢复三大政策,并获得了颇大反响。

在此期间,中共中央派出的谈判代表潘汉年也于11月初到达了上海,在他由保安赴上海途经西安时,还会见了张学良,向张通报了中共中央目前对蒋介石的策略、方针及与蒋交涉的情况。11月10日,潘汉年经张冲的安排在上海沧州饭店与陈立夫展开谈判。谈判一开始,潘汉年先将周恩来给二陈及蒋的信交给陈立夫。

陈立夫问:你代表周恩来个人,或代表……

潘答:我是代表整个苏维埃与红军来与南京政府及中央军谈判,并非代表个人。随后,潘口头转达了中共中央起草的《国共两党救国协定草案》的八项条件:双方共同努力,实行对日武装抗战,保卫与恢复全中国之领土与主权,实现全国各党各派各界各军之抗日救国联合战线,依据民主纲领建立中华民主共和国;双方立即停止军事敌对行动,划定红军必须的与适宜的屯驻地区,供给军费、粮食和一切军用品,不得变更共产党在红军中的组织与领导;改革现行政治制度,释放政治犯,不再破坏共产党的组织与不再逮捕共产党的人员,共产党停止以武力推翻现政府;召开抗日救国代表大会;建立统一的全国军事指挥机关,红军派人参加,中国共产党承认国民党在此机关中占主要领导地位;与苏联订立互助协定;双方均保其政治上、组织上的独立性。[①]

此时,陈立夫的态度大不如前,他首先表明自己代表蒋介石,并傲慢地说:既然共产党开诚合作,而我就好任意提条件了,首先对立的政权和军队必须取消,其次红军只可保留3000人的军队,师长以上的领袖一律解职出洋,半年后按才录用。军队解决后,你们所提的政治各点就好考虑了。

潘汉年一针见血地指出:你这是站在"剿共"立场的收编条件,不是抗日

---

① 均参见潘汉年1936年11月16日给中共中央的报告。

合作的谈判条件。当初邓文仪在莫斯科活动,曾养甫派人送到苏区的条件都不是收编,而是讨论合作。蒋先生目前有此设想,大概误以为红军到了无能为力的时候,或者受困于日本防共之提议。

陈立夫没有想到潘如此熟悉情况,遂转话题:你我均非军事当局,可否请周恩来出来一次,蒋愿和周面谈。

潘汉年反问:这种条件,周恩来能出来吗?

陈立夫为达目的不择手段:你不要报告蒋介石的条件。

潘汉年义正词严地回答:如不把贵党的条件报告,仅说蒋愿见他,岂不是我骗他出来?! 何况,现在正在激烈交战之际,暂时停战问题不解决,我想他是无法出来的。①

由于双方距离太大,第一次会谈不欢而散。随后又谈了一次,仍是无果而终。潘、陈谈判期间从西北传来了红军山城堡大捷的消息,此役不啻给国民党内迷信武力"剿共"的人当头一棒,使之不得不重新考虑和审定与共产党谈判的政策。陈立夫在会谈中的态度也随之有所变化。在其第三次和潘汉年谈判时,表示同意将红军改编后的人数由 3000 改为 3 万,但是仍坚持收编红军的政策,同时只要求共产党让步,而国民党方面不肯做任何保证和承诺。在潘、陈第三次会谈中陈立夫提出的原则是:一、为彻底实现三民主义而奋斗;二、取消一切反政府之暴动政策与赤化运动,停止以暴力没收地主土地的政策;三、取消红军,改编为国民革命军,受军事委员会的统辖,担任抗日战争之任务;四、取消苏维埃组织,改为行政区,以期全国政权之统一。② 但是合作是平等的,妥协必须是双方的。中共中央研究了潘、陈谈判的情况后,认为应该坚持以下原则,即:红军仅可在抗日救亡之前提下承认改换抗日番号,划定抗日防地,服从抗日指挥,不能减少一兵一卒,国民党方面如有诚意,须立即停战,并退出苏区以外,静候谈判结果。据此,中共中央于 12 月 10 日致电潘汉年,指出:至今蒋仍尚无抗日救亡之决心,合作谈判缺乏必要的前提,谈判显无速成之望。我们"根本不能同意蒋氏对外妥协对内苛求之政策,更根本拒绝其侮辱红军的态度",必须坚持"红军不能减少一兵一卒,而且须要扩充","离开实行抗日救亡之任务无任何商量余地"。

西安事变之前,由于国民党坚持反共收编政策,国共两党谈判没有取得

---

① 均参见潘汉年 1936 年 11 月 16 日给中共中央的报告。
② 陈立夫:《参加抗战准备工作之回忆》。

结果。周恩来在总结这段历史时曾说:"国民党对谈判的想法是怎样呢?那时他是把我们当投诚看待,想收编我们,直到西安事变以前,还是这样的想法。"①但是,也必须看到迄至西安事变之前一年来国共双方的接触和谈判,为国共之间增进了双方的了解,加强了双方的联系,进而为国共实现第二次合作,以及日后抗日民族统一战线的形成还是做出了多方面的准备。

西北"三位一体"的初步建立

由于抵抗强大的日本帝国主义,需要一个举国一致的抗日民族统一战线,也鉴于国民党成分复杂内部派系众多的政治现实,为了促成抗日民族统一战线的建立,中国共产党在与国民党中央进行谈判、接触的同时,也注意到大力开展对驻防陕甘与红军邻近、而又属于国民党地方实力派的东北军及十七路军的统战工作。十七路军和东北军长期受到国民党中央的限制、猜疑和歧视,他们对南京政府的不满是一致的;作为中国人,在中国共产党抗日民族统一战线政策的感召影响下,他们要求抗日、结束不抵抗局面的诉求也是一致的。这两支军队的首领张学良和杨虎城不仅都产生了联共抗日想法,而且都分别和共产党建立了联系,达成了协议,只是双方心照不宣互有防备。直到他们在中共帮助下互相沟通了想法,才撤除藩篱,彼此达成联共抗日的默契,并进一步加强联合,开始采取联共的一致行动。显而易见,这是中国共产党抗日民族统一战线政策方针强大威力的结果。早在中共中央率中央红军结束长征刚刚进驻陕北,中共中央即成立了东北军工作委员会,由周恩来负责,先后派刘鼎、王世英、汪锋、张文彬、叶剑英、朱理治等到西安具体从事此项工作。在推动张学良进一步走上联共抗日的道路上,周恩来尤其起到了突出的作用。1936 年 4 月 9 日晚 11 时左右,按事先双方的共同安排,周恩来和李克农到了延安城里的教堂,会见张学良和王以哲。寒暄过后,李克农和王以哲在教堂外间交谈,周恩来和张学良则在里间会谈。周恩来首先说:我是在东北长大的。

张学良马上说:我了解,我听老师张伯苓讲过。

周恩来很是诧异,问:何以张伯苓是你的老师?

张直率地说:我原来是抽大烟打吗啡的,后来听了张伯苓的规劝完全戒

① 《周恩来选集》(上卷)第 192 页,人民出版社,1980 年。

除了。因之,拜张伯苓为师。咱们是同师。

　　周恩来从这段对话中感到张学良是一个痛快的汉子,敢于做自我批评,由此谈话顺利继续下去。谈话中张讲了一套法西斯主义可以救国的道理。对张的这一认识,周从剖析法西斯主义的本质入手,进行入情入理的分析,说:法西斯主义是反历史反人民反共的,它没有群众基础,要收复东北,没有广泛的群众支持是不可能的。

　　张听了,默然良久。从此他绝口不提在中国实行法西斯主义。①

　　周、张会谈进行了约五个小时。张表示:一、完全同意停止内战一致抗日;同意组织国防政府与抗日联军,他愿参与酝酿此事。二、同意红军集中河北,但认为红军在山西恐难立足,出河北太早,最好出绥远。如果红军坚持东出,他可以通知在直南、平汉路西的东北军与红军联络。还答应可使驻防陕甘的东北军为红四方面军北上让路。三、在云南的红二、六军团的活动则需取得中央军同意,但他愿为此事活动。四、他特别讲到:蒋介石现在歧路上,虽不会彻底抗战但有可能争取与其合作。目前他尚做不到反蒋,如蒋降日,当离开蒋。但在他公开抗日之前,不能不接受蒋的命令,进驻苏区。五、将派代表到苏联,中共方面的代表可由他派人送至新疆,他可联络盛世才。东北军的代表可由欧洲去。②(后来中共派邓发经新疆到苏联,张学良派李杜携毛泽东的两个儿子经巴黎赴苏)而当张学良谈到他对蒋介石对日政策走向的推论及相应考虑时,周恩来则郑重回答:毛主席也有这个看法,我可以将你的意见报告毛主席。周张的会谈,至第二天凌晨4时才结束。双方人员分手时,张学良又送给红军3万法币。

　　周恩来、李克农和刘鼎离开延安回到瓦窑堡向中共中央汇报后,中共中央十分满意。正在前线的毛泽东、彭德怀得知后,也致电周恩来:"张杨两部关系由你统一接洽并指导之,以其处置随时告我们。我们一般不与发生关系。"对东北军、十七路军的统战工作领导,从此全由周恩来主持并组织实施。

　　延安会谈后,红军停止了对东北军的军事行动,至5月23日东征回师后,中共中央更明确决定"可以争取东北军的大多数,目前的政策不是瓦解

---

① 参见1961年7月4日周恩来接见张学铭夫妇的谈话。

② 《周恩来年谱》(1898—1949),第305—306页,第310页,人民出版社、中央文献出版社,1989年。

东北军,而是巩固它"。①

7月27日中央政治局再次召开会议研究统战工作,会议决定将扩大联合战线放在各项工作的首位。为了便于对统战工作的领导,决定将党的白区工作委员会、东北军工作委员会概由周恩来统一领导,并决定派刘鼎、朱理治、叶剑英到西安,加强东北军工作,派张文彬到杨虎城处为代表。此时,中共已在酝酿同东北军、十七路军提出成立西北国防政府的建议。

6、7月份两广事变期间,张、杨和红军联合抗日意图更加具体化,曾共同拟定了组织西北抗日联军的计划,以与红军的抗日行动密切配合;还草拟了一个纲领性的通电宣言稿(西安事变时张、杨所发的八项主张通电,其中有些内容就是来自这个宣言稿)。② 张、杨并着手整顿内部,培养抗日力量,在王曲联合办军官训练团,对中下级军官进行抗日联共的教育。

1936年秋,在西北地区,已初步形成红军、东北军、十七路军"三位一体"的局面。

中国共产党支持两广事变,加紧对各地实力派的统战工作

中国共产党深刻地认识到逼蒋抗日的艰巨性,深知只依靠红军和东北军、十七路军的力量还是不够的,逼蒋抗日的力量越大,联蒋抗日的可能性才越大。1936年9月1日中共中央发出党内通知指出:在逼蒋抗日的同时"并不放弃同各派反蒋军阀进行抗日的联合"。因而,中共支持各地实力派一切抗日反蒋的行动、倾向。例如两广实力派反对国民党蒋系中央势力,主张抗日发动两广事变,中共就给予较高的评价并表示声援。

5月18日,中共中央致电红二、四方面军,指出:两广事变的发动表示:"一、中国人民武装抗日讨逆的广泛的统一战线的开始。二、太平洋上各帝国主义国家,首先是英、美积极参加反日的开始。三、反动统治内一个重要部分转向抗日讨逆的开始。"中共中央肯定两广事变是抗日进步的,将削弱蒋介石的力量,使其在推行攘外必先安内错误政策时更加有所忌惮,从而有利于全国抗日运动的发展。中共中央对两广事变的政策是"在使这次发动

① 《周恩来年谱》(1898—1949),第305—306页,第310页,人民出版社、中央文献出版社,1989年。

② 申伯纯《西安事变纪实》,第71页,人民出版社,1979年。

持久、扩大、充实而转变为全中国人民武装抗日的神圣的民族革命战争"。中共中央还认为事变如不能深入发展扩大,有和南京妥协的可能,因而应加强做桂军的工作。

8月27日在保安,中共中央领导人热情接待了李宗仁、李济深等派来的代表钱寿康,并与之签订了抗日救国协定。后潘汉年携往南京的《国共两党抗日救国协定草案》,就是在此协定基础上修改而成。

在停止内战共同抗日的口号下,中共对各地实力派的联络工作进展颇为顺利。

驻北平的二十九军军长宋哲元派刘子青为代表到西安,同中共建立了联系。

1935年初上海特科派中共党员张曙时到四川工作,结识了刘湘,得到刘湘的尊敬。1936年11月中共派李永声①又从上海到刘湘处活动,刘湘对中共的政策欣然同意,慷慨解囊,帮助上海地下党建立秘密电台。

11月,中共中央派彭雪枫到太原设立了办事处——彭公馆,和阎锡山建立秘密联系。同时,中共和绥远的傅作义也有了来往。

经过张学良向盛世才斡旋,中共代表邓发取道新疆到苏联。

以上活动不仅扩大了共产党的影响,更重要的是发展、壮大了全国逼蒋抗日的力量,使停止内战、联共抗日这一主张更加深入人心、声势越来越大。

西安事变的爆发及中共确立和平解决的方针

西安事变的爆发,首先是由于国民党中央相互矛盾的政策引起的。既要联共又要"剿共"的矛盾政策,不能自圆其说,只会加剧国民党内部的分化。蒋又亲自到西安督战,强迫东北军、十七路军"剿共",否则撤换张、杨两将军的职务,其势咄咄逼人。这不能不逼迫张、杨急谋对策不惜涉险。这种结果周恩来早就预料到了。1936年9月,他在致蒋介石函就指出:"先生如尚徘徊歧路,依违于抗日亲日两个矛盾政策之间,则日寇益进,先生之声望益损,攘臂而起者,大有人在。局部抗战,必将影响全国。先生纵以重兵临之,亦难止其不为抗战怒潮所卷入,而先生又将何以自处耶?"②

---

① 有人认为李永声即是冯雪峰的化名。
② 《周恩来书信选集》,第107页,中央文献出版社,1984年。

1936 年 12 月 12 日,张、杨两将军在西安扣留了蒋介石,通电全国要求改组政府,停止内战,召开救国会议。并于 14 日宣布撤销西北"剿匪"总司令部,成立抗日联军临时西北军事委员会,由张、杨任正副主任。

事变的当天,张学良电告中共中央:"蒋之反革命面目现已毕现。吾等为中华民族及抗日前途利益计,不顾一切,今已将蒋及其重要将领陈诚、朱绍良、蒋鼎文、卫立煌等扣留,迫其释放爱国分子,改组联合政府。"并征询中国共产党的意见。

中共中央接到电报,对事变的发生感到既突然,又欣喜。马上做出两个反应。

第一、命令红军各部整装待命,准备随时南下和东北军、十七路军一起抗击中央军的进攻。同时电告张学良,须部署部队抗击中央军的进攻。并提醒他"蒋介石必须押在兄自己的卫队营里,且须严防其收买官员",以防其出意外变故。

第二,决定派周恩来到西安协商大计。周恩来于 15 日出发,17 日晚到达西安。随后中央又派博古、叶剑英到西安协助工作。这一决定是中共中央召开会议研究后,才作出的。12 月 13 日,中共中央召开西安事变后的第一次紧急会议,出席会议的有张闻天、毛泽东、周恩来、朱德、博古、张国焘、林伯渠等。会上,大家一致肯定西安事变并决定采取积极支持的方针。

首先,中共中央军委主席毛泽东发言。他说:虽然事变是张、杨独自发动的,共产党没有参与其事;但是,事变是革命的、抗日的,同两广事变不同,没有任何帝国主义背景,完全站在反对"剿共"的立场,对我们的友好是公开的,把我们从牢狱情况下解放出来,打破了以前完全被蒋控制的局面。对于争取蒋的内部和资产阶级是有利的。

毛分析了事变的三种前途:一、日本在南京政府造成傀儡政府,积极向革命进攻;二、蒋的部下转到西安方面;三、日本操之过急,更要使中国革命起来。

基于这种分析,他提出在政治上维护张、杨,以西安为中心来领导全国,控制南京,影响全国。召集救国大会,成立实质上是政府,名义上叫抗日援绥委员会的机构。虽然,毛也提出过在人民面前揭露蒋的罪恶,罢免蒋介石,交人民公审,甚至说过"把蒋除掉,无论在哪方面,都有好处"等话,但他同时也认为:蒋最近的立场是"中间的立场"。① 这就表明,他并未放弃蒋是可以争取的这一考虑。这同中共中央八九月间确定的逼蒋抗日的方针是一致的。毛泽东主张对西安事变的公开反应,应十分谨慎,他提出:"我们暂不发表宣言,但实际行动上,应是积极的。"这种引而不发的做法,显然会使中共保持政治上的主动。

第二个发言的是周恩来,他首先分析了国内外各种力量可能出现的对事变的种种反应,及其错综复杂的关系,说:日本可能在南京搞政变,在沿海地区增兵。这样,就会加剧日本和英、美的矛盾,英、美将支持南京政府中的抗日派、中间派。苏联则会在英美之后表态支持我们。

出于这样的分析,他提出中央要围绕防止日本变南京政府为傀儡政权这一中心而作决定。对国民党内各种政治派别的态度,他说:我们在政治上不要与南京对立;要稳定及争取黄埔系、CC派、元老派、欧美派,推动他们赞成西安事变,团结抗日。具体地说,是要争取林森、宋子文、孔祥熙、冯玉祥,孤立何应钦;同时,深入发动群众运动,巩固地联合西北三方抗日力量,把西安变成抗日的中心;在抗日援绥的口号下联合阎锡山,联合刘湘,这是我们的两翼,再进一步联合桂系,以造成对华东的包围,东南七省是南京的势力,是我们团结的对象,要争取他们抗日。

周恩来还提出:我们在政治上不采取与南京对立,但在实际上取领导作用。不取发号施令的形式,用群众团体的名义,欢迎各方代表来参加。将来,西安以陪都形式出现,更为有利。我们党应准备走上公开政治舞台,同时注意地下党的艰苦工作,发动群众运动。

朱德发言较短,他提出了中共在军事上的对策,即:在军事上采取防御。在博古、林伯渠等相继发言之后,张国焘也发言,他的发言基调则与其他与会者大相径庭。他对以西安为中心作了另外的解释。他说:我只说到关于西安建立政权问题。我们要以西安为抗日中心,就包含了以西安为政权中心的意义。在西安事件意义上,第一是抗日,第二是反蒋。内乱问题是不是可免的? 这是不可免的,只是大小的问题。打倒南京政府,建立抗日政府,应该讨论怎样来实现。

这个发言与中央逼蒋抗日方针是相违背的,自然受到大家的批评。博

---

① 张培森、程中原、曾彦修:《张闻天与西安事变》,《人民日报》1986 年 12 月 12 日。中共中央政治局会议记录 1936 年 12 月 13 日。

古在第二次发言中不指名地批评张国焘说:西安事变是抗日的旗帜,不是抗日反蒋的旗帜。他重申了周恩来的意见,在政权形式上,西安不与南京采取对立的形式。

张闻天是较晚发言的。他认为:张学良这次行动是开始揭破民族妥协派的行动,是向着全国性的抗日方向发展。他提出了党当前的四项任务:第一,是巩固我们的力量,尽量争取时间,巩固自己的部队,把西安、兰州完全控制在自己的手里,与苏联打通。第二,对妥协派应尽量争取,与分化、孤立,我们不采取与南京对立方针。不组织与南京对立方式(实际是政权形式),把西安抓得很紧,发动群众威逼南京。改组南京的口号并不坏。尽量争取南京政府正统,联合非蒋系队伍。军事上采取防御,政治上采取进攻。第三,组织群众,进行群众运动,武装群众,到处开始组织,大批地武装群众。第四,党的工作首先注意西安。现在有新的困难、新的矛盾,需要我们慎重考虑。这依靠我们党的策略正确我们应领导走到顺利的方向,不要急躁,自己造成自己的困难。我们的方针:把局部的抗日战线,转到全国性的抗日统一战线。

与会者经过充分的讨论,看问题越来越冷静,认识越来越深入。

最后由毛泽东作总结。他说:现在处在历史发展的新阶段,有许多通路,也有许多困难,敌我双方都要争取群众。他再次强调:为了争取群众,我们不轻易地发宣言。我们不是正面反蒋,而是具体地指出蒋的错误,不把反蒋与抗日对立,应更鲜明地举起抗日援绥的旗帜。在西安建立不要政府的名义但实际上是政府性质的机构。他同意朱德、张闻天的意见:在军事上采取防御。[①]

毛泽东提出的"不把反蒋与抗日对立起来",为和平解决西安事变找到了一个合理的"度"。这是中共中央这次会议的最重要的成果。

中共中央漏夜开会的同时,蒋介石被扣的消息在保安不胫而走,人们欣喜若狂,欢腾雀跃。13日或14日下午,在保安召开了声援西安事变的群众大会。大会要求公审蒋介石。十年内战,深仇血恨,在中国共产党内,有不少人主张杀了蒋介石,为被蒋屠杀的同志报仇;有的人则主张把蒋押到苏区来严加看管。这些都是可以理解的。但后来有人据此判断说中共主张杀蒋,这是不对的。看一个政党的方针政策只能以其正式文件为准。

---

① 1936年12月13日中共中央政治局会议记录。

中共中央一直严肃、慎重地对待西安事变,直到 15 日才以红军将领名义公开致电国民党及国民政府。电文指出:"公等而果欲自别于蒋氏,复欲自别于亲日派,谓宜立下决心,接受张、杨二氏主张,停止正发动之内战,罢免蒋氏,交付国人裁判,联合各党、各派、各界、各军,组织统一战线政府。"并呼吁:"绝不可负气横决,反而发动空前之内战。""鹬蚌相持,渔人伺于其侧,渔人今已高举其网矣。"中共这里讲的渔人,不是别人,就是日本帝国主义。同日,中共中央电令潘汉年,要他在南京、上海"接洽和平解决西安事变之可能性"。周恩来也在 15 日这一天,身负切实了解情况和争取谋得和平解决西安事变的重要使命,匆匆赶赴西安。

上述电文表明中共中央的主张又有所发展、变化。首先,电文没有将蒋交人民公审的文字,只主张"罢免蒋氏,交付国人裁判"。国人,不仅包括工、农、红军、中小资产阶级,而且也包括大地主、大资产阶级及其统治代表,凡是中国人都在其列。第二,强烈呼吁和平解决事变,防止可能出现的大规模内战。

由于保安地处偏僻,消息闭塞,中央不能全面细致地了解西安的情况及国内外的反应,只能凭借对全国大局的了解和政治经验确定大的原则和方针。具体的事宜,包括对蒋介石的处置问题,以及各种在保安难以完全估计到的复杂问题的解决,都需要由周恩来到西安后相机处理。因此,中央决定在周恩来到达西安之前,中央暂时不发表宣言。周恩来肩负着这样的重任,率领张子华等 17 名随行人员,于 15 日出发,17 日傍晚到达西安。

西安事变时,蒋介石的权力已达到高峰,有着较巩固的统治基础,而共产党的力量当时还是有限的。周恩来赴西安,又是以客卿的身份代表共产党发言,并不能在西安直接决定和处理各种重大问题。这使他的任务格外艰巨。

由于陕北交通的不便,周恩来到达西安前,南京政府的顾问端纳已两次从南京到西安。周恩来一到金家巷张公馆,席不暇暖,即与张学良会谈。张学良介绍了六天来局势的变化及各方的反应。首先是西安告急。何应钦下令讨伐,由于西北军师长冯钦哉叛变,潼关不攻自破,中央军直下华阴、渭南,并大肆轰炸。各地反应不尽如人意:各实力派因不明真相或局势不明朗,多不表态,只有远在广西的桂系表示支持,山西阎锡山一反常态来电报诘问,使西安失去一方的屏障。张学良没有讲,这是他们公开的表态,实际上,各地实力派是主张和平解决的。

其次是南京的动向。南京政府内的斗争焦点是如何救蒋,而对西安提出的抗日问题并不关切。宋氏兄妹、孔祥熙在英美支持下,力主和平解决;何应钦在日本支持下,主张武力解决,打着救蒋的旗号,企图炸死蒋介石,取而代之。

另外,经端纳的斡旋,蒋介石的态度由强硬变得和缓,有答应抗日的意向。17日上午写了手令,要何应钦在20日前停止讨伐,这是意图以何的讨伐迫使张、杨尽早释放他,以张、杨的力量压何听从他的指挥。

局势比在保安时所估计的更为复杂。其中应付来自南京方面的日益严重的军事压力和明确对蒋介石的处置方案,是刻不容缓的。

在军事方面,为了稳定局势,周恩来张学良当即商定:东北军、西北军集中于西安、潼关一线,红军南下延安、庆阳一线接替东北军,必要时侧击甘肃的胡宗南以及支援关中。红军加入抗日联军西北军委。这样,不仅在政治上,而且在组织上形成了东北军、西北军、红军三位一体的局面,巩固了西安的地位。

在对蒋介石的处置问题上,事实上很明显:蒋介石是南京政府的当然领袖,只有他能制止何应钦的讨伐,也只有他能够统率国民党内的抗日派、中间派,避免南京政府成为日本的傀儡。从全民族抗日图存的最高利益来看问题,共产党与蒋介石之间的矛盾是次要的。在蒋介石同意联共抗日的前提下释放,对于推动抗日是有益的。因此,周恩来向张学良表明了共产党的态度:要保证蒋介石的安全。当然,在策略上可以声明如果南京挑起内战,则蒋的安全无望。这样,利用蒋、何的矛盾逼蒋抗日,借助蒋的地位压服南京实现和平。

周恩来连夜电告中央西安的详情并作了分析,使中央能及时地把握时局发展的动向。第二天,中共中央发表致国民党中央电,呼吁和平解决西安事变,提出召开抗日救国代表大会。19日,中共中央发表通电,进一步将救国会议改为和平会议,将会址由西安改在南京,承认南京在全国的领导地位,放弃了以西安为抗日中心的设想。21日,中共中央提出和南京谈判条件,批准了周恩来的方案。中共中央的决策有一个过程,是负责的、慎重、严肃的。周恩来对于中共中央这一系列的重要决策起了关键性的作用。

西安会谈和蒋介石的承诺

西安各界对如何处置蒋介石,议论纷纷,莫衷一是。张、杨在发动事变时没有来得及充分地商定事变后的大政方针和具体步骤。杨虎城和东北军军官深知蒋为人睚眦必报,担心蒋回去后报复,要蒋做出书面保证,才可放他。周恩来于18日上午拜访杨虎城,向他说明国内形势,反对法西斯、抗日已是大势所趋,现在蒋是抗日则生,不抗日则死,只要西北三方联合,力量强大,他想报复也报复不了。

由于蒋是十年内战的罪魁祸首,西安的许多进步群众出于革命义愤,对放蒋十分不理解。周恩来广泛接触杨明轩、杜斌丞等各界人士,接见地下党负责人,传达中央和平解决的方针,布置群众工作。

共产党不计前嫌,以民族大义为重,以国家根本利益为重,使张学良、杨虎城折服,也推动了群众接受和平的方针。西安和平的方针有利于支持南京主和派的斗争,迫使何应钦同意派宋子文、宋美龄以国民政府代表身份到西安谈判。

放蒋的方针确定了,如何促进蒋答应联共抗日呢? 由于蒋介石被扣押,孔祥熙已代理行政院长。经张学良与宋美龄协商,决定邀请宋子文来西安。17日晚,周恩来和张学良商定同宋谈判的五项条件。这五条和张、杨的八项主张基本相同,不同的是明确提出:"宋子文负责成立南京过渡政府,肃清一切亲日派。"宋是著名的英美派,和蒋的关系非同一般,与张私交也甚深。他是各方面都能够接受的人物。西安提出由他组阁,成为促使蒋转变的契机。20日,宋以私人身份到了西安,知道这一提议,更加积极。22日,他同宋美龄再到西安,开始和平谈判。周与宋美龄长谈,对蒋转变态度起了积极作用。共产党的和平诚意出乎蒋介石的意料,推动了国民党联共抗日的主张。蒋介石虽然不参加谈判,但以"领袖人格"担保实现诺言。

23日上午,举行第一轮谈判,张、杨、周同宋子文出席。首先周提出停战、联共等六项主张,同时表示:以上六项条件蒋接受并保证实行,中共和红军则赞助他统一中国,一致对外。这是周综合了中共和张、杨的意见提出的。

下午,第二轮谈判,仍旧是上述四人出席。宋提议先组织过渡政府。双方就过渡政府的具体人选交换了意见,原则上取得了一致。

张、杨、周提议在过渡政府时期,先成立西北联军,在张领导下准备抗日。宋知道此事非同小可,不敢决定,只是说转告蒋。

24 日上午,第三轮会谈,除前述四人外,宋美龄也参加。经过反复磋商,达成:一、孔、宋组织行政院,肃清亲日派。二、中央军撤兵并调离西北。三、蒋应允回归后释放爱国领袖。四、苏维埃、红军仍旧。蒋停止剿共,并经张接济。抗战发动,红军再改番号,统一指挥,联合行动。五、开放政权,召集救国会议。六、分批释放政治犯。七、抗战发动,共产党公开。八、联俄、与英、美、法联络。九、蒋回去后发通电自责,辞行政院长职。这九条基本上同意了张、杨的八条通电,也承认了共产党、红军、苏区的合法地位,并答应由南京政府提供给红军抗日经费。

24 日下午,周恩来单独会晤宋子文。宋表示希望中共能成为他抗日、反对亲日派的后盾,主动要求中共派专人驻沪与他秘密接洽;提出暂不开国民代表大会,先开国民党的会议,改组国民党,开放政权;回去后与孙夫人商量释放政治犯的办法;表示南京政府每月可给红军、苏区 50 万元的经费。此时,潘汉年正在南京、上海为和平解决西安事变而奔走,中共中央遂指定潘为对宋子文的秘密接洽人。

会谈期间,周恩来两次和宋美龄长谈,详细阐明了中共的立场、方针。这两次谈话,对推动蒋的转变起了积极的作用。

24 日晚,在张学良的陪同下,周恩来与蒋介石会晤,蒋介石当场做了承诺。会谈后周恩来和博古联名致电中共中央,汇报了蒋介石向中共承诺的内容:"子、停止剿共,联红抗日,统一中国,受他指挥。丑、由宋、宋、张全权代表他与我解决一切(所谈如前)。寅、他回南京后,我可直接去谈判。"[①]这确是蒋的口头承诺。这封电报保留至今,并已收入《周恩来选集》,公布于世。这是张、杨兵谏迫使蒋介石正视历史发展的趋势,择善而从。

但是,双方在何时放蒋及撤军的问题上有分歧:西安主张南京方面先将军队撤出潼关以外,再放蒋;蒋、宋要求先放蒋,再撤军。周恩来认为,蒋"在走前还须有一政治文件表示",不必匆忙放蒋。他对张学良说:蒋历来只许文人反对他,决不允许武人反对他。邓演达被暗杀就是一个明证。提醒张学良要警惕蒋介石的叵测之心。

张学良怕蒋在西安出了闪失,于国家于民族不利,一时又难以说服部下

---

① 《周恩来选集》(上),第 71—73 页,人民出版社,1980 年。

同意放蒋,25日独自决定当日下午送蒋回南京。他以为,这样做既可以向天下人表明自己赤诚之心,又可以挽回蒋的面子。蒋再放他回来,更可提高领袖威信。毫不顾及个人的安危和东北军的得失。坦荡之心,为世人钦佩。

这天下午,周恩来在金家巷东楼。有人报告蒋的住宅门前人来人往,还未搞清缘由,又传来飞机的声音,周恩来恍然大悟,连说:糟了,糟了,蒋介石走了。① 很快得到报告,说张学良送蒋回南京了。放蒋的方针本来早已定了,张学良这样做的用心是好的,但他亲自送蒋的决定,又增加了以后事变发展的复杂性。周恩来扼腕痛惜,但已不可追回。

可是,27日蒋回到南京后,即发表声明,意欲对前述诺言完全予以否认。

28日,毛泽东发表《关于蒋介石声明的声明》,将蒋在西安允诺的条件归纳为六条:一、改组国民党与国民政府,驱逐亲日派,容纳抗日分子;二、释放上海爱国领袖,释放一切政治犯,保证人民的自由权利;三、停止"剿共"政策,联合红军抗日;四、召集各党各派各界各军的救国会议,决定抗日救亡方针;五、与同情中国抗日的国家建立合作办法;六、其他具体的救国方法。

29日,杨虎城在给陕甘两省各县县长的信中,公布了蒋介石在西安谈判期间答应的六项诺言:一、明令中央入关各部队自25日起调出潼关;二、停止内战、集中国力一致对外;三、改组政府,集中各方人才,容纳抗日主张;四、改变对外政策,实行联合一切同情中国民族解放的国家;五、释放上海各被捕爱国领袖,即下令办理;六、西北各省军政统由张副司令与虎城负其全责,并谓本日(25日)起如再有内战发生当由余(委座自称)个人负责。

从以上三份历史材料可以印证:蒋的确做了承诺,答应停止内战,联共抗日。白纸黑字,历史文件俱在,是任何人也无法否认的。

和平解决西安事变方针的坚持与国内和平的实现

蒋介石刚走未到南京时,许多人以为蒋必定会实现诺言。西安方面也认为和平已经实现,红军不必继续南下。周恩来尊重友方意见,电告中共中央建议红军停止前进。他并向杨虎城、王以哲表示:已到非苏区的红军,不侵犯原有的行政系统,不打土豪。为了实现团结抗日,我党相应地改变了政

① 20世纪80年代采访李金德。

策。这种改变,以后发展为 1937 年 2 月 10 日致国民党五届三中全会电中提出的五项要求、四项保证,为国民党所接受,成为停止内战,实现第二次国共合作的政治基础。周恩来在西安广泛接触各方人士,不断向中央反映他们的要求及自己的建议,对我党政策转变起到了重要的作用。

蒋介石回到南京后,有三种选择:一是实现诺言,发动抗战,允许共产党公开,让张、杨继续指挥西北部队。但他获得自由后,又不愿这样做了。二是进攻西安,消灭西北三军,将中国再次推到内战的深渊去。西安事变教训了他,他看到民心向背,知道这样做是行不通的。于是,他采取了第三种折中的办法。不放弃抗日的旗帜,又不马上发动抗战。把共产党赶回陕北,使东北军、西北军脱离张、杨。1 月 4 日,蒋介石背信弃义地宣布扣押张学良,派重兵进攻西安,在摆好阵势后提出甲、乙两种解决方案。甲案:东北军驻甘肃,西北军守渭河以北,红军回陕北。乙案:东北军东移安徽、淮河流域,西北军驻甘肃,红军回陕北。力图以军事压迫、政治分化来达到上述目的。

局势十分严峻。西安三方在军事力量上与南京相比处于劣势,如果硬打,只会断送已赢得的有利于团结抗日的和平局面;但如果三方联合一致,严阵以待,蒋想轻举妄动也不得不考虑其所可能付出的代价。为此,中国共产党决定一方面在政治上揭露蒋的背信弃义,同时利用国民党五届三中全会即将召开之机,向国民党各方广为呼吁维护国内和平实现抗日救国,要求释放张学良,推动国民党走向联共抗日。另一方面,在军事上也防患未然、预做准备。经中共代表周恩来、叶剑英与杨虎城、王以哲等会商,西北三方制定了联合抵抗进攻的紧急部署,东北军和十七路军在西安以东连设七道防线,并由周 1 月 4 日电告中共中央,要求红军驰援关中地区。主力红军旋于 8、9 两日赶到三原、耀县、咸阳一带。虽然只有 3 万人,但是英勇善战,威名远扬。主力红军的配合是对抗日友军的极大支持,从而迅速稳定了关中的形势。蒋看到三位一体的力量,也不敢再轻举妄动。对此,张学良闻之曾欣慰地说:没有想到西安能坚持这么久,只要西安能坚持,我就有回去的可能。全国人民要求和平,反对内战,一致抗日,使蒋不敢冒天下之大不韪继续发动内战。蒋见西安连设七道防线,壁垒森严,又开始和西安进行谈判。同时,对潘汉年的态度也有所改变,孙科、宋子文相继与之接见、谈话。

但是,东北军、十七路军内部的状况日趋复杂。由于张学良是维系三位一体的核心人物,他被囚南京以后,西北三位一体很快出现了裂痕。首先是东北军群龙无首,一些主和的高级军官认为没有必要联共再联蒋;一些年轻的军官,和共产党比较亲近但救张心切,主张打。内部早已存在的两派矛盾日益尖锐,逐渐变得互不相让,各行其是。

周恩来、杨虎城无论支持东北军的主和派或主战派,都会使东北军的内乱演变成西安以至关中的自相残杀,中央军便会乘虚而入。万一他们扣押周恩来、杨虎城,用武力逼迫东北军、西北军投降,内战必将重开,西安事变的成果就会消失殆尽,共产党和张、杨所做的努力都将前功尽弃。

面对极为复杂的国内形势,中共中央决定:和平是我们基本方针,也是张、杨基本方针;我们与张杨是三位一体,应当同进退;向张、杨表示我们不单独行动,协助他们争取更有利条件。① 鉴此,中共全力维持西北三位一体,坚决要求蒋实践其诺言。同时,南下关中的红军部队在所到之处,业已受命停止了打土豪。但是,周、叶、博在西安是张、杨请来的客人,不便干预友军的内部事务,更不能发号施令,只能做朋友式的劝告,引导方向,协调各方关系。他们只能利用一切场合,通过与上层人士谈话,出席东北军、十七路军会议,出席群众团体会议等,进行广泛细致的宣传引导工作,指出武装对抗对张学良反而不利,只要坚持三位一体,张终有一天能回来。特别是做东北军主战派工作,更是反复宣传要他们顾全抗日大局,坚持事变的和平解决。但因为情况的极端复杂,以及蒋对东北军实行的利用矛盾加强分化的政策,东北军少壮派军人孙铭九、应德田、苗剑秋等终于铤而走险,在2月2日上午杀害了素孚众望的王以哲将军,并拟定了主要针对东北军元老派,但也有不少共产党员名字在内的黑名单,准备进一步扩大恐怖行动。东北军内部矛盾顿时成为对抗性的,在前线的东北军师长刘多荃撤防回师向西安进发,西安则谣传共产党是"二二事件"的指使者,甚至有人扬言对共产党实行兵谏。

在这千钧一发之际,中共代表周恩来处变不惊,不顾个人安危,一闻凶讯,立即赶到王以哲住宅。见王躺在血泊之中,家里乱作一团,遂率刘鼎、李金德等料理后事,设灵堂祭奠死者,安慰生者。② 消息传出后,使外界对共产党的谣言不攻自破。随后,周又赶到新城和杨商议善后。杨随即派人到潼关和中央军第一集团军总司令顾祝同接洽,争取和平解决,执行甲案。

---

① 《周恩来年谱》,第348页,人民出版社、中央文献出版社,1989年。

② 1980年和方铭采访刘鼎。

与此同时,周还派出中共党员刘澜波急出西安,往刘多荃处向扬言要为王报仇并已进兵西安的刘多荃说明真相,陈述利害,要求他暂停军事调动、万勿同室操戈。在处置凶手问题上,周为维护团结、维护和平解决西安事变的大局,又挺身而出,冒着掩护凶手的嫌疑,派刘鼎将孙铭九、应德田、苗剑秋送往三原红军驻地①,使东北军元老派失去报复的对象,避免了大规模的自相残杀,也使主战的东北军少壮派失去了首领,不致再有其他动作,进而防止了"二二事件"后事态的进一步扩大。

　　"二二事件"后,西安失去了谈判的平等地位,2月6日杨虎城避居三原。王以哲被害,东北军少了联共的有力人物,东北军多数高级将领要求执行乙案,东开安徽,离开红军十七路军,并对十七路军武装戒备。三位一体不复存在。

　　周恩来坚韧不拔,竭尽全力做友军的工作,建议取消同志会等进步组织,减少目标,保护左派,维护团结,尽可能减少损失,为抗日保存更多的力量。

　　"二二事件"后,局势动荡不安,前途难卜。中央十分关心周恩来等在西安工作同志们的安全,电告"紧急时立移三原"。周恩来以执行任务为名把叶剑英、李克农、刘鼎等派往三原(博古早已离开西安),而他自己仍坚守西安。周恩来很清楚,环境越危险,局势越恶化,他越不能离开西安。如果他离开西安,正在建立的红军联络处就难以在西安存在,红军难以在关中立足,国共谈判也难以进行,蒋介石难免不再开始"剿共"。他留在西安,就是向全国人民宣布共产党、红军打不散,压不垮,在中国的政坛上必须考虑到中共和红军的力量及态度。他留在西安等待顾祝同进城,就是表示共产党坚持和平,反对内战的决心和信心,表明和国民党合作的诚意。这种胆识和远见为全国人民所敬佩,也使国民党不敢轻视,从而保证了和平解决。2月8日,中央军和平进入西安,第二天顾祝同即和周恩来谈判。蒋介石又派张冲从南京赶来参加。随后,周恩来到杭州、庐山、南京和蒋介石直接谈判,终于达成了国共合作抗日的协议。

　　这样,在解决西安事变的谈判中蒋介石即已被迫放弃了"攘外必先安内"的口号。其后,他虽然扣押了张学良,但却仍不得不接受张学良联共抗日的主张。当顾祝同率军开进西安后,曾参与国共谈判接触的张冲,很快就衔蒋介石之命赶到西安,受命和顾祝同一起与中国共产党代表周恩来再行

----

　　①　1980年和方铭采访刘鼎。

244

谈判。

西安事变的和平解决,正如周恩来致中共中央电中指出的,这"意味着中国政治生活走入一个新的阶段的开端。子、进攻红军战斗走向停止;丑、对外退让政策将告终结;寅、国内统一战线初步局面的形成;卯、陕甘两省变成抗日根据地之现实的可能性。"[①]新的历史一页揭开了,在日寇侵华图谋日甚一日,中华民族命运面临存续危亡之际,国内和平的实现,标志着中国从此进入抗日的准备阶段。

西安事变后的五次谈判与第二次国共合作的建立

1937年2月6日,中央军进入西安。周恩来迎接顾祝同、张冲进城。从2月9日起,周和顾、张会谈。不久,叶剑英也赶到西安参加谈判。

谈判一开始,我党提出五项要求、四项保证,并致电国民党三中全会。2月中旬,国民党召开五届三中全会,会议通过《根绝赤祸案》,提出取消红军,取消苏维埃,停止赤化宣传,停止阶级斗争。周恩来指出:"这个东西是双关的,因为红军改了名称,也可以说是取消红军,但红军还存在;苏区改了名称,也可以说是取消苏区,但苏区还存在。所谓停止阶级斗争,停止赤化宣传,就是不许我们在国民党统治区有政治活动。"这四条同我们的五项要求、四项保证,实际上相当接近,国共合作的原则确定了。

政治上总的原则问题基本解决了,国共谈判的焦点集中在红军改编后的编制、人数,设不设总指挥部;苏区的地位,行政长官的人选;两党合作的形式及纲领,共产党公开的时间等问题上。

我党提出红军改编成四个军、十二个师,上面成立某路军指挥部,设正副总司令,以保证我党对军队的绝对领导。在领导权上,我们坚持独立自主的原则,决不退让、迁就,只在红军改编后的人数上可以让步。为了促使谈判成功,我党又提出改编为4个师,每师1.5万人,共6万人。一开始谈判是比较顺利的,但国民党收编红军、控制中共之心不死。3月上旬贺衷寒到西安后,情况逆转。贺、顾认为西路军已失败,红军没有那么多人。提出:红军改编成3个师,每师1万人,共3万人,要服从南京中央一切命令。政训人员、辅佐由南京派遣。陕甘宁边区改为地方行政区,分属各省。高级军队

① 《周恩来选集》(上),第73—74页,人民出版社,1980年。

干部由我党推荐,经国民党中央派遣、任命。这就是说,南京当局要直接领导红军和苏区。周恩来坚决拒绝这种无理的条件,并向中央建议,关于民主政治与红军独立领导问题,不是与顾、贺可以解决得了的。

3月下旬,周恩来到杭州直接和蒋介石会谈。周提出:红军编为3个师,每师1.5万人,共4.5万人。3个师上设某路军指挥部。陕甘宁边区作为整个行政区,不能分割。国民党不能派政训人员和辅佐。红军要增加防地。他严正声明:中共为国家民族利益计,与蒋及国民党合作,但不能忍受投降、受编之诬蔑。

蒋介石在大敌当前、人民强烈要求抗日、共产党坚持斗争的面前,不得不承认国共分家十年造成军阀割据和帝国主义入侵的局面,但不引咎自责。他说:你们不必提和国民党合作,只是与我合作。对合作的形式他提不出具体方案。周马上提出:可采用共同纲领的办法。蒋表示,边区、红军改编都是小事,只要拥护他为领袖,一切好办。4月初周恩来回到延安,我党中央决定在我抗日十大纲领和国民党一大宣言的基础上起草民族统一战线纲领,并研究两党合作的形式。

1937年6月上旬,周恩来一上庐山,同蒋介石进行第三次会谈。对于谈判,我党是有诚意的,周携带着起草好的《关于御侮救亡复兴中国的民族统一纲领草案》及13个问题。共产党不同意与蒋个人合作。蒋又提出:成立国民革命联盟,国共两党各推相同人数的干部组成,蒋为主席,有最后决定权。如进行顺利,此联盟可成为国共两党分子合组之党,妄图把共产党溶化掉。他不同意在3个师上设总指挥部,要设政治训练处,公然提出要朱德、毛泽东出洋。周恩来坚决反对。在指挥部和人事问题上争论很久,未取得一致看法。蒋同意红军改编为3个师,每师1.5万人。

我党中央积极为改编红军做准备工作,同时起草宣言。7月4日,中央通过周恩来起草的《中共中央为公布国共合作宣言》。7月15日周恩来、博古、林伯渠二上庐山,在庐山交给国民党,但被蒋扣住不发。在谈判中,蒋仍坚持三个师直属行营。不准周、林、博出席庐山谈话会,也就是仍不准共产党公开活动。此时抗战已爆发,我党采取如蒋不让步、不再与之谈判的方针。周等三人遂下庐山,到上海观察时局的变化。抗战伊始,中央军节节败退,蒋介石急于要红军上前线。他给周捎口信要红军改编。周、博、林为此赶回延安。

8月,蒋召开国防会议。周恩来、朱德、叶剑英从延安赶赴南京参加会议,并与蒋进行第五次会谈。蒋介石一面侈谈"只有牺牲到底,无丝毫侥幸求免之理",一面通过德国驻华大使和日本密谈。在和共产党谈判中,他仍提出向红军派参谋长、政治部副主任。此时南京主战空气浓厚,刘湘、白崇禧、龙云等地方实力派纷纷和周、朱、叶会晤,对蒋造成压力。8月13日,日本进攻上海,战火烧到蒋的大本营,他才决心抗战,不再提向红军派人。经周恩来等的不懈斗争,南京谈判终于达成陕北红军改编为国民革命军第八路军的协议,还达成长江南北红军改编为新编第四军,在南京出版中共机关报《新华日报》,在南京、武汉等大城市设立中共代表团和八路军办事处,释放政治犯等协议。

8月22日,南京政府正式宣布红军改编成八路军,设总指挥部,下辖3个师,每师1.5万人。25日,红军改编为八路军,东渡黄河,奔赴抗日前线。9月22日,蒋介石公布《中共中央为公布国共合作宣言》;23日,他发表讲话,承认共产党的合法地位。至此,抗日民族统一战线正式建立。

周恩来总结这段历史时说:"西安事变的和平解决,推动了全国抗战。这样,抗战是逼成了,谈判也算逼成了,统一战线也算逼成了。同时又证明,只有人民有力量才能逼成。"①

[附记]因负责撰写《周恩来年谱》1934年到1936年三年的历史,这段时间正是国共两党由战争走向合作的关键时刻,国共第二次合作成为这段历史的一个重点与难题。为此,笔者先后多次到中央档案馆查阅档案,到中央组织部查阅张子华档案,并采访了当时健在的当事人谌小岑、童小鹏、吕振羽夫人江明、张子华的遗孀李德贞、刘鼎、李金德、童小鹏。从1984年到1987年发表了一系列的文章《西安事变前国共两党接触和谈判的历史过程》(《文献和研究》1984年第6、8期),《第二次国共建立的历史过程》(《文献和研究》1985年4期),《周恩来在西安事变中的作用——纪念西安事变五十周年》(1986年《文献和研究》第6期,《红旗》转载),《周恩来对第二次国共合作的贡献——读周恩来的五封信》《西安事变与第二次国共合作》(《人民日报》1991年12月14日),《1935年到1937年初的国共关系》(1992《党史资料》,第42期)。此文系上述文章综合而成,并做了修改,扩展对历史背景的介绍,增补了吕振羽、周小舟的活动。

特别要说明的是:1984年文章写好后,有人说《年谱》还没有成稿,不能发表。当时笔者还参加《周恩来传》的写作。《周恩来传》的主编金冲及说:我们写年谱、传记,别人的成果都采用,自己同志的成果更要采用。因他力主,得以于《文献和研究》发表,反响

① 《周恩来选集》(上卷),第196页,人民出版社,1980年。

较大。就在这一年杨奎松发表关于第二次国共合作历史文章。如果我的文章不能及时发表,岂不是成为抄杨奎松的文章了吗？文科的研究成果如同专利一样是有时间性的。中央文献研究室主任李琦曾提倡出成果、出人才,提高知名度,当时周恩来研究组的同志发表了一批文章,培育了一批人才。

共产国际态度与中共从反蒋到
联蒋抗日政策的改变

　　1935年7月共产国际第七次代表大会制定了反法西斯统一战线政策。因为共产国际和中共中央失去通讯联系，为了尽早地向中共中央传达新精神，会议还未结束，即派张浩经蒙古回国。1935年11月中旬，张浩到达陕北，同长征刚到瓦窑堡的中共中央会合。张浩多次同总书记张闻天交谈，向中央传达了共产国际七次大会的精神及《八一宣言》的内容。

　　早在6月中央到达两河口时，曾听取博古从无线电得知日本向北平开炮情况的汇报，并决定以中共中央名义发宣言，在部队中进行反对日本帝国主义的教育，做东北军、白军工作，并研究派人去白区的问题，以加强白区群众斗争的领导。后因战事频繁，没有再对此问题做进一步的研究和布置。因为已有过这种讨论，所以中共中央对国际建立反法西斯统一战线的指示欣然接受。12月，周恩来、毛泽东等相继从前方回到瓦窑堡后，中共中央召开政治局会议，决定"发动、团结与组织全中国全民族一切革命力量去反对当前主要的敌人——日本帝国主义与卖国贼头子蒋介石"。会后，中共开始着手建立抗日民族统一战线。此时的政策还是反蒋抗日。

　　从反蒋抗日到逼蒋抗日政策的确立，中共用了9个月的时间。在此过程中，共产国际起到了推动作用。

　　共产国际的指示第二次传到中共中央是1936年3月，第七次代表大会的全部文件到达山西东征前线。随即中共中央将在后方工作的周恩来、博古等人召到前线，于3月20日到27日在山西孝义、石楼一带召开政治局会议。会议首先根据国际文件审查12月会议的决议，认为12月会议符合国际七大的精神。会议讨论了今后的政策及战略方向。

　　在此之前，2月27日共产党员张子华和董健吾从上海经西安到瓦窑堡，带来了国民党要同共产党进行联络、谈判的口信。张子华在南京曾同南京政府铁道部政务次长曾养甫会晤，董健吾是受宋美龄之托带信给中共中央的。这一行动实际是蒋介石的意图。但在当时中共中央并不清楚。

鉴于国民党态度的转变,23日周恩来在发言中指出:国民党领导已开始认识到日本将要继续南下侵略全中国,并知道英美目前不会直接对日作战,因而寄希望于日苏战争。一部分国民党领导已认识到须要先有自己抗日才能真正做到联俄,先有国内的联合抗日,才能有国际的联合抗日。但是,国民党中也有人想挑动日苏战争、牺牲苏维埃和红军的利益;至今国民党对降日还是联俄仍举棋未定。他说:我们要抓住"联共"的口号和红军率先抗日来推动抗日统一战线的建立。他建议不仅仅提出红军集中于华北,而且要提出"红军和一切抗日军队集中于华北"。提出中共同国民党建立统一战线的原则是:不放松准备建立,但又不麻痹群众;在抗日讨逆、停止内战原则问题上决不退让,并要求国民党有实际行动;我保持批评的自由;在同国民党上层谈判的同时,不放弃争取下层群众官兵的工作。

为了推动全国抗日,会议采纳"红军和一切抗日军队集中于华北"的口号。这个一切抗日军队不仅仅指东北军、西北军。会议不排除蒋介石允许与共产党建立联系的可能,没有再谈反蒋的问题。

所以,4月8日,周恩来同张学良会谈,当张认为蒋介石虽不会彻底抗战但有可能争取与其合作时,周恩来马上表示:毛主席也有这个想法,我可以把你的意见报告给毛主席。

周恩来回到瓦窑堡汇报后,中共中央考虑了张学良的意见,并根据共产国际七大精神于4月25日发布《为创立全国各党各派的抗日人民阵战宣言》。5月5日发表回师通电,放弃反蒋抗日的口号,明确提出"为了促进蒋介石及其部下爱国军人们的最后觉悟……"中共中央已把蒋介石作为争取的对象。但是,在现实生活中,蒋介石仍派重兵"围剿"红军、苏区,十年内战严酷的现实,使中共中央深知争取蒋介石抗日的艰巨性。

共产国际的第三个指示是潘汉年带回来的。潘于1936年5月离开莫斯科,经香港、南京辗转到达陕北已是8月8日。这时国共两党联络已进一步加强,陈立夫提出了谈判的四项条件。10日中央政治局召开会议,专门研究国共两党关系、统一战线问题。认为蒋介石由对日退让,镇压革命运动,改变为愿谈统一战线,同我党来往,是为了得到群众的拥护和使日本退让,以巩固他的统治;决定继续国共谈判;为推动蒋联共抗日,中共在确保对苏区、红军领导的前提下,可以放弃苏区、红军的名称;决定起草致国民党的信及关于对蒋政策的党内指示。由此产生《中国共产党致中国国民党书》及

《关于逼蒋抗日问题的指示》。

共产国际的第四个指示是 8 月下旬电告中共中央的。这个指示应是根据季米特洛夫在执委会上的发言精神起草的 8 月 15 日致中共中央书记处电。电文指出："最好由中国共产党发表声明,主张建立统一的中华全国民主共和国","中国共产党还可以声明,一旦建立中华全国民主共和国,苏区将纳入统一的中华全国民主共和国,将参加中华全国议会,并在自己的区域实行为整个中国确定的民主制度"。根据这个指示,9 月 15 日至 17 日中共中央召开会议通过了《中央关于抗日救亡运动的新形势与民主共和国的决议》。由于决议宣布一旦民主共和国在全中国建立,苏维埃区域即将成为它的一个组成部分,中共联蒋抗日政策有了进一步发展。

综上所述,西安事变前共产国际四次指示,推动了中共中央确立抗日民族统一战线政策,对中共中央放弃反蒋口号起了良好的作用。这个作用应予肯定。

共产国际和中共对于如何逼蒋抗日,在策略上是有区别的。这个区别源于对蒋介石的认识不同。虽然共产国际承认"蒋介石本人不想搞统一战线,他害怕统一战线",另一方面又认为"他已把全民族的四分之三组织起来了"。[①] 他们更多的是看重蒋介石的力量,看重蒋准备抗日的一面,而对蒋的反共的一面,对逼蒋抗日的艰巨性估计不足。所以对只有逼蒋抗日才能达到联蒋抗日认识不足,没有看到只有逼蒋抗日的力量越大,联蒋抗日的可能性才越大,才能尽早实现。他们在口头上要求中共"在国民党中造成这样一种运动,使蒋介石不得不同意建立这种抗日统一战线。"但是当中共支持反蒋抗日的"两广事变"时,他们马上批评这种做法是错误的。共产国际反对中共利用统治阶级内部的矛盾来发展壮大抗日的力量,不同意联合反蒋的军队。不论这些军队对抗日是什么态度,生怕由此得罪了蒋介石,扩大内战。

对于"两广事变",中共有不同的看法。5 月 18 日中共中央致电红二、四方面军指出:两广事变的发动表示,"一、中国人民武装抗日讨逆的广泛的统一战线的开始。二、太平洋上各帝国主义国家,首先是英、美积极参加反日的开始。三、反动统治内一个重要部分转向抗日讨逆的开始。"中央肯定"两广事变"是抗日进步的、削弱蒋介石的力量,有利于全国抗日运动的发

---

① 见季米特洛夫 1936 年 7 月 23 日的发言记录。

展。中央认为事变如不深入发展扩大,有和南京妥协的可能,因而不仅要做桂系的工作(中央于8月同桂系建立了联系),而且要做蒋介石集团内部的工作,推动抗日政府和抗日联军的成立。

由于以上的分歧,必然导致共产国际和中共在西安事变中采取不同的态度及做法。

西安事变的消息一传到保安,中央首先肯定张学良是联共的、亲共的,不同于两广的军阀。认为张学良、杨虎城是为了抗日,而不是针对南京政府。肯定西安事变是革命的、推动抗日的。中央决定采取支持张、杨同时不与南京对立的方针,不组织与南京对立的政权。

中央认为蒋既已被扣,他的作用必然削弱,希望南京政府中能产生新的抗日的领袖,因而呼吁南京政府"接受张杨二氏主张,停止正在发动之内战,罢免蒋氏,交付国人裁判,联合各党、各派、各界、各军,组织统一战线政府"。并且中央设想由西安召开救国会议,建立一个不与南京对立的政治中心,以推动全国抗日。为了慎重起见,中央决定暂不发表宣言。12月17日周恩来到达西安,了解到蒋介石的作用不但没有削弱,反而突出了。南京对蒋介石的态度分成两派,反蒋的一派主张武力讨伐西安,大规模的内战只能有利于日本人的侵略,违背中共的初衷;拥护蒋介石的一派主张和平解决,力主蒋应采取联共抗日的政策,这同中共的愿望一致。中共中央接到周恩来反映上述情况的电报后,立即于18日致电国民党,呼吁由南京召开抗日救国代表大会,停止内战,一致抗日,和平解决西安事变。19日,在党内发布指示重申这一原则。

西安事变发生后,中共中央连连地将情况电告共产国际,但直到周恩来离开保安的那天——15日还未接到回电。张学良对苏联、共产国际的态度十分关心,周恩来说:他们的态度尚不知。

由于共产国际过于看重蒋介石的力量,认为统一中国非他莫属,对逼蒋抗日的艰巨性认识不足,唯恐削弱蒋的力量,于中国不利,遂于16日致电中共中央指出"张学良的发动,无论其意图如何,客观上只会有害于中国人民的各种力量结成抗日统一战线,只会助长日本对中国的侵略"(这封电报因密码错误完全译不出,18日在中共要求下,20日共产国际又重发)。这个看法同苏联政府的态度是分不开的。在事变的第三天,《真理报》急急忙忙发表社论,无端指责西安事变"显有怪异性质",是"汪精卫利用张学良部队中的抗日情绪,挑动这支部队反对中央政府"。直到1937年1月10日,共产国际还批评中共"采取了错误的步骤"。他们轻率的否定,给张学良的革命热情泼了冷水,增加了张的疑虑,使中共的工作增加了困难。如果按照共产国际、苏联的话去做,就不会有周恩来西安之行;也不会有红军南下支援。西安可能由于陷入孤立无援而失败;蒋介石反共内战的气焰更加嚣张;日本南下扩大侵华战争;中共因此而失去抗日统一战线倡导者的地位,国共合作不能形成,抗日民族统一战线不能建立,全国抗日必然推迟实现。中共中央从中国实际情况出发,从全民族利益出发,全力支持张、杨,并和他们一起妥善处置蒋介石,和平解决西安事变,避免民族的悲剧,推动了历史的前进。

错误和正确往往是密不可分的。共产国际的看法也包含着正确的内容,他们对蒋介石在中国政治生活中的作用有足够的估计,对内战深感忧虑。早在7月季米特洛夫就指出:"蒋介石在利用中国革命中的民族因素,原来他已把全民族四分之三组织起来了。"他们正确地认识到目前国民党内不会出现取代蒋、领导全国抗日的新领袖,因而他们对蒋被扣一事表示愤慨,对一触即发的内战焦虑。他们这些认识无疑影响到中共中央,使中共中央更加冷静地面对现实。

恩格斯说:历史是合力推动前进的,"各个人的意志——其中的每一个都希望得到他的体质和外部的、终归经济的情况使他向往的东西——虽然都达不到自己的愿望,而是融合为一个总的平均数,一个总的合力",但是"每个意志都对合力有所贡献,因而都包含在这个合力里面"。[①] 西安事变的产生、发展及最后的结局又一次证明这个论断的正确。我们应辩证地、唯物地研究历史,对共产国际在西安事变的作用给予实事求是的、公平合理的评价。

[**附记**]首发于中共党史研究1988年《抗日战争时期共产国际与中国革命关注问题论文选辑》。

---

① 《马克思恩格斯全集》第37卷,第462页,人民出版社,1972年。

周恩来与新四军第五师中原突围谈判

1946年,美国特使、五星上将马歇尔到中国调处国共关系几个月后,不胜感慨地说:"周恩来是我从未遇到的对手。"的确,周恩来不愧为谈判高手,他一生进行过数百次谈判,处理过各种棘手问题。革命战争年代,他在谈判桌上灵活地运用政策、策略,同前线配合默契。1945年帮助新四军第五师突围就是一个例证。

抗日战争时期,新四军第五师在豫鄂交界的桐柏山区浴血奋战,建立敌后根据地。桐柏山区地处中原,南可钳武汉、长江,北可逼郑州、开封、陇海路,东迫平汉路,是国民党军东出的必经之路。抗战一结束,国民党派刘峙4个军包围了新四军第五师和王震率领的南下支队,只因时机不成熟,未能围歼。中共中央考虑到第五师处于四面受敌、孤立无援的境况,决定第五师撤出中原。重庆谈判时,中共主动提出撤退8个解放区,其中就包括这个地区,可是国民党拒不执行协定,不准五师转移。围绕第五师撤退,从谈判桌到战场,展开了一场智与勇的较量。

从政治上讲,全国人民强烈要求和平,中共占优势。经周恩来交涉,1945年12月底,五师开始向华中根据地的安徽五河转移。次年1月行至湖北宣化店,停战令颁布,五师严守军队调动一律停止的命令,停止转移。

但是,从军事上讲五师占劣势。五师只有6万人,被近30万国民党军包围在东西100公里左右、南北20公里左右的狭小地带。国民党严加封锁,企图饿死、困死五师,形势危急。

如何帮助五师转移,时时萦绕着周恩来的心。停战令公布后,可以采取合法方式转移。3月,周恩来、马歇尔与国民党代表张治中组成的3人小组到全国各地视察整军的准备工作。飞机一到武汉,周恩来即听取专程赶来的五师师长李先念及中原军区副司令员兼参谋长王震的汇报。随后向张治中、马歇尔提出为解决五师粮草困难,应调驻五河。张治中知道五师的驻地关系到国民党的全盘计划,非同小可,推脱要等回到重庆再议。回到重庆后,张又托辞要等全国执行整军计划时一并解决。周恩来便去找国民政府粮食部长徐堪,解决五师燃眉之急。

在粮食问题上,国民党是有求于中共的。经过 8 年抗战,华北广大乡村大都是解放区,北平、太原、济南等大城市的粮食要靠解放区供应。所以,周恩来、董必武拜访徐堪,双方很快达成协议,华北各解放区供应城市 6 万石粮食,由粮食部在武汉拨粮或款给五师。为了落实此事,董必武亲赴湖北处理。

同时,周恩来令中原解放区驻武汉办事处主任郑绍文到重庆,请他在记者招待会上将五师受围的真相昭示于天下,从舆论上对美国、国民党造成压力。

3 月,马歇尔回国述职期间,由吉伦将军参加 3 人小组。他急于在东北问题上做出成绩,特派哈特·考伊上校飞延安,请正向中央汇报工作的周恩来速回重庆。周恩来抓住他们急迫的心理,提出五师、东江纵队的问题应同东北问题一并解决。迫使美蒋做出让步,同意东江纵队 2000 人乘美国军舰转移到山东解放区。

但对五师问题,国民党不肯让步,围歼的祸心已昭然若揭。周恩来一直警觉地注视着中原的局势。4 月底得到国民党进攻情报后,马上提出 3 人小组应共同到宣化店视察,制止内战爆发。周恩来知道马歇尔要维持调停人的公允形象,首先说服他,由他向国民党交涉,3 人小组得以成行。5 月 6 日,一到武汉,周恩来即在和白鲁德(马歇尔的代表)、徐永昌(国民党代表)会谈中提出解决的关键是尽快让五师转移到华北或华中去。3 人达成初步协议。11 日,从宣化店视察回到武汉后,达成停止冲突的七条协议,并且增派第 62 执行小组驻宣化店监督执行。这次视察推迟了南京政府对中原解放区的进攻。周恩来利用此行,在宣化店和五师负责人研究、部署突围方案,为突围做了进一步准备。

宣化店之行,还有一个胜利。1946 年春天,国民党已答应用火车运送我 1000 名伤员到华北去,但是迟迟不执行。周恩来迫使国民党从 5 月 15 日起执行,并增加了 100 名随行人员。随五师行动的有不少地方干部,他们装扮成伤员,由女同志担任"看护",作为随行人员。伤病员、地方干部先行转移,减轻了部队的负担。当 1000 余名同志上火车时,国民党如临大敌,荷枪实弹,一一查点,不准超员的上车。第九执行小组的中共代表薛子正义正词严地说:凡是已到车站的人都要上去,我的职责就是保证所有的人都上火车。经他据理力争,所有的人安全转移。

5 月,东北战起,马歇尔对国民党的违约行动听之任之。由此,蒋介石摸到美国的底牌,更加放肆地准备在关内发动大规模的内战,第一仗就是进攻中原解放区,实现围歼计划。

五师在 6 月 26 日开始突围。由于第 32 小组中共代表的暗中配合,国、美方代表对此毫无觉察,部队顺利行动。当 28 日敌人发动进攻时,五师主力已突围,29 日越过平汉路西进,向陕豫大山区前进。

内战爆发前,周恩来尽力制止、推迟内战;内战爆发后,周恩来的任务是向全国、全世界说明战争是国民党挑起的,争取人民对中共自卫战争的同情,而谈判桌就是最好的讲坛。

6 月 26 日,正当五师开始秘密转移的同时,周恩来在另一条战线——谈判桌上开始了战斗。他再一次向马歇尔提出应让五师沿铁路北上转移。28 日得到国民党进攻的消息,周恩来即向马歇尔严正说明:国方开始进攻,迫我起而自卫。如果蒋介石愿意和平处理,应立即电鄂陕部队停止进攻。蒋的进攻违反政协决议,必然引起全国性大规模冲突,责任完全在国民党政府。7 月 3 日周恩来再次向马歇尔指出:国民党在进攻的同时也不放弃谈判,如中共不满足国民党的要求,进攻的规模将会更大。7 月 2 日,周恩来和陈诚等谈判时指出:政府军已由东北进到宣化店附近的 5 个地方,这是迫我方出走,这是为了消灭我部队、占领我地方。揭露国民党是发动内战的罪魁祸首。

对于内战问题,美国和国民党的区别日渐缩小,周恩来知道马歇尔不会采取任何措施。因而接见英国驻华代办,详细地介绍了中国几个月的情况,提出英国有责任"提醒美国不要用错误的方法违背三国公告"。同时还接见一些外国教授、记者,公布真相,以赢得世界舆论的支持。

国民党为掩盖罪责,力图摆脱调处,散布已消灭五师 2 万人,五师问题不必调处。周恩来针锋相对,坚持调处。在周恩来领导下,第 9、32 小组的中共代表做了大量工作。第 32 小组中共代表任士舜一直在老河口收集材料,目睹国民党进攻黄陂、吕王城,并在 7 月 9 日和薛子正飞回南京,向周恩来汇报。周恩来当即决定坚持谈判,以配合部队的转移,并拟在谈判中提出:甲、国方于 22 日就下围歼命令,26 日攻击。乙、我军为避免歼灭,主力于 29 日移避京汉路西,部分牺牲。丙、我军突围后地方人民正遭受国军蹂躏。丁、我们主张国方停追、停战、停堵击,要求五师安全撤驻华北,并给安全保障。戊、如不照上述办法保障实施,我方对退到豫陕、川陕广大地区之部队将无法约束。

之后,薛子正到老河口(湖北光化县)和李先念部联络。由于国民党不停止追击,未能取得联系。7月27日,薛子正和国、美方代表达成老河口协议。协议规定:(一)8月2日午夜休战,有效期到8月20日。(二)一切政府军停止追击并后撤20里。(三)战线上之国共部队均后撤10英里。(四)李先念部于8月5日前派代表至西安与第9、32小组会谈。协议分送南京3人小组、北平执行部、武汉行营、南阳司令部、老河口司令部及五师,并派32小组先行到西安,同五师建立联络。

为了履行协议,五师派干部旅旅长张文津从陕西镇安扬泗庙出发前往西安。张带了懂英语的干部旅政治部主任吴祖贻和警卫员毛楚雄(毛泽东的侄子),他们走到宁陕县东江口镇就被国民党军队无理扣留,惨遭杀害。他们8月7日离开部队,直到8月25日还不见踪影。周恩来判断发生意外变故了,电令叶剑英在北平向国民党政府提出抗议,呼吁美方营救。同时,为了尽早谈判,7月25日已指定八路军驻西安办事处主任周子健为五师代表,先行参加谈判。

国民党在派人杀害我谈判代表的同时,又提出要撤回第9、32小组。周恩来8月4日致函马歇尔,提出这是破坏协议的行为。周恩来据理力争,促使3人小组批准老河口协议,这样从政治上保证中共在西安谈判占据有利的地位。

周子健曾对笔者讲述了西安谈判的过程,他说:"谈判是在胡宗南司令部招待所进行的。谈判的第3天(8月6日),我看到便衣特务很多,因此很警觉。谈判时三方面态度都很强硬,我估计回办事处的路上可能要出问题,薛(子正)大哥笑笑说,不会吧。下午5时,我刚刚走到三青团门口就被20余名特务围住搜身,我的衣服、钢笔都被抢去,沿途的警察助纣为虐,堵截两端行人来往。我大声斥责他们是土匪,他们才把东西还给我。他们搞我是要搜我身上的文件,我什么也不带,他们一无所获。回到办事处,电话已不通了。半夜我出去,通过地下电台给中央发了电报,建议停止谈判。"

8月14日,周恩来接到中央转来的周子健电报后,致徐永昌备忘录,抗议国民党的暴行,指出这是"西安军政当局有计划之举","有意破坏老河口停战协定,以阻击李先念将军所率领之部队取得任何协商之机会",要求严惩凶手,保护办事处人员安全。

由于国民党的破坏,西安谈判未达成任何结果。但是8月中旬王震部队已北渡渭河到达了陕甘宁解放区,李先念部则已和陕南游击队会师。周恩来领导的谈判斗争有力地配合了五师突围,揭露了国民党内战的阴谋,教育、争取民众,我党我军在政治上取得了主动,在军事上争取了时间。

[附记]笔者负责撰写《周恩来年谱》1945 年 8 月到 1947 年 12 月这两年半的历史。此段时间正是国共两党由第二次合作走向破裂、战争的关键时刻。国民党军进攻中原解放区标志内战爆发。原文首发于《党的文献》1990 年 2 期,题目为《一场智与勇的较量》。

一波三折,中共中央决定出兵朝鲜的复杂过程

《在历史巨人身边——师哲回忆录》出版后,不断有人质疑书中关于1950年周恩来和斯大林会谈内容。而周恩来和斯大林会谈内容又是与中共中央决定志愿军出国作战一事紧密相关的。经过研究和考证,我认为师哲对这件事的回忆是对的。

"兵者,国之大事",抗美援朝决定出兵一事,因事关重大,从酝酿到最后决定,前后约有一个月的时间,是中共中央经过再三考虑,反复斟酌,直到万不得已才最后下定决心的。

战略准备——建立东北边防军

1950年6月25日,朝鲜半岛爆发了内战。首先是美国做出反应,27日杜鲁门总统发表声明宣布已命令美国空海部队给南朝鲜政府以掩护和支持,宣布美国决定以武力阻止中国政府解放台湾,随后美第七舰队奉命进入台湾海峡。美国对台湾的态度发生变化,由放弃转而支持,决定用武力阻挠我国解放台湾,使中美关系进一步恶化。美国对日本的态度也由此发生变化,更加倚重日本的统治阶级,变日本为亚洲的反共基地。

中共中央事先并不知道战争爆发。师哲回忆说,6月26日清晨,他到丰泽园,见毛泽东正在院子里散步,对他说:"昨天夜里看到了巴黎的报道,朝鲜战争爆发了。"可见毛泽东是从西方通讯社得知这一消息的。

战争爆发后第三天(28日),朝鲜派了一位校官到北京通报战况。事后毛泽东对师哲说:他们是我们的近邻,战争爆发也不和我们商量,现在才来打招呼。

当时,中共中央对杜鲁门声明的反应重点是在台湾问题。28日中央人民政府委员会召开第八次会议,周恩来报告了国际形势并宣读了回答杜鲁门的声明:"不管美帝国主义采取任何阻挠行动,台湾属于中国的事实,永远不能改变,""我国全体人民,必将万众一心,为从美国手中解放台湾而奋斗

到底。"毛泽东在总结中提出："全国和全世界的人民团结起来，进行充分的准备，打败美帝国主义的任何挑衅。"

当时人民解放军在福建沿海一带集结了大量兵力，积极准备解放台湾。如果不是后来朝鲜战局的变化，解放台湾就势在必行了。

6月30日杜鲁门下令美军参战，周恩来做出的反应是决定派柴成文带几个军事干部以使馆名义到朝鲜观察战情。经过紧张的准备，柴成文一行7月8日离京赴朝。

7月2日美国陆军在朝鲜釜山登陆，参加作战。7月7日美国操纵联合国安理会通过决议，成立以美国为主的"联合国军"入侵朝鲜。美国的参战，使朝鲜战争成为反对帝国主义侵略的一场民族战争。

为有备无患，7月7日中央军委在周恩来主持下召开了讨论国防问题的第一次会议，会议决定："一、部队调动部署。四个军三个炮兵师限7月底全部调往安东、辑安、本溪等地集结。二、指挥机构组织。由粟裕为东北边防军司令兼政委。"①原第四野战军第十三兵团从中南军区调到鸭绿江，改编为东北边防军。后粟裕有病不能到职，邓华担任第十三兵团司令。7月中旬邓华率十三兵团北上向鸭绿江进发，担负保卫东北边防和在必要时援助朝鲜人民抗击美帝国主义侵略的任务。东北边防军下辖三十八、三十九、四十、四十二4个军和炮兵第一、二、三师及特种兵共约26万人。同时总参各部密切注意朝鲜战场的动态，为部队进一步调动做各种准备。

美军南撤，迅速地把军力集结在朝鲜半岛南方大邱地区，意图引诱朝鲜人民军向其进攻。由于朝鲜人民军前几次战争没有能大量歼灭敌人有生力量，战线拉长，交通运输受到严重破坏，供应困难，战争进入胶着状态。

中共中央一直密切注视着朝鲜战局。8月18日，毛泽东电告高岗，要东北边防军"务于9月30日以前完成一切准备工作"②。8月23日左右，周恩来从参谋人员处得知美军有在仁川等地登陆的可能，立即报告毛泽东。9月6日军委决定再从中南军区调一个军开赴东北编入边防军序列。9月9日军委命令第九兵团从华东渡江北上，在山东津浦铁路沿线集结。

8月初，苏联代表马立克在联合国安理会提出和平解决朝鲜问题的提案，9月1日提案遭到否决。外交部紧急召回柴成文，9月7日深夜周恩来亲自听取他关于战况的汇报。柴认为现在人民军难以再进，又没有制空权、

①② 均见于《建国以来毛泽东文稿》第1册，第428、469页，中央文献出版社，1987年。

制海权,长期顶下去,十分不利。周恩来问道:万一情况有个突然变化,如果需要我们出兵入朝作战,你看会遇到什么困难? 周恩来提出这个问题,说明当时中央已有出兵的设想和准备了。毛泽东、周恩来一向是做好最坏的准备,向最好的方向努力。做准备是为了立足于主动。

出兵援朝问题提上日程

9月15日,美军果然在仁川登陆,金日成派次帅朴一禹到安东向东北边防军负责人提出要中国出兵支援。28日南朝鲜军队占领汉城。这时,一向呼吁和平解决的印度总理尼赫鲁转告中国政府:9月12—18日在美国召开的美、英、法三国外长会议已经谈好不过三八线,如过三八线也要提到联合国来决定。可是在30日南朝鲜军越过了三八线。

周恩来后来说:"我们得到的情报是,他们要稳住中国,过三八线,过了之后,再搞中国。我们看穿了骗局,所以在9月30日声明:对美帝侵略朝鲜我们不能置之不理。"

形势万分紧急。10月1日,金日成又一次要求中国派军队支援朝鲜人民军作战。出兵援朝问题已提到中共中央领导人的面前,要求他们很快做出抉择。

但是,当时的中国是否具备了立刻出兵的客观条件?

10月2日毛泽东致电中央人民政府副主席、中共中央东北局书记,东北军区司令员兼政委高岗、十三兵团司令邓华:"(一)请高岗接电后即行动身来京开会;(二)请邓华同志令边防军提前结束准备工作,随时待令出动,按原定计划与新的敌人作战;(三)请邓将准备情况、是否可以立即出动即行电告。"①

十三兵团是军委战略机动兵团,原驻在河南搞生产、建营房。现在开到东北,由生产转入准备打仗,思想要转弯,过冬的衣装等物资需提前准备好,还要补充武器弹药。当日午后高岗飞抵北京,他已想到此次进京无疑是出兵援朝问题,所以他内心已定,这次无论如何再也不能强调边防军准备不足了。

毛泽东知道,中、美双方装备悬殊,美国一个军(两个步兵师及一个机械师)包括坦克及高射炮在内,有7至24厘米口径的各种炮近1500门,而我

---

① 《建国以来毛泽东文稿》第1册,第538页,中央文献出版社,1987年。

们的一个军(3个师)只有这样的炮198门。美军有制空权,而我军训练的空军要到1951年2月才有300架飞机可以用于作战。人民海军也刚于1949年组建。因此,毛泽东认为"我军目前尚无一次歼灭一个美国军的把握。而既已决定和美国人作战,就应准备当着美国统帅部在一个战役作战的战场上集中它的一个军和我军作战的时候,我军能够四倍于敌人的兵力(即用我们的四个军对付敌人的一个军)和一倍半至两倍于敌人的火力(即用2200—3000门7厘米口径以上的各种炮对付敌人同样口径的1000门炮)而有把握地干净地彻底地歼灭敌人的一个军。"①

当时的新中国刚刚从国民党手中接下一个烂摊子,经济落后,百废待兴,全年的铁产量只有90万吨,根本谈不上生产飞机、大炮、坦克等先进武器。这些装备只能来自苏联的援助,苏联的态度事关重大。

所以,2日毛泽东又致电斯大林:"我们决定用志愿军名义派一部分军队至朝鲜境内和美国及其走狗李承晚的军队作战,援助朝鲜同志。我们认为这样做是必要的。因为如果让整个朝鲜被美国人占去了,朝鲜革命力量受到根本的失败,则美国侵略者将更为猖獗,于整个东方都是不利的。"②

这是关于出兵决定的最早记载,不少研究者认为,既然毛泽东已于2日做出出兵的决策,为何周恩来到苏联谈的却是不出兵的意见?

至今没有查到斯大林给毛泽东的复电,苏联可能一直没有表态。这既是中共中央派周恩来赴苏的原因,也是毛泽东没有下最后决心的原因之一。

出兵援朝,下定最后决心

中国出兵是关系到中国、中华民族命运的大事,正如毛泽东致斯大林电中指出的:"我们认为既然决定出动中国军队到朝鲜和美国人作战,第一、就要能解决问题,即准备在朝鲜境内歼灭和驱逐美国及其他国家的侵略军;第二、既然中国军队在朝鲜境内和美国军队打起来(虽然我们用的是志愿军的名义),就要准备美国至少可能宣布和中国进入战争状态,就要准备美国至少可能使用其空军轰炸中国许多大城市及工业基地,使用其海军攻击沿海地带。""我们认为最不利的情况是中国军队在朝鲜境内不能大量歼灭美国军队,两军相持成为僵局,而美国又已和中国公开进入战争状态,使中国现

①② 均见于《建国以来毛泽东文稿》第1册,第540页,第539页,中央文献出版社,1987年。

在已经开始的经济建设归于破坏,并引起民族资产阶级及其一部分人民对我们不满(他们很怕战争)。"①

10 月 4 日中央军委副主席、西北军政委员会主席、中共中央西北局第一书记、西北军区司令员彭德怀从西安紧急进京,解决了志愿军主帅的问题。但是党内对是否应出兵仍有不同意见,聂荣臻回忆说:"主要是有些同志认为,我们打了这么多年仗,迫切需要休养生息,建国才一年,困难重重,不到万不得已的时候,最好不打这一仗。"②在重大问题面前党内有不同的意见是正常的,任何政策都是有利有弊,只有充分考虑两方面的意见,才能趋利避害。毛泽东作风民主,让大家畅所欲言,摆明利害。每个同志都本着对人民对国家负责的态度,各抒己见。

10 月 7 日,美军越过三八线,南朝鲜军已深入三八线以北很远,美国飞机轰炸与中国一江之隔的新义州。8 日,周恩来赴苏后,毛泽东在中央政治局召开的会上说:我们不能见死不救。政治局见毛泽东已下定决心,遂取得一致意见,决定出兵。当日毛泽东下达了组成中国人民志愿军的命令,要十三兵团所辖各部"立即准备完毕,待令出动",并电告金日成。

周恩来同斯大林的会谈

周恩来离京前,中央政治局还没有取得一致意见,据师哲回忆,为讨论出兵援朝问题,毛泽东将各方面的负责人都找来北京开会,会议上两种意见一半对一半,毛泽东没有明确表态。周恩来是带着不出兵的意见去的,当时的主要考虑是:第一、南方刚刚解放,还未进行土改;第二、国民党留下的一百万军队上山为匪,还未完全肃清;第三、经济困难。朝鲜战争爆发,斯大林是知道的。人民军战斗失利,10 月 2 日中国就表示出兵,他却迟迟不答复。

周恩来 11 日见到斯大林,直言陈述中国不出兵的理由。斯大林听后一方面大摆应出兵的理由,另一方面表示苏联可以完全满足中国的飞机、大炮、坦克等装备。但他又说苏联空军尚未准备好,暂时无法出动。因为空军不能做志愿军用。其实这是借口,1938 年苏联就出动过空军在武汉上空同日军作战。会谈后斯大林和周恩来即联名致电毛泽东。

---

① 《建国以来毛泽东文稿》第 1 册,第 539—540 页,中央文献出版社,1987 年。
② 《聂荣臻回忆录》第 735 页,战士出版社,1983 年。

后来,1970年10月10日毛泽东对金日成曾说及当时情况:"虽然摆了5个军在鸭绿江边,可是我们政治局总是定不下来。在那个时候因为中国动动摇摇,斯大林也就泄气了,说算了吧。后来不是总理去了吗? 是带着不出兵的意见去的吧。"

10月8日彭德怀飞抵沈阳,召集军以上的干部会议,要干部们克服困难,10天内完成出国作战的准备。干部们最担心的是赴朝作战时有无空军支援。9日上午彭德怀、高岗联名致电毛泽东:"我军出动作战时,军委能派多少战斗机和轰炸机配合? 何时能出动并由何人负责指挥? 盼速示。"[①]

这时,以美国为首的联合国军和南朝鲜兵力达40万,拥有各种飞机1000多架(海军飞机未计算在内),各种军舰300多艘。苏联能否出动空军,事关重要。

12日下午毛泽东收到斯大林和周恩来联名电报后,马上致电彭、高及十三兵团负责人:"仍就原地进行训练,不要出动。请彭、高回京一谈。"[②]此时邓华的先遣队已做好过江的准备,彭德怀打算11日过江会金日成。毛泽东要聂荣臻给彭打电话,聂的电话追到安东,叫彭不要过江,马上回京。

聂荣臻在他的回忆录中说:"毛泽东同志对这件事确实思之再三,煞费心血的。""对于打不打的问题,毛泽东同志也是左思右想,想了很久。那时部队已经开到鸭绿江边,邓华同志的先遣队已经做好准备,毛又让我给邓华发电报,让他慢一点,再停一下,还要再三斟酌斟酌,最后才下了决心。"[③]

毛泽东考虑苏联援助的装备"不知它是用租借办法,还是用钱买,只要能用租借办法保持二万万美元预算用于经济文化等项建设及一般军政费用,则我军可以放心进入朝鲜,进行一场长期战争并能保持国内大多数人的团结"。"只要苏联能于两个月或两个半月内除出动志愿军空军帮助我们在朝鲜作战外,又能出动掩护空军到京、津、沈、沪、宁、青等地,则我们也不怕整个的空袭,只是在两个月或两个半月内如遇美军空袭则要忍受一些损失"。[④] 他考虑两个问题,一个是抗美援朝不能影响国内经济建设的继续进行,另一个是空军支援。

13日彭德怀、高岗到京,下午政治局再次开会。会议再次肯定出兵的

① 《彭德怀传》第404页,当代中国出版社,1993年。
② 《建国以来毛泽东文稿》第1册,第552页,中央文献出版社,1987年。
③ 《聂荣臻回忆录》第735页,战士出版社,1983年。
④ 1950年10月13日毛泽东致周恩来电。

必要,决定即使没有苏联空军的支援,无论困难有多大,也必须立即出兵。

当日会后,毛泽东致电周恩来:"总之,我们认为应当参战,必须参战,参战利益极大,不参战损害极大。"要周恩来"留在莫斯科几天和苏联同志重新商定上述问题。"①

周恩来根据这个指示和莫洛托夫会谈。苏方见我们已决定出兵,态度又发生变化,当谈到援助的具体数字时,苏方改口说没有那么多。显然,毛泽东深知苏联人的心思,所以他在周恩来走了以后才最后下决心出兵。师哲认为,这是毛泽东对斯大林的神经战。

14日,毛泽东和彭德怀、高岗研究作战方案,决定18日或19日开始渡江。高岗当日返回沈阳布置参战事宜。彭留京等候周恩来的回电。彭于15日回到东北。16日周离开莫斯科,毛泽东得知后于17日电告彭、高18日赶回北京,并告"对出兵时间,以待周18日回京向中央报告后确定为宜"。18日,平壤危在旦夕,毛泽东听完彭、周汇报后说:"现在敌人已围攻平壤,再过几天敌人就进到鸭绿江了,我们不论有天大的困难,志愿军渡江不能再变,时间也不能再推迟,仍按原计划渡江。"②

19日,美军占领平壤。同一天,中国人民志愿军在彭德怀的率领下,渡过了鸭绿江,揭开了抗美援朝的序幕。

抗美援朝战争打了三年,取得了胜利。由于在宣传上着重讲的是出兵的理由和有利条件,较少论及其他,造成许多人认为中央政治局早就决心出兵,因而对师哲的回忆提出疑问。随着更多档案的公开,我想这个问题可以得到更加清楚的答案。

[附记]本文首发于《党的文献》1993年5期,《韩国与世界事务》(英文版,陈兼译)1994年第1期转载。1991年笔者整理的《在历史巨人身边——师哲回忆录》出版后引起社会反响。1993年的一天杨奎松来找笔者,就出兵朝鲜的过程讨论了一天,基本是他问我答,事后,笔者整理成文。笔者上中学时,父亲说:做学问,第一步读书,第二步思索,第三步与人讨论,第四步写作,第五步反复修改。讨论是做学问的重要一环。当时笔者所在的周恩来研究组讨论气氛很浓,大家各抒己见,相互切磋,受益匪浅。那10年,是令人神往的日子。

---

① 1950年10月13日毛泽东致周恩来电。
② 《彭德怀传》第407页,当代中国出版社,1993年。

1954 年日内瓦会议与越南停战谈判经过

胡志明声明"越南政府是愿商谈的"

第二次世界大战结束后,亚洲印度支那半岛越南、老挝、柬埔寨三国,以越南为主战场,进行了一切反对法国恢复殖民统治、争取和维护民族独立的解放战争。

1953 年 5 月越南上寮战役结束,歼敌 3 个营和 11 个连,控制了桑怒全省、川圹省和丰沙里各一部分,扩大了老挝根据地,使之与越南的西北、越北连成一片,形成整个印度支那的大后方,给法国侵略军以沉重的打击。法国再次撤换侵略指挥官,由纳互尔接替沙朗任印支法军总指挥。

法国国内要求和平的呼声越来越高,法国共产党积极推动和平谈判,停止印度支那战争。6 月法共中央介绍雷梦得到北京,一方面进行贸易谈判,另一方面以此之便同中国领导人、越南驻华大使黄文欢洽商关于越南和平谈判的可能性。

6 月 28 日,毛泽东致信越南劳动党主席、越南民主共和国主席兼总理胡志明,建议:"最好的办法由你电告黄文欢同志以你的名义答复雷,请其转告法共中央,说明越南人民是坚持越南的民族独立和自由斗争的。但并不拒绝有利于越南人民的和平谈判;如果法国能成立愿意结束越南战争的政府,提议进行谈判,愿意在谈判过程中协商和平条件,法共中央可以向此方向推动。我们这一建议,已商得苏共中央同意,你若同意,请给黄文欢同志以指示。"

7 月 27 日,朝鲜实现停战,这对印度支那战场冲击很大,法国国会展开辩论,表明法国政界部分人士想通过同越南政府的直接谈判,和平解决在越南的冲突问题。越南党内、国内也要求和平。

7 月 31 日中央致电中国驻越南顾问团团长罗贵波转胡志明主席,对此,陈述了中共中央对形势的分析:

266

一、朝鲜停战是世界和平民主阵营的重大胜利,但这仅仅是和平解决朝鲜问题的第一步,今后斗争还是严重曲折的,我们必须高度警惕一切破坏停战的阴谋。和平解决的可能性还存在,哪种可能性较大,现在也不宜肯定地向干部和群众做宣传。

二、朝鲜停战一方面对越南有利,另一方面美国正欲插足越南战争,增加对法殖民者、越奸的"援助",并企图取法殖民者而代之。美国自己出兵的可能在目前虽不大但增加对法伪的军事装备、"军援"、派顾问、扩大伪军,并企图越过法殖民者直接"援助"和控制越、棉、寮傀儡。至于法国统治阶级内部,分为三派,主和派现在力量尚不大,未占统治地位,但在越南人民军继续胜利,法国与世界和平运动继续扩大的压力下,可能更有发展;二为主战派,要求增加美援,继续战争,但不肯把印度支那的控制权、领导权让给美国殖民者,这一派是现在法国政府的主流;三为"国际化"派,完全投降美国殖民者,继续扩大越南战争,现在副总理雷诺即属此派。

总之,在短时期内越南形势可能更紧张。我们应有此准备。

我们的方针似宜,对外宣布不拒绝协商,把越南和平的口号抓在我们手中,以揭露帝国主义者自己进行侵略战争,但把战争的责任推给越南民主共和国的一切阴谋;对内巩固斗志,扩大和巩固自己的力量,完成整顿内部的工作,迅速进行土地的改革,争取更多的胜利,克服一切单方面的和平幻想。做到战可以战,和可以和,这样对付敌人以扩大和加紧进攻来恐吓我们,以和平来消磨我们的斗志,来勾引我们队伍中的动摇分子。这正是敌人的阴谋,我们必须提高警惕。

但是,假如在一定的公平合理的条件下,获得越南的和平解决,对越南人民也是有利的。必须向干部说明,朝鲜停战不是轻易得来的,而是经过艰苦的流血的战斗才获得的。和平谈判两年多,只有在美国殖民者感到无法再继续打下去,才肯停战,而且寸步不让,就地停战而已。越南现在的敌我力量对比与朝鲜的敌我力量对比是不同的,美殖民者和一部分法殖民者还未最后感到不能继续再打下去。因此越南即便能够和平解决,也是一定要经过比朝鲜更艰苦的战斗才能获得。不能设想在和谈中敌人会让步,会给予在战争中我们尚未取的地区和条件。

为了在战场上打疼敌人,为争取和平创造更加有利的条件,10月份(援城)军事顾问团团长韦国清抵达越南,帮助人民军组织第二次西北战役,决定先打莱州,后打奠边府。12月6日越南劳动党中央政治局批准了这个计划。

　　同时,胡志明主席和越劳党中央研究和谈的可能性及其方案。1953 年 11 月 26 日,胡主席在回答瑞典记者的书面采访时,他说:"在越南的战争是由法国政府挑起的。越南人民七八年来被迫拿起武器进行反抗侵略者的英勇战斗。但是,要是法国政府已从几年来的战争中吸取了教训,愿意通过协商来实现在越南的停战,并且采取和平方式解决越南问题,那么,越南民主共和国人民和政府将随时接受这种意图。""只要法国停止侵略战争,在越南的停战就会实现。在越南停战的基础是,法国政府真诚地尊重越南的真正独立。"①

　　胡志明主席的谈话向全世界广播后,在法国政府内外引起了广泛的反应,负责印度支那联邦成员国关系事务的国务秘书马尔·雅盖表示胡的谈话具有世界范围的"重要意义"。② 拉尼埃办公室发言人也为此发表了谈话。

　　随后越劳党中央发表《告越劳人民书》:"假如法国殖民主义者继续其侵略越南的战争,越南人民是有决心将自己的斗争进行到最后胜利的。但是假如法国政府因十年多的战争已得到教训,愿意经过谈判获得停战。越南政府是愿商谈的。"

日内瓦会议前的准备工作

　　2 月 19 日,苏、法、英、美四国外长柏林会议结束,发表公报,公报建议由苏、美、法、联合王国(即英国)、中华人民共和国、大韩民国、朝鲜民主主义人民共和国及其他有武装部队参加朝鲜战争并愿意参加会议的代表于 1954 年 4 月 26 日在日内瓦举行会议,以期对朝鲜问题取得和平解决;同意在那个会议上还要讨论恢复印度支那和平的问题。届时特约请苏联、美国、法国、联合王国、中华人民共和国及其他有关国家的代表参加;经取得谅解,无论是约请参加上述会议或举行上述会议,都不得被认为会有在任何未经外交承认之情况下予以外交承认之意。

　　这个公报对讨论朝鲜问题的参加国家做了明确的规定,而对讨论印度

---

① 《人民日报》1953 年 2 月 1 日。

② 《人民日报》1953 年 12 月 3 日。

支那和平问题的国家未做明确的规定,除苏、美、法、英、中五国外,只是笼统地讲"及其他有关国家的代表参加"。讨论印度支那和平的问题,必须应有越南、老挝、柬埔寨印度支那三国参加。看来争取越南等三国参加还有一番斗争。公报特别讲参加会议的国家"不得被认为有任何未予以外交承认之情况下予以外交承认之意"这句话完全是针对中国、朝鲜来的。因为美、英、法等国与中华人民共和国、朝鲜民主主义人民共和国没有外交关系。虽然没有外交关系,但是美国在朝鲜、法国在越南被打得不得不坐下来谈判,不得不与他们没有外交关系的中国、朝鲜等坐在一起开会。这是我们的胜利。但要真正解决问题,取得印度支那和平,必然还要有一场更激烈的斗争。现在,在苏联的努力下,柏林四国外长会议将印度支那和平问题列入了日内瓦会议的议程。

中国和越南均十分重视即将召开的日内瓦会议。3月初,中共即起草了关于准备参加日内瓦会议的意见,并指定由总理兼外交部长周恩来为首席代表,外交部副部长张闻天、王稼祥、李克农为代表,周恩来亲率代表团参加日内瓦会议。3月份越劳党中央政治局三次开会,研究在会议中应采取的方针、政策,并请中国政治顾问团负责人乔晓光同志列席。会议认为谈判中最重大、最困难的问题是停战的问题:一、停火双方各撤到全国抗战前的位置,虽然中部、南部地区大点,但是谅山、南定、海防、河内及山罗都是敌人的;二、先停火,然后就军事形势做些调整,但是越劳动党领导的根据地不能连成一片;三、先停火,然后划线各撤至所属地区,但是要放弃中部或南部的地区。会议认为停战线以东西划线南北分界为有利。因3月13日越人民军已开始奠边府战役的第一阶段,划在何处视军事情况的发展而定,越往南划越好。越南决定,由范文同副总理代理外交部长率团出席日内瓦会议。

3月下旬胡主席、范文同一同到北京同中共中央领导会晤。毛主席、刘少奇、周恩来等中央领导同志对当时的国际形势作了分析,然后详细介绍了朝鲜谈判的情况及经验,对越南的抗战形势以及停战和谈问题也作了既客观又实际的分析,提出看法、意见和争取在日内瓦会议上取得成果的种种建议,供越南同志参考。3月29日周总理又同胡主席长谈,充分地交换意见。

4月1日,周总理同胡主席、范文同一起飞莫斯科,一起同苏联领导人研究印度支那的局势,应采取的政策、方针等等重大问题,以便三个代表团在日内瓦会议上互相配合,争取更大的胜利。

随周恩来到莫斯科的师哲担任当时会谈的翻译,他回忆:

4月1日,我们到达莫斯科后,中苏双方一连进行了多次会谈和协商。因为会谈是围着圆桌进行的,所以,赫鲁晓夫把这些会议称作圆桌会议,除了赫鲁晓夫外,苏方参加会谈的还有莫洛托夫、马林科夫、苏斯洛夫等,中方是周总理和驻苏大使张闻天。

会谈一开始,双方相互交换了有关情况,并提出了一些新问题。

然后,赫鲁晓夫简单地讲了对会议的设想和看法,指出这是一次带有政治意义的国际会议。但对它不必抱有过大的希望,也不要期望它能解决多少问题,它可能根本解决不了什么问题。结局是我们难以预料的。然而醉翁之意不在酒,我们是从另外一个角度考虑问题的:中国、朝鲜、越南一齐出席这次国际会议,这件事本身就有不同寻常的意义,就是一种胜利,我们利用这次国际会议的机会,阐明对各项问题所持的原则立场和我们的方针政策,对有关事态作些声明、解释和澄清,就是一种政治收获。如果工作进行得顺利,能阐明和解决某些问题,那就算是有益的收获了。对会议不可以有过高的奢望,但也要力争取得某些结果,这是可能的不是空想。要注意到帝国主义国家的日子并不好过。

莫洛托夫表示同意赫鲁晓夫的看法,同时指出,在国际斗争中和外交场合中,很难预料出现什么问题,尤其不可设想一切都会按照我们的预定方针或计划进行。因此,对任何一个问题、一件事,都不要认为它会依照我们的想法和愿望去发展,尽管我们对一些问题事先有自己的看法,设想、要求、愿望。因此,我们事先只应有一个大致的设想或意欲达到的目标。自然,我们也必须要有极大的灵活性、预见性、机动性。这样,我们才能做到恰到好处,达到预期的目的。总之,需要边走边看,随机应变,找到对策,灵活运用。

周总理讲话,他介绍了中国方面从另一个角度考虑这个问题的意见。他指出,中国、朝鲜、越南能够一道出席这次国际会议,这就是一件不同寻常的事,是我们的一个胜利。假如我们能够很好地利用参加这次会议的机会,阐明对各项问题所持的原则立场和对若干有关问题作出解释和澄清性的声明,如果能解决某些问题就会有更大的收获。总理是想经过努力,解决一些问题。

周总理再三声明,中国参加这样的国际会议尚属第一次,缺少国际斗争的知识与经验,中苏之间必须保持密切联系,交换意见,互通情报,校正口径,协同动作。中国参加日内瓦会议有其微妙之处,这就是会议要讨论的问题——朝鲜和印度支那和平问题——虽然与中国有切身的关系,但却并非直接属于我国自身的事情,所以特别需要小心谨慎,严肃对待。①

　　周总理还指出,我们对苏联同西方国家关于这次国际会议磋商的前前后后和整个经过不太了解,希望苏联外交部作个介绍,并确定协作原则。

　　我们的这些要求,苏方都给予肯定的答复。周总理对此十分满意。

　　双方在会谈中还约定,中国出席日内瓦会议代表团提前两三天到达莫斯科,以便听取苏方向我代表团人员介绍国际会议的斗争经验,以及在斗争中必须注意的各项事宜。

　　经过会谈,双方达成了一致的看法,由苏联同志草拟具体方案。于是,周总理决定回国向中央汇报工作,然后率代表团到莫斯科。

　　3月22日中共中央电西南局转罗贵波:

　　　越南丁同志(指胡志明主席)等人将于3月27日左右到北京同我们共同研究日内瓦会议的准备问题。中央决定你参加这一工作,请于3月27日前返抵北京。

　　为什么要请罗贵波参加呢? 为什么电报打到西南局?

　　1951年初中共中央应越南劳动党的要求,派罗贵波担任联络员,后担任政治顾问。罗贵波和越南劳动党中央一直住在越南北部的深山老林里。因气候炎热、潮湿,多蚊虫,罗贵波工作劳累,体力渐渐不支。1953年秋冬,越南的土地改革工作顺利展开。而罗贵波的病越来越重,睾丸水肿,腰直不起来,无法行走。中央批准罗回国治病,政治顾问团的工作由乔晓光主持。

　　临行前,1953年12月6日胡主席致电毛泽东及中央诸同志:贵波同志对我们帮助很多很好。现在他已得到你们批准暂时回国治病,我们不得不赞同,我们委托他向你们详细报告我们的工作。希望他快治好病,并希望你

　　① 《在历史巨人身边——师哲回忆录》,第539—540页,中央文献出版社,1991年。

们尽快派他返越帮助我们工作。

12月中旬罗回到北京,北京医院派救护车开到前门火车站,用担架将罗从火车上抬下来,直接接到北京医院。因水肿很厉害,无法开刀。在医院里养了一个多月,炎症才渐消。次年1月贺龙同志到北京开会,知道抗日战争的老部下罗病了,约请罗到四川治病。罗和夫人李涵珍随贺龙一起回到重庆小住几天。李涵珍回老家探亲,1933年她离开家乡,已是二十年没有回去过了。罗和贺龙坐火车到成都。随即入院做手术。3月22日,罗贵波收到中共中央上述电报时,因病体未愈,不能行走,无法去北京。

3月31日,中央又来一个电报:中央决定你随代表团参加日内瓦会议,如果对你的治疗没有很大的妨碍,希尽可能提前回来,以便做好准备工作。

4月4日,贺龙回电中央:罗贵波一周来每天发烧发汗,3月好转。如果无其他病变,他准备10日前赶回北京。

当时成都到北京交通不便。为了赶时间,贺龙特派军用飞机送罗贵波及夫人李涵珍回北京。这是架运输机,连座位也没有。罗和李涵珍席地而坐。当天一到北京,因罗的伤口发炎,直接由西苑机场送入北京医院住院治疗。[①]

4月12日下午,周总理从莫斯科回到北京。当天晚上,就在西花厅召集外交部副部长李克农、中联部副部长李初黎和罗贵波开会。总理一见罗贵波,亲切地询问他的身体如何,并说他写的有关越南情况的报告已都看到了。总理说以前我们同马歇尔的谈判,那时我们还没有夺得政权,那是野台子戏。这次我们到日内瓦,是第一次参加正式的国际会议,是登国际舞台,要同苏联、朝鲜、越南等兄弟代表团互相配合好。这个是舞台戏,要配合好,要有板有眼。我们一定要争取有收获而归。中央决定罗贵波也去日内瓦会议,大家都很振奋,这是新中国成立以来,第一次出席大型的国际会议,这个会议的召开是抗美援朝、抗法援越的胜利,是中、苏、朝、越四国人民奋斗的胜利。

第二天,周总理告诉李克农:罗贵波同志不要去了,他是秘密去越南的,而法国人有他们的情报。如果在会上法国人问:这个罗贵波是干什么的?为了避免出现这个场面,罗贵波不去了。另外,他的病较重,还不能出院。要李克农转达:要他安心养病。[②]

---

① ② 20世纪90年代采访罗贵波、李涵珍。

272

4 月 21 日,周总理率代表团抵达莫斯科。周恩来从莫斯科抵达日内瓦的第二天,4 月 25 日,胡志明也离开莫斯科到北京。5 月初,胡主席离开北京返越南。罗因生病,没能与胡志明主席见面。

奠边府大捷与日内瓦会议谈判过程

4 月 24 日周总理率代表团抵达日内瓦。5 月 4 日在苏、中代表团的约请下,范文同率越南民主共和国政府代表团到达日内瓦。代表团成员有中央委员、驻华大使黄文欢,工商部部长潘英,国防部副部长谢光宝,司法部副部长陈云祥。美、英、法三国约请保大政权、老挝、柬埔寨三国的代表团出席日内瓦会议。虽然越、苏、中三国一再提议寮国、高棉两国的抗战政府代表团也应出席大会,但是由于对方的阻挠未能成功。法、美、英及保大政权、柬埔寨、老挝亦拒不承认这两个抗战政府。

5 月 7 日从越南传来了奠边府大捷的消息。奠边府战役从 3 月 13 日开始,打了近两个月,获得全胜。歼敌 1.6 万多人。这个胜利振奋人心,有力地配合了日内瓦会议的谈判。历史又是这样巧合,第二天,5 月 8 日,正好是日内瓦会议第一次讨论印度支那问题。法国人因在奠边府的失败,十分沮丧。

5 月 8 日,法国代表团戴着黑纱,打着黑领带,哭丧着脸,一扫过去趾高气扬的劲头走进会场,低头就座一言不发。

越南代表团中有人见到此情景,不由得笑了一声。皮杜尔听到笑声,气急败坏地说:"这么严肃沉重的场合,笑什么?! 我们死了那么多人,你们还幸灾乐祸。同你们这些幽灵打交道,真没有什么好讲的。"

范文同的法文很好,不等翻译就立即用法文回答:"噢,难道你们是跟幽灵打仗?!"

一句话使得法国人无言以对,更显其狼狈之态。①

但是美国人插手越南,支持亲美的吴庭艳从美国回到顺化,担任保大政府的总理。美国的插手,使越南局势微妙而复杂,国际化了。

5 月 10 日,范文同代理外长在日内瓦会议上发言,介绍了越南民主共和国的建立,指出印度支那战争的责任应由殖民地负责,战争的延长和扩大

---

① 《在历史巨人身边——师哲回忆录》第 555 页,中央文献出版社,1991 年。

应由美国的干涉负责,介绍越南、高棉、寮国抗战和建设的成就。最后提出恢复印度支那和平的建议:

一、法国承认越南在越整个领土主权与独立,并承认高棉与寮国的主权与独立。

二、缔结协定,规定在交战双方同意的时限内,自越南、高棉与寮国领土上撤退一切外国军队。在军队撤退以前,就法国军队在越南的集中地点达成协议,特别注意把他们的集中地点限制到最小限度,还应该规定法国军队不得干涉他们集中地区的当地政府的事务。

三、在越南、高棉与寮国举行自由普选。在越南、高棉与寮国国内,分别举行双方政府代表的协商会议,并在保证爱国党派与社会团体有行动自由来筹备并举行自由普选的条件下,在各国建立一个统一的政府,不允许有外来的干涉。成立地方性的委员会来监督选举的筹备与进行。

在上述各国的统一政府没有建立以前,双方政府在那些根据停止敌对的协定实行了解决办法以后应归其管辖的地区内,分别行使行政上的职权。

四、由越南民主共和国代表团就越南民主共和国政府愿意研究越南民主共和国依照自由意志的原则与加入的条件而加入法兰西联邦的问题发表声明。

五、越南民主共和国以及高棉与寮国承认法国在这些国家内现存的经济与文化上的利益。

六、交战双方保证不对在战争时期和另一方合作的人起诉。

七、实行互相交换战俘。

八、在执行一至七项所规定的措施之前,应该先在印度支那停止敌对行动,并由法国和三国中的各国为这个目的缔造适当的协定,其中应规定:

(一)交战双方的一切武装部队——地方部队、海军和空军——在整个印那领土上同时实行彻底的停火。印度支那三国中的双方为了巩固停战,应对领土和他们占领的地区作必要的确定,并且应该规定:双方都不得在另一方军队中为了上述目的通过对方占领的领土时采取阻挠措施。

(二)完全停止从外面把新的地面部队、海军和空军部队或人员或任何类型的武器和弹药运入印度支那。

(三)建立监督,以监督停止敌对行动协定条款的执行,并为此目的在三国设立由交战双方代表所组成的联合委员会。

中国、苏联代表团支持范文同的这些提议,由于法、美、英、保大、老挝、柬埔寨等代表团不承认高棉、寮国抗战政府,在如何停战的问题上,争执不下。

为了争取和平,推动日内瓦会议进展,5月25日范文同在会上发言,重申印支全境同时停火,对军队集结及调整地区问题提出以下三点:一、调整的原则应包括在越、高、寮三国范围内进行调整,在交换地区的基础上进行调整,要估计面积、人口及政治的、经济的利益,划线应尽量避免造成各区域内交通与运输的困难。二、转移部队区域确定及分界线划好后,各方进而将部队撤出划为对方的地方。三、转交地方行政。范文同事先未将这个发言稿给苏中代表看。西方国家认为,这是分治的脚本。皮托尔当夜即回巴黎。次日法国内阁会议同意以范的发言为基础进行越区域调整的双方接触。

6月1日法越双方司令部代表会议举行会议,开始具体地讨论划区、停战等问题。法、越军的集结地应集中划,这点意见双方一致,但是以何为界,法国人坚持北纬18度,越南坚持北纬14或15度。这成为争论的焦点。

老挝、柬埔寨等国坚持越南必须从这两个国家撤兵。会议对此也僵持不下。

会前,中国对印度支那的情况并不太了解,只同越南民主共和国有直接来往,同老挝、柬埔寨没有多少接触。越南、老挝、柬埔寨三国1870年中法战争后相继沦为法国殖民地,统称印度支那三国。三国关系密切。太平洋战争后,沦为日本之手。1945年日本投降后,法国为了恢复在印度支那的殖民统治,发动印度支那战争,先后再次侵略这三个国家。1945年9月2日,越南人民在胡志明的领导下建立了越南民主共和国。随后,在越南共产党(1951年2月改名为劳动党)的帮助下老挝、柬埔寨的抗法民主力量相继建立了寮国、高棉抗战政府。但是法国拒不承认越南民主共和国,以及寮国、高棉抗战政府,而把他们视为叛军,当作交战的对方。苏方先同意越南保大政权代表、老挝、柬埔寨代表参会,美、英、法才不得不同意越南民主共和国范文同到会出席。

老挝的代表冯·萨纳尼空、柬埔寨代表泰普潘第一次在会场上一见面就骂中国是帝国主义。他们只知道中国支援越南民主共和国,因而认为越南民主共和国代表中国侵略他们。中国支援越南,是支援他们抵抗法国的侵略,实际上中国不仅支持越南,也支持其他印支国家抗击法国侵略的斗争。老挝、柬埔寨的上述行为是令人意想不到的,且令人恼火。可是周总理以他博大的胸怀,不仅没有发怒,反而派师哲和王炳南去做他们的工作。周恩来总理说:他们受了法国人的蒙蔽,必须扭转这种局面。

师哲和王炳南请他们到中心花园里观赏花木,喝咖啡,聊天。缓解情绪,增进了解,进而总理请他们吃饭,推心置腹地谈话,使他们的态度转变过来了,斗争矛头不再指向我们,而是指向法国帝国主义者。①

中国代表团从他们的谈话中了解到不少印度支那的情况,及时地修正了谈判策略。同苏联代表协商后,5月27日,周总理提出折中方案:"关于双方军队集结地区,也就是双方地区调整问题,印度支那三国——越南、高棉、寮国的情况不完全相同,因而在双方地区调整原则确定之后,还要根据三国的具体情况加以实施,因而解决办法也会有所不同。"会议因此决定越、法双方军事代表谈判越南问题,外长会议继续讨论老挝和柬埔寨问题。这样,在会议上将越南问题与老挝、柬埔寨问题分开,减少了谈判阻力。

为了进一步打破僵局,苏、越、中三国代表研究后决定,由周恩来在6月16日的限制性会议上提出关于老挝和柬埔寨的建议:

一、老挝和柬埔寨境内敌对行动的停止将与越南敌对行动的停止同时宣布。

二、交战双方司令部的代表有关在老挝和柬埔寨境内停止敌对行动的问题,在日内瓦并在当地开始直接谈判。

三、敌对行动停止后即不许从境外给老挝和柬埔寨运入新的陆、海、空军的部队和人员,以及各种武器和弹药。

四、国际监察委员会的权力应扩展至老挝和柬埔寨,但应照顾到各国的特殊情况。

五、经各司令部协议后,释放或交换战俘和被拘平民。

六、战时同对方合作的人员不应受到迫害。

周恩来解释:停止敌对行动问题,包括两方面:一方面是研究老挝和柬埔寨两国双方军队的部署问题;另一方面是研究一切外国军队撤退问题。越南5月10日建议的第二点中,早就提出"缔结协定,规定在交战双方同意的时限内,自越南、高棉与寮国领土撤退一切外国军队",已讲得很清楚。随后范文同、莫洛托夫发言表示支持。法国当场表示重视此建议。美国代表史密斯也认为这个建议是合理的。

周恩来的提案打破了僵局,挫败了美国破坏会议的阴谋。美国极力想

① 《在历史巨人身边——师哲回忆录》第566页,中央文献出版社,1991年。

使会议达不成任何协议,朝鲜问题就是在无任何结果的情况下结束了讨论。

但是越南对高棉及越南划区问题上要求过高。而中国、苏联代表团认为:应以越南为争取重点,而在高、寮则可酌情让步。在高棉不划区只求得政治解决,把寮国西北部划分边区。根据我在高棉的实力情况,要求在高棉划区不可能,只有按就地停战、双方协商、中立国监察、政治解决的方针进行谈判(此点已由范文同电告越劳党中央)。越劳党中央对寮国的方案亦提得过高,上、中、下寮 16 度以南一大块地方都想要,而如果要这些地方就必须依靠人民军来支持,这是困难的,且将对保大、泰国都形成威胁,敌人也不可能接受。莫洛托夫亦认为,越劳党中央所提太高,不能达成协议。如真的提出只能造成紧张空气。

6 月 17 日,周恩来致电中共中央:如我们放手在高、寮问题上做了让步,则在越南劳动党就可多要一些,求得补偿。我在越劳各方面的力量较强,不但可以保得住,而且能够逐渐巩固和扩大影响。中国代表团认为虽然我们曾有数电转给越劳党中央,但从他们的来电看来,他们仍旧被当地的和一时的形势所局限。在三国都提出很高的要求,想来只凭电报的往返看法是不易取得一致的。因此,我们考虑在日内瓦会议外长不在期间,有必要于访印后返国途中去广西、南宁一行,请越劳党中央的负责同志多来几位。由我向他们转告情况,说明重点划区的方针。目前形势是:如我能在军事会谈中提出合理的具体方案,即可争取与法国迅速解决问题,达成停战。这样既可推动法国新政府抵抗美国干涉,又可拖延欧洲军的问题。这对东西方都是有利的。所有这些关键性问题必须说清楚。这种看法妥否,请中央指示。

由于美国的阻挠,加之法国拉尼埃政府对谈判缺乏诚意,会议进展缓慢。这引起法国人民的强烈不满。6 月 12 日,拉尼埃政府倒台,17 日,主和派孟戴斯－弗朗斯上台任总理,自兼外长,亲自率团到日内瓦参加会议,并向法国民众许诺 7 月 20 日若不能就印度支那问题达成和平协议就辞职。所以孟戴斯－弗朗斯对谈判态度积极。虽然法国在奠边府吃了败仗,但是还不能放下大国的架子。

尽管美国仍然极力阻挠会议就印度支那问题达成任何协议,但周总理运用统战工作的经验和方略,同英国代表团团长艾登、法国代表团团长孟戴斯－弗朗斯等人直接交往、会谈。这对促进问题的解决起了很大的积极作用。随着国际会议的进展,本来就存在着的美、法之间的矛盾日益增大,美国日显孤立。

这里应特别指出的是,周总理6月23日专程到伯尔尼拜访孟戴斯－弗朗斯,并与他交换了恢复印度支那和平问题的意见,促进了双方的了解和信任。这对印度支那问题的解决起了积极的、决定意义的作用。

柳州会议中越数次秘密会谈

中央很快同意周总理的建议。6月20日周总理致电中共中央,通报他的行程:"27日自新德里经加尔各答直飞广州,转飞南宁,乘火车到广西边境与越劳党中央胡志明主席、长征、武元甲及罗贵波、韦国清两同志会晤,谈谈判情形和划区问题,求得意见一致,以便日内瓦谈判获得进展。"

中央非常重视这次会见,6月下旬电示广西省委第一书记兼代主席陈漫远负责在广西布置会场,会场所在地要离边境不远,交通方便,并要严格保密。毛泽东、刘少奇、朱德等领导同志召集会议专门讨论印度支那问题,并给周总理指示。罗贵波也接到通知南下。罗于4月回到北京后,因病情加重不得不做第二次手术。手术后一个多月,伤口复发三次,其中两次发炎化脓,因炎症尚未完全消退,不能走动和坐得过久,到6月病情渐好,但仍未痊愈。罗接到命令后,带病南下。先住在武汉,一边治病一边等待周恩来回国的消息。①

周恩来24日离开日内瓦,赴印度访问。到印度后接受尼赫鲁的建议决定访问缅甸。29日在缅甸访问一天。在中印、中缅公报中首次提出和平共处五项原则。30日飞抵广州。6月29日罗贵波和解方即抵达柳州,因为罗的伤口还未痊愈,还需要天天换药,武汉的同志派了一个护士随罗一起到柳州。解方是中国人民解放军副总参谋长,参加过朝鲜停战谈判。因为越方提出他们谈判没有经验,要求中方派人帮助。中央因此派解方到越南协助谈判,所以解方也参加了这次会议。

广西省人民政府代理主席、广西省第一书记陈漫远6月27日到凭祥迎接胡志明主席、武元甲和韦国清。6月28日又迎来从日内瓦经北京赶到南宁的黄文欢。陈漫远将会议安排在柳州靠着江边的干部休养所,院内林木茂盛,环境幽静。

周恩来因工作劳累,再加上气候变化和饮食不慎,患了肠炎。7月1日

---

① 20世纪90年代采访罗贵波。

在广州休息一天,7月2日飞抵柳州。他一到招待所即同胡主席、武元甲、黄文欢、韦国清、陈漫远、解方和罗贵波见面,略事寒暄。然后周恩来单独和胡志明主席谈话片刻,决定第二天开会事宜。同胡会晤后,陈漫远将中央指示及日内瓦的电报交给周总理。周总理看过后马上批复给胡主席,连夜在中越同志间传阅。

周恩来离开日内瓦之前,曾于6月23日和法国新总理孟戴斯－弗朗斯会晤。法国已交了底:国会仅给新内阁四周时间,如7月20日争取不到和平,内阁即垮台。因为日内瓦仅休会三周,所以在10日左右需赶回日内瓦,日程很紧张。第二天,即开始会谈。会谈从7月3日到7月5日,两天时间共开会8次。参加的人,中国方面有周总理、韦国清、罗贵波、解方、陈漫远、乔冠华;越方有胡志明主席、武元甲、黄文欢。由马牧鸣、章文晋记录。乔冠华、章文晋、马牧鸣随周总理从日内瓦过来,乔、马以前在朝鲜参与朝鲜停战谈判。马牧鸣随解方参加会议后将随之到日内瓦协助越南谈判。

7月3日上午9时,会议在一个大的会议室召开。会议室内摆了若干沙发围成一圈,周总理、胡主席坐在中间,大家随便坐在周围,气氛友好和谐。

会议开门见山,没有什么客套话。胡主席主持会议。他致简短开场白后,请武元甲报告印度支那当前的军事斗争形势。

武元甲拿出地图放在会场中间的空地上。他说:

我的报告共五个部分:

一、印支最近敌我情况。印支现有新的变化,特别在奠边府战役以后,形势对我极为有利。在53年夏季之前,敌大部分力量集中在北部平原,威胁我解放区。其他越中、中南及在高棉、寮国等地的敌守备系统未受威胁。在南部我甚困难,寮国及敌后方安全区,经冬季、春季战役后,情况起了变化。目前,西北完全解放,解放区巩固。寮国战场已基本变化,解放区及游击区扩大。

在五联区,我本力量薄弱,现敌撤许多地方,19号公路等处亦按期撤退,遭我伏击,毁二百余辆。

高棉现无法军,西南部和西北部,我已连起来,完全变成根据地。

现在南北均受威胁,敌颇感不安。

二、敌我力量——在军事上敌虽失败，但力量尚强，根据不十分精确的材料，敌目前尚存47万人，有远征军19万（包括欧、非军12万），越伪军24万。老挝军17000至2万，高棉军15000人。上述包括正规军及补充，后勤及海空军。

敌力量仍如以前一样分散，占地大，机动力差。47万中，机动力11万。以前集中于北部，奠边府战役后，敌感到老挝受威胁甚大，现五联区亦要撤，在高棉南部力量亦少。在老挝，因天气关系，我尚不能进攻。

奠边府战役后，敌在平原地区收缩了许多小据点，最近自太平、发艳等区撤退。

在红河三角洲，敌力量为18万。

我们的力量共30余万。其中29万5千为越南部队，老挝为4000人，柬埔寨3000人。连队中越南人和高棉人混合编队。现装备加强，五联区在扩大力量以前，有3万人，现有4万人，上寮去年只有300余人。

三、越南情况——这是印度支那主要战场。有敌军40万至42万，而在寮国和高棉共有5万人。越北敌人兵力有18万，五联区85000人，南部虽有12万但均系伪军。

我在越的部队共28万，其中在五联区14万人，在中部1.5万人，其余均在北部。

在人口方面，越南约有2200万，我占领区1400万，敌区800万。由北部到五联区共1500万，红河三角洲有650万，敌控制区有300万人。在中越，我区有40万，16度以上共1300万，以下900万，18度以下共1200万。

在经济方面，主要的经济中心均在敌手。如河内、西贡、顺化土伦港等。经济上1/3在北部，主要是煤矿及士敏土（即水泥）。在南部为2/3，中部南端为橡胶区，西贡为大米区。敌在越南新的军事部署为撤退太平、发艳等处，集中海防、河内、宋德（音译）、夫利（音）等五处，发艳、裴朱两个天主教区有教民70万，现无美、法籍神父。敌可能再行收缩，则其机动力增加，在五联区，敌人亦有一地区，敌人现撤退归仁。

四、老挝情况——在老挝我力量较弱，兵力不多。奠边府战役后,敌在老挝受威胁甚大。该国有土地21万平方公里,但是未连成一片,有一大块游击区。常驻在解放区的有个连。连的组织是越南人和老挝人混合组成,排则为老挝人,解放区中有的地方有些基础、1947年就有两个县解放。游击区亦有五六年历史。

在人口方面老挝有220万,解放区100万。其中除少数上层分子外,大部分对我抗法政权拥护。有组织有领导的群众有30万,解放区中村政权均成立,巩固的程度不甚清楚。每村中有游击小组,在下寮等地较好,人民的觉悟有进一步的提高,抗战政府的影响普遍,人民反法的情绪也普遍。老挝皇帝有些影响,但不如高棉皇帝影响大,王朝与佛教是联系在一起的。

敌在老挝有33000,现更少些。伪军17000,法军13000,欧非军7000人,在伪军中每营约有法军事人员、技术人员等40—100人。伪军多信佛教,作战则多逃往山中,但常进行对我"扫荡"。敌目前扩大伪军有困难,因老百姓不愿当兵。过去一年敌扩大3个营。

我在老挝的力量为解放军4000人,越志愿军14000人,共18000人。志愿军如自老挝撤退,该处无办法,故似可留一部分不撤。

在老挝的党员(以前曾参加东洋党的)有220人,除党组织外,我们一般地建立了中间的小组,老挝皇室没有政党。

老挝共有10个省,解放区有完整的3个省。

周总理此时插话说:该国既无政党,可考虑组织某种政党。问题在领导干部。在名称方面可与越南劳动党不同。其中成立共产党小组。因目前情况与三年前已有不同。

然后,武元甲继续作报告:

五、高棉情况——在该国敌现无力量,我力量大。民族独立运动普遍,但地方干部差。觉悟的农民愿参加部队。在历史上越南和高棉常有战争,法以此挑拨两国的关系。

高棉现有伪军15000。我们的力量3000人。其中有老挝过去的越军1000人。全国人口240万。我根据地有90万及游击区

70 万,共 160 万。有的地区是 1947 年和 1948 年建立的。地方每年曾有三四次扫荡。该国共有 14 个省。我游击区在各省均有。党员只有 5000 人(越南人在内),但尚无中央。

在该国我力量虽少,但是群众基础较好。政党有自由党和民主党,亦有高台教。民主党后被法解散,现自由党执政。

在经济上产米多,比老挝富。

国王在人民中有些影响,因曾标榜独立。王朝也与佛教有联系。一般的老百姓尊军尊师(和尚)尊父。我们在该国的党是新发展的。

中午吃饭时,大家同在一个饭厅,边吃边谈。饭后周总理召集中国同志开会,要韦国清、罗贵波利用会议休息时间多和武元甲、黄文欢谈谈,他自己多找胡主席谈谈,个别交换意见。周总理说:越南同志认为划区应在 16 度线。这时韦国清接话说,有的人还认为应在 14、15 度线。

周总理说:16 度都十分困难。法国人坚持在 18 度线。两者相差甚远。为了顺利的停战,双方都应做些让步。现在是力争 16 度线,不行就让到 17 度线,也要做好准备,如果 17 度线僵持不下怎么办?因而周总理要大家多做做工作。[①]

下午 3 时,继续开会,胡主席请韦国清对军事情况做补充。韦说:

武所报告的数字是陆续补充出来的数字,比较日内瓦开会时的数字大些。这是由于奠边府战役后,敌陆续增加兵力,逐渐被消灭后又增加。我乘机在许多地方活动,因此有此新情况。

但是,印支的变化不是根本的变化,自去年 10 月迄今,我们共消灭敌 11 万人,目前敌总兵力反增加了一些,补充了伪军及法军,在质量上低一些。现由于收缩,数目未减,敌收缩是怕被包围在孤立的据点,第二因为想集中一定程度不致被歼灭时,则不一定撤退,进行讨价还价,集中到一定程度则变强、我们现在打不掉三角洲。

由于我们趁奠边府包围敌人的机会,在其他地方打下许多地

---

① 20 世纪 90 年代采访罗贵波。

区,敌下层工作未建立起来。目前军事形势对我有利,下面的干部产生两种看法。第一是只看有利的情况,忽略政治等其他因素,第二是把敌人的收缩看成敌人要走。按埃利计划,敌要收缩,现在许多地方却是按此计划进行的。埃利计划和纳瓦计划正相反。在南部因兵力不够,准备收缩以护其最大的经济利益。对三国总的形势,我们应做充分估计,要结合国际情况及三国特点。过高的估计是敌人集中平原我们就不能打了,过低的估计是敌人的收缩就是要走。

只是军事形势不能决定我们的政策。越北、三、四、五联区巩固,西北也巩固,消灭了土匪,但问题是上寮的形势。去年3月我们占领了参诺亚和篷什利两省,未搞起乡、村政权。参诺亚省不如越北巩固,川圹一带有法国机场,为主要。由该处到河内靠7号公路,如机场修好则寮国、越北等地均处于轰炸半径以内。故如我们采取进一步行动,必须取线款。敌在该处兵力不大。然而,我们派大的力量去必须修路,派少了敌人不理,寮国在战略上很重要。如该国变成我们的基地,或该国中立化,对我都有利。寮国的军事情况比高棉好,有基础,我们有完整的两个。许多地方他们处于劣势。

如我们再打,应在三角洲、中寮、上寮打。必须搞通了路。目前打红河三角洲不堪打。

前面所谈的统计数字不十分精确可靠。

武元甲、韦国清介绍了上面情况后,会议开始讨论,主要是周总理提问题,了解情况。

周总理问:如美国不干涉,法国照样增加兵力的情况打下去,我们多久才能取得整个印度支那?这是他关心的第一个问题。

韦国清说:这需要两三年,但不能一下子打下来,因为必须修路。

罗贵波认为修路两三年都不一定够。

周总理又问:伪军是否可组织起来?法国可组织起他们否?

韦国清说:这与朝鲜情况不同。伪军一般地好打些。如美干涉则难搞些,只是法国也好搞。

武元甲很有信心,说:如美不干涉,打得好,两三年可打下。

胡主席说:值得注意的是法在搞川圹,建机场。

韦国清补充:法飞机有 500 架,对我交通有相当影响。

武元甲同意:埃利的计划基本上不是停战计划,主要在收缩。第一为了停战,在集结时避免消灭。然而在另外方面,如收缩成功,则敌机动大,现敌在海防有四个机动团,敌可讨价还价,这样继续打下去,对敌是有利的。如不吸住其力量,敌亦有可能在五联区打我们,也可能调动一部分力量到五联区或老挝,因我主力不在那里。

周总理说:在老挝我去一个营就占一大块地方,这只能叫做游击区,不能叫根据地。

韦国清:在老挝的根据地是去年搞的。

胡主席:在红河三角洲,敌一方面收缩集中,一面搞我附近的小据点。

武元甲:在谈判中讨论撤兵时,我方应主张一步一步地撤,必须要集中。

韦国清建议:目前应作个全面分析,敌我对比究竟如何。

周总理问:保大的 24 万伪军是否统一?

韦国清回答:事实上是法国人指挥。

周总理又问:以现有的根据地,一年能出多少人力?

武元甲答:过去的经验,去年冬季到今年夏季共动员 4 万人。以前是每年 2 万人。今秋拟再动员 2 万人。

周总理问:每年是否最高点?

胡主席说:恐怕逐年减少。

武元甲认为:我 30 万是完全脱离生产的,土改后,新兵质量较好。

周总理:动员到五联区为止。

韦国清答:是的。

罗贵波说:地方动员是不容易的事情。

周总理问:如果美国不干涉,法国照样打下去,至少的时间是三年吗?他问这话时,目光直视胡志明主席,他希望得到明确的答复。

大家也都注视着胡主席,他沉思片刻,说:"时间至少是三五年。"

这个问题得到明确的答复,周总理又问了第二个问题:伪军工作如何?是否曾吸收一些伪军俘虏参加部队?

武元甲回答:对伪军的工作有进展,伪军中相当数量的人是法殖民者强迫参军的。在战斗中伪军临阵投降者不少,最多的是一个连投诚过来。尤其奠边府战役后有些伪军参加了我军,但我们的少数干部不愿指挥这些人。

周总理:29 万人民军中有伪军多少?

武元甲:有两三万。

周总理:现有几个步兵师?新炮兵师准备好否?

韦国清:步兵师 6 个,炮兵师 2 个,炮足够。

周总理:应计划补充成 10 个步兵师,4 个炮兵师。这样需要时间多久?

韦国清:2 年。

罗贵波介绍了高棉、寮国政治经济、军事等形势。寮国、高棉的情况,其政治基础大大赶不上军事形势的发展。自去年军事形势发展后,相当长的时间内未跟上。以后在政治上究竟加强到何种程度,仍成问题。最成问题是无地方干部。寮国在去春有干部百余人,已解放了大的地区,根基是否稳,甚成问题。越志愿军一撤走,甚成问题。

高棉情况虽难说,有的是大家估计,有的材料是旧的,不准确。军事力量也应做充分的估计。寮国的 4000 本地部队是否可靠,组织领导如何?如时间晚,则不易组织起来。

高棉的武装力量像样的没有几个连。有几个排尚可,有几十个排是分散了。尚未形成较大的力量。

高、寮今尚无坚强的党的领导,我们不能过高的估计。

在越南,吴庭艳上台后值得注意。其言论表现完全亲美,美在指挥一切,将来会起积极的破坏作用,影响多大,目前尚难估计。我们对方针政策的制订上应注意这点,南部情况具体的不够了解。在制方针政策时,应对组织、政治等多方面有个估计,应该联系起来考虑。

韦国清接过罗贵波的话,继续说:对!这样就可以把情况分析一下了。越南北面好,因背靠中国广西、云南,政权巩固,群众基础好,水平较中部和南部高些,军事斗争经验较好,尤其经过减租减息、土改。中部比南部好,比北部差,根据地也是北部好,中部次之,南部较差。

寮国背后是越南、中国,中寮和越连着。高棉有困难,地理位置孤立,一面是泰国,一面是越南南部,无法支援。党的组织在人数上好,但军事形势不如寮国好。

值得研究的是寮国,那里有些训练,有国防部,但尚不能指挥。最高的是连,尚无完整的军事系统,组织上未搞起来。

周总理:收税是否都是由省长来搞?地方性浓厚否?

胡志明主席:是的,三个国家都是不同的情况。越南先有党没游击队,慢慢地发展起来的。寮国、高棉则无党的基础。干部也困难。寮国、高棉的干部实际是越南人。我们干部不多,语言风俗又不同,当地的干部经验比较少。越北较好,中越较南越好,由越北运东西至中越需时 3 个月,又常有损失。由海路运较快,由河内到西贡的铁路约 1200 公里。

周总理将这些情况了解清楚之后,作了长篇发言。他的发言分 6 个问题:

一、目前的形势和任务;

二、和战问题;

三、越南、高棉、寮国三国的和平解决方案;

四、谈判问题,方针、程序;时间和监察问题;

五、越南劳动党今后的方针政策和策略及应注意的倾向;

六、今后工作布置的问题。

就第一个问题,周总理说:目前形势与任务——印度支那问题已经国际化,这是关键性的特点。它超过朝鲜问题的国际化的范围和程度。在朝鲜敌方有 16 国以联合国的名义作战,中国出了志愿军。假如再前进一步,就成世界大战。苏联没卷入,美苏都想把战争局部化。美企图叫我们依他们条件停战,但是又失败了。所以那里的战争原封不动地停下来,成为双方相持的局面。朝鲜南面的地方都是美国控制,北部则由我控制。所以没有回旋余地。日本和美国的冲突尚不是今天的问题,菲律宾等地的情况也是这样。美最后要停才停下来。虽然李承晚说空话,叫嚣战争。朝鲜问题这次在日内瓦会议没有解决亦无影响,一般的规律打不起来。在日内瓦我们是想达成一些协议的,美国的仆从国因在印度支那问题上不跟美国走,他们在朝问题上不得不迁就美国。实际上英国、泰国、土耳其等国都想撤回一些军队。

印支问题不仅本身是三个国家的问题,而且也影响整个东南亚,影响欧洲和世界形势。

印支是三个国家组成的。越南拥护胡主席,但高棉则不同,三个国家是否能成为联邦国家,也不一定。因此,本身是复杂的,过去我们以为是一个国家,高棉是少数民族区,实际上都是民族国家,几千年来就是这样,到了日内瓦我们才搞清些点,我们应负责。在三国中,武装、组织、党的力量都不同,虽然三国人民在反法帝上是相同的。

第二个问题,印支问题影响到整个东南亚,影响缅甸、泰国、马来亚、印尼、巴基斯坦、印度等许多国家。对澳洲、新西兰、锡兰、菲律宾也有影响。毛主席说:稍一不慎,则影响10个国家近6亿人口。

第三个问题,印支问题影响法国。法国在亚洲、非洲都有殖民地,影响了法国也就随着影响欧洲形势,如果法国完全失败,他在欧洲的地位就会低落,其国内尚有如戴高乐分子等反苏情绪甚浓。这样就会更走向反动,法国的国会赞成和平的人都不赞成欧洲军,如印支和平下来,对欧洲军问题一定有影响。如法国地位降低,则美国便会把德国的地位提高。和平了,法国仅对欧洲军的人必增多。所以亚洲和欧洲有密切的联系,日内瓦会议对法内阁有影响,使法改换了内阁,可见和法国在欧洲的地位和其国内矛盾均有关系。苏联为了缓和国际紧张局势,想扶植起法国。

第四个问题,印支问题影响英国。英国对巴基斯坦、印度、锡兰、马来亚、香港、澳洲和新西兰7个地方都有关系,对印支问题甚敏感,不肯放手。

第五个问题,影响美国问题。美在全世界制造封锁线,如北大西洋公约、美巴协定、土巴协定等等,美国也有可能在阿拉伯扩展。

他说:现在埃及内阁靠军人,伊朗亲美,伊拉克也亲美。对我有利的是英美之间存在分歧和矛盾,如美钻入东南亚制造封锁则可成功,所以我们应让英、法和美国斗争,当然英法直接抵抗美国的时候尚未到来,现在英法还不敢公开得罪美国,将来我们应造成使英法和美国吵起来。因此,我们应撑英法的腰。现在不应对立起来。这当然不是说投降,因为我们有力量,我们应在全世界把美国孤立起来。

印度支那三国联合起来,印支和东南亚联合起来,和英国、法国联合起来共同反对美,孤立美国,因此有四个阵线。程度各有不同。有的是直接同盟军,有的是间接同盟军,有的是和平同盟军,这样可使美不能在东南亚按计划办事。东可影响日本,西可影响非洲,非洲的人民可以起来,因此,印支问题成为亚、非、欧三洲的链锁。

周恩来在分析了上述国际形势之后,着重分析和战问题,即是和平还是继续打下去的利与弊。他说:

由上可见,印度支那问题本身已经是国际化了。这是前提,也是未来的发展,定下了新世界形势。我们应取得和平,扩大和平力量,要和平发展,使美国不能找到战争的借口。和平局势将扩展,双方敌对的国家可以在一个公约内。美国最近称之为"珞迦诺公约",含义是这样。

中共中央决定除9国以外,还可以加入其他的东南亚国家,如缅甸等,甚至泰国,这样则东南亚产生新的形势。美不参加则孤立,参加则被动。如印支实现停战,订立东南亚和平公约,美国想造成对立局面的计划将遭到失败,有15个国家参加则影响极大。这样对人民有利,我们的和平建设一搞起来一定天天的发展,而对方则无法找到战争借口,这样在苏联和新民主主义国家以外的国家中的和平力量会大大增加。因此,只要老挝没有美国基地,我们也可考虑帮助它。这种形势不是两年的事,是5年、10年、15年的问题。

从反面讲,如果我们要求过多,印支不能达成和平,美国一定进行干涉。援助寮国、高棉、保大等以武器弹药,训练其人员,建立军事基地。

纵使美国不干涉,法国照样打下去,我亦需3年才能取得整个印度支那,朝问题的关键在于美国的增援,其增援如此迅速,出乎意外。趁苏联不在安理会,联合国通过进行干涉,如无美国增援,早就把李承晚赶下海去了。现在印度支那又是这一个问题,当局者常为局部所限。其实,反美如不要法国能成吗?越南和保大、法国打了许多年,一时当然讲不通,干部、群众不容易接受。中国的和国民党打了10年内战,1937年建立统一战线,也是有许多人想不通,这些例子都可证明。

如果印支不能实现和平,美国一定搞保大、寮国、柬埔寨、泰国、澳洲、新西兰、英、法等东南亚公约。这样美国就会以印支为中心,制造紧张局势。因此美国必进行干涉,法国会更反动,东南亚许多国家就会动摇,而我们孤立。我们将无法分化旧世界。我们一定得不到整个印支。最近的华盛顿会议美国也准备了两条道路。印支得不到和平,将进行干涉。和平当然不可能一下子得到整个印支。如以16度为界,寮国、高棉中立,孤立保大,两年后纵使联合国监督选举,也有可能选举成功。将来是否有选举可能,现在尚难预卜。不过,越南有1300万人口,东南亚国家对保大无好感。所以如果和平了,工作做得好,有可能取得整个越南。这趋势是肯定了的。

不管这是国际任务也好,是印支任务也好,现在只有一个任务,这就是取得和平,和平取得越南,进行和平竞赛,使世界形势向有利于我们的方向发展,关键在孤立美国,打破其计划。否则便中了美国之计,走了弯路,使美国自由世界的计划前进一步,在军事上我们将取不到越南,反而比现在困难,因为美必干涉。和平取得越南的可能性是有的,但是不一定。朝鲜就是一个例子,打个平手,不能完全取胜

此时,已到吃晚饭的时间,会议暂停。吃饭时以及饭后散步休息时,大

家又就和平与战争的问题,个别地初步地交换了意见。为了抢时间,胡主席、周总理不顾劳累,晚8点开第三次会,由周总理继续下午的发言。

他说:关于战争与和平的问题,我现在设想回答几个问题:

第一,印支问题和国际任务是否有矛盾?回答:没有。否则,就不是国际主义了。和平在眼前暂时不利。越的南部暂时划出去,等待选举,而选举也许来,也许不来。而从长远看,并无损失。因为美国进行干涉,则一切丢掉。川圹若叫美国弄去搞基地,保大若投入美国怀抱,越南南部地区将受到摧残。要从变化从发展上看问题。纵使不变,打下去,也得三年,美如进行干涉,则红区变白,这方面的经验,中国太多了。长征时,在江西苏区留下数千当地人,后来都没有了。何况高棉、寮国是另一国家呢。

如按莫斯科和北京的方针,则对世界共产主义有利,对和平有利。在越南,已拿到的可以巩固,1200万到1300万的人口比较金日成领导的朝鲜人口还多。此外,又有出海口,在东南亚可成一局势。中国将来与越可修通铁路。即使南部一时不能选举,我们亦可影响它。高棉、寮国即使落后,也比变成基地好。大战一起,老挝难以保住。如能和平,保大也不至一下子投入美国的怀抱。法国抵抗美国对我们有利。当然法是早晚要退出越南的。

反过来说,对国际不利的,则对印度支那首先不利,如美国干涉,印支首先遭殃。因此,必须对越劳党的同志和老挝、柬的各地人说明此点。在中国,我们和蒋介石讲统一战线,在抗战胜利后又与蒋谈和都是例子。胡到过巴黎,证明是好的,因为我们要和平。

有时,一个地方推迟了解放会对全局有利。有时要等待一下。要根据可能,中国也有这种例子,1945年我们撤退了已经占领的地区,如大别山、东江等地。我们走了,中间隔了一年或四年又回来了。

应向中央委员、高级干部、下级干部、群众都说清楚,说明如打下去,从军事上不能取得越南,眼前利益保不住。而和平则有可能取得越南,但不要说一定取得。

第二,是用和平可以取得全越南,还是用战争可能取得全越南?前面说过,即使美不干涉,解放全越南也需3年。何况美在干涉方面已动员半年。美国没有认识到我们的力量,奠边府之战证明了我在质量上已起变化,虽还不能证明我们能取得全越南的胜利,但是,叫醒了敌人,使其下了干涉的决心。敌人是在干涉的方法上有困难,但是不让越南民主共和国取得大规模的胜利。因此,现在要靠军事取得全越南,从任何方面看都不可能。美国可能帮助保大。

和平取得全越南的可能性是存在的，何时可以取得，需要有步骤。9 号公路（位于 17 度线）现在似乎没有问题，我们可以保持，土伦港可以考虑再给法国用一两年，亦不失为一种办法。16 度线以北是越南界国的地方，有 1300 万人口，可以加强已有的武装，将来留在撤出地区的要多做地方工作。

印支问题要照顾到朝鲜的情况，朝的选举要双方协商，制定选举办法，朝的双方协商搞不好，越南也不会成。总要有一两年的形势发展。联合国或中立国监督选举问题也相互有关系。其实在印支的选举即使由联合国或东南亚的国家来监督也未尝不可，但朝鲜则不成。然而情况是变化的。印度、缅甸、印尼等国也不致不同意将来越南都到越南民主共和国之手。所以，在越南举行选举的可能性比朝鲜要多些。这需要时间和工作。和平可能取得全越南。用选举统一越南的可能性在条件成熟时是有的，这样就需要印度支那三国关系搞好，和东南亚各国关系搞好。

在政策上，越南南部和越北的土地政策亦应有不同，工商业的政策，对保大和法国的等等亦应有不同。

一个新区的办法是会影响其他地区的，以胡主席的威望和劳动党的经验可以创造新的办法。所以将来的越南民主共和国和其他新民主主义的国家会有一些不同的。

美国的干涉有可能专门侵略越南，而不侵略中国。所以不如和平取得越南好。目前 16 度以北是有把握的。奠边府战役及国际形势使我们取得红河三角洲也没有什么问题。

第三，是用和平团结老挝和柬呢？还是用战争可以团结他们？

答案是和平可以团结他们。用军事则只有使他们投向美国。实际上该国要维持 4 万人的武装就已不得了。美国给法国钱也就是干涉印支，所以最重要的是使寮国和柬埔寨没有美国干涉，使他们在进口武器弹药方面有一定限制，否则建立了空军基地，整个越南的侧面将遭受威胁和攻击。和平了在经济和文体来往可以团结他们。

苏联曾提议三国可共同发表声明，互不侵犯。这样泰国就孤立了，对于这两国，我们应先让他们一步。在 7 月中旬如果谈不成印支的和平，一切都会起变化。

第四，是用和平可分化法、美呢，还是用军事可分化他们？

和平可增加法、美之间的矛盾，甚至孟戴斯－弗朗斯也说过，如不能和平只有国际化,如弗朗斯失败,在法国,目前很难找到适当的人组阁,达拉第太臭了。人民共和党或社会党上了台对印支问题都不好。现在法国已不要河内和海防,在中监会问题上亦改变了原来的立场。

假如印支获得和平,孟戴斯－弗朗斯的内阁可以诞生,欧洲军即使通过也要有些修改。这样可以提高法国的地位。否则英、法、美在一起,欧洲形势极为不利。

第五,是用和平可分化英、美,还是用军事可以分化他们? 和平是可以分化英、美的。关于这一点不多谈了。印度支那打下去英、美一定搞东南亚公约,把英、美推到一起。

第六,是用和平可以分化保大内部,还是用战争可以分化其内部呢? 如果和平下来,保大不会很快和美国联起来。在举行选举以前,法国是应该撤出印支的。然而,在规定上,可以搞一个文本,使法国在某些地方暂留,这样可以使法国控制保大。这种做法甚至有赶走吴庭艳的可能。用战争是不能把他们赶走的。

第七,是用和平可以团结东南亚呢,还是用战争可以团结东南亚? 前面已讲得很清楚,用和平可以团结东南亚,用战争是不可能团结东南亚的。

从以上七点看来,和平在各方面都有利,这会使美国孤立。

假如我们想和下来,而美国非破坏不可,我们将怎样办呢? 当然只有打下去。越人民军愿意和平,这一定影响整个印支人民,影响东南亚,英法如果赞成和平,那么反对和平的只是美国和吴庭艳了。这样,我们就会站在理上。尼赫鲁认为美国企图扩大战争是可以被阻止的,打下去,情况却有所不同,大家都同情我们。再打一个时期还会和下来,那时美国就会更孤立。

所以总的趋势是印度支那战争在适当的时候应当停下来。

那天晚上的会议上,周总理没有休息,接着谈第三个方面的问题,即停火条件问题:孟戴斯－弗朗斯上台后争海防。在停火条件上是好办的。最后可以 16 度为界(9 号公路在 17 度线)。土伦港和顺化,可以特殊规定,给法国留一两年。这样我们可以争别的条件。选举的监察对于我们是有需要的。印度为监察委员会主席。

在印支停战的条件:

(一)同时停火;

(二)划区;

(三)不进入新的军队和武器弹药。这样就可堵住美国。在停火以前,越南国究竟再用多少军火,我们可以先运入 10 个步兵师的东西。

(四)不得建立任何军事基地。敌人对这点无法反对。我们并无必要建立军事基地。

(五)监察问题,这在日内瓦讨论。

(六)俘虏问题,把法军放回,伪军可少放些。

(七)不迫害与对方曾合作的人员,对他们不宜用中国的老办法,管制一切财物。因为这样一来,我们在南部的财产也将被封存。成立军管会是因为全国解放了。

(八)9 国保证。肖维尔赞成集体保证。皮杜尔则主张采取集体的措施,并有否决权。中共中央讨论时,认为在 9 国以外,可考虑其他东南亚国家。加上泰国和菲律宾也未尝不可。关于此点,苏联曾考虑恐怕英国的影响太大了,但是今天东南亚却都想和平,带有一定的中间性,如果胡主席觉得可考虑,中共中央当再加以研究。

除了停战条件以外,范文同同志曾提出政治保证 7 条:(一)承认越南民主共和国的独立、民主、自由。(二)选举尽速地进行。(三)选举以前撤退一切外国军队,假如有特殊原因,可作个别规定,不驻兵则法国控制不了保大。(四)选举要规定日期。(五)参加法联邦的问题。(六)关于选举的双方协商。(七)经济权利。范文同同志曾表示过目前维持法国利益,将来可以互惠、合作,或采取收税,收购等办法弄过来,但是,这和中国的情况不同,中国曾用征用、征购等等不同的办法,因为中国并不受任何条件或协定的限制。在中国关于财权的问题到现在仍未解决。

关于选举问题,在向干部和群众说明时,不得说得太容易,这个问题需要长期斗争,当然印度支那也不是长期分治。关于印度支那停火的具体条件,我可准备一个草案。明天下午讨论时提交大家讨论。

这天晚上,散会时已近子夜。4 日上午 9 时接着召开第四次会议,仍是由周总理主讲。

周总理说:昨天讲了对越南的方案。划线问题,最后总要在 16 度达成才好。16 度以南的领导人,一部分可退到 16 度以北,但与群众有联系的主要人物总得留下,准备选举。公开秘密工作都需要有人。选举能早举行当然有利,如举行得晚,甚至不能举行,也还可以在群众中做工作。关于退出 16 度以南,必要要说服群众。虽有困难也必须要说服他们,这是为了整体利益。

老挝和柬埔寨问题。他说:我们对老挝和柬埔寨必须和对越南不同。越南是越南自己同志奋斗出来的,影响及于整个越南,本质是新民主的革命,虽然形式上还会有许多与中国不同之处。老挝、柬埔寨不能是新民主的,他们奋斗目标是自由、民主、独立,做到这点就了不起了。要完全独立也还不可能,因为有9国保证,进口军火要受限制。这种限制对我们有利,使他不倒向美国去。老挝的经济很落后,封建的王国,没有政党,如苏发努冯便可利用一下家族关系。在柬埔寨国内交通较发达,地域和泰国、保大等比较接近,这些地区的进步也要差些。但如果尊重其领土、主权,也还可能影响它,使它也保持若干独立、民主、自由。这二国应是所谓东南亚型国家。其特征有三点:(一)最主要的,是必须有和平愿望,不参加任何侵略集团,不参加任何军事联盟。(二)对我们(中国和越南)友好而不敌对,接受中印、中缅联合声明中的和平共处五项原则。(三)国内有一点民主,主要表现在政党能自由活动,在老挝,苏发努冯可以搞一个党取得公开地位,便能起活动因素,我们可以要求政党自由,在柬可组织劳动党,但政纲须简单,宣言式地,以后再一步步地前进。但至少须包括前述三个条件。这样这两国变成为东南亚型国家,我们不同意称这些国为中立国型,如果这样,中立国的圈子便太小了。在此前提下决定对老挝、柬埔寨两国的方针,这是它们和越南不同之处。

总的说来,争取半个以上的越南,人口1300万,然后经过选举争取整个越南。这是新民主的实质,也许还得带些旧民主的形式。老、柬则将是旧民主的东南亚型国家。

现在谈谈老、柬停战的军事政治条件。以下先谈老挝:

一、老挝的停战条件:(一)同时停火。(二)撤退一切外国军队和军事人员。日内瓦会议的意见是包含法国和志愿军的军事人员。我个人的想法是,个别人员可以不算在内。这样双方都可保留少数人员,也便于我们训练地方部队。法国人留一点儿并不可怕,主要是阻止美国人进来。双方可订一个协议,各留一些人,一定时期以后再走。(三)集结区问题,这个问题很重要。过去劳动中央提出三个,即上寮、中寮、下寮各一个。如何让步,让到何种地步。三国情况不同,重点应在越南。莫洛托夫同志的意见是红河三角洲完全可以要到,主张这是重点。对老挝,他的意思是只要东北一块。柬埔寨由本地解决。最主要点是在越南,这样可以成一局面,进退自如。我个人看法也是如此,我们可以同意。(四)中越两国不需要订军事同盟。这样老挝便可独立性。至于法国在老挝还有两处基地,我们可以向它说最好取消。如果它要保留,便问它拟留多久。这样,志愿军也可保留两个基地,等着和法国的基地同时撤销。(五)不得进入新的军队,军事人员和武器弹药。但为自己所需的可以规定进入一定种类和数量。例如柬埔寨可供 5 万人之用,当然还会讨价还价。(六)国际监察问题——全印度支那的监察机构应统一。(七)交换俘虏和被拘平民,并无困难。(八)战时同对方合作的人员不应受到迫害。老挝代表表示过愿意容许这些人享有公民权利,取得选举权、被选举权。(九)与会各国的保证。

二、老挝的政治条件。老挝是一个封建的国家,要让它有些民主以打开局面,但又要使它不害怕。现在我们设想一年后普选统一,然后我们承认其政府。在未统一以前,苏发努冯可要求先参加政府和筹备选举。先参加政府,然后和对方谈条件,让它对抗战运动的几个省委派我们的人为省长。其他地方的干部也要进行训练,然后参加选举,并参加联合政府。

政治条件是:(一)选举。(二)增加委任抗战运动省的省长。对我们政治上所领导的省份要争取比集结区多些。(三)组织政党(政党名称另定)。(四)要有人民自由,但注意自由的口号一开始不要提得太多。(五)明年选举以后,成立国会,修改宪法,统一老挝。(六)对政治民主化、军队国家化的口号我们不反对。抗战军队编为地方警察更好,这样更便于控制。(七)对我们领导的省份可发展和中越的通商贸易关系,以扩大财政收入,改善经济。(八)考虑由越南一国和老挝两国总理或两国代表团发表联合声明,包括中印、中缅联合声明中的和平共处五项原则。

以下谈柬埔寨:

一、柬停战条件:(一)同时停火。(二)撤退一切外国军队。但柬埔寨已没有法国军队。如果我们提出撤退越南志愿军人员和法国人员,对方极可能同意。(三)本地的抗战军队应首先争取就地停战,将来转为地方公民。对于集结区的要求,我们考虑在会议上一定通不过。(四)不参加外国的军事联盟,不建立外国的军事基地。(五)不进入新的军队和军事人员以及武器和弹药,但自卫所需的武器不在内。(六)监察问题。柬代表想在监察问题另搞一套。我们主张全印度支那的监察委员会应该是一个,但应该考虑在柬成立一个分会。(七)交换战俘和被拘平民。(八)战时与对方合作的人员应不受迫害。(九)九国保证问题。

柬和老挝不同之处就在集结区问题上,问题是劳动党中央要求在柬埔寨有两三个集结区,我们感到很困难,恐怕谈不成,战争停不下来。如果战争扩大,美国插进来,柬的抗战区还是保不住,人民痛苦更大,所以从最坏处设想,是否可做得不到集结区的准备。这事尚待劳动党中央下决心。

二、柬的政治条件,这和老挝也有相同之处,具体条件是:(一)经过选举统一全国,对方也同意如此。(二)提出参加政府的要求并要求委任省长、县长,但把握没有老挝大。(三)政党也要公开。考虑可以成立劳动党进行合法活动,并要训练干部。(四)要求人民自由。(五)一年后选举,修改宪法,由新政府统一全国,有了民主化的证明以后,对地方抗战部队可提出三种处理办法:1. 成为国军的一部分;2. 编为地方军;3. 复员。(六)越和柬两国总理发表声明,遵守和平共处五项原则,互不侵犯。以上几项条件和老挝差不多,但省长、县长可能得不到多少。

以上是恢复印支和平的军事、政治条件,根据这些条件一步步进入谈判。

周总理下面谈的是第四个大问题:谈判方针、程序、时间和监察问题。

一、对谈判的估计:八周来的谈判,一般认为有成绩的(苏共中央如此估计),主要是由于三国人民的力量,如就三国代表团而言,则应归功于三个代表团的团结一致。再有,苏联的代表团的领导作用。缺点也有一些,主要是太忙,有时准备的还不够好。

对外长离开后的三周,我们大致是如下布置的:

第一周,如何把空气搞好。为此,我们组织了和孟戴斯－弗朗斯的会晤,以及和老挝、柬埔寨代表团的会面。第二周,有意识地拖和僵一下。在这时期内,法国对越南划区提出了一个方案,这样便摸到了他的盘子,老挝表示可以谈一谈,柬埔寨也准备派军事代表来日内瓦。在监察问题上,法国的观点和苏的观点逐渐接近。这样在第三周,也许还有个第四周,大致可以把问题谈完。

二、谈判步骤:

(一)应先谈越南,这有种种好处。越南问题准备在16度上达成协议。

关于当地会晤问题,在日内瓦未谈出眉目以前当地无事可谈,但是可以先会会面,至于代表组成问题,对方应是代表法国远征军整体。

会议程序问题一定要根据日内瓦的决定,如日内瓦规定同时停火,在当地即应具体研究把命令下达到各地究竟需多少时间。又如"非军事区"应有多宽,从海口如何撤退? 诸如此类有许多技术问题可谈。

（二）老挝问题，尽量通过日内瓦接触，然后苏发努冯可与王国的家属接触，作用可以很大。等越南问题谈好了，老挝问题再具体化。政治谈判也要接上，这对军事谈判有好处，二者可以扣上。

（三）柬问题应放在最后，但也要谈。法国希望有观察员参加，我们不反对，法参加有好处，可使美进不来。会外要多来往。

（四）和法国的来往。我提议范文同可主动和法国外长见面，或到巴黎公开会面，或在法瑞边境秘密会面，这有很大好处，对越南以及对孟戴斯－弗朗斯都有好利。

如此工作，下周日内瓦将有很大的进展。留下的问题可以等外长回来再说。

三、时间问题：

总要在 7 月再开外长会议，在外长会议上把原则通过并谈政治问题。日内瓦会议不要断，等年终再开一次，这样联合国便不起作用，等停战几个月后可以再开，把政治问题具体化，同时由保证国审察停战情况，也可考虑扩大保证国。如果把印度等国吸收进来有好处，可以把美国套着。

关于停战生效的时间问题，可提出在外长会后两个月后生效，至少也得一个月生效，以便进行各项准备工作。

韦国清说：停战后南越将来会发生些问题。

周：我们一向反对将非正规军缴械。我们可以解释凡是军事单位的都得撤走，并非带走所有武器，武器能藏的则藏。军队里面的干部能留则留，隐藏武器要分散，不要集中，以免落入敌手。

武元甲说：我们约撤 6 万，其中 5 万是部队，1 万是政权工作者。太红的要撤。6 万人中留下少数，有 5000 到 1 万人的样子。从海上乘苏船撤退，在政治影响上和士气都好。

周总理：苏和波兰的船及中国的船可来几个。政治影响会很大。

武元甲提出：我方的代表南北来往的交通工具成问题，为了做工作应早去人。

周总理：坐海船好办。在日内瓦初步确定停战以后，初期你们可坐法国的船、飞机到五联区、西贡、高棉等地。用法国飞机运我人员。早走人是好的。

武元甲：关于作战问题，现在不打大的战役，拟以营团为单位作战。主要的搞伪军。在老挝、高棉，只用小部队打，不进入新的部队。万一再打一个时候,拟打三角洲。

周总理:有三种可能。上策是和下来,中策是打而和,下策是打下去。如果形势需要打一下,你们的主攻方向是什么?

武元甲:如避免战争扩大,主要是在三角洲。另一部在老挝及五联区起牵制作用。

韦国清说:三个方向都是主要的。但目前必须准备修路,否则大打无法入上寮。

周:现在不要大打。方向应该是三角洲,搞伪军。如果7月份和不下来,需打一下,则8、9月最好能在三角洲表现一下。证明我军可打下河内,我们的谈判条件不改。这也许将扩大我们的地区。这证明我们不想打老挝和高棉。如拿不下河内,战争扩大,敌人能很快集中在川圹,仍要大打。早修路也无用。美空军总是能先到川圹。万象的打上寮的大仗,如果战争国际化,对我不利,我们将没有回旋余地。

韦:如果避免国际化,则不打上寮,可在三角洲找一个地方打一个像奠边府那样的仗,此外,只能南下打五联区。

武:关于建军问题,如以16度为界,我撤回16度以北,我们部队有30万左右,与人口的比例是2.4%。步兵师6个,计划扩大到10个,炮兵再加强。因为尚有数十独立团和独立营,今冬明春可建成10个步兵师。然后在停火以前,应先运入准备军火,按10个步兵师的装备。

韦:武总司令的意见是按步兵的比例配备炮兵,不说成立几个炮兵师。目前正在运着一些炮兵武器,因为准备可能停战。至于二者比例如何,北京可以算出。

武:现有6个步兵师,1个炮兵师,其中有5个团。

周总理:可另加2个炮兵师,

武:7月份应运入装备、武器和弹药。

周总理:是否已有1个公安师? 要政治条件好的,武器好的,专门搞城市公安工作。作战部队可驻城市郊外。7月份一定将船组织起来。进城后胡主席的安全应特别注意,这个公安师要有5个团,有高射炮装备并部分有摩托车。你们共有多少汽车?

韦:1400余辆。

周总理:可运些来,但可较缓。把方案修改好了,如大家无其他意见,即拍发中央、苏共中央和日内瓦。

大家吃过午饭后,稍事休息,继续开会(第五次)。仍由周总理继续上午的发言,他说:

四、监察问题:在谈越、老、柬问题时曾分别谈了一下监察问题,现在再单独地谈一谈。关于监察,我们提议设立两个组织,一个是联合委员会,相当于朝鲜的停战委员会,另一个是中立国监察委员会。再加上国防保证,共为三个组织。

(一)组织问题。国际监察委——只能有一个,在某一国可以成立分会,但其成员必须完全一样。

(二)职责问题。在越南属于临时性的职责,计有:1. 部队转移,如果经过陆路或经过对方的区域要中立国来视察有好处。2. 划非军事区的界线。3. 互相释放战俘和被拘平民问题。

属于经常性的职责,计有:1. 不得进入新的部队和武器,先要弄清究竟有多少口岸可能进口? 海上、空中、陆路各有多少口子。时间长了,容易厌倦所以应以一年为期限进行选举。2. 有人报告违反协议的事。违反停战协议的事不外三类:(1)闯入非军事区;(2)进口新的部队、武器;(3)境内违反协议的事情。这种工作至少要持续一年之久。

(三)表决程序。根据苏联修改后的方案,一般问题可以多数表决,特殊问题须一致协议,法国现在也已大致同意,同苏的观点很接近了。

(四)对谁负责问题。对方原来要联合委员会在国际监察委员会之下。我们提议二者平行。现在法国也已同意了。对保证问题,应由 9 国负责,这等于抛弃了联合国,这是好的,英法都赞成。以上这些问题基本上都已经解决了,现在还没有解决的是:

1. 权力问题。英法说总要给国际监察委一些权力,我们原主张的是给它调查、观察、监察、视察四权。我们说还可以做些调解工作。调解如发生作用,则问题便告解决;调解如无效时,即报告保证各国,估计这样权力问题大致可以解决了。

2. 保证各国问题。现在外长助理在讨论保证国应包括哪些国家。

周总理接着谈及第五个大问题,策略和倾向问题。

一、作战问题:虽然就要和平了,可是不能不准备打。在 7 月份准备达成协议的时间内,我们要做两项工作:(一)加强军事力量。(二)准备接收工作,但是我们不要大打。现在还有红河三角洲,要有计划地消灭些伪军,对法军可以事先打个招呼,因为范文同已经向法方表示过,在法军撤退时,我们可以不打它。但是伪军要尽量搞掉些。

在南部是否也可以这样做。我对情况不够熟,请大家研究,搞掉的办法最好是多做政治工作,让他们回家免得将来当俘虏,这样,不仅可以拉一把法国,而且可以减少伪军,扩大影响。

二、接管的政策和策略:采取暂时不动的办法,但是个别的还是得动,如政权机关,宣传机关,一切公家的东西都要接过来,私人财产以不动为好,各级伪政府重要人员要登记,暗中注意其行动,但不管制,对一切较重要的机关,负责人要换我们的人,其他人暂还照常工作。究竟用多少人,遣散多少人,得很好研究。

还有我们在南方的人是撤退、留下,也得研究。

在决定接管的政策时一定考虑到它在南方的影响和可能引起的报复。一切政策都要以达到统一为目的,而不要造成对立。接管的政策,不仅照顾到当地,而且还要照顾到南方,不仅照顾到今天,还要照顾到明天。

三、宗教问题:在越南很复杂,还有美国在借口捣乱,在发艳和裴竹两地天主教徒有 70 万人。对宗教要专门研究一下,以制定政策。以不动为宜。

四、农村政策:北方要实行土改,在南方还不行,如何过渡,需要考虑。越南的土改和中国不同,一般已宣传是采购的办法,现在看还是以采购这个办法为好。问题是停战协定将规定对合作分子不予迫害,对越奸的土地究竟是没收还是征购,得研究了。如果和了下来,城市工作会极忙,对农村必须分出专人来注意。县委以上都要有专人来领导农村工作。

五、政权形式:接收政权形式在中国是用军管会,在越南恐怕不宜抄袭。如过去用抗战行政委员会,现在可循为例。政权以越南形式为宜,以便影响南部,越南民主共和国的宪法是很好的。

六、统一战线的组织对影响南部很重要:能不能彼此各在对方区域有一个政治组织,可以是统战性的。争取能出版一个灰色的报纸,公开出版会有很大的好处。

在谈到对合作者不应迫害一节时,要加上对人民的自由权利不能剥夺。对保大,目前在谈判中,保持一定的对立是必要的。但是到停战划区以后,便要和保大发生关系很有必要。军事条款商定以后,政治问题还要打交道。目的是不对立,我们可以在西贡设立一个机构,总可以找到一点可以团结的人。亲法分子一般都可以合作,主要是为了反美。

七、各种倾向:在停战的情况下会发生各种倾向,右的倾向,如等待思想,受帝国主义和资产阶级的影响,失去立场,迁就别人,忘记了艰苦等等;也还有左的倾向,从农村、从军队经过土改来的干部有的会认为胜利了,不知如何区别反动和落后,今天和过去,一时和永久,以至反对一切,反而孤立了自己。现象可以有几十种,实质上只有这两种倾向,不能机械地看。两种情况都可能有,需要看时间和地点。

第六个方面的问题:工作布置。关于政策问题,过去好的东西是基本的不要抛掉,但是在这个基础上,还要研究政策和策略。总之,就新民主本质以采取某些旧民主的形式,这就是越南和中国以及其他兄弟国家不同之处。

目前形势和策略方针的文件,可否以胡主席名义在劳共中央全面讨论一次?因为现在时机已经到了。先后在政治局讨论,再在中央扩大全会上讨论,然后向各地传达,以求得干部在政治思想上的统一,否则转这个弯不容易。然后还有越南北西部的问题。

周总理发言后,由胡主席作结论。胡主席说:

我们要帮助孟戴斯-弗朗斯,使他不下台,这对我们有利。

时间问题,在11月份以前,必须对法国搞好,取得和平,因为11月以前美国要选举,对干涉有顾虑,11月以后就不保险了。

胡主席的话一言九鼎,决定了要和平的政策。在和与战的问题上,中越两党终于取得一致。

胡主席最后说:关于解决方案,关于今后作战部署和各项工作布置,越方同志与罗贵波、韦国清正在做准备,明天多开一天会,即可以确定。

当日,周恩来总理致电中共中央,报告了柳州会议情况,并说"返京时间也推迟一天"。

7月4日晚上,没有举行大会,武元甲、黄文欢、韦国清与罗贵波连夜准备文件。罗贵波草拟了《接收城市政策》的内部文件。

7月5日上午9时召开第三次会议。准备在日内瓦会议提出的方案,已草拟打印好,人手一份,大家拿着方案,一条一条地看,一条一条地讨论。会场气氛平等、活跃。

周总理拿着手中的方案,看看大家,问道:大家对方案有何意见?

胡主席问:关于理论部分如何处理?

周总理答:方案中没有包括理论部分,因为包括就太长了。这是给日内瓦代表团用的,其中也未包括国内问题。

胡主席问:关于伪军问题如何处理?现在伪军共有30余万。日内瓦会议是否规定在越南统一后伪军应如何处理？

　　周总理解释：这个问题现在不好谈，因为还未停战，将来在选举之后制定纲领，那时可做规定。

　　胡主席说：关于政治问题，应强调"恢复统一"。关于在停战后和选举前，人民应有开会、办报纸等权利。

　　周总理同意：是的。应强调统一。至于在停战后选举前，人民的权利，范文同同志已在6月16日会上谈到。这里再强调一下也好。

　　武元甲说：关于越南部分，同意16度为界，现在提出的是13度和14度之间。根据李克农同志的电报所提19号公路，在14度和15度之间，以后再慢慢让，最后再让到16度，所以现在提14度到15度。

　　周总理：好的。应这样做。

　　胡主席说：如以16度为界，东京湾内部整个将是我们的。

　　周总理：都是我们的。这形势，进可攻，退可守。

　　武元甲：方案中政治问题第一项"法国应公开承认越南在其全部领土上的独立和主权"，在"主权"二字之后应加统一。

　　周总理：对的。

　　武元甲：由停战到选举，应该给敌后人民权利的最低限度的保证。这是因为有的地区各村中都有支部，都有一定基础，已有数年之久，有的经过八年抗战，尤其是五联区。所以人民在停战后对此事必甚关心。

　　周总理：除已有不受迫害的条款外，关于人民的出版、集会、结社等自由权利及不受歧视、选举及被选举权应该规定。

　　武元甲：我想，在组织上如何保证呢？可以由双方的联合委员会来讨论，可设办事处。

　　周总理：我有代表驻在对方地区最好。

　　武元甲：关于老挝部分，完全同意。还有一个问题，在老挝有1.5万越侨。各处都有财产，在高棉，有越侨25万。法常挑拨他们和当地居民的关系，越侨受迫害。曾有杀害数千人之事。关于高棉的方案，完全同意。这是唯一的办法。

　　周总理：我想应该先就越南和寮国问题谈判。最后再谈柬埔寨问题。那时我们可以说，我们在该处又不要集结区，对方总应让步。

　　武元甲：方案中写的是"可向法方表示赞成"，可改为欢迎其观察员参加。

周总理:可改成欢迎。

黄文欢:关于方案中越南部分,其中第二条划区问题,"如果对方最多让至 17 度成僵局时……"一句,不甚明确,应再明确一些。关于政治问题第二项规定选举日期问题,我意必须把举行选举的原则写清,对方不同意确定的期限,再由下一次的外长会议规定日期,这样免得将来对方连选举原则都不承认。

周总理:是的,必须写清楚。

黄文欢:16 度分界是陆地界线。在海空方面亦应有规定界线。

周总理:应该规定。

胡主席:方案中越南部分政治问题第四项"一切外国军队应从越南撤退"二字前,应加"定期"字样。

周总理:好的。

乔冠华:方案中柬埔寨部分军事问题第三项关于柬王国政府应保障抗战部队的安全的条款,应该"保证他们不受迫害"为"不受歧视和迫害"

周总理:请乔冠华即根据上述各点将方案修改。

武元甲:关于监察口岸问题,我曾做初步估计。越在较大的海、陆、空口岸有 26 个。计敌方 14 个,我方 12 个。如以 16 度分界,在越南,敌方有海口——金兰湾、西贡等 5 个;机场——西贡、金兰湾、那拉等 5 个;水机场 1 个;陆路——由西贡到老挝,到曼谷等 3 个。

我方有:海口——土伦、海防、永安、茫街、江基 5 个;机场——海防 1 个,河内 2 个,共 3 个;陆路——铁路及 6、7、9 号公路等大理 3、4 个,高棉的监察口岸约 9 个,口岸约 12 个计。

关于撤兵问题,我们计划凡是省以上的不管营连都撤退。县以下及村游击队不撤,将武器隐藏起来。但是正规军和非正规军的定义究竟是什么?

周总理:我们不应分正规军和非正规军。我们可以说凡是撤走的都是正规军,把武器都带走了。不走的本是人民以棍棒自卫的。省以上的个别的能留也好。县以下的留不下的也可撤。留下的是秘密地留,将来设法钻入敌公安部队中去可做些工作。

这天上午未讨论完,中午吃饭时大家又边吃边讨论,十分热烈。下午接着开会,周总理首先发言,回答大家中午提出的一些问题。大家所提出的问题都得到回答后,现在面临的任务是如何贯彻。

武元甲说:谈谈回去后的工作和干部思想。5、6 月间已经开过干部会

302

议,使他们了解日内瓦会议的情况和问题。目前北部的干部由于各方面的胜利,很乐观,对困难估计不足。南部干部的情绪,由于交通不便,了解不够清楚,但可设想他们对南北分界难于理解。老挝、柬埔寨的交通不便,所以对新任务还没有做普遍的宣传。越南干部一般怕划界形成分治,带来德国、朝鲜的前途。

周总理针对武元甲提出的问题,说:我们一定要向干部反复解释"经过选举,达成统一"口号的意义。这里有两个意义:第一是说,要干部努力工作才能争取到选举的胜利。第二是说,要形成选举运动,争取非选举不可。越南的特点是无论英、法、保大都不敢反对统一。在这一点越南的条件比朝鲜、德国好。

武元甲接着说:要准备统一党内思想,7月开中央扩大会。最困难的是南方代表不易来,向南方传达不到,老挝、柬埔寨交通更困难。

周总理:军事代表谈到细节时,一定要提出接各地的来传达的指令,说明否则无法谈判。现在的情况是十分复杂的。有新区、老区之分,城市、乡村之分,党内、党外之分,南方、北方之分,还有对其他敌性国家间的区别。共六种区别,关系非常复杂微妙。达成协议之时,一定要把此原则同时宣布下去,否则宣传上有一定困难,这些原则就是法国承认印度支那三国的独立、统一,法军的撤退,举行选举等,另一方面三国考虑参加法国联邦的问题,在这个原则之下首先停战是对的,但这是对人民的交待。在干部和党中央则必须说明要有一个紧张斗争和困难时期。必须指出这一时期可能相当的长,这样使干部有斗争准备,不存在依赖思想。而统一的达成,首先决定于南方人民的努力。

韦国清补充发言:看了中央文件和听了周总理报告后,认识上更加清楚了。目前最主要的工作,便是党内高干的思想统一问题,经过中央讨论,分层传达,明确斗争策略,工作便好办了。现在懂得了矛盾的关键何在,如何利用矛盾,主要是抵制美国,整个前途是用民主方法去争取全国,首先是巩固1300万人的阵地。争取短期内经过选举达到统一,比现在打下去、美国来干涉,会更快得到胜利。

此时,周总理插话,强调:制止美国的干涉是问题的中心。

韦国清接着说:在干部中必须讲清"联合谁,反对谁"这一战略问题,策略问题要结合日内瓦会议的发展讲解,以免过早暴露意图。在干部中还要说清以下几个问题:第一,斗争的复杂性和高度的原则性,这就需要最大的灵活性。第二，要干部懂得长远和眼前利益的问题，局部和全局的利益的关系（特别是在南部、老挝、柬埔寨等地）。第三，如果继续打下去，可能打跑一个弱敌即法国帝国主义，却引进一个强敌即美国帝国主义。

周总理又插话强调：美国帝国主义非假想，而是事实。

韦国清接着说：第四、如果想逃避眼前的困难（说服工作的困难，南方、老、柬撤退的困难和掩蔽，工作等的困难），会造成将来更大的困难。第五、武装斗争和将来和平斗争的关系。劳党中央曾指示，现在是处在战与和之间，一面要和，一面要备战。今天和的可能性很大，而且一切是为了争取和平，但工作布置必须是两套。如果7、8月和不下来，需准备大打，如果和下来，则还需练兵。战役准备——照原定计划，如果和不下来，10月间准备打红河三角洲，具体打法得看情况。南方的各种布置是很困难的事，必须先有准备，工作是很复杂的。

周总理强调：不论工作多少，中心一环是干部，特别是干部头子，即中央政治局，在政治局必须讲透。

罗贵波接着发言，谈几个问题：第一，统一思想，提高认识，防止混乱和偏差是当前的首要工作。而要解决这问题必须广泛、深入、正确、及时、有计划而多种多样地进行宣传解释工作。首先在中央思想统一，然后逐级传达下去，最主要的是认识目前的新的形势、任务、方针、策略，亦即对和与战认识清楚。宣传解释工作不仅对四联区以北要做，在南部和五联区也要做。凡公开性、半公开性的指示不必怕敌人截去。只有宣传解释工作做到了，才会不被动。要对整个工作有很好的布置。第二，工作安排——对城市、乡村、新区、老区要很快讨论解决。特别是接管新城市的具体政策和各项工作。还有特别是干部的安排要妥当，因为人少事繁，安排不好就会出乱子。第三，必须加强对和谈的领导和指导，有许多复杂的问题，一切策略技术问题都很重要。在南部和五联区的安排问题很困难，要快点考虑和准备。第四，高棉、寮国问题。一个是团结问题，如果做不好，某些人将来会抱怨，特别在高棉会如此。

武元甲说：听了胡过去的传达和周的此次报告，更了解新方针新任务了。目前的中心问题是党内思想统一。虽然有困难，信心提高了。如果中央把方针政策传达下去，下面信心会更高。高棉、寮国也会如此。谈判有结果以后，北部的干部看到了胜利，可能有松弛现象发生，南方可能有悲观情绪，高棉、寮国可能有困难。

最后,胡主席发言,作了一个简短的结论。他说:第一,周不仅在日内瓦奋斗,而且来此报告,讲得很透彻,很感谢。从东洋共产党(即印度支那共产党)成立起,30年来一直得到中共中央和周恩来个人的帮助。第二,各位同志的补充很好,我同意。要感谢广西同志的各种帮助。第三,现在越南是站在十字路口,可能和,也可能战。主要方向是争取和,准备战。工作的复杂性在于得准备两套。对一般人,甚至干部,这问题会显得很复杂。过去的口号是"抗战到底",现在却又和了,到底哪个对呢?他们会问。我同意,首先问题是打通思想。虽然困难很多,但首先靠越南同志的努力,此外还靠中国同志的帮助。第四,劳动党中央的工作是打通高级干部的思想,还要打通高棉、寮国同志的思想,时间是不长了。问题是干部不多,工作却很多,接收河内、海防需要准备一批干部。现在最担心的是干部不够。别的困难都不担心。恐怕还得请些顾问帮忙。第五,最后我代表本会议问候毛主席和中共中央。

周总理回答说:感谢胡主席对毛主席的问候。刚才胡主席的结论,除去称赞的部分外,我们完全接受。我们每个人都有缺点错误,主要是靠集体力量。

柳州会议吸收了中越双方意见,形成修订了《关于日内瓦会议的方案和谈判问题》。它分两个问题,即方案问题和谈判问题,三大部分即,越南部分、老挝部分和柬埔寨部分。每部分,分军事问题、政治问题。现略去老挝、柬埔寨部分,摘录越南部分,全文如下:

方案问题:

一、军事问题。

(一)越南境内的停火应与老挝和柬埔寨的停火同时宣布。传达停火需要的时间和方法,由双方司令部代表在当地商定。停火应在陆、海、空三方面同时生效。

(二)划区问题我方已经提出以13、14度之间为分界线,现可先让一步,提出以14—15度之间19号公路为界,已照顾了此点。如果对方最多让至17度而至僵局时,我方可再让至15度。然而我们应列举我方已经让了许多地方,许多部队需要转移的道理来反对以17度或9号公路为界,力求在16度上达成协议。如果在16度上达成协议仍有困难,我们还可在三个问题上稍示让步。

1. 将土伦让法方保留一个时期(如一年后撤走);

2.9号公路可给老挝以海口的便利;

3. 顺化可为越南皇族开放。

在两大集结区之间应划出军事分界线和一定的非军事区域。这一军事分界线和非军事区应延伸到领海中。停战后双方陆海空军不许侵入对方集结区的领土、领海、领空以内。在划区时应经常说明,划区绝非南北分治,绝不能影响在停战后经过选举恢复越南的统一。在两大集结区以外又划两小集结区,估计敌人不会同意,对我亦不尽有利,可不提出。

(三)停战后不得从越南境外运入新的部队和军事人员以及各种武器和弹药,并对此实施国际监察。我们方面并不怕国际监察,因此,必须强调此点,才能制住保大,不使他违反协议。

(四)在越南全境,不得建立任何外国军事基地,越南双方不得与任何外国缔结军事同盟。

(五)互相释放或交换战俘和被拘平民。

(六)战时同对方合作的人员不应受到迫害(在我接管区内,我们将不没收合作分子的工商业及他们的财产,也不管制曾与对方合作的人员,只要他们登记,以便注意他们,但他们需遵守所在地的法令,不得进行破坏)。

(七)联合委员会和中立国委员会的职权、组织及他们之间的关系问题,应继续商讨。

(八)国际保证,亦需考虑开始商讨,或留待外长回日内瓦后再议。

二、政治问题。

争取在外长会议再开时讨论政治问题。并对范文同同志5月10日和6月16日两方案,作补充说明如下:

(一)法国应公开宣布承认越南在其全越南领土上的独立、主权和统一。

(二)在停战后6月至1年内举行全越南的自由选举,恢复越南的统一。如对方不同意确定选举期限,亦必须确定举行全越南的自由选举以恢复越南统一的原则;同时,须考虑规定下一次外长会议的日期,并在该会议上确定举行全越南选举的期限。

（三）为了准备全越南自由选举的双方协商会议必须规定日期，开始商谈。

（四）在越南停战后，全国统一双方须公开宣布，承认和保障人民南北越南都享有充分的民主权利和自由，其中包括议论、出版、结社、居住、信仰等自由。

（五）一切外国军队应从越南境内撤退，此项撤退须在越南选举前的一定时期完成。但对法军暂时留驻越南南部的少数口岸缓撤问题，可另行认真定一个临时协议。

（六）越南将考虑在统一后根据自愿的原则参加法兰西联邦的问题及参加的条件。

（七）越南承认法国在越南的经济和文化的权益。在统一政府成立后，法、越的经济、文化将按平等互利的原则以调整。在全越南统一政府成立前，两国的经济文化关系暂时保持不变，并商定若干有关条件。

谈判问题：

一、目前关于印度支那问题的讨论，已到9国外长所协议的3周期限的最后1周。鉴于法国的态度积极，我们应主动争取印度支那三国的停战具体化，首先是在越南的划区问题上，其次是在老挝抗战部队的集结区问题和柬埔寨停战的一般问题争取达成协议。我们应采取积极主动的方针，不应消极等待，并应主动地提出我方方案。

二、监察问题既然已有进展，应即继续进行商谈。在表决程序方面，可以原则同意在一般情况下多数通过，重要问题（如苏联提案所列两条）经过一致协议提交保证国。若向保证国的报告达不成一致协议时，可以同时提出分别的报告。在职权方面，中立国监察委员会应：

（一）对违反协议事件进行调查；

（二）就调查结果做出决定；

（三）在某种违反停战协议的情况下有调解权。若调解无效，仍经一致协议报告保证国。或不得一致协议而分别报告保证国。

在成员方面,可以同意由印度、波兰和加拿大三国组成。关于以上各点,请再商谈。如一时无肯定结果,则留待外长再开会时进行讨论亦可。

　　三、关于越、法直接接触问题,应尽量主动争取范文同同志与孟戴斯—弗朗斯见面,影响必大。如公开可同意到巴黎见面。如采秘密方式,可在边境上会见。对戴维尔应采取缓和的拉拢的态度,以利谈判。解放后凡有较共同的问题,可与法方及其军事首席代表商谈,但正式的军事代表会议亦应常开。这样法方可在某种程度上对保大施以压力。当地的军事代表会议,已同意有保大的人员参加,但不作为单独一国的代表。同时,我们亦可利用双方首席代表会议的方式。当地的会议在初期只能就一般程序问题和同时停火问题进行讨论。候日内瓦谈判在划区问题上有所协议即可进入具体安排的讨论。

　　四、程序上虽应尽先进行与老挝代表的直接接触,并可同时就政治问题进行商谈。

　　五、对柬埔寨亦应进行会外接触。该国军事代表到达可即与之商谈。关于法方表示欢迎。此外,应尽量帮助柬埔寨的政府代表与抗战运动代表在当地接触。

7月5日下午,越劳动党中央将此方案电告在日内瓦的范文同副总理。同时周恩来电告北京毛主席、党中央。毛主席看了后,致电胡志明主席:如16度分界线不能达成协议,是否可考虑在16度以北划界?毛泽东与胡志明主席再商量后,由胡志明主席决定可以第9号公路为界线。这一点文件上虽然没有写出来,但已经是决定了的。

　　因为第二天大家都要走了,当天晚上又连夜开会,研究具体工作及政策。

　　周总理建议:如果停了火,农村工作应有专人负责。中央和省应成立农村工作部,专门负责农村工作,具体是做地方工作的就不必成立了。因为一进入城市,中央和党在一定的时期将以城市为中心,进城之后,在政策方面宁可慢些,要稳步前进,不乱,不杀。因为左了,挽救就比较困难。

　　罗贵波拿出进城安民布告,这是根据我党接收大城市的经验,又考虑到越南的具体条件拟定的。安民布告共四条,简单、明了、易记。大家讨论后,很快通过,会议责成罗根据大家的意见略作修改。

会议讨论罗贵波草拟的"接收城市政策"的内部文件。这个文件共包括工商企业、文化教育、宗教自由、法伪官方机关及组织、对反动分子及与敌伪合作者的原则、公用事业、金融、外侨、仓库物资等九个方面。

大家畅所欲言,提出不少好的意见。会议决定由罗贵波修改后,交越南同志带回。

胡主席最后提出来:我到这里来的事应注意保密。

对此周恩来说:可由陈主席(即陈漫远)告这里所有的人员注意保密。解方同志和马牧鸣明天随你们一起走,做些参谋工作。还有5人以后去。关于当地谈判情况请越南劳动党中央随时通知北京并转日内瓦。大家如无其他意见,散会吧。

周恩来与胡志明主席最后商定,在中越领导人离开柳州的第二天7月7日,中越双方同时发表《关于中越会议的公报》,全文如下:

> 越南民主共和国主席胡志明和中华人民共和国总理周恩来于1954年7月3日至5日在中越边境举行会谈。胡志明主席和周恩来总理就日内瓦会议关于恢复印度支那和平问题及其他有关问题,充分地交换了意见。参加会议的还有越南民主共和国驻中华人民共和国大使黄文欢和出席日内瓦会议的中华人民共和国代表团顾问乔冠华。

6日下午,周恩来飞回北京。胡主席、武元甲及韦国清、解方、马牧鸣坐火车离开柳州,由凭祥回越南。罗贵波因身体尚未完全恢复,不易长途旅行,坐火车北上,到武汉稍事休息,而后回到北京。7月7日周恩来向中央政治局汇报了日内瓦会议和柳州会谈的情况。

日内瓦会议达成协议

7月7日范文同从日内瓦来电,说:"值得注意的是法国代表活动频繁,有和解的态度。"范文同已按法方提议,共同准备两个文件:一、军事协议草案,包括(一)划区与分界线的确立;(二)双方地区的行政问题;(三)普选问题。二、起草日内瓦会议的共同声明。其中提出有关印度支那各民族的基本权利的几项大原则,如独立、主权、民主、统一,外国军队撤退等等。

7月9日,日内瓦双方首席军事代表会议召开后,越方提出以位于14度、15度之间的19号公路为分界线。然而法方认为这与他们的要求相距甚远。双方争执得很激烈、但是法方认为可以向其代表团提出报告。可见,法方不愿谈判破裂。

7月9日周恩来抵达莫斯科。10日下午5时与马林科夫、伏罗希洛夫、卡冈诺维奇、米高扬、萨布罗夫、维辛斯基会谈2个小时。赫鲁晓夫因去苏联西伯利亚巡视,没参加。

苏共中央认为,应支持孟戴斯－弗朗斯为首的法国新政府。他们希望10天内达成恢复印度支那和平问题的协议,争取迅速停战为上策。

周恩来认为苏共中央对形势的分析和对印度支那问题的观点,与我们在柳州和北京讨论的意见是一致的。他估计16度为界、土伦港供法方暂时使用、9号公路允许老挝进出为条件,大致可以跟法方达成协议。

7月10日法国孟戴斯－弗朗斯到达日内瓦。第二日与已于7日抵达日内瓦的苏联外长莫洛托夫会晤。

范文同11日和12日的下午,到法国代表团驻地别墅与孟戴斯会谈,主要话题仍是越南南北界线问题。法方始终坚持以北纬18度为分界线。两天来这问题已重复谈了很久。范文同指出这18度分界线划得不公平、不合理。孟说,很难找到更好的办法。这时,范文同试探性地提到16度。孟戴斯则提出原则上同意举行普选来实现统一的解决办法,但认为普选的时间与撤军工作密切相关,法方撤得太早、太急促是不行的,同时法政府与法管区越南政府(指保大政府)的关系也要照顾到。

法方完全同意和平、独立、民主统一越南的原则,并说:"我将全力影响他们(指保大政府)向和平、独立、民主、统一的这个方向进展。"

法、越关系双方都认为这是很重要的问题,如果双方关系良好,互相信任,一切问题都可以解决。在参加法联邦的问题上,范文同也表示这问题可以谈。

关于老挝、柬埔寨,孟、范双方会谈也谈到这些问题。孟戴斯－弗朗斯的看法是:"越南问题是关键性的,如越南问题不能解决,老挝、柬埔寨问题也不能解决。"所以,法方把解决越南问题放在首位。

范文同认为这两次会谈除关于军事分界线如何划分的问题外,其他问题交换意见后,都谈得很顺利,会谈的气氛也融洽,孟戴斯本人虽然圆滑、老练,但还是诚实可信的。

7月12日下午,周恩来飞抵日内瓦,当晚周总理与范文同会谈,在场的有李克农、张闻天和师哲;越方有黄文欢、潘英、陈分祥。

范文同介绍了上述情况并说孟戴斯把法方起草的一个文件已交给范,征求意见。文件内容是关于解决越南、老挝、柬埔寨问题可达成协议的要点,这草案只有两页打字纸,要点中以越南问题为多。

周恩来简要介绍出访印度、缅甸情况后①,着重说明柳州会议及中共中央、苏共中央对印度支那问题的看法和越劳党中央所制定的谈判基本方针。周恩来语重心长,从国际形势、中国共产党的历史经验,阐明应争取签订协议做出让步的必要性。

周恩来说:胡主席估计美国在11月大选之后会干涉越南。为了争取早日和平,莫洛托夫同意英国艾登的建议:暂不召集会议,各国再多做会外活动。周恩来说孟戴斯与英国艾登将于明日(7月13日)下午到巴黎会见美国的杜勒斯。建议范文同最好在孟戴斯和艾登出发前找孟戴斯主动会谈,并主要提出一些重要问题的具体意见,以免杜勒斯从中破坏,也可使杜勒斯来日内瓦参加会议。而这主要是越南划界问题,可考虑提出以16度为界线,时日短促,拖延反而不好。

周总理对划界问题,又耐心地说:如果我方提出在第五联区保留小集结区,法方则必然提出在红河三角洲保留小集结区,我方反而处于被动地位。现在如能干脆以16度为界,则可先建立一个颇像样子的国家。进,可通过普选完成全国统一;退,可暂在16度以北地区进行和平民主建设。

周总理说:柳州(会议)、北京、莫斯科几方面概括出的谈判方针,是要主动、积极、迅速进行谈判活动,并力争解决问题。要使问题简单化,避免使谈判复杂化。要以法方为主要对象,提出的条件要考虑对方接受的可能性。

7月14日,范文同与孟戴斯－弗朗斯第三次会谈,范文同提出以北纬16度作为分界线,然而孟戴斯仍然坚持在北纬18度,理由是三条:一、9号公路是老挝的出海口;二、土伦港;三、顺化是保大的首都。因此形成僵局。

7月10日,胡志明主席安抵越南党中央驻地。11日劳动党中央政治局开会讨论,完全同意柳州会谈关于谈判的方案。15日,他得知范文同思想上有些抵触,尚未采取任何让步的步骤,因而给中共中央阅转日内瓦范文同

---

① 周恩来从日内瓦回国之前,于1954年7月24—26日到印度访问,26—29日到缅甸访问。

同志、并告越南劳动党中央此文：

一、柳州会议听了武元甲、周恩来两同志报告后，经过讨论，就有关日内瓦谈判各项问题写成一个文件，现将该文件发给你们。中共中央如无意见，请即转发日内瓦。如有修正或补充，亦请电告日内瓦，并同时通知越劳中央。

二、范文同同志收到此文件后，请即邀请苏、中代表团同志会商，并请库兹涅佐夫同志转发苏共中央。请李克农同志亦将此文件转发莫斯科张闻天、王稼祥两同志。苏、中、越三代表团会商后，如无基本不同意见，望越南代表团即按此文件所规定的方针进行谈判。如有个别修改或补充意见，即望分告中共中央和越劳中央。

三、此文件仅供内部使用。在对外谈判时，文件条文的安排，文字措辞，提出时间的先后，提出的场所，谈判的对象等等，均请三国代表团会商酌情办理。不要受此文件的约束。

四、柳州会议中，对形势的分析，对谈判的估计，以及对越南工作的安排等，均候黄文欢、周恩来面告。

7月18日，在法国人民要和平的压力下，孟戴斯终于向范文同示意可按北纬17度划分界线，但对越南全民普选仍不肯确定日期。

既然法方已做出让步，为了达成协议，越、中、苏三国代表团遵照胡志明主席7月15日来电指示，7月19日开会商定我方的最后的方案：

一、在停止敌对行动协议签字后两年内举行普选，举行选举的确切日期和准备及举行选举的办法，由越南南北两区有资格、有代表性当局协商，不迟于1955年6月作出决定。

二、国际监察委员会由下列三国代表组成：印度、波兰、加拿大，以印度代表为主席。

三、分界线通过第9号公路以北约10公里。照顾到地形。

四、越南境内军队的集结应在245日内实现。

当天，此方案交英国代表团。另外越、中、苏代表团还起草了《对有关军事问题的决定》，当日晚上在法、越双方军事代表会议中提出。这两个方案打破了僵局，日内瓦会议出现转机。

7月20日，这是孟戴斯上台时承诺和平期限的最后一天，如仍达不成和平协议,他就要下台。他急得团团转。

　　20 日晚,日内瓦前国联大厦,灯火通明,停止敌对行动协定在此举行签字仪式。虽然法国代表十分着急,仍一直拖到 21 日凌晨 3 时,越人民军总司令部代表谢光宝才在越南停止敌对行动协定上签字、印度支那法兰西联邦部队总司令部代表戴尔特尔也签了字。这个协定规定在北纬 17 度以南,9 号公路稍北划定一条临时军事分界线,此线以北为越南人民军集结地区,以南为法兰西联邦部队集结地区,双方部队将自对方集结地区撤退。在临时分界线的两侧各不超过 5 公里的距离,划定非军事区。①

　　接着,谢光宝又代表越南志愿人员和寮国战斗单位在老挝停止敌对行动协议上签字。戴尔特尔代表老挝王国部队签字。

　　而柬埔寨代表迟迟不肯签字,一直拖到 21 日中午 12 时 30 分,柬埔寨王国部刁隆在柬埔寨停止敌对行动上签字。越南志愿人员和高棉战斗单位,则由谢光宝代表签字。

　　到此,三个协定均已签字。下午 3 时,日内瓦九国最后一次会议举行。范文同在会上发言说:"各项协议已经签署完毕。这些协议将使在印度支那的敌对行动得以结束。这是越南民主共和国人民、印度支那各国人民、法国人民和亚洲人民的一个伟大的胜利,这是和平的一个伟大的胜利。"他说:"越南民主共和国代表团代表越南民主共和国人民和政府向与会各国,向所有对和平各自作了贡献的爱好和平的各国人民和政府,表示深切的感谢。"②

　　会议通过一项由九国代表参加的关于恢复印度支那和平的日内瓦会议的最后宣言。宣言表明与会国尊重越南、老挝、柬埔寨的独立、主权、统一、和平领土完整,不干涉其内政,越、老、柬三国不参加任何军事同盟,也不容许外国在它们的领土上建立军事基地,在印度支那全境实现停火,法国从印度支那撤军,并设联合委员会及国际委员会实行军事停战的监察和监督。

　　至此,长达 75 天的日内瓦会议完满结束。它正如周恩来在最后一次会议上所说:"和平又一次战胜了战争。让我们更加坚定信心,继续为维护和巩固世界和平而努力。"③

　　7 月 23 日,毛主席致电胡主席,祝贺印度支那停战问题和政治问题达成协议。

---

　　①②③　均见于《日内瓦会议文件汇编》,第 262 页,270 页,273 页,世界知识出版社,1954 年。

7月22日,胡主席就越南、老挝、柬埔寨停止敌对行动协议签订向全国人民发表文告。他开宗明义地说:"日内瓦会议已经结束了,我们在外交方面取得了一个伟大的胜利。"他说:"在日内瓦会议上,由于我国代表团的斗争,由于苏联和中华人民共和国两国代表团的帮助,我们取得了一个伟大的胜利。"①

7月24日,越共中央分别致电中共中央,他们对中国同志说:"对苏联和中国同志在我们的抗战中以及在日内瓦的外交斗争中给予我们全力的帮助,谨致以诚挚的感谢,由于这些帮助,我们在抗战中与在恢复越、棉、寮和平的斗争中取得了胜利,我们衷心地感谢在各方面给予越南代表团全力帮助的莫洛托夫同志、周恩来同志以及出席日内瓦会议的苏、中两国代表团诸位同志。今后在巩固和平建设国内力量和外交工作中,极望你们经常给予指示和帮助。"

[附记]本文是1995年在香港由美国威尔逊国际研究中心和香港大学联合召开的关于冷战问题国际学术讨论会上的发言。首发于1997年《党的文献》第1期。

---

① 《日内瓦会议文件论编》,第299页,世界知识出版社,1954年。

中共中央书记处的由来及职权

中国共产党成立85年以来,中央机构几经变化。从30年代中央设立书记处,到1966年8月停止工作。1980年十一届五中全会恢复中央书记处。中央书记处至今存在60年。

中央书记处是一个什么样的机构? 与中央政治局是什么关系? 这要先了解中共中央机构的变化,这个变化与中国共产党的发展紧密相关。

以最小的官职"书记"作为党中央最高领导称谓

1921年召开第一次代表大会时,全国只有50多名党员。人员少,事务少,中央只设由三人组成的中央局,负责人称为书记。① "二大"、"三大"、"四大",虽然选举了中央执行委员会,中央机构仍是中央局,负责人称委员长,到"四大"改称总书记。② 委员长或总书记的职责是"总理各级党务",既是决策机关,也负责日常工作③。1925年1月,召开"四大"时,全国共产党党员994名④,虽然发展近20倍,仍不到千人。当时全国人口4亿,共产党员所占比例很小。

"一大"时将共产党的最高领导人称为"书记"。"书记"在当时是最小的官职,即"书记官",用今天的话就是文书、文秘。为什么共产党选择最小的官称作为各级党的负责人乃至党中央的最高领导的称呼呢?

共产党从成立的那天就宣布:"推翻资本家阶级的政权","要把工人、农民和士兵组织起来,以社会革命为自己政策的主要目的,中国共产党彻底断绝与黄色的知识分子及其类似的其他派别的任何联系"。"一大"通过的党纲明确规定:"党员如果不是由于法律的迫使和没有得到党的特别允许,不

---

①② 均见于中共中央党史研究室著:《中国共产党历史》第1卷,第87、103、136、159页,中共党史出版社,2002年。

③ 1923年6月、1925年1月,第三、四次全国代表大会通过的中国共产党第一、二次修正章程。

④ 《中国共产党历史》第1卷,第157页,中共党史出版社,2002年。

能担任政府的委员或国会议员。"①连只有立法权的国会议员都不能担任，更不要说担任有实权的行政职务。中国共产党为了表示与旧社会决裂的决心，为人民谋利益的决心，决不当官僚，决不做欺压百姓的老爷的决心，选择了最小的官称"书记"，来称呼党各级领导乃至党中央的最高领导。大革命时，共产党之所以没有掌握领导权，对领导权重要性的认识有关，也与"不当官僚"的决定有关。在旧社会，当官的都是官僚；带兵的都是军阀；占山为王的都是土匪。所以，共产党全力发动工农群众、组织工农群众，只有少数人参加军队，参加政权。

"五大"第一次选举中央政治局、政治局常委、总书记

1927 年 5 月，在大革命失败的前夜召开"五大"时，共产党发展为 5 万多人，成为群众性的大党，仅次于国民党的第二大党。中央机关仅有"中央局"已不足以有效地领导全党。在代表大会上，第一次选举了中央政治局、政治局常委、总书记②，将决策机关与负责日常工作的机关第一次分为两个机构。大会通过的党章对新成立的中央政治局、政治局常委、总书记的职责作出规定："中央委员会，选举正式中央委员一个为总书记及中央正式委员若干人组成中央政治局指导全国一切政治工作。中央政治局互推若干人组织中央常务委员会处理党的日常工作"③，政治局是决策机关，常委处理日常工作，总书记是常委之一，既领导决策机关，也领导负责日常工作的机关。

不久，中共中央搬到上海，常委分散在各地领导斗争，因严重的白色恐怖，不能自由来往于上海，11 月中央成立组织局，负责日常工作。组织局主任先是罗亦农，后是周恩来。④ 这与当时苏联联共（布）的机构分有政治局、组织局是一致的。组织局的职权同后来成立的书记处职权是一样的。

1928 年 6 月在莫斯科召开的"六大"，沿用"五大"的惯例，仍是政治局决策，常委负责党中央的日常工作。从常委中选举总书记一人。"六大"通过的党章规定："中央委员会由其本身选出政治局，以指导中央委员会全体

---

① 1921 年"一大"通过的中国共产党纲领。
② 《中国共产党历史》第 1 卷，第 268 页，中共党史出版社，2002 年。
③ 1927 年 6 月 1 日中央政治局会议决议案：《中国共产党第三次修正章程议决案》
④ 力平、方铭主编，成也亮、马芷苏、李海文副主编：《周恩来年谱》(1898—1949 修订本)，第 137 页，中央文献出版社，1998 年。

会议前后期间内党的政治工作,并选举常务委员会以进行日常工作。"①因全国各个农村根据地的建立、发展,常委们分散到各个根据地担任第一把手。此时,各个根据地均受到敌人的包围、围剿,难以召开常委会,党中央领导力量显得有些薄弱。为了有效领导全党,处理日常工作,总书记一人已难当此任,进而便有了成立由数人组成的中央书记处的需要。

中央书记处应运而生

中央书记处何时成立的?

1931 年 6 月,总书记向忠发被捕,很快叛变。但是,叛变也没有能保住生命,蒋介石直接下令枪毙了他。因白色恐怖,党中央几次身处险境,领导人员几经变化,1933 年初党中央迁入江西苏区。当时全国各苏区发展到十几块,红军达 30 万人,党员达 30 万人。仅一个总书记难以领导这样一个大党,中央书记处于是应运而生。

中央书记处成立的确切时间,现在已无可考。中共中央的会议记录、中共中央向共产国际的报告,中央红军长征离开中央苏区时,因将装文件担子挑错了,都留在了苏区。红军主力战略转移后,敌人大肆"围剿"苏区,根据地丢失,环境险恶,项英下令将中央留下的文件全部烧毁,不留片纸。但是,共产国际的档案保存着书记处成立时间的根据。从建党到 1934 年 6 月前,中共中央和共产国际一直保持电讯联系,共产国际会保存中国共产党给国际的报告。但这部分档案现在尚未公开。

现在能见到的材料,最早是 1934 年 1 月召开的五中全会,选举的中央书记处成员有:博古、张闻天、周恩来、项英等。从这些同志填的干部表格中可以佐证。见诸文件的是 1935 年 1 月通过的《中央关于反对敌人第五次"围剿"的总结决议》,决议中有一句话:"同时政治局更认为过去书记处与政治局自己对于军委领导是非常不够的。""政治局对于这一问题上所犯的错误是自己应该承认的,书记处的所有同志,在这方面应该负更多的责任,因为有些重要的决定或战略计划是经过书记处批准的。"②由此可见,书记处最晚在五中全会成立。书记处是负责党中央的日常工作。既然书记处不是

---

① 1928 年 7 月中国共产党第六次全国代表大会通过的《中国共产党党章》。
② 中共中央书记处编:《六大以来》,第 677 页。人民出版社,1980 年。

一个人,就得有一个总书记。遵义会议前是博古,遵义会议后是张闻天。长征,到延安之后,书记处权力比较大了。1943 年 3 月,书记处由毛泽东、刘少奇、任弼时组成,毛泽东任主席。没有用总书记这个称谓,开始称主席。①

虽然中央书记处组成人员不断变动,但是这个机构一直存在。

1945 年 4 月召开的"七大"不仅选举书记处,党章亦规定设主席:"由中央委员会全体会议选举中央政治局与中央书记处,并选举中央委员会主席一人。中央政治局是党的中央指导机关,指导党的一切工作。中央书记处在中央政治局决议之下处理中央日常工作。中央委员会主席即为中央政治局主席与中央书记处主席。"②毛泽东任中央委员会主席、政治局主席、中央书记处主席。③ 这年毛泽东 52 岁,年富力强,精力充沛,一竿子插到底,既领导决策,又亲自负责日常工作的领导。

"七大"之后,政治局委员分散在全国各地解放区领导战争和建设,工作繁重,不能经常到党中央所在地开会。"七大"选举的书记处成员有 5 个:毛泽东、朱德、刘少奇、周恩来、任弼时。随着战争形势的变化他们基本都住在一起(延安、西柏坡、北京),只有 1947 年春到 1948 年春一年的时间分为两地。毛泽东、周恩来、任弼时留在陕北,刘少奇、朱德过黄河到河北阜平西柏坡。他们经常在一起开会讨论研究党务、国是,是党中央领导的中枢,人称为"五大书记"。五大书记统管非常得力,保证了解放战争迅速夺取胜利。毛泽东一直认为,七大书记处工作最得力,得心应手。

"八大"后中央政治局和书记处分开

新中国建立后 7 年,1956 年 9 月召开了"八大"。此时"七大"的五大书记中,任弼时早逝;毛泽东准备退居二线,"八大"党章规定要设名誉主席;刘少奇当选为人大常委会委员长,准备担任国家主席;朱德 70 岁年事已高,准备担任人大常委会委员长;周恩来一直任国务院总理,日理万机,忙得不可开交。

"八大"除设主席外,第一次设了副主席。毛泽东继续当选为主席。选

---

① 《毛泽东传》,第 649—650 页,中央文献出版社,1993 年。
② 1945 年 6 月 11 日中国共产党第七次全国代表大会通过的《中国共产党党章》。
③ 《中国共产党历史》第 1 卷,第 831 页,中共党史出版社,2002 年。

出的副主席有：刘少奇、周恩来、朱德、陈云。"七大"的五大书记中，除任弼时逝世外，都在这时当选为副主席。1958年的五中全会，增选林彪为副主席。

"八大"的党章还规定选举总书记一人。"党的中央委员会全体会议选举中央政治局、中央政治局常委会和中央书记处，并选举中央委员会主席一人、副主席若干人和总书记一人。中央政治局和它的常委在中央委员会全体会议闭会期间，行使中央委员会的职权。中央书记处在中央政治局和它的常务委员会领导之下，处理中央日常工作。"主席、副主席、总书记组成常委。① 常委是党的核心领导。毛泽东说："我们这样一个大党，这样一个大国，为了国家安全、党的安全，恐怕还是多几个人好。"②

此时的总书记职能，已与"五大"不同。"五大"时总书记是党的最高领导，而"八大"时最高领导是党中央主席。

"八大"党章对主席、副主席规定也与"七大"不同。"八大"党章规定："中央委员会的主席和副主席同时是中央政治局的主席和副主席。"③而"七大"规定的"是中央委员会主席即为中央政治局主席与中央书记处主席"。这样中央政治局和书记处就分开了，决策机关与领导日常工作的机关就分开了。中央书记处有很大的权力，如副主席周恩来任总理的国务院，要接受中央书记处的领导。书记处的权力甚至高于政治局委员、副主席。

毛泽东这样安排自有道理，他说："我说我们这些人，包括我一个，总司令一个，少奇同志半个（不包括恩来同志、陈云同志跟邓小平同志，他们是少壮派），就是跑跑龙套工作的。"④他要培养邓小平，因而让邓小平先任中央秘书长，后任书记处书记。

邓小平怕不顺，不愿当总书记

邓小平于1954年担任党中央秘书长。当时副秘书长有：谭震林、李雪峰、刘澜涛、宋任穷、马明方、林枫、杨尚昆、胡乔木。当时几乎天天开秘书长

---

① ② 均见于毛泽东《关于中共中央设副主席和总书记的问题》，《毛泽东文集》第7卷，第112页，第110页，人民出版社，1999年。

③ 1945年9月26日中国共产党第七次全国代表大会通过的《中国共产党党章》。

④ 毛泽东《关于中共中央设副主席和总书记的问题》，《毛泽东文集》第7卷，第111页，人民出版社，1999年。

会议,讨论研究各方面的工作。毛泽东召集一次秘书长会议,说得很明确:你们是干事的,对外一律用中央名义,不用秘书长、副秘书长名义。①

酝酿"八大"中央书记处名单时,邓小平表示不愿意做总书记,怕不顺。邓小平所说的"不顺",一是和刘少奇不顺。刘是副主席、党的接班人。另一和周恩来不顺。刘少奇与周恩来同岁,比邓小平大6岁。他们党龄、资历、威望都在邓小平之上。再一个是和彭德怀不顺。彭德怀和刘少奇、周恩来同岁,虽然入党时间比邓小平晚,是第二次国内战争时期的1928年,但他领导了平江起义,创建了红五军,后来发展为三军团,担任中华苏维埃共和国军委副主席,1934年选入中央候补委员。在抗日战争时期彭德怀任八路军副总指挥,直接指挥一二九师。当时邓小平任一二九师政委。毛泽东做邓小平和中央同志的工作时,讲得很风趣:"至于秘书长改为总书记,那只是中国话变成外国话。其实,外国的总书记就相当于中央的秘书长。"他明确提出:"还要设一个书记处,书记处的人数可能要多几个,书记、候补书记可以有十几个人。"②

"八大"选出的总书记还是邓小平。邓小平比毛泽东小11岁,当时52岁,和毛泽东在开"七大"时的年龄一样。八届一中全会选举出来的中央书记处成员没有像毛泽东预想的那么多,仅10人。书记处成员有:邓小平、彭真、王稼祥、谭震林、谭政、黄克诚、李雪峰。候补书记:刘澜涛(1901年生)、杨尚昆(1907年生)、胡乔木(1912年生)。③ 在书记中,李雪峰年龄最轻,49岁,资历最浅,但是他在书记处工作的时间是最长的。

1956年,中央委员97人,中央候补委员73人,共170人,均是中共党政军高级领导。中央政治局委员、候补委员加书记处成员共31人。

书记处听到毛泽东的声音有时比政治局委员更早更多

邓小平曾向毛泽东提出,书记处还是作为政治局办事机构,负责对军队和国务院的文件呈送。毛泽东不同意,强调书记处是党中央的办事机构,什

---

① 李雪峰:《召开八大前后片断回忆》,李海文主编:《中共重大历史事件亲历记》(二),第13页,四川人民出版社,2006年。

② 毛泽东《关于中共中央设副主席和总书记的问题》,《毛泽东文集》第7卷,第112页,人民出版社,1999年。

③ 《人民日报》1956年9月29日。

么事都要管,中央的事由你们做,发文用中央的名义。^① 凡是党政军各方面送中央常委的报告、文件都要先送书记处。一般问题,书记处讨论决定,即可下达、执行。重大问题,书记处先拿意见再报中央常委讨论、决定。

书记处在讨论国务院的工作时,因周恩来要参加,总是就着周恩来的时间。据查有关记录,副主席中只有周恩来经常出席书记处会议。

中央政治局委员并不都在北京,因要主持地方大政工作,非重要会议一般不来京。所以政治局不能经常召开全体会议。而书记处要处理大量日常工作,经常每周开会三四次,常常得到毛泽东的直接领导。书记处的同志最早听到毛泽东的声音,知道中央的决策,有时反而比一些政治局的同志消息更灵通。^②

当时,由彭真协助邓小平负责全面工作;王稼祥兼任中央联络部部长,负责外事;谭震林负责农业;谭政是总政主任,负责军队干部;黄克诚是参谋长;李雪峰负责工业。

从 1956 年到"文革"前夕,书记处人员几经变化,有出有进,后增补了副总理李富春、李先念、陆定一,政治局候补委员康生、副总理罗瑞卿、中南局第一书记陶铸和叶剑英元帅。从这张名单看出书记处之重要。^③ 到 1966 年八届十一中全会时,中央书记处成员有:邓小平、王稼祥、李富春、李先念、叶剑英、谭震林、康生、陶铸、李雪峰。候补书记:刘澜涛、胡乔木。

十二大总书记成为党的最高领导职务

1966 年 8 月,八届十一中全会,虽然书记处增补了谢富治、刘宁一两位,但是因邓小平受到批评,书记处很快就停止工作。八届十一中全会前,已有新成立的中央文革小组取代书记处的趋势。中央文革小组成员多是搞意识形态工作的,如康生、陈伯达等,各中央局派一副书记或常委参加。李雪峰等书记处成员都不是中央文革小组成员。可能毛泽东估计到中央书记处将不再工作,书记处的这些同志放在哪儿?进入政治局。八届十一中全会,谭震林、陶铸、叶剑英当选为政治局委员,李雪峰、谢富治当选为政治局

① 李雪峰:《召开八大前后片断回忆》,李海文主编:《中共重大历史事件亲历记》(二),第 14 页,四川人民出版社,2006 年。

② 2006 年 3 月和谷丹采访李雪峰秘书黄道霞。

③ 《中华人民共和国官职志》,第 27 页,中国社会出版社,1993 年。

候补委员。

过了 14 年,1980 年 2 月十一届五中全会,华国锋任党中央主席,根据邓小平提议,会议"决定恢复党的第八次代表大会所决定并在十年间证明是必要和有效的制度,设立中央书记处作为中央政治局和它的常务委员会领导下的经常工作机构",全会"选举胡耀邦、赵紫阳为政治局常委;决定设立中央书记处,选举胡耀邦为中央委员会总书记,万里、王任重、方毅、谷牧、宋任穷、余秋里、杨得志、胡乔木、胡耀邦、姚依林、彭冲为中央书记处书记"。[①]

到 1982 年 9 月召开的十二次代表大会决定,中国共产党不再设主席、副主席。从此,总书记成为中国共产党的至今为止最高领导职务。但是,中央政治局仍是决策机关,在中央政治局领导和它的常务委员会领导下,中央书记处仍负责全党的党、政、军日常工作。总书记及中央书记处成员均由全会选举产生。[②] 到十三大发生变化,总书记仍然由全会选举产生,而中央书记处书记和候补书记,则在公报中这样写道:"根据中央政治局常务委员会的提名,(全会)通过了中央书记处书记和候补书记"。[③] 到十四大仍然沿用此办法只是不再设候补书记。

[附记]本文首发于《党史博览》2006 年第 9 期,此次发表对十二大以来书记处成员产生办法做了增补。写作的缘由是龚育之提出的一个问题,中央政治局和中央书记处的关系。对他所提的问题我十分重视,立即和谷丹一起向李雪峰的秘书黄道霞前辈请教。李雪峰从 1956 年八大起一直担任中央书记处书记,直到 1966 年"文革"爆发后中央书记处停止工作。黄道霞从 1956 年起到 1971 年初,曾在李雪峰身边工作 23 年。中央发文件,李雪峰文件的序号是 26,大家开玩笑称黄老为 26.5。他热情地接待了我们,解答了我们的问题,于是有了这篇文章。

---

① 《人民日报》1980 年 3 月 1 日。
② 《人民日报》1980 年 9 月 12 日。
③ 《人民日报》1987 年 11 月 2 日。

我所知道的师哲与
《在历史巨人身边——师哲回忆录》

整理《在历史巨人身边——师哲回忆录》的过程

师哲一生,他自己这样概括:20 岁前在陕西读书;1925 年到苏联学习、工作共 15 年;1940 年随周恩来、任弼时回国,在毛泽东身边工作 18 年;受审查、软禁、坐牢、流放 19 年,到 1982 年,才由中组部作出结论:"经 13 年审查,没有问题。"

"文化大革命"后期,经博古夫人张越霞介绍,我与师哲的夫人周惠年及其子女相识,并了解到师哲是大革命时期的老同志,在苏联学习与工作 15 年,回国后长期在中共中央担任俄文翻译,随毛泽东、周恩来、刘少奇、朱德、任弼时、邓小平等出访苏联等国,是中共中央与苏共中央之间往来的见证人,便十分想见他。但师哲于 1962 年后一直隔离审查,当时关在秦城监狱尚未出狱。

1975 年 5 月,得知师哲从监狱出来流放到陕西扶风。8 月,听说他为了解决自己的政治结论问题回到北京住在福绥境。我登门拜访。这时他已是 70 岁的老人,动作敏捷,待人热情,一见如故。那时正是和"四人帮"斗争激烈的年月,限于当时的政治气氛,我们没有涉及 50 年代的中苏关系,但是他谈锋甚健,话语中充满乐观、机智。整整谈了一个上午。他送我出门时,叮嘱我说:"年轻人,要警惕啊!"他这句话意味深长,包含了多少经验和教训。这次见面,他那鲜明的性格,犀利的语言,敏锐的目光,独特的看问题视角给我留下深刻的印象。11 月,政治形势突变,开始批判右倾翻案风,他无功而返,不得已回到扶风。

1979 年听说他回来了,住在万寿路中组部招待所。我去看他,室内陈设十分简单,连坐的椅子都不够,孩子们席地而坐。久别重逢,大家格外高兴。师哲仍然如故,精神矍铄。

1982年,师哲分配到社会科学院苏东研究所任顾问。他终于有条件可以回溯那段历史。他给党中央总书记胡耀邦写信,提出此要求,得到同意,但是批示上说,写好后存中央档案馆。

回忆录很快写好,交中央档案馆保存。1986年师哲患脑血栓,脑力虽未减,但行动不便,一切力不从心了。81岁高龄的老人希望在有生之年能看到自己的回忆录问世,便将他保存的回忆录的草稿交给我。

原稿有二三十万字,按人物回忆毛泽东、周恩来、刘少奇、任弼时等老一辈革命家的许多重要活动,不少内容是重复的。1988年我才有时间开始整理,将书稿按专题进行分类,按事件发生的先后顺序排列。由于当时我任周恩来研究组副组长,工作繁忙,整理只能利用工作之余的时间,断断续续进行,主要集中在1989年后半年和1990年一年,用一年半的时间里完成。

师哲耄耋之年,患轻度中风行走不便,但是头脑清楚,文思敏捷,一谈就是四五个钟头,滔滔不绝。鲜为人知的细节,独特的思路,机智风趣的语言,引人入胜。

我以他的文字和口头的回忆为基础,借中央文献研究室的鼎力相助,得以查阅了大量有关毛泽东、周恩来、刘少奇、朱德、任弼时的档案资料,核对史实,进行补充、订正。在整理时,忠实于师哲独特的经历、见闻、观点的同时,增加了历史背景及对人物、事件分析的阐述。为了便于读者阅读,还做了少量的注释。

整理好后,送师哲审阅。问题少,他自己动手修改。问题比较多或者问题比较大,就同我谈。如他记忆(时间、地点、过程、情节)有误,我拿出档案等文字证据,他都心悦诚服接受。我对某些人物的性格、思想的理解与他不同,他详细地和我谈,为了说明问题一一举例,直到我完全理解为止。他讲的有些观点我虽然不完全同意,但因是他的口述史,作为整理者,我只能忠实原意,照录无误。如此根据他的意见修改后,再送他审阅,各个篇章都留下他修改的笔迹。每篇都至少往返两次才能定稿。在此期间,我与师哲交谈30多次。

本书作为回忆录,采用第一人称叙述,"我"即是师哲本人。由于师哲有其独特的语言风格,如半文半白,形容词、名词性定语使用频繁高(俄文的特点),倒装句较多等,我在整理的过程中尽量予以保持,同时力求使本书的语言朴素流畅。

周恩来的外交秘书马列,彭德怀办公室主任、彭德怀传记组组长王焰,彭德怀传记组成员、研究朝鲜战争的专家张希审阅了部分章节。

经过整理后,回忆录以《在历史巨人身边》为名分别于 1991 年和 1998 年两次出版,共印 6 万册,引起国内外的关注,在日本由刘俊南、横泽泰夫翻译的日文版也相应问世。《在历史巨人身边》1991 年出版后,中国、俄罗斯公布了大量档案,在很多地方同师哲回忆录都可互为印证,但也有个别不一样的地方,此次出版一一做了注释。

为了更好说明历史情况,将我根据最新公布的档案写的《一波三折中共中央决定出兵朝鲜过程——兼论周恩来、斯大林 1950 年 10 月会谈内容》一文作为本书的附录,一并发表。

师哲已于 1998 年 8 月去世,他几乎经历了整整一个世纪的风雨。生活在 20 世纪的人中,很少有人像他那样,曾同众多的重要人物、重要事件如此紧密地联系在一起,曾如此直接、如此频繁地接触毛泽东、周恩来、刘少奇、邓小平、斯大林、赫鲁晓夫等中苏领导人。他的回忆录无法由他人代述,在中苏关系口述史中尤其如此。经过十多年的考验,他的回忆录成为历史文献,现特选出有关新中国建立初期中苏关系的部分重新编辑出版。

师哲是一位特立独行的人

我从事专业党研究近 30 年,采访过数百位领导同志,有政治局委员、书记处书记、部长、将军们,当他们谈起在毛泽东、周恩来、刘少奇、朱德、任弼时、邓小平领导下工作的情景,话语间充满了崇敬之情,往往以仰视的角度回顾历史。师哲则不然,一贯以平视的角度看待、评论老一辈领导人。他在耄耋之年,患轻度中风行走不便,但是精神矍铄,头脑清楚,文思敏捷,一谈就是四五个钟头,滔滔不绝。独特的思路,机智风趣的语言,随口手拈来一个个鲜为人知的历史细节,引人入胜。我常常听得入迷,忘了记录。

师哲 1924 年加入共青团,1926 年加入共产党。这个为革命奋斗一生的老同志,为什么会如此与众不同?

随着我与他交往越深,对他越了解,才渐渐找到答案。这固然和他的天性、陕西人的性格有关,更主要与他在苏联学习与工作 15 年的经历有关。20 岁到 35 岁正是一个人精力旺盛,求知欲强,确定世界观,事业蓬勃发展的岁月。他长期在国外生活,深受异国文化的影响,养成了西方的思维习惯。这就是民主、平等、开放。

师哲那独特的视角，与他在共产国际工作，回国后在中共中央机关工作18年的经历有关。1938年秋，他任中共驻共产国际代表任弼时的秘书。1940年受共产国际派遣回国参加"七大"，准备"七大"后回莫斯科向共产国际汇报。那时，中国共产党是共产国际的一个支部。这年春，他随周恩来、任弼时一起回到延安。因战争原因，"七大"召开的时间一推再推，他以任弼时秘书的身份留在延安，在毛泽东、任弼时的领导下负责中苏两党往来的具体事务，翻译来往电文。他参加延安整风，在中央社会部、陕甘宁保安处工作，任一室主任等职务。"七大"后任中央书记处办公室主任，1948年任政治秘书室主任。这18年，他在毛泽东、任弼时领导下工作，近距离观察毛泽东、周恩来、刘少奇、朱德、任弼时、彭德怀、张闻天工作方法、工作作风，熟知他们的性格、思维特征和他们之间关系的微妙之处。

他和中共中央领导人一起经历了中苏关系由蜜月到产生分歧的过程。1956年中苏关系开始发生变化，1957年1月他主动向邓小平、刘少奇提出离开中央，到山东任省委书记处书记。拿到火车票，才去向毛泽东告别。他对苏联一直坚持自己的看法，有人说他是亲苏派。其实，他对苏联、斯大林既不是完全肯定，也不是完全否定。他因在苏联生活15年，对苏联的优点、缺点有较深刻的认识。他的回忆录在中苏关系特别好的时候不能出版，因为他讲了苏联的不少缺点；在中苏关系恶化时也不能出版，因为他讲了苏联的许多好话。只有在中苏关系正常化时才能出版。1990年、1991年正是恰当的时机，真是天助人也。

第三个原因，他在苏联学习时，能用俄文直接阅读马克思、恩格斯、列宁、斯大林的著作。新中国建立后他担任中央编译局局长、外文出版社社长，领导筹建俄语学院（第一外语学院的前身）。中央编译局的任务是编辑、翻译马列著作，先后出版了马克思、恩格斯全集（"文革"前印了几十本，没有出全）、列宁全集、斯大林全集。

新中国建立前由于战争环境十分残酷，全党集中力量打仗，战胜敌人，解决生存问题。由于敌人包围封锁，根据地物资匮乏，中国共产党没有人力、物力出版马、恩、列、斯全集。延安整风时指定全党必读的22个文件，马列著作只有很少几篇。那时各个根据地出版的马、恩、列、斯著作的单行本屈指可数。

新中国建立后，有了条件，中央马上着手成立了中央编译局。列宁全集共 39 卷,到 1963 年出齐。1962 年,师哲被扣上"修正主义分子"、"苏修特务"的罪名,被软禁在东总布胡同的一栋房子里。他利用受审查的时间,认真研读、校对《列宁全集》中俄本。像他这样认真地通读过《列宁全集》的人在党内甚少,就是专门从事理论研究工作的同志也找不出几个。他有深厚的理论修养。这是他能够坚持、敢于坚持自己看法的基础。

他流放、坐牢 19 年。在牢房里单独囚禁,在穷乡僻壤一人枯坐,他有时间不断思考、回味、反省。他深信马列主义,以马列主义立场、方法观察社会,总结历史经验,思考政治问题,一直关注着社会的变化,事态的发展。他一直保持着敏锐的目光。

80 年代初,他回到北京不久,出席宦乡召开的研究国际问题的会议。这个会议是为起草党的十二大报告做准备,为报告的国际部分征询意见后。师哲首先发言,直言不讳地提出:"苏联不是修正主义。"一语惊四座。他不在乎人们惊异的目光,侃侃而谈,理由充分,难以驳倒。当时中国与苏联的关系还没有改善,对苏联仍然沿用"苏修"的称呼。即使主持人内心认为他讲得很对,也不能违背中央决定,从此此类会议再没有开过。会后,宦乡登门拜访,当面请教。师哲直抒己见,讲了一天,将这么多年憋在心里的话都讲出来。1982 年 9 月,胡耀邦在十二大作《全面开创社会主义现代化建设的新局面》的报告中,只批评了苏联执行的霸权主义政策,没有涉及理论和意识形态问题,没有再指责苏联是修正主义。

师哲锐气不减当年。有人说他骄傲,有人说他固执,有人说他坚持原则,有人说他不近人情。不管别人说什么,他仍然我行我素,特立独行。

他 20 岁投身革命,经历过战争、肃反、党内争论,也犯过错误。他有过辉煌,也下过地狱,经历丰富多彩,大起大落,命运多舛。从 1959 年起受审查,后下放到陕西扶风农场,1962 年被软禁,1966 年被关进秦城监狱,狱号:6601,是 1966 年关到秦城监狱的第一个人。1975 年出狱后流放到陕西扶风,1979 年才回到北京,住在万寿路中组部招待所。1982 年作了结论:"经十三年审查,没有问题。"后分配到社会科学院苏东研究所任顾问。坐牢、受审查、流放共 19 年,不平凡的经历磨炼了他,使他更加坚强、刚毅,百折不挠。1986 年患中风,行动不便。一个打击接着一个打击。但是都没有将他打倒,他永远是乐观、积极。真是生命不息,奋斗不已。

这四个特点,使他一生保持鲜明的性格,犀利的语言,敏锐的目光,独特的视角。

在他暮年之际，口述、出版回忆录《在历史巨人身边》，引起国内外广泛注意，产生了很大的影响，并译成日文。中国、俄国、日本、德国、美国、印度研究中国外交史、关注中苏关系、朝鲜战争的学者纷纷登门请教，各国记者采访，络绎不绝。他的观点、史料广为史学界接受。

他一直怀念苏联老朋友，但是行动不便，一直没有机会见面。1993年10月5日我和皮声浩、张希陪同俄罗斯的朋友贡恰罗夫（又称冈察洛夫）、杰尼索夫去看望师哲。师哲一一询问和他一起工作过的老朋友的情况，得知罗高寿的儿子小罗高寿任俄罗斯驻华大使，十分高兴。拿出三本《在历史巨人身边》送给两位俄罗斯友人，请他们转交罗高寿大使，并一一签名留念。那时他已是88岁高龄。过了5年，他就因病逝世了。

2003年12月19日在俄罗斯大使馆纪念毛泽东诞辰110周年的聚会上，罗高寿大使是晚会的主人，繁忙地接待客人。我想到师哲的遗愿，师哲青年、壮年一直为中苏友好工作，到晚年他以写回忆录的方式依然致力于中俄友好。俄国是他的第二故乡，而他一直没有机会再回到俄罗斯，没有能再见到俄罗斯的老朋友。我主动走过去，向他谈起师哲和《在历史巨人身边》一书。他知道我是这本书的整理者时，热情地同我握手。我知道罗高寿大使是在表达他对师哲的敬意和怀念。我的朋友叶利亚、王元将这个瞬间拍了下来。

生活在20世纪的人们中，很少有人如师哲一样，曾同如此多的重要人物、重要事件紧密地联系在一起。他的回忆录是其他任何一个人所不能代述的。他是一个重要的历史见证人。他以其独特的视角对诸多领袖人物的看法、评价，为研究历史提供了重要思路，他本人也因此成为值得关注、值得研究的一个历史人物。

[附记]此文由两篇文章合并而成，前半部分是2005年1月当代中国出版社出版的《师哲口述中苏关系见证录》的前言；后半部分首发于2004年12月《百年潮》。《在历史巨人身边——师哲回忆录》获得巨大成功，一时间"巨人"之声，"巨人"身影等等以"巨人"冠名的作品纷纷问世。但是，笔者要说，对回忆录一定要慎用。如师哲回忆刘少奇是1949年7月2日从北京出发到莫斯科，而刘少奇年谱根据新的材料认定是6月21日出发。另外，1991年第六期《远东研究》登出贡恰洛夫（又称冈察洛夫）整理的苏联驻华专家组组长科瓦廖夫回忆录中说，高岗当着斯大林的面提出要将中国的东北成为苏联的第十七个加盟共和国。1992年2月14日，中国社会科学院东欧中亚研究所在《东欧中亚情况》发表了谈话的摘要。龚育之看到这个材料，3月6日在电话里告诉笔者，他认

为科瓦廖夫说得比较确切(电话记录)。3月9日笔者到师哲家,向他请教此事,他一口否定科瓦廖夫的说法(见采访记录)。因为笔者看到的刘少奇在苏联给中共中央电报,电报中没有谈到高岗的事情,因而相信了师哲的话,写了《科瓦廖夫回忆的不确之处——师哲访谈录》一文,并请师哲审阅(见原稿)。

1992年夏天,贡恰洛夫调到北京在俄罗斯驻华大使馆工作,任政务参赞。1993年9月24日在中信国际研究所所长皮声浩的安排下,笔者与彭德怀传记组、研究抗美援朝的学者张希,同贡恰罗夫及俄驻华经济参赞杰尼索夫会面。而后于10月5日一起看望师哲。同师哲又讨论了这个问题。师哲当场回绝,说高岗没有说过这个话。出来后贡恰罗夫说:师哲、科瓦廖夫,这两位老人家不太合。

笔者的文章《科瓦廖夫回忆的不确之处——师哲访谈录》于1993年2月15日出版的《国史资料研究参考资料》第1期发表,后为《人物》、美国《历史学者》转载,作为附录收入日本出版的师哲回忆录,影响较大。可是就在笔者的文章发表之后,师哲在一次接见外宾时,当着笔者的面,却承认高岗讲过这个话。使笔者目瞪口呆,哭笑不得。当时笔者忙于其他工作,也没有想到这件事后来被很多人引用,产生这么大的后果,就没有再写文章更正。研究历史第一要实事求是,既然师哲后来否定了自己的说法,我在此郑重地将师哲的两种回忆内容告诉大家,供研究者参考。所以在本书附的《未收入本书文章的目录》目录中没有收录这篇《科瓦廖夫回忆的不确之处——师哲访谈录》一文的题目,及在《人物》转载时的题目。

聂元梓"第一张大字报"与康生、曹轶欧的关系

　　北京大学党委副书记王效挺和黄文一合写的《康生、曹轶欧与"第一张大字报"》,将《宋硕、陆平、彭珮云在文化大革命中究竟干些什么?》大字报的出台与康生、曹轶欧的关系讲得有理有据,很清楚。已收入我主编的《中共重大历史事件亲历记》。但是,几十年来,事过境迁,语境发生很大的变化。学术界仍有不同的看法,认为是聂元梓7个人先提出写大字报,康生、曹轶欧仅仅是"赞同"、"支持"、"鼓励",而不是"策划"、"授意"、"指使"。他们的依据是:除聂元梓外,大字报其他6位署名者都说,自己受了5月政治局会议的影响,是在《五一六通知》精神影响下写的,1966年5月政治局会议的消息是张恩慈向他们透露的,与康生、曹轶欧无关。他们都不知道聂元梓在酝酿写大字报期间见过曹轶欧。对于这种严重背离事实的说法,应该给予正本清源的廓清。即使按照他们的说法是张恩慈"透露"给他们的,即这种行为是个人行为,还是奉令而行? 如是奉令行事,他奉了谁的令? 起重要作用的张恩慈,是何许人也? 他与康生、曹轶欧是什么关系?

张恩慈与康生、曹轶欧早有联系

　　张恩慈,原是北大哲学系年轻有为、才华出众、颇受学生欢迎的讲师[1]。60年代初,他到北京门头沟下乡一年,错过了难得的评副教授的机会[2],加之他有心脏病,无法适应山区的生活和工作[3],心生怨气。1964年11月中宣部派工作组到北大搞社教运动,认为校、系很多单位都烂了,张恩慈是社教积极分子,就吸收为工作队员。当时哲学系有一批左派,即社教前期的积极分子。1965年3月贯彻《二十三条》,邓小平、彭真批评了北大社教运动,

---

①　2006年9月采访石仲泉。

②　2001年李海文、郝在今等采访陆平。

③　2006年9月采访石仲泉。

肯定校长、党委书记陆平是好同志,撤换了工作队队长。4月,中宣部、教育部、北京市委联合在国际饭店召开工作队部分骨干分子座谈会,批评了社教中的左派。这个会议就全校而言1965年9月结束,只有哲学系一个组到1966年1月才结束。其间,张恩慈也被叫回来参加国际饭店会议。会后,毛主席要求大学生都要到阶级斗争的第一线经风雨、见世面,全国的大学生在教师的带领下到乡下参加一期或两期"四清"运动,哲学系不少社教前期的积极分子也在其中。

其实,校领导是重视、培养张恩慈的。1963年左右,派他参与康生领导的中央理论小组反修文章的写作。能够参与中央交办的任务,是一件很光荣的事情。康生领导的班子住在钓鱼台,他们是外围,为钓鱼台的班子准备资料,住在民族饭店①,因而同康生、曹轶欧有联系。曹轶欧是康生的妻子、中央理论小组办公室主任、康生办公室主任。当时住在民族饭店的,还有《红旗》杂志哲学组组长关锋、学部(今社会科学院的前身)哲学所的吴传启等,他们不仅为钓鱼台准备写作材料,还一起批判杨献珍的"合二而一"。②

因和关锋等人合作愉快,张恩慈写的批判"合二而一"的文章,据说受到毛泽东的表扬。由康生亲自点名,1965年7月,张恩慈调到马列主义研究院工作③。马列主义研究院1964年成立,在西颐宾馆办公,《红旗》杂志社的总编辑陈伯达兼任院长。大家都知道后来康生是中央文革小组顾问,陈伯达是中央文革小组组长,关锋是中央文革小组成员。这便是张恩慈能够知道中央动向的原因。

周恩来说大家没有传达任务,
康生却向张恩慈透露《五一六通知》内容

1966年4月中旬,毛泽东在杭州召开第二次扩大中央常委会议,参加者除中央常委外,还有中央书记处书记、六个大区书记,简称第二次杭州会议。会议有两个引人注目的事件,其一,毛泽东批评彭真,解散了以彭真为组长的中央文化革命小组,这个小组因是彭真、陆定一、康生等五人组成,又

---

① 20世纪90年代和钱泉谷采访钱抵千。钱抵千大校是军队派到钓鱼台参加写作班子的成员。

② 2006年9月14日采访杨德。

③ 2006年9月27日电话采访王效挺。

称为五人小组。其二,原则通过康生、陈伯达、江青主持起草的《中央委员会通知》,即后来政治局于5月16日通过的《五一六通知》草稿。经中央审定的起草小组组长是:陈伯达,顾问康生,副组长江青、刘志坚,成员有王力、关锋、穆欣、吴冷西、陈亚丁、尹达、张春桥等。① 这些成员和后来正式成立的中央文革小组成员已相差无几。

第二次杭州会议上,虽然原则通过文件草稿,但是散会时,周恩来叮嘱:因为很快要开政治局会议,大家没有传达的任务,严格保密。康生作为政治局候补委员、中央书记处书记参加了这个会议,并任命为中央文革起草小组顾问,他成为最了解政治动向的核心人物。

中央书记处书记、华北局第一书记李雪峰回到北京后,政治局候补委员薄一波、中央组织部部长安子文登门打听消息。李雪峰得知薄一波、安子文在北京看了杭州会议的7个文件,独独没有看到《中央委员会通知》草稿,不敢透露半点。薄一波、安子文很生气,薄一波一拍屁股说:"不说拉倒。"②薄一波、安子文是李雪峰多年老战友,李雪峰是中央书记处书记也不敢造次。可见当时纪律之严明,泄露党的秘密,轻者遭到训斥,重者受处分,甚至开除党籍。

5月4日,政治局扩大会议在北京召开,让大家看杭州会议7个文件,5日、6日、7日召开座谈会,由康生、陈伯达、张春桥等人介绍情况。尽管刘少奇主持会议,却由康生向远在杭州的毛泽东汇报、请示。③这与1975年毛泽东任命毛远新为联络员的做法如出一辙。可见康生起着特殊作用。这个会议有两个最令人惊骇的发言,一个是5日下午、6日上午康生传达毛泽东关于"文化大革命"的指示,一个是林彪5月18日关于政变的发言。5月7日中央通知李雪峰任北京市委代理第一书记,5月8日华北局派工作组进驻北京市委,召开大会,号召干部揭发市委领导。④ 市委机关内部开始出现大字报。

4、5月间,康生即到处收罗彭真的"错误"材料。而张恩慈对于在国际饭店受批评一事耿耿于怀,因此与康生一拍即合,5月5日他写完了《我对北京大学"四清"运动的意见》一文⑤。文章很快送到毛泽东的手上。5月

① 穆欣:《劫后长忆》,第77页,新天地出版社,1997年第2版。
②③ 20世纪90年代采访李雪峰。李雪峰:《我所知道的"文革"发动内情》。
④ 采访李雪峰记录。
⑤ 《建国以来毛泽东文稿》第12辑,第57页,中央文献出版社,1998年。

11 日,毛泽东将此文题目改为《张恩慈对北京大学"四清"运动的意见》,并批示:"少奇同志阅后,印发有关同志。"

很有可能在 11 日当天,康生在电话中得知了毛泽东在杭州发出的批示,但是文件要由机要交通送到北京最快也要第二天了,因为当时的飞机一天只有一班,火车要走一天一夜。即使用专机送,文件到了北京,由刘少奇批示,印刷,发到与会者手上,最快也是几日了。北大社教不仅是彭真,还有邓小平也出面批评了左派,保了校长陆平,所以,康生即使知道毛泽东的批示,也不敢轻举妄动,还要看刘少奇、邓小平的态度。此时康生只能伺机而动,成立调查小组,放在由他领导的中央理论小组之下。因为事关机密,让妻子曹轶欧任组长,真可谓打虎亲兄弟,上阵夫妻兵。康生对调查组成员说:这次调查重点是北大。① "从北大点火,向上搞。"②调查组成立后,任务灵活,不引人注目,可进可退。1964 年中央在北京 10 个单位搞"四清"试点,受到"三分之一政权不在我们手里"之论的影响,认为这些单位领导班子烂掉了,后来中央发了《二十三条》纠正了扩大化,有的重新撤换了工作队领导。康生精心考虑后选中了北大,大概有三个原因:其一,北大社教前期有一批积极分子,有基础。其二,"文化大革命"首先要从文化、教育系统发动的。北大名气大,影响大。其三,北大文人多,会写文章的人多。

5 月中旬的一天晚上,在康生住所会议室,康生同调查组 6 个成员会面,张恩慈是调查组成员,也在座。康生说:借调你们来是搞文化革命的调查,主要调查北大。调查批判海瑞罢官的情况,还谈到将要发一个批判彭真的《二月提纲》的通知。你们住在北大调查,不限于北大。③

在杭州,周恩来叮嘱与会者:大家没有传达的任务,严格保密;李雪峰不敢向政治局候补委员薄一波、中央组织部部长安子文透露半句,而康生,却向调查组的成员谈了《五一六通知》的内容。真是大胆包天! 康生之所以敢向调查组讲中央很快发一个批判彭真的通知,是要打消他们的顾虑,才能完成他的预定方案:"从北大点火,向上搞。"

这个调查小组,对第一张大字报的出台起了重要作用。张恩慈负责跑

---

① 1978 年 11 月刘仰峤回忆,见王效挺、黄文一:《康生、曹轶欧与"第一张大字报"》,李海文主编的《中共重大历史事件亲历记》,第 147 页,四川人民出版社,2006 年。

② 王效挺:《关于彻底否定"文革"的问题》,1985 年 4 月 4 日。2006 年和韩钢、王海光采访王效挺。

③ 1978 年 11 月张恩慈写的材料。

外勤,负责联系北大,在曹轶欧直接领导下工作。

康生、曹轶欧授意张恩慈鼓动写大字报

13日或14日,毛泽东的批示及张恩慈的报告印发大会。在北大"四清"问题上,邓小平只能服从毛泽东。这时,康生有了尚方宝剑,开始行动。调查组的任务,1967年1月22日康生在工农兵体院毛泽东主义兵团大会上讲得很清楚:"目的是调查彭真在学校里搞了哪些阴谋和发动左派写文章。"①

14日中午,曹轶欧带着张恩慈到北大找陆平谈话。此时,曹轶欧终于走到前台。陆平提出校常委向她汇报一次情况,曹轶欧拒绝了。学校为调查组准备了住处,曹轶欧、刘仰峤住在朗润园的专家楼,张恩慈等人住在一院。曹轶欧、刘仰峤在朗润园的专家楼只住了一晚,以后都是将北大的人找到马列研究院所在地西颐宾馆个别谈话。

曹轶欧之所以带张恩慈到北大,原因有二:其一,他的报告已经得到毛泽东批准,此事非同小可。其二,张恩慈在北大工作多年,情况熟,关系多。果然,张恩慈一回到学校,哲学系的人纷纷找他了解中央动向,反映学校情况,他成为"哲学系左派联系中心"。张恩慈住在一院,和哲学系左派杨克明、高云鹏、宋一秀、赵正义谈话、开会。由于张恩慈从康生那里已知道《五一六通知》的精神,这些消息"振奋人心",使受压的左派感到终于盼到了出头之日,个个摩拳擦掌,要大干一场。

5月16日,政治局扩大会议通过《五一六通知》,并规定传达到县团级。《五一六通知》宣布"撤销原来的文化革命五人小组及其办事机构,重新设立文化革命小组,隶属于政治局常委之下"。它点了彭真的名,给人印象最深的话是:"混进党里、政府里、军队里和各种文化界的资产阶级代表人物,是一批反革命的修正主义分子,一旦时机成熟,他们就要夺取政权,由无产阶级专政变为资产阶级专政。这些人物,有些已被我们识破了,有些则还没有被识破,有些正在受到我们信用,被培养为我们的接班人,例如赫鲁晓夫那

---

① 1967年1月22日康生接见工农兵体院毛泽东主义兵团时说:"关于我爱人的问题,是5月份,我爱人等五个人组成一个调查小组,目的是调查彭真在学校里搞了哪些阴谋和发动左派写文章,根本与工作组没关系。聂元梓同志的大字报就是当时在我爱人他们的促动下写的。"

样的人物,他们现正睡在我们的身旁,各级党委必须充分注意这一点。"赫鲁晓夫是修正主义的头子,"赫鲁晓夫那样的人物"就是中国修正主义的头子,这场斗争和一般的党内同左右倾的斗争性质不同。党内左右倾错误是属于人民内部矛盾,修正主义是属于敌我矛盾。

杨克明向张恩慈表示打算写一份关于北大社教的申诉材料送中央,张恩慈告诉他:"现在北京市委机关已经有人贴了大字报,还是这样来得快。"调查组到北大后不几天,除张恩慈外,其余4人都到北京市委摘抄内部大字报。回来抄清后交曹轶欧,再交康生。康生认为这些材料很有用。

起草"第一张大字报"的主要是6个人,聂元梓、杨克明、高云鹏、宋一秀、赵正义、夏剑豸一起议论,在赵正义的现成批判稿基础上,宋一秀修改,算第二稿。① 大家认为不能用,便由杨克明起草第三稿,最后聂元梓、高云鹏、宋一秀、赵正义、夏剑豸(他从农村回来,赶上此事)在一起讨论定稿。聂元梓签在第一名。

康生不仅"赞同"、"支持"、"鼓励",还是"策划"、"授意"、"指使"。这一点,看看杨克明当年1967年8月写给江青、戚本禹的信就很清楚:"就在这关键时刻,康生同志、曹轶欧同志通过张恩慈指示我们,可以写大字报,这样影响大,作用大,能解决问题。"过了12年,到1978年12月,杨克明写的材料仍承认张恩慈告诉他:"现在北京市委机关已经有人贴了大字报,还是这样来得快。我觉得他的话有道理,就要求他和我们几个人一起搞。他说他已被抽调参加到北大的一个调查组,参加北大的事不方便。"②张恩慈说不方便,是因为曹轶欧嘱咐他:支持哲学系一些活动时,注意不要太明显,有些场合要有所回避。如果不注意,被陆平觉察会造成被动。这符合康生一向谨慎的做法。14日调查组进北大,一直到17日,《五一六通知》通过的第二天,才由中央理论小组正式向北京大学发函:介绍曹轶欧、张恩慈等7人来校调查"文化大革命"的情况。③

1967年1月22日康生在工农兵体院毛泽东主义兵团大会上讲得很清楚:"关于我爱人的问题,是5月份,我爱人等5个人组成一个调查小组,目的是调查彭真在学校里搞了哪些阴谋和发动左派写文章,根本与工作组没

① 印红标:《"全国第一张马列主义大字报"出笼记》,《百年潮》1999年第7期。

② 王效挺、黄文一:《康生、曹轶欧与第一张大字报》,《中共重大历史亲历记》,第151页,人民出版社联盟文库,2010年。2006年和韩钢、王海光采访王效挺。

③ 《北京大学纪事》,第642页,北京大学出版社,1998年。

关系。聂元梓同志的大字报就是当时在我爱人他们的促动下写的。"

大字报的内容要写什么呢？1979 年 7 月 16 日刘仰桥回忆："一次张恩慈同志提到宋硕同志在北大谈有关开展大批判的精神（5 月 14 日陆平传达了宋硕讲话），就认为抓到东西了。曹轶欧说这就是要捂盖子。要从学校往上搞，从此开始，一直到聂元梓等第一张大字报贴出，都是围绕宋硕讲话进行调查。"

再看看张恩慈在 1978 年 12 月写的材料："第一张大字报贴出后，遭到一些人的反对……杨克明打电话给我，并且很急，说他们被围攻怎么办，你们调查组管不管?! 我说你怕什么？有《五一六通知》怕什么？并说上边领导是支持这张大字报的。我说的上边领导，就是康生、曹轶欧。"①

粉碎"四人帮"后，人们重新审视"文革"，开始批评"第一张大字报"，但是大字报是康生、曹轶欧指使写的，作者的责任并不大。1980 年 10 月 16 日中央开除了康生党籍，每个人都要与康生、曹轶欧划清界限，情况发生变化，杨克明只承认张恩慈告诉他：彭真确实已经垮台。宋一秀、高云鹏等人只承认张恩慈告诉他们：要串联左派。可以写大字报。②

"串联左派"可以理解为在党内搞小组织活动，搞派别活动，如果毛泽东没有批准大字报，如果没有发生"文化大革命"，这一罪名都是要杀头的。别说张恩慈，就是康生也不敢如此大胆妄为。5 月 25 日聂元梓等 7 人贴出大字报后，引起师生激烈辩论，个别人甚至动手你推我搡。众多外国留学生在北大学习，他们将消息迅速传到使馆、国外，成为当天世界各大通讯社的头条新闻。周总理派国务院外办主任张彦到北大讲话，批评将大字报贴在外面，张彦传达周总理的话说："家有家法，国有国法。"康生见事情闹大了，十分恐慌，和陈伯达一起诓骗不明真相的李雪峰到北大讲话③，尽快平息事态，以免进一步恶化，引火烧身。同时派张恩慈到北大要来大字报底稿④，火速送到杭州。

---

① 王效挺、黄文一：《康生、曹轶欧与"第一张大字报"》，《中共重大历史事件亲历记》，第 153 页，四川人民出版社，2006 年。

② 印红标：《"全国第一张马列主义大字报"出笼记》，《百年潮》1999 年第 7 期。

③ 20 世纪 90 年代采访李雪峰。李雪峰：《我所知道的"文革"发动内情》，《百年潮》1998 年第 10 期。

④ 1978 年 12 月杨克明写的材料："5 月 25 日，张恩慈和另一位同志来到杨克明处，同来的这位同志讲是曹轶欧让他们来的。杨克明把大字报底稿交给了张恩慈。"见《中共重大历史事件亲历记》，第 153 页，四川人民出版社，2006 年。

另外,有人说毛泽东的批示没有批在康生送的底稿上,因而怀疑康生是否向毛泽东送过大字报的底稿。现在档案没有全部公开,就是根据已公开的档案文献记载,毛泽东是在《红旗》杂志社和《光明日报》社总编室编辑、27日编印的《文化大革命简报》第13期上批示的:"康生、伯达同志:此文可以由新华社全文广播,在全国各报刊发表,十分必要。北京大学这个反动堡垒,从此可以打破。请酌办。"这里,请读者注意两点,其一,《红旗》杂志社的总编是中央文革小组组长陈伯达,《光明日报》总编辑是中央文革小组成员穆欣,而康生是中央文革小组顾问。这说明,中央文革小组的步调一致,配合默契。其二,毛泽东既不是批给当时在北京主持工作的党中央副主席刘少奇、总书记邓小平,也不是批给登载此消息的《红旗》总编、中央文革组长陈伯达一人,而是批给中央文革小组顾问康生和陈伯达两人,康生的名字还列在前面。这是为什么? 因为康生负责向远在外地的毛泽东传递文件,汇报北京情况。毛泽东的批示,更加证明康生与大字报的关系,是他积极向毛泽东推荐的。

正因为康生在北京很孤立,接到毛主席的电话后,他感到解放了。1966年8月4日康生在北大全校万人大会上讲话,介绍了当时的情况:"大字报贴出后指出陆平、彭珮云、邓拓黑帮,实际上是揭露了彭真黑帮。但是大字报贴出后,北大在陆平、彭珮云统治下,通过亲信蒙蔽同学,造谣说:大字报是反党反社会主义的。7点过后受到围攻,对革命大字报的进攻。伟大的、英明的领袖接到大字报,立即采取行动,(6月)1日下午4点,电话通知我,要马上广播。我感到聂元梓同志解放了,当时,我与曹轶欧、张恩慈、杨克明也感到解放了。"大字报共有7位作者,康生只点了两位,一位是签第一名者,一位是撰写者。还特别点到不是作者的张恩慈,就是因为他起了特殊的作用。同时,康生宣布:"大字报是20世纪60年代北京公社的宣言。"后来北大成立的第一个红卫兵组织,就叫新北大公社。当时我作为北大学生,在东操场参加万人大会,听了康生的这个讲话。

为什么康生感到解放了? 为什么在接到毛泽东电话前康生会如此紧张?

因为早在1954年2月反对高岗饶漱石集团时,七届四中全会根据毛泽东同志的建议通过了《关于增强党的团结的决议》,决议开宗明义第一句话就是:"党的团结,工人阶级的团结,劳动人民的团结,全国人民的团结,是革命胜利的基本保证。这是马克思列宁主义的最基本原理之一。"为了增强党的团结,中央作出几项规定,明确指出:"全党高级干部的重要政治活动和政治意见应经常向所属的党组织报告和反映,其关系特别重大者应直接向党中央的政治局、书记处或中央主席报告和反映;如果避开党的组织和避开中央来进行个人的或小集团的政治活动,避开党的组织和避开中央散布个人的或小集团的政治意见,这在党内就是一种非法活动,就是违反党的纪律、破坏党的团结的活动,就必须加以反对和禁止。"此后,高岗、饶漱石作为反党集团被批判,高岗自杀,饶漱石被监禁。

高岗是中央人民政府副主席、政治局委员,落得如此下场,康生会怎样呢?后来,康生连升三级,当选为政治局委员、常委、副主席,但是,他死后也没有逃过惩罚。粉碎"四人帮"后,开始清算"文化大革命"的错误,追根溯源,人们纷纷要求追究康生的责任。1980年10月16日中共中央决定开除康生的党籍,撤销悼词,并把他的反革命罪行向全党公布,其中第三条罪状就是"北京大学聂元梓等人第一张大字报是在康生幕后策划下炮制的"。康生已去世四五年,骨灰移出八宝山革命公墓。高岗死后,周恩来还亲自到现场,宣布厚葬。至今高岗安睡在万安公墓。相比之下,康生死后仍不得安宁。

在张恩慈做哲学系工作的同时,曹轶欧在校、系领导中活动,她首先动员法律系主任陈守一。陈守一是5级干部,资格老,影响大。陈守一断然拒绝了她。曹轶欧碰了钉子,才转而支持聂元梓。大字报之所以出于哲学系,这与左派力量强大有关,也与张恩慈的工作成效密不可分。

有人认为"文化大革命"爆发后,整个社会处于无政府状态,无秘密可言。非也。1966年8月召开的八届十一中全会,吸收了不少群众代表参加,8月7日毛泽东写的《我的一张大字报》在会上印发。会议12日结束,18日毛泽东在天安门接见红卫兵,第二天报纸公开了中央领导人新的排序,19日在清华出现贴刘少奇的大字报。红卫兵冲出学校到社会,全国开始大串联。直到21日深夜(或22日凌晨)不知何人将毛泽东的《我的一张大字报》贴在北大大饭厅东墙上,一时观者如潮。当时北大是一个舆论中心,串联的学生蜂拥而至。半个小时,这个消息传到上海等全国各地,惊动了中央文革小组,组长陈伯达亲自到北大,令人覆盖大字报,批评这种无组织、无纪律做法,重申:中央只授权新华社公布毛泽东的讲话、言论。任何人无权擅自公布。但他们也是在会议结束后的八九天才敢贴出大字报,还要乘夜色,偷偷摸摸地做。说不定这是中央文革演的双簧戏。

说到保密,1969年召开九大,有不少造反派当选为九大代表。代表们到北京住了一个多月才开会。当时规定不准写信、不准打电话，不准外出，在宾馆里不准拉开窗帘。代表断绝与外界一切联系。会议从4月1日开幕到24日结束，曾开过3次全体大会，数千人出动，两辆车一批，分批进入人大会堂的西门。4月1日发布消息后，外国记者硬是没有得到我们正在开九大的情况。保密工作做得好，毛泽东很满意。

"文革"开始后，什么样的会议无法保密呢？1966年10月在批判资产阶级反动路线的口号下，打倒各级领导，各级机构瘫痪。1967年1月夺权后，为解决各省市、各地区、各单位的问题，中央分期分批召集各省市、各地区、各单位的军队干部、造反派的各派头头、老干部代表来北京开会。这些造反派在中央文革的支持下，不守纪律，随时将会议情况通报给自己一派群众，会内外响应，制造事端，向中央施加压力。

但1966年5月，张恩慈向哲学系左派"透露"上面风向时，中央机关仍组织严密，纪律严格，和群众组织完全不同。张恩慈讲到什么程度，做事做到什么程度，都要请示，绝不敢越雷池一步。正因为他忠实执行曹轶欧的指示，暗中支持，才有所回避。在抄写大字报时他没有在场，对此他很后悔，不止一次讲：如果我在场，不会让聂元梓签在第一名。

写大字报是一个集体行动，署名第一的聂元梓
成为"文革"的一种符号象征

学者印红标的文章写道："六人都十分肯定地对笔者说：大字报是他们自己发起的，没有人指使。他们当时都不知道聂元梓在酝酿写大字报期间见过曹轶欧。"①这是大字报署名者6个人一致的说法，但这是一面之词，我们应听听聂元梓是怎样说的。

聂元梓在她的回忆录（2005版，第116—117页）写道："我们要写大字报，因为是党员，又是给自己的党委书记兼校长陆平写大字报，从组织观念上说，我们就想到要请示有关领导。"于是曹轶欧在西颐宾馆接见了我和杨克明，在座的有张恩慈。我们汇报后，"曹轶欧说，根据《五一六通知》精神，贴一张大字报，怎样不行呢？""这样，我就和赵正义、宋一秀、高云鹏等人说明，已请示了曹轶欧，同意我们给陆平写大字报。他们听了很高兴，从组织

---

① 印红标：《"全国第一张马列主义大字报"出笼记》，《百年潮》1999年第7期。

原则上说，大家就放心了。"

聂元梓回忆，曹轶欧没有问大字报的内容，"因为她在北大蹲点已经有些日子，北大的情况，她已经掌握了。调查组里的张恩慈，本来就是北大哲学系的人，自然会向她提供基本情况"。除了聂元梓说的这一点外，曹轶欧之所以不问大字报内容，也是为自己留一条后路。万一此事不成功，一旦追究起来，她可以说自己并不知道大字报的内容，只有失察之责，可借此逃避、减轻可能的惩罚。她的一举一动关系到康生的政治生命、荣辱、升迁，不能贸然行事。

5月23日，政治局扩大会议通过对彭真、罗瑞卿、陆定一、杨尚昆的处理决定，停止他们的一切职务，进行专案审查。文件下发到县团级。聂元梓很快就知道了这个情况。第二天24日，大字报已改出第二稿，第三天5月25日聂元梓等7人贴出大字报，这绝非巧合。没有可靠的内线，没有康生这样大人物强有力的支持，这7个人吃了豹子胆，也不敢公开贴出大字报。

退一万步，就是按那6个作者讲的，不知道聂元梓见过曹轶欧，那是不是这件事就不是康生、曹轶欧指使呢？写大字报是一个集体行动，聂元梓签在第一名，后人以此称为聂元梓大字报。为什么让聂元梓签在第一名呢？6个作者的说法是：因为聂元梓是系总支书记，是7人中资格最老、地位最高者，大家尊敬她。后来这6个人迅速和聂元梓分裂，则证明他们对聂元梓的尊敬是有限的。

那为什么让聂元梓签在第一名？我认为还有一个原因，就是谁签在第一名，谁负的责任最大。很多教师都经过反右斗争，1957年夏，不少人被打成右派，送去劳改，有的瘐死狱中，自然知道贴大字报可能的另一种后果。共产党历来政策是："首恶者必办，胁从者不问。"聂元梓敢挑这个头，就是因为她事先和曹轶欧谈过，她知道康生的态度，知道底细。如果她不签字，别人还敢签字吗？特别是5月24日北大刚传达了中央、国务院关于运动中贴出大字报的5点指示，强调内外有别。一般教师怎么敢无视党纪国法。如果聂元梓不签在第一名，这张大字报还能出笼吗？历史不能假设。现在的事实是无论聂元梓有没有动手写，是不是第一个提出写这个内容，她见过曹轶欧一事是否通报别人，对这些细节都可以有不同的看法，但是这些细枝末节并不影响事物的本质。重要的是聂元梓签在第一名。正因为她签在第一名，其他都签在她的后面，才有了这张大字报。她职务最高，她带领这些人在1966年5月25日下午2时贴出大字报。正因为她签在第一名，责任最大,当大字报受到批评后,也是她向华北局、北大副校长黄亦然解释这张大字报是康生、曹轶欧让她写的。正因为她签在第一名,责任最大,所以广播这张大字报后,人们称之为聂元梓大字报。这顶桂冠只有一顶,只能戴在一个人的头上,当然就是戴在签第一名的这个人头上,而不可能7个人平分。其他6个人不服气也不行。在这里没有平均主义。这样她便成为一个符号,一种象征,她由此当上北大文化革命委员会主任、校革命委员会主任、北京市革委会副主任,从此平步青云,成为"文革"中的风云人物。1968年8月,工人阶级占领上层建筑,进驻学校,毛泽东接见并批评首都院校的五大领袖,其他4个都倒了,只有聂元梓没有被打倒,在九大还当选为候补中央委员。也正因为她是"文革"的一种象征,又在"文革"中作恶多端,民愤极大,1978年被依法逮捕,1983年被判17年徒刑,剥夺政治权利4年。

后来,我才知道聂元梓的大字报并不是第一张。当时,中央文革到处找人写大字报。学部(今社会科学院的前身)哲学所的吴传启的大字报才是真正第一张,是5月23日贴出的。但是这张大字报只点了哲学所负责人杨述的名字,而没有上联北京市委、中宣部。一个原因,杨述1961年1月已离开北京市委调到学部。另一个原因,吴是解放前参加革命的老干部,虽然受到鼓动,听到会议的情况,但是胆子没有那么大。① 25日,卢正义在教育部也贴出大字报,只针对教育部的一位副部长和教育出版社的领导。但只有聂元梓的大字报;不仅点了北大校长陆平、彭珮云,还点了北京市委大学科学工作部副部长宋硕,由此而上联系到了北京市委。所以比较了几张大字报后,毛泽东决定广播聂元梓的大字报。② 从此,聂元梓一夜闻名天下。

当年张恩慈毫不隐讳大字报是康生、曹轶欧通过他授意写的

我们再来看看当年张恩慈是怎样讲的。1966年6月9日,北大全校师生听张恩慈和哲学系老师孔繁的报告。主持人特别介绍张恩慈原是北大哲学系的教师,现在中央某机关工作,是个重要人物,他能在百忙之中到北大作报告,深感荣幸。我当时作为北大学生在大饭厅听了这场报告。这是我第一次知道张恩慈的名字。

张恩慈、孔繁系统地介绍了北大的阶级斗争,所谓阶级斗争就是北大社

---

①② 20世纪90年代和安建设等采访吴传启。

教情况和第一张大字报产生过程。张恩慈的报告比较长，特别介绍聂元梓等7人的大字报产生经过，说大字报是在康生、曹轶欧的支持下写出来的，他以自己所起的穿针引线作用而自诩。如能找到这份报告记录，那些否认康生、曹轶欧"策划"、"授意"、"指使"写大字报，而认为仅仅是"赞同"、"支持"、"鼓励"写大字报的言论，会不攻自破。

为什么40年来我对这场报告记得这么清楚？是因为报告解开了我心中的谜团。5月25日，我们正在北京朝阳区"四清"，突然听闻北大哲学系的总支书记聂元梓等7人在大饭厅东墙上贴出大字报，引起全校师生激烈争论，半天时间贴出1500张大字报反对聂元梓的大字报。[①] 大饭厅前的辩论，甚至有人动手推搡。后来，听说国务院外副办主任张彦、中央书记处书记、华北局第一书记李雪峰连夜到学校讲话，才平息了这场风波。当时大家普遍认为张彦代表周总理，李雪峰代表党中央。这时，聂元梓也害怕了，向华北局说明这张大字报是曹轶欧让她写的。本来以为事情到此结束了，谁也没有想到几天后事情发生戏剧性的变化。6月1日晚8时，中央广播电台新闻广播的黄金时间，突然播放了聂元梓等人大字报的全文。当时我们所受到的震撼，至今难忘。虽然我们不知晓这是毛泽东的决定，但是大家都明白形势突然发生180度的变化，这绝非一般人能决定的。听说当天晚上中央派来工作组接管了学校。同学们坐不住了，有的连夜赶回学校。人人都希望知道这张大字报究竟是如何产生的？张恩慈的报告正是揭开了这个谜底，所以我的印象非常深刻。

另外，张恩慈对聂元梓有意见，张恩慈说他要在场，就不会让聂元梓签名第一位。他曾向康生反映过聂元梓的问题，但是康生说："她是乌龟王八蛋，我也要支持她。"[②]这句名言在北大也是众所周知。7月份，写大字报的7个人分裂。这个时间是从1966年7月24日毛泽东主持的一次会议记录查出来的，讲到怕聂元梓等7人分化时，毛泽东说："分化就分化，怕什么分化？"学校始终存在反聂元梓的一派，与康生的这句话有关，也与张恩慈的态

---

① 1978年12月19日北大化学系教师李南强在全校大会发言。

② 现在有据可查，1981年1月9日《北京日报》林浩基文章：《北大第一张大字报是怎样出笼的》："当调查组的人反映大字报贴出后，因为聂元梓政治上、生活上有不少问题，太臭，北大反对激烈，当初不应该选她带头写时，康生说：'是王八蛋也要支持。'"1966年7月北大有人向中央文革反映聂元梓的问题。康生听了发火说："我开始就说过，聂元梓是个混账王八蛋，我也支持她。"见王效挺、黄文一：《康生、曹轶欧与第一张大字报》。

度有关。

　　虽然,张恩慈与康生、曹轶欧相熟,他并没有再做其他的事。但是,张恩慈为此付出了代价。1969年马列主义研究院解散,重新分配,许多同志留在北京,张恩慈却分到山西工作。粉碎"四人帮"后党校恢复,他任山西省委党校副校长,后到山西大学任教。他一直想回北京,中央党校等好几个单位想要他,但都因《1980年10月16日中共中央批转中央纪律委员会关于康生问题的审查报告》在康生组织第一张大字报一事中,点了张恩慈的名字而未能如愿。① 时间是矛盾最好的消融剂,但是人的生命是有限的,他能不能等到这一天呢? 当这天到来时,还能不能做事,还能做什么呢?

　　聂元梓大字报的发表成为"文革"的起点,标志中国进入大动乱的时代。张恩慈及大字报作者们在特定环境下,被历史潮流推到风口浪尖上,扮演了重要的政治角色。"文革"这场火烧了10年之久,自有深刻的政治、社会、历史、文化原因,绝非他们所能左右、所能预见的,他们更没有想到会引火烧身,为此付出代价。但是这一事件的真相,不容有任何篡改。只有保存真实的历史,后人才能更好、更准确地研究历史,更深入、正确地总结历史经验和教训,使历史不再重演。

　　[附记]本文终稿于2006年12月。写作时得到王效挺、王海光、韩钢大力支持,表示感谢。首发于2009年《炎黄春秋》第3期。

---

　　① 2006年9月6日采访石仲泉记录。该报告写道:"由张恩慈同志(当时是调查组成员)串联,杨克明等人拟稿,聂元梓带头签名,于5月25日贴出这张大字报。"

1966年夏天,我在北京大学见闻

聂元梓大字报贴出后的戏剧性变化

1966年我在北京大学国际政治系三年级学习。这年夏天我们正在北京朝阳区楼梓庄大队(北京工业大学的附近)开展社教工作,社教运动进入尾声。

5月8日《解放军报》署名高炬的文章《向反党反社会主义的黑线开火》,同日《光明日报》署名何明的文章《擦亮眼睛,辨别真假》。高炬文章指出:"特别值得注意的是,《北京日报》在4月16日以三个版的篇幅,在《关于'三家村'和〈燕山夜话〉的批判》这个通栏大标题下,发表了一批材料,并发表了《前线》《北京日报》的编者按。《前线》《北京日报》长期以来,为吴晗等人打掩护,现在突然'积极'起来,急急忙忙抛出这一套东西,这突然间是怎么一回事呢?……他们不过是借批判之名,行掩护之实,打起斗争的招牌,干着包庇的勾当。""我们一定不放过你们,一定不放过一切牛鬼蛇神,一定要向反党反社会主义的黑线开火,把社会主义文化大革命进行到底,不获全胜,决不收兵。"何明的文章,也是指出《前线》《北京日报》编者按是"假批判、真掩护,假斗争,真包庇"。这两篇文章将矛头指向了北京市委。

何明是关锋的笔名。"高炬"文章,当时传是江青组织人写的,2008年1月10日曾任江青秘书的阎长贵告诉我说,当时江青正在上海还没有回来,是解放军报社记者部写的。两文内容很快在北大传开了,即使我们尚在农村参加"四清"的学生都知道"高炬就是江青"。光这些消息就够"振奋人心"的了。受压的左派终于盼到出头之日,个个摩拳擦掌,要大干一场。而普通青年学生兴奋不已,期待非凡时代的到来。

5月25日,突然听到北大哲学系的总支书记聂元梓等7人在大饭厅东墙上贴出大字报,引起全校师生激烈争论,甚至在大饭厅前有人动手,推推搡搡。很快又听说,国务院外办主任张彦,中央书记处书记、华北局第一书记李雪峰连夜在学校讲话,平息了这场风波。当时大家普遍认为,张彦代表周总理的声音,李雪峰代表党中央的声音。聂元梓也害怕了,向北大校长陆平说明这张大字报是康生及其夫人曹轶欧让她写的。

知情的老师告诉我们,写大字报的人都是对学校有意见的社教积极分子。但是他们并不是主要人物,坚定的左派都下去"四清"了。

谁也没有想到,过了几天,6月1日晚8时,中央广播电台新闻广播的黄金时间,突然广播了聂元梓大字报的全文。大家无不震惊,我们虽然不知晓这是毛泽东的决定,但是人人明白形势突然发生180度的变化,绝不是一般人能决定的。听说当天晚上中央就派来工作组,组长是河北省委书记张承先。同学们坐不住了,有的连夜赶回学校。有人说是学校连夜打电话叫回来的。

大字报广播后,北京市委、中宣部、文化部的问题公开了,彭真、罗瑞卿、陆定一、杨尚昆的问题也公开了。6月1日《人民日报》发表社论《横扫一切牛鬼蛇神》。很快,公布了改组北京市委、中宣部、文化部的消息,公布了撤销彭真、罗瑞卿、陆定一、杨尚昆一切职务的决定。随后在党内传达了《五一六通知》及附件《大事记》,从此"文化大革命"进入群众运动阶段。

工作组进北大控制局面

我们赶回学校,工作组已进校,但是人数很少,只有32个人。工作组马上召开了北大委员会、凌晨零点召开全校党团员干部、学生干部千人大会。① 我在大饭厅前看见有人可能是工作组的同志正在讲话,宣布工作组进校了。但是,他面前集聚的学生很少,大约几十人或几百人。同学们在校园内不停地走动,互相打听消息,议论纷纷。那时我才体会到什么叫做偌大的校园放不下一张平静的书桌。但是,那时学生还没有受太大的影响,仍在遵守组织、纪律性,没有过分的举动。

很快从全国各地,从军队抽调200人来增加工作组的力量以掌控局面,学校全部实现由工作组领导,一切以系、班为单位,按部就班进行。

6月9日,全校师生听张恩慈和哲学系老师孔繁的报告,张恩慈的报告比较长,特别介绍聂元梓等7人的大字报产生经过,说大字报是在康生、曹

---

① 《北京大学纪事》,第643页,北京大学出版社,1998年。

轶欧的支持下写出来的,他以自己起过穿针引线的作用而自诩。

"六一八事件"开了乱批、乱斗的恶例

6月16日《人民日报》发表了南京大学斗校长的消息,并发表社论肯定这种做法。这个消息引起一些学生的不满,他们说南大斗了校长,北大还不斗。何况北大领导是第一张大字报点的名。言外之意,认为北大工作组太右了。6月18日上午,工作组和系里的负责干部集中开会,让学生政治学习。北大教室很少,大家都在男生宿舍分组学习讨论。最大的宿舍区是连在一起的38楼、39楼。38楼住着哲学、历史等系的男生,这都是文科的大系,政治系是小系,男生住在39楼的一层。大约10时左右课间休息,突然听说在东边38楼设了斗鬼台(当时称有问题的人为牛鬼蛇神)。我过去一看,有一二百个人踮着脚尖张望,楼外有一段楼梯,进楼处有一个平台上有一米多高的墙,外系低年级的男生正在里面斗老师,他们拿厕所的纸篓当做高帽子扣在老师头上,从头上往下泼墨汁。这哪是革命,完全是恶作剧。我不忍看下去,抽身出来。当时我是学生干部,而且我的父亲已被中央文革小组成员戚本禹在《人民日报》点名批判。

回到39楼门前,站在那儿发愣。这时,我看见一位年轻的女老师,披头散发,捂着心口,痛苦不堪地从门前走过。看样子她刚刚挨过斗。她比我大不了几岁,可能是留校不久的教师,可能是辅导员(新留校的教师大多都先当辅导员,辅导员和学生接触最多,容易引起一些学生的不满)。我想,彭真领导的北京市委出了问题,她离市委远着呢,她有什么罪?也挨斗。

后来工作组组织学习时告诉大家,不仅是38楼斗争老师,化学系、生物系、东语系、西语系、中文系、无线电系的学生斗了40多位正和学生们一起学习的教师、党团干部和两个学生干部,其中一个是西语系学生吴然。他是烈士子弟、团支部书记,父母牺牲后,由北京市委大学部部长吴子牧抚养成人。此时吴子牧被打倒,他马上受株连。

工作组说:乱批、乱斗干部的做法是违反党的政策,这种做法已被坏人利用。经过一天的工作基本查清了几个在乱斗中起主导作用人物的情况。有几个学生有流氓习气,有一个工人当过国民党上尉连长,后因贪污判过徒刑。他们或给校外打电话,或寻找要斗的人,集中到一起。工作组宣布:斗人要经过工作组讨论。还宣布:地、富、反、坏、右分子,只许规规矩矩,不

准乱说乱动,如果乱说乱动,按现行反革命论处。并组织全体学生学习讨论三天。

其实,外边的坏人混进来并不奇怪,北大的校门是敞开的,进出自由,这些人唯恐天下不乱,哪有事,他们都会参与。

"四清"时,各级领导不断教育我们:"政策和策略是党的生命。"教育我们要分清敌我,要缩小打击面,扩大教育面。那时定漏网地主富农,都有细致的条文,严格的定量规定,反复计算,哪一条不符合也定不上。就是对地主、富农也不能罚站,更不能乱斗。所以从四清回来的同学都反对这种错误的做法。6月18日那天,38楼的乱斗就有五年级的学生出来制止:"说理斗争不要打人。"工作组领导张承先等同志和各系工作组同志闻讯后,都赶赴现场制止,11点以后,情况缓和下来。从《北京大学纪事》得知,各系分别开会斗了17个干部①。当时北大共有18个系,我所在的国政系没有开批斗大会。

在阶级斗争为纲的年代,陈伯达主持的《人民日报》发出"横扫一切牛鬼蛇神"的号召,在那种气氛下,工作组将问题估计过高,认为"主要是坏人有意捣乱,还很可能是有组织、有计划的阴谋活动",19、20、21日一连三日组织全体师生讨论、对照、检讨。并提出准备斗陆平,但是一直也没有付诸行动。工作组搞人人过关有些过火,但是工作组的干部政策是对的,是保护广大干部的。实际上也保护了青年学生,避免他们因不懂政策、不谙世事而上当受骗,跟上坏人犯错误。

父亲含冤去世,工作组允许我回家

7月10日,我的爸爸含冤而死。16日,星期六晚上,我回家看到妈妈痛不欲生,悲痛欲绝,十分不放心,星期日回到学校向工作组请假。国政系的工作组长是山西教育厅长冯毅。很快,派了一位海军军官当时(从军队派了大量干部当工作组成员)到宿舍来通知我,我可以回家照顾妈妈。

那天下着小雨,我们各自打着伞,他一直送我到车站。

我的父亲李琪是北京市委宣传部部长,在京戏改革中与江青意见相左。其实在工作中出现分歧、争论,都是正常的。因为大家都是出于公心,为了

---

① 《北京大学纪事》,第 649 页,北京大学出版社,1998 年。

更好地工作,都是对事不对人,所以有争论,即使十分激烈出现脸红脖子粗的场面,并不影响同志之间关系。可是江青是个只能自己说一,别人不能说二的人,霸道不讲理,硬说北京市委反对她,爸爸反对她。而那时认为江青是毛主席的夫人,反对江青就是反对毛主席。彭真领导的北京市委被说成是针插不进、水泼不进的独立王国。1966 年 5 月 17 日中央文革小组成员戚本禹在《人民日报》发表文章点名批判我的父亲。

父亲从小当学徒,自学成才。1937 年他冲破重重阻力到了延安,参加革命,加入共产党。他主动要求到前线,一直在敌后坚持武装斗争,他所工作的八分区,因靠近太原,是斗争最残酷的地区,是牺牲最多的地区。他被捕过,坚贞不屈,越狱而出。现在报上批判他是修正主义,说他是反革命,我想不通,认为他只是犯错误,具体情况我不清楚,既然《人民日报》点名批评他,他的错误可能很大。爸爸是自杀。以前干部自杀属于非正常死亡,也是按错误的性质、大小作结论。可是"文革"爆发后就不一样了,自杀就是自绝于党,自绝于人民,罪加一等。对此我也不理解。毛主席不是说过:要允许人家犯错误,也要允许干部改正错误,对干部不能一棍子打死,干部是党的宝贵财富。虽然报纸上连篇累牍地批判,但是爸爸还在北京饭店开会,可以要车回家,并没有把他作为反革命逮捕。这实际上是外紧内松。为什么报纸宣传与工作组实际执行的政策不同?搞运动一向是内紧外松,而这次怎么恰恰相反呢?唯恐不左,唯恐不过分,唯恐不乱。我迷惑不解。但,我是共产党员,相信组织,相信群众,相信爸爸的事情总有一天会搞清楚的,相信中央,相信组织,总有一天会给他作结论的。现在,我必须面对现实,这些不解又能向谁讲呢?我只能沉默。这天,我不停地讲着爸爸临终前的一些事,为他辩护。这位海军同志没有打断我的话,更没有批判我,只是默默地听着,等我把话说完,他轻声说:"事情没有你想得那么简单。你要想得复杂些。"他一直把我送上公共汽车。

上世纪 80 年代,开始整党,抽调 20 万干部清理"三种人",审查了 10 万人,最后定了三四万人是"三种人"。我到中央档案馆看档案,满屋子是军队干部查档案。陈毅说:"善有善报,恶有恶报。"终于开始清理"三种人"。"文化大革命"是一场内乱,多少人跟着犯错误。10 年,颠来倒去多少次,花多少人力物力。这些人力物力用在建设上,用在科研上,那会有多少成果,会产生多大的效益。一天下午我搭一位海军同志的车从档案馆进城。在车上,我打听当年在政治系工作组工作的那位海军同志,他马上告诉这位同志的姓名,并说,他现在仍在海军工作。我没有讲话,但心里真为他庆幸、高兴:这十几年能平安过来,多少大风大浪! 真不容易。

华北局书记池必卿同我母亲的一席话

再回到 1966 年 7 月,爸爸突然去世,妈妈悲痛欲绝。哥哥远在哈尔滨上学,因工作组要求对爸爸的死严格保密,他对此一无所知。三个妹妹一个比一个小,最大的妹妹上高一,最小的妹妹才上小学五年级。全家人焦急地等着我。我一到家,大家不由得松了一口气,知道工作组准了我的假,又没有限定回校的时间。

回到家,我昼夜陪伴妈妈。她同我讲了许多话。她是北京农林局副局长,也在北京饭店开会。当时她天天去看爸爸。后来,她成为小组批判的重点也是如此。我从小跟着父母长大,我从来没有见他们吵嘴,夫妻恩爱,家庭和睦,严父慈母,兄友妹恭。6 月底,会议告一段落,暂时结束,刘仁、郑天翔、爸爸、范瑾这样几个问题严重的人留下继续检查,各局区县的负责人要回单位。那时,有的地方已开始像 1947 年斗地主一样斗干部。李雪峰在大会上对大家说:你们愿意回去就回去,不愿意回去就住在这。什么时候回去都行。妈妈认为“文化大革命”会像历次运动一样,几个月就结束。再说,她襟怀坦荡,心直口快,一心为工作,工作中的问题,没有讲不清的事情,她愿意回到群众中接受批评,尽早解决问题。但她太天真了。她回去就被扣,爸爸三次给她打电话,也不准接。10 天,仅仅过了 10 天,爸爸就殁了。她非常后悔,一再说:如果听了李雪峰的话,我留在北京饭店,你爸爸就不会走了。

这件事给我留下很深的印象。后来我在整理李雪峰回忆录时,将他在北京饭店讲的这几句话写进回忆录中。其实,年代久远,他每天讲许多话,早已忘记了这件事。

妈妈临离开北京饭店前还找到华北局农业办公室副主任赵克。赵克说:你回去好好检查,你可以随时回来看孩子,看李琪。但是,下面并不完全执行华北局的指示。妈妈一再说,如果她有机会见到爸爸,他绝不会走这条路。

11 日,发现爸爸出事,抢救一天,没有抢救过来。第二天华北局工作组通知妈妈先到友谊医院向爸爸遗体告别,然后到北京饭店收拾东西。他们怕妈妈出问题，派医生一直跟着。晚上，华北局书记池必卿找妈妈谈话。他说："本来他(指爸爸)的问题已快完了，他的问题交代到 4 月中旬，交代到我们进驻市委即可告一段落。他却等不及了。他想不通可以来找我。我真没有想到他会这样做，我们为他的死难过。我和雪峰、吴德同志商量你在家休息，不要着急回机关。"他含着眼泪和妈妈谈话。他不放心，怕妈妈也想不开，一直不让妈妈走，一直到妈妈说："从大局出发，是为了革命工作，从家庭说，为了我的 5 个子女，我也要活下去！"他才说："我就是要你这句话，我相信你能挺过来。"

池伯伯是爸爸解放战争时一起在晋中工作的老领导、老战友，但是他的谈话是代表组织的，反映了华北局、中央改组后市委的态度。他说这些话时，万万没有想到后来这些话成为他包庇走资派的罪证，万万没有想到运动一直持续了十年，一直到毛泽东逝世，华国锋、叶剑英领导党中央一举粉碎"四人帮"，才结束了"文化大革命"。

妈妈毕竟是经历过战争的老共产党员，过了几日她的情绪渐渐平稳下来。我劝她："妈妈，你 16 岁参加革命，近 30 年党龄，在那种艰苦的环境下都坚持革命，现在何况你们还有错误，更应该跟着毛主席革命到底。"

星期四，妈妈对我说："海文，你回学校参加运动。我再在家休息几天，就回机关。"认为"文化大革命"会像历次运动一样，半年会结束。她参加革命后一直做群众工作，和群众在一起，她常说没有群众的掩护、帮助，不可能取得战争的胜利。她从不怕群众，愿意接受群众的批评，希望回去尽早解决问题，但我们太天真、太幼稚、太简单了。

聂元梓一语惊人："工作组犯了方向、路线性的错误"

21 日星期四当晚，我回到学校。"洞中只一日，世上已千年"，学校形势大变。7 月 12 日地球物理系贴出的大字报《把运动推向更高阶段》批评工作组，石破天惊。16 日、17 日、18 日张承先三次做检查，认为将"六一八"事件整个估计为反革命事件是错误的，因为参与的大多数人是好人。顿时，大家都给工作组贴大字报，但此时，还是善意的批评。

7 月 19 日聂元梓在哲学系群众大会上讲："工作组犯了方向、路线性的错误。"聂元梓是哲学系总支书记，第一张大字报的作者，这张大字报被毛主席赞为"全国第一张马列主义的大字报"。聂元梓成为通天人物，她的话当然反映中央的最新动向。大家的这一看法后来得到验证,聂元梓是从康生办公室得到这一消息的。①

聂元梓的话一出口,全校震动,当晚在大饭厅辩论通宵。20日,华北局第一书记、改组后的北京市委第一书记李雪峰的女儿李丹林,当时在历史系三年级学习,她和同班同学王海治等贴出大字报,针锋相对提出:"批评工作组,拥护工作组。"贺龙女儿贺小明、吕东女儿吕宏等6个干部子弟,也贴出大字报保工作组,向工作组提建议性的意见。这些高干子弟的态度当然反映他们父辈的看法,不少人响应。这些保工作组的大字报受到毛泽东、中央文革批评,很快,刘少奇、邓小平承认错误,作者不再坚持原有的看法,保工作组的观点转向,各种版本的大字报选后来都没有收录,李丹林等作者也没有保存原稿,现已找不到大字报稿的全文。由此可见,当时中央文革八面威风,炙手可热。群众则听任他们的摆布,狂热之极,社会舆论一边倒,容不得任何不同意见。民主、保护少数派都有特定的含意,对于大多数人而言,只是一句空话。

我回到学校时,学校气氛异常热烈。班里男生告诉我这几天学校的变化,张玉良领我到39楼门口看他们刚贴出来的大字报,邀我签名。我们系的同学没有参与"六一八"事件,事后三天的对照检查,大家谈认识、感想,没有整任何人,没有伤害任何人。大家对工作组的意见不大。

大部分同学认为应该批评工作组,少部分认为"批评"这种提法是保皇派,应该改组工作组,罢免张承先的职务,让聂元梓参加工作组领导。工作组是延安,还是西安?是批评,还是打倒?成为争论的焦点。但是,还没有任何人提出赶走工作组。赶走工作组,这是7月26日,康生、陈伯达、江青在全校大会上提出来的。

7月22日江青在北大说:"谁不革命就走开"

7月22日上午,天安门广场举行百万人集会,支持越南人民的抗美救国斗争。学生们都去参加大会,校园里异常安静。6月1日后,参加集会的人员从严掌握,都要事先上报备案。我因为昨夜才回学校,已过了报名期限,没有去参加大会。心中有事在屋里坐不住,到大饭厅前的小树林里独

---

① 《北京大学纪事》第649页,北京大学出版社,1998年。

行。将近中午,突然有几人从北边走过来,边走边兴奋地议论刚才他们在燕南园听见的中央文革小组组长陈伯达、副组长江青的讲话。江青说:"我代表毛主席来看望大家的","我们是来做小学生的,跟同志们一块来进行这场文化大革命的","我们都站在你们这个革命派这面。革命派跟我们一块,谁不革命就走开"。有人说:"江青、陈伯达在北大燕南园召开座谈会,结束后出来碰上的。"有人说:"就在燕南园,向北有一个大下坡,江青站在高坡上说的。当时只有十几个同学。"有人说:"江青、陈伯达到燕南园召开过座谈会,19日就来过一次了。"

我听后很惊异,中央领导人都在天安门出席万人大会,江青、陈伯达没有出席会议?他们到北大来,这么重视北大,出什么事了?我明知他们已走了,还是赶到听说的江青讲演的地方观看。燕南园是北大的园中园,有一人多高的围墙,绿树丛中有一座座别墅式的房屋,是教授、领导住的地方,我们很少进去。燕南园只有一个北边的通道,路窄,汽车进不去,只能停在外面。燕南园地势高,比北边第二体育馆、球场高出一两米,我们女同学经常在球场上体育课,常碰见一个傻女孩站在燕南园喊口令。这个地方我很熟悉。后来我看了《北京大学纪事》,知道第二天23日江青、陈伯达再次到燕南园来召开座谈会的事。这两次座谈会,是25日、26日万人大会的前兆。

江青公开指责工作组不革命。后来,她多次重复:"革命派跟我们一块,谁不革命就走开。"这句话很快被红卫兵改为:"革命的站过来,不革命的滚他妈的蛋!"加上了国骂"他妈的",成为"文革"中的名言,造反派的口头禅,动不动就让人家滚蛋。

工作组已是四面楚歌,处境险恶,在这种情况下,池必卿知道妈妈想回机关,亲自打来电话劝阻妈妈:"你休息好了再回去,一定不要着急。"可能他已预感到形势将剧变,将来妈妈再也不会有在家休息的机会。

7月下旬,妈妈还是回到机关,市委、华北局驻市委工作组很快知道了,派华北局农村政治部主任范克让到机关来看望妈妈,他来后第一句话就是:"你怎么回来得这么早,不是让你在家多休息几天?"妈妈回答:"我想早点检讨完了。"范克让说:"李琪同志认识的人这么多,怎么不找人谈谈?"妈妈问:"你怎么叫他同志?"范克让理直气壮地回答:"他还没有作结论,怎么不能叫同志。"临走时,他说:"我再找工作组谈谈,就走了。"一再叮咛:"你有事一定要给我,给老池打电话。"华北局干部的这些话无法改变外面大局,但是在风雨如晦的年月温暖着妈妈的心。她是一个永远记着别人好处的人。后来,范克让生病后,她到医院看望。她经常惦念、看望池必卿夫妇。她一直支持我整理李雪峰回忆录,出席李雪峰夫人翟英追悼会。吴德逝世,她让我陪她一同到吴德家里吊唁,出席吴德的追悼会。池必卿伯伯对妈妈说:"也就是你能理解我们。"

谁也没有想到,范克让到机关看望妈妈后,过了仅几天,风云突变,中央宣布北大工作组犯了错误,宣布撤销工作组。市委、华北局自身难保。从此,"文化大革命"从文教系统,从北京市委、中宣部、文化部,发展到各省市、自治区、各级党政机关,天下大乱,一发不可收拾。

中央文革召开"七二五大会"

1966年7月25、26日,中央文革全体成员在北京大学东操场召开全校师生大会。这是中央文革小组第一次召开群众大会,同学们既新奇,又兴奋,不知道他们要说什么,要干什么,将要发生什么事情。人人都知道这是一次不寻常的大会,参加会的不仅有北大全体师生员工,还有闻讯赶来的外校师生,将东操场站得满满的,远远超过1万人。[①] 我们系得到消息早,坐在前面,将台上看得一清二楚。会场上常常出现意想不到的情况,高潮迭起,宛若电影《列宁在十月》演讲场面的再现。会场气氛异常热烈、紧张、扣人心弦,至今历历在目。

召开大会的目的,江青、康生、陈伯达说是要听取不同意见,让同学们辩论工作组的问题。但是,辩论徒有虚名,舆论一边倒。7月25日来的人很多,近百米长的主席台上挤得满满的,三四排座位都坐不下,不少人站着。台下的人不断地递条子,台上的人走来走去,热闹非凡、躁动不安,酷热的夏天,大汗淋漓,主席台上不少人都扇着纸扇。台下的群众反而比较安静,个个伸着脖子,仰着头、盯着看台上的一举一动。

大会由中央文革小组组长陈伯达主持,副组长江青、顾问康生讲话。

江青第一个讲话,先声夺人,亮出夫人身份:"我代表毛主席问候你们,毛主席很关心你们的革命事业。"语气不可一世,咄咄逼人。江青没有别的

---

① 当时中文系三年级学生艾群回忆,他在未名湖听到了张承先和另一个人谈话,他们是听学校的广播,才知道中央文革要召开这样一次大会。李雪峰也没有接到通知,是正在北大学习的女儿李丹林从学校广播中听到此消息后,打电话给家里,李雪峰才赶到北大。

才干，只能借势欺人，"代表毛主席"是她惯用的手法，走到哪，说到哪。一直到 1974 年 7 月，毛泽东在政治局宣布："她并不代表我，她代表她自己。"这时"文革"已发生 8 年了。

然后，康生讲话："真理通过辩论更加清楚了。比如'六一八'，有人说所谓'六一八'是反革命事件，有人说是革命的，还有人说既不是革命的，也不是反革命的。"

康生的话倾向性十分明显。其实陈伯达来北大开座谈会早就表明态度："我们的意见是说'六一八事件'是反革命事件是不对的、是错误的。"但当时我还不知情，第一次听康生这样讲，大吃一惊。

我还没有回过神来又听康生说："比如对工作组，有人把北京新市委派来的工作组，说成是党中央派来的，毛主席派来的，你们不要听他那一套！你们别听那一套！毛主席一个也没有派，你们的工作组是新的北京市委派来的。"我更为惊讶，工作组是北京新市委派来的？彭真领导的北京市委已被改组批判，李雪峰领导的新市委刚刚成立，怎么敢自作主张？毛主席一个工作组也没有派，刘少奇、邓小平都在北京，那是刘少奇、邓小平背着毛主席派的？不会吧，这么大的事他们怎么能不向主席请示？党中央历来是集体领导，是一个团结的、坚强的集体。6 月 1 日中央广播电台第一张大字报，晚上北大就派来了工作组。就是事情紧急，事先不请示，事后还不汇报？这是我当时想到的。其实在 5 月 31 日陈伯达就带着工作组进入《人民日报》，这是全国第一个派出的工作组，只是我们当时还不清楚。

康生继续说："工作组怎么样？有的说是好的，有的讲有错误，有的讲有严重的路线错误，到底是什么错误？你们大家敞开讲，不要怕，什么都可以讲，不要有顾虑。'文化大革命'怎样做法？陆平、彭珮云又怎样斗法？翦伯赞、冯定之类的又怎样斗？怎么做法？可以辩论、研究。"

他主张斗陆平、彭珮云这些当权派，斗翦伯赞、冯定之类的学术权威。他完全同意"六一八"事件那种野蛮的斗争方式，不点名地批评工作组处理"六一八事件"的做法，将矛头对准 6 月 1 日成立新的北京市委。他讲话的态度明确而富有煽动性。

在这种情况下，被允许上来发言的人多数都抨击工作组犯了方向、路线错误，开始控诉学校的迫害。给我影响最深的是两个人的发言，一个是法律系一年级学生，姓牛，他自称是干部子弟，受到学校的迫害。我相信他是干部子弟，但是，我不相信他会受到学校的迫害，顶多是怀才不遇，不受重用，在那个时代以谦虚为美德,大家并不喜欢自吹自擂的人。江青在讲话中曾提到他的发言,从此他成为左派,名噪一时。北大成立红卫兵组织——新北大公社,他理所当然成为头头,在聂元梓领导下工作。聂元梓为了表示彻底革命,带领他们抄了聂元梓新婚丈夫吴溉之的家,其中也有聂元梓的东西,后来牛某和聂元梓分裂,这些材料成为反聂的重头武器。

那时,一个发言,一篇文章就能成为响当当的左派。过几天不知何事又消失得无影无踪,昙花一现式的人物很多,真是你才唱罢他登场,令人眼花缭乱。

另一个人,是北大附中"红旗"(群众组织的名称,在清华附中叫红卫兵,在北大附中叫红旗)的头头彭某上台争取到发言的机会,口若悬河,言词激烈批判工作组,受到江青表扬。1966 年 5 月 29 日清华附中高中的十几个学生在圆明园讨论形势,自发地成立了以"红卫兵"(红色卫兵之意)命名的战斗组织,6 月 2 日他们以此名在学校贴出大字报。工作组进校后,认为脱离党团组织另外成立组织影响不好,红卫兵组织和活动受到限制。6 月初北京大学附中成立了"红旗"战斗组织,工作组取缔了该组织。对此,7 月 18 日聂元梓在哲学系群众大会上讲:"工作组犯了方向、路线性的错误。"之后,红旗的成员到北大来求援,讲述他们的困难。晚饭后,我和陈家璧、孙忠禄等六七个同班同学到附中调查,正逢学校要开大会,附中的学生都在操场。在场的同学告诉我们:"红旗"成员不参加班里的活动,不知道他们在外面干什么。语中并不同情他们,多有微词。后来我们知道红旗成员多是干部子女。

学过党史的人都知道,什么是方向性、路线性错误。陈独秀右倾机会主义错误导致了大革命的失败(其实大革命失败的原因并不完全在此);王明"左倾"机会主义路线错误导致了第五次反围剿的失败,苏区损失百分之九十,白区损失百分之百(其实白区还是保存了一部分力量);1959 年说彭德怀反对"大跃进"是犯了右倾机会主义路线错误,牵连了一大批人,在党内不少人被打成右倾机会主义者。现在说工作组犯了方向性、路线性错误,那么问题就严重了。许多师生接受不了,转不过弯来,关于工作组错误性质,引起激烈的争论。这个争论既有认识问题,也涉及许多人的切身利益。工作组如有错误,错误的性质严重,不仅会牵连所有工作组成员,还会影响工作组重用的积极分子,而受到工作组批评的学生却会由此翻身,成为左派,占尽风头。

台下纷纷写条子,向主席台上递。江青离开时,她用报纸夹着这些条子,足足有一大包。第二天,她在大会上宣布:昨天同学们的每张纸条,每个意见,毛主席都看了。

25日晚上,突然下起雨来,会议中断。

7月26日万人大会

26日晚继续开会。

会议还没有开始,北大附中"红旗"排着纵队,打着红旗,雄赳赳、气昂昂走进会场,受到掌声欢迎,与昨日的可怜相相比,判若云泥。① 从此,"红旗"、"红卫兵"名声大噪。8月1日毛泽东给清华附中红卫兵复信,支持他们写的造反有理大字报和彭某的发言,各校纷纷效仿成立红卫兵组织。虽然,红卫兵成立于5月底6月初,但是第一次引起社会、中央关注是从这两天的会议开始的。这次大会后,红卫兵组织从秘密开始公开,红卫兵运动从学校走向社会,从此工作组撤走,群众运动从此一发不可收拾。

这天的会议,所谓的辩论,完全是讨伐工作组的罪状,大会成为反工作组一派宣告胜利的节日。只有中文系的两个女同学李扬扬代表雷俞平发言,为工作组辩护,说工作组是"延安"而不是"西安"。抗日战争时期延安是共产党的首府,西安在国民党统治区。毛泽东有一篇文章将延安代表共产党,西安代表国民党。她们借用于此,表示工作组是共产党,有错误应该批评帮助;工作组不是国民党,不能赶走、打倒。她们的勇敢给我留下深刻的印象。事后知道,这两个女同学都是干部子弟,明明知道中央的态度变了,仍坚持念写好的稿子。据说原来有31个人签名,现在只剩她俩,只有她们才这么傻,才这么冲。②

东操场的主席台有两排高大的台阶,中央文革小组成员和发言者都站在最高一层的主席台上。工作组长组长张承先站在下边台阶的北端被审判的位置。正在发言的北大附中"红旗"的头头突然走过去,居高临下,举起皮带抽打张承先的头。张承先是河北省委书记,德高望重的老者。我坐在台

---

① 艾群回忆:他当时看到此情景,想这不是党卫军吗? 十分反感。

② 李扬扬后改名为李扬,著文《青春的记忆》,收入金戈、李扬等主编的《未名湖之恋——北京大学中文系61级文学专业学子》一书。文中回忆:当时讲稿是用铅笔写的,尚未写完。发言结束前,郑重地念出她所代表的31个人的名字。

下看得很清楚，心里一紧。打人之事就发生在中央文革的眼皮下，不但没有受到批评，反而更飞扬跋扈。① 中央文革小组公开鼓励打人，工作组撤走后，打人成风，这是肇始。

陈伯达宣布中央文革小组的两个"建议"：第一撤销张承先的工作组；第二在学校成立由师生组成的文化革命委员会。

当时我们真诚地认为"文化大革命"是群众运动，中央文革小组认真地听取了群众的意见，毛泽东看了同学们递的条子后才支持群众，做出撤销工作组决定的。其实，24日上午毛泽东在中南海主持会议决定撤销工作组。24日下午陈伯达到广播学院宣布了这个消息。因广播学院在东郊，远离西郊的各大专院校，当时我们都不知道。到"文革"结束后，大家才明白，任何一件事都是先有毛泽东、中央文革的表态，才有群众的大动作。中央文革马上支持这些群众的行动。"文革"并不是群众运动，而是运动群众。

那天大会，最后康生作总结，点名批评李扬扬，然后宣布工作组两大罪状：第一，五十多天来，不相信群众，不依靠群众，不走群众路线。第二，五十多天来，不是真正放手发动群众，相信群众，依靠群众。"因此他在路线上、思想上、组织上，都犯了严重错误。"

这个帽子可够大的，问题顿时严重了。《五一六通知》中说："混进党里、政府里、军队里和各种文化界的资产阶级代表人物，是一批反革命的修正主义分子，一旦时机成熟，他们就要夺取政权，由无产阶级专政变为资产阶级专政。这些人物，有些已被我们识破了，有些则还没有被识破，有些正在受到我们信用，被培养为我们的接班人，例如赫鲁晓夫那样的人物，他们现正睡在我们的身旁，各级党委必须充分注意这一点。"《五一六通知》在党员中传达时，对大家的震动之大，特别是最后这句话，令人难忘。当时我是听肖超然老师传达，念完就宣布散会，没有一句说明、解释。散场时，人人感到肃杀之气，个个神情凝重，互不讲话，会场除了噼里啪啦的椅子声外，没有任何声响，格外肃静。现在大家明白睡在身旁的赫鲁晓夫式的人物，已不是刚打倒的彭真、罗瑞卿、陆定一、杨尚昆，还有更大的。更大的是谁呢？但是，那时谁也没有想到会是刘少奇。那时，谁也不敢这么想。

26日的万人大会，会场完全被康生、江青、陈伯达控制，上万群众的情绪为他们左右，群众随着他们讲话而兴奋、而激动、而愤怒。一个人的声音

---

① 艾群回忆：彭某讲完话后，江青与她拥抱，以示鼓励。

微不足道,数万群众的呐喊如同排山倒海,能吞掉一切。此时,谁要对抗中央文革小组,必遭灭顶之灾。

我看见江青走到李雪峰跟前,然后转身回到主席台,冲着麦克风说:"请新市委书记李雪峰同志讲话。"带头鼓掌。

李雪峰将手中的扇子折起来,不情愿地、慢慢地站起来,走到麦克风前。大家屏声静气,看他如何回应。

他身材清瘦,风度翩翩,像儒雅的学者。此时,不卑不亢,不慌不忙地说:"工作组在你们那里,什么时候批判,什么时候要让他们来,他们就来。工作组是中央派来的,我们对具体的事情也不太了解。工作组都是四面八方来的人,情况不明,随传随到,奉陪到底。"①

他讲话简短,接受中央文革的批评,但是话中有刺,特别是他说"工作组是中央派来的",和康生说的"毛主席一个也没有派"完全不同。虽说毛主席是中央的化身,但是中央领导人还有刘少奇、周恩来、邓小平等。党中央历来是集体领导。报纸公布了毛泽东7月16日在武汉畅游长江,大家知道毛主席不在北京。毛泽东到底知道不知道北京派了工作组?在北京的中央领导人有没有向毛泽东汇报?毛泽东批准了没有?这成为争论的焦点,成为多年不解的谜团。

李雪峰所说的"奉陪到底"被江青记在心里,到1970年华北会议拿出来,当成李雪峰的一条罪证。

会议的最后一项议程介绍到会的人员,除了中央文革小组成员外,还有各大区书记。各大区书记都没有讲话,只是陪衬。为什么让他们来参加?是表示中央团结一致?还是壮中央文革小组的声威?还是让他们来学习?我坐在台下,只能胡猜,只能观望。

介绍到"曹轶欧大姐"时,宣布她的身份是北京大学工作组办公室主任。我心中一惊,曹轶欧不是康生的夫人吗,她到工作组工作可不是市委能安排的,毛泽东不知道派工作组,康生也不知道?这不是睁着眼睛说瞎话!

散会后,同学们议论纷纷,说什么的都有,陈家璧在宿舍里争辩,挥舞着手臂,脸红脖子粗地坚持:"红旗"就是脱离群众,我们调查过。年轻人少不更事,毛主席号召造反,谁的反都可以造。更主要,那时还没有后来的红色

---

① 据艾群回忆:此时李雪峰有些尴尬,一手捂着耳朵,不断摇着脑袋,用扇子挡着嘴说:"我到北京市委来是空军司令。"

恐怖,将议论中央文革小组,议论江青都打成反革命。再说中央文革刚亮相,江青更不为人知,她讲话说历史系迫害她的女儿,点了历史系两位教师的名字,还说阶级斗争搞到她家里来了,点了她的儿媳妇。这讲得多有不当之处,引起同学们议论,有人说:江青刚登台,就报私仇,哪像个政治家,哪有政治家的风度。

北大率先成立文化革命委员会

当时北京大学因为有聂元梓,运动走在全国的前面。7月28日,也就是中央文革小组到北大开会后的第二天,聂元梓出面倡议,成立了北京大学文化革命委员会筹备委员会,并宣布实行巴黎公社式的选举。说起来容易,做起来难。第一,巴黎公社存在的时间只有短短几十天,并没有形成一套成熟的选举制度可借鉴。第二,巴黎公社只有人民才有选举权,北大师生近两万人,敌我的界线是什么? 谁有资格鉴别、决定呢? 在一片打倒声中,又没有做组织处理,这个界线可不好把握,谁也不敢出来说我有资格。不但会引起争论,甚至引火烧身。第三,工作组撤走后,学校出现权力真空。这是中央文革小组所不愿意看到的。他们想将北大树为全国的典型,以点带面,指导全国运动,必须在一天之内产生新的权力机关——校"文革"委员会筹备委员会。在那个乱哄哄的情况下,最简单办法就是各系出一个人组成校委员会。根本来不及召开全系大会选举,不知道是什么人议定的。聂元梓是当然的校筹备委员会主任。每个系出一个委员。当时全校共18个系。9月11日由筹备委员会成立校"文革"委员会。国政系推举的委员是我同班的廖淑明。他当上常委,时间不长,10月13日,贴了一张大字报《整常委的风》[①],矛头直指聂元梓。这个常委自然当不下去了,他自行外出串联,空出的常委位置由"文革"积极分子补上。学校里乱哄哄的,大部分学生冲入社会,外出串联,没有多少人关心校文革委员的变动。

人民大会堂召开万人大会,刘、邓检讨,宣布撤销工作组引发大乱

1966年7月29日,也就是中央文革到北大召开万人大会后的第三天,

---

① 《北京大学纪事》,第652页,北京大学出版社,1998年。

在人民大会堂召开万人参加的"北京市大专学校和中等学校师生文化大革命积极分子大会",北大每个班都派一个代表参加,我们由班长马德举参加,他回来向同学传达了会议情况。中央在会上宣布工作组犯了方向、路线错误,撤销工作组。刘少奇、邓小平、周恩来在大会作检讨,说:"老革命遇到新问题。"大会结束时,毛泽东从后台走上主席台,和群众见面。与会群众见到毛主席万分激动,掌声雷动,持续 10 分钟,一直到毛泽东离开才停止。马德举说:"掌声不停,毛主席没法讲话。"为失去当面聆听毛主席讲话感到十分遗憾。

工作组撤走,学校由聂元梓领导的校文革掌权。聂元梓是响当当的左派,通天人物,最先知道中央文革最新指示,积极贯彻。

工作组走后,同学中主张讲政策的声音顿时无影无踪。因为中央文革在群众大会上鼓励乱斗,主张打人,当时流传一句话:"好人打坏人,应该;坏人打好人,锻炼;好人打好人,误会;坏人打坏人,活该。"很快,出现了"红色"恐怖,还美其名为"红八月",真是匪夷所思!

工作组撤走后,老师们被剃成阴阳头,顶着烈日在校园内劳动。北大校园里人山人海,每天从全国各地来串联的学生特别是中学生,围着正在劳动的老师指指点点,个别的还扔土块。我住的 36 楼,后面有一个花坛,每半个小时、一个小时就将校领导陆平、彭珮云揪到花坛示众,让他们举着牌子在花坛上走一圈。其实就是满足那些外地学生的好奇心。每到这时,打倒的口号声不断。我尽量不看、不听,但是口号声不时地传进来。看到这些,有时还暗暗庆幸爸爸走得早,免受皮肉之苦和侮辱。后来,妈妈多次对我说:如果不是你爸爸出事,我也会出事的,我不能忍受这种耻辱。

10 月 1 日,毛泽东第四次接见串联的学生,全国形成串联高潮。学生串联,管吃、管住、坐车不要钱,真是千载难逢! 同学们都外出串联,名为串联,实为参观、游览,只有极少数人是到各地煽动、指挥造反。有的学校因学生都外出串联,没有人看黑帮,黑帮大院自行瓦解,校领导、教师们"自己解放自己",都回家了。黑帮大院就是关所谓有问题的教职员工的地方,那时将他们称为牛鬼蛇神,简称为牛棚,实际上就是私设的监狱。

只有我们系一位调干生不出去串联,当上黑帮大院院长,10 月 24 日当上聂元梓领导的校文革常委。① 黑帮大院是"文革"的重地,聂元梓当然要

---

① 《北京大学纪事》,第 653 页,北京大学出版社,1998 年。

派常委负责。聂元梓在她回忆录中说,校文革没有接管黑帮大院。事实俱在,她抵赖不了。这位调干生出身穷苦,新中国成立后才翻身,上了学。但是年龄大,基础差,从物理系转到国政系,仍学习困难,系领导动员他留校边工作,边学习。"四清"时,他是小领导,常常给我们讲政策,教育我们。现在,他判若两人,管黑帮。我常常想他对爱护他的共产党干部、对授业解惑的老师,怎么有这么大的仇恨呢? 是受当时潮流影响,鬼使神差,还是品质、本质的暴露?

这些做法比工作组过火几倍、几十倍。这些都是在校文革委员会领导下进行的。"文革"结束后,聂元梓拒不承认错误,将责任推得一干二净。她被判17年刑,有人不明真相出来替她说话,说她不是红卫兵,是老干部。其实,红卫兵都是学生、年轻人,不懂政策,单纯、易冲动,容易被人利用,犯错误情有可原。而聂元梓与他们不同,她是三八式的老干部,受党的几十年教育,能不懂政策吗? 她是明知故犯,心怀叵测,所以她被判刑是罪有应得。

《人民日报》编辑回答:凡是涉及运动的文章不必核实

北大的工作组是中央文革小组赶走的,校内无论保工作组还是反工作组,都没有形成很大的力量。工作组走后,集体学习渐渐地搞不起来了,但是校内并没有马上出现两派对立的局面。出现反聂元梓的势力是10月以后的事。但是中文系与众不同,全系师生天天在学三食堂辩论,晚上灯火通明,我从窗前路过,听到里面唇枪舌剑,异常激烈。

后来知道辩论的起因,是《人民日报》1966年6月20日发表了四年级学生高某的一篇文章,题目是《控诉陆平黑帮坚持修正主义教育路线的反革命罪行》,特别注明作者是北京大学中文系贫农家庭出身的学生。文中说:"我一进北大,就被黑帮分子推进了故纸堆。他们把上百部古书列为我们的必读书目,而毛主席著作的学习却被排斥在一切课程之外,至多也不过是可看可不看的'参考资料'而已! 在这里,黑帮分子什么五花八门的肮脏东西都宣传,唯独不宣传毛泽东思想。""1964年3、4月间,我们到农村参加社会主义教育运动。这使我进一步认识到,北大不是无产阶级的阵地,在北大培养不出跟贫下中农一个心眼的人来。回到学校,我再也待不下去了。5月,我怀着无比激动的心情写信给学校'党委',强烈要求到农村去扎根。然而,以陆平为首的黑帮分子不但不支持我,却反诬我'没有很好地听党的话',是

'小生产者心胸狭窄和目光短浅的表现'。""前年12月,我在北京郊区参加社会主义教育运动时,又一次提出到农村去安家落户的申请。陆平黑帮仍然借口'高教部和北京市委没有此项规定',不予理会。他们还又打又拉,说什么'党需要你留在学校里继续深造,以便将来担任更重要的工作',说什么'党培养一个大学生不是为了让他当农民'。他们说得多'甜蜜'呀,他们对我是多'关心'、多'器重'呀!但是,他们这一套骗不了人,这分明是一个大阴谋。他们反对同学们走与工农群众相结合的广阔道路,一心要按照他们的标本,把我们培养成死心塌地的修正主义分子,为他们的资本主义复辟阴谋效犬马之劳。在我预备党员的预备期期满以后,他们制造种种借口,不听我的申辩,拒不讨论我的转正问题。就这样,我成了陆平及其追随者的眼中钉。"

文章只提到"陆平黑帮",但是系里的师生都知道这是指系总支委员吕乃岩老师。工作组在时不让为此事辩论,现在工作组走了,群众自己解放自己,中央支持运用大辩论这种形式,进行大鸣大放。一派人支持高某,指责吕老师迫害他;另一派说吕老师就是爱护学生,并没有迫害。大家都知道1964年周总理给大学毕业生作报告时说过:全国一百个同龄人,只有一个人上大学,一个人参军。国家培养一个大学生不容易。随着高吕之争日益激烈,各派在校园内贴大字报,阐明各自的观点。支持吕老师的同学到《人民日报》找到发表此文的编辑,问:你们为什么发表?你们调查了吗?编辑回答:上级规定凡是涉及运动的文章不必核实。

我因无事,经常看大字报。当看到这张大字报时大吃一惊,蓦然想起,"大跃进"时,《人民日报》曾登过几个小孩坐在田里的庄稼上,以证明粮食高产。事后知道这张照片是将若干亩的粮食堆在一起,记者导演的。1962年七千人大会期间,我曾听父母在饭桌上议论,这次会上,大家对新华社、人民日报社意见很大,他们不实的报道对浮夸风起了推波助澜的作用。党内大力提倡调查研究,提倡实事求是,纠正了浮夸风在内的"五风",怎么现在竟然又会有这样的规定:凡是涉及运动的文章不必核实。这不是又重复1958年的错误,这个错误不是已受到批评、纠正,为什么现在又要重复?这种造假的新闻会带来什么后果呢?当时我的这种忧虑仅是朦胧的感觉,还不可能像今天讲得这样清楚。

后来高同学如愿以偿到农村当了农民。在突出政治的年代,农村天天割资本主义尾巴,农民生活困顿,高同学的境遇不好。粉碎"四人帮"后,在老师、同学的帮助下他恢复了干部身份，不再当农民。中文系最早分为两派，其恶果，1966年、1968年有两个学生死亡。他们都是二十几岁，还未走上社会，就在严冬中凋零。

从批判刘、邓领导的工作组到打倒一切

那个年代，周总理、陈毅副总理、叶帅等老帅反复向红卫兵讲历史教训，宣讲政策。而唯一的副主席林彪、中央文革小组从来都不制止这种胡作非为。林彪有一句名言："这次运动就是革那些革过别人命的命。"这不就是要打倒共产党，就是要改朝换代吗。那时我们都蒙在鼓里，还企盼着林彪、中央文革出来说话制止，常常想为什么林彪、中央文革不制止？后来才知道这些都是他们煽动的，他们怎么会制止呢?!

批判工作组的调子越来越高，一开始冠名为刘邓路线，后来上纲为反动路线。被打倒的干部越来越多，从农村生产队长、社长、区长、县长、专员、省长、大区书记，一直到中央、国务院各部委、副总理、国家主席，凡是带长的几乎无一例外。有枣没枣先打三杆子。全国各地干部像多米诺骨牌一样倒掉，打倒一切，谁想斗就斗，谁想打就打，打伤了，被杀了，都找不到凶手。没有人身自由，更谈不上人身安全，在中国竟找不到一块安静、安全的地方。监狱反而最安全。以前特赦的战犯受不了群众揪斗，提出要求回到监狱。他们（如沈醉等）回到监狱躲过了群众斗争的高潮，少受了许多皮肉之苦。

随之而来，国家局面越来越混乱，武斗不止，形成全面内战。

我百思不得其解，常常想：毛主席说干部是党的宝贵财富。这些干部都是当年国民党反动派、日本帝国主义想抓、想杀而没有得手，今天却全部被打倒、游街、关押。到底什么是反动路线？

毛泽东将"文革"这种混乱局面概括为八个字："打倒一切，全面内战。"他认为这是"文革"的主要错误。1967年1月风暴（上海夺权）后，开始成立各省市自治区、各部委革委会班子，毛泽东宣布必须结合老干部才能成立革委会，否则中央不予承认。从那时起就不断解放、结合干部，这个工作一直进行到1975年秋天的反击右倾翻案风之前。但由于"四人帮"阻挠，解放的是少数，出来工作的更是少数。多数干部没有作结论，或者结论留有尾巴。多数干部没有出来工作，工作也不是官复原职，大都是降级使用。大量冤假错案没有平反。

1968 年,经过毛泽东、周恩来两年努力,各省市成立了革委会,形势渐渐安定下来。幸亏有毛泽东、周恩来,终于结束了全面内战,没有形成割据,党和国家没有分裂。幸亏毛泽东没有把权力交给林彪、江青,否则局势进一步恶化,还不知道会是谁上台,还不知道内战打到哪天,打成什么样子。如果内战不止,干部全被打倒、被打残、被整死,结束"文革"从何谈起,改革开放从何谈起。

[附记]2005 年底到 2006 年初,笔者花了几个月时间写了一篇为什么整理李雪峰回忆录的长文,共四部分,此文是其中的第一部分,由党史出版社编辑郭宏转给龚育之老师。没有想到他花一个下午就读完此文,说:"这是我读过的你的文章中,我认为写得最好的一篇。不但文字好,主要是里面含着你的经历、痛苦、磨炼、感情和思考。""你的文章,我随手改了几个字,提了几个问题。你称李为八大政治局委员,不妥,李是八届十一中全会补选的政治局候补委员,从八届一中全会到十一中全会,有十年之久,他不是政治局委员,十一中全会后,也只是政治局候补委员。我的修改,用红色标出,供你参考。"

1979 年编辑《周恩来选集》讨论篇目,我忝列其末,常常为龚老师的才华、学识所折服。后龚育之任中央文献研究室副主任、中央党史研究室副主任,我在这两个单位工作,他是我尊敬的领导。对他的意见,我十分重视,立即和李雪峰的亲属谷丹一起向黄道霞老师请教。但是因忙于其他的事情,一直没有时间修改这篇长文。2007 年 6 月 12 日突然得知龚老师在北京逝世,享年 78 岁。他走得太早了,很多工作未竟。特将这篇长文的第一部分修改,交《党史博览》发表,以表达对龚育之老师的纪念。对他的纪念最好的方式就是努力工作。

周恩来劝止红卫兵大串联

　　1966 年的秋天,中南海西花厅周恩来的办公室里电话铃声不断,十分繁忙。

　　这年 8 月 18 日,毛主席在天安门上第一次接见红卫兵。其中有少数从长沙、哈尔滨等地来的学生,被请上天安门,并安排在大会上讲了话。从此,揭开了红卫兵大串联的序幕。

　　毛泽东认为学生串联是发动"文化大革命"的好形式。他在 8 月 31 日第二次接见红卫兵时,表明了支持大串联的态度。消息一见报,刚成立的北京"红卫兵二司"立刻决定派三四千人到全国各重要地方,特别是上海、新疆等地串联,就地发动群众,开展"文化大革命"。紧接着,全国各地的学生,首先是离北京近的、交通方便的大中城市的学生涌入北京,一天就有几万人。北京各大中小学的教室、饭厅都住满了学生,车站、广场也都挤满了学生。不仅住的地方不够,吃饭、坐车也都是问题,而且天气渐渐冷了,问题会越来越多。可这是毛主席请来的客人,该如何安置、接待? 这成了摆在周恩来面前的一大难题。

　　9 月 5 日,中共中央、国务院发出关于组织外地师生代表到北京串联的通知,规定在北京期间吃饭不要钱,乘车不要钱,同时限定只来代表,每人在北京只停留四天。但是,群众运动既已发动起来,就不听招呼了。不仅来京的人越来越多,而且不少人一来就不走了。

　　9 月 7 日,周恩来接见了来京串联的学生们。他说:"你们想想,如果只进不出,那就要增加一个北京城! 你们在车站、广场上住,精神很好,但我们感到不安,因为没有很好地接待你们,没有地方招待你们。我们的想法和你们的想法彼此有矛盾。我们希望,首先,8 月 31 日以前来的都回去;第二,9月 7 日以前来的也陆续回去。这样才能让出地方,迎接明天以后来的同学。"他苦口婆心地动员学生们回去,可是学生们说只有见了毛主席才走。他又派代表与学生们反复谈话,他们还是坚持不走。

　　面对大串联给交通运输、生产建设造成的严重影响,周恩来对国务院的同志说:"无论多么困难,都要妥善处理好学生串联与生产的关系。首先必须安排好维持生产建设所必需的货运力量,然后安排好客运计划,在客运计划中要留有一定余力,以应付学生串联之需。总之,无论如何不能让生产受到影响。"9月12日,周恩来又打电话给建委主任谷牧,要谷整理一份铁路货运情况的材料。

为了满足来京学生的愿望,毛主席于9月15日第三次接见多达百万之众的各地红卫兵。但是,串联的规模反而越来越大。北京的学生还印发了特制的车票,谁都可以领到,更加大规模地到外地去串联。外地的学生有学校的证明即可上车、上船,不断从四面八方涌到北京来。谁要是阻拦,谁就是反对红卫兵小将。在那个时候,谁戴上这顶帽子都受不了,因为反对红卫兵就是反对"文化大革命"啊!学生们想到哪儿就到哪儿,走到哪儿就把"造反有理"的口号喊到哪儿,严重地影响了水陆交通秩序,影响了起码的物资运输任务的完成。周恩来心急如焚。9月底,他要谷牧紧急起草了一份不得随便干扰铁路、航运秩序的通知,但未能下发。

10月1日,毛主席在天安门第四次接见红卫兵,人数达到150万。国庆节后,中央又决定10月份再放手让学生串联一个月,还要求按进出北京各150万至170万的规模安排运力。

一个车厢可坐108人,一列客车是12个车厢,150万就得一千多趟列车,更不要说进出各150万甚至更多了。按照当时的运输力量,这就是说,其他的货运、客运全部停止,光运学生也运不过来。谷牧向周恩来叫苦:"上海等地都来电话告急,说交通运输很紧张,进出北京各150万很难安排。"周恩来说:"你可以搞上、中、下三个方案,把每个方案的安排办法和困难都写出来,由我报送中央常委讨论决定。多拉一些学生是有困难,但我更担心的是铁路停断和阻塞。铁路是国民经济的大动脉,一停顿,整个国民经济就瘫痪了。"可是,这些方案和周恩来提出的困难,仍没有得到中央常委的重视。

事实上,大串联的学生人数远远超过中央的预想:不是150万,而是上千万。到北京接受毛主席的检阅,这是人人梦寐以求的事情,谁也不愿错过这个机会。更何况吃、住、行都不用花钱,也不用害怕耽误功课,因为全国大中小学都已经"停课闹革命",而且还可以游山玩水呢!于是,南来北往的列车上,几乎每个车厢都挤了几百人,行李架上、厕所里都挤满了人。笔者亲眼所见,一个小小的厕所竟挤进八九个人。于是,出差的同志回不了单位,奔丧的人回不了家,串联的学生也不是个个都能挤上火车、轮船,车站、码头人满为患,一切交通秩序、生产秩序都被打乱了。

一千多万学生在神州大地上涌动。除了坐车、坐船,还出现了许多步行串联的队伍。随着天气渐冷,问题越来越多。南方的学生到北方没有冬衣,住宿没有被子。有的人生了病,甚至发生个别学生死亡的事。而且学生们涌到哪里,就给哪里带来许多麻烦,也直接影响了当地人民的正常生活。不仅北京告急,全国各地也纷纷告急。一份份告急电报送到西花厅,摆在周恩来的面前。大串联已使国家不堪重负。

大串联必须停止了!11月初,周恩来亲自起草了《关于北京大、中学校革命师生暂缓外出串联的紧急通知》。之所以说"暂缓"而不说停止,首先是为了能使这个通知在中央通过。当时中央文革小组的权力越来越大,他们要靠学生串联冲垮各级领导,怎么能同意停止串联呢?另外,这样一场上千万人的行动,也不是一个紧急通知就可以停止的,只能由近及远、由易而难,需要做大量复杂的工作。

当务之急是要组织好已到北京的学生。周恩来对北京军区负责人郑维山说:从红卫兵近期到北京的趋势来看,要准备接待300万人,他们来京后可进行短期军政训练。他要求北京军区抽调10万个班以上干部协助进行这项工作。

11月10日和11日,毛主席又连续接见了红卫兵200万人。虽然每次接见后都能走掉一批,但接着就会又来一批,往往来的比走的还多,后来连中南海都住上了红卫兵。

14日,在人民大会堂三楼小礼堂召开了一次首都大专院校红卫兵负责人紧急会议,周恩来在会上讲话,提出暂停免费乘车、船串联,他说:今年的国民经济要完成任务,生产上需要增加运输,煤、粮、生活用品也都要运输嘛!还要为明年的生产备料,保证旅客运输、车辆维修等等。他要求先做好红卫兵的工作。

两天后,在周恩来的不懈努力下,中央终于发出关于串联问题的通知,规定从11月21日起,全国各地一律暂停乘火车、轮船、汽车来北京和到各地进行串联。

11月25日,北京的气温降到零摄氏度左右。在北京军区的组织下,60万红卫兵按照班、排、连、营、团、师的建制,井然有序地通过天安门,接受毛主席的检阅。26日,毛主席又接见了外地来京的红卫兵180万人。接见后,根据周恩来的安排,大批红卫兵直接到火车站上车回家。新华社在发表毛主席这次接见红卫兵的消息时,宣布这是"明年春暖以前的最后一次接见"。至此,毛主席已 8 次接见红卫兵,共达 1100 万人次。但是,不少刚刚上路的外地学生,仍然继续向北京进发。

中共中央、国务院不得不于 12 月 1 日发布《关于大、中学校革命师生进行革命串联问题的补充通知》,规定 12 月 20 日以前在外串联的革命师生必须返回原地;从 12 月 21 日起,乘火车、轮船、汽车不再实行免费,在北京的革命师生和红卫兵的吃饭、乘车也不再实行免费。至此,在周恩来的领导下,经过两个月的不懈努力,上千万人大串联的势头终于得到了遏制。

但是,这个规定没有涉及步行串联问题。而步行串联的学生不仅人数相当多,还多以延安、韶山、井冈山、瑞金等革命圣地以及大寨、兰考等为目的地。这些地方各方面的条件都极为困难,根本无法招架大批人员的到来。国务院不得不派军队运粮、运衣、运药品,甚至曾动用直升飞机给井冈山运粮食。这种情况,再也不能继续下去了。为此,1967 年 2 月 3 日,中共中央、国务院又发出《关于革命师生和红卫兵进行步行串联问题的通知》,规定"长途步行串联,在全国都停止"。在中央三令五申下,学生们渐渐回到原地"复课闹革命",绵延半年之久的大串联活动,总算停止了下来。

然而,1967 年 1 月从上海掀起的"夺权风暴",很快又席卷全国,局势进一步混乱,无政府主义再次抬头。很多人期待着春暖花开后的第二次大串联。为了防止再次出现串联活动,经过周恩来等同志的努力,3 月 19 日中共中央发布了《关于停止全国大串联的通知》。通知宣布,"中央决定:继续停止全国大串联,取消原定的今年春暖后进行大串联的计划,希望各级领导向学生和群众妥为解释。"此后,虽然仍有少数学生的串联活动,但已形不成气候了。不幸的是,"全面夺权"的号召又在全国范围内造成了更大的动乱。

[附记]此文是我与曹应旺合写,因文章很短,《百年潮》1997 年第 3 期发表时,将两人姓合在一起署名为曹理,后收入我主编的《周恩来之路》一书。没有想到此文被多篇文章引用。文中所讲火车上的情况,都是我亲眼所见。当时我从兰州到乌鲁木齐,列车员是一位 1949 年进疆的老兵,他忧心忡忡地说:我理解毛主席是在演习,如果一地出现修正主义,其他地方的革命群众可以来支援,共同打倒修正主义,可是每年秋季车组要进库检修,今年为了接送串联学生列车不能如期检修,必将影响明年运行的安全。

《工人阶级必须领导一切》
发表经过及影响

1968 年春，北京高校发生武斗

1966 年 10 月，面对众多干部群众对"文革"的不理解，林彪提出："革命的群众运动，它是天然合理的。"①

共产党搞历次群众运动，都是自上而下，有领导、有组织地进行。这是共产党的惯例，也是共产国际运动的惯例。1966 年 6 月 1 日经毛泽东批准发表聂元梓大字报后，高校的群众首先发动起来。刘少奇、邓小平按照惯例派了工作组，事先请示过毛泽东。

因为有怀疑一切想法的个别师生反对工作组，为了控制局面，工作组在学生中抓"鱿鱼"、反革命，为自己制造反对派。1966 年 7 月 18 日毛泽东回到北京，经过几天调查，下决心撤销工作组，要师生自己搞运动。

7 月 24 日毛泽东到中央文革驻地看望中央文革小组成员，他说："如果照原来那样搞下去，是搞不出什么名堂的。"7 月 25 日，毛泽东接见中央文革和大区书记，说："我到北京一个星期，前 4 天倾向于保张承先（北京大学工作组组长），后来不赞成了。各单位、各机关的工作组是起阻挠作用的。"那怎么搞呢？他提出："不要工作组，要由师生自己搞革命，成立革命委员会，不那么革命的中间半途而废的人也参加一部分。"7 月 29 日召开万人大会，高校每个班都派一名代表参加。刘少奇、邓小平检查自己是老革命遇到新问题，宣布撤销工作组。

8 月，召开了十一中全会，会上通过的十六条充分肯定革命小将，说"他们的革命大方向始终是正确的"。

---

① 1966 年 10 月 25 日林彪在中央工作会议上讲话。

从此,开始了"群众自己解放自己","自己教育自己",并写进党的决议里去。① 从此,"文革"这种形式的群众运动离开了共产国际、中国共产党的经验之路。"群众自己解放自己","自己教育自己"的群众运动是个什么样子呢? 谁都没有见过,谁都不知道。1967 年 2 月毛泽东总结为:"过去我们搞了农村的斗争,工厂的斗争,文化界的斗争,进行了社会主义教育运动,但不能解决问题,因为没有找到一种形式,一种方法,公开地、全面地、由下而上地发动广大群众来揭露我们的黑暗面。"②"文革"就是要"公开地、全面地"抛开各级党组织,毛泽东直接领导,"由下而上地发动广大群众来揭露我们的黑暗面。"

但是 17 年来,共产党做了许多好事,得到广大群众的拥护。"文革"遭到群众的反对,遭到广大干部的反对,运动初期保守派势力很大,占多数。而在中央文革小组的鼓动下,造反派不断发展、壮大。群众组织从产生的那天起就在不断地分裂,各省、各地、各个单位都是如此。1967 年夏,在"文攻武卫"的口号下,派性斗争、分裂上升为武斗,几达全面内战的程度。

派性斗争是伴随"文革"的爆发而产生,派性斗争、武斗是伴随"文革"的发展而不断加剧的。

1967 年夏毛泽东视察大江南北,指出:"在工人阶级内部,没有根本的利害冲突。更没有理由一定要分裂成为势不两立的两大派组织。"在党中央不懈努力下,各地大联合,到 1968 年 3 月,全国 28 个省市自治区,已有 18 个成立了革委会。全国形势逐渐安定。在各地煽动武斗、组织武斗、参加武斗的学生无法在当地生存,陆续回到学校。许多不愿参加打派仗的逍遥派也从家里回到学校,准备复课。沉寂多时的校园热闹起来,学生们又围绕着学校的问题争论起来。学生们本来就年轻气盛、血气方刚,而这时他们已有在各地武斗的经验,很快,争论、争吵就上升为武斗。

虽然各省革委会相继成立,但是各地两派长期对峙,武斗不止。1967 年夏,毛泽东指出造反派犯了错误,要克服派性。造反派是响应毛泽东的号召起来的,以帮派形成气候,他们搞的是:顺我者昌,逆我者亡。谁支持我,我就拥护谁;谁批评我,我就打倒谁。他们一路打倒单位领导、地区领导、省领导直到中央、国务院、军委的领导。随着这些领导人一个一个被打倒,打

---

① 1966 年 8 月 8 日中国共产党中央委员会关于无产阶级文化大革命的决定(即十六条)。

② 《建国以来毛泽东文稿》第 12 册,220 页,385—386 页,中央文献出版社,1998 年。

倒一切,怀疑一切的无政府主义思潮日益泛滥。虽然他们打着捍卫毛泽东思想的旗号,但是对毛泽东的批评置若罔闻,更不会善罢甘休、自动退出历史舞台。1967年8月在周恩来努力下并得到毛泽东批准,相继隔离审查中央文革小组成员王力、关锋、戚本禹,这极大打击了中央文革,打击了中央文革支持的极左派。1968年3月林彪、江青打倒杨成武、余立金、傅崇碧时,又提出批判右倾。造反派中的极左派马上乘势再起,破坏力也更大。"文革"以来,两派一会儿你掌权,一会儿我上台,谁也不讲政策,谁掌权就打击对立面,对立面上台后又如法炮制,不断地翻烧饼,两派的矛盾越积越深,人们越来越情绪化,斗争越来越激烈、残酷。

林彪、中央文革小组不想结束运动,在他们的指挥、操纵下,北京高校的"天派"(以北京航空学院红旗命名)和"地派"(以地质学院的东方红命名)发生武斗。3月28日,北大"天派"聂元梓控制的"公社"用武力将31楼对立面的学生赶走。29日学校发生武斗,双方一百多人受伤。北京市革委会主任谢富治接见两派说:"武斗的行为,是直接反抗党中央、中央文革的,是不能容忍的。""慰问被刺伤的聂元梓,慰问一切被打伤的人。"①江青也表态支持聂元梓,她说:"聂元梓是有缺点、错误的,要批评她,但是要保她。"②武斗的结果使原处劣势的聂元梓转而为优势,得到中央文革的有力支持,极大地鼓舞了"天派"。

当时,我在北京大学读书,28日前已发生数次小规模的武斗,因为我没有参加任何一派,对此一无所知。28日、29日我正在学校。29日四五点钟被外面的喊叫吵醒,同学们惊恐不安,赶快起身穿衣,从窗户里观望。当时楼的南边空旷开阔。不一会儿看见聂元梓和一小群人站在院子里,人群中突然发生骚动。有人喊:聂元梓被刺伤了。马上有人反驳:没有人刺她!一切是那么混乱,我惊呆了。快到早饭时间,传来要攻打我们住的30楼的消息。同学李宝洪好心地说:"你还不赶快走。"我才醒悟,赶快离开这个是非之地,回家。只能每星期到学校看看情况。两派在北大安营扎寨,修筑工事,楼与楼之间架起天桥,挖了地道。大喇叭声嘶力竭地声讨对方,混乱越演越烈。我改为一个月才回校一次。

参加武斗的是少数,大多数学生不愿武斗,纷纷逃离。外地同学无地可去,投奔同学、同乡,或搬到别的学校住。他们用自行车驮,肩挑背扛,络绎

---

①② 王学珍、王效挺、黄文一主编:《北京大学纪事》下册,第669,北京大学出版社,1998年。

不绝,带着行李行走在空旷的马路上。谁知 4 月 23 日清华大学也发生武斗,①不少去了清华的同学只好再次搬家。

偌大的首都,何处能放下一张安静的书桌?北大、清华一直是中央文革抓的两个典型,就在中央的鼻子底下武斗,大家不明白上面为什么不制止?就看着他们这样毁坏校舍,为了打弹弓子,在墙上挖洞;为了联络,挖地道。雨季到来,雨水将地道泡塌了,马路陷下一个一个大坑。

北大公社由原哲学系总支书记聂元梓领导,北大有文科和理科,武斗用的武器是:长矛、铁棍、护甲、用自行车轮胎做的大弹弓,打死了几个学生。清华大学的"团派"由二十几岁学生领导,血气方刚。清华是工科学校,有实习工厂,有设备、有技术、有人才,他们自己造枪支弹药,甚至土坦克、土装甲车。武斗远比北大惨烈,双方打死 18 人,打伤 1100 人,致残 30 多人,经济损失 1000 万。②那些少数派住的楼则被断水、断电、断粮、断炊,受困于其间,无法脱身,天天盼着有人解救他们。北大中文系的一个同学,手持长矛巡逻,曾气恼地说:"他妈的,下次再搞'文化大革命',我再也不参加了!"③"文革"以来,人人一扫斯文,个个都学会国骂。

毛泽东最终决定结束内乱

北京各大学的武斗鼓励了各地的造反派,他们纷纷在北京的大学内建立驻京办事处,有的造反派在当地无法生存,就躲到这些大学里。在全国,广西的武斗是最严重的。湖南与广西比邻,"湘江风雷"之类的组织自然不甘落后。

1967 年时毛泽东预计,文化大革命"一年开张;二年看眉目,定下基础;明年结束。"④1968 年,正是"文革"的第三年,按计划应是结束,以大乱达到大治。他不能容忍这种混乱局面再持续下去,于是改变了 1967 年对武斗支持、容忍、善意批评的态度,以越来越严厉的口气发布内部讲话、电报、文件以制止武斗,坚决制止全面内战。

1968 年 7 月 3 日中央根据广西情况发布了《七三布告》,布告说:广西

---

①② 均见于唐少杰:《一叶知秋——清华大学 1968 年"百日大武斗"》,第 14 页,第 64 页,(香港)中文大学出版社,2003 年。

③ 2003 年采访郭庆山记录。

④ 《毛泽东传》(下),第 1490 页,中央文献出版社,2003 年。

发生一系列反革命事件,要求迅速实现以下几点:停止武斗;恢复铁路交通;无条件交回失去的援越物资;无条件交回抢去的人民解放军武器装备;一切外地人和倒流城市的上山下乡青年立即返回本地区;对于确有证据的杀人放火、破坏运输畅通、冲击监狱、盗窃国家机密、私设电台等现行反革命分子,必须依法惩办。

1967年"三支两军"以来,先后已派了280多万人次指战员到全国各地稳定局势。[①] 军队还有保卫国家等任务,不可能再抽出更多的兵力。1968年2月北京卫戍区的解放军毛泽东思想宣传队几十人曾进驻北京大学、清华大学,但是没有能制止武斗,其中一个原因,是人数太少。对群众的领导,不能光靠思想领导,还必须有组织保证。但这个力量到哪里去找?

干部作为走资派已被打倒。有组织的拿国家工资,便于指挥、领导的只有工人。北京的工人从没有形成左右全市局面的两大派。1968年初,戚本禹继王力、关锋之后被抓后,周恩来指示北京市革委会副主任吴德将市革委会的造反派基本清除[②],北京的工厂是比较稳定的。

因而"工人毛泽东思想宣传队",简称"工宣队"应运而生。权宜之计,没有法子的法子,如同"三支两军"是权宜之计一样。工人阶级也因之以"工宣队"形式占领上层建筑,地位陡然上升。仅举一例。新中国建立以来,人们打招呼,习惯以同志相称。但自那之后,以"师傅"相称流行于世。这个称呼一直延续到现在。粉碎"四人帮"后,1976年年底,"工宣队"才撤出学校,回到工厂。

另外,共产党作为无产阶级的先锋队,工人、农民是依靠力量,是基础。"文化大革命"就是批判资产阶级,树立无产阶级的权威。成立"工宣队"。从理论上群众容易接受。

工宣队和平进驻清华大学遭遇抵抗,伤亡惨重

北京各大学武斗,从3月打到7月,打了100多天。对全国影响甚大。要结束全面内战,稳定全国局势,必须先解决北京各大学的武斗。武斗不止,国无宁日!

---

① 《关于建国以来党的历史问题的决议注释本(修订)》,第412页,人民出版社,1985年。
② 吴德口述:《十年风雨纪事》,第66页,当代中国出版社,2004年。

为了制止武斗,1968年7月27日毛泽东派3万首都工人毛泽东思想宣传队(简称工宣队)和解放军毛泽东思想宣传队(简称军宣队),徒手进驻清华大学,宣传《七三布告》,制止武斗,收缴武器,拆除工事。工宣队的领导,由8341部队负责人担任,其中有8341部队宣传科科长迟群。当时3万人号称10万。

谁也没有想到毛泽东、中央会采取这种办法。

这时的红卫兵,已不是当年"毛泽东的红卫兵,毛主席指到哪,打到哪"的红卫兵,要揪工宣队、军宣队后面的黑手。上午9时,蒯大富领导的"团派"(只有几百人)向工人开枪。工宣队、军宣队只带着《毛泽东语录》,准备以政治攻势解决问题。没有想到"团派"要血战到底。顿时,工宣队5人死亡,731人受伤,其中重伤149人(工人139人,军代表10人),被抓者143人(工人109人,军代表34人)①。

当时北京的各大医院住满了伤员。工人看着死伤的工友,气愤万分,急红了眼,打了个别围观的学生。其实,敢混进工人队伍中的学生都是反对"团派"的。工人们进城刷大标语,声讨武斗的学生。血染清华园的消息顿时传遍北京,震动四九城。解放军不能阻拦工人,跟在后面覆盖各种标语。

清华校园内枪声不断。清华外面集聚着成千上万的学生,"天派"、"地派"的都有,火药味十足,气氛异常紧张。②

团派学生要血战到底,工人死伤众多的消息惊动了毛泽东。28日凌晨2时半,毛泽东紧急召见聂元梓、蒯大富、韩爱晶等所谓的"学生五大领袖",以制止武斗。从凌晨3时半开始,一直谈到8时半,陪同的有林彪、周恩来、陈伯达、康生、江青、姚文元、黄永胜、吴法宪、叶群、汪东兴和北京市的负责人谢富治、吴德。蒯大富迟迟联系不上,大喇叭不断广播,不断做工作,7点多才来。他一进会场见到毛泽东就恸哭,江青也掉了泪。

毛泽东批评他们说:"你们现在是一不斗,二不批,三不改。"提出四个解决方案:"一、实行军管;二、一分为二(就是两派可以分两个学校,住两个地方);三、斗批走;四、继续打下去。"③然后让谢富治、吴德和蒯大富、韩爱晶

---

① 唐少杰:《一叶知秋——清华大学1968年"百日大武斗"》,第31页,(香港)中文大学出版社,2003年。
② 吴德口述:《十年风雨纪事》,第60页,当代中国出版社,2004年。
③ 聂元梓等五人整理的记录。

374

等一起回清华,制止武斗。①

　　毛泽东历来举重若轻,指挥若定。工宣队、军宣队在清华大学,清扫据点,收缴枪支,抓获凶手,拆除工事,将学生召回学校,组织师生学习,稳定局势,使之走上正轨。8 月 19 日工宣队进驻北京大学。② 因为毛已表态,没有人再敢抵抗,进驻十分顺利。清华、北大局势终于稳定,8 月底,北京 59 所大专院校都进驻了工宣队。③

毛泽东思想的两个变化:
对"文化大革命"的评价,对知识分子政策的转变

　　那时人们认为,毛泽东接见谁就表示支持谁。毛泽东对五大领袖的接见引起了工人的不满,他们说:死了人的工宣队却没有受到毛主席的接见。工人阶级到清华制止武斗到底是不是革命行动? 是不是符合毛主席的伟大战略部署? 于是,毛泽东于 8 月 15 日又接见了工宣队的代表。④

　　7 月 27 日清华流血事件,给毛泽东很大的刺激。毛泽东对红卫兵的看法也发生了改变。

　　"文革"是由学校而起,学生们成立红卫兵组织,先在学校造反,而后冲向社会,冲垮了各地领导班子,所向披靡。红卫兵是"文革"的生力军。那时毛泽东给清华附中的红卫兵写信:"我向你们表示热烈的支持。"而现在,清华打伤、打死毛泽东派去的工宣队员,证明红卫兵"他们的革命大方向"并不是"始终是正确的"。"七二七事件",不但令毛泽东失望,更证明"群众自己解放自己"、"自己教育自己"的方法没有创造出一个红彤彤的新社会,反而使局面失控,不得已又派军宣队、工宣队。这种做法和当年派驻工作组的性质是一样的,证明自下而上的运动形式是行不通的。

　　毛泽东每采取一个重要部署,总要有相应的理论支持,以理服人。他的文章气势磅礴,势如破竹,威慑力强。他在派工宣队的同时,让姚文元起草

　　① 　吴德口述:《十年风雨纪事》,第 60 页,当代中国出版社,2004 年。
　　② 　王学珍、王效挺、黄文一主编《北京大学纪事》下册,第 673 页,北京大学出版社,1998 年。
　　③ 　唐少杰:《一叶知秋——清华大学 1968 年"百日大武斗"》,第 279 页,(香港)中文大学出版社,2003 年。
　　④ 　均见于沈如槐:《清华大学文革纪事——一个红卫兵领袖的自述》,第 417 页、429 页,时代艺术出版社,2004 年第 2 版。

一篇文章。他3次审阅、修改后，最后决定以姚文元个人的名义，于25日在《红旗》第2期上发表。

8月23日，毛泽东在修改这篇文章时，写下这段话："以后不要说史无前例。历史上最大的几次文化大革命是发明火，发明蒸汽机和建立马克思列宁主义，而不是我们的革命。"①

面对严酷的现实混乱的局面，毛泽东是多么无奈和沮丧。他对革命的认识转了一圈又回到它的原点。但是时间不能倒转，历史不可能倒退，覆水难收。十年"文革"中，毛泽东的想法是在不断变化的，以工人占领上层建筑这种方式处理大学武斗就是一个重要的关节点。这段文字是我们看到的毛泽东对"文化大革命"评价发生变化的最早记载。虽然两个月后，毛泽东在八届十二中全会上讲"文化大革命""这是完全必要的，非常及时的"，但是此话与1966年8月10日的号召："你们要关心国家大事，要将反无产阶级文化大革命进行到底！"与1967年夏南巡时讲："七、八、九三个月，形势发展很快。全国的无产阶级文化大革命形势大好，不是小好。整个形势比以往任何时候都好。"在气势上，已完全不同。此时，更是为了回答人们产生的问题以及怀疑，是对"文革"的辩护。

毛泽东在7月28日接见五大领袖时讲话说："现在学生的缺点在什么地方呢？学生最严重、最严重的缺点，就是脱离农民、工人、军队、工农兵，就是生产者。"他一贯认为知识分子有属于小资产阶级的劣根性，要不断改造，才能成为无产阶级。"七二七事件"加深了他对知识分子的这种认识。

姚文元署名的《工人阶级必须领导一切》一文中传达了毛泽东的最新指示："实现无产阶级教育革命，必须有工人阶级领导，必须有工人群众参加，配合解放军战士，同学校的学生、教员、工人中决心把无产阶级教育革命进行到底的积极分子实行革命的三结合。""工人宣传队要有步骤、有计划地到大、中、小学去，到上层建筑各个领域中去，到一切还没有搞好斗、批、改的单位去。""涌现出一批优秀的工人干部，充实到国家机关的各个方面以及各级革委会里去。""涌现出一批优秀的工人干部，充实到国家机关的各个方面以及各级革委会里去。"②

---

① 《建国以来毛泽东文稿》第12册，526页，中央文献出版社，1998年。
② 1968年8月25日姚文元：《工人阶级必须领导一切》，《红旗》1968年第2期。《建国以来毛泽东文稿》第12册，527—531页，中央文献出版社，1998年。

文章一发表，人们明白了，这是"文化大革命"的一个新的战略部署。从此，"文化大革命"增加一个内容：工人阶级占领上层建筑。在执行中，因广大农村、边远县城没有产业工人、解放军，由贫下中农、转业军人进驻学校。贫下中农中文盲的比例更高，文化水平更低。任何一个国家、任何一个时代的教育，从来没有让文盲、小学文化管理学校，让小学、初中文化的外行管理高校。只有"文革"时期才这样做。

对知识分子的政策，运动初期，《十六条》规定是："对于科学家、技术人员和一般工作人员采取团结、批评、团结的方针，对于有贡献的科学家和科学技术人员，应该加以保护。"[①]以前只批判反动学术权威，现在无论是反动权威，还是一般技术人员，还是有贡献的，不分青红皂白，统统划入资产阶级；"文革"前，只说解放前培养的老知识分子是资产阶级的，现在连新中国建立后培养的大专学生也都是资产阶级的，统统成为改造、甚至专政的对象。中国计量科研室院的一位华侨技术人员向军代表请教，他说："我在国外因无钱读书当工人，回国后是社会主义祖国送我上大学，我怎么反而成了资产阶级？"[②]新中国建立后 17 年毕业的大专学生有近 200 万。从此，知识分子与地主、富农、反革命、坏分子、右派分子并列，成为叛徒、特务、走资派、地、富、反、坏、右、之后的"臭老九"。新、老知识分子是中国科研、教学、医学各个方面的学科带头人、领导骨干，将他们统统列入改造、甚至专政的队伍，严重打击了知识分子的积极性，破坏了科研与教学秩序，在国际科技进步日新月异时，我国的科研、教育、生产却受到很大破坏，再一次拉大了我国和先进国家的距离。

对知识分子打击面之宽，这是建党以来从未有过的。毛泽东历来认为知识分子不是一个独立的阶级，1939 年曾专门著文《大量吸收知识分子》。在此时，为什么会发生如此大的变化？

"工人阶级必须领导一切"违背党的传统
与历史经验，违背建党原则

"工人阶级必须领导一切"，是以工人宣传队的形式来体现的，而不管这

---

① 1966 年 8 月 8 日八届十一中全会通过的《中国共产党关于无产阶级文化大革命的决定》中第十二条。

② 2010 年采访刘加农记录。

些工人平时的表现如何,是否有文化知识(王洪文的小弟兄陈阿大就是半文盲),掌握政策的水平。有的工厂将不好管理的工人派到工宣队中去,更谈不上掌握政策水平和领导水平。

其实,过于强调工人阶级领导成分,中国共产党30年代就吃过亏的。中国共产党的领导层历史上基本是知识分子。大革命失败后,走向另一个极端,选工人进入决策层,工人向忠发就曾担任中央总书记。这个人能力差,品质恶劣,一被捕就叛变。延安整风后,政治局通过的《关于若干历史问题的决议》总结第三次左倾路线的错误时,专门指出:"他们不严肃地对待提拔新干部(特别是工人干部)的工作,而是轻率地提拔一切同他们气味相投的、只知盲目服从随声附和的、缺乏工作经验、不联系群众的新干部和外来干部,来代替中央和地方的老干部。"[1]

工人阶级必须领导一切,这种提法符合不符合中国共产党几十年的传统、经验?答:不符合。可是,几十年后又为什么重犯这个错误呢?

工人阶级必须领导一切,也不符合党章。党章规定中国共产党是中国工人阶级的先进的有组织的队伍。工人阶级的领导是通过工人阶级的先锋队共产党来体现。清华的一个学生党员向工人师傅请教:"我是工人阶级先锋队的一员。你是工人阶级的落后的一员,落后分子怎么领导先进分子呢?"工人讲不出理,毕业给他发配到最穷、最苦的地方。年轻的工宣队员与大学生的年龄相仿,他们在管教中规定学生不准关宿舍门,不准听耳机,态度粗暴。这位学生党员私下对好友说:"我没有当过亡国奴,不知亡国之恨。但是我体验到一个阶层对另一个阶层的压迫。"

工人阶级必须领导一切,那么符合不符合马克思列宁主义建党原则?不符合。

中国共产党成立于1921年7月。1919年,列宁与第二国际决裂后,成立了第三国际。中国共产党就是在第三国际的指导下建立的,从一开始就遵循着列宁的建党原则。

列宁的建党原则是什么?列宁说:"群众是划分阶级的,阶级通常是由政党来领导的;政党通常是由最有威信、最有影响、最有经验、被选出担任最重要职务而称为领袖的人们所组成的比较稳定的集团来主持的。这都是起

---

① 《毛泽东选集》第3卷,第986—987页,人民出版社,1992年第2版。

378

码的常识。"①列宁又说："一个党是不是真正的工人政党,不仅要看它是不是由工人组成的,而且要看是谁领导它以及它的行动和政治策略的内容如何。只有根据后者,才能确定这个党是不是真正的无产阶级政党。"②

中国共产党长期在农村,党员的绝大多数是出身农民、小资产阶级知识分子,工人成分很少。这是不是就改变了中国共产党的性质呢?这在党内曾有过争论。刘少奇在党的七大报告《论党》中专门阐述过此问题。他说:"这种情况还不能改变我们党的无产阶级政党的性质。我们党的无产阶级的性质,是由以下一些条件决定的。"他历数了六条,最根本的是:"二十余年的国内战争与民族革命战争对于我们党的锻炼,几十万党员长期脱离了他们原来的社会职业,转入革命的军事集体生活与生死斗争中,使他们在思想上、组织上受到严格的教育与锻炼,这样,就提高了他们的阶级觉悟与集体的意志,加强了他们的组织性与纪律性,使他们懂得在敌人面前形成全党利害的一致,而要求全体党员无条件地服从党的集中领导,并使动摇分子在严重的革命斗争中从党内不断地自然淘汰出去。"③刘少奇的阐述曾一度成为全党的共识。新中国建立后,在不断的政治运动,越来越强调出身,人们对刘少奇的论述渐渐淡忘了。久经考验的干部作为走资派基本上都被打倒了,在1968年大部分人还没有解放,还不能出来工作,还没有发言权。

"工人阶级必须领导一切"与林彪提出的"革命的群众运动,它是天然合理的"是一致的,都是崇拜工人自发性。只是林彪将范围从工人扩大到群众。他们一方面反复强调阶级斗争,谁都知道群众是分阶级的;另一方面提出群众运动天然合理,这实际是相矛盾的。林彪为了解决广大干部对"文化大革命""很不理解,很不认真,很不得力"④才提出这个命题,带有很大功利色彩。林彪这句话简洁明了,易记上口,"群众运动天然合理",顿时传遍九州大地。

这个命题对不对?工人阶级能不能自发地产生马克思列宁主义?马克思列宁主义是工人自发产生的,还是从外面灌输的?如果这个命题对,为什

① 1920年4月,列宁:《共产主义运动中的'左派'幼稚病》,《列宁选集》版第4卷,第209页,人民出版社,1965年。
② 1920年夏,列宁:《在共产国际第二次代表大会:关于加入英国工党问题的发言》,《列宁全集》第31卷,第225页,人民出版社,1958年。
③ 《刘少奇选集》(上),第324—325页。人民出版社,1981年。
④ 1966年8月8日中国共产党中央委员会关于无产阶级文化大革命的决定(即十六条)。

么马克思、恩格斯、列宁都不是工人,而都是知识分子?

其实,对这个问题列宁早有阐述。

1902 年,列宁在《怎么办》一书中写道:"社会主义自从成为科学以来,就要求人们把它当做科学看待,就是说,要求人们去研究它。必须以高度的热情把由此获得的日益明确的意识传布到工人群众中去,必须日益加强团结党的组织和工会组织。"[①]"我们已经说过,工人本来也不可能有社会民主主义的意识。这种意识只能从外面灌输进去。各国的历史证明:工人阶级单靠自己本身的力量,只能形成工联主义的意识,即必须结成工会、必须同厂主斗争、必须向政府争取公布工人所必要的某些法律等等的信念。而社会主义学说则是由有产阶级有教养的人即知识分子创造的哲学、历史和经济的理论中成长起来的。现代科学社会主义的创始人马克思和恩格斯本人,按他们的社会地位来说也是资产阶级知识分子。同样,俄国的社会民主主义的理论学说也是完全不依赖于工人运动的自发增长而产生的,它的产生是革命的社会主义知识分子的思想发展的自然和必然的结果。"[②]

其实林彪对这段话是很熟悉的。"文革"前他在讲话中就引用过。他为政治需要编造出"革命的群众运动,它是天然合理的",这与他急用先学,学以致用的观点是一致的。

今天,我能引用列宁的这段话,要感谢教共产国际运动史张汉清老师,也感谢陆平校长,当时他顶住压力,让我们先学习理论,后实践,到农村参加"四清",否则我就没有机会听到张老师的课。

结果及影响

从此,毛泽东再也不鼓励"踢开党委闹革命"式的群众运动。即使在 1974 年发动了批林批孔运动,但是也坚持在党委领导下进行。而江青"四人帮"仍迷恋"自己解放自己"的大规模的群众运动,与毛泽东的主张背道而驰。由此引发毛泽东与江青"四人帮"之间的分歧,引起毛泽东对江青的不满,从 1974 年起不断批评江青。

毛泽东派工宣队还有一个原因,全国 28 个省市,除上海(张春桥)、黑龙江(潘复生)、山西(刘格平)、山东(王效禹)、河北(李雪峰)、陕西(李瑞山)等

---

①② 《列宁选集》第 1 卷,第 331 页、第 334 页,人民出版社,1955 年。

8个省市外,当时各省市的第一把手都是军人。军人占百分之七十五或四分之三以上。

"工人阶级必须领导一切",谁是这个政策的最大受益者?王洪文所代表的工人造反派,特别是王洪文上海小帮派。上海是中国最大的工业城市,工人最多、最集中。而上海是"文革"中第一个夺权,建立革委会的。上海是张春桥、姚文元一手控制的。王洪文作为造反工人到中央,自然巩固、提高了张春桥、姚文元在中央的地位。王洪文到中央不久就形成"四人帮"。

姚文元文章指出:"涌现出一批优秀的工人干部,充实到国家机关的各个方面以及各级革委会里去。"为王洪文之类的造反工人篡夺各级和中央的政权创造理论,使之合理、合法,为王洪文及小兄弟的上升铺平了道路。

中共九大中央委员、候补委员名单,上海帮王洪文、王秀珍、金祖敏、徐景贤、马天水、陈敢峰、张春桥、姚文元共八个人,远远超过其他省市的中央委员、中央候补委员的人数。张春桥、姚文元因为领导工人运动,推动"文革"有功,进入政治局。同时,其他省,如河南造反派头子唐岐山也以工人代表身份进入中央委员会。

但他们不满足已篡夺的权力,1971年11月张春桥说:"外事队伍不能都是知识分子","要培养工人外事干部,培养工人大使"。1972年上海审定113名工人,33名放在上海外事单位,80人送复旦大学培训。上海帮野心膨胀,加剧了他们与林彪集团的矛盾,这两个集团由"文革"初期的以互相勾结、互相利用、互相配合,变为斗争越来越激烈。

十大,上海产生的中央委员、中央候补委员除王洪文、王秀珍、金祖敏、张春桥、姚文元、徐景贤、马天水6人外,又增加了于会泳、周宏宝等,共9人。更重要的是王洪文当上副主席,张春桥进入政治局常委,姚文元列为政治局委员,控制了全国的意识形态、宣传工作。

十大前后,随着王洪文地位的提升,张春桥说:"上海要多培养些新干部,北京需要,全国需要,要选些路线斗争觉悟高的造反派的新干部,要他们闹个天翻地覆。"上海革委会核心组经过精心审查、选拔,先后排出30人的部级名单。

1974年四届人大召开之前,"四人帮"为要组阁,扩大自己的班底,从上海调到中央、国务院工作的有:全国总工会金祖敏、文化部于会泳、教育部周宏宝、公安部祝家耀、六机部张国权、邮电部王××、建材部秦××、卫生部王××、团中央筹备组杨××等9人。

在此之前全国的高等院校的运动基本是由在校的师生进行。随着军宣队、工宣队进校后,掌握了学校的领导大权,后来解放、结合了一些原有的领导干部只能作为副手。

他们掌权后,很快实行高校新的招生方法。1970年3月清华大学试点,1970年7月22日,清华军宣队负责人迟群编造出《为创办社会主义理工大学而奋斗》经验,经过陈伯达、张春桥、姚文元多次修改后定稿,登在《人民日报》上。他们的经验是:"从三大革命中涌现出来的积极分子,一般具有三年以上实践经验,年龄在20岁左右,文化程度相当于初、高中水平的工人、农民(注意招上山下乡和回乡知识青年)、解放军战士和青年干部,是理工科大学主要招生对象。有丰富经验的老工人和贫下中农入学,不受年龄和文化程度的限制。理工科大学除去在校内外办学制为二到三年的普通班和一年左右的进修班外,还采取多种形式开办的科学研究班、业余大学以及专题短期培训班,担负从工人中培养工程技术人员和科学研究的任务和一些普及工作,把高等教育从原有的大学里解放出来。"

这将招工农兵学员作为教育革命的重要政策肯定了下来。废除了从高中直接招生的老办法,实行从有实践经验的工农兵中招生,并且不考查学员的文化程度。让小学、初中文化的人上大学、管大学。工宣队、军宣队受自身文化程度的限制,自然拥护这个决定,以致后来自然发展到树立白卷先生做典型的怪事。

所谓"把高等教育从原有的大学里解放出来",就是全面地降低高等教育水平,将大学办成职业学校和中等技术学校。"文革"将高等学院办成职业技术学校的同时,又全部取消全国各种职业学校、中等技术学校和农业学校共61626所。直到1971年恢复1591所,1976年为2443所,1979年为3033所。①

那时,研究生、博士生、博士后,这些名词听都没有听过,更不要说培养了,统统取消。教师的职称评定全部取消。多么可悲!所以有人说:这不是"文化大革命",不是教育革命,而是"革命"教育!是教育事业的大倒退!

1968年10月13—31日中央召开了八届十二中全会,开除刘少奇的党籍,通过召开九大的决定、九大代表产生办法和《中国共产党党章(草案)》。

---

① 《中国教育年鉴》1949—1980年,第182页、第981页,中国大全科百书出版社,1984年。

九大的准备工作基本就绪。1968 年 12 月 22 日《人民日报》公布了毛泽东的最新指示："知识青年到农村去,接受贫下中农的再教育,很有必要。要说服城里干部和其他人,把自己初中、高中、大学毕业的子女,送到乡下来,来一个动员。各地农村的同志欢迎他们去。"毛泽东这个指示,实际就是当初他在接见五大领袖时提出的第三方案。他知道会遇到很大阻力,他用了"说服"两字。

工宣队进校后,按照毛泽东提出的这第三个方案"斗批走",大学里凡是到毕业期限的学生非反革命、凶手的一律分配工作。到 1968 年 12 月,66、67、68 级毕业的学生,都已分配。四、五、六年制的大学只留下 69 级(即 1965 年入校的学生)。五、六年学制的学校只剩下一、二、三年级的学生。当时六年制的系比较少,都是理工科、尖端专业。协和医学院是八年制(相当现在的博士生)。学校基本走了一大半或一半学生,1969 年、1970 年学生到期毕业,正常分配。在校生从 66 届到 70 届原有近百万人,到 1970 年大专院校已没有学生了。

1968 年大学生的分配方向:边疆、基层、农村、工厂,即"四个面向"。一般情况越是重点院校,分配方案越差。学原子能的分到地质队、机械厂,学航天测绘的分到水利局修水渠。协和医学院的学生分到甘肃的公社医院,只能做赤脚医生的工作。一方面是所学非所用,另一方面是专业部门人才短缺,青黄不接。1968 年有的分配到各省后,先在当地的部队农场或乡村劳动锻炼一年多,1970 年春才正式分配工作。毕业的大专学生进入干部、技术人员行列,发给未转正前的工资,四十几元,按地区分类。

中学生,从 1966 年到 1968 年的高、初中毕业生,除少数分配工厂、参军外,其余都上山下乡,到农村插队劳动。他们年龄最大二十一二岁,最小十四五岁,不到法定劳动年龄。一位老工人看着 15 岁的儿子提着饭盒上班的背影说:这不是童工吗。其实分到工厂,有固定收入在当时是最好的工作。10 年内,上山下乡的插队知识青年约达 2000 万。

从此红卫兵退出政治舞台。虽然中小学生组织仍沿用红卫兵名称,但已不是"捉拿牛鬼蛇神,捉拿那些走资本主义道路当权派头子的天兵天将"[1]，已不是群众造反组织，而类似"文革"前的少先队、共青团组织。"文革"中叱咤风云的红卫兵运动宣告结束，不复存在。所以1969年春天召开的九大，代表中仅有一两名外地的红卫兵，选出的中央委员也没有红卫兵的代表，无论是"天派"还是"地派"，无论是拥护工宣队进校的还是反对工宣队进校的，任何一派都没有人进入中央委员会。

只有陈敢峰、聂元梓当上了中央候补委员。聂领导的新北大公社是红卫兵组织，但因本人是三八式的老干部，与红卫兵还是有区别的。聂元梓是1938年的共产党员，北京大学哲学系总支书记，第一张大字报的作者，这张大字报被毛主席封为"全国第一张马列主义的大字报"。她作为一个"文革"运动象征性的人物，当然要进入中央候补委员之列。

这个结局与学生1966年造反时的初衷南辕北辙。

随着学生离开学校、离开城市，红卫兵运动结束，从此大规模的群众运动基本结束，城市恢复了部分的平静。

中学的红卫兵一夜之间变成插队知青。他们背井离乡，从经济计划保证供应的城市，到了自己挣工分为生的农村；从理想的天国，落在贫穷而坚实的土地上；从打倒别人的革命者，变为被改造的对象；以前他们关心国家大事，誓死把"文化大革命"进行到底，现在战天斗地，改造自然，为改善自身的生存条件而奋斗。他们满怀革命激情，带着派性，星散各地，融入社会。在浩瀚的自然界和庞杂的社会面前，第一次感到个人是多么渺小。理想与现实巨大的反差撞击他们的心灵，他们开始反思，认识到广大群众并不关心谁是修正主义，他们迫切要求的是：安居乐业，过上富足、舒心的日子。夺取政权后如何发展生产，改善人民的生活才是最重要的。当初的造反行动是多么幼稚可笑，就像与风车搏斗的堂吉诃德！革命激情固然可贵，但是要去掉其中乌托邦的内容。经过苦难的磨炼，他们由"文革"初期的拥护者、积极参与者，派性斗争、武斗的受害者，渐渐怀疑"文革"的必要性，渐渐成为"文革"的反对者。这种变化、这个结果也是领导者始料不及的。本来希望他们经工农的改造会更加拥护"文化大革命"。没有想到适得其反，反而为粉碎"四人帮"准备了群众基础。

---

① 1967年3月20日林彪：《在军以上干部会议上的讲话》，国防大学《中共党史教学参考资料》第25册，第367页。

[附记]1966年"文化大革命"爆发时笔者是大学三年级的学生,哥哥是研究生,三个妹妹分别在高中一年级、初中二年级、小学五年级,涵盖从小学到研究生的各阶段。我们的同学、朋友也多是这个年龄。虽然我的父亲属于"文化大革命"第一批被打倒的人之列,但是我们认为运动会有结束的一天,运动后期党组织会给他一个公正的结论。我们盼望运动早日结束。但是,我们都是学生,更关心的是教育革命。

1966年6月18日《人民日报》公布了北京女一中高三四班、北京四中全体学生写给党中央、毛主席的一封信要求废除旧的高考制度。同时公布1966年6月13日中共中央、国务院决定改革高等学校招生考试办法,并决定将1966年高等学校招生工作推迟半年进行的通知。因为通知指出:"鉴于目前大专学校和高中的'文化大革命'正在兴起,要把这一运动搞深搞透,没有一定的时间是不行的。有不少大专学校和中学,资产阶级的统治还根深蒂固,无产阶级和资产阶级的斗争十分尖锐激烈。在大专学校和高中,把文化革命运动搞深搞透,将对今后学校教育产生极为深远的影响。同时,高等学校招生考试办法,解放以来虽然不断地有所改进,但是基本上没有跳出资产阶级考试制度的框框,不利于贯彻执行党中央和毛主席提出的教育方针,不利于更多地吸收工农兵革命青年进入高等学校。这种考试制度,必须彻底改革。"当时大家普遍认为"文化大革命"大约半年就结束。当时工作组也是这样宣布的。按照这个通知的规定,大家都在学校参加"文化大革命",认为破字当头,立在其中,教育革命很快成功,希望在教育革命后,能受到更好的教育,完成学业。那时,一百个同龄人中,只有一个人有机会上大学,人人都珍惜学习的机会。

可是,一件、一件意想不到的事接踵而来,半年后发生了一月夺权,随后发展到"打倒一切,全面内战",学校复课遥遥无期。同学们还是盼望着停止武斗,有朝一日可以复课,完成学业。可是姚文元的文章发表后,大家都知道再不可能完成学业。对那时的在校生来讲,姚文元文章的影响不亚于"文革"的爆发。从此,失去了在学校受教育的机会,开始走向社会。大学生大部分人有工资(有的直接分配到农村的没有工资),中小学生大都上山下乡。笔者的三个妹妹分别到陕北延长、山西朔县、北京大兴插队。文中所写均是笔者、兄妹及同龄人的亲身经历,经过长期思考而得。写于2004年,首发于2011年3月《炎黄春秋》第3期。

1972—1973 年大规模引进西方技术设备由来

　　新中国建立后,我国一直引进外国的先进技术和设备。50 年代苏联援建 156 项工程,改变了我国工业一穷二白的面貌,为基本形成独立的、比较完整的工业体系打下了基础。中苏关系恶化,赫鲁晓夫将专家撤走后,撕毁合同。60 年代我们从日本、法国引进技术、设备。"文革"爆发后这个工作中断了。1971 年 11 月,我国恢复在联合国的合法席位,1972 年 2 月美国总统访华,在此前后,大批的国家,特别是发达国家纷纷与我国建交,打破了帝国主义对我国的政治、经济封锁。外交关系的突破成为第二次技术与设备引进的契机。而此时西方国家战后 20 多年的发展,面临着产品过剩,他们的产品、设备、技术急于找出路,也很愿意卖给中国。外部环境为引进工作创造了有利条件。

　　九一三事件,林彪自我爆炸,林彪反党集团的垮台,为引进创造了内部条件。主持政治局、国务院工作的周总理和李先念、华国锋决定抓住机遇,进口成套化纤、化肥技术设备,由计委向国务院写一个报告。为写好报告,统一思想,1972 年 1 月初,李先念和华国锋专门听取计委主任余秋里和轻工业部、燃化部、商业部、外贸部委汇报,组织大家讨论。①

　　李四光的理论被运用于实际,我国找到大庆等油田,开采的石油、天然气为生产化学纤维和化肥提供了原料,但是缺少先进的设备和技术。计划是准备从法国、日本进口 4 套装置,建成后每年可生产合成纤维 24 万吨,约等于 500 万吨棉花,可织布 40 亿尺。其中"的确良"涤纶的产量,包括目前生产的数量(指进口原料由国内加工抽丝),总数将达到 19 亿市尺。② 当时中国人口 8 亿,平均每人可以增加近 3 尺"的确良"布料。

　　华国锋一直管农业,他很清楚:我国棉花种植面积每年七八千万亩,产量就是 4000 万担,相当于 200 万吨。棉花是重要的工业原料,不能都民用,

---

① 《国家计划委员会关于进口成套化纤、化肥技术设备的报告》。
② 陈锦华:《国事忆述》,第 10 页,中共党史出版社,2005 年。

386

亩产又低,要增加棉花产量主要靠扩大种植面积,但是又不能挤了粮食种植面积。国外的经验就是发展化学纤维,发达国家化学纤维在纺织原料中占40%,而我们只占 5.5%。相差太远。

当时每个人每年 7 尺布票,只能做一条裤子或一件上衣。60 年代有了化学纤维,但是产量少,1971 年只有 12 万吨[①],不能敞开供应,在大城市要工业券,在小地方群众要半夜起来排队。那时穿衣只能是"新三年,旧三年,缝缝补补又三年",中国人孩子多,"老大穿新的,老二穿旧的,老三穿补的"。

粮食生产受耕地面积限制,只能提高单产。提高产量最重要条件就是化肥。华国锋在湖南时就抓建设小化肥厂,生产尿素。施用 1 斤尿素可以增产稻谷4—5斤。当时全国已有 1533 个小化肥厂,一年一个工厂产量2000 吨。一年产量也就是二三百万吨。平均每亩地 10 斤计,远远不能满足需要。而且质量不行,有效养分只有 17.7%,有的还达不到。而国际上是大型化肥厂,有效养分达到 46.3%,是小化肥厂的 3 倍。每年要进口化肥七八百万吨,需外汇三四亿,一次引进设备虽然贵,但从长远看,引进成套设备在经济上是很合算的。

1972 年 1 月初,会议气氛热烈而有秩序。国务院决定引进成套化纤、化肥技术设备,大家都十分兴奋。"文革"这几年一直搞运动,终于可以好好抓生产,终于有机会开放,可以了解、跟上世界水平。大家议论,引进的 4 套设备放在纺织工业比较发达、原料短缺而人口众多的地区,如四川、辽宁、上海、天津。化肥方面,进口的两套 30 万吨大型合成氨设备,建在四川和大庆。同时加快全国正在建设的 25 个合成氨厂的进度,以及为改造、扩建老厂要进口的急需设备、部件和钢材,再进口生产合成材料的部分单机、材料,共计 4 亿美元。争取在 1974、1975 年建成或形成生产能力。1 月 16 日起草好《关于进口成套化纤、化肥技术设备的报告》,上报李先念、纪登奎、华国锋并报周总理。

1972 年 1 月 22 日,李先念、华国锋、余秋里联名给周总理写了一封信,特别指明:

> 鉴于我国棉花播种面积今后再扩大有限,同时这几年来,由于
> 工作跟不上,棉花产量一直在 4200 万到 4700 万担。为了保障人

[①]《国家计划委员会关于进口成套化纤、化肥技术设备的报告》。

民生活和适应工业生产、出口外援的需要,除了继续抓好棉花生产外,根据国外经验,必须大力发展石油化工,把化纤、化肥工业搞上去。因此国家计委与有关部门商量,拟引进化纤新技术成套设备4套,化肥设备2套,以及部分关键设备和材料。约需4亿美元,争取五六年内全部投产。投产后一年可以生产化纤24万吨(相当于500万担棉花,而耐用方面,比棉织品高几倍),化肥400万吨。

拟引进的这些设备,都是以天然气、油田气和石油为原料的,原料比较有保障。据了解,国外在技术上也比较新,引进后,可以加速我国化纤、化肥工业的发展。因此,经研究,我们同意这一方案,妥否,请批示。

新中国建立十几年了,吃饭、穿衣一直是定量供应,一直没有能够得到很好的解决,这是压在中央、国务院领导心上的一块石头。2月5日,周恩来批示同意,并报毛泽东批准。[①]

国务院十分重视这些引进工程,兵分两路,一路由轻工部、燃化部组织考察组分别到西欧、日本考察。一路由轻工部和国家建委、燃化部、交通部、水电部等组织工作组,轻工部副部长焦善民带队实地调查、选择厂址。决定四川建在长寿,上海建在金山卫,辽宁建在辽阳,天津建在北大港。结果报告国家计委并报李先念、华国锋。

5月,李先念批准了国外考察报告,委派柴树藩主持引进谈判。此时柴树藩尚在干校劳动,周总理紧急将他调了回来。9月2日,周总理将柴树藩写的《进口化纤设备谈判进展情况报告》批给李先念,并提出提前从日本进口设备。9月19日李先念对国家计委、外贸部的报告作了批示,由此第一批进口化纤、化肥设备的报告正式决定下来。

1972年9月20日国务院批准计委成立进口设备领导小组[②]。从此拉开第二次大规模引进的序幕,逐步形成以后的43亿方案。

引进工作进展顺利,冶金、燃化、机械、电讯、民航、水电、铁道、三机部、四机部也写报告,要求引进国外先进技术,出国考察,了解国际这些年的发

① 《周恩来年谱》下卷(1949—1976),第511页,中央文献出版社,1997年。
② 田伟:《"四三方案"的出台经过》,《中共党史资料》2004年第2期,第24页。

展情况,货比三家,引进技术、设备。① 这年8月,计委向李先念、纪登奎、华国锋呈送了冶金部的报告,要求从德国、日本进口一米七连续式轧板机。早在1958年、1964年冶金部就提出过这个报告。这已是第三次。此项目建成,可以解决国内对薄钢板的要求。进口一套设备需2亿美元,每年进口300万吨钢材需3亿美元,进口设备比进口钢材合算。进口的设备放在武钢。李先念、纪登奎、华国锋对此积极支持,报告很快送到周总理那里。8月21日,②周恩来总理批复:拟照办,并送毛主席和在京的政治局成员审批。③ 经过谈判、准备,1975年6月正式施工,1978年12月建成。④

计委汇总石油、煤炭、化工、机械、军工、电讯、民航、水电、铁道、三机部、四机部的考察报告,又准备了两个方案,1972年11月7日,计委将小方案《关于进口成套化工设备的请求报告》报周恩来。报告建议进口6亿美元的23套化工设备。11月30日,周恩来看这个报告,认为很零碎,同时认为既然有这么好的机遇,事情就应该做大些,要求将关于进口33亿美元的大方案一起报送他。

1973年1月5日,计委向李先念、纪登奎、华国锋并报周总理《关于增加设备进口、扩大经济交流的请求报告》,《报告》建议在今后三五年内引进43亿美元成套设备和单机的方案,简称"四三方案"。

报告提出引进进口设备的主要原则是:第一,坚持独立自主,自力更生的方针,要积极扩大对外经济交流。要集中力量,切切实实地解决国民经济中几个关键问题。第二,学习与独创相结合。由现在的四五十年代的水平,提高到接近世界先进水平。赶上和超过世界先进水平。第三,有进有出,进出平衡。准备采取分期付款。设备投产后所增加的工矿产品中拿出一部分扩大出口,是能够做到外汇平衡的(后采用利用国外存款承担部分外汇)。第四,新旧结合,节约外汇。也可以用些半新不旧的。第五,当前与长远兼顾。进口七八百万吨化肥,所需外汇三四亿美元,进口钢材二三百万,所需外汇4亿—6亿美元,而进口10套化肥设备只需外汇三四亿,可生产1000万吨。进口生产350万吨的钢厂设备只需外汇六七亿美元。第六,进口设备大部分放在沿海,小部分放在内地。

① 陈锦华:《国事忆述》,第12页,中央党史出版社,2005年。
② 《周恩来年谱》下卷(1949—1976),第545页,中央文献出版社,1997年。
③ 陈锦华:《国事忆述》,第14页,中央党史出版社,2005年。
④ 房维中主编《中华人民共和国经济大事记》,第505页,中国社会科学出版社,1984年。

《报告》建议"各部、省、市，抽调一批得力领导干部、技术人员和熟练工人，组织专门班子，像第一个五年计划期间抓'一五六'项设备那样，扎扎实实地把建设任务抓紧抓好，尽早投产见效"。后来，《报告》又追加 8.8 亿美元，整个方案共计 51.8 亿美元。①

虽然有"四人帮"的干扰，江青制造的蜗牛事件、风庆轮事件，但是到 1977 年底，26 个项目 20 个建成投产，平均每个项目建设工期是 3 年 8 个月，其中最长的是 5 年。对此同期第四个五年计划安排的项目建设工期长达 11 年，显然这些项目的建设速度是快得多。

顶着"四人帮"不断的干扰、破坏，顶着"四人帮"不断批判崇洋媚外、卖国主义的巨大压力，周恩来领导国务院坚持引进、开放，发展生产，到 1979 年底，粉碎"四人帮"后第三年，完成实际签约成交 39 亿多美元，比预定 43 亿少花了 3 亿多美元。到 1982 年，26 个项目全部建成。

这些项目的完成使我国内的工业水平上了一个台阶，有了很大的提高，极大改善民生，缓和社会矛盾。首先，解决了穿的问题，从 1978 年到 1981 年四个石油化纤厂相继投产，生产 24 万吨，相当于 500 万吨棉花，可以织布 40 亿尺，10 亿人平均每人 4 尺，部分解决了穿衣问题，工业券没有什么用处。到 1983 年，纺织品终于可以敞开供应，取消了实行几十年的布票。

它还解决了全国人民吃饭的问题。到 1978 年 13 套大化肥厂已有 7 套投产，生产尿素 361 万吨，如进口同样数量的尿素，所需外汇 5.2 亿，是进口 7 套设备的 1 倍。②以全世界百分之十的耕地，中国解决占世界人口百分之二十的人口的吃饭问题。

1981 年南京烷基苯厂建成投产，洗衣粉可以敞开供应，结束了 20 多年老百姓买肥皂要票的历史。

"文革"结束时，积累十年、几十年的矛盾堆积如山，积重难返，而人民已不能等待，纷纷要求解决。政治上平反后，要有一系列政策落实，如经济赔偿、返城后解决就业、工资、住房问题，每项都要有物质支撑。物品逐渐丰富，极大缓解了国内的社会矛盾，是改革开放能顺利进行的原因之一。"四三方案"功不可没。

以这些项目为龙头，带动了各个方面的开放、改革。为了引进，大批同

①② 陈锦华：《回顾新中国第二次大规模成套技术设备的引进》，《中共党史资料》，2004 年第 2 期，第 33 页、第 45 页。

志出国考察。这是新中国成立以来第一次大规模地和西方发达国家交流与合作。人们眼界大开,看到了差距。就在我们关门搞革命时,世界科学技术发展日新月异,真是"洞中只一日,世上已千年"。我国年产 10 万吨合成氨厂职工要上千,而国外年产 30 万吨合成氨厂职工只要一百多人。我们与世界先进水平的差距不是缩小了,而是扩大了。不抓生产不行,不抓科技不行,不整顿不行,不抓管理不行。先有开放,才有改革。中国再也不能封闭下去,否则真要被开除出地球。不仅引进了先进的技术、先进的设备,还引进先进的管理理念,大大提高了生产效率,促进了思想的转变。

在引进过程中积累了与西方发达国家打交道的经验,培养了外事干部,培养了技术干部,培养了外语人才,这些人后来成为改革开放的主力军。

[附记]原载《世纪》2012 年第 4 期。

毛泽东从未向华国锋谈过"腥风血雨"中接班

叶剑英转述毛泽东的一段话出处何在？

胡绳前辈在 1993 年为纪念毛泽东百周年诞辰文章《毛泽东一生所做的两件大事》中这样写道：

> 在 1976 年毛主席逝世前几个月，社会上传出了他的一段谈话。这时，"文化大革命"似乎已经临近尾声，但谁也不知道局势将如何发展。据说那年 6 月 13 日毛主席讲的这段话，说的是他对自己一生的回顾和后事。他是这样说的："中国有句成语，叫做盖棺论定。我虽未盖棺也快了，总可以论定了吧？"这段话中最重要的是说："我一生办了两件事。"他说的第一件事就是民主革命的胜利，取得了全国政权。他说："对这件事，持异议的人甚少。只有几个人在我耳边叽叽喳喳，无非是要我及早地把那个海岛收回罢了。"（这是指台湾）然后他讲第二件事："另一件事，你们也知道，就是发动'文化大革命'。对这件事，拥护的人不多，反对的人不少。"
>
> 看来毛主席那时确实在病榻上对少数几个人讲过这样一段话。记录是否绝对准确，固然很难说，但恐怕是八九不离十吧。[①]

胡绳的话表现出历史学家的严谨，没有讲得那么确定。

中央文献研究室逄先知、金冲及主编的《毛泽东传》就讲得更多些：

> 这一年，毛泽东在他的住所召见华国锋等，又一次谈到自己一生中的两件大事。他说："'人生七十古来稀'，我八十多了，人老总

---

① 《胡绳全书》第 3 卷（上），第 196 页，人民出版社，1998 年。

想后事。中国有句话叫'盖棺论定'，我虽未'盖棺'也快了，总可以论定吧！我一生干了两件事：一是与蒋介石斗了那么几十年，把他赶到那么几个海岛上去了。抗战八年，把日本人请回老家去了。对这些事持异议的人不多，只有那么几个人，在我耳边叽叽喳喳，无非是让我及早收回那几个海岛罢了。另一件事你们都知道，就是发动'文化大革命'。这事拥护的人不多，反对的人不少。这两件事没有完，这笔遗产得交给下一代。怎么交？和平交不成就动荡中交，搞不好就得血雨腥风了。你们怎么办？只有天知道。"

　　毛泽东这番话，充分表现出他的复杂心态。他把"文化大革命"列为自己一生当中做的"两件大事"之一，可以看出"文化大革命"在他心中的分量是多么重。明知对这场"大革命"拥护的人不多，反对的人不少，而他自己的日子已经不多了，怎么交这个班？毛泽东不能不感到深深的忧虑和不安。[①]

《毛泽东传》这样写的根据是什么呢？书中特别注明参见叶剑英1977年3月22日在中共中央工作会议闭幕会上的讲话记录。叶剑英的这个讲话，是在中共中央工作会议闭幕会上讲的，但是听到、看到的人比较少。

　　叶剑英不止一次讲这一番话。1976年8月15日向熊向晖讲过，1977年3月22日在中共中央工作会议闭幕会上讲过，1979年夏在六所，叶剑英向起草庆祝中华人民共和国成立三十周年大会讲话的写作班子也讲过。当时我所在的毛泽东著作编辑委员会办公室，有不少同志参加了这个写作班子，聆听了叶剑英讲话。那时，"文化大革命"刚结束3年，大家经常讨论"文化大革命"，总结教训，研究成因、过程及结束。叶剑英所转述毛泽东的这段话当天就在机关传开了，引起大家心灵的震动和共鸣。首先是惊愕，毛泽东这样看重"文化大革命"！那还能否定"文化大革命"吗？毛泽东预料到在"血雨腥风"中交班？那他为什么不自己解决"四人帮"？华国锋是不是听了这些才下决心粉碎"四人帮"的？毛泽东对"文化大革命"到底是怎样估计的？一连串的问题。那时思想活跃，气氛宽松，大家议论纷纷，各持己见，直抒胸臆，争论不休，人人激动，场面热烈给我留下了深刻印象。

　　有人建议这段话就选入毛泽东选集或全集。研究历史，出选集、全集都

---

① 《毛泽东传》下卷(1949—1976)，第1781—1782页，中央文献出版社，2003年。

要有文字依据,或是手稿、或是讲话记录稿,当时就查毛泽东这段话是否有原始文字记录。因为要出版毛泽东选集、全集,从全国各地集中了大量资料,直接从中央办公厅秘书局拿到许多档案。但就是没有查到这段话的任何原始文字材料。胡绳当时任毛泽东著作编辑委员会办公室副主任,他完全了解这个情况。所以在他的文章中既没有全文引用这段话,也没有指出毛泽东是向谁讲的,只是含糊地说:"看来毛主席那时确实在病榻上对少数几个人讲过这样一段话。记录是否绝对准确,固然很难说,但恐怕是八九不离十吧。"

而逄先知、金冲及是1980年到中央文献研究室工作,对此情况并不知情。

1979年夏在六所,叶剑英向起草庆祝中华人民共和国成立三十周年大会讲话的写作班子讲的这段话,也没有用在他的公开讲话中。但是事隔不久,邓力群在一次内部讲话中引用了这段话。邓力群的讲话广为传播,很快理论界、新闻界都知道了叶剑英传达的毛泽东的这段讲话,成为研究毛泽东晚年思想、心态一个重要的史料,广为引用。

"血雨腥风"中交班的含意是什么?

这段话之所以引起强烈的震动,一个是毛泽东对"文化大革命"的评价,另一个是关于在"血雨腥风"中交班。胡绳专门为此写了两篇文章,一篇是《毛泽东一生所做的两件大事》,另一篇是《对毛泽东一生所做的两件大事一文的说明》,可见他对此段话之重视。在研究毛泽东生平思想的著作中、在研究"文革"的著作中这段话常常被引用。1991年中共中央党史研究室写《中国共产党的七十年》时,胡乔木曾经建议把毛主席的这段话引用上。

对这段话应如何理解呢? 胡绳回忆:

> 1991年写《中国共产党的七十年》时,胡乔木同志曾经建议把毛主席的这段话引用上,证明毛主席到最后对"文化大革命"失去了信心。但因为这本书的篇幅有限,如果引用这段话,还得多说些话,所以没有引用。现在我在这文章中引了,也算实现乔木同志的一个嘱咐。不过,这里也没有引用全。毛主席说,他做的第二件事就是发动"文化大革命",说对这件事拥护的人不多,反对的人不

少。根据这两句话也许还不足以证明他这时候对"文化大革命"已经失去信心了。实际上他下面还有几句话。他说:"这两件事(包括第一件事,第一件事他说台湾还没有收回)都没有做完。这笔遗产将移交到下一代去了。和平移交不行,看来要在动荡中移交了,搞不好就要血雨腥风"。这反映了毛主席在逝世前三个月,身体很坏,心情很伤感。自然规律使他生命不能再延长一些,精力更充沛一些,要不然,他恐怕要重新考虑这些问题。[①]

1981年6月27日,中国共产党第十一届六中全会通过了《关于建国以来党的若干历史问题的决议》彻底否定了"文化大革命"。1993年在《毛泽东一生所做的两件大事》一文中,胡绳写道:

> 毛主席在那时对"文化大革命"的看法,显然已不是那么绝对自信。但是他的看法和历史的定评,还是有很大的距离。对毛主席所说的两件事,历史的定评是:前一件事是改变中国的悲惨的、痛苦的命运,造福千秋万代的伟大胜利。后一件事却是巨大的错误和巨大的失败。
>
> 毛泽东把"文化大革命"当做他一生中所做的两件大事中的一件是可以理解的。因为这件事确实极为浓重地带有他个人的印记。但是后人纵观毛泽东的一生,不能同意他自己所作的这个概括,不能同意把他的后半生概括为"文化大革命"这个巨大的错误。
>
> 毛泽东的前半生探索中国民主革命的道路,达到了完全的胜利。他的后半生探索中国社会主义的道路,却没有能够达到应该达到的目的。虽然在他的探索过程中,经历了许多曲折,并且造成了"文化大革命"这样严重的错误,但是历史不能忘记他首创进行这种探索的伟大功绩。
>
> 综合本文的论述,毛泽东一生是做了两件大事。
>
> 第一件大事是领导党和人民,推翻了帝国主义、封建主义和官僚资本主义在中国的统治,完成了民主革命的任务。在中国的具体条件下,要战胜如此强大的敌人,中国革命不能沿袭别国的模

[①] 《胡绳全书》第3卷(上),第205页,人民出版社,1998年。

式,而必须把马克思列宁主义的普遍真理和中国的具体实际相结合,走自己独特的道路。毛泽东敢于和能够抵制从国际来的错误的影响,找到并坚持唯一能使中国革命胜利的道路。这才使他能够完成第一件大事。

第二件大事是在以带有中国特色的方法完成了社会主义改造以后,努力探索中国的社会主义建设的道路。毛泽东是这种探索的开创者。他领导全党和全国人民抗拒来自国外的强大影响和强大压力,从而发动并且坚持进行这种探索。所以毛泽东作为这种探索的开创者的历史功绩应当用最浓的笔墨记载在史册上。毛泽东没有能够亲眼看到这种探索开花结果,但是在他的学生手里,能够抗拒任何风霜的花和果实已在中国的大地上繁茂地生长起来。①

《毛泽东传》的作者则认为:"毛泽东这番话,充分表现出他的复杂心态。他把'文化大革命'列为自己一生当中做的'两件大事'之一,显然是不适当的,也不符合实际。但可以看出'文化大革命'在他心中的分量是多么重。明知对这场'大革命''拥护的人不多,反对的人不少',而他自己的日子已经不多了,怎么交这个班?毛泽东不能不感到深深的忧虑和不安。"②

对毛泽东这段话的考证

那么,毛泽东是什么时候讲的这段话?

胡绳认为:"毛主席临终前不久,讲他一生做了两件大事。讲话的时间是6月13日,不知怎么,错写成4月30日,应该改正。"③

毛泽东研究专家陈晋是1993年播放的电视专题片《毛泽东》的撰稿之一,此电视片说这段话是毛泽东6月25日讲的。

这两位权威人士的讲法不同。我们期待《毛泽东年谱》的出版,对此能有更权威的结论。

---

① 《胡绳全书》第3卷(上),第196—198页,人民出版社,1998年。
② 《毛泽东传》下卷(1949—1976),第1782页,中央文献出版社,2003年。
③ 《胡绳全书》第3卷(上),第205页,人民出版社,1998年。

那么,毛泽东是向谁讲的这段话?

这段话,是由叶剑英讲出来的,他不止一次讲这个话。可是没有一个人讲这个话是毛主席对叶剑英讲的,中央文献研究室编写、出版的《毛泽东传》,认为是向华国锋等讲的。1993年中央电视台播放的电视专题片《毛泽东》中说毛泽东向华国锋、王海容讲的。

毛泽东是不是向华国锋讲过这个话? 1993年12月播放电视专题片《毛泽东》时,一天晚上我到华国锋家里。华国锋伯伯郑重其事地称呼我为:"海文同志",他从来都称我海文,这次加上"同志"两字,格外地严肃和郑重。听他这么叫我,我心中一惊,仔细听他讲下文。他说:"毛主席从来没有向我讲过这段话。电视里讲的是错的。"

2007年我得知中央文献研究室即将出版1949—1976年的《毛泽东年谱》,为了不再以讹传讹,特地向正在主持编写工作的熊华源讲了这件事。他很重视,向室领导逄先知报告。中央文献研究室为此特别向华国锋的秘书询问此事,曹万贵秘书的回答十分肯定,毛泽东从未向华国锋讲过此事。据汪东兴回忆说,毛泽东多次向他讲过这个话,不知确否,尚待进一步求证、研究。

[附记]本文在本书首次发表。

前贵州省委第一书记池必卿
忆贵州"包产到户"经过

粉碎"四人帮"使中国进入新的历史发展时期。改革最先始于以推行联产承包责任制为主要内容的农村改革。较早推行农村改革的,除安徽、四川外,还有贵州、甘肃、云南、内蒙古等省区。池必卿作为当时贵州省委主要领导人之一,领导了全省的农村改革。1998年,值十一届三中全会召开20周年之际,我采访了池必卿,请他谈了谈当时贵州农村改革的有关情况。整理如下:

问:池老,党的十一届三中全会前后,您作为贵州省委主要负责人之一,领导了贵州的农村改革。您是什么时候调到贵州的?

池必卿:我是1978年6月从内蒙古调到贵州的,任省委第二书记。当时,马力是省委第一书记,苏钢为省革委会副主任。

问:您去贵州不久,党中央就在北京召开了工作会议及十一届三中全会。您作为与会者,能不能结合当时的发言,谈谈会议的情况,尤其是关于农业方面的情况?

池必卿:可以。中央工作会议是1978年11月10日召开的,12月15日结束。这次会议是在京西宾馆召开的。它实际上是十一届三中全会的预备会议。会议重点讨论的是党的工作重心转移到社会主义现代化建设上的问题。我和马力都参加了。当时,会议分成六个组。我和马力被分在西南组。西南组共有33人,召集人是赵紫阳、安平生、张平化、梁必业。

这次会议深入讨论了农业问题,主要是讨论了《中共中央关于加快农业发展若干问题的决定(草案)》和《农村人民公社工作条例(试行草案)》。11月16日,马力发言指出,加快农业发展,对于后进、边远、少数民族地区,国家应给予较大的支援和帮助。贵州是全国的"干人",决心三步并作两步走,争取赶上全国步伐,但希望中央给点"偏饭"。12月2日,我在发言中提到,计划安排应有轻重缓急,首先要抓农业这个中心。最后,12月18—22日召

398

开的十一届三中全会原则上同意了将《关于加快农业发展若干问题的决定（草案）》和《农村人民公社工作条例（试行草案）》，下发各省、市、自治区讨论和试行。

这两个文件认为，要把农业搞上去，实现农业现代化，必须调动广大农民的社会主义积极性，在经济上充分关心他们的物质利益，在政治上切实保障他们的民主权利。从这个指导思想出发，提出了发展农业生产的一系列政策措施和经济措施。如坚持按照劳动的数量和质量计算报酬，克服平均主义；任何人不得干涉社员自留地、家庭副业和集市贸易；人民公社各级组织实行民主管理；可以在生产队统一核算和分配的前提下，包工到作业组，等等。对于西北、西南等落后地区，还提出了要从财政、物资和技术上给予重点扶持，帮助发展生产，摆脱贫困的措施。

这两个文件调动了广大农民的积极性，有利于农业的发展。但是由于也提出了"两个不许"，即"不许包产到户，不许分田单干"，在一定程度上束缚了一些地方正在探索中的农村改革。

问：1979 年初，党中央下发十一届三中全会的两个农业文件后，一些省市区根据文件精神，开始所谓的"纠偏"。当时贵州是怎样贯彻这两个文件精神的？

池必卿：1979 年 1 月 11 日，党中央下发了十一届三中全会同意的两个农业文件。此后，一些省市区按照文件中"两个不许"的精神，开始了纠偏。贵州由于地处西南，贫困落后，当务之急是搞饭吃。因此，我当时主要强调的是使农民休养生息，着重纠正了"左"的经济政策。而对于生产方式，则提出：只要基层干部群众赞成，可以搞包产到组，也可以搞别的经营管理办法。但是，由于"左"的影响没有根本消除，对生产关系问题还没有看透。1978 年 4 月，我开始从北京出发时，曾带着疑问，问农业部副部长李友九，部里对包产到户持何态度？他说，不赞成。我又问中央是什么态度？他说，还未表态。

问：1979 年 5 月下旬，您曾下乡搞调查研究。那次下乡您都去了哪些地方？看到了些什么？

池必卿：那次下乡，我去了铜仁、毕节两个地区，大概用了 1 个多月的时间。我没有带什么厅级干部，只带着秘书、省政府的处长和农业厅研究室的几位同志一共六七个人，乘一辆面包车下乡了。

我首先去的是铜仁。当路过瓮安时，我看到已经成熟的小麦没有人收割，感到非常奇怪。到了铜仁，也是如此，更生疑问。我问地委书记张青天究竟怎么回事？他告诉我，为了粮食高产，省里下令种小麦，农民种了，但不会吃，就像吃大米一样吃，不好吃。农民不愿种小麦，愿意种油菜，因为油菜卖的钱多。我问他，你向上级汇报了吗？他说已汇报了。我当即告诉他，可以改过来。

随后，我到了毕节。在那里，我听了农业的情况。这年，毕节遇到了旱灾，农业大减产。地委书记禄文斌向我汇报工作时哭了，说灾荒没有希望。我告诉他，有希望。我立即给省委副秘书长王振江打电话。这时，马力出国了，苏钢也不在，我告诉王振江，只许听我的，不能提意见，马上调粮食给毕节。三四天后，粮食就经六盘水调到毕节了。禄文斌看到粮食高兴了。我因生病，在毕节待了几天，就回贵阳了。

回到贵阳后，我立即召开会议，指出农民不吃小麦，城里人也不欢迎，为了高产，让农民种小麦不实事求是。农民种油菜收入高，有了钱可以交税。我提出，应该从贵州实际出发，因地制宜调整农业结构。会议宣布不种小麦，种油菜，少数吃小麦的地方，只要愿意种，也可以种。团省委书记对我说，这一下改得好。我问他，你们从前为什么不提意见？他说，我们不敢提。当时，"文化大革命"刚刚结束，大多数人都不敢提意见。以后，全省范围基本上由种小麦改种油菜了。

问：因为马力生病，实际上，您从1979年下半年即担负起了省委的主要领导工作。请您谈一下，您是如何在贵州领导"包产到户"改革的？

池必卿：1980年4月8日至5月8日的黔东南之行，更促使了我下决心在贵州领导一场顺乎民意的"包产到户"改革。

十一届三中全会前后，贵州某些地方的一些生产队已经开始搞包产到户了。不过，由于受中央和省里的政策限制，他们是在偷偷地搞。

1979年9月，党的十一届四中全会通过了《中共中央关于加快农业发展若干问题的决定》，进一步调动了广大农民生产的积极性。在这次会议前，安徽省委书记万里曾给胡耀邦提出，是不是取消"两个不许"。胡耀邦说，起草文件的人都不同意，他再做做工作。在他们的努力下，十一届四中全会通过的这个文件，虽然仍提出"不许分田单干"，但将"不许包产到户"改为"也不要"，即"除某些副业生产的特殊需要和边远山区、交通不便的单家独户外，也不要包产到户"。这实际上是有所松动，允许在边远山区、交通不便的地区搞包产到户。

1980年4月，我去黔东南之前，党中央对包产到户仍没有明确的态度。我心里也没有底。我再次下乡,主要是从实际出发,重新研究农村的生产关系。

黔东南是贵州少数民族人口比重大且十分贫困的地区。我在这里停留了1个月,走了6个县、市。待的时间较长的是岑巩和黎平。

在岑巩,我待了12天。岑巩由于大搞农田水利和繁育良种,特别是社队搞了定产到组,自1977年到1979年连续3年粮食增产,年均递增8.8%。但是,因为作业组只管到上半年秋收,其后秋种就松了。原生产队又不过问,以致去年冬天板田板土多,今年春耕生产较迟缓。这里的情况表明,适当调整生产关系很有必要。但春耕缓慢的现象说明:农民实际上关心的是如何"定产",其核心是作业组内如何按劳分配,多劳多得。这反映出这里的定产到组的责任制还不完善。

在黎平,我住了8天。黎平县委向我汇报说,这里有81%的生产队已经包产到组,定产到劳或到户的有7%,其中尚重区一个公社90%的队搞了包产到劳。县委曾派一名常委带工作组去纠正,不但没纠正过来,这位常委反而认为包产到劳加强了岗位责任制,有利于生产。我听完汇报后,为看个究竟,就去了尚重区。尚重区是贵州的主要林区之一,离黎平县城约50公里。这是有史以来第一次省委书记到此考察。区委干部告诉我,这里搞包产到户的队已占到20%,育洞公社从60年代困难时期到现在一直在搞按"人六劳四"划地。去年搞了包产到户的,都兑现了"包产交集体,超产全奖或奖七成、五成"。因为尝到了"交了集体的,剩下都是自己的"的甜头,农民还想继续搞。现在是队里要求分,公社也同情,区委胆子小,县委箍得紧。为此,区里准备召开各公社书记会,安排"开展两条路线的斗争,抓春耕,纠包产到户"。我当时不赞成搞"斗争",头脑里总是在想那位县委常委的态度。正因为如此,尚重区委邀我在他们的会上讲话,我没有答应。回到黎平县城,我立即给县委打了招呼,不要再搞什么路线斗争,当前春耕大忙,如纠正包产到户,会影响生产。这时,我脑子里已出现了一个"调整农村生产关系已不可避免,早解决早主动"的计划。

在玉屏,省革委会副主任从贵阳给我打电话讲,北京来人说包产到户不对,是否纠正一下?我当即告诉他,不要纠正。现在正是春耕最忙的时候,开个电话会议,强调各种形式不改变,或包产到组,或以生产队为单位核算,谁种谁收。

当时,玉屏县委书记也正要纠偏,我说你不要纠偏,农民愿意怎样就怎样,省委有决定,你不能违背。

问：1980 年 4 月，国务院召开全国计划会议，有四位副总理提出：为了解决吃饭问题，在贵州、云南、内蒙古、甘肃 4 个省、自治区，可以实行包产到户的政策，当时贵州是怎样落实这一精神的？

池必卿：那次全国计划会议，省计委主任冉砚农参加了。他回到贵阳后，要求省委召开常委会议传达会议精神。我当时正在黔东南的黎平县进行调查。本来省里早有规定，第一书记不在的时候，省委书记或副书记均可主持召开省委常委会议。我打电话给留在贵阳的常委同志，要他主持召开省委常委会议。他说，这个问题关系重大，他不开。5 月 11 日，我从黔东南回来的第三天，立即召开了省委常委扩大会，就贵州可以不可以实行包产到户问题进行了讨论。

为把包产到户问题讨论透，这次省委常委扩大会议开得时间较长，共讨论了 9 个半天。

我在会议上首先报告了黔东南之行的情况。我讲了 7 个问题，第一个就是关于调整生产关系问题。我说："要领导有步骤地调整，使生产规模和管理形式适应贵州农村生产力的水平。春耕大忙已到，对已形成的多种组织管理形式都维持现状，不要再纠。""省委要把调整生产关系的领导权拿过来……"

在讨论中，主管农业的省委常委、省革委会副主任王朝文说，他刚从惠水回来，那里已有 20％—30％包产到户，看来这是农民的要求，因此，赞成包产到户。

省委副书记吴实和徐建生也表示赞成包产到户。吴实讲，如果我是农民的话，我也主张包产到户。徐建生说，不能再当"顶门杠"了，应该允许农民包产到户。

我开始没有表态，只是在插话中表示支持包产到户。最后，我看到苗族干部（王朝文）、南下老红军干部（吴实）、当地汉族干部（徐建生）都同意包产到户，根据多数同志赞成包产到户的意见，作了结论：为了调动农民种植粮食和农作物的积极性，只要多数农民有这个要求，我们应该允许农民实行包产到户的责任制，不要再搞"敬酒不吃，吃罚酒了"！

问：这次省委常委扩大会议达成了允许农民实行包产到户的共识，最后是否以决议或文件的形式确定下来？

池必卿：这次省委常委扩大会议虽然同意了农民可以搞包产到户，但我们觉得这是一个大问题，需要征求广泛的意见。正因为如此，省委常委扩大会议后,省委又立即召开了地、市、州委书记会议,传达讨论省委的决定。

9个地区的市、地、州委书记都赞成包产到户。最后,这次会议起草通过了关于实行农业生产责任制的文件,以省委38号文件下发全省执行,它规定了坚持公有制,实行包产到户,也可以包干到户等内容。

这个文件草稿最初只写了实行包产到户的内容,省委副秘书长、文件主要起草人李基拿来草稿征求我的意见时,我同意加上了"也可以包干到户"的内容。当时,这位起草人认为,包产到户与包干到户有着本质区别。

包产到户是先估个产量作为包产,等实际产量出来后,用实际产量减去包产,两者之余额,除上缴国家、集体的外,剩下的是承包人自己的。

包干到户是不算细账,交了上头的,剩下都是自己的。

几个月后,省委又召开了县委书记会议。讨论贯彻执行省委38号文件。当时,只有一个县委书记发表了不同看法,绝大多数拥护省委的决定。

在召开地委书记会议至召开县委书记会议的这段时间里,我听到赵紫阳在四川搞包产到组、万里在安徽凤阳进行包产到户试点的消息。一些靠近四川的地方的地委书记给我提出四川都包产到组了,我们怎么办的问题。我还听到历史上安顺地区镇宁县属的一个区,曾处分了20多个同意包产到户的干部;铜仁地区德江县由于不允许包产到户发生了农民逃亡他乡的罢耕事件;毕节地区毕节县某个生产队已搞了包产几十年,对上一直隐瞒,连地委书记禄文斌也不知道,曾去查了多次,总说是集体搞。这次才公开。这些事件表明,调整生产关系是广大农民的意愿,这也促使我们下决心调整生产关系。

问:这是不是说是1980年5月的地委书记会议通过了省委88号文件,最终决定了在贵州搞包产到户?当时中央对包产到户的态度怎样呢?

池必卿:是的,是那次地委书记会议决定了在贵州搞包产到户。当时中央对包产到户还没有定论,只是说特别穷的地方可以实行包产到户、包干到户。国家农委副主任杜润生在贵阳曾对我说,华国锋同志还没表态。直到1980年5月31日,邓小平才明确地说,只要土地公有,就不应干涉,应该允许包产到户。杜润生马上把邓小平的这句话寄给了我。我们搞包产到户有了依据了。

问:1980年9月14—22日,党中央在北京召开了省委第一书记会议,重点讨论农业生产责任制问题。您在会上发了言。后来,人们说您在会上说了一句"你走你的阳关道,我们走我们的独木桥"的话,直到现在,这句话还在北京、贵州广泛流传。您能说说当时的具体情况吗？

池必卿：好的。那次会议对包产到户问题争论得很厉害。云南省委第一书记安平生首先讲了云南包产到户的情况，说要使三分之一实行包产到户。当时，大家都愣了。一位省委书记甚至说，讲了这么一通，根本听不懂讲的是什么！

一天，安平生碰到我，对我说，你也发发言，我说我今天发。

那天，我发了言，讲了贵州包产到户的情况。我讲时，东北地区的一位省委书记插话说，贵州包产到户搞得怎样不知道，反正我们那里不能搞！

华国锋问了一句：贵州那么穷，和西北一样？我说：贵州比西北还穷。华国锋说，这是新情况。

会下，我对那位省委书记说，你今天点了我们的名，能不能不点名。我们可否达成一个协议，互不干涉？他说，好的，可以。

会议重新开始后，我接着讲贵州包产到户的情况，同时也讲了与东北地区那位省委书记达成的口头协定。散会后，那位省委书记埋怨我点了他们的名，我说你也点贵州了。后来，中央办公厅发的简报上把我说的互不干涉的话给公布了。当时，这在北京还成了话题。后来我说的"互不干扰"被传成为"你走你的阳关道，我们走我们的独木桥"了。

问：1980年，贵州全省开始推行包产到户改革。当时，党中央对贵州的改革持什么态度？

池必卿：总的来说，中央是支持的。1980年12月，我来北京开会时给中央写了个报告。胡耀邦阅后批给了万里副总理。胡耀邦在批语中说，贵州省委在全省范围内实行了包产到户的农业生产责任制。此外，一天晚上，我在中南海小礼堂看电影，万里看到我说，池必卿，你干得好啊！这等于中央同意了贵州包产到户的做法。1981年党中央发了1号文件，肯定了联产承包制是社会主义性质。此后，一直到1985年，连续5年，中央的1号文件都是讲农业问题，规定联产承包制15年不变。

问：农村改革，涉及到人们的利益问题，总不会一帆风顺。贵州在推行包产到户农业生产责任制的过程中，也不是一帆风顺吧？

池必卿：是的。在地委书记会议以后，安顺地区的坪坝县出现了几个生产队由于水利问题没有解决好，县委书记不赞成对这几个生产队实行包产到户，致使这几个生产队的农民也要罢耕出走。省委工作组组长、组织部副部长张化有给我写信反映此事，我阅后批示："中国共产党的一个县委书记，因为有点具体问题没有解决好,就拒不执行党的政策,致使农民罢耕出走,这种行为不改行吗?"为了帮助这位县委书记提高认识,这个批示只发给了安顺地委书记程远武,没有扩大范围。后来,这位县委书记改正了自己的错误。

在推行包产到户的过程中,我们打算留下岑巩县,让他们继续搞原来的包产到组。另外,还想让全省差不多是最好的生产队——遵义县马家湾保留原来的生产队核算制。但我们的这些想法并没有实现。岑巩县因受全省包产到户的影响,农民又不赞成包产到组了,强烈要求县委改为包产到户,县委顶不住了,就改了。马家湾的农民在有地委书记参加的会议上,讨论了两个大半夜。一位农民还提出假设,说如果包产到户后,我们的水稻产量由现在的亩产 800 斤提高到 1000 斤,也不允许我们包产到户吗? 最后,大多数农民赞成搞包产到户,那位地委书记也不得不同意了。这样,到 1980 年底,贵州全省就实行了包产到户。 总的来说,包产到户,调动了广大农民的积极性,促进了农业生产的发展。1981 年全省农业因灾减产,1982 年粮食增产了 30 亿—40 亿斤。油菜籽和烤烟增产的幅度更大。吃不饱饭的农民也由原来的占农村总人口的 70％下降到 30％左右。

问:贵州全省实行包产到户后,有没有再出现新的问题?

池必卿:出现了一些。全省实行包产到户后,我又下乡,发现少数干部在公有的耕地上盖房子。包产到户后,土地归农户使用,但土地的最终所有权是集体公有的。在耕地上建房,是一种侵犯社会主义公有制的行为。这个问题出现后,省委立即发出通知,责令各地纠正。黔南州贵定县一个退下来的前县供销社主任在耕地上建了房子,县委拿他没办法。我知道后,立即通知县委用推土机给推倒,并让纪委讨论对这位干部的处分问题。非法占用耕地问题处理起来比较困难,虽然省委和各地都采取了一些措施,但到 1985 年我离开贵州时,全省只大约纠正了一半多,还有 40％多的非法占地问题没有得到处理。另外,还出现过破坏水利问题,不过,这个问题不久就解决了。

总之,在贵州领导实行联产承包制,这是我晚年根据邓小平理论干的一件大事。这件事已过去了近 20 年,实践证明干得对,干得好,十分有意义。

[附记]本文刘荣刚整理。收入《中共党史资料》第 68 辑,中央党史出版社,1998 年。

审理林彪、江青集团"两案"的
经过与面对的难题

　　粉碎"四人帮"结束了"文革"无法无天的局面，十一届三中全会后加速了民主与法制的建设。依照宪法和1979年通过的刑法、刑事诉讼法，1980年公开审判林彪、江青两个反革命集团主犯10人，在审理中严格依法办案。"两案"的审理显示了法律的尊严，推进了民主与法制的进程，是新中国建立以来法制建设的一个引人注目的里程碑。本文仅就"审理"两案的历史经验，谈一下自己粗浅的认识。

什么是"两案"及"两案"审理过程

　　"两案"审判，即指对林彪、江青两个反革命集团的审判。

　　林彪在"九一三"自我爆炸后，中央为清算、审理林彪反党集团的罪行，成立了林彪专案组。这个专案组经过多年的审查，1975年7月经毛泽东批示，将受审查的嫌疑人员释放。可是对主犯一直没有作结论。

　　1976年10月6日粉碎"四人帮"后，中央为清算、审理江青反党集团的罪行，成立"四人帮"专案组，随后发布了揭露"四人帮"的三批罪证材料。

　　1978年12月，在十一届三中全会上，因为全党对"文革"以来以专案组名义迫害大量干部意见很大，三中全会宣布"过去那种脱离党和群众监督，设立专案机构审查干部的方式，弊病极大，必须永远废止"。[①] 同时成立以陈云、邓颖超、胡耀邦、黄克诚为书记的中央纪律检查委员会。会后，中纪委接手审查林彪、"四人帮"这两个案子。为此，中纪委成立了对林彪、"四人帮"案件审理领导小组。[②] 经过近一年的审查，中纪委认为这两个案子是建

---

　　① 1978年12月22日通过的《中国共产党第十一届中央委员会第三次全体会议公报》。
　　② 《黄火青检察长关于林彪、江青反革命集团案审查情况的报告》，《历史的审判》，第14页，群众出版社，1981年。

国后给党和国家造成危害最大、最严重的,不仅仅涉及党内纪律,而且触犯了刑律,应由司法部门依法追究刑事责任,绳之以法。[①] 全国各族人民迫切要求将林彪、江青两个反革命集团送上人民的法庭,依法审判。

1980 年 2 月党中央经过慎重研究,决定将"两案"移交司法机关即公检法审理。"两案"共有 16 个主犯:林彪、江青、康生、张春桥、姚文元、王洪文、陈伯达、谢富治、叶群、黄永胜、吴法宪、李作鹏、邱会作、林立果、周宇驰、江腾蛟,其中前 13 个是政治局委员,林、康、张、王、陈 5 个是政治局常委,林、康、王 3 个是党中央副主席,林彪作为接班人曾写入党章,江青是第一夫人。他们的犯罪活动是在"文革"这个特定的历史时期,利用合法外衣和手中的权力,打着毛主席的旗号干的。审判他们必然涉及党的路线错误和如何评价毛泽东这两个大的问题。国际上认为我国不能审,不敢审。但是,在"文革"中有 1 亿人挨整、受牵连,林彪、江青两个集团民愤极大。"如果迟迟不审,可能有人怀疑我们是不是有所顾虑,或者有所庇护,产生不好的影响。这样,广大人民不满意,而有些林彪、江青反革命集团的帮派骨干分子则会心存侥幸,以为我们定不了他们的案,他们还有死灰复燃的机会。部分认识模糊的人,也会发生误解。人心不安定,政治上不稳定,就会影响安定团结,影响到四化建设。"[②]

这件事关系到国家的安危、稳定、持续发展,只能做好,不能做坏。但是这样特殊、错综复杂的问题,仅靠公检法难以完成。特别是"文革"中谢富治提出"彻底砸烂公检法",公检法是"文革"中的重灾区,1975 年的宪法取消了检察院,直到 1978 年制定了新的宪法才恢复检察院。这时公检法正在恢复,组织机构、人员配备、业务准备都需要时间。为了做好这件事,中央决定在党内成立"两案"审判指导委员会。因为被审判的"两案"10 名罪犯,除江腾蛟外,都是举世瞩目的人物,指导委员会也必须由党内外、国内外德高望重的,有丰富的党、政、军各方面的领导经验,对法律和审判熟悉的同志组成。审判涉及党政军各个方面,委员会由党、政、军领导及公检法的负责人组成,他们既是党内指导委员会的成员,又是特别检察厅、特别法院的负责人。3 月胡耀邦主持书记处会议,决定由彭真任主任,委员有:彭真、彭冲、

<hr />

① 1999 年 12 月 1 日和郝在今、刘荣刚访问凌云记录。
② 《张友渔同志就公审林彪、江青反革命集团主犯答〈北京日报〉记者问》,《历史的审判》,第203 页,群众出版社,1981 年。

伍修权、王鹤寿、江华、黄火青、赵苍璧等 7 人组成。

为什么由彭真任主任？彭真是 1923 年入党的老同志,40 年代担任中央党校教育长、副校长,参加中央领导,"七大"当选为中央委员、政治局委员,8 月增补为中央书记处候补书记,是毛泽东时代领导集体成员。新中国建立后,任中央书记处书记、中央政法委书记、人大常委会副委员长,长期领导政法、公安、立法工作,有丰富的政法领导经验。1966 年 4 月受到错误的批判,失去人身自由,认真反思,总结历史经验教训。1979 年 2 月恢复工作,任人大常委法制委员会主任,在短短三个月的时间内主持起草刑法、刑事诉讼法等七部法。刑法、刑事诉讼法的通过并于 1980 年 1 月 1 日开始执行,为两案的审判准备了法律的依据。随后他进入中央政治局,担任中央政法委员会书记。

彭冲,1933 年入党,新中国建立后长期任南京市委书记、市长、江苏省委书记。同"四人帮"作坚决斗争。粉碎"四人帮"后任上海市委第三书记、第一书记,和苏振华、倪志福一起领导,带工作组结束了"四人帮"及其余党长期统治上海的局面。上海清查"四人帮"的工作搞得很好,所获的罪证材料,有 98 件被选入中央印发的江、张、王、姚的罪证材料中,在审判"四人帮"时,上海提供的罪证材料有 174 件之多,占公布罪证材料的四分之一。1980 年 2 月,彭冲当选为中央书记处书记,分工管政法。

伍修权,1923 年加入共青团,1930 年入党,长征中参加遵义会议,解放战争任东北民主联军第二参谋长等职,资历、声望远在黄永胜等人之上。1978 年任人民解放军副总参谋长,罗瑞卿病故后,主持总参的工作。八大、十一大的中央委员。担任特别法庭副庭长,第二审判庭(军事法庭)审判长,负责对林彪集团的审理。

王鹤寿,1925 年入党,长期在白区工作,抗日战争在中央组织部任干部科科长,熟悉干部情况。时任中纪委副书记,主持中纪委的日常工作。

江华,1925 年加入共青团,1926 年转入共产党,参加创建井冈山根据地、中央苏区的老同志,参加长征。新中国建立后长期任浙江省第一书记、华东局书记,八大、十大的中央候补委员,十一大的中央委员。从 1975 年起任最高法院院长。任特别法庭庭长。

黄火青,1926 年入党,参加长征,后任中央党校教育长。十一大的中央委员,时任最高检察院院长。任特别检察厅的厅长。

赵苍璧,时任公安部部长,中央委员。

1980 年 3 月 17 日,两案审判指导委员会正式工作,这时彭真已是 78 岁高龄,他全力以赴,兢兢业业,夜以继日,为此倾注了大量的心血。

根据彭真、彭冲的意见,在指导委员会下设审判工作小组,实行联合办公,参加的有中央政法委员会、公安部、最高人民检察院、最高人民法院、总政治部、中央纪委检查委员会二办、司法部、中央组织部、中央宣传部、新华社、广播事业局、国务院机关事务管理局等有关单位和各省、市参加审判工作的负责干部。召集人有:中央政法委秘书长刘复之,公安部副部长凌云,后增加江苏省副省长兼公安厅长洪沛霖。① 工作小组下设两个办公室,一个是审理"四人帮"的办公室,由凌云兼主任,一个是审理林彪集团的办公室,由总政保卫部部长郝苏兼主任。②

按司法程序,公安部预审,检察院起诉,法院审判。公安部于 1980 年 4 月下旬开始依法侦查预审,着手起草《起诉意见书》,因为这是一个特别重大的案件,所以最高人民检察院派出工作人员自始至终参加、监督了侦查预审过程。参加这一工作的有 400 多人。9 月 22 日预审阶段终结后,将《起诉意见书》连同案卷材料、证据一并移送最高人民检察院。③

9 月 29 日五届人大常委会第十六次会议决定,成立最高人民检察院特别检察厅和最高人民法院特别法庭,审判林彪、江青反革命集团案中江青、张春桥、姚文元、王洪文、陈伯达、黄永胜、吴法宪、李作鹏、邱会作、江腾蛟 10 名主犯,另外 6 名林彪、康生、叶群、谢富治、林立果、周宇驰已死亡,不再追究刑事责任。特别法庭的第一法庭审判长是曾汉周,负责审判江、张、姚、王、陈五个"文职"人员,第二法庭审判长是伍修权、副审判长黄玉昆,负责审判黄、吴、李、邱、江腾蛟等"军职"人员。④

特别检察厅由中华人民共和国最高检察院检察长黄火青任厅长,24 名检察官组成,完成检察阶段工作后于 11 月 5 日提出公诉。

特别法庭由中华人民共和国最高法院院长江华任庭长,35 名法官组成。在江华主持下,11 月 20 日开庭审判。消息传出,大快人心,人们奔走相告,万人空巷,竞相收看电视转播,一时成为举国上下、亿万人民关注的焦

---

①② 刘荣刚:《回眸"两案"审判——访图们同志》,《中共党史研究》2000 年,第 5 期。

③ 1980 年 9 月 27 日在五届人大常委会第 16 次会议上,黄火青检察长的报告。《历史的审判》,第 14 页,群众出版社,1981 年。

④ 伍修权《参与审判林彪、江青反革命集团主犯》,《亲历重大历史事件实录》,第 5 卷,第 549 页,中国文联出版社、党建读物出版社,2000 年。

点、热点。国际瞩目,世界各报纷纷报道。

经过两个月零七天,开庭42次,有6万人直接旁听。法庭严格按照刑法、刑事诉讼法的规定,对起诉书指控犯罪事实进行调查,先后向10名被告出示和宣读了经过鉴定、验证的原始书证和物证共615件次,通知和传唤被害人和证人49人出庭陈述和作证。[①] 1981年1月25日公开判决。遵循"以事实为根据,以法律为准绳"的原则,对10名被告人的犯罪事实作了总体评议和具体分析,并考虑历史背景,参考历史经验,做到量刑适当。判江青、张春桥死刑,缓期二年执行,剥夺政治权利终身。王洪文无期徒刑,剥夺政治权利终身。姚文元有期徒刑20年剥夺政治权利5年。陈伯达、黄永胜、江腾蛟有期徒刑18年,剥夺政治权利5年。吴法宪、李作鹏有期徒刑17年,剥夺政治权利5年。邱会作有期徒刑16年,剥夺政治权利5年。

仅用了10个月的时间,就完成了震动中外的历史审判,林、江反革命集团终于受到法律的严惩,伸张了正义,恢复了法律的尊严,加速了我国民主和法制的建设;有利于拨乱反正,平反冤假错案,安定人心;有利于明辨是非,正确地总结"文革"的历史教训,结束过去,配合和推动了《建国以来若干历史问题决议》的起草工作;有利于统一全党的思想,轻装前进,加快改革开放步伐和四个现代化的建设。

审理"两案"的历史经验

公开审理"两案"是我国政治生活中的一件大事。这10名主犯,有9名是我党的高级干部,不是一般的案件,是特别重大的案件,在我党的历史上是从未有过的,是执政党从未遇到过的问题。成功的经验特别宝贵,至少在以下几点,我个人认为有必要加以研究。

一、坚持与强调我国的诉讼程序,既不是"无罪推定",也不是"有罪推定",而是实事求是,"以事实为根据,以法律为准绳"。

两案指导委员会开始工作时,从中纪委转来的材料,多是各单位各部门报上来群众揭发材料,个人写的交代材料等。过去我们长期习惯用搞政治运动的办法同反党反社会主义的反革命集团、势力进行政治斗争。作为政治运动、大批判、审查干部,这些材料可以提供线索,但是不能作为判罪的根

---

① 何兰阶等:《实事求是依法办事——江华同志逝世一周年祭》,《人民日报》2000年12月27日。

据。彭真说："起诉书不是政治声讨书，是要用犯罪事实和法律讲话的，应该采取少而精的原则，只列举最重要的、最关键的、最容易认定的和证据确凿的罪行就足够了。"①林彪、江青反革命集团的罪行罄竹难书，仅《起诉书》指控的，他们迫害的干部群众达70多万，迫害致死达3万多人。"文革"十年，冤案遍地，上至国家主席，下到一般百姓，要在浩如烟海的材料中，找出有关这两个集团主犯犯罪的确凿的原始的证据来，就必须把每一件事实的来龙去脉搞清楚。要做到"去粗取精"不容易，工程量很大。

为了鉴别这些材料，他们认真过目，层层把关，重要的由彭真亲自过目。仅彭真看的材料就有1米高。② 在《起诉意见书》里列出的罪证共851件，其中365件是当时的文件、信件、笔记、日记、会议记录、电话记录、讲话稿、讲话录音等原始书证和物证。在此基础上起草《起诉书》，又增加了22件证据。

在《起诉书》完成后，特别检察厅长和特别法庭长会同公安部长，对每一条犯罪事实和每一件证据集体一一会审、核实。大家称之为三长（公安部长、检察长、法院院长）会审。经过认真的反复的审查，做到证据材料周密而有力，雄辩服众。对于各种证据，始终注意保持它的真实性、完整性，注意使用语气的严肃性。做到不断章取义，不搞有损于证据本来面目的处理。

为慎重起见，在更大范围内征求意见，指导委员会让办公室主任凌云把主要证据列成清单，将100多件制作成幻灯片，请党内老同志、民主党派人士、法律顾问看，③以保证铁证如山。

"文革"中给党中央副主席、国家主席刘少奇扣了"叛徒"、"内奸"、"工贼"三顶帽子。因开除刘少奇的决议是周恩来宣读的，在八届十二中全会上通过的，预审时，江青一口咬定她是奉命行事。审查时不回避问题，从结果向前调查。先调查周恩来根据什么作的报告？是根据专案组的报告。专案组的材料是哪里来的？最后查明是刑讯时搞"逼、供、信"，屈打成招，制造出来的。1967年江青擅自决定逮捕关押杨承祚等11人，指使专案组"逼、供、信"。对教授杨承祚、张重一审问时，他俩已病得很厉害，都昏过去了，供词的录音都听不清，以至被折磨至死。但是江青直接控制的专案组就这样定了案。制造假案后再用这个假案欺骗中央。另外，查到一个干部的笔记，证

① 《彭真文选》第398页，人民出版社，1991年。
②③ 1999年12月1日，和郝在今、刘荣刚访问凌云记录。

明早在 1966 年 8 月,刘少奇是国家主席,并在八届十一中全会上再次当选为政治局常委时,林彪、叶群就指使这个军队干部制造伪证。查源头,最后还是查到了林彪、"四人帮"头上。

承批和直接批是不一样的,一件事,查所有的材料,看毛主席是怎么批的,周恩来是怎么批的,林彪、"四人帮"怎么兴风作浪。对同一件事拿出所有的批示,认真核对,谁先批的,谁最先提出来的。偏听偏信、错误判断、失察和制造伪证、诬陷迫害是两个性质的问题,前者是错误,后者是犯罪,两者要划清界限。

就是这样,用事实作依据,以法律为准绳,将很多冤案颠倒过来。

预审时,在法庭上张春桥一言不发,拒不回答任何问题。① 根据《刑事诉讼法》第 35 条规定:"对一切案件的判决都要重证据,重调查研究,不轻信口供。只有被告人的供述,没有其他证据的,不能认定被告人有罪和处以刑罚;没有被告人的供述,证据充分确实的,可以认定被告人有罪和处以刑罚。"②虽然张春桥没有口供,但是证据确凿,一样定罪。

二、"把林彪和'四人帮'犯罪和好人犯错误分开。"③

由于"文革"情况非常复杂,林彪是党的副主席,党章明确他接班人的地位,江青是第一夫人、政治局委员。被审的 10 名罪犯,除江腾蛟外都是党的高级干部,政治局常委、委员。他们利用"文化大革命"的十年内乱,采取公开的和秘密的、文的和武的各种手段,进行夺取党和国家领导权、颠覆政府的罪恶活动。他们的罪行和党的错误交织在一起,应如何处理?他们在犯罪时常常打着毛主席的旗号,对毛泽东如何评价?这时在社会上、在党内出现了要否定毛泽东和毛泽东思想的错误倾向。

十一届三中全会的公报指出:"毛泽东同志在长期革命斗争中立下的伟大功勋是不可磨灭的。如果没有他的卓越领导,没有毛泽东思想,中国革命有极大的可能到现在还没有胜利,那样中国人民就还处在帝国主义、封建主义、官僚资本主义的反动统治之下,我们党还在黑暗中苦斗。毛泽东同志是伟大的马克思主义者。他对于包括自己在内的任何人,始终坚持一分为二的科学态度。要求一个革命领袖没有缺点、错误,那不是马克思主义,也不

---

① 2000 年 6 月 22 日,和王林育采访王芳记录。

② 《彭真文选》,第 376 页,人民出版社,1991 年。

③ 彭真 1980 年 5 月 13 日的讲话。

符合毛泽东同志历来对自己的评价。党中央在理论战线上的崇高任务,就是领导、教育全党和全国人民历史地、科学地掌握毛泽东思想的科学体系,马列主义、毛泽东思想的普遍原理同社会主义现代化建设的具体实践结合起来,并在新的历史条件下加以发展。"①

早在延安整风,彭真担任七大代表资格审查委员会主任时,纠正了康生乱整人造成的恶果,坚持实事求是,按一个人一个人的情况来处理,处理得很客观、灵活,既照顾了组织的原则性,又照顾到大会的严肃性,各方面处理得很谨慎。"文革"中他被关在秦城监狱,仍在考虑党和国家的大事,考虑党犯了错误和党内出现叛徒是两回事。他一直认为毛泽东是伟人犯错误。从陕西回到北京的当天,听到来看望的亲友谈到"文革"中受的委屈,他马上说:"咱们看问题要从大局出发,要从人民的利益出发。如果中国革命没有毛主席这几十年的正确领导,全国取得胜利,成功得这么快?别人做不了,只有毛主席才做得到。从这点上来说,咱们个人的恩怨都不要有。这算不了什么,委屈就委屈点儿。谁要是全盘否定毛主席,我彭真不干。但是说毛主席百分之百对,那也不对。"②

在揭发、批判林彪、"四人帮"的同时,出现了否定毛泽东和毛泽东思想的错误倾向,1979年3月邓小平旗帜鲜明地提出:"我们必须坚持马列主义、毛泽东思想。我们同林彪、'四人帮'斗争的中心内容之一,就是反对他们伪造、篡改、分裂马列主义、毛泽东思想。我们粉碎'四人帮'使马列主义、毛泽东思想重新恢复了它的科学面目,成为我们行动的指南。这是全党和全国人民的一个伟大胜利。"③"难道不是毛泽东思想才使约占全人类四分之一的中国人民找到正确的革命道路,并在1949年获得全国解放,在1956年基本上完成社会主义改造吗?这一系列伟大的胜利不但根本改变了中国的命运,也改变了世界的形势。""毛泽东同志同任何人一样,也有他的缺点,怎么能够同他对人民的不朽贡献相比拟呢?在分析他的缺点和错误的时候,我们当然要承认个人的责任,但是更重要的是要分析历史的复杂的背景。只有这样,我们才是公正地、科学地、也就是马克思主义地对待历史,对待历史人物。"④党中央和邓小平正确评价毛泽东与毛泽东思想的论述统一

① 《中国共产党第十届中央委员会第三次全体会议公报》,第14页。
② 2000年6月20日采访张秀岩的养子李纪伟。
③④ 《邓小平文选》第2卷,第173—174页,人民出版社,1994年。

了全党的认识,这些都为审理"两案"中把林彪和"四人帮"的犯罪和毛泽东的错误分开创造了条件。

特别法庭开庭审判后,12月24日江青在法庭上自我辩护,利用自己的特殊身份,总是咬定某某事是毛主席、周总理批的,妄图把自己的罪行推到毛主席的身上。彭真认真地看电视转播,亲自组织班子为公诉人江文写了《关于批驳被告人江青的发言》。文章一连用了8个"难道这是毛主席叫江青干的吗?"说明很多事是江青背着毛主席干的。文章指出:"全国各族人民心里清楚得很,他们在'文化大革命'时期遭受的不幸,毛主席有毋庸讳言的责任,包括对林彪、江青反革命集团失察的责任。但全党全军全国各族人民、男女老少,决不会忘记或抹煞毛主席在推翻'三座大山'、缔造中华人民共和国和开创社会主义事业中的伟大贡献。当然也不会忽视对十年'文化大革命'时期的经验教训的总结。党和国家领导人早已一再申明,毛主席在他的一生的事业中,伟大功绩是第一位的,错误是第二位的。这绝不是你江青和林彪一伙能动摇、抹煞得了的。江青利用毛主席的崇高威望来掩盖她的反革命罪行是徒劳的。在这个问题上,毛主席早就揭露和驳斥了你江青。"①然后文章引用了毛主席对江青的批评。将性质不同的两回事分得一清二楚,一方面是江青的罪行,另一方面是毛主席的失察,这是性质完全不同的两件事,绝不允许混淆。

12月29日江文在法庭上宣读后,江青哑口无言,无言以对。

三、林彪、江青是反革命集团。

到1980年,林彪一案已审查9年,江青一案已审查4年,基本是将他们作为反党集团来对待,或审查他们的历史是否有问题。一直到1979年9月召开的十一届四中全会上,才明确"林彪、'四人帮'是反革命阴谋集团"②。但是很多人仍认识不清楚,国际上认为林彪、江青只是反党集团,而算不了什么反革命。

林彪、江青是在"文化大革命"中形成的两个反革命集团,但是这在"文革"初期是不容易、甚至看不清楚的。他们占据合法的地位,采用两面派手段,因而不少人上当受骗,甚至盲从,说了错话,做了错事或坏事。彭真旗帜鲜明地提出:"研究林彪、'四人帮'罪行最好先从他们活动的最后一段和结

---

① 《历史的审判》,第76—78页,群众出版社,1981年第1版。
② 《三中全会以来》,第206页,人民出版社,1982年。

414

果着手,沿历史顺序从后向前研究。"①他引用了一段马克思的话:"对人类生活形式的思索,从而对它的科学分析,总是采取同实际发展相反的道路。这种思索是从事后开始的,就是说,是从发展过程的完成的结果开始的。"②

根据刑法规定,颠覆政府,分裂国家,策动叛乱,以反革命目的杀人、伤人等等,都是严惩不贷的反革命犯罪。根据林彪手令,其集团发动武装政变,意图杀害毛泽东,或夺取全国政权,或另立中央,分裂国家。江腾蛟参与其事,林立果指派江腾蛟为上海地区杀害毛主席的第一线指挥,江当即表示坚决干。将江腾蛟列为主犯,就将谋杀毛主席作为审判的一个突破口,林彪反革命集团的真面目就大白于天下。

根据张春桥、王洪文9月的指示,10月8日"四人帮"反革命集团在上海策动武装叛乱,这些也都是对他们起诉和判刑的重要的罪证。

一个人的行为是否构成反革命罪,是以行为人的主观有无反革命的直接故意,即反革命的目的为必要条件。在"文革"初期,林彪就说:这次"文化大革命"是革我们原来革过命的人的命。张春桥也多次说,"文化大革命"就是改朝换代。③

林彪、康生、叶群、谢富治、林立果、周宇驰已死亡,根据刑事诉讼规定不再追究刑事责任。但是起诉书中也列出他们的罪行。彭真解释说:"因为他们是集团犯罪,又是主犯,如果不列他们的罪行,整体案情就无法弄清。"

经过大量工作,《起诉书》主要涉及他们的反革命罪行。黄火青在向五届人大常委会汇报时说:"这次准备对他们起诉四项罪状,一是煽动、策划推翻无产阶级专政的政权;二是诬陷迫害党和国家领导人,篡党夺权;三是迫害镇压广大干部和群众,实行法西斯专政;四是谋害毛主席,策动反革命武装叛乱。"④《起诉书》得到人大常委全的批准。经过法庭调查、辩论,有6万人旁听,通过广播、电视,全国有亿万人观看、收听,群众认清了他们利用"文化大革命",凭借手中的权力和地位,施展各种阴谋诡计,采取合法和非法的、公开的和秘密的、文的和武的各种手段,篡党夺权,是地地道道的反革命集团。

四、严格区分罪与非罪的界限,与党在工作中的错误严格区分,只审理

①②③　彭真1980年5月13日讲话。
④　1980年9月27日黄火青在五届人大常委全第16次会议上的汇报,《历史的审判》,第15页,群众出版社,1981年。

他们共同犯罪和个人的犯罪行为。

党内出现了政治错误、路线错误,如何处理?六届七中全会和"七大"树立了一个好榜样。王明错误路线给党造成的损失很大,白区几乎是百分之百,苏区是百分之九十。但是,这是革命队伍内部问题,因而不追究刑事责任。用开展整风学习、批评与自我批评的办法,总结历史经验,取得全党的一致。彭真说:"如果不注意严格地从本质上加以区别,势必扩大打击面,误伤好人。干革命,做工作,犯错误是难免的,正确的态度是'坚持真理,随时修正错误'。""特别法庭只审林江反革命集团的罪行,不审理党内、人民内部的错误,包括路线错误,不解决党纪、军纪、政纪的问题。后者不是法庭职权范围的问题,而是需要另行处理的问题。"①黄火青在向五届人大常委会的报告中也指出:"准备提起公诉的是林彪、江青一伙触犯刑律的反革命罪行,不涉及工作中的错误,包括路线错误。林彪、江青一伙在'文化大革命'十年中所犯下的罪行,给我们国家和民族造成的灾难是难以估量的,现在我们只准备起诉他们直接的、主要的犯罪行为,追究他们的刑事责任。"②

用法律的规定来区别罪与非罪的界限,只追究林彪、"四人帮"直接触犯《刑法》的罪行,只审理他们共同犯罪和个人犯罪行为,不审理属于工作错误的问题。这两个反革命集团罪恶滔天,民愤极大,但是不能凭感情用事,江华说:"应当肯定,'文化大革命'的历史条件不能成为他们开脱罪行的借口,也不是对他们量刑的一个根据。但是这两个反革命集团的形成和活动确实是与这种历史条件有着密切关系的,这是不能不考虑的因素。"③

对于这些主犯,不在于定罪的条数有多少,每人一条就够定死罪的。而在于罪证是否可靠、确凿,要定成铁案,永世不能翻案。

对难以分清的 10 名主犯犯罪与党的领导的错误的若干重大事件,如"文艺黑线专政"、"一月风暴"、"二月逆流"、"一号手令"、"七二〇事件"、"反击右倾翻案风"、"天安门事件"等都不列入起诉书。

"文化大革命"十年的恶果只要同他们没有直接关系的部分,也不加在他们的头上。如吴法宪供认,林立果被他安插在空军以后所进行的反革命活动,他都负有直接罪责。但是法庭根据证据认定吴法宪并不知道林立果

---

① 《对特别法庭旁听人员的讲话》,《彭真文选》第 393 页,人民出版社,1991 年。

② 《历史的审判》,第 16 页,群众出版社,1981 年。

③ 何兰阶、曾汉周、王怀安、王战平、宋光:《实事求是依法办事——江华同志逝世一周年祭》《人民日报》2000 年 12 月 27 日。

阴谋杀害毛泽东和策动武装政变,因此判决时不要吴法宪对林立果这一罪行承担直接责任。

王洪文 1974 年 10 月到长沙向毛泽东告周恩来的状,后考虑到他作为副主席有权向主席汇报,符合组织原则,在判决时将这条去掉了。

将罪与非罪的界线划清了,有助于总结十年"文革"中的教训。邓小平说:先审两案,再搞若干历史问题决议较好,先判决,解决敌我问题,对党的错误更好看清楚。①

五、将两案作为"一案起诉、分庭审理,一案判决"。

林彪集团在 1971 年自我爆炸。在揭发、批判林彪集团时江青之类也大肆鼓吹自己是如何和林彪集团做斗争的,以此掩盖他们之间互相勾结、狼狈为奸的罪行。有些人只看到陈伯达由中央文革小组组长转到林彪一边,只看到他们后来的矛盾。江青集团是 1976 年 10 月才揭发出来,所以很多人认为林彪和江青是两案。由于历史形成的原因,在专案组期间、在中纪委都是做两案处理。

彭真经过研究提出:"应为一案起诉、分庭审理、一案判处,比较容易审理。"②因为在"文革"的头几年,他们是一伙的,后来中间因利害冲突有矛盾才分开。他认为这是一个反革命联盟,头子是林彪、江青,"军师"是康生、张春桥。不把两案合在一起审理,就很难搞清他们整个的反革命阴谋和罪行。

这个意见得到了党中央的批准。1980 年 9 月 8 日,中央常委听取了两案指导委员会的汇报时,华国锋说:一起起诉,分庭审判,点两个反革命集团,说清有勾结又有斗争。林彪江青搞在一起,与有力量打倒一大批老干部是一致的。邓小平说:起诉书分开了分量不够,写在一起,表明十年浩劫是一件事,一个性质的问题,十年一贯制。一起起诉,两庭判罪。叶剑英说:同意小平同志讲的,要回答一个问题,互相勾结,互相斗争。林彪是法定接班人,怎么等不及了? 江是毛的夫人,夫妇怎么抢班? 讲清楚它。我主张一起诉,分庭审判,因为罪行穿插着的。

事实证明,两案作为一案起诉、分庭审理、一案判处,效果很好。

六、坚持社会主义法制的民主原则,依法审判。

《刑事诉讼法》规定:"对于一切公民,在适用法律上一律平等,在法律面

---

① 传达 1980 年 9 月 8 日中央常委会议记录。
② 《彭真对特别法庭旁听人员的讲话》,《彭真文选》,第 394 页,人民出版社,1991 年。

前,不允许有任何特权。"对这 10 位身居高位的主犯进行审判,这个行动就是维护了法律的尊严。

《刑事诉讼法》第八条规定:"被告人有权获得辩护,人民法院有义务保证被告人获得辩护。"这个规定就是被告的辩护权有两个方面,他自己可以进行辩护,也可以委托别人进行辩护。尽管他们罪恶滔天,但是在法庭上,要保障他们的合法权益。陈伯达、吴法宪、李作鹏、江腾蛟要求委托律师辩护,姚文元要求特别法庭为他指定律师辩护。江青一变再变,一会儿要求委托律师,一会儿又决定自己辩护。她为准备自我辩护还紧张地研究法律。

当时,律师们或出于义愤或有顾虑,不愿担任辩护律师,但经过做工作也都接受了。辩护人的责任,是根据事实和法律提出证明被告人无罪、罪轻或者减轻、免除其刑事责任的意见。在法庭调查时,律师通过询问被告人、证人、鉴定人等,从澄清事实的角度为被告辩护。为陈伯达、吴法宪、江腾蛟的律师都这样做了。如律师在为陈伯达辩护时指出:"我们认为在决定(1967 年 7 月)批斗刘少奇这个问题上被告陈伯达确实起了重要作用,但是这是诬陷、迫害刘少奇一系列犯罪活动中的一个部分,而且这一具体罪行还是江青、康生和陈伯达共同决定的。因此,被告陈伯达在诬陷、迫害刘少奇这一共同犯罪活动中,他负有一定罪责,但他的地位和作用不同于林彪、江青、康生、张春桥等人。"

刑事诉讼法规定:"审判人员、检察人员、侦查人员必须依照法定程序,收集能够证实被告人有罪或者无罪、犯罪情节轻重的各种证据。严禁刑讯逼供和以威胁、引诱、欺骗以及其他非法的方法搜集证据。""证人证言必须在法庭上经过公诉人、被害人和被告人、辩护人双方讯问、质证,听取各方证人的证言并经过查实以后,才能作为定案的根据。"[①]法庭坚持不把未经法庭调查的证据作为定罪判决的依据。

尽管在法庭上,江青一再抵赖,拒不认罪;张春桥负隅顽抗,拒不供述;姚文元认错不认罪,但是根据证据的依法定罪。

要定罪时,这 10 名主犯,虽然许多犯罪的罪名是一样,如犯颠覆政府罪、诬陷陷害罪,但是每个人的情况不同,在某些犯罪行为中所负的责任不同,造成的后果不同,因此判的刑罚也有所区别。

另外法律规定有追诉时效,法定最高判不满五年有期徒刑的,过了五年

---

① 《彭真文选》,第 376 页,人民出版社,1991 年。

418

就不再追究。黄永胜等人所犯的诽谤罪、非法搜查罪是判三年以下有期徒刑或者拘役,从1971年他们受审查到1980年已过了追诉时效,在这次判决中都没有进行指控。

七、在党内实行联合办公,协调各方面的关系。公检法严格依法分工负责,相互配合,相互制约。

为了争取时间,在公安部预审时,就要高检、高法介入,熟悉情况。大家各抒己见,集思广益,谁的意见正确就服从谁。在《起诉意见书》中,认定这两个反革命集团16名主犯有4大罪状,60条罪行。特别检察厅经过审查核实,对公安预审认定的犯罪事实有增有减,经过调整合并,认定主犯有4大罪状,48条罪行,形成《起诉书》。经过法庭调查,《判决书》认定的罪行比起诉减少了16条内容。如起诉书指控姚文元犯有策动上海武装叛乱的罪行,经过法庭认真审查核实,证明他没有参与这个行为,法庭就把这个指控否定了。另外,增加了7条内容。

经过三道程序的相互配合,互相制约,有效保证了起诉和判决的准确性,做到铁案如山。

八、充分利用新闻、广播、电视、报纸、杂志、电影等宣传工具。

在公审期间,开展大规模、及时的、多样的宣传。在宣传中,紧紧把握指控两个反革命集团的犯罪事实,严肃郑重,突出每个阶段的重点,及时反映法庭审判的全过程。不过细勾画、不冲淡、模糊人们对主要问题的注意和认识,不夸大事实,不人为地追求气势,不报道事实不很清楚或有争议的问题。针对国内外舆论不断出现的需要说明和解释的问题,采取答记者问、法学家发表谈话,组织重点文章做有说服力的宣传教育和解释工作。通过宣传,使审判活动家喻户晓,在亿万人民中普及了法律知识,进行了一场生动而具体的社会主义民主和法制教育。

九、坚持组织原则。凡是重大的问题都由中央政治局、中央常委、中央书记处讨论,并给以明确的指示,对关键问题提出方针性的建议。

公开审理"两案",伸张正义,人民满意。国内外都反映很好,没有发生异议和波动。这堂生动、具体的民主法制教育课,使所有的干部、群众知法、懂法、守法,有利于对"文革"错误的拨乱反正,通过审判将林彪、江青一伙的反革命罪行大白于天下,激发起亿万人民建设社会主义现代化的积极性。岁月如梭,20年过去了,时间是最好的验证,特别法庭所定的罪至今没有任何一条可以推翻,历史证明是铁案如山。这个审判震动中外,亘古未有,被称为历史的审判永载史册,是中国民主法制的典范。

[附记]1999 年到 2001 年笔者曾采访过参加审理林彪、江青反革命集团(简称"两案")的刘复之、王芳、王汉斌、凌云、姚伦、史进前、项淳一等,有的多次访问并一起讨论。根据采访记录又参阅了当时的文件、报告写出此文。本文首发于《当代中国史研究》2001 年第 5 期,《新华文摘》2002 年第 2 期摘发。

访许崇德:忆彭真与 1982 年宪法的制定

20 世纪 80 年代,彭真直接领导了 1982 年宪法的制定,为这部宪法的出台作出了重要贡献。不过,一般人至多只是从彭真担任全国人大常委会领导职务的角度知道他与现行宪法的关系,对他究竟做了哪些工作却不知其详。为了解彭真在制定这部宪法过程中的情况,我们特意走访了许崇德教授。

许崇德生于 1929 年,上海青浦人,1951 年复旦大学毕业,1953 年中国人民大学研究生毕业后在校任教,后任该校教授,并中国法学会理事、国宪法学研究会副总干事。许崇德教授参加过定 1954 年宪法的资料工作,1980—1982 年又参加现行宪法的草拟,1985—1993 年参加香港基本法、澳门基本法的起草,并参加港澳两个特区的筹备工作。

以下是 2000 年 5 月 19 日李海文、王林育对许教授的采访,以问答的方式呈现:

问:许教授,您参加过 1954 年宪法的起草工作和 1982 年宪法即现行宪法的修改工作,了解宪法起草和修改的过程。我们很想请您谈谈彭真在起草、修改宪法工作中的作用。

许崇德:我国的宪法大概是 1953 年底开始起草的。这个宪法因为是中华人民共和国的第一部,所以叫宪法起草,后来那几次都叫宪法修改。当时我还是个小青年,才 20 多岁,刚从中国人民大学法律系读完研究生留校,是作为中国人民大学的教员参加这项工作的。那时田家英在高校点兵,找了一批人帮助他工作。宪法起草委员会有一个办公室,在中南海的一个资料室里办公。李维汉是秘书长,副秘书长记得有七八个,田家英是副秘书长之一。当时需要收集一些外国的宪法作参考,我们就做这方面的整理工作。此外,中央领导同志需要了解、学习有关宪法的知识,我们还编写了一些名词解释。后来全民讨论宪法草案时,我们又帮助整理、汇编各地讨论的材料。

问：您刚才谈到起草宪法过程中参考了外国宪法。不过，外国的宪法终究只是"参考"，新中国的宪法最终还是以我国的国情为基本依据的。那么，第一部宪法，有哪些是我们的独创呢？

许崇德：独创的东西很多。比如提"人民民主专政"，而没有写"无产阶级专政"。这是一条。那时写的还不是"人民民主专政"，而是"人民民主国家"，在序言中提到一次"人民民主专政的政权"，那是讲过程。在条文中，第一条规定国家政权性质即中华人民共和国是工人阶级领导的、以工农联盟为基础的人民民主国家。当时苏联用无产阶级专政。但是，人民民主专政的理论是毛主席创造的，毛主席发展了人民民主国家的提法。还比如国家主席，苏联就没有设国家主席，它们设最高苏维埃主席团主席，相当于我们的人大常委会委员长。

另外关于检察院，苏联是垂直领导，我们认为，按照我们的国情，还是双重领导好。在宪法起草过程中有争议。1982年宪法，实际上检察院是双重领导。实行双重领导，如果有些案子下面顶着不办，上面可以管一管。

1954年宪法和苏联宪法在结构上也不一样。苏联宪法没有序言，也没有总纲，它分为社会结构、国家结构、权力机关、管理机关等内容，都是分标题的。我国宪法有序言，还有个总纲，像党纲一样。

1954年宪法以共同纲领为基础，又是共同纲领的发展。1954年宪法的起草，全国人大讨论宪法草案和报告，不少民主人士参加，而且提了不少意见。

彭真在1982年宪法草案的报告中，对中华人民共和国成立以来的宪法有一个评价。他认为1954年的宪法是比较好的，1982年宪法就是以1954年宪法为基础的。但是他在报告中没有这么说，因为这个不好说，当时修改宪法是修改1978年的宪法，不是修改几十年前的宪法，而实际上是恢复1954年宪法的精神，又加以发展。1954年宪法是1982年宪法的基础。1978年宪法是不完善的。

问：您谈到了彭真对第一部宪法的评价，彭真同第一部宪法的起草、制定有些什么关系没有？

许崇德：起草第一部宪法时，彭真不是宪法起草委员会的委员。但应该说他也参与了第一部宪法的制定过程。他那时是中央人民政府委员，有一些中央人民政府委员列席宪法起草委员会会议，他也列席了。1953年3月彭真任政务院政治法律委员会中共党组书记，而且，从1954年3月，恐怕还要早一些，宪法起草委员会成立了一个宪法研究小组，彭真是这个小组的成员，成员还有董必武、张云逸等。1954年9月第一届全国人代会召开后，彭真当选为全国人大常委会副委员长兼秘书长，主持人大常委会的日常工作，立法是人大常委会工作的一个重要内容。

问：显然，制定第一部宪法时，彭真还不能说是主要人物。但是，1982年宪法修改时，彭真就是主要领导者或者说是主要组织者了。

许崇德：可以这样说。1980年8月五届全国人大三次会议提出修改宪法，成立中华人民共和国宪法修改委员会，叶剑英是主任，宋庆龄、彭真是副主任。但实际工作主要是彭真抓的。1980年9月17日宪法修改委员会成立了秘书处，胡乔木是秘书长，还有七位副秘书长，其中有两位是民主人士，一个是叶笃义，一个是甘祠森。叶笃义在秘书处呆了大概半年，得了肠癌，进了医院。甘祠森后来健康状况也一直不佳。另外5位副秘书长是胡绳、吴冷西、张友渔、王汉斌、邢亦民。邢亦民当时是全国人大常委会副秘书长。秘书处还有若干成员：许崇德（法学副教授）、王叔文（法学家）、肖蔚云（北京大学教授）、孙立（全国人大常委会政法司）、李剑飞（全国人大常委会政法司）。孙立在北京市工作的时候当过彭真的秘书。后来，秘书处又增加一些人，工作量是很大的。

秘书处在秘书长的领导下工作。胡乔木召集我们开会，后来他生病来不了了，就由张友渔主持会，每星期开两次，在人民大会堂小天津厅。每次会后都有简报，我记得发了三十多期。

后来，到了1981年，我们移住玉泉山工作。那时候就是彭真自己直接抓了：分作两摊，一摊是起草条目，我参加这一摊工作；另一摊是起草修改宪法报告和序言。跟随彭真工作，耳濡目染，使我有不少长进。

问：1982年宪法的修改工作程序和过程是怎样的？

许崇德：彭真主持修改宪法工作时，还没有一个成文的东西。第一步是研究框架，我们大家集体起草，一条一条地凑。起草了一稿就送给彭真看，他有时改，有时不改，说这个问题还需要斟酌。有时我们送过去好几个议案，供他选择。当时我们住在9号楼，彭真住在2号楼。他经常和胡绳、王汉斌、张友渔等副秘书长在一起谈，由他们回来传达。他一个月或半个月定期过来和我们一起吃顿饭。他来了，也不加荤菜，还是和平常一样。不过，他面前多两个小碟子，放了一些大蒜和大葱。

我们在秘书处开始草拟宪法时，也是像苏联那样写社会结构、国家结构、政治基础等。后来稿子打回来,还是按 1954 年宪法的结构,写序言、总纲。框架定了,然后就一条一条地起草。我们之间有分工,我负责写国家机构部分。有什么问题,彭真也找一些人来谈。我们开了一些座谈会,在人民大会堂召开了不少座谈会。有一次把经济学家都找来了,有孙冶方、薛暮桥、于光远、苏星、徐禾。找什么方面的专家,要看重点解决什么问题。法学家、政治学家、经济学家,北京的、外地的都找过。费孝通、钱伟长也来参加过座谈。青年理论工作者也找过一些,如陈昊苏等,陈昊苏还写了一个万言书,提出意见。这些座谈会,彭真不参加。除了召开座谈会,我们还把稿子送到党中央、国务院各单位,请他们提意见,有时也发到各省、区、市征求意见。我们负责整简报,进行研究。

我们起草宪法也有民主程序,民主程序和党的领导相结合。改出一稿就给中央书记处送一稿,中央书记处讨论了 8 次,中央政治局讨论了 3 次。

我们从 1980 年 9 月开始,一直工作到 1982 年 12 月通过宪法。

问:根据您的了解,彭真主持这个工作有些什么特点?

许崇德:他是中央政法委员会书记,修改宪法和法制委员会的工作都要管,工作十分繁重。但是他起草稿子都是亲自动笔,每天工作都到深夜。他睡眠不好,睡觉时也要动脑子。他要说什么或讲话,都不要别人起草,都要自己动手。人家请他作报告,他的秘书跟着他,他讲,秘书记,事后他再整理记录,就成了稿子。他就是这个习惯。他不愿意别人为他起草,他去念。

当然,修改宪法还是要有"秀才"的。除了王汉斌、胡绳外,彭真还找了高水平的"笔杆子"来,有龚育之、有林、郑惠、卢之超等。打"临时工"的人也不少,彭真有时找一些人来住个两三天,记得有朱穆之、胡绩伟、穆青、华楠等,都是一些理论家。顾明来过几次,他是国务院的副秘书长,有一次彭真还说,顾明是没有任命的宪法修改委员会的副秘书长。

问:除了上面这一点,彭真有哪些特点?

许崇德:他经常给我们提一些问题,他问得很具体,有时候我们一下子也回答不上来。我们研究外国的法学,主要是一般的观点、理论,具体的我们也说不上来。比如他问:外国的地方议会有多少人组成?他可能是想参考一下外国地方议会的规模。我们只知道人家议会是怎么一回事、怎么操作,至于地方议会的规模,我们还得临时去找资料才知道。还比如我国规定30 名人大代表可以提案,彭真问外国的议员是单独提案还是集体联合提案。在外国议员可以单独提案,他们两个人、三个人联合提案是有的。但这

424

是讲全国性的国会、议会,至于地方议会,我们缺乏了解和研究。这就要求我们收集、阅读各国的宪法和有关文献,了解各国的现实理论和历史情况。所以参与修宪的实践过程,也是一个再学习的过程。

问:1982年修改后的宪法比原宪法有哪些不同?彭真在这方面的主要贡献是什么?

许崇德:首先,宪法的序言可以说彭真经过思考后有新的内容。彭真说过序言要突出20世纪的四件大事。

1982年5月他写序言的稿子,有一天,记得是星期天,多数人都回家了,正好我和王叔文在,深夜十一二点他来电话把我们叫去。他说,他又琢磨了半天。这已经是序言第十稿了,字斟句酌地修改。他考虑在序言中应记载20世纪发生的四件大事,让我们看看,还问我们这样提法好不好,征求我们的意见。我们表示赞同。我估计那天晚上他一夜未眠。从彭真那里回到住处,我写了一首五律诗,记述此事:"假日庭院寂,平楼卧室幽。逐行斟字句,对坐语喃啾。灯下词初定,纸间策已筹。宪章临十稿,尚欲益精求。"

彭真说的这四件大事,第一件是孙中山领导的民主主义革命,推翻了两千多年的封建专制统治,建立了中华民国;第二件是毛泽东领导的新民主主义革命,推翻了帝国主义、封建主义和官僚资本主义三座大山的统治,建立了中华人民共和国;第三件是我们恢复了国民经济,彻底完成了新民主主义革命,完成了社会主义改造,建立了社会主义制度;第四件是基本上形成了独立的、比较完整的工业体系,发展了社会主义的经济、政治和文化。在五届全国人大五次会议上彭真有个讲话,提交到全国人大会议讨论。彭真说:这四件大事,"除了1911年辛亥革命是孙中山先生领导的以外,其他三件都是毛泽东主席为领导的中国共产党领导全国人民进行的"。"从这些伟大的历史变革中,中国人民得出的最基本的结论是:没有中国共产党就没有新中国,只有社会主义才能救中国。"

这种写法是过去没有的。过去我们的4部宪法,序言都不一样,但是条文大同小异,有的条文还是1954年宪法的条文。

结构一般也没有变化。宪法一般都是由序言、总纲、国家机构、公民的权利义务、国旗、国徽和首都这几个部分构成。这个结构的大框架是不变的。那么1982年宪法的结构有没有变化呢?也有。第二章和第三章倒了个,"公民的权利义务"调到第二章,"国家机构"调到第三章。这是胡乔木的建议。他说,把"公民的权利义务"放到"总纲"之后、"国家机构"之前,体现了民主的思想,体现了对公民权利的重视,用现在的话说就是重视人权。我以为彭真的功绩在于他有关宪法序言的写法和思想,突出了 20 世纪四件大事。

第二,就是恢复人民民主的提法。我国 1949 年的共同纲领、1954 年宪法、中共八大的文件都是提人民民主专政,但是从党的八大以后,就逐渐放弃了人民民主专政的提法,而只提"无产阶级专政"。到了"文化大革命"时期,则走向了极端,提出"对资产阶级全面专政"。

1982 年修改宪法时,彭真极力主张恢复人民民主专政的提法。这点我印象很深。他请了很多理论家,如《红旗》杂志、《解放军报》、《人民日报》的同志来座谈了好几次。我记得很清楚,彭真有一次闲谈说,专政不能简单地说是镇压。他引了列宁的话:"专政是无产阶级专政的正确领导。"后来他向全国人大常委会作说明时,没有用无产阶级专政这个词,而恢复用"人民民主专政"的提法。他作的说明第一部分就是关于我国的人民民主专政制度。宪法第一条规定:"中华人民共和国是工人阶级领导的、以工农联盟为基础的人民民主专政的社会主义国家。"彭真说:"这是关于我们国家性质的规定,是我国的国体。"我觉得这是彭真很大的贡献。从此以后一直称中华人民共和国是人民民主专政的社会主义国家。

彭真和理论家座谈时,没有争论,因为这些理论家都是同意人民民主专政的。但是序言有一稿写的是人民民主专政即无产阶级专政不断得到巩固。《人民日报》的负责人提出,我们报纸上实际上已经在用人民民主专政即无产阶级专政的提法,但准确的提法应该是"人民民主专政实质上是无产阶级专政"。这需要具体分析,人民民主专政是无产阶级专政的一种模式,但二者不能简单地画等号。人民民主专政带有中国特色,它的外延比较宽,我们有统一战线。修改后的宪法就写了"我国人民民主专政实质上是无产阶级专政"。

后来也有人对"中华人民共和国是工人阶级领导的、以工农联盟为基础的人民民主专政的社会主义国家"提出意见,建议改成"中华人民共和国是工人阶级领导的、以工农知识分子为基础的人民民主专政的社会主义国家",应该提三个阶级:工人阶级、农民阶级、知识分子,宪法应加上知识分子为基础。这个意见没有被接受。彭真作了一些解释,说"在社会主义制度下,知识分子和工人、农民的差别并不是阶级的差别,就他们对生产资料的占有状况即阶级性质来说,知识分子并不是工人、农民以外的一个阶级。以工农联盟为基础这里就包括了广大的知识分子在内"。如果单列出来,就好像不是它的一部分了。

当然,宪法对这种意见也给予了一定反映,宪法序言有一段讲,社会主义的建设事业必须依靠三种社会力量:工人、农民、知识分子。这句话好像是胡耀邦在党的十二大报告中强调的,后来写入了宪法中。

第三,四项基本原则原来写在条文中,而放在序言中效果更好了。因为条文毕竟是一种规范,实效更强一些。宪法的指导思想之一是马克思主义、列宁主义、毛泽东思想。我们国家实行的是统一战线,还有一批宗教界人士,唯心主义者。如果写在条文中,大家都要以马列主义为指导,你要强迫遵守,国际上就会有影响。所以放在序言中比较恰当一点。

第四,社会主义精神文明建设的内容,过去在宪法里没有。外国的宪法中也不多见,因为它是意识形态的东西。我们的国家是工人阶级领导的、以工农联盟为基础的人民民主专政的社会主义国家,所以1982年宪法写了社会主义精神文明。这是胡乔木主张的。我记得有一次在宪法修改委员会开会时,讨论到这段,彭真强调了文化的重要性,指出一个国家要富强,一个国家要发展,没有文化是不行的。他说毛主席在中南海还亲自办了个文化补习班,我们人民大会堂也要办一个,要一抓到底。他是强调文化的重要性。后来人民大会堂真的办了,是为勤务人员、警卫人员办的,主要也是为了提高文化。

第五,对于公民在法律面前一律平等的原则,彭真也很坚持,他说:"这是保证社会主义民主和社会主义法制实施的一条基本原则。"1954年宪法中有这一条,后来的宪法就没有了。在"文化大革命"中,坚持"人人平等"是要遭到批判的,理由是"工人能和资本家平等吗?农民能和地主平等吗?"对于人人平等,修改后的宪法第33条规定:中华人民共和国公民在法律面前一律平等。任何公民享有宪法和法律规定的权利,同时必须履行宪法和法律规定的义务。第5条还专门规定:任何组织或者个人都不得有超越宪法和法律的特权。宪法原来的草稿还有不得滥用权力等等,后来就只写都不得有超越宪法和法律的特权。

第六,有关公民的基本权利和义务这一章,彭真也很重视。他自己亲身经历了在"文化大革命"受迫害的遭遇,有切身体验。所以1982年宪法总结"文化大革命"的经验,已经有和以前不同的内容,写了人格尊严、人身保护等。当然人身保护,过去也有,但没有这么强调。"文化大革命"中动不动就把人关起来,戴高帽子、游街、坐"喷气式飞机",这是对人格尊严的一种侮辱。人格尊严应该写入宪法。宪法第 37 条:禁止非法拘禁和以其他方法非法剥夺或者限制公民的人身自由,禁止非法搜查公民的身体。这比以前具体多了。第 38 条:中华人民共和国公民的人格尊严不受侵犯。禁止用任何方法对公民进行侮辱、诽谤和诬告陷害。这个是从两个方面写的,正面写,反面写。正面写人格尊严不受侵犯,人身自由应该受到保护;反面写禁止用任何方法对公民进行侮辱、诽谤和诬告陷害。

宪法还有一个条文,就是公民对国家工作人员有揭发、检举、控告的权利。鉴于"文化大革命"中那些"造反"的大字报,捏造事实,歪曲真相,导致大量冤假错案的教训,彭真在稿子上特别加写了不能捏造或者歪曲事实进行诬告陷害一句。后来民事诉讼法、行政诉讼法引申可以"民告官",也都规定不能捏造或者歪曲事实进行诬告陷害。经过切身体验之后,人们才懂得人格保护的重要。如果没有"文化大革命",1982 年宪法可能就不会对人格尊严、人身保护写那么具体。

第七,彭真强调,我们一定要实事求是,保障能做到的民主权利就写入宪法,做不到的就不要写进去。我们的宪法是为了实施的,不是为了好看的。今天能做到什么程度,就写到什么程度,做不到别写。这点对我的教育是很大的。我觉得关键就是实事求是。在宪法条文中表现最突出的是第42 条关于劳动权的条文。

关于劳动权,是有争议的。宪法草稿写了"中华人民共和国公民都有劳动的权利和义务"。劳动部提出意见。当时失业的人已经不少,他们说,如果写了劳动权,这些人拿着宪法来找我们,我们怎么承受得了。但我国是社会主义国家,如果不写,那怎么能行? 所以,按照彭真强调的实事求是的思想,这一条加了一款:"国家通过各种途径,创造劳动就业条件,加强劳动保护,改善劳动条件,并在发展生产的基础上,提高劳动报酬和福利待遇。"这一款是很活的,是说国家通过各种途径,创造劳动就业条件,来争取实现每个人劳动的权利。国家会创造各种条件,满足大家就业。另外,在发展生产的基础上,提高劳动报酬和福利待遇。这还是比较实事求是的。

另外,把村民委员会、居民委员会写入宪法,也是彭真主张的。1982 年宪法在国家机构这一章中,规定的都是国家机关,而村民委员会不是一级国家机关,它是居民的自治性组织,但是也把它写进"地方各级人民代表大会和地方各级人民政府"一节中。彭真指出,我们国家要有民主,权力是属于人民的,但是民主有一个发展过程,要先从基础抓起。基层群众自治是民主的基础,它同地方国家机关的逐步民主化有着密切的关系。他说过,"这个民主是群众看得见、摸得着的"。我国有 8 亿农民,村民委员会搞好了,然后再在这样的基础上接着逐步扩大,逐步提高。

第九,彭真非常支持差额选举,这点写在了法律上。虽然没有写进宪法,但是写入了选举法、组织法,这些法律也是彭真主持制定的。过去,我们一直是等额选举,候选人就等于是当选了的人。如果选候选人以外的人,只有一两票。

我国从 50 年代开始,地方如省级、县级人大都没有常委会,人民委员会是它的常设机关,而人民委员会既是行政机关,又是立法机关。1979 年彭真复出之后才改过来。原来都是乡镇人民代表才直接选举,他主持全国人大法制委员会工作的时候,把直接选举扩大到县。1979 年以后,人民代表的直接选举扩大到了县(包括自治县、县级市)。

最后还有一点,彭真还强调,人大常委会组成人员不能兼职。过去人大常委组成人员都是兼职的,他们都是各个岗位上的负责人,日常工作繁忙,不怎么开人大会议。彭真强调人大常委要实行专职,以便集中精力做好人大的工作。我曾亲耳听他说过这个意见。这一点写入了宪法,宪法第 65 条规定:全国人民代表大会常务委员会组成人员不得担任国家行政机关、审判机关和检察机关的职务。不能既当检察官,又当裁判员。

[**附记**]本文由王林育整理,首发于《百年潮》2001 年第 12 期。

附编　我的公公严佑民在逆境中

1972年9月我第一次见到公公严佑民。当时我和爱人严晓江接到家里的电报说他从监狱里出来了,要我们赶快回京。这年他54岁。

1935年,严佑民17岁在陕西华县咸林高中加入共产党,受到敌人的追捕,到北京参加学生运动。1937年春回到陕西参加红军。1939年春化装成战士离开延安,跋履山川,用一个月走到大别山舒城任书记,从此参加新四军战斗在敌后。1945年逾越险阻,千里到东北。为如期赶到,将2岁的儿子送给安徽老乡,将不满1岁的女儿寄放在山东分局。由于战争爆发,没有能实现搞工业的理想,在牡丹江领导剿匪工作,是《林海雪原》中严部长的原型。1948年任东北铁路总局公安局局长,是铁路公安创始人之一。后调公安部,1964年任副部长。

我们回到家里,知道公公婆婆暂住在万寿路中组部招待所。当时北京城没有现在这样大,交通也没现在方便,万寿路算在郊区,我们赶到时快中午了。公公端坐在一把椅子上,眼睛向前看,不言自威。他看到我们进来了,既没有表情,也不讲话。婆婆在一旁解释:"他单独关着的时间长(4年半),不会讲话。牢房里一年就是两身衣服,冬天是棉衣,夏天是单衣,他也不知道冷了添衣服,热了脱衣服。下雨也不知道关窗户。"是啊,牢房的窗户都是向上开的,开关都由外面的人管着。我听婆婆这样说,强忍着心里的苦楚。

该吃饭了。公公站起来,个子很高,大约有一米八,虽然瘦,但是比儿子还魁梧。他走起路来一瘸一拐。父母走在前面,我悄悄问晓江:"以前他也这样走路吗?"他说:"哪是这样!都是坐牢坐的!"后来才知道牢房里只有一张一尺多高的床,每天只能坐在床上,年长日久坐出来了毛病。

入狱后,为了保密,犯人没有姓名,只有号码。他的狱号是:6845。这也就是说,1968年他是第45个被捕的人。在监狱过的是什么生活呢? 他很少谈起。90年代,他拿出一首诗给我看:

430

日与蜘蛛为伍，

夜有高灯伴宿。

两眼必对警洞，

耳听脚音蹀躞。

他一边念一边讲，第一、二句好懂，不足 5 米的单人牢房中，白天房间里只有墙角挂的蜘蛛，一张高不满 1 尺的矮床，一个马桶。夜晚一只高度数的电灯照着，通宵不关。刚进去因为灯太亮，人们难以入睡。第三句，无论是坐在床上，还是夜晚睡觉，必须面对着门，看守随时从门上的警洞中看到犯人的脸，看到你在做什么。睡觉时不能翻身的，如果翻身面朝墙，马上会被叫醒。第四句，平时监狱大楼寂静无声，只能时而听到看守的脚步声和提审犯人时关门、开门银铛的声音。他那凝重的神态，悲怆的声音，仿佛回到 20 多年前，我从"蹀躞"两字中感到从未有的恐惧。

他为什么被捕呢？一直是我想搞清楚的事情。但是我们从小养成习惯，父母的事情有关国家和党的机密，他们不讲，我们从来不问。他们讲到什么地方，我们就听到什么地方，不该知道的从不打听。

他说："为了保护曾山，要查清他的历史，我派人去查档案，但没有让他抄回来，他自作主张抄了回来。我承担了责任，使他免受牢狱之灾。我被捕后，没有人敢再碰（整）曾山。保护了曾山。"他为自己的义举而高兴。其余的事，他就不讲了。

他派人看了什么档案材料呢？这么严重，以至于从 1968 年一直关到 1972 年。这个谜，一直到 1999 年才解开。

这年春节我们回到上海（粉碎"四人帮"后，我公公调上海任市委书记、人大常委会主任。离休后家安在上海），看了孙宇亭写的文章才解开这个谜。原来公公是国务院内务办副主任，主任是谢富治。1967 年 10 月为了保护内务部部长曾山，要查清他的问题，经谢富治等批准，派孙宇亭到档案馆看档案，摘抄了毛泽东等圈阅过的电报。后被认为是盗窃中央档案馆档案。

孙宇亭文章中写道：

1967 年 11 月一天深夜，我已脱衣就寝。谢富治的秘书敲门，把我从睡梦中叫了起来，通知立即去人民大会堂安徽厅开会，并说:车已准备好,马上走。公安部和大会堂,只隔天安门广场,近在咫尺,步行一刻钟就到了,却派专车相送,可见事态的严重和急迫。

我从大会堂的南门进去,遥望安徽厅的门口蹲着一个人,走近一看,是中央档案馆的军代表。厅内右侧摆了一张长条桌,桌后坐着三个人,从右至左为吴法宪、谢富治、汪东兴。桌子右边横头旁,坐着严佑民和赵雪瀛。长条桌左侧横头旁,放了一把椅子,我进门后,中央档案馆军代表立即在椅子上落座。厅门左侧靠墙放了一张桌子,有两名穿军装的人做记录。长条桌的对面三米处,有一个小方凳,没有坐人。我打量一下房中摆设,很明显的是"三堂会审"的架势。审谁?当然是我。我知趣地在小方凳上坐下来。审问开始了。

谢首先开口,问:你的姓名、年龄、籍贯、出身、成分?

我在公安部工作 13 年。谢富治当公安部长后,我在他身边工作 8 年,他对我的身世熟悉得很。他以审问犯人的口吻问话,很显然,已把我放入敌人的营垒。我们之间的关系,已经不是同志和上下级了。我对他已不能抱幻想,只能以慎重的态度和实事求是的回答,来力图证明自己的无辜了。我的情绪镇静下来,回答了他的提问。

谢:你是什么时候、用什么办法混进公安部的?

答:我没有混进公安部。我是 1954 年大行政区撤销后,从中南公安部奉调进京的。当时,中央公安部从中南公安部选调了 60 名干部,我是其中之一,由中南公安部部长杨奇清带队到北京报到。

因为提到了杨奇清,谢向旁边的吴法宪小声说,杨奇清也有问题。接着谢又板起面孔,问:你把盗窃中央档案馆核心机密的活动谈一谈。

我据实申辩:这件事,和盗窃机密根本沾不上边。我在详谈了内务部两派斗争的情况后接着说:我去中央档案馆的起因、目的以及对档案资料的处理情况,谢副总理、汪主任和严佑民同志完全清楚。不错,主意是我出的,查档报告是我起草的,但是你们同意了,批准了。如果没有你们的派遣,我不可能去中央档案馆,即使去了,人家也不会接待我。

×××看了报告,对谢富治说:你看,这个报告,是用宽边稿纸写的,我们批的字都靠在稿纸的右边的空白处,如果把我们的批字剪下来,对这个报告也不会有损伤。谢说:这倒是个办法。于是×××让记录人员找来剪刀和火柴,把他们批的字剪下来,当场烧掉。证据就这样被毁灭了。我和严佑民、赵雪瀛、中央档案馆军代表目注着中共中央的首长表演的滑稽的一幕。吴法宪双目紧闭,像睡熟了一般。

　　审问继续进行。

　　谢富治说:到中央档案馆查档案这件事,你应该承担责任。

　　因事关紧要,我还没有想好措辞,没有想到坐在一旁的严佑民把话接了过去。他说:这件事,没有什么不对。前前后后的情况我都知道。事情是他和赵雪瀛办的,是经过我批准的,责任由我一人承担。

　　谢富治说:你承担得了吗?

　　严佑民说:应该承担。

　　这时吴法宪睁开了眼睛,说肚子饿了,叫服务员拿夜餐来。服务员端上了包子和馄饨。吴法宪笑容可掬,劝我吃夜餐。我表示不饿。

　　谢富治说,既然不想吃,就回家吧,这里没有你的事了。

　　半夜的遭遇,是一节生动的课程,使我受益匪浅。我在"老资格"的领导人面前,接受了正面的和反面的两个不同侧面的"言传身教",使我的社会知识、党内斗争知识、分析判断问题的能力一下子增进了许多。我深切体会到,对社会上的纷繁事物,要留心观察,反复认识,决不能感情用事,一厢情愿。对人的认识更困难,光靠长期观察是不够的,也会上当受骗。有些人,如非在特殊情况下自我暴露,只看他们平时的伪装,怎么可能会想到他们内心深处是那样龌龊! 人品是那样低下! 盲从某个领袖人物,或者交友不慎,将会陷入奸人预设的陷阱,万劫不复。

　　我对可尊敬的严佑民同志心存感激。他心怀坦诚,承担责任,把我从政治泥沼中拉了出来。他若因此而身遭不测,我于心难安。

其实在此之前,谢富治找严佑民谈过:是你坐牢,还是我坐牢?!"文革"

前秦城监狱是由公安部管的,严佑民当然清楚坐牢的滋味。在关键的时候,在危难之际,他挺身而出,承担了责任。他不仅保护了孙宇亭,更主要捍卫了党的原则,这个原则就是实事求是,表现了一个老共产党员的铮铮风骨。

这样,公公于 1968 年 3 月 12 日被捕关进秦城监狱。孙宇亭到了干校。

读到这里,我肃然起敬,为有这样一位公公而自豪。

他坚持实事求是,坚持原则的风骨一以贯之。他被捕后,在监狱中也是这样。

我曾看到他在监狱里写的自传。这是他平反后,中组部退给他的,一共两份。第一份自传封面没有名字,只有他的狱号:6845。5 月 22 日,从收文的印章看是 1968 年。共 62 页,最后一页有这样几行字:"这个材料是一次写成,没有草稿,写得乱,看起来可能吃力,用纸的限制,我自己的笔也不好,没有法子,请原谅。"他是 3 月 12 日被捕,仅 2 个月就写了 6 万多字的东西。而且是在什么情况下,以什么心情写的!自由之人很难想象单人囚禁之恐怖,很难想象那个环境对人的压抑。

在单人牢房里,白天阳光从毛玻璃照进来,夜晚在灯光下,几张纸,一支笔,其余什么也没有。为了回答专案组的审查,他只能以矮床作凳,膝盖当桌,日日弯腰弓背不停地写着,以致小腿血管堵塞。出狱后,一直行走不便,终生未愈。

自传语句通顺,意思连贯,一气呵成。从出生到 1968 年被捕之前,以年代为顺序将每年做的工作一一交代,直述实事,事实清楚,词意沉稳,他以检查的形式,内省的口气,反省总结 51 年走过的路。写到顺境本该显露高亢情感的,却用了深沉的语调;在逆境中本该详述某些事物的,叙事却又过于简略。文笔质朴、平实,毫无辩解、掩饰、矫情,更无渲染、浮华之气。文如其人,表达了他正直、坦诚的品质,豁达、乐观的革命英雄主义精神。

他没有写工作的成绩,平时也很少讲。很多事情都是他逝世后,一些叔叔讲给我们听,我们才知道。如新中国建立后,他派张常清打入香港国民党的特务机关,国民党派出的特务,都要经过此人谈话,因而特务入境即完全被我掌握,很快逮捕,保证了铁路交通安全。对此他在文中只字不提。他说:"我已是反革命了,再讲别人的好话,他们可能因为我的原因也被打成反革命,或加重了他们的问题。"他以戴罪之身,还想着别人,尽量保护干部。

他坚持实事求是,没有揭发任何人(领导和部下)政治上的问题。他为应付审讯,不得已讲的一些问题也是工作作风上的问题,或工作中的争论。

对于中央已点名的干部,已打倒的干部,他按照当时的提法,戴一个帽子,没有任何具体内容。他平时在我们面前也很少议论别人的长短。最高检察院检察长刘复之在《公安战线五十年——一个副部长的自述》一书题词中,评价他的为人:"不畏艰险,老练淳朴的品格。"

他认为黑的白不了,白的也黑不了。他常说:材料要经得起历史的考验。他相信党、相信群众,他相信事实总有一天会搞清楚的。

1969年6月30日,他又写了一份自传,有210页。字迹整齐,可能他已熟悉单独囚禁的生活,时间从容。事隔一年,这两份虽繁简有差,但内容相同,甚至遣词造句都一样。真是记忆力非凡,作风严谨,令人叹止。他为人坦荡,心中无愧,无私无畏,所以宠辱不惊,措置自若。专案组从此很少提审他。

《狱中自述》,这是他留给我们最宝贵的东西。

有的人遭到重大挫折后发生了变化,有的变得消沉,有的变得怕事,有的变得不敢坚持原则,不敢斗争。但是公公终生未变,一直保持共产党员的一身风骨。

公公出来得比较早,公安部安排住在木樨地政法干校西小楼。西小楼前面有个学员一部楼,是很大的四层楼房,住的人都是陆续从监狱里放出来的,从副部长、局长、处长、科长,甚至一般干部都有,住了几十家。公安部被关监狱的人真不少! 我第一次对砸烂公检法有了一个真切的认识。

这些干部出来后,没有工作,大家住得近,经常串门,交换情况,议论政事。夏天特别热,我的儿子生在7月底。那时电扇都是奢侈品。为了通风,只好在门口挂一个布帘。我的房间和客厅斜对面。晚上经常有人来聊天,我只能听出陈龙夫人余海宇的声音,因为她白天常来,所以熟悉。我听见他们大声讲和专案组斗智,专案组无知,提出刁钻古怪的问题,既可笑又可气。更多的是别人的声音,我听不清具体内容,但是有八个字记住了:"事出有因,查无实据。"这就是说审查他们五六年,并没有审查出任何问题,可是就不给平反,还要让他们正确对待组织,正确对待群众,正确对待运动。我常常想为什么总让受到审查的人,让受到伤害的人正确对待? 而做错了事的人却不能认错,不能道歉呢? 这是什么道理!

公公出狱后,没有职务,没有工作,赋闲在家。他和其他老干部一样读书,思考、研究问题,重新反省、总结历史,特别是"文革"的教训。他们互相走动,在一起谈心、探讨,为后出来工作纠正"左"的错误做了思想准备。他们身受其害,对"左"的错误、"左"的做法深恶痛绝,认识深刻。他们的认识通过各种渠道传到社会上,影响了不少人。

他们身经百战,有武装斗争的经验,有群众工作的经验,有做统一战线工作的经验,有合法斗争和地下工作的经验;有丰富党内斗争经验,了解党的历史和党内的情况。他们和群众有血肉的联系,在群众中有威望、有影响,亲和力强,团结许多干部、群众。

1973年11月下旬,突然传来李震出事,于桑被捕的消息。据说是李震死了,于桑领导破案,认定是自杀。院里的气氛陡然紧张,要追查杀害李震的凶手。这天我正好要搬到我妈妈那去住,东西比较多。两个小弟弟也去插队,家里没有其他人,婆婆、公公便送我到车站。我拿着东西走在前面,公公抱着孙子走在中间,婆婆个子矮,又拿着东西,走得慢,走在最后。我们刚出学院大门,从身后驰过几辆大客车,因为道路窄,还是天快黑了车开得很慢,车上的人不约而同向车外看,目不转睛地盯着我们一行三人。这目光是同情,好奇?更多是审视,如同利剑要刺穿每个人。空气沉闷、压抑,像凝固似的令人窒息。我不由得想起1966年的夏天。我们三人静静地走着,没有慌张,但也没有声音。多少话都在不言中。

车走远了,我想这几车人是到部里听传达或动员报告的,幸亏我们没有住在部里,否则一定要查我们是不是杀害李震的凶手。

公共汽车来了,公公把孩子交给我,婆婆把东西递给我,一直看着汽车开了才转身回去。这是他俩第一次送我,也是唯一一次送我到车站。

1975年夏秋,公公分配了工作,仍是公安部副部长,但不是核心组成员。核心组成员祝家耀等造反派却不是副部长,据说报上去多次,周总理就是不批。组织上形成矛盾局面。1975年11月,开始反击右倾翻案风,公公马上又受到批判,说他们是"还乡团"。什么还乡团?还乡团是解放战争中跟着国民党军队打回家乡的地主,他们反攻倒算,杀人如麻。竟然用在这个地方!公公泰然处之,从来没有向造反派低头。

天安门事件后,我到农村劳动一年。1976年7月朱德逝世,我从农村赶回来,到街上为朱德送葬,一直送到天安门,目送朱德的骨灰进入人民大会堂。我回到家悲愤难已,到公公婆婆的卧室,只有婆婆一个人在桌前摆扑克牌。我坐在床边气鼓鼓地说:"周总理让他们累死了,邓小平让他们打倒了,叶剑英让他们赶走了,朱老总也不在了。看着吧,一个一个收拾你们!"

婆婆头也不抬,一边翻着扑克,一边说:"只要毛主席在,我们就什么话

436

也不能说,什么事也不能干。"她声音不大,字字清楚,掷地有声,一下子把我镇住了。她一语中的,广大老干部跟着毛主席革命多年,他们对毛主席的崇敬之心无人能撼动。我理解了什么是"投鼠忌器"。至今,每当我研究粉碎"四人帮"前的形势时,婆婆的这句话言犹在耳,震动人心。

1976年8月,公公到北京医院看望公安部副部长杨奇清。杨和公公是因同一案被捕,其实公公派人到中央档案馆看档案一事,杨根本不知道。杨在监狱里挨打受伤,出狱就直接送到医院,一直也没能出来,1978年病逝。长征前他是红三军团的保卫部长,北京医院住的老干部多,到医院看望他的人也多。他对公公说:"两边都准备好了,就等他(主席)闭眼。"当然这些公公都守口如瓶,不会向我们透露任何消息,这都是他事后讲的。

果不然,毛泽东逝世不到一月就传来粉碎"四人帮"的消息。10月6日抓了"四人帮",7日我在顺义河南村劳动,看到机场的飞机频繁起落,如同9月9日毛泽东逝世后那些日子一样频繁,推测出了大事,8日我便赶回家。公公从文件上看到没有了"四人帮"的名字,断定已将他们隔离审查,全家兴奋难已。

10月9日,公公上玉泉山参加中央专案组,审查"四人帮",从此很少回家。很快他参加中央派出的工作组,和苏振华、倪志福、彭冲一起到上海,在党中央领导下,以摧枯拉朽之势结束了"四人帮"在上海的十年统治。他们的工作得到中央的肯定,中央很快任命苏振华为上海第一书记,倪志福为第二书记,彭冲为第三书记,严佑民等同志为书记。

严佑民主持清查工作,始终坚持缩小打击面,扩大教育面,划清罪与非罪(错误)的界线,给5000人作了结论。事情已过20年,至今没有一个人申诉、翻案。在揭批"四人帮"篡党夺权的反革命罪行中,获得了大批罪证,有98件被选入中央关于"王张江姚"三批罪证材料之中。1980年审判"四人帮"时,上海提供174件罪证。主持审理"四人帮"的彭真委员长曾当面对我公公说:上海提供的材料最多,情况最清楚,搞得不错。如果没有上海的材料,审判"四人帮"就无法进行。

当时面对的问题堆积如山,积重难返,他们日夜工作,积极化解矛盾,解决问题,稳定局势,平稳过渡,顺利地将工作重点转移到以建设为中心的轨道。1979年12月,严佑民任上海市第七届人大常委会主任。

他在上海工作5年,工作成绩有目共睹,受到后人的尊敬。

2001年6月底,公公病体沉危,但是他头脑清楚,费力地在纸上写下:

"死"字,表示拒绝治疗,不让再在他身上浪费药品。

朱镕基总理得知消息后,派秘书给上海市委打电话,宋仪侨秘书长亲到医院向医院、家属传达。杨秘书俯在他耳边告诉他这个消息,公公已不会讲话,握着杨秘书的手不断地摇着。朱总理的问候给他极大的安慰。

7月1日中午公公进入弥留之际。医院征求家属的意见,这时婆婆也病危,已不能讲话。在上海的弟弟们遵循公公的意愿、一贯做事的原则,忍痛表示:"医院尽了最大的努力,不要再抢救了。让他安静地走吧。"

他病故后,按照他的遗愿,将遗体供医学解剖,这在上海是领导干部的首例。

他逝世的当天,上海市委第一书记正从北京回到上海,下了飞机直接赶到医院。他刚离开接到江泽民总书记的电话,又返回到医院代表江泽民向公公遗体告别。胡锦涛同志打来电话。朱镕基、曾庆红送了花圈。罗世谦书记和宋仪侨秘书长到家里看望、慰问家属。市里各位领导参加了遗体告别。彭冲副委员长特地派大儿子许海宁将挽联送到上海严家中表达哀思。挽联这样写道:一身正气可驱邪,拳拳丹心总为民。这两句话,确是他一生的写照。

[附记]2004年是严佑民逝世3周年,群众出版社为他出版了《公安战线五十年——一位副部长的自述》,收入了他1968年在秦城监狱中写的自述、能找到的他写的文章及故旧、亲友的回忆。笔者为此特地写了此文,首发于《中华儿女》2004年第12期。

附编　记我的父母李琪、李莉

　　鲁迅先生说:长歌当哭,是必须在痛定之后的。我的爸爸李琪衔冤含恨离开我们已 13 年了。我是一个重感情爱流泪的人,但是在这些年内无处可哭。我不能当着妈妈的面哭,她比我更苦。哥哥远在千里之外,也不能在妹妹们的面前哭,她们一个比一个小,稚嫩的心灵怎么能承受。在爸爸平反之后,一想起严肃而慈祥的爸爸,我的眼泪就夺眶而出。

　　爸爸从 1960 年起担任北京市常委、宣传部长,在以彭真为首的市委领导下具体负责理论宣传工作。1963 年党中央、毛主席发出京剧改革的号召,爸爸满腔热情积极响应,愉快地接受了这个任务。

　　江青为了捞取政治资本,以搞京剧改革为名,那时在北京市"蹲点"。由于工作关系,爸爸多次同江青打交道。起初爸爸对她是尊重的。江青觉得爸爸敏锐、有才干,将他介绍给主席。在中南海,爸爸将自己写的《〈实践论〉研究》和《〈矛盾论〉浅说》送给主席指正。后来主席见到他说,写得好,要他多写些哲学方面的文章。但是江青那种横行霸道,不可一世的作风,毫无道理的指责,不伦不类的指示,是任何一个正直的共产党员都难以接受的。这样就引起爸爸的不满和抵制。江青自己看旧戏,却不准公演受人欢迎的传统戏,她要把张君秋、马连良等老艺术家赶出舞台,让赵燕侠等演员戴着手铐脚镣"体验生活"。她只许京戏一花独放,不许别的剧种共存,它宣布话剧是"死了的",昆曲、曲艺必须停止演出。为了树立自己的样板团,不计工本,挥霍浪费,为抽调演员,不惜把别的戏团拆散。在这些问题上,爸爸同江青作了面对面的斗争。江青气得破口大骂:"这个宣传部长怎么这么厉害,不准我讲话。"爸爸曾经对妈妈说过:"江青如此胡来,我总有坐牢杀头的一天。"妈妈同爸爸是患难夫妻,劝他谨慎小心,不要过于认真固执。爸爸严肃地说,江青这个人身上一点共产党员的气味都没有。这是革命工作,是党的事业,不是儿戏。1965 年底姚文元抛出《评新编历史剧〈海瑞罢官〉》,矛头直指北京市委和广大的知识分子。爸爸于 1966 年 1 月在《北京日报》发表《评吴晗同志的历史观》,不同意用政治大帽子压人,不同意把吴晗一棍子打死,认为学术问题应坚持百花齐放,百家争鸣的方针。

江青对爸爸又打又拉,想让爸爸给他提供炮弹,打开北京市的缺口。但是,无论江青怎样提醒、暗示和训斥,给他多少次所谓"机会",爸爸从不向她谈北京市有什么问题。1966年1月江青正在筹备召开部队文艺座谈会之际,把爸爸叫到上海,故意不约定见面的时间,想让爸爸主动求见,对她顶礼膜拜。爸爸耿直不阿,偏偏不肯主动上门。江青派张春桥做说客,爸爸听完后冷冷地说:"不知道江青还有别的事没有,如果没有我就回北京了。"爸爸坚持原则不卑不亢的态度使江青大为恼火,江青一见到爸爸就指责谩骂大闹一场。爸爸气得忍无可忍,给彭真写信反映"江青比西太后、吕后还坏,把别人当成奴隶,"希望我们党警惕她。

"我坚信共产主义社会一定会到来的,世界革命一定会成功的。世界是属于共产党,是属于劳动人民,是属于伟大的毛泽东思想。"这是爸爸的最后遗言。爸爸用毕生的精力宣传毛泽东思想。他从小当学徒,端茶提水倒夜壶,受尽打骂和侮辱。阶级压迫造就了爸爸刚正不阿,宁折勿弯的性格。他没有念过多少书,但为了革命事业的需要,他刻苦地学习文化、学习理论。1948年党组织选送他到马列学院深造,爸爸边学习边写作,怀着对毛泽东崇敬的心情,开始写《〈实践论〉解释》《〈矛盾论〉浅说》。不管冬天还是盛夏,爸爸总是伏案疾书,节假日从不休息。妈妈以床为桌,坐在小板凳上帮他誊写。这两本书终于在1953年、1956年分别出版,多次翻印,日本友人还翻译成日文,并发表文章论述介绍,引起日本友人对研究、学习毛泽东思想的兴趣。

但是,谁也没有想到宣传毛泽东思想竟成了打倒他的根据,这两本书竟成了迫害爸爸的"罪证"。

爸爸在实际工作中坚持原则,坚持党性,从不趋炎附势,见风使舵。1958年人们头脑发热,全国刮起浮夸风,爸爸当时就认为"人有多大胆,地有多少产"是主观唯心主义的口号。在日常生活中,他也不准我们用"最、特"这类绝对化的词语。

1958年10月张春桥在《人民日报》发表《彻底破除资产阶级法权思想》的文章,全盘否定按劳分配,把军事共产主义的供给制说成是共产主义的分配原则。爸爸针锋相对在12月的《前线》上发表了《怎样正确认识社会主义按劳分配制度》一文,开宗明义指出:"按劳分配制度,从它的本质上讲,不能说是资产阶级法权,资本主义的分配制度,不是按劳分配,而是在等价交换形式下实行不等价交换的残酷剥削工人的制度。"他明确指出不顾生产力发展水平，全凭人们的愿望搞供给制，"其结果只能出现农民的'粗鄙'的平均主义"，只能阻碍生产力的发展。爸爸的文章击中了张春桥的要害。事过18年，1975年张春桥重新印发他1958年的文章时，还把已去世8年的爸爸的文章作为反面材料公布，再次批判他。

爸爸最反对特权思想，他从不允许我们享有任何特权。记得有一次，我没有带钥匙，将门上一块小玻璃打破，进了家门。当时住房、家具都是公家的。爸爸知道了，非常严肃地对我说："我参加革命就是要打倒高高在上的老爷太太少爷小姐，我不愿看见我的孩子成为少爷小姐被别人打倒。"字字千钧的话给我以巨大的震动，促使我觉醒成长。这话今天仍然回响在耳边，鞭策我不断前进。这就是一个共产党员对后代的要求，表现了爸爸对劳动人民的忠诚。可是这样的人，竟被诬为"走资派"，要加以打倒，试问，世界上竟有这样的"走资派"吗?! 历史的颠倒竟到了如此荒唐的地步！

1966年5月中央文革小组成立，17日戚本禹在《人民日报》发表文章点了爸爸的名之后，他受到巨大的冲击。5月下旬我最后一次见他，爸爸嘱咐我：在任何情况下要相信党，相信群众。现在是社会主义，我们是共产党，不会搞封建社会的株连九族，满门抄斩。我们党的政策是惩前毖后，治病救人。鼓励我积极参加运动，接受考验。7月爸爸跟妈妈最后一次通电话，爸爸说：我对不起你，对不起孩子，你们跟着我受苦了。不过，无论怎么样都应当相信党。

爸爸，一个忠诚、正直的共产党员，他以党性原则和善良的愿望来看待当时发生的一切，他甚至以为只要离开我们，就不会牵连我们。他哪里想到他死后，我们全家处境更加悲惨。我们失去生活的主要来源，缺吃少穿，东躲西藏。我们的妈妈在挨斗中求得生存，爸爸的死给她的打击是很大的，悲愤和忧愁使她几乎丧命，但她坚信真理终会胜利，顽强地活下来。

我是一直跟着妈妈李莉长大的，20多年，从未看过爸爸与妈妈之间红过脸、吵过架，他们是模范夫妻。

"跟着妈妈长大的"，有什么了不起，还用单说？可是在战争年代"跟着妈妈长大的"孩子是少数，多数孩子一生下来就寄养在老乡家里。哥哥海渊就是这样，他生在战争残酷的1942年1月，刚过满月，连名字都没有起，妈妈将他放在老乡家，自己穿过封锁线，到后方山西兴县。后方，日本侵略者每年至少也要扫荡两次。我出生前，爸爸从前线来信说：咱们一家三口，在三个地方,革命还不知哪天成功,这个孩子生下来,无论如何要自己带。就这样,妈妈把我留在身边。她谢绝组织的关照,回到兴县五区,背着我下乡做群众工作。她常说,我是吃百家饭长大的。《晋绥日报》表扬她,号召女同志向她学习。她常说:这两年的实际工作使她有很大提高。

抗战胜利了,妈妈带着我回到前方,回到爸爸的身边,又把哥哥接回来,一家人团聚了。但仍是聚少离多,爸爸很少回家,回来也是行色匆匆。妈妈总是忙,还经常不在机关。我和哥哥与村里的孩子一起玩,夏天下河捞石子,秋冬上山拾地耳(一种野菜),在场院看《白毛女》,逢年过节看宰猪杀羊。跌破了,在伤口上按一把黄土。黄土高原天是蓝的,土是干净的。黄昏时在城墙上看见狼从野外向城里走来,我们狂奔回家。饿了就在机关的灶上吃饭(当时都是供给制)。困了随便找个地方就睡,草堆、办公室、老乡家。想妈妈了走上十几里去找她,找不见再回来。虽是战争年代,但我从没有碰到过坏人。

我们经常搬家,在一个地方很少能待上几个月。从山里搬到平川,从乡下搬到城里。那时没有幼儿园,哥哥刚能上学,妈妈给我也缝个书包跟他一起上学,如影随形。我生性愚笨、好动,老念一年级。

1948年底,爸爸考上马列学院(现中央党校的前身),到了平山。1949年春他随中央机关进了北京,夏天把我们接到北京,生活才安定。我们住在城里妈妈机关(北京市郊区工作委员会,简称郊委)的宿舍,爸爸住在西郊,一两个星期回来一次,从此才常常见到爸爸。暑期哥哥和我到马列学院住,他带我们去游泳、爬山。后来陆续有了三个妹妹,家里更加热闹,生活虽然清贫,但是愉快。1954年爸爸调到人大常委会起草刑法,机关给了宿舍,我们才有了正式的家。1956年我小学毕业,由住校变为走读,我和父母、哥哥从此才天天见面。

爸爸有时间就看书、写字。他小时候只读过四年私塾,十几岁就到天津当学徒,全凭自学,能看报写信,当上了职员。1937年到延安陕北公学,参加共产党。毕业时主动要求到山西前线,从干事、区长到地委宣传部长。到马列学院学习后,组织派他和范若愚到北京大学讲哲学。第一节课,他自我介绍:"我连小学也没有上过,今天给大学生讲课。"后来著书立学,他写的《〈矛盾论〉浅说》《〈实践论〉解释》,曾成为50年代的畅销书。他后来改行搞法律,潜心研究刑法,发表文章,成为研究员,干一行、爱一行、钻一行。1979年,有一位外地同志看到爸爸平反、昭雪的消息,写了一首悼念的诗,说曾经读过他的书。前年我到河南碰到党史研究室主任任永泉,他向我打听理论家李琪的下落。我又惊又喜,真没有想到爸爸去世30多年了还有人记得他。我忙说:"他是我的父亲。他只是理论工作者,不是理论家。"

爸爸常说:"现在你们有学习的机会来之不易,一定要好好学习。"他给妹妹写下"少小不努力,老大徒悲伤"条幅贴在墙上。他一有时间,常常从书架抽出书,给我和哥哥讲。讲马克思主义基本理论,讲哲学,讲历史、讲古文、讲司马迁、项羽、李斯,讲历史兴衰,讲做人的道理。

他夸奖李斯的《谏逐客令》写得好,但是不要学他为了保住自己的宰相之位,支持宦官赵高篡改秦始皇令,杀扶苏,立胡亥为太子,助纣为虐。最后李斯还是被赵高所杀,临死前他对儿子说:"吾欲与若复牵黄犬俱出上蔡东门逐狡兔,岂可得乎?"他读到这里时说:"人要有原则,不能为五斗米折腰,更不能为了自己的私利损害国家的根本。人做了选择不要后悔,李斯临死说这个话,真没有出息!""文革"骤起,因为对京剧改革有不同的意见,爸爸得罪了江青,5月中旬中央文革小组成员戚本禹在《人民日报》写文章点名批判他,他受到围攻,有家不能回。但是他没有屈服,以死抗争。他绝不后悔自己参加革命的选择,留下遗书让我们好好读毛主席的书。十年浩劫,鬼蜮伎俩,群丑毕现,我常常想起爸爸给我们讲《李斯列传》的神态。爸爸宁折勿弯的精神支撑我们奋进、向上。

他带我们去的最多的地方就是书店,给我们买书《中华活页文选》、吴晗主编的《历史小丛书》。我们穿的打着补丁,衣服是大的穿了给小的,小妹妹永远穿的是旧的。吃的粗茶淡饭。家具是旧的,只有书架是新的,是爸爸妈妈买的,有六七个。爸爸生活简朴,爱下围棋外,不抽烟,很少喝酒,每月工资留下二三十块钱的零花钱,其余都给妈妈。他珍惜东西,永远都收拾得整整齐齐,他说:"物贵有用,人贵自知。物品就是让人用,不要损坏。"不像有的读书人家不准孩子动他的书,爸爸鼓励我们多读他书架上的书。他指着书架上几十本全国政协编的《文史资料选辑》说:"看这套书可以了解中国近百年历史。"教我们读毛泽东著作,他说光看毛主席的书不行,只能了解中国共产党的历史,这只有几十年。还要读马恩列斯著作,亲自给我讲斯大林的《辩证唯物主义与历史唯物主义》。他说:"要看原著,不要看那些二流、三流的释解、注释。那些书对原著理解不完整,甚至有错误。"要我们多读经典原著,使我们少走了很多弯路。但是,他不准我们读《三言二拍》,不准我们读描写男女情爱之书。是他的教导培养了我对历史有如此浓厚的兴趣,在研究历史的道路上百折不回,一直坚持到现在。哥哥更胆大,经常能找到一些内部书,他看完了自然给我看。爸爸有钱就买书,买字画,买《四库备要》,这部书"文革"中我放在二姨友荷家才保存下来。他和妈妈都喜爱书,他给妈妈买人物传记,五四时期、30年代作家的小说,历史书籍,有时间他们在一起交谈书的内容和心得体会。耳濡目染,我们也爱读书、买书。我将零花钱买书,次数多了,妈妈说:"你再买书,我就不给你钱了。"但是到下一次碰上好书,她还是会给我块八毛。钱不够,我就站在书店看,到图书馆借。"文革"前孩子们的书已攒了一书架。哥哥和我上高中后,爸爸经常和我们谈论形势,为了培养我们独立思考的能力,常常让我们先说,他再评论,言传身教,潜移默化影响着我们兄妹五人。"文革"时最小的妹妹海春只有小学五年级,三个妹妹后来都下乡插队,大家一直坚持自学。粉碎"四人帮"后,海浪、海春考上研究生,海萍考上大学。我能坚持研究党史三十年不动摇,就是受爸爸妈妈的影响。

爸爸从不计较钱。他出的两本书那时以版税计算稿费。出版社没有想到他的书会印那么多,打电话征求意见,要将版税由2万降低成2000元。爸爸欣然同意。他常说:"钱算什么,就是让人花的。但是不要胡花。"他说这话时,保持着国难当头时毁家纾难、仗义疏财的豪气。

我们在政治上、理论上有了难题找爸爸;我们做了错事,他批评严厉,但是讲道理,从来没有骂过我们,更别说打了。他不苟言笑,对我们要求严格,孩子们都敬畏他。1962年我考大学时,一心想参军,想学医,将来当军医。他知道后对我说:"你好奇心强,好动,适合学文科。"为了说服我,他特别说:"知女莫若其父。"要我考虑、决定。至今,我能从事自己喜爱的工作,这要感谢爸爸当年的把关。

爸爸是做理论、宣传工作,妈妈是做实际工作,风格完全不一样。1960年暑假我一个人到四川看友莲姨姨,16岁第一次出远门有些胆怯。正好爸爸出差,我搭他的车去火车站。妈妈送我们下了楼,不停地叮嘱我,一连说了十几个要注意。等她说完了,爸爸淡淡地说:"行了,是要注意,不过,也不要过于紧张。"一句话,我紧张的心情放松了。他们配合默契,齐心协力教育我们。

1936年妈妈在高小读书,参加牺牲救国同盟会(牺盟会)。1939年她和姐姐李友莲一起参加革命,1940年初入党,做过县委妇救会主任、区委副书记、县委妇委书记。1949年到北京,一开始在郊委做人事工作,后来郊委改成市农林局,她改行做林业工作,从副处长、处长、副局长、局长,80年代全国各省的林业局局长中,只有她一个女同志。她离休后几十年再没有出现女的林业局局长。林业工作需要经常下乡上山,五六十年代汽车少,她经常骑自行车。四十几岁一天能走几十里的山路,爬上北京最高峰2000多米的延庆大海坨山。那时,人的平均寿命只有五六十岁,四十岁算已进入老年。她永远不服老,还要和我、哥哥比赛自行车,看谁骑得快。

她回家总给我们讲,哪个山上种上了树,变绿了,哪个工人当了劳模,又有多少新来的高中生上了业余大学。郊游带我们上山看林子,那时小西山的树还没有我高哩!一出城她就给我们讲,这片林子是什么时候栽的,发生过什么事,如数家珍。三个妹妹上学了,她和爸爸带她们到永定河畔种树,自带干粮和水,不给林场添麻烦。妈妈心地善良,热心助人,就是在家也闲不住,常有同志、老战友找她排纷解忧。"文革"期间她只有十几元的生活费,还接济其他同志。她常常说:"有饭给饥人吃,有衣给寒人穿。"近年来,她资助失学儿童和造林近万元,哥哥妹妹给她钱,她不要,动员我们捐献也有几万元。她热爱生活、热爱人民、热爱事业、热爱劳动,深深感染着我们,激励我们积极向上,品味生活,投身社会,投身集体。

妈妈一直忙于工作,却将家务管理得井井有条。虽然家里有阿姨,一到星期天,她还是带领我们一起打扫卫生、洗衣服、做饭,教我们织毛活、做针线。这点本领使我们受益无穷,爸爸去世后,我们5个孩子就靠妈妈100多元的工资生活,还被造反派扣下一部分。妈妈说:"不笑补,只笑破。"我们自己做棉衣,妈妈坐在床中间裁剪、指挥,海浪踏缝纫机,我坐在床边用手缝,两个小妹妹做饭、采买,姐妹四个流水作业,各司其职,家里就如同一个小作坊,其乐融融。受此熏陶小妹妹海春心灵手巧,至今自己做各种居家的物品。

孩子们和她有说不完的话。她说:一个女的一面锣,三个女的一台戏。我们姐妹四个再加上嫂子吉玛,家里笑声朗朗。她累了躺在孩子的床上,三个妹妹围着她谈天说地。她要回去睡觉,三个妹妹喊:"一、二、三!"抬着她送到她和爸爸的房间,妈妈不停地挣扎,四个人笑成一团。爸爸不解地问她:"为什么孩子在你面前有说有笑,见了我就躲着?"妈妈说:"严父慈母自古如此。"妈妈是家里的灵魂,决定家里的气氛,在这样氛围长大的孩子个个性格开朗,利群敬业,敢说敢笑,天真单纯,轻信,老实规矩,充满理想。

她疼我们,爱我们,但从不溺爱。家搬到西便门国务院宿舍,我在北京小学住校，一条小路20分钟就可以到。妈妈带我走了一回，回来时却找不到路，只好从长椿街进宣武门，到西单，出复兴门，再到西便门，足足走了两个多小时，又渴又累。见到妈妈，我十分委屈，直想哭。我以为她一定会安慰我一番，没想到却批评我："哭什么，走路不看方向，找不到家还哭?!"从此我走路一定先认准方向。高中时，正适困难时期我当团支书，忘了发生什么事，在妈妈面前倾诉，说着说着哭起来，妈妈批评我："哭，哭有什么用！现在我们国家这么困难，我们都哭吧，能解决吗?! 共产党员干什么的？就是解决问题，克服困难，做工作的！没有问题，没有困难，没有工作，还要共产党员干什么?!"那时，我还不是共产党员，但是这句话，我永远记在心里。爸爸死后，我们没有眼泪，只有努力，埋头苦干，做出成绩，让事实说话才是最有力的。

爸爸、妈妈在各自的家庭都是老大，都有继母，他们的弟弟妹妹有的和哥哥、我一样大，有的比我们还小。供给制时没有钱，爸爸到北京大学讲课后有了一点收入，虽然自家孩子多，还是每月按期给两边老家寄钱，十几年如一日，几十年如一日。赡养老人，供弟妹读书，关心他们的成长、工作、婚事，帮助他们解决困难。真是名副其实的大哥大嫂、姐姐姐夫，是家里的顶梁柱。妈妈和友莲姨姨虽不是亲姐妹，但是比亲的还亲。她对我们五个一样的疼爱，平等相待。浓浓的亲情温暖着每一个人，家庭和睦，兄妹融洽，互相帮助，互相谦让，没有猜忌，更没有争吵。当"文革"爆发后，爸爸被迫害而死，妈妈不让回家，哥哥和我自然承担起家庭的责任。

"文革"爆发后，爸爸首当其冲，妈妈也受牵连，又是副局长，挨斗一百多次。她从不在我们面前叫苦，她说的最多的两句话是："相信党，相信群众，相信毛主席，事情总会搞清楚的。""出了问题，不要把责任推给别人，不然以后你怎么和人家共事。"在风雨飘摇的日子里，经常得到一些好心同志的帮助，妈妈说："人家来看我们是情分，不来看我们是本分。"让我们永远记住别人的好处，从不苛求任何人，在任何情况下都保持平和的心态，永远自立、自强。

因为有妈妈，我们兄妹五人同舟共济度过了一生中最难的10年，现在每个人都是事业有成，安分守己，淡泊名利，家庭幸福，四世同堂。

十年"文革"对妈妈打击最大，特别是爸爸突然的离世，使她身心受到极大创伤。粉碎"四人帮"后，她恢复了工作，全身心投入工作，被选为十二大代表，当了市政协常委，积极提案受到表扬。离休后主持编写《北京林业志》

《北京林业画册》，是编志的积极分子，受到表扬。她倡导、组织建设百望山绿色文化碑林，收集李大钊、瞿秋白等先烈的手迹刻碑，造纪念林。将毛泽东、周恩来、刘少奇、朱德的纪念树种植在园中心，表达对老一代革命家的崇敬。百望山成为宣传造林绿化，宣传老一代革命家的爱国主义基地，成为人们游玩、陶冶性情的好去处。

妈妈和爸爸共同生活了25年，在妈妈的坚持下，1975年为爸爸举行了骨灰安放仪式，1979年为爸爸举行了追悼会，彻底平反。在妈妈努力下，请中央党校的叶佐英教授主编，1985年出版了《李琪文集》。在爸爸去世35年之际，又出版回忆爸爸的文集。她写了一篇文章，回忆他们在一起最后几个月的情景，情深意切，催人泪下。通过它，我不仅更加了解我父母的为人，而且通过他们了解了经历过战争岁月的那代人的情怀。中国人需要这种情怀。

[附记]1975年初毛泽东指示解放干部，尽快结束专案审查、把关着的干部放出来，让华国锋、纪登奎、汪东兴、吴德4个人负责。3月6日汪东兴、纪登奎、华国锋、吴德写出《关于专案审查对象处理意见的请示报告》，《报告》附上由中央专案第一、三办公室和"五一六"专案组所管670审查对象，其中有笔者父亲的名字。这时他已离世8年。1975年夏天，专案组一办的负责人（某军区负责人）找母亲谈父亲的结论：人民内部矛盾。但是根据出卖父亲叛徒的口供硬说父亲有历史问题。母亲义正词严问："解放后，这个叛徒被人民政府捉到了，要处理他，征求老李的意见。老李说我也没有死，不要判他死刑。他越狱是动员了一名看守拿着两支枪回到根据地。你们怎么不找这个同志证明呢？"这位负责人对此避而不答，却对母亲说："李琪的主要错误是反对中央首长江青同志。"母亲说："你把这条写上吧。"他说："写上对你们不利。"母亲说："我们从原则出发，不能考虑个人利益。"

对于母亲提出开追悼会的要求，北京市委组织组王组长（军队干部）答复是：由家属自己办，不能用大礼堂，不能放哀乐，不致悼词，参加的人不能超过100人。就在筹办时突然传来吴德在清华大学传达了毛泽东批刘冰信的消息，开始反击右倾翻案风，形势急转直下。11月12日，寒风凛冽，仍然有500多人出席，很多人在现场落泪。会后，谢静宜说：这是右倾翻案风的典型。一定要追查。

1976年10月6日，粉碎"四人帮"后，笔者多次建议母亲给中央写信，要求重新给爸爸作结论。每次母亲都说："现在中央那么忙，有多少干部要重新作结论。那些干部出来了就可以做工作。你爸爸不在了。我们再等等。"母亲永远是将党的利益放在第一位。1978年12月底彭真回到北京，1979年春父亲有了新的结论。我们对父亲的思念之情才可以公开表达。我写了第一篇文章，在苏双碧的帮助下于1979年5月13日发表在《光明日报》上。这是我在报纸上发表的第一篇文章。此次发表做了些增补。1979年6月8日为父亲召开了追悼会,两千人参加,挽联、诗歌挂满大厅,一直挂到院子里。大家不再悲哀,而是欢庆,欢庆胜利。这个胜利来之不易,13年,多么不容易,多么漫长的13年,4745个日日夜夜:人们终于可以扬眉吐气,正大光明地表达自己的意愿。终于可以告慰父亲的在天之灵。

后来笔者投身于周恩来研究,很少有时间再写回忆父亲的文章。

母亲多次讲她有三个不后悔:不后悔参加革命,参加共产党;不后悔到北京市工作;不后悔和李琪结婚。她对我父亲的感情之深令人感动,离休后一直在找老同志写回忆文章。2001年,母亲近80岁,决定自费为父亲出一本书,并请华国锋题写书名《忆李琪》。她要求笔者和哥哥各写一篇文章,于是有了第二篇文章。首发表于2002《红岩春秋》第3期,此次发表做了稍许增补。

未收录本书文章记列

专著：

《世纪对话——忆法制奠定人彭真》(与王燕玲合作)，群众出版社，2002年10月出版。

《张浩传》(与熊经浴合写)，当代中国出版社2001年出版。

《周恩来家世》(主编)，党建读物出版社1998年出版。

《周恩来之路——100个真实的故事》(主编)，北京出版社1998年出版。《周恩来的故事》，收入57篇。四川天地出版社2006年出版，后多次印刷。

《穿过硝烟的握手》(与铁竹伟合写)，解放军出版社1997年出版。

《周恩来青少年的故事》(与铁竹伟合写)，江苏文艺出版社1997年出版。

《在历史巨人身边——师哲回忆录》，中央文献出版社1991年出版，中央党校出版社1999年出版增订本。1993年日本新潮社出版日文本。

《周恩来年谱》(1898—1948)(副主编)，中央文献出版社、人民出版社1989年出版。

主编：

《中共重大历史事件亲历记》，四川人民出版社2006年出版。2010年收入人民出版社的联盟文库。

《中国工农红军长征亲历记》，四川人民出版社2005年出版。2010年收入人民出版社的联盟文库。

《彭真市长》，山西出版社2003年出版。

《周恩来研究述评》，中央文献出版社1997年出版。

《李求实(李伟森)文集》，文史出版社1991年出版。

参加写作：

《百人访谈周恩来》，江苏文艺出版社1998年出版。

《周恩来——忠诚、智慧、勇气的化身》，中央党校出版社1990年出版。

《周恩来传》(1998—1949)，人民出版社、中央文献出版社1989年出版。写《初到陕北》《西安事变》两节初稿。

《星汉灿烂》，中国青年出版社1981年出版。

《周恩来选集》(上卷)，关于党史条目的注释工作，人民出版社1980年出版。

参加编辑工作：

《亲历重大历史事件实录》，文联出版社、党读物出版社2000年出版。

《三中全会以来重要文献选编》，人民出版社 1983 年出版。

电视专题片历史顾问：《伟人周恩来》《百年恩来》。

《周恩来与文艺》撰稿人之一。

文章：

《新中国首次大规模引进西方技术设备的由来和作用》，《世纪》2012 年第 4 期。

《苏振华率中央工作组到上海平息武装叛乱》，《文史参考》2012 年 5 月。

《上将苏振华在粉碎"四人帮"前后》，《党史博览》2012 年第 5 期。

《华国锋支持袁隆平培育杂交水稻》，《党史博览》2012 年第 4 期。

《华国锋与 1975 年干部解放》，《党史博览》2012 年第 2 期。

《剑拔弩张的西安城——张学良送蒋介石回南京后的一些历史细节》，2011 年 12 月 5 日《北京日报》。

《1975 年释放国民党战犯内情》，《世纪》2011 年第 5 期。

《华国锋：一个有主见的人》，《炎黄世界》2011 年第 3 期。

《毛主席称华国锋为"老实人"》，《湘潮》2011 年第 4 期。

《华国锋——毛泽东为何选他接班》，《文史参考》2011 年 8 月 1 日第 39 期。

《初到中央工作的华国锋》，《党史博览》2011 年第 8 期。

与王守家合写：《八人小组为中央平息"四人帮"上海余党武装叛乱提供决策》，《党史博览》2011 年第 6 期。

《华国锋受命调查贺龙元帅冤案》，《党史博览》2011 年第 2 期。

《华国锋南下湖南》，《湘潮》2010 年第 11 期。

《早逝的英才——记张子华烈士》，王海荣主编《张子华纪念集》序言。

《恽代英与中国共产党组织的创建——共存社是中国共产党早期组织之一》，参加 2010 年 8 月中国早期组织成立 90 周年学术讨论会，收入北京党史研究室编：《中共早期组织在中国革命进程中的地位与作用》，中央党史出版社 2010 年出版。

《寻找俄界，走近遥远的迭部》，2010 年 7 月收入共青团甘南州委、中共迭部县委、迭部县人民政府编《绿色长征 为中国加油——走进红色圣地腊子口系列活动文集》。

《中国共产党研究中的历史与现状》，2010 年 7 月在《北京党史研究》第 4 期发表。

《关于党内斗争为什么这么严酷》，收入朱鸿召著：《延河边的文人们》，东方出版中心 2010 年 2 月版。

《周恩来研究在中国共产党研究中的地位》，2008 年 3 月在南开大学召开的周恩来 110 周年学术讨论会，收入《二十一世纪周恩来研究的新视野》。

《红一方面军长征到底走了多少里》，《百年潮》2005 年第 12 期，新华文摘等报刊转载。

李海文、王燕玲：《弟弟眼中的彭真和张洁清》，《党史文汇》2002 年第 10 期。

李海文、王燕玲：《"派性扔到黄河里去"：原山西省委书记李立功忆 1986 年彭真的故乡之行》,2002 年第 4 期《人物》,作家文摘转载。

李海文、王燕玲:《彭真勉力为我国民主法制奠定基石:访原全国人大法制工作委员会秘书长岳祥》,《当代中国史研究》2002 年第 3 期。

李海文、王燕玲:《彭真与第一任公安部长罗瑞卿:罗瑞卿的政治秘书、原中国法学会会长王仲方访谈录》,《党史文汇》2002 年第 9 期。

张文健口述,李海文、王燕玲、刘荣刚整理:《彭真晚年所做的三件事》,《纵横》2001年第 9 期。

李海文、王燕玲:《彭真拍板发表焦裕禄的报道——访原新华社社长穆青》,2002 年 5 月 6 日《北京日报》,作家文摘等转载。

李海文、王燕玲:《彭真同志谈"严打"》,《民主与法制》2001 年第 21 期。

李海文、王燕玲:《秘书张道一谈:彭真与毛泽东 1963 年后的关系》,《中华儿女》2001 第 9 期。

《中国共产党的主要理论贡献有哪些》,2001 年 1 月 1 日《北京日报》。

《周恩来和鲁迅同宗同族》,2000 年 11 月 27 日《北京日报》。

李海文、刘荣刚:审理林彪、"四人帮"两案——访凌云》,《中华儿女》1999 年第 2 期,《中共党史资料》第 76 辑,2000 年 12 月出版。

《周恩来与绍兴师爷》,《淮阴师范学院学报》1999 年第 1 期。

整理彭镜秋口述:《狱中斗争一千日》,《中共党史资料》第 72 辑,1999 年 12 月出版。

整理李初梨口述:《六届四中全会前后纪事》,《中共党史资料》,第 73 辑,1999 年 12 月出版。

《毛泽东初进中央政治局常委会》,《中华儿女》1996 年第 12 期,《中直党建》转载。

《献身光明,从容就义:记颜昌颐》《人物》1996 年第 1 期。

《季米特洛夫支持毛泽东》,1993 年《红岩春秋》第 6 期。

为姬鹏飞起草《喝水不忘掘井人——忆周恩来对中日贡献》,1993 年 9 月 26 日《人民日报》,后收入中国青年出版社出版的《周恩来决断》一书。

《周恩来对中日复交的贡献》,收入 1993 年出版的《纪念周恩来诞辰 95 周年论文集》。

《毛泽东与斯大林的交往》,1992 年《瞭望》第 52 期。

《魂归大地:周恩来总理骨灰撒放经过》,《红岩春秋》1992 年第 4 期。

《正确指导 精心组织 齐心协力——编写〈周恩来年谱(1898—1949)〉的几点经验》,1992 年《党的文献》第 1 期。

《周恩来与打漳州的决策》,收入《纪念红军攻打漳州 50 年论文集》1992 年福建人民出版社出版。

《地久天长 情谊永存——记周恩来与张学良》,收入《情谊与事业——在周恩来心中》,1991 年中央文献出版社出版。

《关于中央军委与中革军委之间的关系》,1990 年《中共党史研究》第 6 期。收入《中国共产党重大史实考证》。

整理《周恩来贴身卫士王还寿的回忆》,1989 年《中华英烈》第 3 期。

整理马文瑞口述:《思念不尽 精神常在》,收入《我们的周总理》1989 年中央文献出版社出版。

《土地革命时期中国共产党对富农政策的转变》,1987 年《党史研究》第 5 期,收入《中国共产党重大历史问题评价》。

《卢冬生传》,收入《中共党史人物传》第 33 册,1987 年陕西人民出版社出版,收入《中国人物》1997 年第 2 期,《湘潮》2012 年第 1 期。

整理戴镜元:《忆周副主席在解放战争的几件事》,收入《不尽的思念》1987 年中央文献出版社出版。

和苏忠深合写《张子华传》,收入《中共党史人物传》第 34 册,1987 年陕西人民出版社出版。

整理孔石泉口述:《跟随周副主席工作的岁月》,收入《怀念周总理》1986 年人民出版社出版。

整理彭镜秋口述:《在狱中见到周恩来后的喜悦》,收入《怀念周总理》1986 年人民出版社出版。

整理戴镜元口述:《从洛川谈判到延安谈判》,《文献与研究》1986 年第 1 期;收入《中共重大历史事件亲历记》2006 年四川人民出版社出版。

《秘密使者——中华全总驻赤色职工国际代表林育英》,《瞭望》1983 年第 10 期。

《周恩来同志确定共产主义信仰的时间小议》,1983 年《文献和研究》第 5 期。

和海春合写《李求实和他的两篇小说》,1982 年《中国现代文艺资料丛刊》第 7 辑。

《关于遵义会议召开的时间的商榷》,1981 年党史研究第 4 期,收入《中国共产党重大史实考证》(此文考证遵义会议是 1935 年 1 月 15—17 日召开,已得到公认)。

图书在版编目（CIP）数据

中共党史拐点中的人物与事件 / 李海文著 . —北京: 中国青年出版社，
2013.10（2025.4重印）
ISBN 978-7-5153-1935-3

I. ①中… II. ①李… III. ①中国共产党 – 历史人物 – 人物研究 – 文集
② 中国共产党 – 党史 – 历史事件 – 文集 IV. ① K820.7-53 ② D23-53

中国版本图书馆 CIP 数据核字（2013）第 228102 号

原版责编：吴晓梅
本版责编：杜海燕
出版发行：中国青年出版社
社　　　址：北京市东城区东四十二条 21 号
网　　　址：www.cyp.com.cn
编辑中心：010-57350503
营销中心：010-57350370
经　　销：新华书店
印　　刷：三河市君旺印务有限公司
规　　格：700mm×1000mm　1/16
印　　张：28.75
字　　数：470 千字
插　　页：6
版　　次：2014 年 1 月北京第 1 版
印　　次：2025 年 4 月河北第 23 次印刷
印　　数：133501-139500 册
定　　价：58.00 元

如有印装质量问题，请凭购书发票与质检部联系调换
联系电话：010-57350337